HISTOIRE
DE
DUNKERQUE

PAR

Victor DERODE.

Orbi et urbi....

A LILLE,

CHEZ E. REBOUX, IMPRIMEUR-LIBRAIRE;

A PARIS,   A DUNKERQUE,

Chez V.ᵉ DIDRON, Libraire-Éditeur,   Chez BRASSEUR, Libraire,
rue Hautefeuille, 13 ;   rue Maurienne ;

Et chez les principaux Libraires de la France et de la Belgique.

1852.

INTRODUCTION.

Le livre que nous offrons au public, esquisse, à grands traits, l'histoire de cette ville qui, longtemps obscure et ignorée au milieu des dunes, jeta dans le grand siècle un si grand éclat; qui, d'abord hameau perdu sur la grève de la mer du Nord, devint ensuite le fléau de la Hollande et la terreur de l'Angleterre; cité maritime qui fournit à l'Espagne et à la France quelques-uns de leurs plus remarquables capitaines; port dont les états les plus puissants de l'Europe se disputèrent la possession et dont ils décrétèrent en commun la ruine; ruine qu'ils imposèrent à la France comme la condition absolue de la paix qu'elle leur demandait; sentinelle avancée qui frappée mortellement et à plusieurs reprises, se releva chaque fois plus énergique et plus redoutable, jusqu'à ce qu'une Assemblée française, en décrétant la suppression de la franchise du port y ait fait tarir la source même de cette prodigieuse persistance.

Suffirons-nous à l'accomplissement d'un semblable projet? Nous le désirons sans oser l'espérer. Toutefois, si nous avons obéi à la pensée de montrer à la France cette héroïque figure telle qu'elle nous est apparue dans nos études, nous n'avons pas cédé à un puéril empressement; de longues et patientes recherches nous ont permis de joindre aux documents que l'on possédait déjà, une quantité de documents importants et inédits qu'il n'était pas permis de laisser se perdre, c'est notre tribut. nous le fournissons tel qu'il nous est donné de le faire!

Maintenant que de plus habiles disent mieux; que de plus riches disent davantage, nous serons les premiers à applaudir et à les remercier au nom d'une ville que nous aurons également aimée, et que nous aurons servi chacun selon nos moyens

D'ailleurs, pour rendre notre travail le plus complet possible, nous avons, sans scrupule, emprunté aux écrivains qui se sont occupés de la localité, les renseignements que nous n'avons pas rencontrés ailleurs. Non-seulement nous avons compulsé Faulconnier, mais nous avons puisé aux sources qu'il a consultées lui-même et fréquemment contrôlé ses allégations.

Un écrivain n'invente pas les faits de l'histoire, ces faits doivent donc se reproduire dans tous les ouvrages sur le même sujet; il n'invente pas, il expose, il raconte. C'est en ceci que nous avons surtout cru devoir nous écarter de nos devanciers.

Dirons-nous en quoi notre travail diffère du leur ? Pour quelques lecteurs ce serait inutile, pour d'autres ce serait superflu. Il suffira de dire en général que nous avons introduit quelques innovations sanctionnées par l'approbation de juges compétents auxquels nous les avons soumises ; que nous avons butiné dans les archives de la chambre des comptes à Lille, dans celles des ducs de Bourgogne à Bruxelles, dans celles de Dunkerque, bien plus riches qu'on ne le croit généralement ; dans celles d'Ypres, et autres villes de la Flandre ; que nous avons demandé des matériaux à l'Espagne, à l'Angleterre, à la Hollande ; que nous en avons obtenu d'une foule de concitoyens qui nous ont montré un patriotique empressement, dont nous leur offrons ici un public témoignage de reconnaissance.

Ce n'était pas assez que d'avoir des matériaux, il fallait les coordonner. Profitant de l'expérience acquise, nous avons suivi les grandes divisions historiques employées par nous dans une autre publication ; divisions que, depuis, nous avons vu adopter par plusieurs écrivains.

Une fois ce cadre tracé, nous y avons adapté les faits de la localité, en les éclairant par les faits généraux corrélatifs ; il y a dans ce travail une double difficulté : *Trop de paroles* détend l'attention, *trop de faits* la fatigue. Ici, comme dans dans un tableau, l'art consiste à grouper les figures de manière à ce qu'elles s'harmonient sans se nuire, de façon que l'esprit saisisse l'ensemble et reste libre de s'arrêter à ce qui lui plaît le plus, sans être réduit à ignorer ce qu'il voit plus rapidement. C'est là un obstacle pour l'écrivain, mais s'il vient à le surmonter, c'est le plaisir et le profit du lecteur... Le public trouvera-t-il l'un e l'autre dans ce livre ?

Ce sera à lui à nous le déclarer.

Nous devons acquitter le devoir que la reconnaissance nous impose envers les personnes qui nous ont favorisé ou aidé dans l'exécution de cet ouvrage. Il nous serait dificile de les citer toutes, mais nous ne saurions omettre les noms de MM. P. Beck, Declebsattel, Desavary, De Gaulle, De Doncker, Benjamin Morel, Victor Morel, Cousin, Cailliez l'aîné, Verbrugghe, Coffin-Spyns, L. Debacker, qui nous ont obligeamment procuré les documents en leur possession ; M. Vanderest, qui nous a prêté le plus généreux concours ; MM. Lepreux, Le Glay, Gachard, Gombert, qui nous ont donné ou facilité l'entrée des archives à Bergues, Lille, Bruxelles, Dunkerque. M. Mollet, qui a pris à nos recherches un intérêt tout particulier, ainsi que MM. Caux et De Bertrand, qui n'ont pas dédaigné de revoir les épreuves ; MM. Léon de Herckenrode, Leblond, Petyt, Chamonin de St-Hilaire, qui se sont faits, en quelque sorte, nos collaborateurs, et surtout M. Charles Bachy, qui n'a pas reculé devant les sacrifices que nous réclamions de nouveau de son amitié et de son zèle. Nous les prions tous ensemble, et chacun en particulier, d'agréer ici l'expression de notre sincère gratitude.

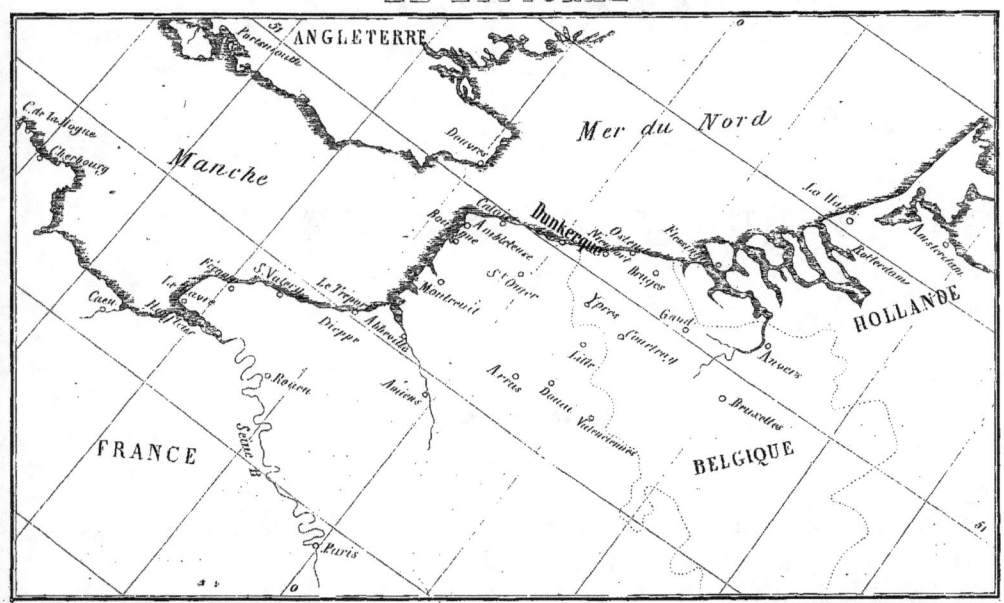

HISTOIRE DE DUNKERQUE.

CHAPITRE Ier.

ÉTUDE TOPOGRAPHIQUE.

Prologue.

Le territoire de Dunkerque fait partie d'un ensemble dont nous ne pouvons l'isoler et dont nous devons d'abord entretenir le lecteur.

Intimement liés à l'histoire, les détails dans lesquels nous allons entrer, sont d'ailleurs d'un intérêt frappant. Il est peu de localités qui réunissent, à un égal degré, tout ce qui appelle l'attention des observateurs.

Il s'agit principalement de l'arrondissement de Dunkerque et de la portion du détroit qui lui est limitrophe, ou plus particulièrement de ce que comprendrait une ligne qui, partant de quelques milles de Gravelines, irait jusqu'à Saint-Omer; de là se dirigerait vers Ypres; d'Ypres rebrousserait vers Nieuport, et, traversant les bancs voisins du littoral, s'avancerait de quelques lieues en mer pour s'infléchir et revenir au point de départ. C'est, en un mot, l'étendue dont la carte ci-jointe offre le dessin.

Dans cette surface qui embrasse quelques lieues carrées, nous avons à considérer plusieurs séries de faits, qui ont, à notre attention, des titres divers, mais très-sérieux, que nous exposerons dans l'ordre suivant :

§ 1er. La mer, la rade. — § II. Le littoral. — § III. Les Dunes. — § IV. L'arrondissement. — § V. Les Moëres. — § VI. Les Watteringues. — § VII. Dunkerque à vol d'oiseau. — § VIII. Dunkerque souterraine. — § IX. Les rues, les places publiques. — § X. Le port. — § XI Les canaux.

§ Ier. La mer, la rade.

Une opinion, souvent énoncée et généralement admise, assigne pour origine, au Pas-de-Calais, une violente commotion, qui aurait détaché du continent les îles Britanniques (1).

De quelque manière que se soit formé le détroit, il est constant que les eaux y sont soumises à des mouvements généraux, qui, à leur tour, font naître des courants particuliers.

Une des ramifications du Gulf-Stream (2) passe entre la France et l'Angleterre en venant du Nord. Le courant général se combinant au flux et au reflux, fait naître quatre fois par jour des courants particuliers.

Cédant à l'attraction lunaire ou y échappant sans perdre leur impulsion générale, les eaux orientales de l'océan Atlantique se refoulent sur elles-mêmes et dans des sens alternatifs avec une vitesse qui, selon qu'elle est secondée ou combattue par les vents, varie de deux milles et demi à six milles marins.

Lorsque cette attraction se fait sentir, les eaux y obéissant, gagnent les contrées au sud du Pas-de-Calais; lorsqu'elle cesse d'agir, elles reviennent en sens contraire (3).

Quand la marée monte en notre rade, conduite dans les gorges sous-marines, les eaux forment un courant qui va de Mardyck vers Dunkerque et continue vers Zuydcoote. Lorsque la marée est à moitié de flux, un courant contraire s'établit et porte vers Mardyck.

Ces deux mouvements ont pour effet général d'approfondir le lit central du détroit et de quelques vallées secondaires, qui s'y sont formées. Par une conséquence naturelle, les déblais provenant de ce travail sous-marin, sont reportés latéralement et se déposent dans les lieux où les eaux sont plus tranquilles; ils ajoutent ainsi journellement leur dépôt aux dépôts antérieurs.

C'est de cette manière que se sont formés sur les côtes de France et d'Angleterre, les bancs innombrables qui rendent la navigation si difficile dans ces parages.

Les bancs de la rade de Dunkerque présentent un caractère très-remarquable. Ils sont étroits, allongés, n'affectant guère que deux directions, l'une parallèle à la côte, l'autre rayonnant vers un centre commun qui est Gravelines.

---

(1) Les falaises de Calais offrent un terrain identique à celui de Ramsgate : la sonde rapporte du fond du détroit des fragments de même nature.

(2) Courant qui entraîne les eaux de l'Océan Atlantique et les fait circuler dans un cercle immense qui touche les côtes des deux Amériques, de l'Europe et de l'Afrique.

(3) En général, lorsque la marée monte, le vent s'élève.

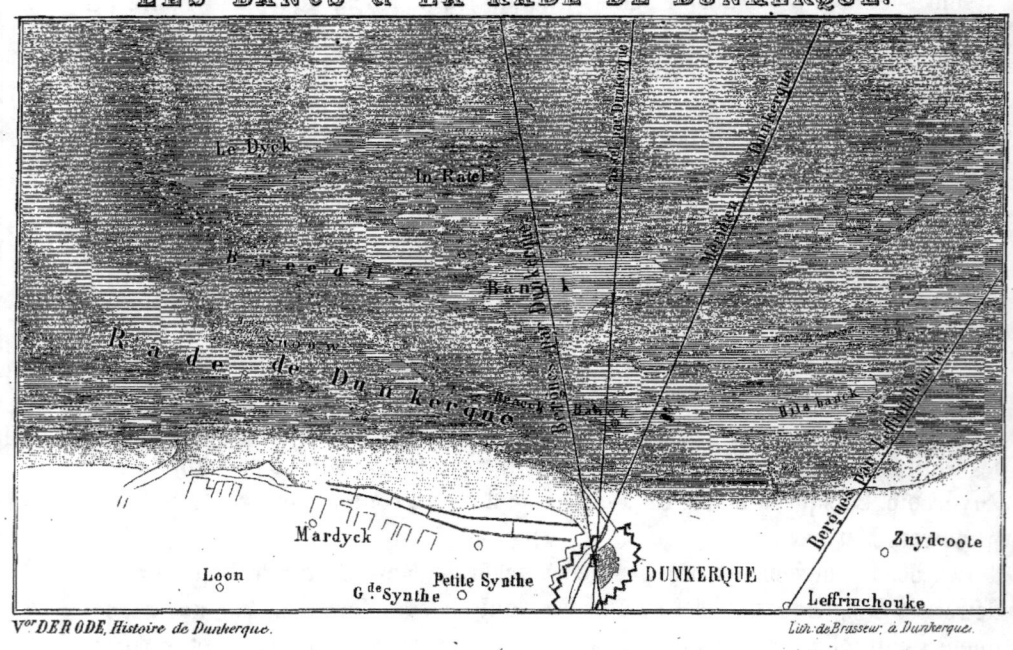

De tous ces bancs, le plus redouté des marins est situé dans le Nord : il est composé d'un sable dur et s'appelle le *dyck* oriental.

Chacun d'eux a sa dénomination particulière; il arrive même qu'un banc unique reçoit plusieurs noms, selon que les pilotes le divisent théoriquement. Ainsi le *Snouw-Banck* (1), le *Brack-Banck* (2), le *Hill-Banck* (3), sont trois fragments d'un même banc, qui est partagé par deux passes.

Les bancs de la rade s'étendent jusqu'à Flessingue et au-delà.

Les masses principales de ces montagnes sous-marines nous font connaître la direction générale des eaux qui charient les sables soulevés par leur mouvement.

Ces courants qui se répètent journellement sous les mêmes conditions ou sous des conditions peu différentes, ont produit, en définitive, des hauteurs et des vallées qui, une fois constituées, sembleraient ne devoir éprouver que d'insignifiantes modifications à leur partie supérieure. Ce point de théorie semblerait même acquis; car les ingénieurs qui, à soixante ans d'intervalle, ont vérifié les principaux atterrissements, les ont retrouvés à la place indiquée.

Néanmoins, cette fixité de certains points est contemporaine des variations qui se produisent en certains autres points. La comparaison des cartes levées aux diverses époques, et l'observation quotidiennement pratiquée par les pilotes, constatent ailleurs des changements considérables, dont les résultats accumulés pourraient acquérir la plus haute gravité.

Ainsi, par exemple, au XIIIe siècle (1213), Damme était réputé le premier port du monde; le siècle suivant, et surtout à partir de 1377, il se combla complétement.

Le *Zwyn* formait près de Bruges une rade que l'on disait capable de contenir toutes les flottes de l'univers. Aujourd'hui elle n'existe plus !

Au XVIIe siècle, l'ingénieur Van Langren constatait les mutations subitement survenues au banc placé à la côte devant Mardyck. Ce banc était allongé, il fut augmenté dans la partie Est, par des atterrissements qui le joignirent bientôt à la grève et constituèrent une sorte de passe qu'on nomma la fosse Mardyck (4).

Une fois établie, cette fosse fut d'abord, pour ce point, ce que la rade de Dunkerque est de nos jours pour cette dernière ville; mais, se comblant graduellement, elle devint ce que nous la voyons de nos jours. En 1706, sur le plan levé par Vauban, les flots venaient battre les murs de la citadelle. En 1764, les hydrographes remarquaient que, depuis le comblement du canal de Mardyck, la laisse de mer correspondante avait reculé d'un kilomètre.

Ce que nous nommons Estran, était, du temps de Louis XIV, le banc Schur-

---

(1) Faut-il écrire *snood*? méchant, noir?

(2) *Braeck* veut dire brisoir — où les lames se brisent. — *Brecken* signifie aussi enfoncer. — *Brak*, saumâtre.

(3) *Hiel* signifie talon. — Est-ce parce que les navires y talonnent?

(4) Il paraîtrait qu'en 1720 le banc devant Mardyck s'éleva de 3 à 5 mètres.

ken (1); ce que l'on appelle le courant de Mardyck, sur la grève d'Ouest, était la passe de mer.

Depuis quelques années, à la hauteur de Mardyck, entre le Snouw et le Brack, une cause encore inappréciée a établi une solution de continuité et ouvert passage à un courant dont l'action précipite, dans les vallées intermédiaires, les sables du sommet, et tend ainsi à combler des profondeurs qui s'étaient maintenues pendant une longue suite d'années. En 1836, cette brèche descendait de six à sept mètres dans un lieu où parfois le banc asséchait à certaines marées.

De semblables faits méritent de fixer l'attention des hommes spéciaux; car s'ils se renouvelaient avec quelque puissance, ils opéreraient sur la rade de Dunkerque, l'effet produit sur le Zwyn et sur la fosse Mardyck.

Ces changements que l'histoire enregistre de siècle en siècle pourraient-ils être empêchés, retardés?.... Des savants répondent par l'affirmative (2); dans ce cas, il est urgent de s'en occuper.

Disons que ces mutations, qui se poursuivent et se succèdent sans interruption, décèlent une cause énergique, qui ne réside pas uniquement dans l'action si variable des eaux, des vents, des dépôts de sable ou de limon. Selon nous, elle a ses divers effets pour auxiliaire, et non pour cause, ainsi que nous le dirons tout à l'heure en parlant du littoral.

Les travaux exécutés pour approfondir le chenal de Dunkerque, le prolongement des jetées, le bassin des chasses, ont produit, de leur côté, un effet inattendu, qu'il faut signaler et qui est un des faits à prendre en considération.

C'est de reculer dans la rade la portion du banc qui reçoit le choc des eaux du chenal.

Sous cette influence, il s'est formé, avec une flèche de cent mètres environ, un arc de cercle qui a empiété sur la largeur de la rade et l'a diminué d'autant.

La force du courant y a remédié en rongeant peu à peu cette courbe, et en répandant les matériaux dans la rade elle-même. Mais un nouvel allongement des jetées aurait-il pour résultat de renouveler cette irruption du banc dans la rade? Cette matière a droit à un sérieux examen.

Les bancs les plus voisins de la côte sont à peine couverts de quelques pieds d'eau. Il arrive même parfois, aux marées des équinoxes, de voir le Brack assécher en plusieurs endroits.

---

(1) *Schurken*, se gratter.

(2) MM. Roussin, Duperré, Plutlett, et des ingénieurs hollandais pensent qu'il faudrait raser les jetées un tiers de leur longueur. M. Conseil et quarante-quatre capitaines proposèrent, en 1833, de faire plusieurs épis formant barrage à l'origine du courant de Mardyck, pour le contraindre à se jeter dans le grand courant du large.

Ce mémoire se trouve au bureau du pilotage.

Un mémoire, daté du 8 janvier 1846, énonce aussi, d'après les observations spéciales faites sur la matière, que l'éloignement graduel de la laisse de mer devant le chenal, est un effet du courant dit de Mardyck. (Nous devons cette note à l'obligeance de M. le capitaine *Petyt*).

C'est entre la côte et un des bancs qui lui sont parallèles que s'est formée la rade de Dunkerque.

Cette rade est bonne, quoique foraine (1); c'est une sorte de gaîne ouverte à l'Ouest et qui s'étend de Mardyck à Zuydcoote.

C'est comme le lit d'un fleuve, dont la profondeur se maintient par la réaction du courant sur le fond. Du côté du large, le banc forme, à son sommet, une sorte de plateau qui porte un à trois mètres d'eau. Le rempart brise l'impulsion du vent venant du large.

Quoique les vaisseaux de ligne ne puissent plus y mouiller dans toute son étendue, cette rade est d'autant plus précieuse que de Cherbourg à la frontière belge, c'est le seul point où les vaisseaux puissent s'abriter. A mer basse, il y reste sept à huit brasses. Le fond est de sable et la tenue est bonne dans l'Est; mais à l'Ouest, la vase est molle et les ancres ne tiennent pas bien.

La rade a deux passages : l'un, plus facile, à l'Ouest et au-delà de Mardyck; l'autre à l'Est, en face de la tour ruinée de Zuydcoote.

Lors de la haute mer, les bancs ont parfois trois brasses et demie d'eau, et les navires qui n'ont pas ce tirant, peuvent passer pardessus les sept à huit lignes de bancs qui sont échelonnés devant la côte. C'est ce que l'on peut voir le 1er avril, lors du départ général pour la pêche d'Islande. Les goëlettes et les bricks filent en droite ligne jusqu'au delà du cliff d'Islande, appelé aussi *Dyck* ou *Out Ratel* (2).

A pleine lune, l'heure de la marée s'établit le long de la côte de la manière suivante : Boulogne, dix heures quarante-cinq minutes; Calais, onze heures trente minutes; Gravelines, onze heures quarante-cinq minutes; Dunkerque, onze heures quarante huit minutes; ce qui indique l'accélération du mouvement des eaux dans nos parages. En général, les plus hautes marées suivent d'un jour et demi la nouvelle lune ou la pleine lune (3).

Aux équinoxes et lorsque le vent lui vient en aide, le flot s'élève d'une manière inaccoutumée. Les chroniques locales ont conservé la date de quelques raz de mer qui ont occasionné des dégats et dont quelques-uns ont formé des dunes, ont modifié celles qui existaient auparavant, les ont percées et ont inondé le pays (4).

Les eaux de Dunkerque sont très-poissonneuses; on y pêche en abondance, le

---

(1) On entend par rade *foraine* celle où les vaisseaux ne sont à l'abri que des vents de terre.

(2) *Vast*, fixe, *Ratel*, crécelle. *Vat-Ratel* a-t-il quelque rapport avec le bruit que la tempête y produit? — Le mot flamand *Klip* signifie roc, écueil.

(3) Pour avoir l'heure de la pleine mer à Dunkerque, il faut, de la nouvelle lune à la pleine lune, ajouter chaque jour quarante-huit minutes; de la pleine lune à la nouvelle lune, il faut retrancher quarante-huit minutes.

(4) Les plus célèbres de ces raz de marée ont eu lieu les années suivantes : 1014, 1042, 1100, 1109, 1125, 1135, 1167, 1285, 1288, 1322, 1334, 1357, 1363, 1367, 1376, 1403, 1404, 1421, 1468, 1477, 1529, 1570, 1605, 1622, 1663, 1665, 1671, 1675, 1715, 1720, 1807, 1808, 1811. En 1846, le 2 janvier, la mer dépasse de 51 centimètres, le 2 octobre de 41 centimètres le chapeau du quai en charpente du côté de la ville.

turbot, la barbue, la raie, le merlan et une foule d'autres poissons que l'on consomme en ville, ou que l'on transporte dans l'intérieur.

A de rares intervalles, on a vu des baleines, engagées dans les bancs, venir échouer dans le port ou sur la grève. Les chroniques locales en ont conservé les dates (1).

Un phénomène plus digne d'intérêt se produit chaque jour au retour de la marée et demande une mention.

On sait que le sol se compose de couches successives et de nature différente, les unes imperméables à l'eau, les autres au contraire se laissant facilement pénétrer par ce liquide qui, obéissant aux lois de la gravitation, se rend par divers chemins dans les lieux d'un niveau plus bas. Il peut arriver, et il arrive en effet, que des fleuves souterrains circulent entre deux couches impénétrables qui les emprisonnent et dont elles sortent lorsqu'une issue leur est donnée par un sondage artésien.

Quelques-unes de ces couches sont situées sous les sables de la grève. Lorsque la mer y arrive, le poids énorme de la masse d'eau qui presse sur le sol, comprime ces couches spongieuses, en exprime le liquide contenu et le fait remonter dans les vides qui peuvent s'y trouver pratiqués. Il n'est pas rare de voir dans quelques maisons à Dunkerque des puits qui restent secs à mer basse, se garnissent d'eau douce à mesure que la marée monte et assèchent ensuite quand elle se retire. Ce phénomène s'étend si avant dans les terres, qu'un puits artésien, creusé dans la cour de l'hôpital militaire à Lille et qui jaillit sans cesse, voit varier le volume des eaux fournies suivant l'élévation de la marée à Dunkerque.

Maintenant, et pour terminer ce rapide aperçu, dirons-nous quel avenir nous semble réservé à ces collines aujourd'hui couvertes des eaux de la mer? Hasarderons-nous des conjectures sur ce que deviendra la ville de Dunkerque, si elle reste immobile alors que le flot paraît s'en éloigner?... Les prévisions sortiraient du domaine de l'histoire et nous voulons nous y renfermer.

GUIDE DU PILOTE.

La rade de Dunkerque, comprise entre les bancs désignés sous les noms de *Snouw*, *Brack*, *Hill*, *Tréapeger* et de la Côte, est d'une étendue d'environ douze milles. La distance entre la bouée rouge à l'Ouest du Snouw et le port de Dunkerque, est de sept milles et demi. La direction de la rade est Est un quart Sud-Est et Ouest un quart Nord-Ouest; alors elle se prolonge Est et Ouest environ quatre milles et demi jusqu'à la passe de l'Est ou de Zuycoote. Sa largeur n'est que d'un demi-mille, et elle est plus resserrée à l'Ouest en certains endroits, où l'on ne trouve tout au plus que quatre brasses d'eau. Les sondes varient de sept à onze brasses d'eau. Le fond se compose de terre vaseuse et de bon sable. Les lames sont toujours couvertes par la mer, ce qui est cause du peu d'abri que l'on

---

(1) Est-ce à un accident de ce genre que Walcheren doit la baleine qui figure dans son écusson?

y trouve, surtout avec des vents dépendant du large. La rade est très étroite et n'est réellement bonne que pour les navires qui attendent la pleine mer et qui sont obligés d'y venir mouiller jusqu'à ce qu'il y ait assez d'eau pour rentrer dans le port. Il faut en excepter toutefois les bâtiments de l'État, qui, plus suffisamment fournis d'œuvres que les navires du commerce, peuvent en toute sûreté y venir séjourner, le fond étant très bon et l'évitage nécessaire aux grands navires. Les bancs du Nord à l'Ouest du port, ainsi que la côte entre Gravelines et Dunkerque, sont très escarpés; à l'Est du port, la sonde en indique les approches, les fonds des deux côtés allant en diminuant.

Voici la route qu'il faut tenir pour y arriver.

La passe d'Ouest est indiquée par six bouées. La première, ou celle d'entrée la plus à l'Ouest, est peinte en rouge; elle est placée sur la pointe Ouest du Snouw; sur le côté Sud du même banc sont placées trois autres bouées noires numérotées 1, 2 et 3, et du côté opposé deux bouées blanches numérotées 1 et 2, placées sur les extrémités Nord du Polder. Les navires arrivant et faisant route pour la rade, viendront prendre connaissance de la bouée rouge. Étant là, ils trouveront de huit à neuf brasses d'eau; on relèvera alors Gravelines dans le Sud Sud-Ouest du compas, distance d'environ cinq milles; ils laisseront cette bouée à bâbord, environ deux encâblures. Gouvernant alors à l'Est, ils passeront entre la bouée N° 1 du Snouw et la bouée blanche N° 1 du Polder. Continuant la même route et lorsqu'on aura passé la barre qui se trouve entre la pointe Est du Snouw indiquée par la bouée noire N° 2 et le Polder bouée blanche N° 2, et sur laquelle il n'y a que cinq brasses et demie à six brasses d'eau, il faudra toujours continuer la même route jusqu'à ce qu'on ait doublé la bouée noire N° 3, qui est la partie la plus dangereuse du Snouw, et alors on sera dans la rade. Une troisième bouée blanche a été placée du côté Ouest dans le seul but de diminuer la distance du port à la bouée N° 3 du Snouw. Le mouillage ordinaire est entre la tour de Dunkerque et la bouée noire N° 3 par les neuf à dix brasses d'eau, fond très solide de sable et de terre vaseuse. De ce mouillage on a tout avantage de communiquer avec la terre. A l'Est du port, le fond, quoique étant plus vaseux, y est très bon, et le mouillage offre plus d'abri par les vents de Nord et de Nord-Ouest. Peu de navires y viennent, à moins d'un temps forcé où toute ressource leur est enlevée pour entrer dans le port. Dans ce cas, il est plus prudent, pour ceux qui connaissent la localité, d'aller mouiller de préférence entre Dunkerque et Zuydcoote, attendu que s'il survenait un événement, il est bien moins dangereux de faire côte en cet endroit qu'à l'entrée du port, où la mer par ces vents y est toujours très grosse, et encore moins qu'à l'Ouest du port; ce qu'il faut éviter par tous les efforts possibles, parce que là un événement entraîne presque toujours la perte, si ce n'est du navire, au moins des hommes de l'équipage; tandis qu'à l'Est du port, si l'on est forcé de faire côte, autant que possible, il ne faut prendre cette résolution que sur le coup de pleine mer : l'équipage dans ce cas, pouvant rester à bord du navire et peu de temps après descendre à terre sans le moindre danger.

Les navires passant forcément par la rade de Dunkerque, destinés soit pour

Nieuport, Ostende, Anvers, étant à l'Est du port de Dunkerque, doivent faire route pour prendre connaissance de la passe de l'Est ou de Zuydcoote, laquelle est formée par l'extrêmité Est du *Hill-Bank* et du *Tréapeger* La direction de cette passe est N. E. 1/2 N, et S. O. 1/2 S. ; elle est indiquée par trois bouées, dont deux noires et une blanche. L'une des bouées noires est placée à la pointe N. E. dudit banc, l'autre au S. E., et la bouée blanche à la pointe N. O. du Tréapeger. En passant par la rade pour les ports ci-dessus indiqués, on doit passer par cette passe en laissant les deux bouées noires à babord et la bouée blanche à tribord. Dans la passe de l'E., on trouve de trois à cinq brasses d'eau ; lorsqu'on est arrivé entre les deux bouées noires, on gouverne sur la bouée blanche en ayant soin de passer au Nord de cette bouée à une distance au moins de deux encâblures. Les navires d'un certain tirant d'eau, c'est-à-dire dépassant onze pieds et venant du large, ne doivent jamais y passer avant la haute mer et avec bon vent. Dans ce cas, et pour bien apprécier sa position, arrivant par un temps clair et lorsqu'on connait la localité, il faut prendre les tours de Bergues par la tour de *Leffrinkonck*, et si le temps était brumeux à ne pas apercevoir ces tours, il prendrait la tour de Zuydcoote (tour carrée dans les dunes et peu élevée) au S. S. O., un peu S. du compas pour atteindre la rade que l'on reconnaîtrait facilement par le brasséage de huit à neuf brasses. Dans tous les cas, les navires destinés pour le port de Dunkerque et dont les capitaines n'ont pas connaissance des lieux, ne doivent jamais se hasarder de passer les bancs avant marée demi-montée avec un tirant d'eau de onze pieds et lorsque la mer est belle ou bien de haute mer; comme de même, à moins qu'on ne soit bien pratique, ne s'engager dans les passes pour venir en rade, à moins d'un vent favorable pour faire route. Le port de Dunkerque est situé N. N. O. et S. S. E. Les petits navires d'un faible tirant d'eau, n'ont, pour rentrer dans le port, aucune précaution à observer, à moins d'un gros vent de N. ou de N. O. Dans ce cas ils doivent, pour éviter la grosse mer, prendre le plus profond de la passe qui se trouve dans le N. des jetées, précaution généralement nécessaire pour tous les grands navires qui rentrent dans le port ; s'ils rentraient sans pilote, ce qui peut arriver par un mauvais temps, ils auront le soin, après avoir doublé les estacades, de gouverner directement dans l'axe du port et dans la direction de la tour à feu du *Leugenaer*, en conservant autant que possible la voilure nécessaire pour franchir la grosse mer. Là, ils trouveront des pilotes ou des pratiques du port que le mauvais temps aurait empêchés de sortir pour les guider et les mettre en place (1).

---

(1) Nous devons ces renseignements à l'obligeance de M. Petyt.

§ II. Le littoral.

I

Les mutations du lit de la mer sont couvertes d'un voile qui n'est pas toujours transparent. C'est une énigme posée aux observateurs.

Le littoral est plus à notre portée et l'histoire a souvent enregistré les mouvements qui s'y sont opérés.

Si, muni des renseignements recueillis sur ce sujet, un observateur partant du cap Gris-Nez, suit la grève jusqu'à Anvers, étudiant à la fois le sol du littoral et les portions contiguës du territoire, il pourra, presque à chaque pas, constater des variations nombreuses et importantes. Il verra avec surprise que non-seulement les cartes anciennes diffèrent considérablement des cartes modernes, mais que ces dernières présentent de notables différences entre elles, pour peu que leurs dates soient distantes de quelques années.

Dans presque toute cette exploration, il trouvera des terrains récents, s'appuyant sur des formations tertiaires sorties des eaux. Il rencontrera des marais, des tourbières, des alluvions.

Il verra en plusieurs endroits le niveau du sol inférieur au niveau de la haute mer, dont l'invasion toujours menaçante est arrêtée par des ouvrages d'art sans cesse entretenus; remparts artificiels à l'abri desquels d'immenses terrains rendus propres à la culture lui sont conservés; mais qui lui seraient bientôt ravis par une catastrophe toujours imminente.

II

Faisons en pensée, cette exploration : voici Wissant où autrefois se pressaient les voiles romaines, et qui au XIIe siècle encore, était très-fréquenté...... Depuis quatre cents ans, ce n'est plus qu'un cirque désert et ensablé où se réunissent quelques misérables barques de pêcheurs!....

En l'an 700, Marck était visité par de nombreux vaisseaux..... Aujourd'hui, il est désert!....

Etaples (sur la Canche) subit la même destinée! Ambleteuse voit les eaux de la Slack se frayer à peine un passage à travers les sables qui l'obstruent!....

Depuis quatre cents ans, Sangatte a son port envasé et l'on a dû y élever une digue pour garantir le pays contre le retour des marées!.....

A Boulogne, les tours de la haute ville étaient autrefois baignées par la mer, qui en est aujourd'hui si distante!...

III

Qu'est devenu le *Portus Itius* que César place sur nos côtes?... Où est le golfe dont *Sithiu* (Saint-Omer) occupait le fond? Le golfe dont les flots venaient battre le pied de la tour Saint-Bertin? Le golfe le long duquel se trouvaient les paroisses du saint évêque Audomarus?....

Où est cette mer qui entourait les hauteurs de Watten? Où est ce cap dont on prétend que Montoire (1) a seul conservé le nom mutilé? Voyez Gravelines, autrefois assise au bord de la mer!... A quelques pas du nouveau chenal, nous trouvons le lit comblé de l'Aa dont on a détourné les eaux.....

Où est l'ancien Mardyck?... où sont les vestiges de son port?... Seuls, quelques curieux s'en informent aujourd'hui et n'ont, pour baser leurs hypothèses, que de rares et insignifiants débris que leur insistance arrache du sol. Où est ce fort Mardyck autour duquel s'entrechoquaient les armées de l'Espagne, de l'Angleterre et de la France?... Au milieu d'une plage aride et tourmentée on vous dira : Il était là! Il était sur l'emplacement de ces collines de sable!.... Où est ce port que Louis XIV voulut y creuser pour compenser la perte de Dunkerque sacrifiée aux Anglais? Le chenal a disparu! un amas d'eau croupissante, voilà tout ce qu'il reste de ces gigantesques travaux!.... Les salines qu'on voyait autrefois le long de la côte, ont été abandonnées..... Échelonnées à diverses intervalles, des digues, successivement construites, indiquent les étapes de la mer et les relais de sa retraite (2).

A l'Ouest de Dunkerque, voyez cette plage presqu'horizontale, à peine mouillée par le flot qui semble n'y venir qu'à regret et s'arrêter au loin!.... Ne se prépare-t-il pas là, pour les générations futures, ce qu'on appelle *un terrain conquis sur la mer?*... Le rivage avance vers la mer et s'approche de la rade; le phare, le bassin Becquey, sont établis sur des terrains récemment abandonnés ainsi par les eaux, sans que la prétendue conquête ait fait autre chose que d'occuper un terrain laissé à sec.....

Poursuivons..... Voilà les témoins attestant les ravages opérés par les eaux et les vents : ici des dunes ont été formées ; là, elles ont été enlevées et portées plus loin.... Ici elles ont abîmé des villes, des villages! Ainsi a péri Lombardsyde! ainsi a disparu Zuydcoote!....

---

(1) *Montoire* est, dit-on, l'abréviation de *Promontoire*.

(2) Leur nom indique leur âge. La plus reculée dans les terres, c'est la digue dite des *Romains;* après elle et vers la mer, celle du *Comte Jean,* puis la digue *Pollet;* puis la digue *Lamorlière,* à peu près contemporaine. En 1750, le sieur Magalon de la Morlière demanda la concession des terrains d'atterrissements situés le long de la côte Mardyck, Grande-Synthe et Petite-Synthe. Le 2 septembre 1769, sa soumission était acceptée. Le 6 octobre 1770, le plan était levé, et le 6 avril 1773 la concession accordée. La mise en possession eut lieu les 22 et 26 juillet 1773. — En 1777 et 1778, les digues pour enclore la saline étaient établies. En 1809, le 15 juillet, M. Hamerel père en faisait l'acquisition. Pollet était un concessionnaire du vicomte de Gand, qui avait la propriété d'une portion du littoral. — En 1785, il renferma de digues la petite saline. — En 1792, cette digue ayant souffert par l'effet des marées, Pollet construisit une arrière digue.

Quand ont commencé ces prodigieux changements? quand s'arrêteront-ils? Questions immenses, dont peu d'hommes daignent se préoccuper!

IV

Qu'il nous soit permis de nous y arrêter un moment. Sachons d'abord ce qu'en pense le vulgaire..... « La mer se retire! » a dit quelqu'un ; on répète la mer se retire.... Pendant des siècles, on le répètera, et beaucoup de gens prendront cela pour une explication!

Cependant, si l'on consent à y regarder de près, on verra que cette explication n'est pas si claire qu'on paraît le penser. On verra que ce retrait est un effet et non pas une cause.

La mer se retire!... Où se retire-t-elle? Après s'être abaissée ici, au-dessous de son niveau, s'amoncelle-t-elle ailleurs de manière à le dépasser d'autant?... Mécontente d'un domicile, va-t-elle s'accumuler dans un autre?....

La mer se retire!... Mais elle ne s'est guère retirée du *Zuyderzée* qu'elle a envahi.... Mais au lieu de se retirer de l'île de *Schoonevelde* (vis-à-vis l'embouchure du *Zwyn* et de l'*Escaut* occidental) elle l'a absorbée! et l'église et la maison de plaisance, et le village lui-même tout entier sont descendus graduellement dans le sein des eaux et ont fini par y disparaître (1).

La mer se retire!... Mais le pays de *Cadzand* et de *Wulpen*, qui se liaient au continent, n'en ont-ils pas, au contraire, été séparés par la mer?

La mer se retire!... Mais la Hollande et les Polders voient grandir chaque année le danger de l'invasion des flots?...

La mer se retire!... Mais sans l'obstacle que lui opposent les écluses, elle irait à une haute marée laver la Grand'Place de Saint-Omer.

La mer se retire!... Mais elle revient parfois aussi; car, au commencement du XVe siècle, ses trop fréquentes irruptions sur des points voisins de Dunkerque avaient fait insérer dans les baux et contrats cette clause : Que les propriétaires n'entendaient pas être responsables des *dommages occasionnés par la mer*.

V

Reportons-nous donc à l'époque où il n'existait pas d'écluses ni à Gravelines, ni à Dunkerque, ni à Nieuport; ou supposons que cet état se réalise aujourd'hui. Qu'arriverait-il?

Le second jour, nous trouverions entièrement inondée une partie considérable de territoire et particulièrement celle qu'on désigne sous le nom des *Watteringues* et *Moëres*....

---

(1) Elle forme un banc que les Hollandais appellent *banc de Schoonevelde*, et les cartes françaises *banc de Lissewege*; la passe de Wielingen est au milieu de ce banc.

Quand cet état cesserait-il?

Jamais! ou du moins il ne cesserait pas aussi longtemps que le sol conserverait les pentes qu'il a aujourd'hui et que bien des gens supposent qu'il avait alors.

Devant cette barrière doivent s'arrêter toutes les suppositions arbitraires de retrait des eaux ou des conquêtes faites sur la mer!

Mais quoi! l'industrie de l'homme serait-elle étrangère à l'assèchement de la terre?

Non certes! cela ne pourrait se soutenir.

Au temps où le pays commença à sortir des eaux, ces terres, maintenant couvertes de moissons et de villages populeux, étaient, pour les habitants de la terre ferme, ce que la rade de Dunkerque est pour la ville. Or, de nos jours, quel est l'homme sensé qui dise : « Desséchons la rade! et pour cela élevons des digues, creusons des canaux, faisons des écluses .... »

Ce langage, que l'on traiterait d'insensé, est celui que l'on prête aux Morins, aux Ménapiens, aux Saxons, premiers habitants de nos régions, à l'aurore des temps historiques.

Ce qui serait insensé, aujourd'hui que nous avons des moyens d'action inconnus à ces peuplades, aurait été délibéré et exécuté par des populations dispersées, fuyant chaque année devant les déprédations des hommes du Nord....

A-t-on mis en avant une hypothèse plus insoutenable?

VI

Les divers phénomènes indiqués tout à l'heure, ont pour cause un fait géologique.

L'écorce du globe n'est pas une enveloppe continue, ni une sphère rigide comme une bombe ou un obus; cette écorce, encore mince relativement à la masse terrestre, a été souvent brisée; elle est formée de fragments juxta-posés, quelquefois soudés, quelquefois distincts, soumis à l'action des agents intérieurs; action qui se manifeste, même dans nos régions, avec une permanence remarquable, quoique d'une énergie différente, tantôt par des expansions violentes, brusques, momentanées comme les tremblements de terre; tantôt par des mouvements plus ou moins longs et variés.

Les explorateurs des archives nous fournissent une série de dates qui sont en quelque sorte les éphémérides de notre sujet.

Ainsi, au VIIe siècle, la mer couvrait les environs de St-Omer. C'est le témoignage de Folquin et d'Ipérius; au IXe, la mer faisait irruption sur les terres cultivées; au Xe, Walcheren était séparé du continent ainsi que Zuyt Beverland; au XIIe siècle, Louis VII parlant de Saint-Omer, considère cette ville comme placée à la dernière limite du monde (1); c'est là, en quelque façon, le point de

---

(1) *Antiqua civitas, secus mari fundata orbis in extremo margine*, cité par Piers, *Histoire des Flamands du Haut-Pont*, page 41.

départ d'une série de phénomènes qui changent cet état de choses pour amener celui que nous voyons aujourd'hui.

En effet, la nature, en convulsion dans nos parages, agite les eaux et les répand sur les deux rives opposées de Flandre et d'Angleterre. En peu de temps, ce phénomène se renouvelle trente-cinq fois ; un travail intérieur secoue l'écorce du globe ; quinze tremblements de terre viennent à des intervalles inégaux effrayer les habitants de la contrée (1).

Alors il s'établit dans le sol une inclinaison nouvelle ; les eaux de l'intérieur s'écoulent dans le lit de l'océan, les eaux du golfe *Itius* laissent à découvert le fond de leur bassin ; alors se creuse le lit de l'*Aa* ; alors commence pour les hommes, la possibilité de faire des travaux pour achever l'assèchement des marais et empêcher le retour des mers sur les terres qu'elles avaient abandonnées.

Mais à ce mouvement en succède un autre ; la côte restant en son lieu, l'intérieur à l'Est s'affaisse et s'incline au-dessous du niveau de l'océan dont les travaux antérieurs peuvent, cette fois, le préserver. Le cours d'eau nommé *Mardyckhouck* est une preuve fort curieuse de cette disposition du terrain. Il prend sa source près des dunes et s'en éloigne perpendiculairement.

Ce n'est pas tout : la partie du littoral qui était restée plus élevée que l'intérieur, s'incline d'une autre façon ; de Calais jusqu'à la Hollande un nouveau mouvement se détermine, mouvement par lequel la partie Nord s'abaisse tandis que la partie Sud se relève ; c'est ainsi qu'à partir du détroit, le sol s'exonde graduellement et que vers l'embouchure de la Meuse, l'obligation d'entretenir et d'exhausser les digues devient chaque jour plus impérieuse. Les ingénieurs hollandais ont constaté avec effroi que le sol de leur pays s'abaisse avec une terrible régularité, d'une quantité qu'ils évaluent à plusieurs pouces par année.

Dans la portion qui nous intéresse aujourd'hui, les titres du XIe siècle nous citent bien de terres *abandonnées par la mer ;* mais il n'est pas encore question de travaux entrepris contre elle. C'est au XIIe siècle qu'on voit pour la première fois citer les polders (2).

Au XIIIe siècle le mouvement avait changé l'état des choses au Nord, et les digues du Zuyderzée, devenues insuffisantes, laissaient les eaux marines envahir un sol qu'elles avaient autrefois délaissé, et qu'elles garderont jusqu'à ce qu'un mouvement inverse ne l'élève au-dessus du niveau actuel ; en 1254 la Frise était aussi inondée.

---

(1) En 1012, — 1080, — 1087, — 1115, — 1175, — 1350, — 1382, — 1449, — 1580, — 1640, — 1692, — 1740, — 1756, — 1766, — 1776, — et même en 1848.

(2) En 1097, Clémence, épouse de Robert, comte de Flandre, aurait fait don à la prévoté de Watten de toutes les salines et garennes jusqu'à la mer ; se fondant sur ce titre, l'évêque de Saint-Omer demandait au XVIIIe siècle d'être maintenu dans la seigneurie de Prédembourg : il fut débouté. Dans une charte de 1170, des Polders près d'Ostende sont désignés comme des *terres nouvelles que la mer a rejetées.* Quant au mot *Polders*, il paraît employé pour la première fois dans une charte de 1218. Dans un diplôme de 1150, on distingue la terre de rejet (*werpland*) de la terre de marais (*morland*), celle-ci ancienne, l'autre nouvelle. Voyez Warnkœnig, *Histoire de Flandre*, tome II, page 50.

Au contraire, au Midi, on voit à la même époque, de nouvelles terres abandonnées par la mer, augmenter le domaine des comtes de Flandre et leur fournir un moyen de faire de nouvelles largesses. Les terres marécageuses devenaient propres à la culture. C'est en 1270 que paraissent les premières ordonnances sur les Watteringues (1).

Sur l'autre rive, un travail analogue s'opérait; l'île de Tharet n'existe plus.... des cinq ports, jadis l'orgueil de l'Angleterre, deux se sont éteints à mesure que la mer s'en éloignait. Les marais de Rummey, qui font face à Boulogne, sont conquis à la culture.

Envisagés de ce point de vue, les phénomènes restés isolés se groupent, se classent, s'expliquent les uns par les autres (2).

Quelle était donc dans ces temps la limite du littoral? On peut la reconnaître à l'horizontalité des dépôts et la suivre partant de Sangatte, passant par Audruick, Watten, Bergues et Hondschoote.

Ainsi il exista près de Watten une rade intérieure où se rangea, peut-être, la flotte de César, comme dans la rade de Dunkerque se pressèrent les vaisseaux de Louis XIV, et c'est le limon de l'Aa qui, répandu sur le pays, y a formé en grande partie l'épaisseur du sol arable. Trouverait-on quelque part un second exemple de pareilles mutations et un sujet plus digne de réflexion (3)?

§ III. Les Dunes.

I

Les dunes sont des monticules de sable qui bordent irrégulièrement la grève et qui, sur les plages basses, se constituent sous l'influence de la mer et dans la

---

(1) En 1172, Gauthier de Courtray faisait dessécher 300 mesures entre Watten et Bourbourg.

(2) Parmi une foule innombrable de faits analogues, nous nous bornerons à citer le Rhin, dont la rive gauche est envahie par les eaux, tandis que la rive droite en est abandonnée. Plus près de nous, au château de Douvres, les clous repaires se trouvent à 10 mètres de hauteur au-dessus de l'eau; ils ont été soulevés avec le terrain d'une hauteur de 5 mètres environ.

(3) On peut lire sur cette intéressante matière : Belpaire — *Mémoire sur les changements que la côte d'Anvers à Boulogne a subis, tant à l'intérieur qu'à l'extérieur, depuis la conquête de César jusqu'à nos jours;* Bruxelles, 1827, in-4°, 176 pages. — Première partie du 6ᵉ volume des *Mémoires couronnés de l'Académie de Bruxelles;* — Henri, sur l'arrondissement de Boulogne, 1810, in-4°; — *Le Journal de physique,* 1778; — Les *Mémoires des Antiquaires de la Morinie,* par M. Hermant, sur la division territoriale des Ménapiens et des Morins. — Voir aussi dans la *Collection des Mémoires de l'Académie de Bruxelles,* un travail de l'abbé Debast sur l'état ancien des Pays-Bas, en prenant pour point de départ le cap Blanc-Nez.

direction du vent dominant dans la contrée. Quelques-unes atteignent jusqu'à cinquante mètres de hauteur.

Les eaux et les vents qui les ont formés tendent journellement à les modifier. Aussi en certains pays avancent-elles progressivement dans les terres.

Les dunes de la Gasgogne ont ainsi une marche que l'on évalue à vingt mètres par année. Dans le Suffolk, une dune formée en 1688 avait une vitesse quatre fois plus considérable, de sorte qu'en moins d'un siècle, elle atteignit et couvrit la ville de Downham.

Près de Saint-Pol-de-Léon (Finistère), les dunes se sont avancées de cinq cents mètres par an. En Angleterre, bien des villages ont été ainsi absorbés, ne laissant de leur existence d'autre vestige que la pointe de leur clocher qui dépasse la surface des sables.

Après avoir envahi un terrain, les dunes en sont enlevées et transportées ailleurs. Le vieux Saulai en Gasgogne a été ainsi couvert et découvert plusieurs fois.

Sur le littoral de Dunkerque, le phénomène n'a pas acquis régulièrement cette redoutable activité; mais les dunes n'y sont pas inoffensives; elles s'y étendent sur une lisière d'un kilomètre environ, qui va de la Somme jusqu'à Anvers; en général elles sont parallèles à la côte; elles affectent çà et là l'apparence de collines ayant des rameaux. Dans le pays, on appelle *Pannes* les petites vallées formées entre les dunes.

Au midi de Dunkerque, le hameau de Dornegat est cerné au Nord et à l'Ouest par une dune de récente formation, qui va de la ferme des Criques à l'ancienne écluse Mardyck, et mesure de quatre à cinq mètres de hauteur sur douze à quinze de largeur. Au commencement du XIXe siècle, cette dune empiétait sur les terrains cultivés du voisinage; peu à peu les arbres élevèrent seuls leur tête au-dessus du sable; ils finirent même par y disparaître tout à fait. Vers l'extrémité de la rue dite du *Milieu du Hameau*, la dune couvrit les jardins et força les cultivateurs à démolir les étables adossées à leurs maisons (1); dans la nuit du 22 au 23 janvier 1802 les sables arrivèrent en si grande quantité que les habitants de plusieurs maisons du côté droit de la rue, n'eurent le matin d'autre issu que les toits et qu'il leut fallut deux jours d'un pénible travail pour dégager leurs bestiaux.

De l'autre côté de Dunkerque, une ville entière fût un jour ensevelie par une trombe de sable, soulevée par la mer au milieu d'un affreux ouragan : Lombardsyde disparut en un instant. Sans redouter un sort pareil, Nieuport s'est établie entre cette ruine et la mer!

Zuydcoote nous offre un exemple à la fois plus récent et plus voisin encore. Pendant la nuit, une horrible tempête (1777) soulève des colonnes d'eau et de sable; elle les tord et les secoue dans les airs au-dessus de la ville, qui croit voir dans cette convulsion la fin du monde; les habitants fuient épouvantés....

---

(1) Une ferme occupée par M. Truck a été envahie de même.

Ils purent contempler, au lever du soleil, l'œuvre de la nuit! Zuydcoote était cachée sous un monceau de sable qui couvrait ses rues et leurs nombreuses maisons.... la tour seule se montrait encore. Aujourd'hui la flèche a disparu et le squelette de pierre reste comme un jalon indiquant aux marins l'entrée de la passe de l'Est (1).

II

Nous avons visité ce lieu de désolation (précaution que nous avons d'ailleurs observée pour la plupart des localités dont nous parlons dans cette étude) et nous en décrivons brièvement l'aspect.

Vers le milieu du canal de Furnes à Dunkerque se trouve un pont qui mène aux dunes. A droite et à gauche quelques maisonnettes, une pauvre église; puis on foule le sable envahisseur.

En gravissant la colline qui ceint la tour de l'ancienne église, nous évoquions le souvenir de la terrible catastrophe dont les pêcheurs agglomérés au pied du monticule paraissent se soucier si peu!

Quand on est arrivé au point culminant des collines, la vue plonge dans une sorte de vallée allongée, une *panne* dont les bords se relèvent irrégulièrement et s'abaissent ensuite pour se perdre sur la grève morne et déserte.

Au Sud, le ciel était alors brillant et découvert; au Nord, une masse de vapeurs grisâtres semblaient s'élever péniblement de la mer comme une draperie sombre, penchée par le vent et derrière laquelle disparaissait l'horizon.

Un silence absolu régnait dans ces solitudes; le sol tourmenté rappelle la catastrophe funèbre et semble menacer encore de quelques bouleversements prochains. Notre guide s'étonnait de nous voir considérer avec émotion ce sol aride et ne comprenait rien à la tristesse que nous inspirait la vue de ces dunes sauvages.

Un rayon de soleil éclaira le paysage et sembla y réveiller la vie. On entendait au loin le cri de la sauterelle et l'appel mélancolique du coucou, abrité sous les rares buissons; quelques vaches paissaient sur les pentes lointaines : réduites par la distance elles semblaient des insectes se traînant sur le sol pour s'y disputer quelques brins d'herbe qui y croissent comme à regret.... Je remarquais sous mes pieds des tiges de Hoyas se ployant sous le vent et traçant autour d'eux, sur le sable, des cercles aussi réguliers que s'ils étaient faits à l'aide du compas. Symbole mystérieux de la brièveté de la vie et de la longévité de la nature.

A voir ces couches de sable superposées et dont un éboulement récent permet parfois de supputer le nombre, on se laisse aller à des retours sur le passé, à des pronostics sur l'avenir. Avec un peu de bonne volonté on se croit sur les flancs de quelque vieux volcan éteint.... Ici la surface du sable court unie et nivelée comme

---

(1) En 1779, le village de Zuydcoote demandait une indemnité pour la Tour abandonnée. — M. R. de Bertrand a publié, en 1839, une brochure très intéressante, sous le titre de *Recherches historiques sur Zuydcoote*.

la neige après une longue nuit d'hiver; ailleurs elle est ridée comme la grève sous le frôlement des vagues.

En se tournant vers l'Est, on trouve un contraste complet; les lignes de teintes diverses se fondent à l'horizon, mais partout la vie s'y révèle; une verdure printanière présente aux regards un doux tapis varié par l'éclat des prairies et l'or des champs de colzat; des maisons blanches au toit d'un rouge éclatant se dessinent sur l'azur du ciel; des plantations variées marient leurs nuances qui s'éteignent sous la teinte d'outre-mer.

Cette riante verdure se retrouve surtout dans le Rosendael, dont le nom gracieux et sonore (*Vallée des Roses*) n'est cependant pas sans exagération. Dans les innombrables jardins qui le divisent, il y a des roses, mais pas de vallées. C'est du moins une île de verdure, un oasis au bord des dunes. C'est plus qu'une promenade chère aux Dunkerquois qui s'y rendent en foule le dimanche et le lundi; c'est un bienfait pour le pays, c'est une barrière posée à l'invasion des sables; c'est un des nombreux exemples que présente notre territoire, de la lutte, du triomphe de l'intelligence contre la matière; c'est donc bien plus que des maisons de plaisance et des jardins potagers dont les produits s'expédient au loin et propagent la réputation du *Roseval* (1), traduction littérale de Rosendael (2).

Du reste, entre Zuydcoote et Dunkerque, on avait vu plusieurs fois des terres cultivées ainsi absorbées. En 1764, une ferme appartenant aux hospices, fut envahie en une seule nuit (3).

En 1778, l'année qui suivit le désastre de Zuydcoote, on tenta de rendre à la culture plusieurs des champs récemment couverts; on commença par les plus voisins du Rosendael et qui avaient moins souffert. Ces essais ne furent pas sans résultat, car dans les ordonnances du temps, on voit citer le *Nouveau Rosendael*.

En 1784, l'échevinage dunkerquois votait une somme de 2,000 livres pour un chemin à y tracer.

Jusqu'en 1791, la ville de Dunkerque resta en jouissance de certaines parties des dunes qui lui appartenaient. Interprétant à sa manière les lois nouvelles, la commune de Coudekerque s'empara de quelques lots à sa convenance (4).

Sous le Consulat, une partie des dunes fut plantée. Bonaparte avait à cet égard des vues bien arrêtées; il attachait à cette mesure une importance telle, qu'il voulut la voir mentionnée dans son portrait qu'il donna alors à la ville.

---

(1) Le 17 juillet 1775, il fut procédé à l'arpentage du terrain désigné par la dénomination de *dunes et garennes*. Il y avait 2,077 mesures, dont 1,249 furent dévolues à Dunkerque et 827 à Bergues. L'hectare égale 2 mesures 25. Le chemin de Herstraete conduit aux garennes, et limite ce terrain à partir de Dunkerque jusqu'à la frontière belge. Il existe sur cette matière un décret de l'an IX B 108, des 21 août 1806, 9 octobre 1810, 1er juillet 1812, 13 octobre 1834, etc.

(2) Au XVIe siècle, le Rosendael était appelé *Pierkepaps*; il était de l'Amanie de Coudekerque.

(3) Le locataire payait un rendage annuel de 150 livres; il obtint un rabais de 132 livres pendant dix-huit ans que dura cette concession : il regagna peu à peu le terrain perdu.

(4) M. Mollet a publié en 1847 un rapport intéressant sur cette matière. Nous regrettons que le défaut d'espace nous empêche de lui emprunter des détails curieux qu'il renferme.

D'abord ajournée à cause des circonstances, cette plantation fut mise en adjudication en 1805 (25 janvier); l'empereur persistait dans les vues du consul.

Le transport du sable par les vents est un péril si prompt à naître, que l'époque des petites marées est souvent indiquée aux habitants du Rosendael et de la ville par un surcroît de poussière *arenacée*. La portion de deux ou trois cents mètres de la plage qui n'est pas mouillée par le flot, se sèche rapidement (une demi-heure de soleil suffit), et le sable est emporté par les tourbillons qui le déposent ensuite lorsque leur mouvement vient à cesser.

Une dune très-haute s'est ainsi installée sur le *Clapperdickstraete*; elle aurait été infailliblement transportée ailleurs si des plantations convenablement faites ne l'y eussent fixée.

Au lieu d'attendre l'invasion du sable sur les terres cultivées, l'on doit donc se hâter de se porter sur les plaines sablonneuses que la mer pourrait laisser à sec; c'est le seul moyen de prévenir de nouveaux désastres. La plage à l'Ouest ne présente pas le même danger à cause des dépôts argileux que l'Aa y dépose.

Pour s'opposer à ce déplacement, on a eu recours à des arbres de diverses essences : le saule (1), le pin (1784), le mélèze, le peuplier, et particulièrement aux plantes : le Hoya (*arundo arenaria*), la luzerne. Par leur épanouissement à la surface, ces végétaux soustraient le sable à l'action du vent; par leurs racines, ils donnent de la fixité au sol. L'herbe et la mousse ne tardent pas à venir à leur tour, et à mesure que le tapis devient plus épais, le pays est plus rassuré contre les dangers. Il existait autrefois des peines très-sévères contre les dégradations faites volontairement aux dunes. Dès 1793, il y avait des *Dunherders* que nous traduisons par *garde dunes*. Pendant la révolution, la répression fut suspendue et il en résulta de grands dommages.

On trouve dans les dunes le thym serpolet qui y croît en abondance, et un chardon fort remarquable, le panicaut de mer; on pourrait y naturaliser des ormes, des peupliers, des marronniers.

Les dunes sont l'asile d'un grand nombre de lapins qui y ont creusé leurs terriers (2), et dont la multiplication était devenue un fléau (3). Celles de l'Est abondent en gibier. Lorsque la pluie rend trop humides les terres basses, les lièvres gagnent les collines sablonneuses; les perdreaux, les bécassines, s'y trouvent en abondance.

---

(1) Il existe à ce sujet une ordonnance de 1767.

(2) Une ordonnance du 25 décembre 1729 cède à l'état-major de Dunkerque la jouissance commune aux autres états-majors des places maritimes, savoir : 1° du droit de chasse, droit purement honorifique ; 2° du droit de *garenne ouverte*, droit plus positif et susceptible d'être affermé. Il arriva que les lapins se multiplièrent au point de devenir un fléau pour la contrée; il fallut songer à détruire les garennes, et d'abord à indemniser les officiers. Par délibérations des 19 janvier et 20 février 1775, Dunkerque et Bergues, moyennant une redevance annuelle de 3,000 livres, rachetèrent la concession des garennes. La transaction est du 20 avril suivant. Cette redevance a été payée jusqu'en 1789.

(3) Il existe, sous la date de 1532 (priviléges, édits, arrêts, A, f° 76), une demande du Magistrat à la duchesse douairière de Vendôme à l'effet d'empêcher les dégâts faits aux dunes par « *les conins entre le Cattegat et le havre* (port). »

Dans l'hiver, il s'y forme des flaques au bord desquelles les cygnes, les canards sauvages, les oies voyageuses, viennent s'abattre en nombreuses troupes. Autrefois les marais du pays attiraient une foule de hérons qui sont plus rares aujourd'hui (1).

III

Une idée aussi remarquable par sa simplicité que par son heureuse application, va donner aux dunes un aspect imprévu et en faire sortir une richesse inespérée (2).

Chacun sait que le sol se compose de couches diverses. A un mètre ou deux de la surface, se trouve en plusieurs localités une couche d'argile. Il s'agissait de substituer au sable mobile et improductif, une couche de cette argile qui n'offre plus prise au vent. C'est à quoi l'on est parvenu par le procédé suivant : On creuse une fosse jusqu'à l'argile dont on entame l'épaisseur de la quantité nécessaire. Cette fosse creusée, on en fait à côté une semblable; on remplit la cavité de la première avec le sable extrait de la seconde, et à la superficie, on étend la couche d'argile à laquelle on est parvenu. En continuant de cette façon on change la position relative du sable et de l'argile. Sur cette nouvelle surface le vent perd sa désastreuse activité; il y court sans en rien enlever, il s'y endort.... De là sans doute, le nom de *lit à vent* qui a été donné à cette nouvelle disposition; nom expressif et digne d'être conservé.

Des terrains stériles ont été, par ce procédé, rendus propres à la culture et ont par de riches produits récompensé des sacrifices dont ils avaient été l'objet; double bienfait qui délivre le pays de ses landes et lui fournit de fertiles moissons (3).

---

(1) A la fin du XVIe siècle, la chasse aux hérons était très fréquentée à Dunkerque.

(2) Une ordonnance du 13 octobre 1824 concède à MM. Choisnard et Florent Degravier les terrains vagues, dunes, lais et relais qui se trouvent dans le département du Nord depuis le Pas-de-Calais jusqu'à la frontière belge.
Il existe, sous la date du 14 décembre 1810, un décret impérial sur les plantations à effectuer dans les Dunes. Une aveugle et imprévoyante cupidité porta souvent les habitants de la lisière à couper les hoyas; ils en vinrent même à considérer ce vol comme un droit acquis, qu'ils voulaient défendre.

(3) De 1832 à 1846, M. Hamerel a ainsi créé 59 hectares, M. Hubert en a fertilisé 50. Voyez, sur les Dunes, la *Statistique* de Dieudonné, tome I, page 345 et suivantes.

§ IV. L'arrondissement de Dunkerque.

L'arrondissement de Dunkerque comprend environ 80,000 hectares (1) formant un quadrilatère dont l'Aa au Midi, la mer à l'Ouest, la frontière belge au Nord, déterminent trois côtés. C'est à peu près la Flandre maritime d'autrefois (2).

C'est un terrain de plaines dont l'uniformité n'est guère interrompue que par les dunes et les hauteurs de Watten. Il est sillonné par 258 canaux, rivières, cours d'eau, etc., traversé par un grand nombre de chemins, trois grandes routes (3) et une voie ferrée.

On y compte cinq villes (4), cinquante-neuf communes rurales et près de cent mille habitants (5).

La Colme et le canal d'Honschoote divisent l'arrondissement en deux parties d'une physionomie contraire. Au Nord, pas ou du moins peu d'arbres; au Sud, au contraire, beauté remarquable des hautes futaies.

Au Sud, le sol arable a deux caractères : ici il est argileux, jaunâtre, d'une épaisseur d'un décimètre environ, perméable à la pluie et s'ameublit facilement;

---

(1) Répartis comme suit :
Canton de Dunkerque. . . . . 11,427 hectares.
— Bergues. . . . . . 11,960 —
— Bourbourg. . . . . 12,902 —
— Hondschoote . . . . 13,638 —
— Woormhoudt. . . . 14,111 —
— Gravelines. . . . . 16,369 —

(2) La Flandre particulière comprenait la Flandre gallicane et la Flandre teutonique; la Lys en était la séparation.

La Flandre teutonique comprenait le quartier de Bruges (dans lequel était englobé Dunkerque).

La Flandre maritime s'étendait de la mer à la Lys; elle comprenait neuf divisions :
Bailleul. Cassel. Hazebrouck.
Bergues. Dunkerque. Hondschoote.
Bourbourg. Gravelines. Merville.

Il paraît que les hommes du Nord passèrent l'Aa, car Tournehem et Tatinghem, au Sud de cette rivière, sont d'origine germanique. L'Aa ne devint limite qu'en 1191 et 1126, et l'idiome flamand fut refoulé au Nord. A la fin du XIIIe siècle, la Flandre avait pour limite à l'Ouest, la mer; au Nord, l'Escaut occidental; au Sud-Ouest, l'Aa, la Lys, la Scarpe; à l'Est, le comté de Hainaut; au Sud, l'évêché de Cambrai; au Nord, l'Escaut et le Brabant.

(3) Savoir : Route de Bergues à Ypres; — de Dunkerque à Lille; — de Dunkerque à Calais.

(4) Dunkerque, Bergues, Gravelines, Hondschoote et Bourbourg.

(5) Voici comment ils sont répartis, suivant l'*Annuaire du Département*, année 1837, page 59 :
Canton de Gravelines. . . 1,048 maisons, 6,738 habitants, 4 communes.
— Bourbourg. . . 2,153 — 12,573 — 13 —
— Hondschoote . . 2,277 — 13,775 — 8 —
— Woormhoudt. . 2,534 — 15,396 — 10 —
— Bergues . . . 2,710 — 16,132 — 13 —
— Dunkerque . . 2,633 — 32,224 — 11 —

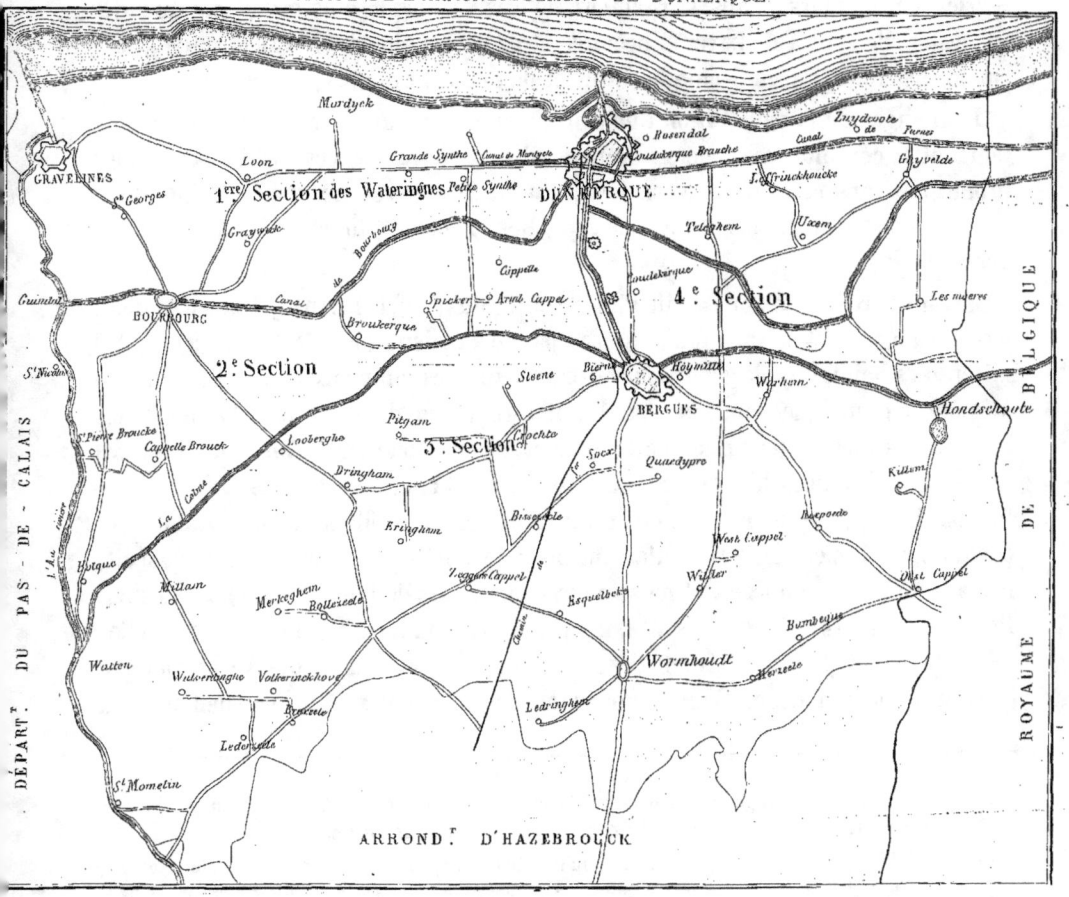

là, il est formé d'une terre glaise nommée *clit*, retenant l'eau, ne convenant ni au tabac, ni à l'orge.

Les récoltes de cette partie donnent du bon froment, du lin, des graines oléagineuses, particulièrement le colzat.

Au Nord le sol est sablonneux, gris noirâtre ou bien d'une argile moins serrée que le *clit*, donnant particulièrement de l'escourgeon.

Le lin y vaut vingt centimes la botte de moins que dans la partie Sud.

Dans le Nord les semailles se font du 25 mai au 25 juin; dans le Sud, du 25 février au 25 mars; dans la première de ces parties le plus grand nombre des fermes est de cent à deux cents hectares et de cinq à douze chevaux; dans la seconde, de trente à trente-cinq hectares et de deux chevaux (1).

Pour juger de l'amélioration que peut amener dans une contrée, un travail intelligent et continué avec persévérance, il faut comparer ces riches campagnes produisant sans cesse et sans se lasser, tout ce qui est nécessaire à l'homme, avec les marais infertiles et tourbeux qu'elles formaient du temps de la conquête des Romains.

Suivant le récit que nous a fait Pline le naturaliste (2), l'Océan s'y épanchait deux fois par jour (3) et faisait douter si ces parages étaient bien la terre ferme; les misérables habitants plaçaient leurs cabanes sur des éminences ou petites îles (4) formées en quelques endroits par la nature et en d'autres par la main des hommes, à une hauteur que n'atteignaient pas les marées. Ainsi établies, ces cabanes, environnées des eaux en mouvement, semblaient des navires à demi naufragés. Lorsque la mer se retirait on prenait dans des filets, tendus autour des chaumières, le poisson qui voulait fuir avec le flot. Les habitants, on le conçoit, n'avaient pas de troupeaux et ne se nourrissaient pas de lait comme leurs voisins. Pour cuire leurs aliments ils n'avaient d'autre combustible que la terre elle-même (5); leur boisson, c'était l'eau de pluie conservée dans des vases placés à l'entrée de leur maison. Dans le voisinage de ces peuples et principalement aux

---

(1) L'arrondissement compte 2,600 hectares de prairies artificielles, — 8,000 chevaux de labour; — 2,000 élèves de cette race sont annuellement vendus pour la Normandie.

(2) Lib. XVI, cap. I. Pline appelle le pays qu'il décrit *le pays des Cauques*. Faulconnier (tome I, page 6), les appelle *Causses*. Laissant de côté ce nom nécessairement estropié, nous trouvons dans le tableau que nous a laissé l'écrivain romain une peinture fidèle et frappante de la lisière de notre arrondissement contiguë à la mer.

(3) Cela aurait encore lieu aujourd'hui, sans les dunes et les écluses; mais l'existence d'écluses au commencement de l'ère chrétienne nous semble avoir besoin d'une démonstration plus positive que la plus simple allégation de Faulconnier.

(4) C'est le rapport de Strabon. Ces îles étaient formées par des éminences qui dépassaient les eaux; le sol de Bergues était un des plus importants; l'emplacement de Socx, Bollezeele, la colline Ravensberg figuraient parmi les autres.

(5) C'est ainsi que Pline désigne *la tourbe*. Parmi les communes de l'arrondissement, il s'en trouvait encore vingt-six où l'on exploitait les tourbières au commencement du XIXe siècle. Voir *Dieudonné*, *Statistique du Nord*, tome I, page 181.

environs de deux lacs (1) (que nous estimons être les Moëres) on trouvait des forêts épaisses. De gros chênes (2) qui croissaient sur la lisière étaient parfois déracinés par les vagues ou renversés par les vents, et entraînaient avec eux des îles entières qu'ils embrassaient de leurs racines (3).

Comparons ces lagunes toujours noyées, ces plages incultes et sans troupeaux, aux riches cultures qui couvrent le sol des Watteringues et même le fond de ces lacs indiqués par l'écrivain romain et n'oublions pas que ce miraculeux résultat a eu pour premiers auteurs les moines, qui ont pris l'initiative pénible des travaux opérés.

Le desséchement de notre territoire est dû à la fois à ces bienfaisantes tentatives, aux phénomènes géologiques qui les favorisaient et à l'intelligence qui y a mis son dernier cachet. Il n'est pas sans intérêt de chercher à suivre le progrès de ces efforts, et nos archives nous en offrent des titres vraiment curieux. Si le lecteur veut examiner en détail la carte qui accompagne ces pages, il remarquera que, généralement, parmi les localités qui y sont rappelées, celles dont il est le plus tôt fait mention dans les titres et les diplômes, se trouvent sur les parties élevées de la surface, et que les plus modernes sont dans les lieux plus bas, desséchés les derniers (4).

---

(1) Ces deux lacs sont évidemment la grande Moëre et la petite Moëre, et ce passage trouverait une éclatante confirmation dans la trouvaille qui aurait été faite, à la grande Moëre, d'un vase romain.

(2) Nous en avons vu dans une situation tout-à-fait semblable lors des travaux exécutés dans les tourbières voisines du débarcadère de Bergues.

(3) Plusieurs localités ne doivent-elles pas leur nom à une circonstance analogue : *Eeke, Eskelbecque, Eckout.*

(4) Watten date du commencement de l'ère chrétienne ; sous un autre nom, Mardyck figure à la même période ; c'est en 943 qu'on vit apparaître son nom actuel.

Nous avons trouvé Eskelbecque . . . . cité en 880.
Warhem . . . . . — 938.
Woormhoudt. . . . — 965.
Petite-Synthe. . . . — 1067. (Tourbières.)
Looberghe . . . . — 1093. —
Bourbourg . . . . — 1100. —
La tourbe se trouve à Bollezeele. . . . . — 1113.
1 mètre environ ; au-des- Steene, Spycker. . . — 1183. —
sous est une couche de Broxeele . . . . . — 1219. —
sable noir et gras. Holque . . . . . . — 1261. —
Coudekerque. . . . — 1267. —
Uxem . . . . . . — 1254. —
Leffrinckouke . . . — 1255. —
Saint-Pierre-Brouck . — 1288. —
Cappelle-Brouck . . — 1290. —
West-Cappel . . . . — 1291.
Socx, Arembout-Cappel. — 1295. —
Quaëdypre . . . . — 1298.
Pitgam. . . . . . — 1324. —
Zuydcoote. . . . . — 1329. —
Druigham. . . . . — 1360. —
Broukerque . . . . — 1365. —

D'ailleurs, il n'y a pas bien longtemps que plusieurs sont tout-à-fait habitables. Au XIIe siècle *Offekerque* était sous les eaux ; on peut en dire autant de *Guemps* en 1347 ; *Audruick, Ruminghem* et beaucoup d'autres ; au XVe siècle la marée remontait encore jusqu'au pont de Watten ; un bateau coulé à Gravelines fut porté par le flot jusqu'à Saint-Omer (1). En 1500 Gravelines était entourée de lagunes et de terres incultes ; c'est au XVIIe siècle que Vauban l'a enfin assainie (2) ; des titres de ce temps parlent de Wœstines et de Campines (3) existant dans les environs de Dunkerque.

D'ailleurs presque tous les noms rappellent l'origine aquatique ; c'est *Broukerque*, l'église des marais ; *Cappellebrouck*, la chapelle des marais ; *Saint-Pierrebrouck*, Saint-Pierre aux marais ; *Broxeele*, la descente aux marais.

Mais ce qui est plus curieux encore, c'est qu'antérieurement à cette inondation déjà si ancienne, le sol avait été couvert d'une végétation abondante ; des chênes vigoureux, des pins gigantesques, y élevaient leurs tiges. Renversés par l'invasion des eaux ou par la tempête, ces troncs séculaires ont été recouverts par les débris des forêts aujourd'hui convertis en tourbes (4) ; des animaux, maintenant relégués en d'autres latitudes, y vivaient sans trouble ; des éléphants parcouraient les rives du golfe Itius (5) ; des dromadaires foulaient le sol enfoui sous les Watteringues ; des hippopotames se jouaient sur les bords de ces vastes marais (6).

Sous le rapport agricole et géologique, l'arrondissement de Dunkerque présente un vif intérêt ; sous celui des travaux hydrauliques, il en est peu qui peuvent lui disputer la prééminence. Au point de vue de l'histoire, il y a aussi de beaux souvenirs. Les archéologues nous font suivre les restes de trois voies romaines (7). Ils nous montrent, en plus d'un lieu, les vestiges du peuple-roi (8). Gravelines a vu le comte d'Egmont anéantir une armée française ; Hondschoote se

---

(1) Piers. *Histoire des Flamands du Haut-Pont et de l'Ysel.*

(2) Les soldats français ont créé et répandu ce dicton aujourd'hui sans motif :
« Seigneur, élivrez-nous de la peste, de la famine,
« De la garnison de Bergues et de Gravelines. »

(3) On trouve cité : *Loon dans la Campine,* etc.

(4) A Pitgam, à Bierne et ailleurs, on trouve à 3 ou 4 mètres dans les tourbes, des arbres entiers conservés avec leurs feuilles et leurs fruits.

(5) Nous avons extrait du sol, aux Fontinettes près d'Arques, des débris fossiles d'éléphants : molaires, défenses, ossements, et des restes de cerfs, de tapirs, et autres animaux des tropiques.

(6) A Sainte-Mariekerke, on a trouvé en 1835 des ossements fossiles de chameaux et de dromadaires ; ailleurs, des restes d'hippopotames. En creusant les fondations d'une maison à Bergues on a même rencontré un humérus de baleine.

(7) Il y a dans l'arrondissement de Dunkerque plusieurs chaussées romaines. Deux partant de Cassel (d'où elles viennent de Bavai) se dirigent vers la côte : l'une, à l'Est de Dunkerque ; l'autre, à l'Ouest. Cette dernière est interrompue à Steene, d'où elle se dirigeait sans doute vers Mardyck, où nous l'avons inutilement cherchée.

Deux étaient parallèles à la côte : l'une, dite *Looweg,* partait de Térouanne et aboutissait a Loo dans le Furnambacht.

(8) On a trouvé à Bollezeele 2,000 monnaies romaines.

rappelle la fuite des Anglais défaits par Houchard ; Mardyck a vu se presser autour de son étroite enceinte les cavaliers dalmates envoyés par Rome sur le rivage saxon, et plus tard les vaillantes armées de l'Espagne, de l'Angleterre et de la France, se livrer de rudes combats ; sous le sable de cette plage sont cachées des armées et des projectiles perdus dans ces luttes sanglantes. Les dunes et le Rosendael répètent les noms de Condé et de Turenne. En maint endroit, il suffit de gratter le sol pour y trouver des vestiges de forts, de bastions, de débris d'hommes et de chevaux qui ont péri dans les guerres funestes livrées dans la contrée. Que pourrions-nous dire de plus pour attirer sur notre pays l'attention de ceux qui l'habitent.

§ V. Les Moëres.

Par 51° 1' 30" de latitude septentrionale, et 0° 1' de longitude orientale du méridien de Paris, entre Dunkerque et Hondschoote, se trouvent deux anciens lacs aujourd'hui desséchés et connus sous le nom de Moëres (1).

Le plus grand de ces lacs est d'environ 3,000 hectares ; il est séparé en deux par une large chaussée et une digue, qui, en cette localité, est la limite entre la France et la Belgique, deux puissances intéressées à la conservation des Moëres (2). Cette digue empêche toute communication des eaux dans l'intérieur

Le plus petit est tout entier dans l'arrondissement de Dunkerque ; il n'est que la seizième partie du précédent avec lequel il communique par un canal nommé Klitgatvaert (3).

Si, partant de Dunkerque, on suit la rive gauche du canal de Furnes jusqu'au fort de Zuydcoote, et qu'on prenne à droite le chemin de Ghyvelde, on remarque bientôt un sol tourmenté et montueux comme celui des dunes.

Une longue levée de sable, analogue aux digues situées à l'Ouest de Dunkerque, semble avoir autrefois servi de barrière à la mer. Ces terrains sont couverts d'une

---

(1) Ce mot, emprunté au teuton, signifie *mer*. A Dunkerque, on prononce *moares*.

(2) La partie française comprend environ les deux tiers de la grande Moëre, 1,911 hectares, dont 1,883 sont imposables ; la partie belge, 1,190. Une digue sépare les deux parties ; l'une, de 446 hectares environ, a deux moulins à vis ; et l'autre, de 750 hectares environ, a trois moulins, dont l'un est mû par une machine à vapeur.

(3) Un autre canal, dit *Digue des Glaises*, porte les eaux du Ringsloot-Sud au Zeegracht. Ce dernier a un embranchement, autrefois comblé, aujourd'hui rouvert, qui se jette dans le Ringsloot de la petite Moëre, près du Clitgatvaert. Enfin, le canal des Kattes porte les eaux du Ringsloot-Nord au grand canal des Moëres, qui aboutit à la mer.

verdure rare et interrompue. Çà et là quelques arbres peu prospères s'y font voir; tout indique que les eaux ont récemment quitté ces parages (1).

Après avoir traversé le village pauvre, mais propre et coquet comme la plupart des villages flamands, on arrive à un canal nommé le Ringsloot (anneau fermé) (2), qui entoure toute la grande Moëre. Les eaux de celle-ci, soutirées par huit moulins à vis et à aubes (3), mus par le vent, sont déversées dans le Ringsloot qui les conduit dans d'autres canaux par le moyen desquels elles arrivent à la mer en passant par Dunkerque, au bassin octogone.

Dès qu'on a franchi le Ringsloot, on a devant soi, à perte de vue, le territoire des Moëres.

Les premiers abords ont quelque chose de triste et de sévère. Peu d'arbres, un sol tourbeux et grisâtre comme des cendres; des fossés d'une eau verdâtre.

Mais à mesure que l'on avance, l'aspect change. Les Moëres sont divisées par de beaux canaux qui se coupent à angles droits. Des chaussées en aussi bon état que les meilleures routes du département, se croisent de même; une d'elles va en ligne droite de Ghyvelde à Hondscoote. Bientôt s'offrent à la vue des haies, des clôtures, des fermes, des champs fertiles. La plupart des constructions sont en briques et couvertes en tuiles. Des prairies, des potagers, des champs de colzat, de lin, de betteraves, de parmentières, rappellent les plus riches cantons des environs de Bergues.

Les rectangles égaux qui divisent le sol sont appelés *Cavels* (4). Ils sont formés par les fossés principaux et traversés par des rigoles plus petites qui en font écouler les eaux (5).

Le fond de la grande Moëre est de beaucoup au-dessous du niveau de la haute

---

(1) On dit qu'au XII° siècle le chenal correspondant à la passe de Zuydcoote fut comblé par une trombe qui traversa la Mer du Nord.
Il y avait alors un canal de Vulpen à Coxie et de Coxie à la mer, canal fréquenté par des pêcheurs.
Nous avons soumis notre travail à M. Taverne, président de la commission administrative des Moëres; il l'a approuvé, et nous a fourni divers renseignements que nous avons insérés dans cette notice.

(2) Le Ringsloot, y compris une lacune depuis le canal dit *Digue des Glaises* jusqu'au canal des Moëres, comporte une longueur de 13,460 mètres. Le tracé de l'ancien lac est indiqué par un fossé appelé en flamand *Contre-Dyck*. C'est la limite de la commune des Moëres, d'où résulte la singulière anomalie que la digue de ceinture, qui est la sauve-garde de cette commune, se trouve faire partie des quatre communes limitrophes, Ghyvelde, Uxem, Warrhem et Hondscoote. En 1843, la commune demanda que cette ceinture fut reconnue comme sa délimitation naturelle : le conseil-général du département repoussa cette demande.

(3) L'entretien des moulins coûte en moyenne 5,800 fr. par an. Avec un bon vent faisant faire 29 tours d'aile à la minute, un moulin à vis extrait 1,800 mètres cubes d'eau par heure.

(4) Le cavel de 65 mesures, qui valait en un temps 20,000 fr., et rapportait 1,000 fr. par an, ne tarda pas à valoir 40 à 50,000 fr. tout en ne rendant que 12 à 1,500 fr. Telle mesure qui rapportait 2 à 4 fr. en rapporte 10 à 20 depuis que le terrain est assaini et que la culture progresse. Les cavels du centre, les seuls qui soient bien uniformes, ont 383 mètres sur 766, soit 29 hectares 33 centimètres.

(5) Les Moëres ont 13 canaux d'une longueur totale de 28,638 mètres, occupant une surface de 13 hectares environ; on y compte 16 ponts en maçonnerie et 29 aqueducs de même nature sous les chemins pour faciliter la circulation des eaux.

mer. Ce n'est donc qu'au moyen de beaucoup de mesures et de la continuelle surveillance des administrateurs que ces cultures peuvent prospérer (1); mais hélas! trop souvent les prétendues nécessités de la guerre vinrent détruire en une heure les travaux de bien des années (2).

Après avoir laissé à droite et à gauche *le chemin des Moulins*, le pont de *Moëre Gracht*, la rue du Nord et le canal *Majeur*, on arrive au *chemin de l'Église*. Ici de belles et vastes fermes, une caserne de douane, de beaux arbres se groupent devant vous; bientôt paraît une modeste église (commencée en 1826, inaugurée le 8 juillet 1829) qui porte à son frontispice l'inscription suivante : *Reginæ Cælorum*. A côté et au milieu des arbres, s'abrite un presbytère plus modeste encore; en face, des maisons, des boutiques, tout ce qui constitue un village flamand. Le dimanche, au sortir de la messe, des marchands ambulants établissent sur la place, leurs tentes mobiles; les enfants jouent au petit palet, d'autres tentent la fortune au *berlouet* d'un marchand de plaisirs. Dans cette foule joyeuse, personne ne songe que si, la nuit prochaine, la mer irritée brisait le panneau de quelque écluse de la côte, toutes ces demeures, toute cette population serait sous les eaux, et que là où s'agite une population insoucieuse, le soleil, à son lever, n'éclairerait que la surface d'un vaste tombeau qui les contiendrait tous.

Ce malheur si peu redouté n'est cependant pas une simple supposition; l'histoire en rappelle plus d'un exemple; quoiqu'en ceci nous anticipions sur le récit qui fait l'objet des chapitres qui vont suivre, nous croyons que le lecteur nous saura gré de lui présenter ici une esquisse de l'histoire générale des Moëres.

Au XVIIe siècle, les Moëres n'étaient qu'un lac pestilentiel, n'ayant d'autres produits que la fièvre, qu'elles répandaient au loin, et la pêche affermée à un prix minime (3).

Dans le conseil des archiducs, il avait été question de dessécher ces mares funestes. On commença par s'en assurer la propriété. Une sentence ou acte de purge, fut publiée en 1616. Un sieur Nicolas Baert, de Dunkerque, se présenta comme réclamant; mais cela n'eut pas de suite.

Un autre habitant de Dunkerque, Roland Gérard, receveur particulier pour le roi de France (4), dressa le plan du travail à exécuter; il partagea le futur

---

(1) Les frais d'entretien et de desséchement s'élevaient à 5 fr. par mesure ou 15 fr. par hectare; ils sont aujourd'hui réduits et divisés en 5 classes comme suit :

    1re classe. 13 fr. 20 c. l'hectare.
    2e — 10 40 —
    3e —   8 » —
    4e —   5 60 —
    5e —   3 20 —

(2) Le zéro de l'échelle des quatre écluses à Dunkerque est établi à 20 centimètres au-dessus des marées basses de vives eaux. La pente du fond du Ringsloot à Dunkerque est de 0,30 centimètres.

(3) La petite Moëre était louée 240 fr. par an; une fois séchée, elle fut donnée à bail de 19 ans; 1 an pour rien, 6 ans à 7,000 fr. l'an, 6 ans à 8,000 fr., 6 ans à 9,000 fr.; le bail fut ensuite renouvelé pour 14,000 fr.

(4) Sa commission est enregistrée au Ve registre, fo 202 (Archives de Dunkerque).

HAUTEURS COMPARÉS DES NIVEAUX.

Vve DERODE, Histoire de Dunkerque.

terrain en portions nommées *Cavels* (1), et réclama l'adjudication. Il avait pour cautions les sieurs de Froyennes, Dasniau et leurs associés ; Gérard obtint pour sa part les 3/5 du terrain, plus cinquante mesures ; on lui concédait l'écluse de *Moerevaert* près de la porte de Dunkerque (2). Il avait haute, moyenne et basse justice, droit de vent, droit d'eau, un marché par semaine, deux francs marchés par an.

De plus, tous ceux qui s'emploieraient à cette entreprise étaient, pour tout le temps des travaux, et six mois après leur achèvement, exempts d'impôts et de toute dette civile. Les futurs habitants étaient libérés de toute contribution pendant dix-huit années. Une seule réserve était faite en faveur du culte : dix années après la première moisson, on aurait prélevé la cinquantième gerbe pour le curé.

Malgré de si favorables conditions, Roland Gérard fit des difficultés à l'occasion de certaines eaux qui se rendaient dans les Moëres. Néanmoins une seconde sentence de purge fut proclamée en 1621. Le canal d'enceinte était tracé, la concession fut transportée à un autre.

Venceslas Koebergher accepta l'héritage de Roland Gérard. Le nouveau titulaire convint avec Isabelle, souveraine des Pays-Bas, que le terrain à conquérir sur les eaux serait partagé en deux portions : l'une du côté de Furnes, était réservée à la princesse ; l'autre du côté de Dunkerque, restait acquise à l'ingénieur. Il obtint d'ailleurs des priviléges analogues à ceux qu'avait obtenus son prédécesseur : le droit de nommer bailli, cour féodale, plein banc de sept échevins, etc.

Les deux parts auraient constitué deux seigneuries. Celle qui gisait au Sud, c'était le *village et seigneurie de Saint-Antoine*, aurait relevé du roi à la rente de 10 parisis, avec faculté de créer des arrière-fiefs. La petite Moëre aurait constitué elle seule la *Seigneurie Koebergher* (3). D'ailleurs on lui concédait à l'avance les droits seigneuriaux ainsi que la haute, moyenne et basse justice à exercer sur les futurs habitants.

Ainsi assuré, il commença par élever une digue et creuser autour de la grande Moëre, le Ringsloot (4), où il se proposait de déverser l'eau enlevée au lac, eau qu'il devait porter à quatre ou cinq mètres au-dessus du niveau du terrain, et un ou deux mètres au-dessus de la limite des eaux. Bruno Vankuik, habile ingénieur, le secondait dans ces importants travaux.

Il rencontra toutes sortes d'obstacles ; une foule de gens se plaignirent ; un arrangement s'en suivit entre Furnes et Bergues, et en 1619 la digue fut achevée.

L'année suivante, le canal qui devait porter les eaux à la mer, était creusé

---

(1) Cavel est un mot flamand qui signifie *lot* réparti par le sort.

(2) Au IIe registre, f° 178, 1619 lettre sur Roland Gérard, *qui peut se servir du Morewaert et de l'écluse d'icelle* (Archives de Dunkerque).

(3) Un réglement de 1822, modifié en 1824, a changé la forme ancienne de l'administration des Moëres ; elle est aujourd'hui confiée à cinq membres élus par les propriétaires réunis.

(4) Les chartreux d'Anvers possédaient un terrain sur lequel on creusa le canal ; il y eut des procès à cet égard. En 1830, il en était encore question.

jusqu'à Dunkerque (1). Les moulins commençaient de nouveau à fonctionner. En 1624, plusieurs points de la Moëre étaient découverts; de nouveaux moulins hâtèrent le résultat, à ce point que trois ans ne s'étaient pas écoulés que les semailles avaient lieu et que l'on y faisait la première récolte de colzat.

Sur le point de voir ses efforts couronnés de succès, Kœbergher obtint des franchises pour les futurs colons de cette terre conquise par sa persévérance; des immunités remarquables lui furent concédées, car l'impôt ne s'élevait qu'à quatre sols par mesure de terre non ensemencée.

En 1625, de nombreuses maisons s'élèvent, les offices de la police et du fisc sont organisés. Le partage se fait. Isabelle reçoit pour sa part 3,400 mesures, et Kœbergher 3,698, les moins bonnes à la vérité.

En 1626, l'ingénieur les avait cédées à des explorateurs, bien résolus d'améliorer le terrain par une culture raisonnée comme on la pratiquait dès-lors en Irlande.

La paix favorisait leur tendance et appelait le progrès : aussi en 1627 on travaillait à l'église. Pour l'observateur, un temple est plus certainement un pas d'hommes civilisés que ne l'étaient, pour le philosophe grec, les figures de géométrie qu'il trouvait sur le sable.

Interrompus en 1629, les travaux furent repris en 1630.

Deux ans après, les rues du village étaient tracées; une nouvelle seigneurie, celle de Groenlandt, s'était constituée; les Chartreux d'Anvers y avaient des propriétés. On comptait déjà cent quarante fermes et quarante maisons particulières; un franc marché attirait au loin les trafiquants, tout laissait penser que la prospérité n'avait plus d'obstacle sérieux.

Philippe confirma aux habitants les priviléges qu'on leur contestait déjà (1634) (2).

Cependant on apprend (1634) qu'une rupture est imminente entre la France et l'Espagne; on s'alarme... Bientôt la guerre s'allume et vient affliger cette terre vierge. Le général comte de Lamboy établit son camp dans les Moëres avec 18,000 hommes (1639); pendant trois années consécutives les gens d'armes s'y succèdent, les travaux agricoles sont suspendus.

Néanmoins l'église était achevée. Pour conjurer les calamités qui menaçaient son troupeau, le curé dédia cet asile à Marie (3); en 1644 il y célèbre la première messe; mais il ne devait de longtemps avoir un successeur!

Une guerre, sans cesse renaissante, vint fondre sur ce malheureux pays. Une deuxième fois Lamboy se retira dans le bassin des Moëres avec six régiments d'infanterie et cinq de cavalerie; de nouveau il pressura les colons. Il en sortit pour se faire battre par les Français près de Rœtels, où il eût dix-neuf cents hommes

---

(1) L'écluse, dite de *Koebergher*, fut construite; elle était placée vis-à-vis de la maison sise au Marché-au-Bois, N° 20.

(2) Voir le mémoire in-4°, 160 pages, 1761, imprimé chez Nicolas Weins, à Dunkerque.

(3) De là le nom de *Mariakerke*, que l'on trouve sur quelques cartes; on trouve aussi *Moerkerke*.

tués et six cents faits prisonniers, et où il perdit dix-neuf drapeaux, huit étendards, douze cents chevaux et quatre cents charriots de munitions. A leur tour, vingt mille Français campèrent dans les Moëres et y établirent leurs quartiers.

Lorsqu'en 1646 Condé vint assiéger Dunkerque, le marquis de Lède, gouverneur de la ville, crut trouver dans l'inondation du pays une barrière plus prompte et plus sûre que le courage de son armée démoralisée par la crainte des Français. En une nuit les Moëres furent mises sous les eaux (4 septembre).

Surpris par cette irruption subite, beaucoup d'habitants périrent dans leurs maisons. Disputant leur vie aux flots, quelques-uns grimpent sur le faîte de leurs habitations croulantes, ils demandent à grands cris, des secours... A l'aide de barques, on en sauva un petit nombre; la généralité périt dans les eaux; les bestiaux y restèrent tous, la plupart des constructions furent renversées, l'église seul résista. La tour marqua au-dessus de la surface du lac, l'emplacement du village détruit.

Cet aveugle empressement qui sacrifiait si gratuitement la vie et les biens des habitants des Moëres, fut sans profit pour le général, la tranchée fut ouverte par les Français (25 janvier) et Dunkerque se rendit le 8 octobre (1).

Quelques pillards espagnols exerçaient leur brigandage dans les environs, rançonnant les voyageurs, dévalisant les fermiers. Isolée au milieu du lac, la tour leur parut un dépôt sûr pour leur butin. Trois de ces brigands s'y réfugièrent en 1647; cinq autres vinrent s'y adjoindre en 1648. Au moyen de barques ils se renfermaient là comme dans une forteresse inaccessible à leurs victimes. De ce nid de pirates ils se dirigeaient la nuit vers quelques fermes des environs jusqu'à Killem, Warhem, et même Hondschoote. Pendant plusieurs années ils continuèrent ainsi sans que personne y mit ordre. La providence s'en chargea.

Une nuit (1650), les voleurs faisaient, dit-on, une orgie dans leur repaire, une tempête s'éleva; les vagues soulevées détachèrent les nacelles amarrées au clocher et les entraînèrent au bord du lac. Revenus de leur ivresse, les soldats, pris comme dans un piége, se virent dans l'impossibilité d'en sortir; pendant quelques jours ils vécurent sans doute des provisions qu'ils avaient apportées; mais il fallait une fin; les paysans avaient vu leurs nacelles échouées. de la rive ils observaient ce qu'il allait advenir. Les soldats affamés firent des signaux de détresse, tirèrent des coups de feu; on ne les comprit pas, ou du moins on exerça de justes représailles en les laissant misérablement périr.

Cependant toute manifestation avait cessé: un pêcheur de Ghyvelde, nommé Leu, s'approcha et trouva plusieurs d'entr'eux morts d'inanition, d'autres s'étaient entre-tués, d'autres s'étaient noyés en voulant tenter de passer à la nage.

Le clocher fut démoli à fleur d'eau et la surface du lac resta unie dans toute son étendue.

Voyant ses travaux ruinés et pour toujours à ce qu'il croyait, Koebergher mou-

---

(1) A cette époque les chartreux d'Anvers possédaient dans les Moëres françaises 1100 mesures, 500 achetées en 1641, 8 mai, — 600 en 1646, 18 mai.

rut de chagrin. Les vapeurs pestilentielles des Moëres infectèrent de nouveau le pays.

Dans la vue de reconquérir ce territoire abîmé, Louis XIV donna les Moëres à Louvois et à Colbert ; ils firent d'inutiles avances (1669), personne n'était tenté de recommencer l'épreuve.

Elles furent cédées à Philippe de Beaufort de Montboissier, marquis de Canillac, et à la dame Roque de Varengeville, marquise des Maisons (1716), sous le nouveau titre de seigneurie des Moëres ; les terrains n'en restèrent pas moins inondés, la démolition de Dunkerque et le comblement du port avaient augmenté les difficultés du travail.

Le don fait à la marquise portait que le desséchement en aurait été fait après six années, à compter du jour que le chenal du canal de Mardyck serait suffisamment approfondi ; mais le canal de Mardyck étant achevé, le sieur de Canillac négligea de creuser d'après les conventions de 1717, et le radier de l'écluse fut posé d'environ quatre pieds plus bas que la laisse de basse mer en vive eau.

En 1740 les pluies et les neiges en élevèrent le niveau de telle sorte, qu'en 1743 il dépassait d'un mètre et demi la limite ordinaire.

En 1748 il y avait trois mètres d'eau dans la grande Moëre et deux dans la petite.

Dès 1746 le don fait à Louvois, à Colbert et à la marquise des Maisons, était déclaré caduc, malgré l'opposition des héritiers de ladite dame, et les Moëres furent érigées en marquisat à la redevance de 100 francs de rente.

Le comte d'Hérouville avait conçu le projet de remettre les Moëres à sec. Sept ou huit ans s'écoulèrent avant qu'il en vînt à l'exécution. Il creusa d'abord un fossé qui communiquait avec le canal des Moëres et y jeta les eaux extraites au moyen d'une pompe à feu venue d'Angleterre. Mais la dépense était supérieure au résultat, il fallut revenir aux moulins : dix de ces appareils furent construits.

Enfin, en 1756 les eaux des Moëres s'écoulèrent de nouveau à la mer, en passant sous le lit du canal de Furnes. Un arrêt du conseil accorda au comte d'Héronville les Moëres pour 25 ans, et ces terres prirent le titre nobiliaire de *Seigneurie du château des Moëres* (1). Le roi lui en fit le don ; l'impératrice d'Allemagne ne tarda pas (16 juillet 1760) à lui accorder aussi la portion de la grande Moëre qui était sous sa domination, sous le titre de *Moerlandt*, à la redevance de 50 livres de 40 gros.

A cette époque Bergues, ayant obtenu le privilége de la navigation directe avec la mer (1761 et 1762), fit approfondir le canal, et cette circonstance favorisa le desséchement entrepris. Enfin, en 1762, la petite Moëre était à sec et la grande en partie cultivée ; le colzat y étalait sa dorure printanière ; en 1767 elle produisait seize cent mille gerbes.

Mais par suite du honteux traité de Versailles (1763), ce pays, que l'industrie

---

(1) 8 novembre 1758.

relevait de sa ruine, se vit de nouveau compromis. En effet la cunette, canal d'écoulement, ayant été comblée à Dunkerque, les eaux restèrent sans issue.

Le comte d'Hérouville ne se découragea pas ; il creusa de huit pieds le *Cromwaer* jusqu'à *Bernardsleedt*, dont il abaissa le radier. Les intéressés à l'entreprise formèrent une association sous la raison de *co-propriétaires des terres et seigneuries des Moëres*. A deux reprises, il firent, en Hollande, des emprunts qui s'élevaient à six cent mille florins.

Tant d'efforts ne devaient cependant pas être couronnés de succès ! En 1779 survint une nouvelle inondation; mais les entrepreneurs s'étaient ruinés ! Les travaux s'arrêtèrent. Les prêteurs hollandais obtinrent de Necker une transaction. Les associés renoncèrent à leur propriété.

Pour en tirer parti, les cours de Versailles et de Bruxelles en firent don pour vingt ans (1) à un Anversois nommé Vandermey, sous la condition qu'il reprendrait les travaux commencés, acquitterait l'emprunt des six cent mille florins et paierait aux donateurs une somme de deux millions qui avaient été attribués au comte d'Hérouville (19 décembre 1779).

La nouvelle compagnie recommença donc ses travaux ; mais ici, nouvel incident : effrayés par la grande quantité d'eau fournie par les moulins d'épuisement, les propriétaires voisins se plaignirent à l'intendance de Flandre et d'Artois (1783). Le zèle des dessécheurs fut paralysé et les Moëres restèrent dans le même état. Néanmoins deux milles mesures étaient en exploitation.

A la Révolution, nouveaux désastres ! En 1793, les eaux élevées pour la défense de Dunkerque (23-24 août) occasionnent une rupture à la digue d'enceinte. Une autre rupture a lieu du côté de Furnes par les eaux lâchées de Nieuport.

Néanmoins, à peine est-on sorti des angoisses de la terreur que les travaux recommencent plus activement que jamais. En trois ans, on reprit aux eaux les deux mille mesures récemment envahies.

Dans ces événements, non-seulement les cultures étaient perdues, mais tous les arbres avaient péri.

Tandis que les Moëres françaises étaient ainsi exploitées par des Belges, les Moëres belges, remises à une compagnie française, étaient dans un état plus prospère encore ! le niveau plus élevé. La faveur du gouvernement y avaient appelé le progrès. En 1782, mille mesures donnaient de belles récoltes. En 1793, toute la partie belge était asséchée, quand l'inondation l'atteignit de nouveau.

Sans être activement suivis, les travaux ne furent pas cependant abandonnés, et en 1802, les Moëres françaises avaient recouvré cent cinquante habitants.

Sous l'Empire (1806), l'ingénieur Martin acheva le bassin octogone de la nou-

---

(1) Un arrêt de 1781 fixe l'entrée en jouissance du 1ᵉʳ novembre suivant ; elle expirait le 1ᵉʳ novembre 1801. Vandermey mourut le 17 septembre 1809.

En 1823, le 7 juin, le domaine vendit à M. Bosquillon ; les 10 janvier, 24 février et 17 juin 1824 se fit le partage ; déjà en 1829 des contestations s'élevaient.

velle cunette. Ce fut pour les Moëres et pour tout le pays un inestimable bienfait. C'est un des titres que ce grand règne a acquis à notre souvenir.

En 1814, à l'époque de la première invasion, l'inondation tendue à Bergues, à Dunkerque et autour des forts, aurait de nouveau envahi les Moëres, qu'elle domine de deux ou trois mètres, si l'on n'avait pratiqué des barrages sur le canal des Moëres et sur celui d'Hondschoote. Du côté de Furnes, on prit des mesures analogues, et les Moëres n'eurent à souffrir que de l'infiltration des eaux extérieures et du défaut d'écoulement de leurs propres eaux.

En 1816 les Moëres belges avaient 977 hectares en culture; les Moëres françaises 1059. Une étendue de 882 hectares, qu'une digue sépare des terres cultivées, forme un bassin qu'on appelle *Polder*. La petite Moëre restait abandonnée et ne produisait que des roseaux et un peu de poisson.

En 1820 le préfet attribuait au bureau de bienfaisance des Moëres, 484 hectares provenant des Chartreux d'Anvers supprimés en 1784; mais il y eut opposition. Nous n'entrerons pas dans les détails du procès qui eut lieu à cette occasion; nous nous bornerons à consigner qu'en 1823, un sieur Decton, autorisé par ordonnance royale du 5 mars, devait révéler un détournement fait au préjudice du domaine. 70,000 francs de récompense étaient le prix de sa révélation; l'action était commencée en 1827; nous ignorons ce qu'il en advint.

En 1822 les Moëres comptaient 300 habitants; en 1826, 670; en 1850 le nombre dépassait 1000.

Il ne serait pas juste de laisser dans l'oubli le nom d'un homme qui a puissamment contribué à donner aux Moëres la prospérité dont elles jouissent : cet homme, c'est M. Debuyser. (1).

§ VI. Les Watteringues.

On appelle Watteringues une portion de territoire située dans l'arrondissement de Dunkerque et sillonnée d'innombrables canaux creusés pour le dessèchement du pays.

Ces canaux servent de plus à l'irrigation. Les pentes en étant insensibles, les eaux, quand on les fait gonfler en fermant les écluses, remontent dans les terres par des rigoles d'où elles étaient descendues. Chaque degré des hydromètres des canaux correspond à une surface connue, et les nombreuses éclusettes dont sont

---

(1) Voyez sur les Moëres l'annuaire du département du Nord, 1289, et Dieudonné, Statistique, 1, 330 et suivantes, et la Dunkerquoise, N° 4282.
Il y a 30 ans le territoire des Moëres était réparti entre 20 propriétaires; aujourd'hui il l'est entre 46.

pourvues les rigoles, permettent de donner à chaque champ le degré d'humidité convenable à sa culture (1).

Les Watteringues occupent sur la lisière maritime, une longueur de 30 kilomètres et une largeur de 20. Elles sont divisées en cinq sections suivant les bassins ou pentes naturelles des terrains (2).

Tout ce territoire de 40,000 hectares environ, n'était autrefois qu'un marais inondé des eaux de la mer. Aujourd'hui, c'est un des pays les plus fertiles et des mieux cultivés de la France.

Ces plaines, autrefois inaccessibles, source de maladies meurtrières, ont été bien changées depuis six siècles.

Le revenu primitif s'était triplé, il s'est sextuplé. Une administration choisie par les intéressés, revêtue d'une autorité absolue, forte de l'unité d'action, régit cette propriété commune. D'abord les frais dépassaient le quart du revenu; aujourd'hui ce rapport s'est beaucoup amélioré. On a construit des voies ferrées pour le service des fermes, et un temps viendra que chacune d'elles sera ainsi desservie et fera économie de temps et de dépenses.

Nous ne croyons pas sortir du vrai en disant que l'administration actuelle des Watteringues peut être proposée comme modèle du genre.

Quand ont commencé les travaux qui ont amené ce que nous voyons?... on l'ignore. On a des titres qui nous apprennent qu'en 1169 une donation de 748 hectares était faite aux chanoines d'Aire, et que le desséchement en était tenté au moyen d'un canal, aujourd'hui la Colme. Ce territoire était entre Watten, Bergues et Bourbourg. C'est tout ce qu'on peut dire.

En l'année 1270 paraissent des ordonnances des comtes de Flandre sur les Watteringues (3); la dignité de watgrave, fonctionnaire chargé de les surveiller, est citée en 1298 (4).

Au XVIe siècle (1577) la contrée des Watteringues était divisée en sections; celles-ci étaient subdivisées, on en traçait des cartes détaillées (5); la terre payait 11 sous 3 deniers par mesure.

---

(1) Voyez le mémoire de M. Baude dans la *Revue des Deux-Mondes*.

(2) La 1re section comprend les terres situées entre les dunes (à l'ouest de Dunkerque), l'Aa et le canal de Bourbourg, 9,186 hectares qui, en 1805, avaient 5 canaux et 77 embranchements de 188 kilomètres, 138 ponts, 26 écluses et vannes.

La 2e, les terres entre la colline et le canal de Bourbourg et celui de Bergues, 10,135 hectares, 3 canaux, 79 embranchements de 149 kilomètres, 166 ponts, 81 écluses ou vannes.

La 3e, les terres entre la rive droite de la colline et le Waterganck de Hondegraecht, 8,468 hectares, 8 canaux, 14 embranchements de 67 kilomètres, 95 ponts, 23 écluses.

La 4e, les terres bornées par le chemin de Looweg sur la rive droite du canal de Bergues, à l'exception des Moëres, 8,983 hectares, 5 canaux, 52 embranchements de 109 kilomètres, 118 ponts, 27 écluses.

La 5e comprend les Moëres françaises.

En tout 243 canaux, formant une ligne de 513 kilomètres, 517 ponts, 157 écluses et 38,881 hectares.

(3) Warkœnig, *Histoire de Flandre*, tome II, page 46.

(4) Idem, page 47.

(5) Il en existe une à Bergues, dessinée par Balthazar Jonghe.

Au XVIIe siècle (1698) elle fut régularisée et resta prospère pendant un siècle environ. A l'époque de la Révolution on rejeta toute règle, on brisa toute autorité, on goûta de la liberté illimitée. Les communes s'isolèrent ; alors les ponts et les écluses mal soignés s'écroulèrent, se rompirent, les eaux marines reprirent leur ancien domaine. Les marais qui avaient disparu, se reconstituèrent avec leurs mortelles émanations ; on en revint à réclamer les anciens errements. De 1790 à 1802 on fit divers essais et l'on retourna aux divisions primitivement tracées ; un décret de 1806 régularisa le service ; une ordonnance de 1833 porta à 40 le nombre des administrateurs de chaque section (1).

Dans son état actuel, on peut dire que l'administration ne laisse rien de possible à désirer (2).

De ces excursions dans l'arrondissement, nous nous concentrons dans la ville qui en est le chef-lieu, et dont nous allons étudier la topographie.

§ VII. Dunkerque à vol d'oiseau.

Nous voici dans un terrain moins étendu, et néanmoins nos souvenirs se pressent si nombreux que nous avons quelque peine à leur assigner l'ordre et le rang où le lecteur doit les passer en revue.

Et d'abord un mot sur le nom de la ville.

Ce nom, formé de deux racines tudesques (*Duyn* et *Kerk*), signifie *église des Dunes*. Il rappelle que la patrie de Jean-Bart a pris son existence proprement dite à partir de l'érection du sanctuaire que saint Eloi vint y élever au vrai Dieu. *Dunkerque* est la forme que l'usage a définitivement consacrée pour la désigner, et il n'est plus loisible de la modifier.

Cependant les Anglais et les Allemands ont fait *Dunkirk*. Le savant Grammaye a inventé *Dynoclæsia*, travestissement laissé dans un juste oubli ; les latinistes du moyen-âge ont créé *Dunkerca*. La Convention avait décrété sa transformation en *Dune-Libre*. Lorsque la France, abjurant le culte de la Raison, revint au sens commun, la ville reprit aussi son vrai nom. Il est assez honorable pour qu'on se dispense à l'avenir d'en chercher un meilleur (3).

---

(1) L'emploi des conducteurs au concours date de 1808. Des titres du 25 octobre et du 20 décembre 1822 règlent la police des travaux ; le mode d'élection des commissaires est ordonné le 12 juin 1824.

Il existe sur les Watteringues des ordonnances de 1598. — B. 220, 1680. B. 242, 1806. B. 104, etc. (Archives de la mairie de Dunkerque).

(2) Voyez Dieudonné, *Statistique du département du Nord*, tome I, page 318 et suivantes.

(3) Le mot *Dunkerque* est-il masculin ou féminin ? Cette question n'est pas si oiseuse qu'elle peut le

Avant d'entrer dans l'examen particulier de la ville de Dunkerque, jetons un regard sur l'ensemble, et pour cela plaçons-nous au sommet de la tour qui marque à peu près le centre de la cité.

Là, par 51° 2' 10" de latitude Nord (1) et 0° 22' longitude Est de Paris, examinons le vaste panorama qui se déroule devant nous.

Au premier aspect, cette multitude de toits couverts de tuiles et sur lesquels l'ardoise apparaît rarement, ces fumées de la ville charriées par le vent qui les porte vers la mer, l'aspect nouveau sous lequel nous apparaît le pays, tout nous jette dans une incertitude inévitable.... Cette mer bleue formant un demi cercle qui s'étend de l'Est à l'Ouest, ces dunes jaunâtres qui *moutonnent*, et dont la surface nue contraste avec la verdure qui couvre le Rosendael ; ces vastes tapis d'un vert obscur, ces hauteurs qui découpent vaguement l'horizon, tout cela se présente sous une apparence inusitée, et pour nous y reconnaître, nous avons besoin d'un examen préalable.

Maintenant que nous sommes orientés, tournons nous vers le Nord-Est.... A l'horizon, cette ligne jaunâtre qui avance dans la mer est l'emplacement de la Panne, hameau qui est le Rosendael de ce point là. Plus près de nous, les monticules tourmentés parmi lesquels des cabanes sont assises, c'est Wisse-Morne ou le Rosendael des pêcheurs. C'est en nous portant un peu vers le Sud que nous trouvons le véritable Rosendael, en français *Roseval* (val aux roses). Ces banquettes couvertes de verdure formant une série de zigzags, c'est l'enceinte fortifiée de Dunkerque ; c'est l'enceinte de Louis XV, enceinte dont nous ne pouvons d'ici suivre la ligne, interrompue à chaque instant par des massifs qui la dérobent à notre vue. Plus d'une fois ces remparts de sable ont suffi pour arrêter les Anglais ; à leur pied se sont livrées de chaudes escarmouches ; en 1793, dans le Rosendael lui-même, des sorties meurtrières ont chassé les assiégeants de leurs lignes et de la tranchée qu'ils y avaient ouverte.

Parmi les édifices de la ville que nous apercevons devant nous de ce côté, se dessine la salle de théâtre, le collège, l'ancienne raffinerie de M. Bigorgne ; à nos pieds, court la rue de l'Église ; de ce côté, la rue des Pierres ; au-dessus, les deux jetées et le chenal dénué de toute défense. A voir dans un semblable état l'entrée d'un port où souvent se pressent des centaines de navires laissés ainsi à la merci d'un coup de main, et à la disposition des voisins qui ont maintes fois fait leurs preuves, on ne peut se défendre d'un déplaisir amer, surtout si on se reporte à cent quarante ans en arrière, au temps où les flottes ennemies, voulant bombarder la ville de Louis XIV, en étaient tenues à distance respectueuse par des

---

paraître d'abord. Elle intéresse tout particulièrement l'écrivain qui doit joindre à ce nom propre des adjectifs qualificatifs.

L'*e muet* qui le termine, le genre de *Dunkerca* employé dans les inscriptions et médailles, où l'on trouve *Dunkerca illæsa, recuperata*, etc., autorisent à adopter le genre féminin. Nous dirons donc, par la suite, que Dunkerque s'est étendu*e*, qu'elle a été assiégé*e*, détruit*e*, qu'elle est *populeuse, intelligente*, etc., etc.

(1) C'est la latitude trouvée en 1818 par les astronomes anglais et français.

forts dont l'œil chercherait inutilement les vestiges. Mais n'insistons pas sur ce point.

Cette colonne, c'est le phare; phare de premier ordre, élevé en 1843. Ce creux circulaire dont la profondeur est à peine sensible, dont le fond est tapissé d'herbes ou de plantes marines, c'est le bassin Becquey; les bestiaux y broutent paisiblement, des lièvres y font leur séjour; voilà le résultat des millions dépensés il y a tantôt vingt-cinq ans.

Quant au nouveau canal de dérivation, il est caché pour nous par l'entrepôt de la douane et les bastions de l'enceinte; lorsque les bélandres y circulent, on n'aperçoit d'ici que la partie supérieure des bateaux, et l'on croirait voir des navires glissant sur le sable.

Ces trois pignons triangulaires, sont les magasins de M. Bourdon; cette église est saint Jean-Baptiste; le carré qui le flanque à l'Est, ce sont les cloîtres qui vont sous peu être métamorphosés en musée.

Ces belles et longues lignes blanches, ce sont les magasins de la marine et la corderie qui entourent le bassin de Louis XIV. En portant le regard sur la grève, nous apercevons, entre les dunes et une digue récente, des champs que les soins de l'agriculture vont changer en fertiles guérets. Par ici, la *Samaritaine;* puis la gare, le chemin de Gravelines; en tournant vers la gauche nous apercevons Bourbourg, Saint-Omer, Cassel, Hondschoote; à l'aide d'une longue vue, nous découvririons une foule de détails curieux; des hommes, des animaux, et par ici des navires se révéleraient à nos regards, de même que le microscope fait voir à l'observateur surpris les habitants d'une mousse invisible ou d'une goutte d'eau imperceptible.

A nos pieds, la place Jean-Bart nous apparaît dans toute son étendue; la statue du héros dunkerquois s'y dessine d'une manière très-heureuse; le piédestal se dresse au milieu d'un tapis vert d'où s'échappent les extrémités d'une rose des vents, entourée d'une mosaïque de pavés de nuances différentes. Plus près de nous, l'église saint Éloi et les douze pyramides qui couronnent les douze chapelles, et les arcs-boutants ajoutés en 1783. Le fronton qui attend encore le bas relief dont l'auteur a voulu l'orner est supporté par des colonnes corinthiennes en nombre égal à celui des articles du décalogue.

Dans son état actuel, la ville a la forme d'un ovale assez régulier. Elle comprend entre ses remparts, une superficie de 260 hectares environ; la ceinture qu'ils forment est percée en dix-sept endroits (1) pour l'entrée des chemins et canaux qui y aboutissent.

Les fortifications sont toutes modernes et dans le système de Vauban; les parties

---

(1) 1° Route de Bergues; 2° canal de Bergues; 3° porte du fort Louis; 4° entrée du canal des Moëres; 5° porte des Quatre-Canaux; 6° canal de Furnes; 7° porte de Nieuport; 8° sortie de la Cunette; 9° porte de l'Estran; 10° le Chenal; 11° porte de Risban; 12° porte Dournegat; 13° canal de Mardyck; 14° porte de Gravelines; 15° canal de Bourbourg; 16° route de Bourbourg; 17° chemin de fer.

les plus anciennes ne datent pas de cent ans. Tout ce qui était antérieur a été, à diverses reprises, démoli et détruit de fond en comble.

Étranger à l'art de Vauban, nous ne discuterons pas la question de savoir s'il est conforme aux règles de la défense des places fortes de faire pénétrer sans inflexion dans la ville la route de Bergues, ni celle de la convenance de conserver ces dunes qui, à l'ouest dominent le cavalier derrière le bassin de la marine.

De l'extrémité de la jetée Est, à la porte de Gravelines, on peut tracer dans Dunkerque une ligne de 4,000 mètres.

Au lieu dit le *Reck à voleurs* (sentier ou chemin des voleurs), dans le voisinage du Pont-Rouge, les canaux se coupent à angles droits et divisent le territoire en quatre parties inégales, savoir : le *Jeu de Mail*, l'*île Jeanty*, la basse ville et la ville proprement dite.

Dans chacune de ces parties et surtout dans les trois premières, il existe beaucoup de terrains vagues qui attendent des constructions ; c'est ce qui explique pourquoi Dunkerque, quoique plus étendue que Lille, est cependant moins populeuse des deux tiers.

La plupart des rues sont tirées au cordeau ; elles sont larges, aérées, d'une propreté remarquable et n'ayant de boue que par de rares exceptions (1) ; elles sont d'ailleurs bordées de trottoirs et sont éclairées par le gaz ; il n'en reste plus qu'un petit nombre qui ne soient pas encore pavées.

Le territoire de Dunkerque a varié plusieurs fois : à l'origine, c'était un village bâti aux alentours d'une chapelle érigée à Saint-Pierre par Saint-Éloi. Cette chapelle, plusieurs fois détruite et rééditiée, puis dédiée à Saint-Éloi lui-même, était en 1604 *extrà muros* ; trente-deux maisons étaient éparses aux environs. Ce groupe se tenait à l'endroit où est le point de rencontre de la rue Nationale et de la rue Dupouy.

Mais dans ce village ouvert, on était trop exposé aux incursions des hordes de pillards qui inondèrent trop souvent la Flandre. Une enceinte fortifiée s'éleva entre le village et la mer. Où était alors Dunkerque ? Était-ce la ville ceinte de murs ou le village qui en était voisin ? Aujourd'hui que ces deux fragments de territoire sont compris dans la même enceinte, cette question ne conserve pas d'importance ; mais ce qu'il importerait beaucoup de déterminer c'est l'emplacement et l'étendue de la chapelle primitive ou de celles qui l'ont remplacée sur les mêmes fondements (2) ; ce problème mérite de fixer l'attention des archéologues dunkerquois.

---

(1) Ce résultat a deux causes : la perméabilité du sol qui n'arrête pas la pluie et le soin que prennent les édiles de la propreté de la ville ; on pourrait y ajouter le petit nombre de véhicules qui circulent.

(2) Un architecte nommé Everard, en faisant des fouilles, trouva vers 1785 les ruines d'une ancienne chapelle dont il fit lever le plan. L'édifice avait été construit avec les matériaux d'un édifice plus ancien ; il fut loisible d'y reconnaître des traces de peintures. Everard dessina les rinceaux, ornements, etc., qu'il rencontra, les coloria en manière de fac-simile. Alléché par ces nouveaux succès, il fit de nouvelles tentatives. Le 18 décembre 1792, ordre lui fut donné de suspendre l'excavation qu'il faisait sur l'esplanade et de remplir les fosses faites. Il serait à désirer qu'on sût quel fut le résultat obtenu et qu'on retrouvât les premiers dessins.

Les limites de cette première ville sont complètement inconnues. Les cartes qu'on a tracées sont de pures hypothèses ; on sait seulement qu'une forteresse, batie à l'est de la ville, a disparu aussi bien que tous les édifices de ce temps. Il n'en reste plus d'autres vestiges que son nom transmis par la rue du Château.

Pour se rendre à la chapelle dédiée au saint patron de Dunkerque, on suivait un sentier qui est devenu la rue nationale et qui conserva longtemps le nom de rue St-Eloi.

Les premières murailles de la ville avaient, dit-on, treize tours formant un polygone régulier. Ayant été renversées, elles furent remplacées par une enceinte plus étendue, garnie de tours plus hautes et plus épaisses. Des renseignements authentiques permettent de dresser un plan qui ne soit plus imaginaire.

A la fin du XIVe siècle, un nouveau château ou forteresse avait été élevé sur le terrain situé entre la prison actuelle et le Leugenaer ; il était en dehors de la ville, mais il y fut bientôt renfermé.

Au XVe siècle la ville était comprise dans une ligne qui, partant de la mer, suivrait la rue des Vieux-Remparts, des Vieux-Quartiers, de Bergues jusqu'au Chantier, formant une sorte de triangle.

A cette époque l'église actuelle St-Eloi n'étant pas encore bâtie, la ville avait quatre portes : l'une vers l'extrêmité de la rue nommée aujourd'hui rue du Collége ; l'autre vers l'angle Nord de la place Jean-Bart, au pied de la grande tour ; la troisième à l'extrêmité de la rue de Bergues vers la porte du Parc ; la quatrième, enfin, vers l'emplacement du Leugenaer.

Jusque-là de vastes lagunes, mouillées chaque jour par le flot de la marée, existaient à l'emplacement du Jeu de Mail, de l'île Jeanty, peut-être aussi de la basse ville. Un grand banc, disparu depuis, se tenait en face du chenal qui n'est pas celui que nous voyons en 1850. L'établissement des bains de mer est élevé sur une partie de ce banc. A l'ouest était un canal maritime qui devint ensuite la fosse Mardyck, puis le courant de Mardyck.

Pendant le XVe siècle, la grande tour et l'église attenante furent élevées, la ville n'avait rien de sa physionomie actuelle ; beaucoup de maisons se trouvaient isolées, couvertes en chaume. La plupart étaient distinguées, non par le numéro qui n'existait pas encore, non par le nom du propriétaire ou de l'occupeur, mais par celui de quelque saint sculpté sur le linteau de la porte. Cette porte s'ouvrait en deux *bailles* ou parties égales, dont l'inférieure servait d'appui ainsi qu'on le voit encore dans la plupart des villages de nos environs.

Au XVIe siècle, Charles-Quint augmenta les fortifications précédemment établies. Pour la défense du port, il éleva un *château* sur le côté gauche du port. C'est depuis lors que ce quartier prit la dénomination de citadelle, qu'il conserve aujourd'hui que toute citadelle a disparu. Philippe II continua dans le même sens et ajouta de nouveaux bastions aux anciens. Le système de défense reçut des développements très étendus ; les tours furent armées, des canons garnirent les remparts de la porte à couronne, derrière les Récollets ; des casemates et autres accessoires furent ajoutés. Sous la domination espagnole, la ville prit une importance réelle, mais la guerre vint y mettre un terme.

En effet, en 1558 Dunkerque fut saccagée par les Français, et ce serait à peu près inutilement qu'on y chercherait des constructions d'une époque antérieure. Il faut en excepter toutefois la grande tour et l'église, qui ne furent pas complètement renversées. Une portion de l'ancien couvent des Pénitentes porte dans ses ancres le chiffre de 1346, figuré comme le montre le dessin ci-joint.

Ce mur, qui compte plus de 500 ans, est probablement le plus ancien vestige de la ville : il rappelle une date mémorable, celle de la bataille de Crecy.

En 1640, à l'enceinte de la ville on avait joint un second mur fortifié qui allait jusqu'à l'emplacement de l'Esplanade Ste-Barbe et jusqu'au terrain où est aujourd'hui le canal de Furnes. Le fort *Léon* était bâti du côté de la citadelle. Pour défendre les jetées, un autre fort avait été élevé. L'église Saint-Pierre avait disparu, détruite de nouveau par la guerre.

La rue des Vieux-Remparts et la rue dite du Loup ou des Vieux-Quartiers étaient encore les limites de la ville intérieure.

En 1658, les lagunes de l'Ouest étaient saignées ; l'île Jeanty est indiquée ; on voyait aboutir à Dunkerque le canal de Bergues, le canal de Furnes, le canal des Moëres. Les Anglais, momentanément maîtres de la ville, la fortifièrent du côté du fort Léon et de l'écluse de Bergues. Il y avait alors le fort de Crèvecœur.

En 1662, la citadelle de Louis XIV est construite ; une partie des digues de l'Ouest est séchée ou comblée ; le roi emploie trente mille hommes de son armée aux travaux qu'il ordonne. Les jetées sont allongées et défendues par quatre forts du côté de la mer ; le banc Schurken est coupé ; un camp retranché défend les approches de la ville du côté de terre ; ce camp s'étend jusqu'au fort Louis et au canal de Bourbourg. La basse ville est tracée (2), des ouvrages à cornes sont construits ; Dunkerque est une ville formidable, une place de première importance (3).

---

(1) Faulconnier, tome I, page 132.

(2) Le terrain appelé aujourd'hui la *Basse-Ville* fut acheté postérieurement en 1685 à des dames religieuses de Ravensberg ; on le nomma primitivement l'habitation de l'ouvrage à couronnes. (Délibération. Archives de Dunkerque, tome III, page 211).

(3) De 1679 à 1689, en dix ans, Dunkerque vit s'élever le gros Risban, le fort Vert, le fort de Bonne-Espérance, le fort Gaillard, le fort de Revers ; en 1691, la Basse-Ville (une maison de la Basse-Ville porte en ses ancres la date de 1698 : c'est la plus ancienne que nous ayons constatée) ; en 1701, le fort Blanc ; en 1709, le fort Louis, la lunette de Nieuport ; en 1711, celle de Gravelines.

C'est alors, après 1685, que s'ajoute à l'ancienne ville le nouveau quartier nommé aujourd'hui *la Basse ville,* tracée sur un terrain que le roi acheta des religieuses de Ravensberg. Les ingénieurs (parmi lesquels figurait l'immortel Vauban) construisent entre le canal des Moëres, un ouvrage à couronnes, qui donna pour quelque temps son nom à cette portion du territoire qu'on appela *habitation de l'ouvrage à couronnes.* Le sol, plus bas que celui de la ville, a offert un caractère plus frappant, et l'usage a consacré le nom de *Basse ville.* Depuis cette époque, le sol, exhaussé à diverses reprises (1), a pris le niveau qu'il a aujourd'hui et qui ne diffère pas sensiblement de celui de l'ancienne ville.

Mais jetons les yeux sur le plan de 1714. Où sont tous ces forts, l'orgueil de Dunkerque et de la France? Toute la ville est ruinée! le chenal comblé, barré! tant de magnifiques ouvrages sont renversés. L'Europe irritée, l'Angleterre jalouse, ont imposé cette expiation! La rue du Sud et la ceinture de casernes qui se suivent jusqu'à la rue des Arbres, voilà ce qui nous retrace aujourd'hui la limite de la ville ; tout ce qui est extérieur de ce côté y a été ajouté depuis cette époque.

Dix ans après, la tempête, plus puissante que le vœu du roi et le désespoir des habitants, renverse le batardeau du chenal et rouvre aux vaisseaux une route que Louis XIV avait tenté de leur donner du côté de Mardyck.

En 1742, Dunkerque semble vouloir sortir de ce honteux abaissement et reprendre l'offensive. Des batteries sont replacées sur les ruines des forts (2), un camp retranché s'élève du côté de Zuydcoote ; en moins de six ans elle reprend son aspect formidable : une enceinte de terre à redents remplace les anciens remparts.

Mais l'Europe attentive avait aperçu cette résurrection ; le traité d'Aix-la-Chapelle y met bon ordre. Encore une fois, le port, le bassin, l'écluse, le canal de Mardyck sont comblés, les batteries démolies ; Dunkerque est de nouveau sacrifiée pour le salut de la France.

La ville était frappée, mais elle n'était pas morte! Elle se relève encore : de nouveaux travaux restaurent l'écluse de Bergues, sur les ruines du Risban (3) et en avant des anciennes batteries, s'en constituent de nouvelles! Un fort s'ajoute à la défense de la ville.

Mais voilà aussi qu'un nouveau traité, le honteux traité de Versailles, est conclu! Les ruines des batteries sont de nouveau mises au niveau de l'estran ; la fureur des ennemis de la France s'attaque même aux travaux d'assainissement et d'hygiène ; la cunette est comblée, l'aqueduc des Moëres ruiné, l'écluse au débouché de la cunette dans le port est démolie. Le bassin, l'écluse (31 août 1764), les quais, le radier lui-même, sont détruits jusqu'aux fondements!

---

(1) Plusieurs maisons, entr'autres *la Belle Jardinière,* où la chaussée est à fleur des fenêtres, témoignent de cette particularité.

(2) Ces nouveaux forts étaient en fascinage. Celui de l'Ouest avait 20 canons et 4 mortiers; les trois batteries de l'Est avaient 10, 14, 18 canons et 2 mortiers; la batterie sur l'Estran avait 12 pierriers.

(3) *Rycksban* signifie ban de l'empire.

Qui aurait hésité à dire qu'une ville ainsi traitée était à jamais perdue? Et pourtant, quinze ans s'étaient à peine écoulés (1778) que voilà de nouvelles batteries plantées sur les ruines du Risban! Voilà qu'un fort s'élève à Leffrinkoucke, un autre à Zuydcoote! Dunkerque va reprendre l'offensive.

Saignées et assainies à diverses reprises, et en particulier par les soins de l'échevin Jeanty, les criques de l'Ouest asséchées et relevées, prirent le nom de l'entrepreneur et furent comprises dans l'enceinte de terre élevée autour de Dunkerque.

Pendant longtemps *l'île Jeanty* resta presque déserte. On n'y éleva que de misérables chaumières isolées, auxquelles s'ajoutèrent peu à peu diverses constructions. Aujourd'hui le débarcadère de la voie ferrée y entretient une grande circulation et nous ne tarderons probablement pas à y voir un quartier aussi brillant que les rues de la vieille ville.

Plus récemment Dunkerque s'est augmentée du jeu de *mail*, dont l'adjonction régularise le contour du territoire (1).

Ce nom de *mail* rappelle le moyen-âge et les exercices corporels qu'on ne dédaignait pas alors.

La porte de la ville qui ouvre sur la droite du canal de Mardyck, portait aufois le nom de *Kattegat*; depuis on l'appela *Doornegat*, puis *Tornegat* (2).

En 1792, en 1807 et depuis encore, on a complété, étendu les travaux de défense; on a avancé la tête des jetées, creusé le bassin des chasses. Mais les circonstances sont profondément modifiées: Dunkerque a perdu cette importance qu'elle avait autrefois. On semble même craindre d'arriver au but général auquel tendent les actes particuliers, celui de rendre à une ville intéressante, la valeur qu'elle avait et qu'elle retrouverait bientôt sous une direction énergique.

Réduite au rang d'une ville secondaire, Dunkerque s'est bornée depuis un demi-siècle à des améliorations dont nous devons cependant nous féliciter. Les anciens canaux de la Moëre et de la Panne, qui se rendaient dans l'arrrière-port et dont les émanations répandaient la fièvre, ont été comblés. Le canal de la cunette a porté à la mer les eaux de desséchement du pays; ces travaux ont considérablement assaini la contrée. La ville a pris cet aspect de propreté et de régularité qui frappe tous ceux qui y viennent pour la première fois.

---

(1) Nous aurions consigné exactement la superficie actuelle de la ville si l'administration du Génie nous avait admis à recueillir quelques-uns des documents qu'elle possède et que nous avons sollicités. Elle nous a écartés, et nous donnons un chiffre approximatif, nous bornant à dire qu'en 1817 ce chiffre était de 248 hectares, répartis comme suit : terres labourables, 106; — prés, 1; — canaux, 5; — propriétés bâties, 45; — landes, 1; — routes, 46; — rivières et ruisseaux, 23; — objets non imposables, 21.

(2) Le premier de ces noms se rattacherait aux Kattes, qui firent invasion dans la contrée. Ne désigne-t-il pas plutôt que la porte (*gate*) était voisine d'une dune, d'un cavalier (*kat*)? — *Doornegat* (porte des ronces) convenait bien à une issue qui menait aux dunes incultes de cette partie. *Toornegat* est une corruption de ce dernier.

§ VIII. Dunkerque souterraine.

Nous avons tout-à-l'heure fait une exploration à vol d'oiseau ; maintenant descendons (en esprit du moins) au-dessous du sol et inspectons les objets que nous y découvrons....

Par la puissance de la pensée, faisons, pour un moment, disparaître toutes les constructions qui s'élèvent à la surface....

Nous remarquerons tout-d'abord de nombreuses excavations qui ont à notre attention des titres divers.

D'abord voici les caves, séjour humide, obscur, souvent malpropre et malsain, où demeurent un grand nombre de familles pauvres. Malgré les efforts faits par toutes les administrations qui se sont succédé depuis quatre cents ans, l'habitude s'est établie et s'est invétérée de constituer ces fosses en demeures humaines. Aujourd'hui même que les maisons pourraient se louer en basse ville, à un taux très modique, aujourd'hui que de nombreux terrains réclament des constructions, on compte plusieurs centaines de caves habitées.

Certaines caves, de même que plusieurs maisons, sont privées de fosses d'aisance (1). Il en résulte des inconvénients de plus d'un genre. — Après les caves viennent les citernes ; la plupart des maisons aisées en sont pourvues ; on y rassemble les eaux pluviales qui ont lavé les toitures ; cette eau est la boisson des habitants.

Dans les sécheresses elles tarissent souvent ; d'ailleurs l'eau y devient fétide et n'est guère potable qu'après avoir été filtrée. Mais les pauvres n'ont pas même cette ressource ; ils sont contraints d'aller extraire l'eau de la citerne publique du voisinage. L'administration municipale s'est justement préoccupée de cet important objet ; elle a successivement augmenté le nombre de ces réservoirs. C'est là un trésor bien plus précieux qu'il ne paraît d'abord.

Outre les citernes d'eau de pluie, il y a des réservoirs d'eau douce amenée de l'Aa (2), et qui arrive aux différents quartiers de la ville par des siphons et autres moyens, dont les habitants jouissent sans savoir et sans se demander comment elle leur arrive. Un coup-d'œil jeté sur la carte ci-jointe permettra aux plus indifférents de se renseigner promptement à cet égard.

L'initiative de ces travaux appartient au XVIIIe siècle. Un terrain compris entre le canal de Bergues, celui des Moëres, Bernards'let, etc., n'avait plus d'ir-

---

(1) Cette partie importante de l'hygiène publique laisse à désirer à Dunkerque. — En 1759, on avait établi des latrines publiques. On les a reconstituées en certains quartiers ; mais chose qu'on aura peine à croire, c'est qu'en temps de gelée, les vidangeurs déversaient leurs tombereaux dans la panne, au Marché-au-Beurre, laissant à la mer le soin du surplus.

(2) Voyez sur le plan ci-joint la ligne ponctuée qui entre en basse ville et se bifurque près de l'église Saint-Éloi.

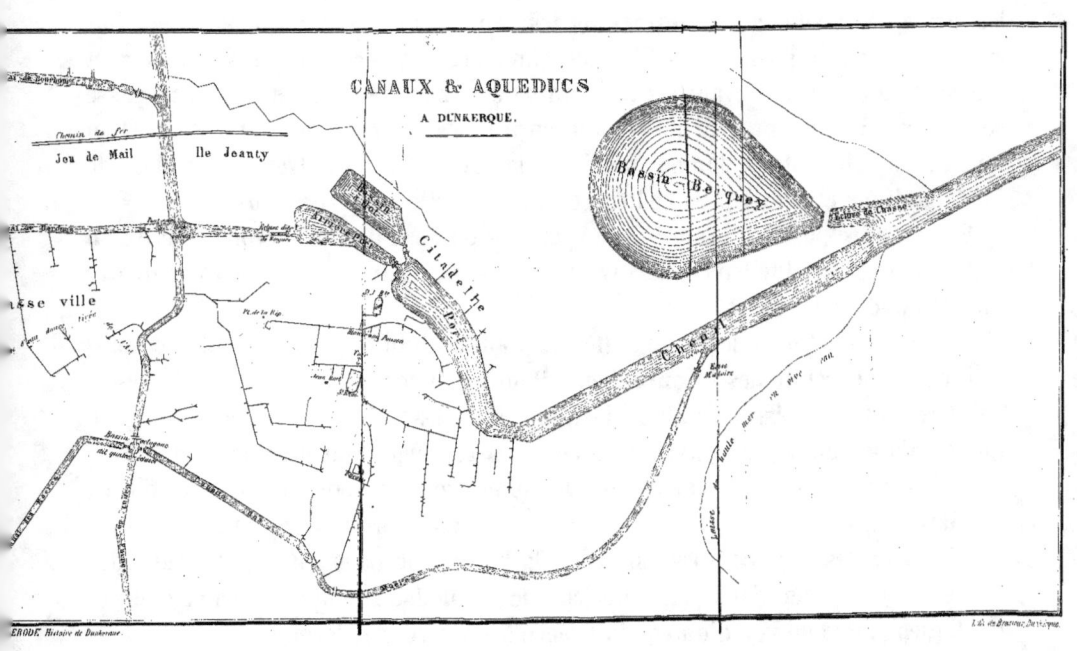

rigation, toutes les eaux étant absorbées par ces canaux; pour y suppléer on fit une prise d'eau au canal de Bourbourg à l'endroit nommé le *grand tournant*, à deux kilomètres environ de la ville, près de la ferme *Mahieu*. Là, un canal en maçonnerie passe sous le chemin en pierre et mène l'eau dans des watergants le long de la route de Bergues; cette eau passe ensuite sous cette route et sous le canal, dans un siphon en plomb qui la conduit dans les fossés de la droite, à 80 mètres environ de l'écluse de Bernards'let; le terrain eut alors l'irrigation dont il avait besoin.

Une fois les eaux amenées là, le génie militaire en profita et les fit arriver autour des fortifications de la basse ville. A son tour la municipalité se voyant privée d'une prise d'eau au Rosendael et trouvant à sa portée de l'eau douce dont elle pouvait disposer, résolut de la faire passer en ville. Un siphon serpentant sous les fossés de la ville et un autre sous les remparts, la versent dans un conduit en maçonnerie qui contourne l'ancien cimetière, traverse la rue de la Paix et fournit à une citerne devant les bâtiments de la manutention; de là l'eau passe sous le canal de Furnes par un conduit en briques, se rend dans la rue du Quai de Furnes, alimente la pompe au coin de la rue de Soubise, traverse la place de la République et parvient au château d'eau à l'entrée de la rue Neuve.

Pour rendre possible le transport spontané de l'eau d'un réservoir à l'autre, il a fallu baisser graduellement le niveau de chacun d'eux : le dernier est à quatre mètres au-dessous du sol.

Mais pour continuer le même système, il aurait fallu descendre de plus en plus et il en serait résulté des inconvénients. Pour les éviter, on a fait, à côté du réservoir profond, un réservoir plus élevé de quelques mètres, et chaque jour, au moyen d'une pompe, des ouvriers, préposés à cet effet, font monter l'eau de l'un dans l'autre. L'eau ainsi élevée descend de nouveau, d'abord au Château-d'eau, au Marché-au-Poisson, puis va à la rue des Vieux-Quartiers et termine sa course au réservoir des Carmes. Des usines de la basse-ville paient à la ville une redevance pour amener dans leur intérieur de l'eau douce empruntée aux citernes publiques par le moyen d'un conduit placé à un niveau déterminé.

Ce mécanisme, si simple et pourtant si important, est inconnu à la grande majorité des Dunkerquois; c'est ce qui nous a déterminé à le décrire ici.

On a tenté de conduire au quai Est de l'eau douce prise au Marché-au-Poisson; mais il fallait descendre tellement, qu'après divers essais, on dut y renoncer. On songea alors à faire, au Château-d'eau du Marché-au-Poisson, ce qu'on avait fait à celui de la rue Neuve : en élevant un réservoir, on envoyait facilement au port de l'eau douce dont on y a si souvent besoin. Un robinet dont on voit encore des vestiges dans le mur du quai, devait fournir cette eau avec abondance, soit pour le cas d'incendie, soit pour l'approvisionnement des navires. Ce travail resta sans résultat; nous ignorons pour quelle cause.

Dans ces conduits cachés à tous les regards, il s'opère parfois de merveilleux phénomènes. Il suffira sans doute de rappeler qu'en 1845, dans un tuyau en maçonnerie, une fissure s'étant pratiquée, les fibrelles de quelques racines s'y introduisirent. Là, constamment abreuvées d'eau, elles prirent bientôt un accroissement anormal. Ces filaments, se pressant de plus en plus, formèrent enfin une sorte de cylindre obturateur (ou si l'on veut un bouchon) de plus de 5 mètres de longueur qui intercepta toute communication.

Il y a aussi des puits forés dans le sol : l'eau n'y parvient qu'en lavant les sables ; de là ce goût saumâtre et désagréable qui les rend impropres à plusieurs usages. Ces puits présentent des anomalies fort curieuses. Il n'est pas rare d'en voir qui, garnis d'eau à la marée haute, sont à sec à la marée basse, sans avoir pourtant de communication directe avec la mer. Nous en avons expliqué la cause.

D'ailleurs les eaux douces jaillissent parfois du milieu des sables et même du sein des eaux marines. Lorsque le bassin à flot privé de ses écluses s'était ensablé et que le radier à l'entrée était recouvert de plusieurs mètres de vase, n'a-t-on pas vu des eaux en soulever le plancher, et lorsqu'on leur eut facilité un passage, s'élever dans un conduit et donner un jet d'eau douce. Plusieurs personnes, aujourd'hui vivantes, ont bu de cette eau et ont été témoins du phénomène.

D'autres exemples sont plus récents et plus connus. A l'angle du bastion derrière la corderie, une fontaine d'eau douce s'est installée ; un peu plus loin, on trouve la Samaritaine (1) ; des eaux qui s'épanchaient autrefois dans les criques de l'île Jeanty, n'ont-elles pas miné le terrain? et, aidées des eaux de la marée haute, n'ont-elles pas dérangé les masses de granit formant les bajoyers de l'écluse dite de Bergues, et forcé l'administration à une reconstruction coûteuse et difficile ?

Par suite de la perméabilité des sables, une excavation faite dans un terrain, absorbe les eaux des réservoirs qui lui sont tant soit peu supérieurs ; c'est ainsi que le creusement de la Cunette a fait tarir beaucoup de puits et mis à sec la mare à l'entrée du Roosendael. Un conduit menait autrefois ces eaux sous la caserne du Hâvre jusqu'en un réservoir dans la rue du Moulin-à-l'eau ; un manége les élevait de quelques mètres, ce qui leur permettait de se rendre chez les principaux brasseurs de la ville.

Le nouveau canal de dérivation a produit un effet semblable sur des réservoirs situés de l'autre côté du port.

Ces conduits souterrains ne sont pas les seuls dont les édiles aient à s'occuper. Les tuyaux qui amènent le gaz dans nos demeures sont tout voisins ; il en est d'autres encore qu'il faut bien nommer, ce sont les égouts. Ces aqueducs délivrent la ville de ses eaux superflues ; ils jouent un rôle important dans la propreté et l'hygiène de la cité. La carte ci-jointe en retrace le cours ; les 25 issues et les

---

(1) Dans le voisinage du nouveau canal de dérivation se trouve un réservoir d'eau douce, communément appelé *la Samaritaine* ou la *Fontaine des Dunes*. C'est un fossé long d'une centaine de mètres, et préservé du vent ou du soleil par une quadruple ligne de saules et de peupliers. Une pompe en élève les eaux et les verse dans des conduits qui les portent jusque sur le quai de la Citadelle. Ces plantations forment un bosquet qui interrompt d'une manière agréable la monotonie de la plaine environnante.

LA PANNE.

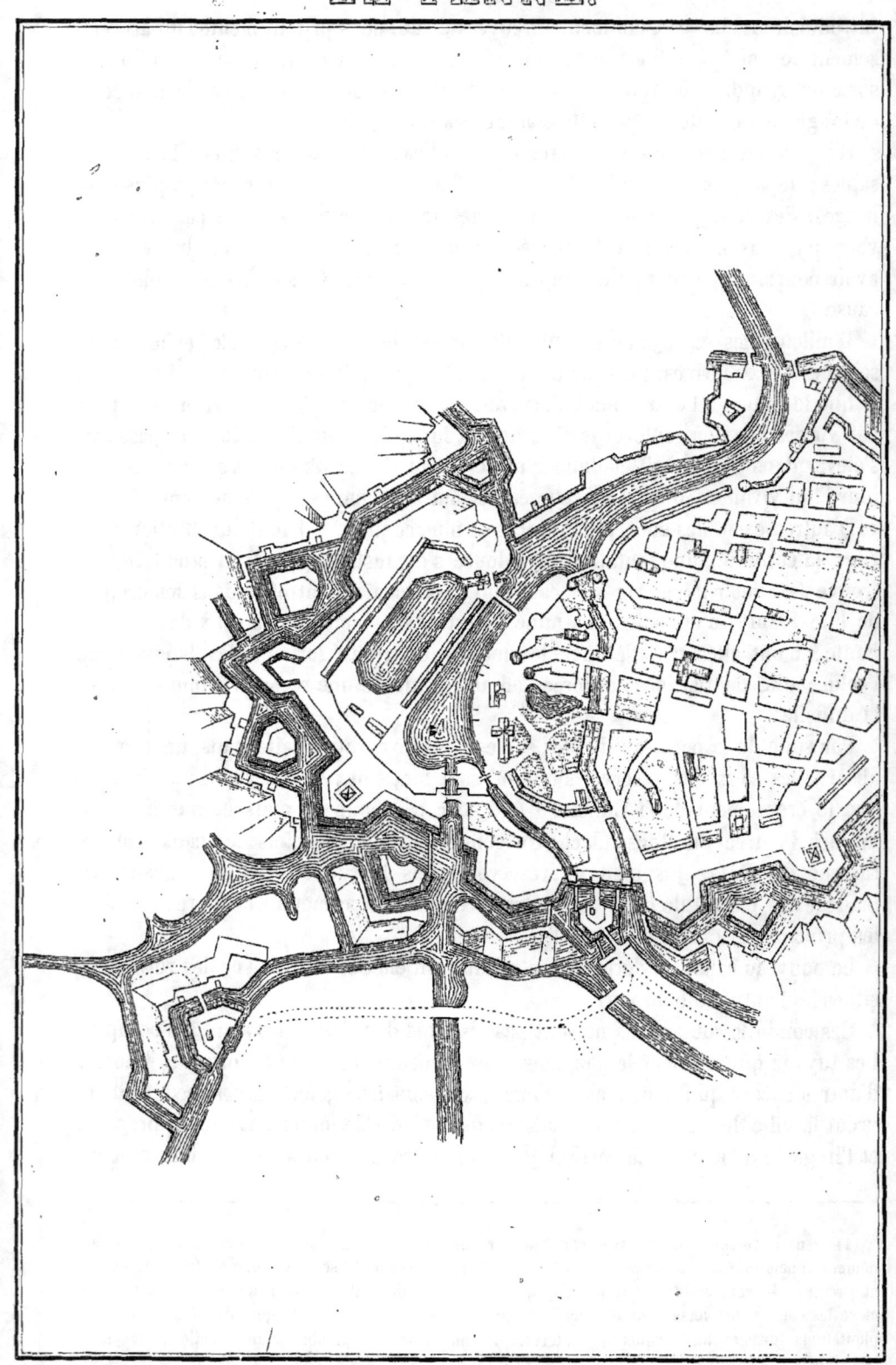

Vor DERODE, Histoire de Dunkerque. Lith. de Brasseur à Dunkerque.

178 bouches qui s'ouvrent sur la voie publique ont été l'objet d'importantes améliorations; la plupart sont fermées par des cuvettes hermétiques. Quelques-uns réclament encore cette amélioration.

L'historien lui-même s'intéresse à ce que la terre cache aux regards. Quel Dunkerquois ne nous suivrait avec empressement si nous lui montrions sous le terrain des Hospices, ces débris d'armes, de chevaux et de combattants, tombés pêle-mêle au pied du château que Robert de Cassel avait élevé, et qui, attaqué et défendu avec fureur, finit par disparaître lui-même tout entier! Si nous mettions au jour, le lit comblé de la Panne et des anciens fossés de la ville? si nous allions de nouveau exhumer les restes des anciennes constructions qui existaient vers la porte dite de Bergues, si nous les conduisions dans le cimetière autrefois placé à l'angle de la rue Marengo et de la rue de Séchelles, et que nous retrouvions les ossements de leurs ancêtres, dont les dépouilles reposaient autour de la chapelle érigée par Saint-Éloi!...

Mais si le lecteur tient à revenir à la lumière, nous allons lui présenter la liste alphabétique des rues de la cité.

§ IX. Les rues, les places publiques, etc.

Tout ce qui concerne l'histoire de Dunkerque offre une série de fluctuations dont nous entretiendrons bientôt le lecteur; mais ce qui semble singulier, c'est que le territoire de la ville ait lui-même éprouvé des vicissitudes semblables et qu'il apparaisse changeant et mobile comme la mer, qui l'avoisine, ou le sable qui le compose.

Ainsi, à l'origine, Dunkerque, simple hameau, était dispersée sur cette portion de terrain où l'on a creusé depuis le canal de Furnes. De ce point initial, son berceau, la ville fit, en quelque sorte, un bond et se transporta plus près de la mer, sur un espace qui serait compris entre le Leugenaer, la rue des Vieux-Remparts, la rue des Vieux-Quartiers et la rue de Bergues. Là, elle se hérissa de murailles flanquées de tours, et il aurait été difficile de dire où était alors Dunkerque, au dedans ou au dehors de ces remparts.

Par la suite, ces deux fragments furent réunis et ne formèrent plus qu'une seule cité. A ce territoire on adjoignit successivement tout ce qui est à l'Est de la rue des Vieux-Remparts, puis la Basse-Ville, puis la citadelle, puis l'île Jeanty, puis encore le Jeu de Mail, tandis qu'elle s'étendait de la sorte, sur la terre ferme, la ville s'avançait aussi du côté de la rade, et elle prenait pied jusque sur le banc *Schurken* qui, autrefois, était séparé de la côte par un bras de mer.

C'est par suite de ces merveilleux accroissements que le hameau est devenu la belle ville que nous connaissons aujourd'hui.

En 1685, Dunkerque comptait 46 rues; en 1857 elle en a 153. Elle avait alors

1,227 maisons, elle n'en a pas moins de 2,528 (1) ; ainsi, en un siècle et demi, le nombre des maisons est doublé ; le chiffre de la population est presque triplé ; celui des rues, quadruplé ; l'étendue de la ville est sextuplée.

Des rues de la ville, un quart, à peu près, emprunte son nom à la Religion, ou à des personnages qu'elle a déclarés saints : dans cette catégorie se trouvent les rues Saint-Pierre, Saint-Eloi, Saint-Jean, Sainte-Barbe, etc. ; un quart, à des hommes qui ont bien mérité du pays, par exemple : place Jean Bart, rue Royer, rue Emmery, etc.; un huitième, à des localités voisines : rue de Nieuport, de Bergues, de Furnes, etc.; un huitième, à des établissements qui s'y trouvent : rue du Collége, rue de l'Abattoir, rue de l'Eglise, etc. Le reste a des origines diverses dont plusieurs sont restées jusqu'ici et resteront probablement toujours inconnues, par exemple : le Bourg de Guinée, la rue de Bourgogne, le trou Waeygat, etc.

Jusqu'en 1662, les rues de Dunkerque empruntèrent au flamand leur dénomination : *Steenestraete, Kerckstraete, Mooriaenstraete*..... A partir de cette époque, ces noms sont traduits en français, et l'on dit : rue des Pierres, rue de l'Eglise, rue Maurienne..... C'est à peine si l'on retrouve *intra-muros* quelque trace de la langue primitive, dans la barrière *Doornegat* et la rue des *Bazennes*... Il n'en est pas de même dans le reste de l'arrondissement, où presque tout est resté flamand.

Plusieurs rues fréquemment citées dans les titres ont disparu, ou, du moins, ont pris un nom nouveau qui ne permet plus de les reconnaître. Il en est ainsi de *Stoofstraete*, rue des Etuves, qui empruntait ce nom à une enseigne y appendue, rue dont on ignore l'emplacement ; de *Bellestraete*, rue de la Cloche ; *Candlestraete*, rue de la Chandelle. Il en est de même pour certains quartiers, tels que la *Bedze*, le *Burgars*, l'*Oudehaene*, etc., etc., que l'on ne connaît plus à Dunkerque.

Outre ces changements, produits par des causes lointaines, il s'en est opéré d'autres, dont la politique a été plus récemment le prétexte. Chaque révolution a changé l'appellation de plusieurs de nos rues. Ce qu'une époque a fait, l'époque suivante se croit en droit de le modifier. Ainsi, la rue Royale devint rue Nationale, puis rue Impériale, pour redevenir rue Royale, et enfin rue Lamartine.... La rue des Jésuites se transforme en rue de Voltaire, en rue de la Raison et en rue du Collége.... Nous pourrions multiplier ces exemples.

Cette instabilité n'est bonne à rien. Elle est incommode, désagréable, dépourvue de prudence et de justice. Si les villes conservent leur nom, pourquoi les rues perdraient-elles le leur? Les familles ou les individus changent-ils de nom à chaque changement de gouvernement?

Lorsqu'ils nomment une rue nouvelle, les édiles ne doivent pas regarder comme

---

(1) Voici la progression que le nombre a suivi : en 1683, 1,227 maisons ; en 1695, 1,514 ; en 1705, 1,639 ; en 1715, 1,819 ; en 1725, 1,755 ; en 1735, 1,766 ; en 1785, 2,319 ; en 1800, 2,356 ; en 1846, 2,432 ; en 1850, 2,466, en 1851, 2,528.

indigne d'eux le soin de trouver un nom plus convenable qu'un autre. Ils doivent éviter de décerner à un contemporain un honneur que la postérité pourrait ne pas ratifier; ils doivent toujours y regarder à deux fois lorsqu'il s'agit d'ôter à quelque chose son nom primitif pour lui en substituer un posthume.

Les dénominations tirées des choses naturelles sont, en général, les plus stables, parce qu'elles conservent leur raison d'être. — La porte du Sud, la porte de l'Est, etc., ne cesseront pas de mériter ce titre, qui, même après la destruction des édifices, pourrait aider à en retrouver les vestiges.

Nous n'étendrons pas davantage ces considérations. Nous dirons, pour terminer ce prologue, que la synonymie des rues nous a paru mériter le long et fastidieux travail dont la table qui va suivre est le très succinct résumé.

Abattoir. — Vaste établissement situé en Basse-Ville et inauguré en 1832. Déjà en 1773 on s'occupait du projet de faire à Dunkerque un abattoir, on avait jeté les yeux sur un terrain près de l'écluse de Bergues. Le roi aurait fourni une somme de 30 à 40 mille francs, et la ville une annuité de 8 à 10 mille francs. Les embarras financiers du moment firent ajourner l'exécution qui ne se réalisa que 60 ans plus tard.

Abattoir (Rue de l'). Autrefois rue *du Cimetière*, parce qu'elle longeait le cimetière contigu à la chapelle de la Basse-Ville et sur l'emplacement duquel on a élevé l'abattoir. (Va de la rue *Saint-Charles* à la rue *de Paris*).

Abondance (Quai d'). — Voyez *Quais*.

Abreuvoir. — Il n'existe à Dunkerque qu'un seul abreuvoir; il est au Jeu de Mail.

Abreuvoir (Rue de l'). — Doit ce nom à une mare qui y a existé jusqu'en 1811, époque où elle a été comblée. En 1792 c'était la rue *Washington*.

La maison des *Dames anglaises* se trouvait dans le voisinage (sur le terrain de M. B. Morel). Cette maison avait été fondée pendant les courts instants que Dunkerque avait appartenu à l'Angleterre, sous le protectorat de Cromwell. — L'église était à front de rue. (De la rue *Sainte-Barbe* à la rue *du Jeu de Paume*).

Anes (Rue des). — Voyez *Ezelstraete*.

Anna ou **Anne** (Rue S^{te}). — Voyez *Sainte-Anne*.

Ancienne Comédie (Rue de l'). — Voyez *Nationale*.

Ancienne Poste (Rue de l'). — Voyez *Dupouy*.

Angoulême (Rue d'). — Voyez *Arago*.

Anguilles (Marché aux). — Voyez *Marchés*.

Anjou (Rue d'). — Voyez *Jean Bart*.

Appel-Markt. — Voyez *Marchés*.

Apolline (Impasse S^{te}). — Voyez *Impasses*.

Arago (Rue). — Une des rues les plus fréquentées de la ville. Anciennement rue *Royale*, puis *des Capucins*, à cause de l'église et du couvent de ces religieux. En 1793 c'était la rue *Michel Lepelletier*; puis la rue de la *Liberté*; après 1815 elle devient la rue d'*Angoulême*; et en 1830 la rue d'*Orléans*; au commencement d'août 1830 plusieurs personnes avaient voulu lui donner le nom de *Benjamin Morel*, mais, par sa lettre du 9, cet honorable citoyen déclina cette distinction. — C'est le 31 août que le nom d'*Orléans* fut définitivement adopté. — En 1848 la plaque officielle annonçait qu'elle s'appellerait désormais *Arago*.

A l'extrémité de cette rue, du côté de la place de la *République*, se trouvait le pont dit des *Capucins*, qui fut démoli en 1803. (De la place de la *République* à la place *Jean Bart*).

Arbres (Rue des) en flamand *Boomestraete*. (Va de la rue du *Port* au *Rempart*.) Il s'y trouvait autrefois un hôpital militaire. — En 1800, un décret l'allongea jusqu'au rempart de l'Est.

Arches ou **archures.** — On désignait ainsi les arcades des voûtes pratiquées sous les remparts de l'ancienne ville.

Au XVIe siècle, ces arches étaient louées 20, 24 ou 30 sous par an. La ville en concédait parfois la ouissance gratuite. Le gouverneur des lépreux en avait une pour y renfermer ses provisions; les mesureurs à l'eau, le maçon de la ville, les portefaix, etc., en avaient également pour y déposer leurs outils. Les frères prêcheurs de Bergues, les *sœurettes* de Saint François de Dunkerque y avaient leur magasin, les Cordeliers y recevaient les aumônes des bonnes gens, la balance publique en occupait trois au *Marché-à-Verdure*, aujourd'hui *aux Volailles*. L'arche à côté de la balance publique servait d'étable.

Armes (Place d') en face de l'hôtel-de-ville. Son nom flamand est *Cruystraete*. — On l'appelle aussi quelquefois *Petite-Place*. C'est sur la place d'armes que s'exécutaient les sentences criminelles. C'est là que furent brûlés, au XVIe siècle, les hérétiques et les sorciers. — Le cadran solaire de la maison N° 9 fut arrangé en 1794, suivant le sytème horaire décimal. En floréal an III, il fut rétabli selon le système duodécimal. — A l'angle opposé, on voyait encore, le siècle dernier, la lanterne que Denys Nayman, échevin prévaricateur, avait été condamné à faire allumer à perpétuité pour rappeler son crime et sa punition.

Bains de mer (Maison des). — Cet établissement est bâti sur l'emplacement d'un banc de sable, le *Schurken* qui, au XVIIe siècle, était séparé du port par un bras de mer nommé la *fosse Mardyck*. Louis XIV fit porter les jetées au-delà de la fosse et du banc lui-même. Depuis on a porté plus avant encore la tête des estacades.

Bains (rue des). — Doit ce nom à un établissement de bains tenu originairement par M. Frémiot et qui n'a duré que quelques années. (Allait du prolongement de la rue des *Arbres* à celui de la rue de la *Grille*).

Bar (Rue de). — Voyez *Royer*.

Bar (Tour de). — Une des tours de l'enceinte de la vieille ville, la plus voisine de l'ancien château de Robert de Cassel.

Barbe (Rue). — Voyez *Sainte-Barbe*.

Barrières. — Nom qu'on donne souvent aux portes de la ville; on dit communément: *Barrière de Nieuport* pour *Porte de Nieuport*, et ainsi des autres.

Barrière du Risban (Rue de la). — Ainsi nommée, de la porte à laquelle elle aboutit (Du quai de la *Citadelle* à la *Porte du Risban*).

Bart (Rue Jean). — Voyez *Jean Bart*.

Barthélemy (Rue). — Voyez *Saint-Barthélemy*. — Dans un recensement de 1697, la rue Saint-Barthélemy est indiquée comme allant de la rue de *Bourgogne* à la rue *Saint-Pierre*. Ce serait donc une dénomination pour la rue du *Pied de Vache*.

Baselaert's poortje (Portelette). — Impasse ouvrant sur la rue des *Vieux-Remparts*, on dit aussi : *Mezelaer Portje*.

Basse-Ville. — Quartier situé à l'est du canal de Furnes qui le sépare de la Haute-Ville, ou ville proprement dite.

Basse-Ville (Place de la). — Voyez *Vauban*.

Bassins. — Il existe à Dunkerque plusieurs bassins remarquables : le *bassin des Chasses*, dit bassin *Becquey*, du nom de l'ingénieur qui l'a fait creuser. Ce bassin, terminé en 1826, a 32 hectares de superficie. Il a puissamment contribué à dévaser le port. Il est entre la ville et le nouveau phare.

Le *bassin à flot* ou bassin de la *Marine*, voisin de l'arrière-port, a été construit sous Louis XIV. Par suite des travaux qui sont maintenant en voie d'exécution, tout le port, à partir du Leugenaer, sera prochainement un bassin à flot.

Le *bassin octogone*, au point d'intersection des canaux de Furnes et des Moëres, a été construit sous l'Empire par l'ingénieur Martin.

Batteries. — Autrefois l'entrée du chenal était défendue par de formidables batteries placées sur les forts voisins des jetées. Les remparts de la ville, surtout ceux qui regardaient le port, étaient également pourvus de batteries qu'on désignait par *batterie des Récollets*, *batterie de la porte de la Couronne*, etc.

Benjamin Morel (Rue). — Voyez *Arago*.

Bastions. — Les bastions modernes élevés au XVIIe siècle avaient des désignations telles que bastion *Dauphin*, bastion *la Reine*, bastion *Saint-Louis*, bastion *Sainte-Thérèse*.

Nous avons trouvé mentionné : le « *bastion sur lequel était placée la couleuvrine* Nancy, *le bastion » d'Estrades*. » Sur un plan antérieur à 1713 il est fait mention « *du bastion de la Mer, sous lequel » il y avait un grand souterrain.* » Il n'y a pas encore bien longtemps il existait sur la grève de l'Ouest un chemin voûté et souterrain, sous lequel on ne s'aventurait guère, mais où le son de la voix semblait s'enfouir et se perdre; est-ce un reste de ce *bastion de la mer*?

Basse-Ville. — Antérieurement à 1680, la *Basse-Ville* était tout le terrain compris entre les anciens remparts et les nouveaux, ou si l'on veut tout ce qui est au-delà de la rue des *Vieux Remparts* et des *Vieux Quartiers*, jusqu'au canal de Furnes. Ainsi, le terrain de la rue *Dupouy*, de la rue *Nationale*, etc., était en *Basse-Ville* ; postérieurement à 1680, la Basse-Ville s'étendait de la portion située au-delà du canal, et qu'on nommait aussi *Habitation de l'Ouvrage à Couronne*. — Une partie de ce territoire fut cédée aux habitants du Roosendael.

Bastion national (Rue du). — Doit ce nom au voisinage d'un bastion qui, en 1706, suivait la rue des *Vieux-Remparts*. La rue du *Bastion* devint, en 1792, la rue de *Sparte* ; en 1793 c'était la rue des *Canons*.

Bazennes (Rue des). — Nom donné à une portion de la rue des *Vieux-Remparts* près de la rue du *Collège*. C'est là que demeuraient des femmes de patrons de pêche.

Beaumont (Rue de).—Postérieure à 1706, doit son nom au souvenir d'un intendant de Flandre. Les soldats s'y livraient souvent à des disputes : aussi, par antithèse, on la nomma en 1793, la rue de la *Concorde* ; en 1805, elle reprit son ancien nom.

Bedfort. — Nom d'un bourgeois de Dunkerque qui, en 1734, était directeur de l'hôpital Saint-Julien. La *Chapelle Bedfort* est dans le Roosendael ; la *Cense Bedfort*, à Arembouts-Cappel.

Bedze. — Nom d'un quartier de la ville qui nous semble avoir été voisin du parc actuel de la marine. Dans les titres concernant la ville, on rencontre souvent : « la *Bedze*.... le *pont de la Bedze*, le *jardin de la Bedze*.... » Ce quartier fut pavé en 1584.

Belander'shuys. — Maison du corps des Bélandriers. Elle était située non loin de l'emplacement du marché au Beurre actuel, et sur le terrain de la maison de M. P. Lefebvre.

Belle'straete. Nom flamand d'une rue dont on ignore l'emplacement ; ce nom se traduit par : rue de *Bailleul* ou rue *de la Cloche*.

Bergues (Canal de). — Se jette dans l'arrière-port. L'écluse qui lui livre passage, à mer basse, se nomme *écluse de Bergues*. Il ne faut pas la confondre avec le *Blaeuw Speys* ou *Ecluse Bleue*. Ce canal fut attribué à la grande navigation, et des navires le parcoururent sans rompre charge à Dunkerque.

Bergues (Rue de). — Très-anciennement rue de l'*Espagnol* ; son nom actuel lui vient de ce qu'elle conduisait à la porte de ce nom. Cette porte, dite *Wespoorte* (porte occidentale), ouvrait sur le quai et sur le canal qui conduisait à Bergues. On désigne parfois cette voie publique comme la rue des *Récollets*, à cause du couvent qui s'y trouvait : elle était coupée par un pont sous lequel passait la Panne pour se rendre dans le port. Le 11 avril 1776, le pont à l'entrée de cette rue s'écroula. Lors de la démolition qui en fut faite au commencement du XIXe siècle, on trouva des vestiges de constructions de diverses époques ; on crut y voir des restes des fortifications élevées en 1233, par Godefroi de Condé, momentanément seigneur de Dunkerque.

Berry (Rue de). — Voyez *Marine*. Au XVIIIe siècle on trouve l'appellation de Berry donnée à cette rue.

Beurre (Marché au).—Carrefour voisin de la rue des *Pierres*. Il s'y trouvait autrefois une maison de correction, le *Rasp-Huys* et une masure occupée par le corps des Bélandriers, *Belander'shuys*.

Blauew-Stampet. — Voyez *Bourg-de-Guinée*.

Blauew-Speys. — Voyez *écluse de Bergues*.

Blé (Marché au). — Place irrégulière située entre la place de la *République* et le pont de l'écluse, dite de *Bergues*.

Bogaert. — Partie de la rue du *Sud*, qui est peut-être la même chose que le *Burgars*. (Voyez ce mot).

Bois (Place au). — *Marché au Bois*. — — Nom que d'anciens titres donnent à l'emplacement du marché au poisson actuel.

Bois (Ruellette au). — Passage de la rue des *Pierres* au marché au Poisson.

Bolhof. — Jardin où l'on joue à la boule, et qui, au XVIe siècle, se trouvait près du jardin de Sainte-Barbe ou des Canonniers.

Bons-Enfants (Rue des). — Sobriquet d'une rue mal famée qui se trouve dans le voisinage de la place *Calonne*.

Boomerstraete. — Voyez *Arbres*.

Bordeaux (Quai du Duc de). — Voyez *Quais*.

Bouchels-Kaye. — Nom qu'on donnait autrefois à cette portion de l'estacade réservée aux navires qui font quarantaine.

Boucherie (Rue de la). — Est devenue la ruellette qui se trouve aujourd'hui rue des *Pierres*; on l'appelait rue *Saint-Barthélemy*, les Jacobins en firent la rue de *l'Humanité*.

Bourbourg (Canal et écluse de). Situés dans le quartier dit *Jeu de Mail*.

Bourg-de-Guinée (Rue du). — Carrefour qui va du *Marché-aux-Volailles* au quai de *l'Est*; on le désigne aussi sous le nom de *Puits-Bleu* (Blaeuw-Stampet), parce qu'il s'y trouvait un puits dont la margelle était en pierre bleue. Le registre des délibérations du magistrat de Dunkerque (1776), écrit *Bucht*; des personnes prétendent que l'on doit dire *Bugt de Guinée*; on trouve *Bay de Guinée, Baie de Guinée*; mais que l'on adopte Bugt, Bourg ou Baie, on n'explique pas l'addition de *Guinée*. En 1575, un capitaine espagnol nommé Guinea, vint à Dunkerque, avec six ou sept cents hommes (Faulc. I. 73) : est-il pour quelque chose dans l'appellation de cette rue? *Bugt de Guinée* voudrait-il dire *Château du Capitaine Guinée*? c'est ce que nous ne pouvons affirmer, ou bien, est-ce par imitation du *Petit Château* de la dame de Cassel qui se trouvait dans le voisinage?

Quoi qu'il en puisse être, ce passage n'avait pas encore en 1628 un nom bien arrêté puisque le registre des comptes la désigne par cette périphrase : « ..... *Rue allant du Marché-à-Verdures vers la grande porte du Cay.....* »

Bourgogne (Rue de). — Petite rue (l'une des quatre voies qui conduisent de l'entrée de la ville au port), qui doit probablement cette appellation au règne des ducs sous lesquels elle a été ouverte. En 1793, elle prit le nom de *Franklin*. Les rues des *Prêtres*, de *Bourgogne*, de *l'Egalité*, du *Pied-de-Vache*, de *Saint-Pierre*, sont parfois désignées collectivement sous la dénomination de *Petites-Rues*.

Bourse. — Bel édifice bâti en 1754, en face de l'Hôtel-de-ville et aujourd'hui sans usage. Au compte de 1755 on lit : « Acquis quatre maisons faisant face à la Conciergerie de la ville, rue d'Église » et les autres trois à l'entrée de la vieille rue de Nieuport, qui ont été démolies, et sur le fond des- » quelles le Magistrat a fait construire le grand bâtiment de la Bourse, y compris le nouveau corps » de garde. »

Burgars. — Nom d'un quartier de la ville qui était voisin du Jardin des Archers. C'est peut-être celui qu'on a désigné ensuite par *Bogaert*. (Voyez ce mot.)

Brechtstorrekin. Une des tourelles de l'enceinte qui longeait le quai voisin du port.

Brutus (Rue). — Voyez *Caumartin*.

Calais (Porte de). — Porte par laquelle Louis XIV fit son entrée à Dunkerque. — Faulconnier l'appelle porte de *Bergues*.

Calonne (Place). — Près de l'ancien théâtre. — Le 5 janvier 1791, on l'appela place *Nationale*.

Canaux. — Nous avons parlé des canaux de l'arrondissement, nous avons à rappeler les suivants qui se trouvent *intra-muros* : Canal de Bergues, de Bourbourg, de la Cunette, de Furnes, de Mardyck, des Moëres. — A l'extérieur, le canal de dérivation.

Canons (Rue des). — Voyez *Bastion national*.

Cantine-au-Vin (Rue de la). — Doit ce nom à une taverne qui y existait le siècle dernier. (De la rue *Dupouy* à la rue *Saint-Sébastien*).

Cantons. — La ville est aujourd'hui divisée en deux cantons, Est et Ouest, séparés par une ligne qui, partant du milieu de la rue du Quai, suit la rue de l'Église, la rue Nationale jusqu'au canal de Furnes. La Basse-Ville est du canton Ouest. En diverses circonstances et particulièrement à la Révolution, on divisa la ville en deux, sept, huit, seize quartiers; ces divisions ne furent pas continuées.

Capucins (Rue des). — Voyez *Arago*.

Carmes (Rue des). — Voyez *Couronne*.

Casernes (Rue des). — Rue coudée, qui va de la rue du *Bastion national* au Parc-à-Boulets derrière la caserne du *Hâvre*.

Casernes de la Marine (Rue des). — On l'appelait aussi rue du Quartier des Bourgeois. (De la rue du *Moulin-à-Poudre* à la rue du *Quartier-Neuf*.)

Caumartin (Rue). — Doit ce nom à un intendant de Flandre. — En 1792, on en fit la rue *Brutus*. (De la rue du *Quai de Furnes* à *l'Esplanade*).

Cayporte. — Nom flamand pour désigner la porte du quai qui se trouvait en face de la rue nommée aujourd'hui rue du Quai. Elle a été démolie après 1830. — On devrait écrire *Kaeypoorte*.

Champ-de-Mars (Rue du). — Cette rue commençait à la Place-Nationale, allant vers les remparts de la Barrière de Nieuport.

Chantiers. — Les ingénieurs Dunkerquois ont acquis une grande réputation dans l'art de construire les vaisseaux; aussi leurs chantiers sont-ils toujours occupés. — Le principal chantier est aujourd'hui derrière l'église Saint-Jean-Baptiste; il est question de le transférer ailleurs.

Chapelle (Petite). — Située rue *de la Grille*, et dédiée à Notre-Dame-des-Dunes. — Les femmes de marins viennent souvent y prier pour ceux qui leur sont chers et qui courent les dangers de l'Océan. Beaucoup d'ex-voto appendus aux murs témoignent de la reconnaissance des marins préservés des tempêtes.

Dans le mois de septembre (le 8), on y pratique une neuvaine qui est célèbre dans le pays. C'est une fête pour le quartier. Des marchands ambulants viennent y établir leurs boutiques; les promeneurs et les curieux s'y rendent en foule.

C'est l'emplacement d'un ancien château de la dame de Cassel, seigneur de Dunkerque.

Chapelle Saint-Martin. — En Basse-Ville, près de l'angle de l'ancien cimetière, proche de l'Abattoir.

Château. — Au commencement du XIVe siècle, Robert de Cassel érigea dans la partie Est de la ville un château ou maison-forte qui ne subsista que peu de temps; il n'en reste aujourd'hui d'autres vestiges que son nom donné à la rue du *Château*.

Château (Petit). — Autre maison-forte bâtie dans la partie Nord de la ville, du côté de la rue du Nord et de la Grille. En 1646, il s'y trouvait encore deux tours où l'on entretenait deux fanaux ou *Vierboets*; l'un, le *Noort fouier*; l'autre, le *Zuyt fouier*. En 1754, Louis XV céda le *Petit-Château* à la ville, à charge de payer 500 livres par an au commandant de place. En 1755, Melle de La Serre, et l'année suivante M. De Haillier, occupèrent la demeure féodale, héritage défaillant des anciens seigneurs fonciers de Dunkerque.

Château (Rue du). — Doit ce nom au voisinage d'un château (ou forteresse) bâtie par Robert de Cassel. En 1793, on lui donna le nom de *Scævola* (Sainte-Barbe — Jean-Bart).

Chaudronniers (Rue des). — Doit son nom aux industriels qui y avaient établi leur domicile. — En 1793, elle devait conserver son nom; c'est ce qui arriva en effet.

Chemin de fer. — Les rails qui vont s'étendre sur les deux rives du port mettront, sous peu, Dunkerque en communication directe avec toute la France et les États voisins. Le débarcadère est bâti sur l'emplacement de l'*Ile Jeanty* et des *Criques*.

Chenal. — Espace compris entre les deux jetées du port. — Il s'avance aujourd'hui d'un kilomètre au-delà du point où il s'arrêtait au XVIe siècle.

Cimetière. — Dunkerque a eu plusieurs champs de repos. — A l'origine, le cimetière s'étendait autour de la Chapelle Saint-Éloi, à l'endroit où la rue du Sud touche aux rues de Beaumont et de Séchelles. Par la suite les inhumations se firent dans l'église Saint-Éloi et aux alentours; ensuite dans la Basse-Ville (emplacement de l'Abattoir), puis dans l'un des bastions voisins, à l'extrémité de la rue de la Paix. — C'est vers 1820 que les inhumations commencèrent dans le cimetière actuel.

Cimetière (Rue du). — Voyez *Abattoir*.

Citadelle. — Quartier situé sur la rive Ouest du pont. — Les Espagnols y avaient élevé le fort Léon; Louis XIV y érigea une citadelle dont il ne reste plus que le nom.

Citadelle (Quai de la). — Partie du quai en face du magasin de l'Entrepôt. Après 1714, il y resta un hôpital militaire et une genièvrerie. Il n'y avait alors aucune trace de quai, mais seulement des pilotis plantés çà et là. Le terrain de l'ancienne citadelle fut vendu en 1754. En 1809, il s'y trouvait 67 maisons.

Citernes. — L'eau pour la consommation des habitants se conserve dans des citernes. — Les principales citernes publiques sont situées près de l'église Saint-Éloi, à la Bourse, dans la rue Neuve.

Cleyputz. — Nom d'un quartier situé vers la porte de l'Est. — Au XVIe siècle, on y construisit des cellules pour les pestiférés.

Cloche (Rue de la). — Voyez *Belle'straete*.

Coefort. — Nom d'un des forts qui avoisinaient la ville.

Collège. — Vaste édifice érigé, en 1826, sur l'emplacement de l'ancien couvent des Jésuites.

Collège (Rue du). — Autrefois rue de *Nieuport*, puis rue des *Jésuites*; l'extrémité Est s'appelait rue d'*Enghien*, en mémoire du grand Condé, qui prit la ville en 1647. En 1792, elle devint la rue de *Voltaire*; puis rue de la *Raison*. La maison des Jésuites servit d'abord de magasin pour les ponts-et-chaussées; on en fit une école primaire, puis enfin le Collège. (De la *Place-d'Armes* à la *Caserne*).

Comédie (Rue de l'Ancienne). — Voyez *Nationale*.

Conceptionistes (Rue des). — Voyez *Sœurs-Blanches*.

Constitution (Rue de la). — Voyez *Soubise*.

Coolhof. — Pièce de terre dans le voisinage de la Maison des Archers, et qui, au XVIe siècle, servait de promenade publique. (Ce mot peut se rendre en français par *potager*). Le Coolhof ou *Coolhoven* se trouve encore désigné par « *Jardin aux Choux,* » et par « *Hoogh ryckstuck,* » et on y ajoute cette particularité : « *sur lequel on a bâti le Zuyz Bollewerck.* » Mais où se trouvait-il ? Nous l'ignorons.

Coopinghe. — Nom flamand qui désignait le lieu où se faisait la criée du poisson, près du Mynck.

Concorde (Rue de la). — Voyez *Beaumont*.

Concorde (Passerelle de la). — En face de l'usine au gaz, ci-devant du *Duc de Bordeaux*.

Corderies. — Aux XVe, XVIe et XVIIe siècles, il existait, le long des remparts *intra-muros*, des corderies louées par la ville et désignées par le nom de *Oosthouck*, *Noordoosthouck*, etc. Il s'en trouvait une aussi derrière les Récollets.

Corderie de la Marine. — Bâtiment qui s'étend le long de la partie Ouest du bassin de la Marine.

Corderie (Place de la). — Emplacement dans la citadelle, indiqué sur un plan de l'an IX.

Cordiers (Rue des). — Traduction de *Reepe'straete*. — Voyez *Emmery*.

Corneille (Rue). — Voyez *Séchelles*.

Cory. — Nom d'un marché indiqué dans les titres du XVIe siècle, et dont nous ignorons l'emplacement.

Couronne (Rue de la). — Voyez de *l'Égalité*. — Son nom flamand est *Croone-Straete*. On l'appelait aussi rue des *Carmes*, à cause du couvent qui s'y trouvait.

Couronne (Porte à). — (Porte de la). — Porte qui s'ouvre sur le quai des *Hollandais*, proche du marché aux *Volailles*. — Ce nom lui vient d'une couronne surmontant l'écusson royal, place au-dessus de la porte. On la désigne en flamand par *Croone-Poorte*.

Cours de la Ville, en flamand *Steede hof*. — Jardin public, situé au XVIIe siècle vers l'emplacement du *marché-au-Beurre* actuel.

Crieques. — Terrain marécageux, existant autrefois à l'emplacement où se trouve aujourd'hui le débarcadère du chemin de fer. Au compte de 1735, on lit : « *Réparation faite au pont des Crieques et au chemin du Dornegat.* » Les Crieques étaient alimentées par les eaux de quelques sources analogues à celles de la Samaritaine, qui en est voisine. Ces eaux se frayaient passage dans le réservoir qui est devenu le Bassin de la Marine, et s'écoulaient dans le port par l'Écluse bleue.

Croone-Poorte. — Voyez *Porte-à-Couronne*.

Croone-Straete. — Voyez *Couronne*.

Cruy'straete. — Voyez *Place-d'Armes*.

Cuisinier (Rue du).

Cuisinière (Cul de sac). — Voyez *Impasses*.

Cunette. — Canal qui s'étend du bassin Octogone à l'écluse Magloire. — Le nom de la Cunette figure souvent dans l'histoire de Dunkerque au XVIIIe siècle.

Cunette (rue de la). — Sur des plans du XVIIIe siècle, on désigne ainsi la rue nommée depuis rue de l'*Abattoir*.

Curé (Jardin du). — Pièce de terre appartenant aux Capucins, et située dans la rue Nationale. — Cette pièce fut vendue en 1772.

Dames-Anglaises (Rue des). — Voyez *Abreuvoir*.

Dampierre. — Rue qui va du quai de la Concorde à la rue du *Lion-d'Or* ; quelques plans écrivent rue d'*Epire*.

Dauphin. — Voyez *Bastion*.

Dauphine (Place). — Voyez *Théâtre*.

David-d'Angers (Rue). — Autrefois la *Tour-d'Auvergne*. — En 1801, elle fut tracée sur l'emplacement du jardin des Capucins, en vertu de la délibération du 22 juin 1792. Son nom actuel est un hommage rendu à l'artiste qui a modelé la statue de Jean Bart, inaugurée en 1845. Toutefois nous consignons que c'est par suite d'une erreur de l'ouvrier chargé d'y placer la plaque : elle devait s'appeler rue *Lamartine* ; on s'aperçut ensuite de la substitution, mais telle est la puissance du fait accompli, qu'on passa outre. Sous la Restauration c'était la rue d'*Artois*. — Le 2 août 1830, la rue de *Chartres*.

Débarcadère. — Voyez *Chemin de fer*.

Demi-Bastion (Rue du). — Voyez *Verrerie*.

Dérivation (Canal de). — Voyez *Canaux*.

Desaix (Rue). — Voyez *Quai de Furnes*. — Elle tournait d'équerre avec celle du Sud et allait jusque vers les remparts du canal de Furnes.

Dewulf (Rue). — Voyez du *Loup*.

Doornegat. — Nom d'une barrière voisine du canal de *Mardyck*, et qui est ainsi nommée d'une cense voisine, dite *Cense Doornegat*.

D'oude-Schoole (Portelette). — Impasse aujourd'hui inconnue.

Droits de l'Homme (Rue des). — Voyez *Marine*.

Dupouy (Rue). — Va de la place *Jean-Bart* à la rue du *Sud* ; le siècle dernier elle s'appelait rue de l'*Ancienne Poste*. En 1793, c'était la rue de l'*Union*. Elle porte aujourd'hui le nom de M. Dupouy, dont le dévouement aux intérêts de la ville obtint cette honorable distinction en 1839.

Eau-Chaude (Rue de l'). — Dans la citadelle. — Elle est indiquée sur un plan de l'an IX.

Ecluses. — Les écluses jouent ici un rôle plus important que partout ailleurs, car elles sont la condition d'existence d'une grande partie des terres cultivées de l'arrondissement. On compte à Dunkerque l'écluse de *Bergues*, au fond de l'arrière-port ; l'écluse *Magloire*, à l'embouchure de la Cunette ; l'écluse du canal de dérivation, celle du bassin des chasses et celle du bassin à flot ; puis l'écluse du *Pont-Rouge*, du *Bassin octogone*. — Autrefois il y avait l'*Ecluse Bleue*, à l'endroit où s'ouvre aujourd'hui le bassin de la marine ; l'*Écluse du Canal de Furnes*, dans l'arrière-port ; l'*Écluse de la Panne*, à l'endroit du chantier actuel.

Ecole (Rue de la vieille). — Traduction de *Oude-Schoole*. — (Voyez ce mot).

Égalité (Rue de l'). — Petite rue qui va de la rue des *Prêtres* à la rue de *Bourgogne* ; on l'appela d'abord rue de la *Couronne* ; en 1792, ce fut la rue *Simoneau* ; ensuite, de l'*Humanité*. Les Jacobins croyaient, dans cette substitution, faire une antithèse.

Églises. — Dunkerque compte aujourd'hui deux églises : Saint-Éloi et Saint-Jean-Baptiste ; et deux chapelles : Saint-Martin et Notre-Dame-des-Dunes.

Au XVIe siècle, la nef se joignait à la tour, ainsi qu'on peut s'en convaincre encore aujourd'hui par les vestiges qu'elle a laissés. L'incendie ayant détruit une partie de l'église en 1558, celle qui fut construite pour la remplacer dépassa peu l'alignement de la rue, et une arcade donna passage en avant de l'édifice. — En 1671, ce passage fut élargi et devint une rue. — En 1793, l'architecte Louis adapta à la nef ogivale le fronton grec que l'on voit aujourd'hui, et qui coûta, dit-on, 800,000 fr. Le beau style de cette construction n'empêche pas de regretter l'union de deux éléments si peu conciliables.

L'église Saint-Éloi a subi bien des changements : c'était d'abord un vaste et bel édifice du style ogival du XVe siècle. C'est un point fort débattu par les archéologues dunkerquois que celui de savoir quand la tour a été bâtie ; si elle l'a été avant, avec ou après l'église elle-même. Ce qu'il y a de certain, c'est que l'un et l'autre édifice étaient d'une époque fort rapprochée, et qu'ils ont été joints ; c'est que la tour, qui a 53 mètres (d'autres disent 58) de hauteur, et 15 de largeur à la base, et 8 au sommet, n'a presque pas de fondations (moins de 2 mètres) dans le sable, et qu'elle conserve parfaitement son équilibre, malgré l'effort constant des vents qui soufflent contre elle. Du sommet, on aperçoit, par un beau temps et au moyen d'une longue-vue, la sortie de la Tamise. On y jouit de la vue d'un panorama fort curieux, qui a attiré Charles-Quint, Philippe II et Napoléon. Il serait peut-être opportun de rappeler, ne fût-ce que par une inscription, la visite de ces illustres curieux.

Église (Rue de l'). — En flamand *Kerke'straete*.

Cette rue, qu'on appela aussi *Herenstraete* (rue Seigneuriale), puis *Grand'Rue*, va de la *Place-d'Armes* à la place *Jean-Bart*. C'est une des plus brillantes et des plus fréquentées de la ville. A l'une des extrémités se trouvent la Grande-Tour, l'église Saint-Éloi et son magnifique portique ; à l'autre, l'Hôtel-de-Ville, le Palais-de-Justice et la Bourse. Au coin de la rue des *Sœurs-Blanches* se trouvait autrefois l'hôtel où logea Charles-Quint, la dame de Vendôme et plusieurs autres grands personnages.

Avant de paver la nouvelle voie publique, on dut exhumer les morts confiés à la terre dans l'ancienne enceinte du Temple. En 1793, cette rue fut appelée par les Jacobins rue de la *Vérité*, par opposition à rue de l'*Église*.

Éloi (Rue Saint). — Voyez *Saint-Éloi*.

Emmery. — Ainsi nommée en 1847, 11 décembre, en mémoire du Dunkerquois de ce nom qui, pendant la Révolution, le Consulat et l'Empire, remplit les fonctions de colonel de la garde nationale, de maire, de membre du Sénat. Emmery sacrifia sa fortune et son temps au bien de la ville. — Auparavant c'était la rue du Moulin, ainsi nommée d'un moulin à tabac existant sur un bastion qui se trouvait au bout de cette rue. (Elle va de la rue de l'Église au rempart de l'Est). On l'appela aussi Respe'straete (rue des Cordiers), et c'est au moulin d'un de ces industriels qu'est dû ce nom qu'elle porta longtemps. Selon d'autres personnes, cette corderie appartenait aux hospices. En 1747, des vieillards y étaient occupés ; c'est en 1808 qu'elle devint rue du Moulin.

Enghien (Rue d'). — Voyez du *Collége*.

Epire (Rue d'). — Quelques plans ont travesti de cette façon le nom de la rue *Dampierre*.

Espagnols (Quartier des). — Cette indication se retrouve dans les titres du XVIe siècle, ainsi que la suivante.

Espagnols (Rue des). — Ancien nom de la rue de *Bergues*.

Esplanade (Façade de l'). Voyez *Façade*.

Esplanade Sainte-Barbe. — C'est un terrain entre la porte du Rosendael, le bassin Octogone, la Cunette et la caserne Sainte-Barbe. C'est l'emplacement de fortifications détruites par suite des divers traités où l'on stipulait la ruine de Dunkerque postérieurement à 1707. — A cette dernière époque la caserne était la limite de la ville. Le magasin à poudre y était construit.

Estran. — Partie de la grève à droite du Chenal. — En 1776, on parlait d'une plantation à faire entre le corps-de-garde et la halle de *l'Estran*.

Estran (Porte de l'). — Porte à droite du Chenal.

Étuves (Rue des). — Traduction de *Stoove-Straete*. — Voyez ce mot.

Ezel'straete. — Nom donné à une ancienne ruelle dans la rue du *Collége*.

Façade de l'Esplanade. — Rang de maisons faisant face à l'*Esplanade Sainte-Barbe*; aboutit de la rue *Marengo* à la rue du *Sud*; elle est divisée en quatre parties par les rues de *Caumartin* et de *Soubise*.

Faulconnier (Rue). — Va de la rue de l'*Église* à la rue de *Hollande*, ainsi nommée en mémoire de Pierre Faulconnier, grand-bailli, historien de Dunkerque. Cette rue s'appela *Saint-Julien*, à cause d'un hôpital dédié à ce saint, en flamand *Saint-Juliaen'straete*; rue des *Pénitentes*, du nom d'une communauté qui prit la direction de cet hôpital. Pendant la Révolution, c'était la rue du *Muséum*. En 1849 s'y éteignit Melle Faulconnier, dernier rejeton du grand-bailli.

Fontaine (Notre-Dame de la). — Il y avait, le siècle dernier, une chapelle de ce nom non loin de l'endroit où se trouve aujourd'hui la chapelle de Notre-Dame-des-Dunes.

Fort-Libre (Rue du). — Voyez *Fort-Louis*.

Fort-Louis (Rue du). — Rue de la basse-ville, qui va de la porte de ce nom à la rue de *Paris*. — En 1793, rue du *Fort-Libre*, puis rue *Marat*. En 1795, elle redevint rue du *Fort-Libre*. — Elle doit son nom au voisinage du fort auquel elle conduit.

Forts. — L'entrée du port était défendue par plusieurs forts aujourd'hui détruits : le *Fort-Vert*, le *Fort de Bonne-Espérance*, le *Fort-Blanc*, le *Risban*, le *Château-Gaillard*, le *Fort-Revers*. — Du côté de terre étaient le *Fort-Louis*, le *Fort-Français* et autres, parmi lesquels le *Koe-fort* (Fort à Vaches).

Français (Quai des). — Portion du quai de la Citadelle contigu à la porte du Risban.

Française (Rue). — Nom donné le 12 août 1830 à la rue qui se nommait d'Angoulême.

Franciade (Rue de la). — Voyez *Saint-Charles*.

Franklin (Rue). — Voyez de *Bourgogne*.

Fraternité (Rue de la). — Voyez *Saint-Jean*.

Furnes. (Canal de). — Voyez *Canaux*.

(Quai de). — Voyez *Quais*.

(Rue du Quai de). — Va de la place de la *République* au canal de Furnes.

Galère (Rue de la). — Dans un édit de 1673 on lit : « ..... L'ancienne maison de la confrérie » Saint-Sébastien ayant entrée dans la rue de la Galère. » D'après d'autres indications, il semblerait qu'on a dénommé ainsi cette partie de la rue de l'*Égalité* qui va de la rue des *Sœurs-Blanches* à la rue *Emmery*.

Gapart. — Tour qui se trouvait dans le *Petit-Château*. A la partie supérieure, on avait placé des crocs de fer auxquels on attachait les têtes des suppliciés. Cette tour était flanquée d'un escalier en pierre qu'on nommait *les Degrés*, et au bas duquel était le *Pilori*. — Sous la domination espagnole, on y allumait un phare. Le guetteur y logeait et sonnait la retraite à neuf heures; on y adapta ensuite une horloge. — Cette tour était voisine et tout-à-fait distincte du *Leugenaer*. (Voyez ce mot.)

Gaz (Usine à). — Cette usine, qui distribue l'éclairage dans toute la ville, est située près du Marché-aux-Pommes, en face de la passerelle de la Concorde.

Génie (Rue du). — Voyez *Saint-Bernard*.

Gouvernement (Rue du). — Dans le quartier de la Citadelle.

Grand'Place. — Voyez place *Jean-Bart*.

Grand'Rue. — Voyez rue de *l'Église*.

Grande rue de travers. — Rue de la basse-ville, indiquée sur un plan du XVIII° siècle.

Grille (Rue de la). — Rue qui va du port à la rue de la *Petite-Chapelle*. Elle fut ainsi nommée en 1800, et doit son nom à la grille de fer qui en ferme l'entrée du côté du quai. Cette grille provient, dit-on, du couvent des Capucins. Vers l'extrémité opposée, au milieu d'une terrasse, se trouve la chapelle des Dunes.

Groensel-Marck. — Voyez *Marché-aux-Volailles*.

Grosse-Carotte (Rue de la). — Voyez rue *Nationale*.

Guillaume-Tell (Rue). — Voyez d'*Hollande*.

Guilleminot (Rue). — Va de la rue des *Arbres* à la rue de la *Grille*. Elle fut ainsi nommée le 30 septembre 1841.

Havre (Le). — C'est ainsi que le port est désigné dans les anciens titres.

Havre (Caserne du). — Caserne située à l'extrémité de la rue des *Arbres*; elle doit ce nom à un impôt levé sur les navires entrant dans le port, et dont le produit a été employé à payer les frais de construction. — Devait être reconstruite en 1785. Des terrains en furent cédés à la ville sous condition de reconstruire la caserne.

Heerstraete. — Rue où logeait le marquis de Fuentes, gouverneur. C'est probablement la *Grand'Rue* où se trouvait la maison du gouverneur. Au livre des biens de l'église Saint-Eloi on trouve les mentions suivantes :

« Une maison au midi de la rue du Moulin, aboutissant d'Orient le couvent des religieuses Concep-
» tionnistes, de bize la rue *Seigneuriale*. »

.... Une maison rue des *Vieux-Quartiers*, aboutissant du Nord la rue *Seigneuriale*.

.... Une maison sise rue *Saint-Jean*, aboutissant au Midi la rue *Seigneuriale*.

Or, la rue de *l'Église*, en l'étendant de la rue de la *Vierge* jusqu'au port, est la seule en ville qui puisse offrir quelque rapport avec les passages que nous venons de citer.

Hollandais (Quartier des). — On rencontre souvent cette indication dans les titres concernant la localité.

Hollande (Rue d'). — Rue qui va de la rue des *Pierres* au *Marché-aux-Volailles*. En 1793, c'était la rue *Guillaume-Tell*.

En 1851, on y remarquait encore deux pauvres maisons, dont le premier étage dépassait le rez-de-chaussée. C'étaient les derniers vestiges de ce genre de construction espagnole.

Dans cette rue se trouvent aussi deux portes qui s'ouvrent dans la ligne des remparts allant du Leugenaer à la porte de Bergues. Long-temps cette rue fut le chemin de ronde ; le rempart occupait l'emplacement des maisons aujourd'hui contiguës au port. On pratiqua ensuite, derrière ces maisons, un chemin de ronde. En 1759, on proposa de les racheter; il s'ensuivit des difficultés qui ne sont pas encore entièrement aplanies. Aujourd'hui, il est question de les abattre.

Les chambres des ouvriers situées dans cette rue ont été achetées par la ville en 1735, pour la somme de 1,444 francs.

Hooghryckestuck. — Nom d'une pièce de terre qui, au XVI° siècle, se trouvait près de la porte de l'Est.

Hôpital civil. — Rue des *Vieux-Quartiers* et voisin de l'hôpital militaire.

Hôpital militaire, dont la principale entrée est place du *Théâtre*.

Huitrières. — Dépôts situés à l'Est du Chenal.

Humanité (Rue de l'). — Voyez *Saint-Barthélemy*. On l'appelait rue *Simonneau* en 1795.

Ile des Faisans. — Partie de l'ile Jeanty, contiguë au canal de Bergues et au canal de Mardyck.

Impasses. — Il y avait dans la vieille ville beaucoup d'impasses. Le nombre en diminue graduellement. On les nommait indifféremment *portelettes*, *ruellettes*, *culs de sac*.

Le nom de *ruellettes* est resté aux passages ayant deux issues; celui de *portelettes* aux impasses.

Le nom de quelques unes d'entr'elles a disparu avec la ruellette elle-même. Quelques ruellettes subsistent encore, mais leur nom est déjà perdu. Nous rassemblons dans cet article ce que nous avons recueilli à cet égard.

Impasses existant en 1851 :
- **Bazelaert's poortje** (Portelette). — Rue des *Vieux-Remparts*, au couchant.
- **Bois** (Ruelle au). — Rue *des Pierres*, en flamand *Houtmarkt'stracje*.
- **Catedyck's poortje** (Portelette). — Rue du *Collége*, (côté Nord).
- **Coockhuyts' poortje**. — Ruellette qui va de la rue des *Vieux-Remparts*, N° 11, à la rue *Emmery* Sud.
  Du nom d'un boulanger qui se trouvait à côté. Il paraît qu'on l'appelle aussi *Roger's poortje*, et *Norbert's poortje*.
- **Cookkin's poortje**. — Rue du *Collége*, côté Sud.
- **Cuisinière** (Portelette de la). — Voyez l'article ci-dessus.
- **Haring's poortje** (Portelette). — Rue des *Arbres*, côté Sud.
- **Pommes** (Ruellette aux). — Passage de la rue Faulconnier au Marché-aux-Volailles; en flamand *Appelmark'straetje*.
- **Paris** (Portelette de). — Rue des *Pierres*, du nom d'un des habitants qui l'a construite.
- **Quandalle's poortje**. — Portelette située rue *Emmery*, côté sud.
- **Sainte-Apolline's poortje**. — Portelette Sainte-Apolline, rue *Emmery*, côté Sud. On l'appelle aussi *Ramoneur's poortje*.
- **Sainte-Anne** (Ruellette). — Rue de la *Couronne*, N° 40 et 42; en flamand, *Moeder Sint-Anne poortje*.
- **Saint-Jacques**. En flamand *Sint-Jacob's poortje*. En 1793, rue du *Panthéon*. Va de la rue de l'*Égalité* à la rue *Saint-Gilles*. On donnait autrefois ce nom au trou *Waeygat*.
- **Saint-Georges**. Rue *Saint-Gilles* côté Nord. On nomme également ainsi une portelette rue *Emmery*, que nous venons de désigner comme *Quandalle's poortje*.
- **Sans-Fin** (Ruellette). — Rue des *Pierres*.
- **Trois-Rois** (Ruellette des). — *Marché-au-Poisson*, maison de M. J.-B. Choquet. — En flamand *Dryvulaer's poortje*.
- **Vanwalsen** (Ruellette). — Rue *d'Hollande*.
- **Waeygat** (Trou). — Rue de *Bergues*.

Parmi celles qui n'existent plus, nous citons :
- La Portelette, rue *Emmery* (Nord), attenante à la maison de M. Vanhaudt.
- rue *Saint-Jean* (Sud), à M. Christiaens.
- rue id. sortie de la maison occupée par M. Ch. Coquelin.
- rue de *Bourgogne*, sortie de la maison de MM. Philippe.
- rue *d'Hollande*, dite *Pourrier's poortje*.
- rue des *Chaudronniers* (Sud), se dirigeant vers l'église Saint-Éloi.
- dite *Ezel'straete*, rue du *Collège*, côté (Nord).
- dite *Splete* (La fente). — Rue *Emmery*, côté (Sud).
- dite *Marcus tante's Poortje*.
- rue des *Arbres*, proche la Salle d'Asile.
- rue des *Arbres*, dite des *Enfans de Marcus Rolfe*.

Dans les titres que nous avons parcourus nous avons rencontré les ruellettes suivantes dont nous ignorons l'emplacement :
- **Oudeschoole**. — **Jockvelt'straetje**.
- **Oudehaene'straetje** (Ruellette du Vieux-Coq.) — Ruellette M. *Damas*.
- **Adrien Watteraer's poortje**. — *De la table des Pauvres*.
- **Josse Rogier's poortje**. — *Du Nord*.
- **Noorman's poortje**.
- **Wulf's poortje** (Rue *Emmery*).

Impériale (Rue). — Voyez *Lamartine*.

Ile Jeanty. — Du nom de L.-Maurice-Arnould Jeanty, premier échevin de cette ville, et entrepreneur des travaux du roi en 1750. — Ce quartier était un marais que l'on fit combler au moyen des décombres de la ville et autres terrains de remblai. C'est là que devaient s'établir les Nantuckois lors de leur translation à Dunkerque.

Jacobins (Rue des). — Voyez de la *Vierge*.

Jardin du sieur Norrist (Rue du). — Nom primitif d'une des rues de la Basse-Ville.

Jean-Bart. (Rue). — Va de la rue des *Prêtres* à la rue des *Vieux-Remparts*. — En 1701 ou 1702, c'était un terrain nu. Le gouvernement donna ce terrain à l'hospice civil. C'est sous Louis XV qu'on en a exécuté le tracé. On l'appela rue d'Anjou.

Jean-Bart (Place). — Nommée aussi *Grand'Place*. Parallélogramme de 100 mètres sur 80 ; les pavés y représentent une rose des vents ; au centre se trouve le piédestal de la statue de Jean Bart.

Dès 1581, il se trouvait sur cette place un cabaret sous l'enseigne des Clefs, qui exista jusqu'à l'époque de la reconstruction du corps-de-garde. On l'appela successivement place de la Liberté, place Impériale, place Royale, place Jean Bart (1845, 15 octobre).

La maison Alliaume s'y trouve bâtie sur un terrain appartenant au Génie et sur l'emplacement duquel était autrefois une caserne. Plusieurs maisons en ont encore des vestiges.

J.-J. Rousseau. (Rue). — Voyez rue de la *Reine*.

Jeanty (Ile). — Voyez ile *Jeanty*.

Jésuites. (Rue des). — Voyez rue du *Collège*.

Jeu de Mail. — Nom d'un quartier de la ville, borné par le canal de Bergues et le canal de Mardyck. Son nom lui vient d'un jeu fort usité au moyen-âge. Vers 1700, on rééditait la maison du *Jeu de Mail* ; mais les habitudes étaient changées ; l'établissement resta désert et quelques années après, on en vendit les matériaux.

Jeu de Paume (Rue du). — Va de la place du *Théâtre* à la rue de *l'Arsenal*. Elle doit son nom à une maison destinée au Jeu de Paume, et qui fut bâtie vers 1580.

Jockveld'straetje. — Voyez *Impasses*.

Joyeuse (Rue). — A la citadelle. — Indiquée sur un plan de l'an IX.

Juliaen's Straete. — Voyez *Saint-Julien*.

Julien (Rue Saint). — Voyez *Saint-Julien*.

Justice. — Lieu où l'on exécutait autrefois les sentences capitales et où était bâti le pilori à trois piliers, du seigneur de Dunkerque. Elle était située sur le territoire de Pierkepaps, ou Roosendael.

Justice (Palais de). — En face de l'Hôtel-de-Ville.

Justice (Rue de la). — Voyez rue des *Prêtres*.

Kercke's-Straete. Voyez rue de *l'Eglise*.

Kléber. — On nomma ainsi, en 1793, une rue allant du milieu de la rue du *Levant*, vers les remparts de l'Est.

Lamartine (Rue). — C'était d'abord la rue *Royale* ; en 1792, la rue *Mirabeau*. — La *Barrière Mirabeau* était au pont. — En 1793, la rue *Michel-Lepelletier* ; en 1795, *Barrière de Paris* ; en 1808, rue *Impériale* ; en 1844, rue *Royale*. C'est en 1848 qu'elle prit son nom actuel. Elle va du pont du canal de Furnes à la place de la République.

La Tour-d'Auvergne (Rue de). — Voyez rue *David-d'Angers*.

Leugenaer — Tour à feu, haute de 40 mètres sur 8 de circonférence ; 154 marches. — Située à 1400 mètres du nouveau phare. — C'est à peu près le retrait de la mer depuis 1500. — Le Leugenaer est du XVI.ᵉ siècle ; il fut bâti dans le voisinage d'un château ou maison forte de la dame de Cassel. Ce dernier édifice fut démoli à plusieurs reprises. Il s'appelait le *petit château*. En 1755 des portions des terrains du petit château furent vendues pour tracer la rue du Nord. C'est dans ses anciennes casemates que le Magistrat avait ses glacières.

Dans le voisinage du Leugenaer se trouvait une tour dite la tour Sainte-Marguerite, et plus près encore une autre nommée Gapaert, dont nous parlerons par la suite.

Dans le Leugenaer étaient suspendues plusieurs cloches. En 1758, la solidité de l'édifice laissait à désirer ; l'échevinage en ordonna la démolition, et décida que la retraite bourgeoise serait sonnée à la Grande-Tour par la cloche Saint-Philippe.

A cette époque, il y avait sur le port une avenue d'arbres, qui subsista jusqu'en 1784. Il s'y trouvait une pompe publique. Au-dehors de la ville et près du moulin du Nord se trouvait le *Leugenbanck* (banc des menteurs).

Levant (Rue du). — Rue moderne, voisine de la rue de *Nieuport*.

Liberté (Rue de la). — Voyez *Arago*.

Liberté (Arbre de la). — Planté au milieu de la place de la République.
Liberté (Place de la). — Nom que porta peu de temps la Grand'Place.
Lille (Porte de). — Porte à l'Ouest du canal de Bergues.
Lion-d'Or (Rue du). — Date de 1792, va de la place de la République au canal de Bergues, en longeant les magasins militaires.
Loudaene, *Loudane*. — Voyez *Oude-haene*.
Loof'straete. — Nom d'une des rues de la ville dont l'emplacement est inconnu.
Louis XVIII (Place). — Voyez *République* (de la).
Loup (Rue du). — Ou *Dewulf's-straete* ou des *Vieux-Quartiers*. — Le terrain de l'hospice, autrefois la caserne de cavalerie; rue qui va de l'église *Saint-Éloi* à la rue *Royer*. Vers 1641 c'était la limite de la ville de ce côté.
Dewulf était un nom d'homme, on l'a traduit en français pour en faire *du loup*.
Magasin-à-Fourrages (Rue du). — Va du *Marché-aux-Pommes* au canal de Bergues. Elle doit son nom aux magasins militaires qui s'y trouvent.
Magasin-à-Poudre (Rue du). — Continuation de la rue des *Vieux-Quartiers*, à partir de la rue *Royer* à la rue de la Caserne de la Marine. Elle doit son nom à une usine à poudre qui s'y trouvait le siècle dernier.
Maisons. — Les maisons avaient leur nom qui n'était pas toujours une enseigne; on trouve souvent des mentions comme celle-ci : « La maison dite des *Raisins*. » (Au coin de la rue *d'Hollande* et de la rue *Fauconnier*); « la maison dite la *Terre promise*; • la maison du *Saint-Sacrement*; la maison dite l'*Empereur*; la maison dite le *Prince Cardinal*; le *Parocque* (Perroquet); la *Porte d'Or*; la *Pucelle de Gand*; la *Pucelle de Malines*, etc. (Voyez Sud.)
Marat (Rue). — Voyez *fort Louis*.
Marchés. — Il y a à Dunkerque plusieurs marchés, savoir :

— **aux Anguilles**. Fait aujourd'hui partie du quai Est, depuis la démolition de la muraille qui fermait la ville de ce côté. En 1766 les charcutiers tuaient les cochons le long du Port et du marché aux Anguilles.

— **au Blé**. — Voyez *Blé*.

— **au Bois**. — Voyez *Bois*.

— **aux Herbes**. — On trouve dans d'anciens titres mentionné le *Marché aux Herbes proche du Quai*.

— **au Poisson**. — Le petit marché au Poisson est une vaste place non loin de l'église Saint-Eloi; c'était autrefois la *place au Bois*. La boucherie s'y trouvait placée; comme elle avait été en partie brûlée dans le sac de 1558, on résolut de la transférer ailleurs; une ruelle de la rue des Pierres en rappelle l'emplacement. En 1792 il fut décidé que le petit marché au Poisson se tiendrait sur le marché au Blé et serait entouré de pilotis.

Le grand marché au Poisson est un petit carrefour derrière le Leugenaer.

— **aux Pommes**. — Vaste carré planté d'arbres et situé près de l'usine au gaz. C'est l'ancien port au bois. Son nom flamand est *Appel'smarkt*. Sur un plan du XVIIIe siècle, il s'y trouve deux pompes qui ont disparu. Sur un plan de 1783, on y remarque deux puisards pour aller au canal de la Moëre qui se jetait dans l'arrière-port en traversant le *Marché-au-Blé* actuel et une partie du *Parc de la Marine*.

— **aux Volailles**. — Place irrégulière voisine de l'Hôtel-de-Ville. *L'Intendance de terre* se trouvait autrefois sur l'emplacement de la maison occupée aujourd'hui par M. Beck. C'était autrefois le *Marché-à-Verdures*; en flamand *Groensel marckt*.

Mardyck (Quai de). — Voyez *Quai*.
Marengo (Rue de). — Rue qui va du quai *de Furnes* à l'esplanade *Sainte-Barbe*. Cette rue est peu fréquentée. Il y reste beaucoup de terrains vagues. Elle n'est pas encore pavée.— En 1848 on y éleva une caserne pour la douane.
Marine (Rue de la). — Va de la place *Jean Bart* au parc de la marine. — Au XVIIIe siècle c'était la rue *de Berry*; en 1792 c'était la rue *des Droits de l'Homme*; sous la Restauration elle redevint la rue *de Berry*; en 1830 elle reçut son nom actuel.
Maurienne (Rue). — Rue qui va de la rue de l'*Église* au *Marché-aux-Poissons*.
Milieu (Rue du). — Rue en basse-ville, partant de l'*Abattoir* pour aller au canal de Bergues. Sur

des plans du XVIIIᵉ siècle, la partie Est de cette rue est appelée rue de la *Moëre* et la partie Ouest, rue de la *Redoute*.

Minimes (Rue des). — Voyez *Saint-Jean*.

Mirabeau (Rue). — Voyez *Lamartine*.

Michel-Lepelletier (Rue). — Voyez *Lamartine*.

Montagne (Rue de la). — Voyez *Saint-Sébastien*.

Moulin (Rue du). — Voyez *Emmery*. — Le seigneur de Dunkerque avait un moulin banal, dit moulin de Semaine, qui fut attribué à l'hôpital.

Moulin (Courte rue du). — Partie de la rue *Emmery* qui est contiguë à la rue de *l'Eglise*.

Moulin (Longue rue du). — Partie de la rue *Emmery* qui va de la précédente à la rue des *Vieux-Remparts*. Nous présumons que c'est celle qu'on désignait aussi par *Langhe straete*.

Moëre (Rue de la). En Basse-Ville. Voyez *Milieu*.

Moulin-à-Eau (Rue du). — Près de la caserne au bout de la rue *Saint-Jean*; en allant près de la petite chapelle, se trouve un lieu dit Waterhuys.

Moulin-à-Poudre (Rue du). —

Muséum (Rue du). — Voyez rue *Faulconnier*.

Mynck. — Autrefois *Myn*; lieu où se fait la criée du poisson.

Nationale (Rue). — Va de la rue *Arago* à la rue du *Sud*. On l'appelait rue *Saint-Éloi* parce qu'autrefois elle conduisait à la chapelle que la tradition disait avoir été bâtie par le saint. On l'appelait aussi rue de la *Grosse-Carotte*, à cause d'une enseigne de ce nom. Rue *de l'Ancienne-Comédie*, d'une salle de Théâtre qui s'y trouvait le siècle dernier. Le pavillon Saint-Éloi, le pavillon des chefs, étaient réservés au logement des officiers. En 1752 il se tenait encore un marché de bestiaux à l'angle de cette rue et de la rue *Arago*.

Neuve (Rue Saint-Louis). — Portion de la rue *Neuve* qui va de la rue de la *Marine* à la place de la *République*. Cette rue était autrefois coupée par un pont de la *Panne*. — Pendant la terreur c'était la rue de la *Révolution*. Aujourd'hui on la désigne simplement sous le nom de rue *Neuve*.

Neuve. — (Rue ancienne). Se trouve aujourd'hui réunie au quai Est depuis qu'on a abattu le mur d'enceinte qui fermait la ville de ce côté. Cette rue allait de la rue *Saint-Jean* à la rue des *Arbres*.

Nieuport (Rue de). — Rue qui va de la porte de *Nieuport* ou pont du *Rousendael*, à la place du *Théâtre*. C'est une rue moderne; en 1795 (1ᵉʳ floréal) elle s'appelait rue *Chalier*. Il y avait une ancienne rue de Nieuport qui était l'extrémité Est de la rue du Collège.

Nord (Rue du). — Qui va de la place du *Mynck* ou grand *Marché-aux-Poissons* à la rue des *Vieux-Remparts*; en 1785 c'était encore une impasse. On l'ouvrit sur le terrain du petit château; cependant une décision de 1755 dit: *Maisons au Nord de la rue aboutissant par derrière au terrain et dépendant du petit château..... dans lequel terrain la ville a fait percer l'année passée (1754) une nouvelle rue qui sert de débouché à la rue du Nord.*

Auparavant il existait une rue du *Nord*, une *ruelle du Nord*. En 1730, le Magistrat faisait « curer le puits public de la rue du Nord, » mais où était-elle située? c'est ce que nous ne saurions dire.

Noorman (Impasse du). — Voyez *Impasses*.

Noord'straete. — Rue qui existait au XVIᵉ siècle et qui n'était pas celle que nous appelons rue du *Nord*.

Noordpoort'straete. — Rue conduisant à la porte du Nord et qui se trouvait à l'extrémité de la rue des *Remparts*.

Notre-Dame (Rue). — Voyez de la *Vierge*.

Oost-Poortje's-Straete. — Rue qui conduisait à la porte de l'Est.

Orléans (Rue d'). — Voyez *Arago*.

Orléans (Quai d'). — Voyez *Quais*.

Oude-Haene. — On rencontre souvent dans les titres, le quartier *d'Oyde-Haene*, ou de *l'Oudehaene*, dont nous ignorons l'emplacement.

Oude-Schoole. — Voyez *Impasses*.

Paelinck-Marckt. — Nom flamand désignant le *Marché-aux-Anguilles*.

Paix (Rue de la.) — Voyez *Saint-Nicolas*. Va de la rue Vauban aux Remparts.

Panne (Rue de la). — Rue qui va de la rue de *Bergues* au *Marché-au-Beurre*; elle doit ce nom à une rivière (comblée aujourd'hui) qui la traversait avant de se jeter dans le port, vers l'endroit où est le chantier de construction. Près de la demeure de M. Lefebvre (Marché-au-Beurre), était la maison de correction *Rasp-Huys*, la chambre des noyés, les *Belander's-Huys*, maison de bélandriers. En 1734, la Panne fut comblée en partie et resserrée dans son lit. Ce travail fut repris en septembre 1807, on démolit presqu'en même temps le pont qui conduisait à la porte de derrière des Récollets et du *Rasp-Huys*, et toute cette partie du canal jusqu'au pont du parc de la marine fut successivement comblée. On démolit, en mars 1808, le pont de la Panne sur le port et l'on en combla le passage. On commença également à cette époque les nouvelles constructions sur l'emplacement de cet ancien canal, depuis le port jusqu'à l'église des Récollets, à laquelle on communiquait déjà par le vieux Marché-au-Beurre, où l'on avait abattu la maison par laquelle était le passage conduisant au *Rasp-Huys*.

Panne (la). — Rivière qui traversait la ville depuis le canal de Furnes jusqu'à l'arrière-port. De son entrée à sa sortie elle passait sous huit ponts et était barrée par une écluse *Kesteloot*. En 1805 le comblement de ce canal ayant été décidé, on démolit aussi tous les ponts ; 1° à l'angle de Pannebrugghe ; 2° rue de Soubise ; 3° rue du Sud ; 4° rue des Capucins ; 5° vis-à-vis la Marine ; 6° rue de Bergues. En 1791 il était question de voûter la rivière pour se garantir des vapeurs infectes qui s'en exhalaient ; sous l'Empire on combla le canal.

Panne-Brugghe. — Voyez *Panne*.

Panthéon (Rue du). — Voyez *Portelette Saint-Jacques*.

Parc de la Marine. Contigu à l'arrière-port. En 1685, cette magnifique promenade n'était encore qu'un marais fangeux, et aucune des constructions que nous y voyons n'était élevée.

Paris (Rue de). — Vaste et belle rue qui va du pont *Rouge* au pont *Lamartine*.

Paris (Ruellette de). Impasse qui se trouve dans la rue des *Pierres* en face de la *ruellette au Bois*.

Pauvres Clarisses. — Couvent situé sur la Grand'Place. On y distribuait aux pauvres des aliments, des vêtements.

Pavillon-Royal (Rue du). — Allait de la rue *Dupouy* à la rue *Nationale*.

Pavillon-des-Chefs (Rue du). — Petite rue qui va de la rue *Nationale* à la rue *Dupouy*. — actuellement rue Saint-Éloi.

Pêcheurs (Rue des). — Voyez rue *Saint-Pierre*.

Pénitentes (Rue des). — Voyez rue *Faulconnier*.

Petite-Chapelle (Rue de la). — Rue allant de la rue des *Arbres* à la rue de la *Grille*.

Petites-Rues. — Voyez *Bourgogne*.

Phare. — A l'Ouest du chenal, allumé la première fois le 1er mai 1843. Il est aperçu de six lieues en mer.

Pied-de-Vache (Rue du). — Petite rue qui va de la rue du *Collège* à la rue *Saint-Jean*.

Pierkepaps. — Nom d'un hameau qui, au XVIe siècle, était sur le territoire que nous nommons aujourd'hui le Roosendael.

Pierres (Rue des). — De la rue de *l'Eglise* au *Marché-au-Beurre*. On prétend que son nom lui viendrait de ce que Pierre-le-Grand, à son passage à Dunkerque, y aurait logé ; c'est une erreur, elle portait ce nom plus de cent ans avant l'arrivée du czar. On aurait alors dû dire la rue de *Pierre*. Autrefois, vis-à-vis de cette rue, un pont traversait le port et conduisait à la citadelle. On voit encore aujourd'hui dans les magasins de M. Bourdon, à la citadelle, les vestiges de cette ancienne porte de la citadelle. Une partie des maisons de cette rue a été construite en 1620 (Faulconnier I., 122) ; en 1625 on y tenait marché.

Pierloot. — Nom d'un quartier de la ville au XVe siècle.

Piques (Rue des). — Voyez *Sainte-Barbe*.

Places. — D'*Armes*; au *Bois*; de *Calonne*; de la *Corderie*; de *l'Égalité*; du *Marché-aux-Pommes*, carré entouré d'arbres proche de la *Ruellette*; place de la *République*... — (Voyez ce mot).

Pommes (Ruellette aux). — Passage qui va de la rue *Faulconnier* au Marché-aux-Volailles.

Ponts. — De *Bergues*, près de l'écluse de ce nom; de la *Citadelle*, proche du bassin de la Marine ; de la *Concorde* (voyez ce mot); *Rouge*, qui conduit du Jeu de Mail à la rue de Paris; et pont du *Chemin de fer*, sur le canal de Mardyck.

Poisson. (Petit marché au). — Voyez *Marchés*.

Poisson (Grand marché au). — Petit Carrefour situé derrière le Leugenaer.

Port (Rue du). — C'est tout le terrain qui borde le port depuis la rue du *Quai* jusqu'à la porte de *l'Estran* ; elle comprend par conséquent l'ancien *Marché-aux-Anguilles* et l'*Ancienne rue Neuve*. Le corps-de-garde de la Poissonnerie était un ancien et vilain bâtiment. Un particulier en obtint la cession sous la condition de le remplacer par un autre corps-de-garde. Elle fut accordée moyennant une redevance annuelle. On fit donc construire en 1805 la maison à deux étages que l'on voit à la suite du bâtiment dit du pilotage qui se termine à l'alignement de la rue des *Arbres* et qui décore maintenant la place de la *Poissonnerie*.

Portelettes. — Voyez *Impasses*.

Poste (Rue de l'ancienne.) — Voyez *Dupouy*.

Prêtres (Rue des). — Va de la rue des *Vieux-Quartiers* à la rue des *Chaudronniers*. En 1793 c'était la rue de la *Justice*, en 1795 la rue *Roustot*.

Pril (la). — Nom d'un chemin qui longeait les murs de la Vieille-Ville.

Prospérité (Rue de la). — Voyez rue *Saint-François*.

Puits-Bleu (Rue du). — Voyez *Bourg de Guinée*.

Quais. — Dunkerque possède une grande étendue de quais dont on distingue les parties par des appellations dont voici les principales :

Ainsi, la rive Nord de la partie supérieure du canal de Furnes attenant au canal de Bergues s'appelait quai *Sainte-Thérèse*, et a reçu successivement le nom de quai d'*Abondance*, quai du duc de *Bordeaux* (1821), quai d'*Orléans* (1830). Quai en flamand *Kaeye*. On nommait *Bouchels-Kaeye* le lieu du port où les navires faisaient quarantaine. Le quai qui borde le canal depuis le pont National jusqu'aux quatre écluses, c'est le quai de *Furnes* que les Jacobins de 1793 ont un instant travesti en quai des *Sans-Culottes*; il devint la rue *Desaix*, puis rue *Napoléon*. On appelle quai *Anglais* la portion attenante à la redoute de l'Estran; quai *Français* la portion intérieure attenante à la porte du Risban. Le Quai *Hollandais*, s'étend de la rue des *Pierres* jusqu'au Bourg de Guinée. Le quai *Mardyck*, sur la rive de l'île *Jeanty*.

Quai au bois. — Lorsque la *Panne* traversait la place de la *République*, on appelait ainsi la partie de cette place qui va de la rue *Arago* à la rue du *Sud*.

Le long du quai Est du port, régnait autrefois une ligne de murailles flanquées de tours, à partir du *Petit Château* (Leugenaer) jusqu'à la porte de *Bergues* et dont la partie supérieure était garnie de meurtrières ; à l'extrémité Nord, dite *Loot'sbout*, se trouvait une porte nommée *portelette de fer*; la *Noorporte*, dont l'arcade existe encore près du *Pilotage*; la porte des *Frères mineurs*, en face de la rue du *Quai* et de *Saint-Jean*, on l'appelait aussi *Porte de l'Horloge*; la *Porte à Couronne*, qui existe encore aujourd'hui ; celle de la rue des *Pierres* nommée *West-Poorte*; puis la porte de *Bergues*. Dans cette étendue se trouvaient répartis un certain nombre de tours ; d'abord celles du *Petit-Château*, ensuite celle de la *Porte de l'Horloge*, nommée aussi tour *Sainte-Marguerite*, tour élevée et couronnée d'un toit aigu; un escalier du côté de l'intérieur permettait de monter au rempart, puis la *West-Poorte*; à 3 mètres de l'angle gauche se trouvait une tour circulaire de 12 mètres de diamètre, formant un des côtés de la *Panne* qui, en cet endroit, avait 18 mètres de largeur, de l'autre côté une tour semblable et qu'on appelait tour des *Bierman's*, ou ouvriers de la bière ; à 50 mètres environ était une tour en demi-cercle de 9 mètres de diamètre; et enfin, à 50 mètres plus loin, une tour ronde qui était où se trouve aujourd'hui l'atelier de M. Leys-Halder, constructeur.

Quai (Rue du). — Va de la place d'Armes au port.

Quartier. — Suivant le temps la ville a été divisée en divers quartiers : la délimitation de la plupart d'entre eux est inconnue. Nous avons indiqué les principaux que nous rappelons ici :

Basse-Ville, — *Bedze*, — *Bourg de Guinée*, — *Burch-Gars* ou *Bogaert*, — *Cleyputz-Coolhof*, — des *Espagnols*, — des *Hollandais*, — île *Jeanty*, — *Jeu de Mail*, — *Oude haene*, — *Pierkepaps*, — et *Pierlooot*.

Quartier-des-Bourgeois (Rue du). Voyez *Casernes de la Marine*.

Quartier-des-Chasseurs (Rue du). — Allait de la rue *Saint-Sébastien* à la rue de l'*Abreuvoir*. Vers 1840 la ville en a vendu le terrain.

Quartier-Neuf (Rue du). — Dans le Quartier-Neuf.

Quatre-Ecluses ou **Sas** ou **bassin octogone.** — Creusé en 1806. Point d'intersection du canal de Furnes et du canal des Moëres.

Raison (Rue de la). — Voyez du *Collége*.

Rasphuys. — Maison de correction qui était située dans le quartier de la Bedze.

Remparts. — En 1659 on opérait la démolition des *Vieux-Remparts*, dont la rue de ce nom indique l'emplacement. En 1679 on comblait les fossés et nivelait le sol ; la salle du théâtre a été bâtie sur ce terrain. Lorsqu'on creusa les fondations, on fut surpris de rencontrer un sol mou et humide; les travaux durent prendre une autre direction ; la connaissance de l'histoire topographique de la ville eut épargné les frais inutilement faits en cette occasion.

Remparts (Rue des Vieux). — Grande et belle rue qui s'étend de la rue de Sainte-Barbe aux remparts du Nord, suivant l'emplacement de ceux de l'ancienne ville et qui ont subsisté jusqu'en 1671.

Reck à voleurs. — On nomme ainsi la partie du canal de Mardyck située entre les canaux de Bergues et de Bourbourg.

Récollets (Rue des). — Voyez de *Bergues*.

Redoute (Rue de la). — Voyez *Milieu*.

Reepe'straete. — Voyez rue *Emmery*.

Reine (Rue de la). - Petite rue qui va de la rue *Sainte-Barbe*, dont elle est le prolongement, à la rue du *Magasin-à-Poudre*. En 1792 elle fut dédiée à J.-J. Rousseau.

République (Place de la). — Était autrefois traversée par la Panne ; sous l'Empire, ce canal fut comblé, les digues disparurent, le tout fut nivelé et donna à la ville une belle place au lieu d'un cloaque infect. Sous la restauration c'était la Place Louis XVIII ; en 1830, celle d'Orléans.

Retranchements (Rue des). — A la Citadelle, en face du pont.

Réunion (Rue de la). — Voyez rue *Saint-Etienne*.

Révolution (Rue de la). — Voyez rue *Neuve*.

Royale (Place). — Voyez *Grand'Place*.

Royale (Rue). — Voyez *Lamartine*.

Royer (Rue). — Allant de la rue *Sainte-Barbe* à la rue des *Vieux-Quartiers*. C'est dans une maison de cette rue, maison occupée aujourd'hui par M^{elles} Gallois, que Jean Bart a terminé sa carrière. Si la tradition est appuyée d'autorités respectables, la municipalité dunkerquoise doit consacrer un tel souvenir par une inscription ou par un monument commémoratif. Longtemps on l'appela rue de Bar.

Rues. — Voyez *Petites Rues*.

Ruellettes. — Passages étroits dont nous rappelons les principaux à l'article Impasses.

Saint-Barthélemy (Rue). — Voyez rue de la *Boucherie*. — Rue de l'*Humanité*, en 1793.

Saint-Bernard. — Rue de la basse ville longeant l'ancien canal des Moëres, qui, en 1806, fut détourné au sas octogone. On la trouve aussi désignée sous le nom de rue du *Génie*.

Saint-Charles (Rue). — En basse ville, longe les fortifications jusqu'au canal de Bergues ; en 1793, c'était la rue de la *Franciade*.

Saint-Éloi (Rue). — De la rue *Nationale* à la rue *Dupouy*.

Saint-Étienne (Rue) dans le quartier de la Citadelle ; en 1793 c'était la rue de la *Réunion*.

Saint-François (Ruellette).— On donne ce nom à une impasse de la rue *de Bergues*, nommée aussi le *Waeygat*.

Saint-Gilles (Rue). — Allant de la rue *Jean-Bart* à la Place du Théâtre. En 1795 elle s'appelait rue du *Bonnet-Rouge*. Une statue de saint Gilles y figura jusque vers 1846.

Saint-Jacques (Ruellette). — La Ruellette Saint-Jacques s'appelait en 1793, rue du Panthéon.

Saint-Jean (Rue). — Allant du quai Est à la rue des *Vieux-Remparts* ; on l'appela rue *des Minimes* à cause du couvent de ce nom ; en 1793 rue *de la Fraternité* ; en 1808 elle reprit le nom de *Saint-Jean* du couvent qui s'y trouvait.

Saint-Julien (Rue). — Voyez *Faulconnier*.

Sint-Jan'straete. Nom flamand de la rue *Saint-Jean*.

Sint-Juliaen'straete. — Voyez *Faulconnier*.

Saint-Martin (Chapelle). — En basse ville, à l'angle du cimetière.

Saint-Nicolas (Rue). — En 1793, rue de la *Paix*.

Saint-Pierre. — Ruelle qui va de la rue *Saint-Jean* à la rue des *Arbres* ; en 1793, on en fit la rue des *Pêcheurs*, titre qu'elle garda jusqu'au 26 février 1808.

Saint-Sébastien (Rue). — A la Révolution, elle devint rue *Sébastien* ; puis rue de la *Montagne* en 1795. (Va de la rue du *Sud* à la rue *Sainte-Barbe*).

Sainte-Anne, Sinte's Anna (Ruellette). — Impasse dans la rue de l'*Égalité*.

Sainte-Apolline (Ruelle).

Sainte-Barbe (Rue). — Va de la *Grand'Place* à la rue de la *Reine*. A l'époque de la Révolution, lorsqu'en vertu d'un décret tous les saints eurent été déclarés déchus de leurs titres, un grand nombre de rues abrégèrent leur nom, et celle-ci s'appela la rue *Barbe*, puis des *Piques*.

Saint-Nicole (Rue). — En 1793, rue de la *Vertu*.

Sans-Culottes (Quai des). — Voyez de *Furnes*.

Sébastien (Rue Saint). — Voyez *Saint-Sébastien*.

Séchelles (Rue de). — Du nom d'un intendant de Flandre, au XVIIIe siècle. En 1793, c'était la rue *Corneille*. (De la rue du Sud à la rue Marengo).

Seigneuriale (Rue). — Voyez *Église*.

Scœvola (Rue). — Voyez du *Château*.

Simonneau (Rue). — Voyez de l'*Humanité*.

Sœurs-Blanches (Rue des). — Doit son nom à un couvent de religieuses dites les *Conceptionnistes*. En 1795, 1er floréal, on en fit la rue *Cerutti*. (De la rue de l'Église à la rue de l'*Égalité*.)

Sœurs-Noires (Rue des). — Voyez de *Nieuport*.

Soubise (Rue de). — Du nom du ministre envoyé par Louis XV en Flandre. — Les Jacobins en firent la rue de la *Constitution*. (Va du quai de Furnes à la rue de l'Esplanade).

Spaenjaert'shouck. — Nom flamand du quartier des *Espagnols*.

Sparte (Rue de). — Voyez du *Bastion*.

Steeden-Hof. — Jardin public au quartier de la *Bedze*, au XVIe siècle.

Steenhof — Maison qui, en 1710, se trouvait sur l'emplacement du *Marché-au-Beurre* actuel.

Steeden-Huys. — Nom flamand de l'Hôtel-de-Ville.

Stoove-Straete. — Nom flamand de la rue des *Étuves*.

Sud (Rue du). — Doit ce nom à sa position relativement à la vieille ville, dont elle était la limite au Midi en 1706. Elle longeait les remparts. Tout ce qui est au-dehors du côté du canal, et au-delà, est postérieur. Par ordonnance de décembre 1749, Morincq, trésorier de la ville, vendit (2 avril 1750) à Joseph Thierry et à L.-M.-Arnould Jeanty, premier échevin, un terrain large de 2 toises 3 pieds 6 pouces et long de 79 toises, situé derrière le mur méridional du jardin des Capucins, sous la condition d'y construire douze maisons.

Le 29 mai, on procéda au partage. La moitié occidentale s'étendant de la porte cochère des Capucins au quai au Bois, échut à Jeanty, et l'autre moitié, à partir de la même porte jusqu'à la rue du Bogaert et du pavillon Saint-Éloi, échut à Thierry.

Ce dernier fit construire six maisons contiguës ; elles reçurent les noms suivants : la première, faisant le coin de la rue du Bogaert et de celle du Sud, Saint-Joseph ; la deuxième, Sainte-Marie-Madeleine ; la troisième, Saint-Louis-Adrien ; la quatrième, Sainte-Catherine ; la cinquième, Saint-Charles ; la sixième, Saint-Robert.

En 1758, il se trouvait dans cette rue une manufacture de tabacs exploitée pour le compte du prince de Condé. En 1791, les environs de cette rue n'étaient qu'un dépôt de fumiers, un véritable cloaque. (De la place de la République à la rue de l'Esplanade).

Théâtre (Place du). — Tracée en 1682 sous le nom de place *Dauphine*. La ville la fit d'abord planter en tilleuls et marronniers. C'était alors la seule promenade en ville. Cette plantation suivait l'alignement du couvent des Dames anglaises, de la rue de Nieuport et de la rue Saint-Gilles. Le tour en était pavé et garni de bancs.

Le 17 octobre 1791, on décida qu'on y tiendrait marché ; mais cette délibération fut annulée (27 janvier 1792).

En 1792, on la nomma place *Égalité*. On la replanta de nouveau. En moins de deux ans, les arbres avaient disparu, arrachés les uns après les autres. On en fit alors paver la totalité.

Cette promenade détruite, le public se porta à la place Calonne, qui fut fréquentée quelque temps, puis abandonnée à cause de l'odieux voisinage. On revint à la place Dauphine ; on la dépava ; les grès furent employés dans la rue nommée aujourd'hui David-d'Angers ; on la planta de peupliers, ormes, tilleuls, et un salon de platanes fut établi au centre. En 1805, on y éleva un piédestal pour un buste de Jean Bart, par Lemot. — En 1806 (15 janvier), le buste fut inauguré, et l'année suivante la promenade laissée au public. La grille placée autour du piédestal figurait en 1793 autour de l'arbre de la Liberté. Le buste est dans le vestibule de la Mairie. La grille est de nouveau placée pour défendre l'arbre de la Liberté, place de la *République*.

Quant à la salle de théâtre, elle éprouva bien des vicissitudes. Anciennement, les représentations avaient lieu à l'emplacement du Jeu de Paume, aujourd'hui la sous-préfecture. On joua ensuite dans une maison de la rue des Pierres. — En 1740, on jouait dans la rue Nationale, puis dans une salle appartenant à Vandeper et bâtie aux frais de l'acteur Huot.

Taverne de Mond'hiver obtint l'autorisation de bâtir une salle sur la place Dauphine, mais il trouva de l'opposition; il en fit une près de la porte de Nieuport avec les matériaux même de cette porte que l'on venait de démolir. On y joua pour la première fois le 11 novembre 1777.

Tornegat ou **Dornegat** (fosse aux Ronces). — Porte à l'Ouest conduisant vers Mardyck. Dans plusieurs titres, on l'appelle le *Cattegat*; nous présumons que ce nom lui vient d'un monticule situé dans le voisinage : dune ou cavalier, en flamand *kat*.

Tours. — L'enceinte de la vieille ville était flanquée de tours, qu'on désignait par des noms particuliers; par exemple :

Bar; — *Bedze*; — *Gapaert*; — *Leugenaer*; — *Sainte-Marguerite*; — des *Ouvriers*; — *Guillaume Walins*, etc., etc.

La tour Loudane (ou Oudehane) était située vers le lieu où se rencontrent aujourd'hui la rue des Vieux-Remparts et la rue des Vieux-Quartiers, proche de l'ancien château de Robert de Cassel; elle servait de magasin à poudre. Aux comptes de 1596 on lit : « Charles Jacobsen et consors, travailleurs, d'avoir tiré, hors de la tour de Loudane, quarante barils de poudre à canon. »

Tryphouck. — Nom d'un des carrefours de l'ancienne ville.

Union (Rue de l'). — Voyez *Dupouy*.

Vanwalsen (Ruelette). — Cour voisine de la porte au bout de la rue des *Pierres*.

Vauban (Rue). — Ainsi nommée le 11 décembre 1847; elle fut long-temps *Place de la Basse-Ville*, quoiqu'elle soit longue et n'offre en aucun de ses points une largeur suffisante pour constituer une place.

Verdure (Marché à la). — On désignait ainsi, au XVIe siècle ce que nous nommons le *Marché à la Volaille*.

Vérité (Rue de la). — Voyez *Église*.

Verrerie (Rue de la). — Quai longeant le canal de Bergues en basse-ville, depuis le rempart jusqu'au Pont-Rouge. — Il y avait autrefois sur ce terrain un rempart en terre, récemment nivelé. Sur un plan du XVIIIe siècle on l'appelle rue du *Demi-Bastion*.

Vierge (Rue de la). — On l'appelait aussi rue Notre-Dame; en 1793, rue des *Victoires*, ensuite rue des *Jacobins*; après la Terreur, rue des *Victoires*. (Va de la rue de l'Église au Marché-aux-Poissons).

Vieux-Quartiers (Rue des). — Voyez du *Loup*.

Vieux-Remparts (Rue des). — Indique les limites de la ville en 1641. Elle doit son nom aux fortifications qu'elle longeait, et qui furent démolies lors de l'agrandissement de la ville; en 1800, elle fut continuée jusqu'aux remparts du Nord.

En 1676, on promulgait la défense de *démolir les remparts de la haute ville*; ce qui fait présumer qu'il en restait encore des vestiges assez considérables.

Vieux-Saules (Rue des). — Rue citée dans des titres, mais dont nous ignorons l'emplacement.

Volailles. — Voyez *Marchés*.

Voltaire (Rue). — Voyez d'*Enghien*.

Victoires (Rue des). — Voyez de la *Vierge*.

Vierbout. — On nommait ainsi les feux que l'on allumait pendant la nuit à deux tours du *Petit-Château*, pour servir de fanal aux navires passant devant la rade. En 1549 les *Vierbouts* étaient affermés 224 francs; ce qui permet de supposer que les navires entrant au port payaient un droit pour cet objet.

Washington (Rue de). — Voyez de l'*Abreuvoir*.

Waeygat (Impasse). — Trou au vent. Impasse de la rue de Bergues.

Waterhuys. — Qualification donnée à quelques maisons situées rue des *Vieux-Remparts*, à l'Est de la rue des *Arbres* et de la rue *Saint-Jean*, à cause d'un ancien réservoir qui s'y trouvait.

Les dernières feuilles de ce livre étaient *en main* lors de l'événement de décembre 1851. Le travail a été momentanément suspendu, mais rien dans le texte n'a été changé.

Cependant, il en est résulté immédiatement dans le nom de quelques rues une nouvelle modification.

La *Rue de la Fraternité* est redevenue *Rue de la Reine*.
La *Rue Arago*, — *Rue des Capucins*.
La *Rue Lamartine*, — *Rue Royale*.
La *Place de la République*, — *Place Napoléon*.
Le *Quai de la Concorde*, est redevenu le *Quai au Bois*.

Nous n'avons pas introduit ce changement dans le texte imprimé, mais nous l'avons fait dans le plan gravé qui est ci-joint, et qui présente un tableau complet de la ville telle qu'elle est en 1852.

Nous profitons de cette occasion pour féliciter M. Noël Leblond du talent dont il a fait preuve en dressant ce plan, si scrupuleusement exact, et M. Brasseur, de l'habileté qu'il a mise à le reproduire sur la pierre lithographique.

C'est la première fois, à Dunkerque, que l'impression lithographique produit une pièce si étendue et si parfaite ; pour la première fois aussi, le procédé lithochromique y a été pratiqué pour trois des planches qui accompagnent cette histoire. Nous sommes heureux de n'avoir pas été étranger à ces diverses modifications.

V. D.

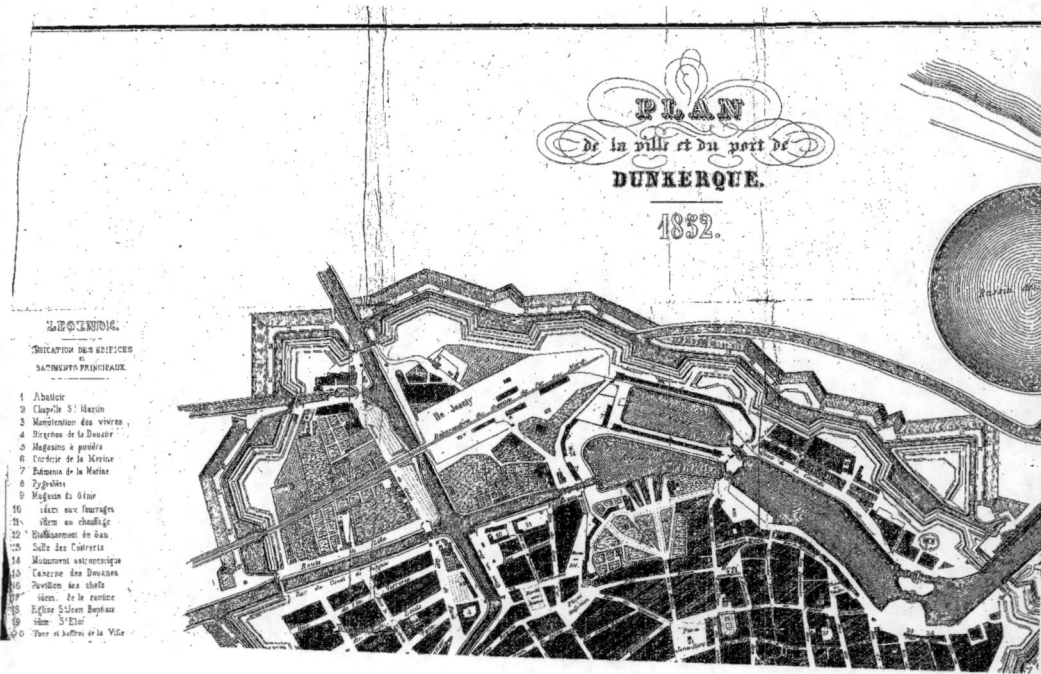

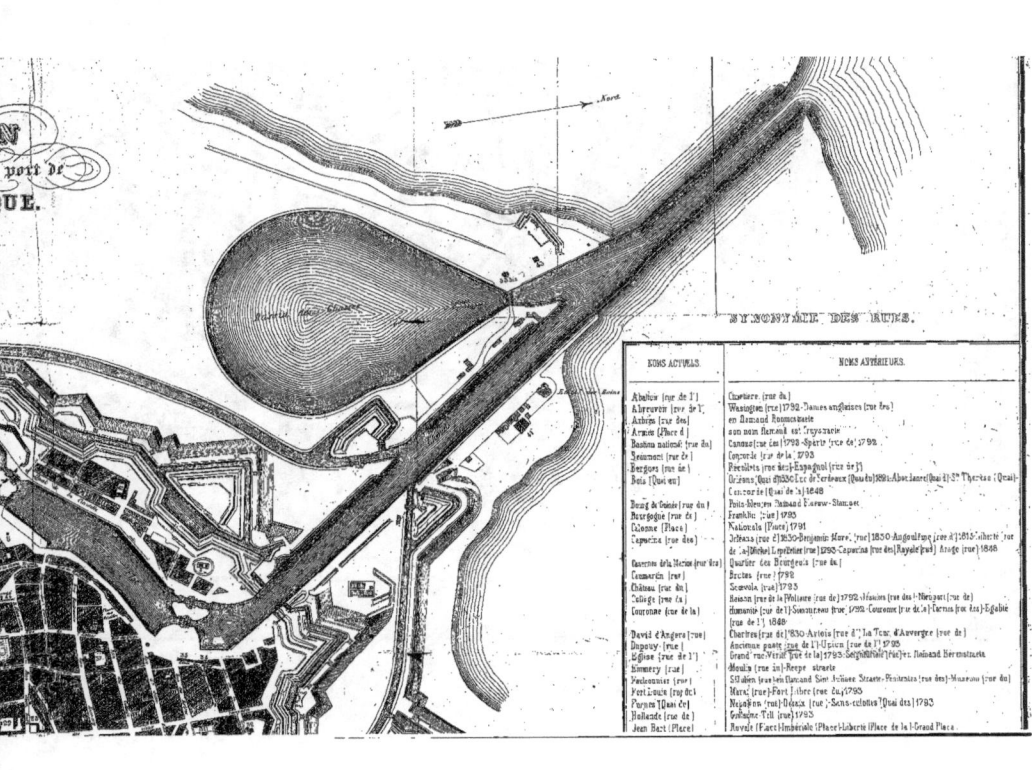

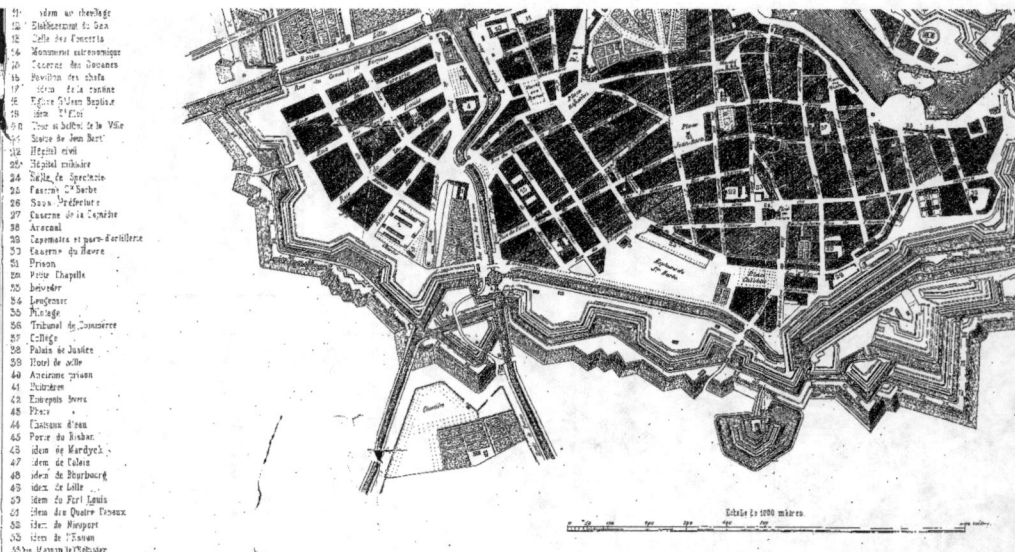

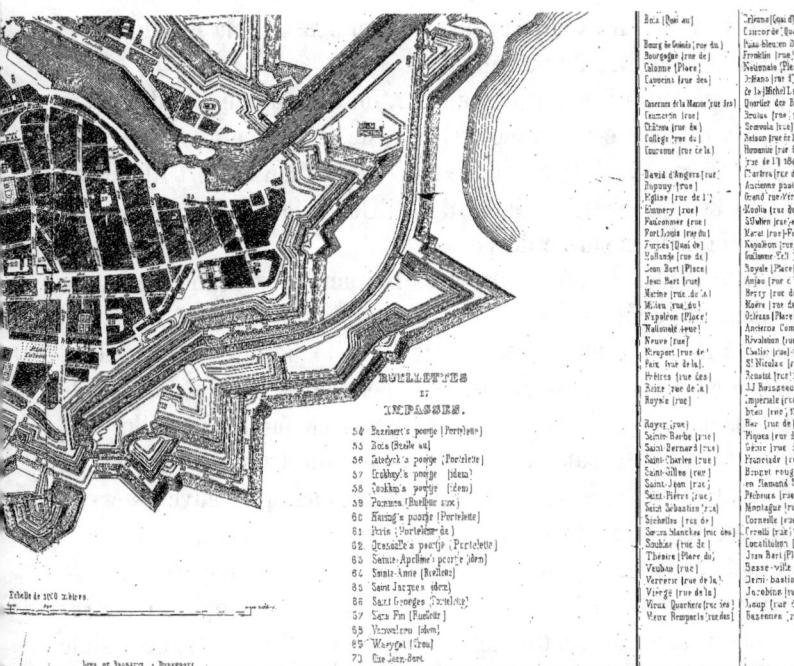

§ X. Le port.

Le département a 4 myriamètres de côtes et deux ports de mer, Gravelines et Dunkerque. La situation de ce dernier lui permettrait de devenir pour le Nord ce que Marseille est pour le Midi.

Il paraîtrait que les premiers travaux de ce port remontent à Philippe d'Alsace. Au XIIIe siècle Godefroi de Condé établit les jetées; jusques-là, le mouvement du flux et du reflux avait seul creusé la passe.

Charles-Quint fit travailler au port. L'échevinage s'occupa constamment de cet important objet. Louis XIV lui fit faire un progrès immense. A la fin du XVIIe siècle le port recevait des frégates de 60 canons.

A cette époque, en arrivant à Dunkerque par mer, on trouvait en tête des jetées le fort Vert et le fort de Bonne-Espérance, chacun de 40 canons; à droite était le Gros-Risban, de 46 canons (1); à gauche le petit Risban ou fort Blanc; au dehors de la jetée à l'Est, le château Gaillard; à l'Ouest le fort Revers; c'était là une sérieuse garantie pour la sûreté du port.

Du côté de terre la ville était ceinte de dix gros bastions, dix demi-lunes avec fossés doubles et chemins couverts.

Dans son état actuel le port a une superficie de 10 à 11 hectares et un chenal de 2050 mètres; du fond de l'arrière-port à la tête des jetées, on mesure près de 3000 mètres. Il possède environ 2000 mètres de quais en pierre de taille sans compter ce qui va y être ajouté par suite des travaux du bassin à flot et du canal de dérivation. On a de plus 1400 mètres d'estacades qui peuvent servir, et qui servent effectivement aux navires pour attendre un vent favorable.

Le port communique avec les canaux de l'intérieur par l'arrière-port, l'écluse Magloire et le canal de dérivation. Dans les syzygies l'eau s'y élève de six mètres environ; dans les quadratures de quatre mètres seulement. Il est donc accessible à la plupart des navires de commerce.

De Cherbourg à la frontière belge, Dunkerque est le seul port de refuge pour les navires de l'État. Pour en faire un port de première importance 15 millions au plus suffiraient; l'Angleterre en dépenserait 800 pour arriver à un résultat moindre.

La nature des choses pousse vers la prospérité de ce port; à l'angle de nos deux frontières, protégée du côté de terre par des inondations puissantes et des ouvrages de défense, et garantie ainsi contre les éventualités d'un siège de longue durée, Dunkerque jouera un grand rôle dès que les pouvoirs de la France se décideront à le vouloir.

---

(1) Ce fort était si solidement construit qu'en 1713, le 1er novembre, lors de la démolition du port de Dunkerque, il fallut y employer 140 milliers de poudre pour le miner.

L'importance qu'elle prend malgré les mauvaises conditions où on l'a mise, est un fait important qui se déduit des documents officiels (1), et qui, un jour peut-être, désillera les yeux de nos législateurs.

Pour renseigner sur l'état actuel du port, nous consignons ici quelques données.

La direction du chenal court Nord 40° O. et S.; il y a en tête une largeur de 75 mètres et une profondeur de 6.

Les vents qui font monter le plus d'eau dans le port sont ceux de N. O.; ils font varier la hauteur de 1 mètre à 1 mètre 33 c. Les plus dangereux pour les bâtiments en rade et les établissements maritimes sont les vents de N. E.; les plus contraires pour l'entrée des bâtiments sont S. O. et S. O 1/4 S.; pour la sortie, les vents N. E. et N. E. 1/4 N.

La hauteur des basses mers ordinaires de vive eau est de 0,65 centimètres et de morte eau, un mètre 11 centimètres; de haute mer 5 mètres 71 centimètres et 4 mètres 33 centimètres.

Les signaux sur la jetée Ouest indiquent les mesures suivantes :

Pavillon Blanc à Croix-Rouge. { mi-mât, 2 mèt. 60 cent. à 2 mèt. 90 cent.
{ tête de mât, 3 mèt. 25 cent. à 3 mèt. 56 cent.

Damier. { mi-mât, 3 mèt. 90 cent. à 4 mèt. 22 cent.
{ tête de mât, 4 mèt. 54 cent. à 4 mèt. 87 cent.

Bleu. { mi-mât, 5 mèt. 20 cent. à 5 mèt. 52 cent.
{ tête de mât, 6 mèt. et au-dessus.

§ XI. Les canaux.

L'arrondissement de Dunkerque est sillonné d'innombrables canaux. On les a creusés, ici pour le desséchement des marais, là pour l'économie de l'irrigation; d'un côté pour la décharge des eaux à la mer, de l'autre pour le transport des denrées.

Les détails que la matière comporte exigeraient un développement que l'exiguité

---

(1) Le mouvement du port offre les chiffres suivants :

1841. — 2,664 navires,	jaugeant 185 mille tonneaux.	9,000,000 de fr. de droits.	
1842. — 3,221	—	194	—	10,000,000	—
1843. — 2,582	—	201	—	8,400,000	—
1844. — 2,322	—	191	—	8,300,000	—
1845. — 2,448	—	211	—	8,500,000	—
1846. — 3,441	—	230	—	8,800,000	—
1847. — 3,557	—	238	—	7,000,000	—
1848. — 2,620	—	218	—	5,000,000	—
1849. — 3,331	—	238	—	5,700,000	—

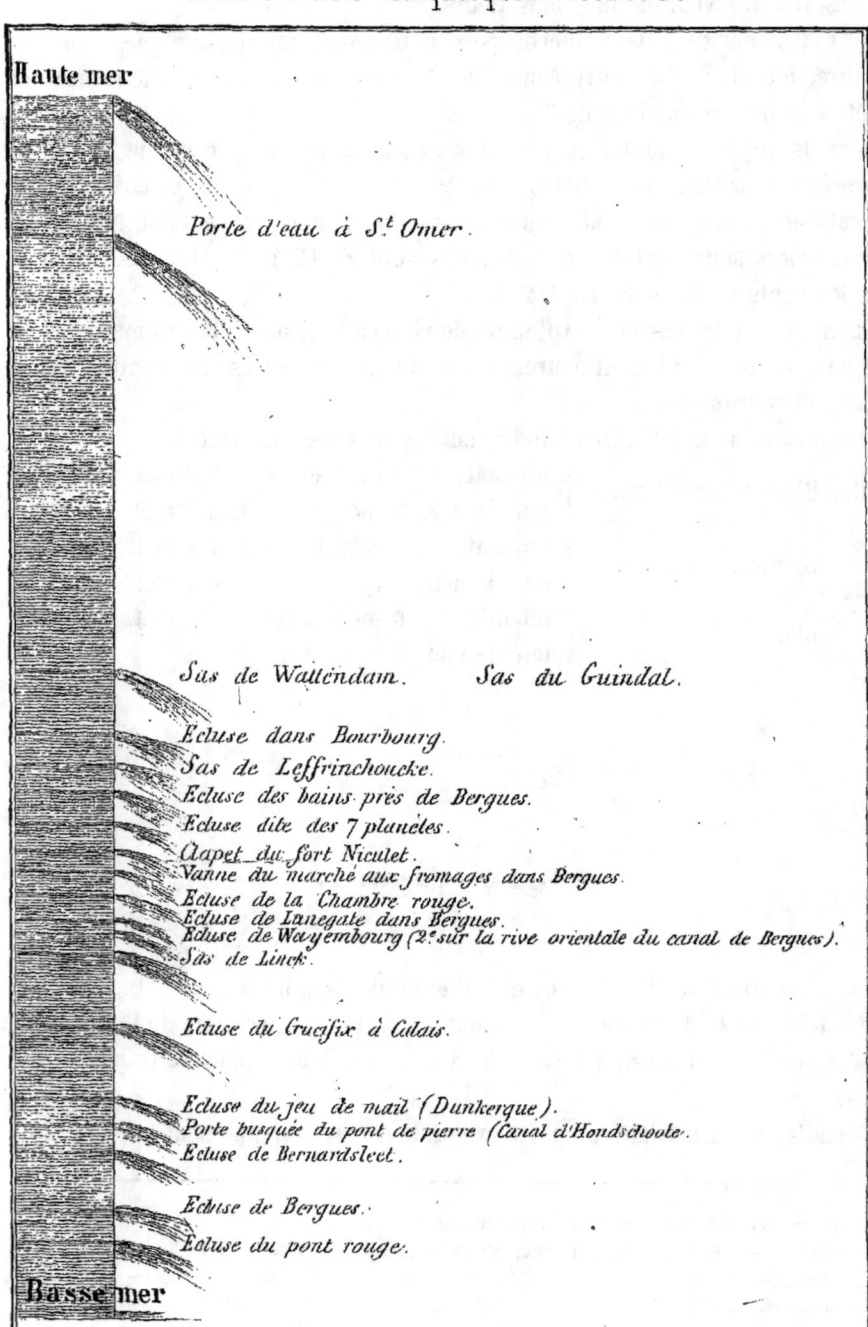

de notre cadre ne comporte pas. Nous nous bornerons donc à quelques généralités.

Ainsi que nous l'avons dit, Dunkerque et les dunes dépassent le niveau de la mer. Saint-Omer est à peine au-dessus de ce niveau. Bergues et Hondschoote en diffèrent peu. La plus grande partie du territoire est au-dessous.

Dans ce bassin inférieur la partie la moins basse est vers l'Aa. A partir de cette ligne le terrain s'incline vers le Nord.

L'écluse de l'arrière-port empêche l'invasion de la mer sur les terres cultivées; à mer basse elle laisse au contraire écouler les eaux du pays ; c'est cette industrie qui conserve le territoire et l'assainit.

Une foule de canaux et de travaux hydrauliques concourent à cet heureux résultat. Nous nous bornerons à énumérer les suivants :

1° L'Aa; 2° la Colme ; 3° le canal de Bourbourg ; 4° le canal de Bergues ; 5° le canal de Furnes; 6° le canal des Moëres ; 7° le canal de la Cunette ; 8° le canal de Mardyck ; 9° le canal de dérivation ; 10° le bassin des chasses, *dit* bassin Becquey, du nom de l'ingénieur qui l'a fait exécuter.

Quand aux 243 autres canaux non navigables et dont le nom est presqu'exclusivement emprunté à la langue flamande, il serait sans intérêt d'en donner ici la liste; nous ne dirons rien non plus de 25 écluses qui y retiennent les eaux ; ce que cette matière peut offrir de curieux est résumé dans le tableau ci-joint, représentant la hauteur des divers radiers comparés au niveau de la mer à Dunkerque.

L'Aa forme la limite entre le département du Nord et celui du Pas-de-Calais depuis Saint-Momelin jusqu'à la mer, avec laquelle il communique à Gravelines. Il a 25,000 mètres — largeur y compris les digues 32 mètres. L'ancienne embouchure de l'Aa s'est comblée depuis que Vauban en a détourné les eaux par le chenal de Gravelines.

Cette rivière entraîne dans ses eaux un limon jaunâtre qui se dépose sur la grève à l'Ouest de Dunkerque. Elle fournit à la Colme, des eaux qui, pendant les sécheresses, servent à renouveler celles des canaux d'irrigation et qui font la boisson des habitants et de leurs troupeaux. La route suit le canal et n'en est séparée que par une petite levée.

La Colme a un cours d'environ 25,000 mètres : c'est une dérivation de l'Aa, dont elle se sépare à Watten pour se porter à Bergues, où elle verse ses eaux dans le canal qui se dirige vers Dunkerque ; elle se renforce des eaux pluviales qui se rendent dans son bassin.

Les archives de Bergues ont un grand nombre de titres relatifs à la Colme. Le plus ancien remonte à 1293.

Le canal de Bourbourg a 21,000 mètres, sa largeur est de 24 mètres y compris les digues. Il se détache de l'Aa à l'écluse *dite* du Guindal qui, au besoin, l alimente de ses eaux. Il se dirige vers Bourbourg et Dunkerque; il n'est pas antérieur à 1666 ; les lettres patentes qui le concernent sont de 1669. Il a eu pour objet de contrebalancer l'effet que les espagnols tiraient du canal de Furnes à Bergues.

Vers l'an 1169 c'était par le moyen d'un Guindal que l'on passait de l'Aa dans la vieille Colme, dont il reste plusieurs ramifications dans le territoire des Watteringues.

Le canal de Bergues à Furnes est nommé aussi *Basse-Colme*. De Bergues à la frontière il mesure 14,000 mètres; le niveau de ce canal est supérieur à celui des Moëres. C'est en 1666 que le marquis de Castel-Rodrigo a creusé ce canal pour faire communiquer les Pays-Bas espagnols avec l'Artois, sans passer par Dunkerque dont Louis XIV s'était emparée.

Le canal de Bergues à Dunkerque mesure 8,700 mètres. Il est large de 20 au niveau des eaux et de 30 de crête en crête. Il reçoit les eaux de la Colme et des sections 2 et 3 des Watteringues, puis les déverse dans l'arrière-port de Dunkerque; c'est en quelque sorte la ligne du niveau inférieur de l'arrondissement.

Quand a-t-il été creusé? c'est ce qu'on ignore; toujours est-il antérieur à 1499, date la plus reculée où les titres fassent mention de lui. Il est probablement contemporain de l'Aa, et a été formé en même temps et par les mêmes causes. On le trouve parfois désigné sous le nom de *Jansdyck*, *Havensdyck* (fossé Jean, fossé du port).

En 1716, il fut déclaré libre pour la grande navigation; en 1763 on revint encore à cette idée qui reçut un commencement d'exécution, et un navire suédois allant à toutes voiles le parcourut dans toute sa longueur; en 1780 la propriété du canal fut concédée à la ville de Bergues.

Le canal de Dunkerque à Furnes depuis le Sas octogone jusqu'à *Houthem* (Belgique) a 13,300 mètres; il va parallèlement à la côte; il est salé à ce qu'on assure, parce qu'aux eaux pluviales qu'il reçoit, se mêlent des eaux du chenal.

En 1635 on demandait l'autorisation de le creuser; en 1638 il était achevé.

Le canal des Moëres à 10,300 mètres. Il se divise en deux branches : l'une aboutit au canal de Bergues par l'écluse de Bernards'let, l'autre arrive à Dunkerque au Sas octogone. Il a pour objet l'écoulement des eaux des Moëres et d'une partie de la 4e section des Watteringues; il est en partie salé.

Le canal de la Cunette est la continuation du précédent; il a 2,300 mètres, 12 mètres de largeur au fond et 44 de crête en crête. Il débouche dans le chenal à l'écluse Magloire. Une portion de 500 mètres environ est sans défense extérieure.

Le canal de Mardyck est le dernier vestige d'un travail considérable entrepris à la fin du règne de Louis XIV; il n'est plus navigable; il reçoit les eaux du canal de Bourbourg et de Bergues. Du jeu de Mail à l'ancienne écluse Mardyck, il compte 3,500 mètres, 38 mètres de largeur au fond, 64 mètres en crête.

C'est en 1714 qu'un détachement de l'armée creusa ce canal; il devait offrir aux vaisseaux un accès à Dunkerque dont les Anglais avaient comblé le port. Ce gigantesque dessein eut un commencement de succès : une frégate de guerre s'avança à pleines voiles dans ce nouveau chemin; mais ce triomphe devait être court! Par suite de traités le canal fut rétréci de manière à permettre à peine à de modestes bélandres de s'y insinuer. La mer vint en aide à la haine de l'Angleterre : l'embouchure est tout-à-fait obstruée et tout accès est désormais interdit de ce côté Ce canal pourrait recevoir à chaque marée 1,400,000 mètres cubes d'eau et alimenter des chasses puissantes !

On a parlé plusieurs fois de lier Dunkerque et Gravelines par un canal intérieur analogue à celui de Mardyck. Ces vues grandioses auraient besoin, pour mûrir, d'un temps de calme et de sécurité ; mais peuvent-elles être mises à l'ordre du jour lorsqu'on est à se demander chaque année ce qui sera debout l'année prochaine.

En 1796 le dépôt des fumiers de la ville se faisait le long de ce canal, à côté de la chaussée.

Le bassin Becquey a une superficie de 32 hectares. Il communique avec le canal de dérivation et avec le chenal ; de ce côté il est fermé par 5 écluses qui, s'ouvrant à la marée basse, laissaient descendre dans le chenal une eau rapide qui avait pour effet de le dévaser ; elles ont subi des dégradations qui ne leur permettent plus de fonctionner efficacement ; le fond du bassin s'est élevé, des herbes en ont tapissé toute l'étendue, on y fait paître des bestiaux, les lièvres s'y bâtissent des terriers ; on se propose, dit-on, d'y établir des chantiers de construction.

En terminant le premier chapitre de notre livre, nous croyons avoir donné une idée suffisante de l'intérêt qui s'attache au territoire de Dunkerque. Il nous reste pour compléter cet aperçu préliminaire de parler de la langue et des mœurs de ceux qui l'habitent. Ce n'est qu'après avoir parcouru ces notions indispensables que nous entrerons dans la partie historique de notre travail.

CHAPITRE II.

ÉTUDE ETHNOGRAPHIQUE.

I

A quelle nation appartenaient les hommes qui, les premiers, occupèrent le territoire de notre Flandre maritime? C'est ce qu'il serait difficile de dire avec certitude.

Au commencement de l'ère chrétienne, ce territoire était partagé entre les Morins et les Ménapiens, d'origine celtique. D'autres peuples y arrivèrent à leur tour; d'une part, les Romains, les Gaulois; de l'autre, les Saxons et autres nations germaniques. Après eux les Huns, les Normands, et ces hordes sauvages qui se précipitèrent sur l'Europe méridionale et y firent des excursions plus ou moins prolongées.

De toutes les races qui vinrent ainsi dans le pays, laquelle persista? — Ou bien, en quelle proportion ces races diverses se mélangèrent-elles? — Quels sont les éléments du sang flamand en général et du type dunkerquois en particulier? C'est ce que nous n'aurons pas la témérité de vouloir préciser.

Il faut d'ailleurs noter que les Espagnols dominèrent cent cinquante ans dans la contrée, et que la race dunkerquoise réunit en elle les caractères qui décèlent le sang méridional non moins que le sang germanique.

II

Les écrivains du XIIIe siècle, qui parlent de la nation flamande, en font un portrait remarquable. La blancheur et la finesse de la peau, l'incarnat des joues, le brillant de la chevelure, l'élévation de la taille, la propreté des vêtements, la libéralité du cœur, la sobriété des repas... Tels sont les principaux linéaments de leurs esquisses.

Fidèles échos de la renommée, les proverbes et dictons du temps affirment que « les plus belles femmes sont en Flandre. »

III

Déjà alors, les parties teutoniques se distinguaient des régions wallones, par une énergie plus prononcée, un amour plus ardent de la liberté, mais aussi par une rudesse plus sauvage.

Lorsque les observateurs des siècles suivants essaient de nouveau de rendre la physionomie nationale, on y remarque de notables modifications. Ils parlent peu de sobriété; ils se plaignent au contraire de la rudesse germanique transportée dans les mœurs; ils signalent un luxe insensé et contagieux.

Ils ne nient pas que le Flamand ne soit intelligent, courageux, et même téméraire; mais ils affirment qu'il est vindicatif et cruel. Il l'était à ce point, qu'en 1384, dix mille marcs d'argent expiaient, suivant la loi du temps, les meurtres particuliers qui, en peu de temps, avaient été commis dans les environs de Gand.

IV

A mesure que les temps avancent, les Flamands se montrent fiers, turbulents: pendant de longues années ils se livrent aux guerres civiles et religieuses; puis ces traits héroïques semblent s'oblitérer et s'effacer insensiblement. L'amour des lettres et de la poésie languit et paraît s'éteindre; du moins la vigueur corporelle, la spontanéité de l'intelligence cessent de s'élever et tendent à s'amoindrir (1); les qualités distinctives des ancêtres sommeillent engourdies, pour la civilisation, jusqu'à ce qu'une circonstance, que Dieu tient peut-être en réserve, vienne les réveiller et les mettre de nouveau en relief.

V

La population dunkerquoise se compose aujourd'hui de trois types. L'un dont on a le spécimen dans la rue du Nord, des Vieux-Remparts, et les ruelles voisines : il a conservé plus particulièrement les mœurs et la langue des Flamands. Un second se trouve à la Citadelle et autres lieux : ici l'on parle français; les mœurs diffèrent de celles du groupe précédent, non moins que le langage. Une troisième partie, distinguée par l'éducation, la fortune, se recrute non-seulement dans la ville, mais se mêle avec les étrangers et forme une classe intermédiaire qui ne diffère en rien des gens civilisés de toute autre localité de France. On conçoit qu'il ne nous est pas loisible de descendre ici dans des détails plus intimes.

---

(1) Voici comment Tully dépeint les Dunkerquois de 1760 : « Ils sont, en général, de bonne taille, » replets, flegmatiques; le visage plein et coloré; les épaules et la poitrine larges; les jambes bien » fournies; les fibres musculaires plus relâchées que tendues.... Ils sont judicieux, humains, compa- » tissants, tranquilles, quoique supportant difficilement les injures. Ils sont convenablement sobres, » et conservent volontiers leurs habitudes.

» Les femmes y vivent trop sédentaires; elles font un usage excessif d'eau chaude et de thé; leur » fécondité ne cesse pas toujours à leur quarantième, ni même à leur cinquantième année.... »

Le même auteur signale l'aversion des Dunkerquois pour l'ail, qu'ils ne peuvent supporter, même en remèdes.

VI

Après avoir été de vaillants guerriers et avoir arrêté quelque temps les légions romaines, nos ancêtres furent d'habiles agriculteurs. Au XIIIe siècle, l'auteur de la Philippéïde nous représente la Flandre maritime abondante en moissons et en troupeaux ; on sait quelles furent la richesse de Bruges, l'étendue de son commerce, la perfection de ses produits industriels, l'activité de sa marine.

Mais guerriers, agriculteurs ou commerçants, ils cultivaient avec ardeur, parfois avec succès, les choses de l'intelligence. La poésie, le chant, les trouvèrent toujours sensibles à leurs attraits. La Flandre eut ses trouvères, ses poètes, ses sociétés de rhétorique. Dans les villages même il s'établissait des confréries littéraires, qui accouraient aux luttes solennelles qui leur étaient proposées chaque année. Aujourd'hui d'ignobles cabarets, la bière, le tabac, voilà ce qui y remplace ces poétiques délassements. Le feu sacré s'est assoupi sous la cendre : puisse un souffle du ciel venir bientôt le vivifier !

VII

Le manque d'initiative est un mal devenu général dans la contrée. Il se manifeste en mille circonstances, qui donnent à la population une apparence stationnaire semblant paralyser tout progrès. Bornons-nous à un seul exemple.

La prospérité des Dunkerquois est désormais dépendante de l'industrie et du commerce : la course et la guerre maritime leur sont désormais et très heureusement interdites, et cependant, en général, ils n'ont pas encore songé à se faire soit industriels, soit commerçants. On ne trouve ici ni manufacturiers, ni spéculateurs. La nature a fait, de leur ville, le marché du Nord de la France ; ils la laissent s'amoindrir et dégénérer en un simple port de transit. Chaque réceptionnaire se renferme dans un cercle qu'une concurrence aveugle restreint chaque jour, sans lui inspirer la volonté d'en sortir. Ouvert à diverses reprises, l'édifice de la bourse reste définitivement désert (1).

Lille est à vingt lieues de Dunkerque : sous le rapport commercial elle en est aux Antipodes.

Toutefois ce contraste, qui étonne d'abord, trouve jusqu'à certain point, une explication rationnelle.

Par leur éducation et les influences de leur position géographique, les Dunkerquois sont des hommes de la mer, et doivent, à différents degrés, en prendre les qualités et les défauts.

Sur les grèves unies de la mer du Nord, devant ces scènes qui élèvent l'âme, ils apprennent à être calmes, énergiques, fiers, et quand il le faut, impétueux.

---

(1) Au commencement de ce siècle, il se trouvait encore à Dunkerque des amidonneries, des clouteries, des fonderies (où l'on coulait des pièces de canon), des fabriques de tabac, etc..... Qu'en reste-t-il aujourd'hui ? En 1836, il y avait dans l'arrondissement 12 fabriques de sucre indigène ; nous pensons qu'il n'en subsiste plus une seule.

En une foule de circonstances les marins ont besoin d'une grande force d'âme. S'agit-il d'affronter les périls, de braver la mort? Ils ne balancent pas! Qu'arrivera-t-il demain? Que leur importe! Qui pourrait le dire ou le prévoir sûrement? Il ne faut pas trop s'inquiéter de demain! — Demain, verrons-nous encore la lumière? Le brouillard, un banc, la tempête, l'ennemi, un courant, une voie d'eau, une erreur de calcul.., tout cela et moins encore, peut compromettre ce qui sera demain pour les autres. Un sang-froid stoïque, l'oubli de l'avenir, c'est la sécurité du présent! C'est là leur sagesse, leur philosophie, leur seul moyen de jouir de quelque chose. Être prêt à tout événement, n'en redouter aucun, c'est là leur vertu, c'est ce qui devient peu à peu leur habitude.

Les femmes des marins ont une obligation analogue: reverront-elles cet époux qu'elles quittent avec tant de soupirs? Ce frère bien-aimé, ce père, ce fiancé? Qui peut l'affirmer? Tant de sinistres ont déjà brisé tant d'espérances! La tempête de la nuit dernière a-t-elle épargné ces amis si chers? Reviendront-ils de ce lointain voyage? — Hélas, elles l'ignorent! mais iront-elles se livrer à la douleur, à une crainte que l'événement viendra démentir? Mais ce serait perdre de propos délibéré une énergie dont elles auront tant besoin si effectivement le sort les a frappées?... Il est donc urgent pour elles de supporter le présent, d'attendre de pied ferme l'avenir. Avenir tout entier dans les secrets de Dieu et en-dehors de leur pouvoir ou de leurs prévisions.... Confiance naïve en la Providence, ré signation habituelle aux éventualités de la vie, c'est leur pratique et leur discipline.

L'armateur, le constructeur, l'assureur, tous ceux qui ont la mer pour associée, tous ceux qui sont en rapports fréquents avec les gens de mer et ont leurs intérêts liés aux leurs, sont placés sur une même pente qui doit les rapprocher d'un même terme. C'est ainsi que les cours d'eau d'un bassin géographique se rendent tous de leur côté vers la même embouchure.

VIII

Ce qui fait le spéculateur, le commerçant, l'industriel, le marchand, c'est précisément la disposition inverse. Ici *la chance* ne doit plus entrer pour rien. — Prévoir, calculer, ajuster, ne compter que sur soi-même, apporter patiemment la parcelle de chaque journée pour former une base au lendemain; avancer lentement, mais sûrement vers le terme, voilà son devoir, voilà sa règle.

Le marin se contente du présent, le commerçant compte et doit compter sur l'avenir. Aussi, il arrive que le premier est souvent désintéressé, parfois prodigue, et que le second l'est rarement. L'un travaille souvent pour la gloire ou du moins sans vue bien formelle d'intérêt, il est donc généreux, facile; l'autre ne travaille que pour l'argent, il est donc plutôt égoïste ou parcimonieux.

Mais, de même que dans les frottements de tous les jours et les contrôles réguliers qui en résultent, l'un prend des habitudes d'une probité plus ou moins sincère; l'autre, dans ses aventureuses tentatives, s'occupe moins de la forme que du fonds, de la matière plus que de la manière, et devient sans s'en rendre compte plus indulgent sur ce chapitre (1).

Depuis tant de siècles que les habitudes transmises fortifient, des deux parts, les dispositions que nous venons de signaler, elles ont pris un ascendant auquel il faudra longtemps encore obéir, et dont on ne saurait, en un jour, arrêter l'impulsion.

Pendant quatre cents ans et plus, la course a été pour les Dunkerquois la source d'une fortune soudaine comme la tempête, vaste comme la mer. Un corsaire s'élance, il a coûté cent mille francs, il porte cent hommes..., une heure après il peut être pris ou coulé bas...; mais il peut aussi revenir avec un million. Cette chance aléatoire explique tout le reste; on revient à ce jeu de dés, passion furieuse de nos ancêtres (2); on jouit avec insouciance de ce que le hasard amène si facilement et qu'il amènera peut-être encore!... La perte! à quoi bon se tourmenter de ce qui n'arrivera pas, ou se raidir contre ce qui arrivera infailliblement? Arrière donc les trop lointaines prévisions!

Adoptant de semblables aphorismes, un industriel, un spéculateur, serait sur le chemin de sa ruine.

IX

Tout cela est d'ailleurs implicitement admis par la population actuelle. Cent fois nous avons entendu, lorsqu'il est question de la future prospérité commerciale de la ville, les Dunkerquois disant, comme la chose la plus simple du monde : « Les affaires vont se développer; il viendra s'établir ici des maisons de » Lille ou de Paris! »

Ainsi, on le voit, cette doctrine est au fond des esprits. Dunkerque est un port, ses enfants doivent être marins; c'est leur destination, leur organisation, leur nature, comme aussi le terme de leur ambition.

Ce sentiment a pris une forme dans le culte voué à l'un des plus illustres enfants de la cité. Généralement les Dunkerquois croient en Dieu; tous ils croient en Jean Bart. Sur les genoux de leurs mères ils ont été bercés au récit de ses exploits; aussi, honorer sa grande mémoire, c'est toucher la fibre sensible de la cité. Nous avons vu avec attendrissement et bonheur les braves pêcheurs et pêcheuses de Dunkerque, offrir le titre de concitoyen à David d'Angers, l'auteur de la statue qui décore leur place publique.

X

Sous le rapport physique et hygiénique, la population dunkerquoise, comparée

---

(1) Est-ce de là que provient certain dicton très impertinent, fort injuste, et contre lequel nous protestons, quoiqu'on le débite à Paris et ailleurs :
« Dix Dunkerquois, douze fripons. »

(2) Le jeu de dés a toujours été sévèrement prohibé à Dunkerque, ce qui prouve qu'il y était fort suivi. — La loterie y fut très favorablement accueillie. Supprimée en 1793, elle fut rétablie en 1797 (30 septembre). Un premier bureau s'ouvrit le 1er décembre 1797; un second, le 7 juin 1800; un troisième, en 180?.

à la population indigène de Lille, a une incontestable supériorité. Ici, plus de figures haves, de ces yeux éteints, de ces natures défaillantes qui affligent le regard du voyageur; on trouve, au contraire, à Dunkerque, une constitution robuste, une remarquable vigueur de formes. Dans les familles des artisans on rencontre beaucoup de jeunes filles d'un type vraiment beau; on retrouve en elles cet éclat de santé, ce coloris de visage, cette abondance de brillante chevelure que la tradition attribue aux ancêtres.

A cet avantage se joint la propreté de la mise, une réserve fort louable, malheureusement beaucoup plus rare dans les villes manufacturières (1).

XI

La beauté de la ville, la charmante propreté qui y règne, la largeur des rues, l'absence de boue, voilà des caractères permanents pour signaler Dunkerque à ceux qui la visitent.

Mais parmi les traits propres à la population, il en est un qui ne se révèle qu'une fois l'an.

Pour être témoin de ce phénomène, vous qui avez vu la ville dans ses jours de calme, dans sa vie ordinaire; vous qui avez remarqué la population se montrant dans les rues, rare et silencieuse; vous qui vous êtes demandé pourquoi cette vaste et belle cité ne retentit pas du tumulte qu'amène le commerce, arrivez le dimanche gras! ce jour-là et les suivants, observez et écoutez!

Voyez cette foule frémissante et avide d'émotions qui se presse dans les rues !..

Soyez persuadé que parmi ces acteurs et les spectateurs, personne ne se souvient que le concile de Leptine, en 743, a formellement condamné les folies licencieuses du carnaval, tradition des usages payens. Quelques archéologues clair-semés dans la ville vous apprendront peut-être que ces fêtes autrefois *lupercalia*, se sont transformées en *sporcalia*, dont la racine est conservée dans le mot flamand *sporkelmaend*, et la pratique, dans les orgies carnavalesques des jours gras. S'ils se hasardent à demander comment, après onze siècles de Christianisme, nous en sommes encore là, on ne les comprendra plus et on les laissera disserter tout seuls, dès que le son du tambour ou de la grosse-caisse annoncera l'arrivée de quelque groupe de *masques;* lorsque le fifre de la *bande des pêcheurs*, fera présager la prochaine apparition de cette troupe joyeuse.

Écoutez ces *houras!* ces cris de joie! Voyez cette masse de curieux qui garnissent les fenêtres à tous les étages !... Considérez les héros de la fête !... Leurs élans ont plus de vigueur que de légèreté, c'est possible — Leurs costumes sont plus grotesques qu'élégants, qu'importe? Regardez, regardez ! !

Vous devinez sans peine que malgré ces vêtements féminins, ce domino renferme un robuste matelot? A leur allure et à plus d'un indice révélateur vous recon-

---

(1) Nous consignons ici, comme renseignement statistique, qu'il y a à Dunkerque 23 maisons de tolérance et 110 filles autorisées, sans compter celles qui se soustraient à l'action de la police. — On nous permettra de ne pas en dire davantage sur un si triste sujet.

naîtrez facilement les femmes ou les filles des marins, dont pas une certainement, sauf de graves empêchements, ne voudraient manquer à la fête.

Des habits retournés, des chapeaux fripés, les accessoires de toilette les plus inusités sont portés ce jour-là par toutes sortes de personnes. Plus un accoutrement offre de disparate, d'imprévu, d'excentrique, plus on s'en affuble avec joie, plus on le regarde avec intérêt! — Croiriez-vous que cette troupe qui chante et qui saute sous vos fenêtres depuis un quart-d'heure, va continuer cet exercice à travers la ville pendant toute la journée? et demain et après-demain encore! et peut-être aussi le mercredi et le jeudi, car cela n'est malheureusement pas bien rare.

Mais déjà de nouveaux sujets se sont offerts à votre regard! Voici les *Pier-Lala*, troupe de bossus vêtus uniformément, bossus à deux bosses opposées — en quoi ils diffèrent du dromadaire. Bosses conformes à celles que la tradition donne à Polichinelle. Ils suivent invariablement une série de rues, les plus fréquentées et reviennent sur leurs pas un nombre de fois indéterminées. Ce sont des jeunes gens de bonne maison. Quelques hommes d'un âge mûr trouvent toujours moyen de s'y glisser. C'est reçu, c'est bon genre à ce qu'on m'a assuré. Que dis-je? les anciens déplorent la décadence de cet usage dont le souvenir a tant de charme pour eux : « Aujourd'hui, disent-ils en soupirant, ce n'est plus cela! Jadis nous
» étions cinq à six cents bons compagnons qui faisions cette partie! aujourd'hui on
» en compte à peine soixante!.. Quel plaisir!! Rencontrions-nous dans la rue un
» de nos camarades non travesti, nous l'entourions; nos bosses se serrant en cercle,
» l'enfermaient, le serraient jusqu'à le faire crier et lui ôter la respiration! Alors,
» nous ébranlant en cadence, nous sautions à qui mieux mieux et nous le forcions
» à suivre cet irrésistible exemple! Plus d'une fois, feignant de faire un faux-
» pas, l'un de nous se laissait choir dans l'eau de quelque ruisseau… Alors il
» menaçait de ses embrassades compromettantes les amis, les inconnus qu'il
» rencontrait. Les dames mêmes n'étaient pas à l'abri de ces témérités!! Quel
» plaisir de voir fuir devant vous les plus jolies personnes de la ville! de les
» entendre se récrier, puis revenir de plus belle avant que le danger fût passé…
» Ces jours-là, les lois d'une rigide bienséance étaient suspendues. Nos sœurs
» bien chaussées, bien gantées (c'était de rigueur), allaient elles-mêmes sous le
» domino intriguer les passants. Mais tout cela est bien tombé! Que voulez-
» vous, la race humaine dégénère! »

Malgré la dégénérescence dont gémissent certaines personnes, ne sortez guères ces jours-ci, ou n'ayez pas de regret de voir votre chapeau neuf enfoncé par le premier masque venu. Entre amis cela se pratique, et l'on serait vraiment mal reçu si l'on s'en plaignait. Quoi donc! ne vous promenez pas, ou bien ayez un gibus qui supporte le coup de poing, ou, au besoin, le coup de pied!… c'est si amusant!

De ce côté, vous verrez (car vous devez tout voir)… vous verrez des jeunes gens revêtus d'une chemise blanche par dessus un maillot, dans la vue de laisser penser qu'ils sont réduits à cet indispensable vêtement! de trompeuses souillures y sont ajoutées comme raffinement de bon goût!… De cet autre côté un domino porte au bout d'une ligne de pêche un sou en guise d'hameçon. Il le maintient à

CHANSON DU REUSE.

Gezang van trikenie op zyn Sletsen

Stemme van de Vliegende Duive.

En als de groote klokke
luid de klokke luid de Reuse komt
uit keerd uw ens om de Reuse de
Reuse keerd uw ens on gy schoonebloom

TRADUCTION.

Voilà que la grosse cloche sonne
Le Reuse sort
Tournez-vous une fois
Reuse
Tournez-vous une fois
Belle fleur. (1)

Moeder zet den pot op't vier
Den pot op't vier
Den Reuse is hier
Keerd uw eens om &.ª

Mère, mets le pot au feu
Le Reuse est ici. (2)

Moeder Geeft hem eenen botteram
Eenen botteram
Den Reuse is gram
Keerd uw eens om &.ª

Mère donne lui une tartine
Le Reuse est fâché.

Moeder Geeft den café pot
Den café pot
Den Reuse is zot
Keerd uw eens om &.ª

Mère donne la cafetière
Le Reuse est furieux.

En al die zeggen dat Reuse komt
Dat Reuse komt
Zy liegen daarom
Keerd uw eens om &.ª

Tous ceux qui disent que Reuse vient
En ont menti.
Tournez vous une fois
Reuse!..

Papa!!! Houra!!! Houra, Houra, Dibops.

(1) Ceci s'adressait sans doute à *Gentille*.
(2) C'était sans doute pour donner à manger à l'enfant, les porteurs en profitaient.

Vᵒⁿ DERODE, *Histoire de Dunkerque.*   Lith. de Brasseur, à Dunkerque.

hauteur de la bouche de la foule d'enfants qui l'accompagnent et s'efforcent de le saisir avec les dents. — Plus loin, un général burlesque se fait précéder d'une bande de gamins qui répètent sans cesse en cadence:

De temps en temps, pour les animer à continuer ce fatigant exercice, il s'arrête pour leur distribuer des morceaux de pain d'épice. — D'un autre côté encore, arrive une série de chars... car le carnaval et les cortéges ont quelque point commun. D'abord c'est *le Destin*, vieillard trompeur qui paraît moins inflexible que ne le prétend la fable... Sous sa barbe de lin, ses traits avinés laissent apercevoir toute son humanité... Voici le *Champ d'Asile*, groupe de soldats de l'Empire!... Voici *Sainte-Barbe!* Voici le canot de *Jean Bart!* Voici la *Taverne du village*, roulant sur quatre roues!... Voici la *Noce Normande!*... Voici *l'Espoir et l'Avenir de Dunkerque!*... Sous cette dénomination empruntée aux fêtes de la République, vous voyez défiler une double ligne de gentils petits enfants revêtus de costumes frais, brillants, coquets, accompagnés et surveillés par leurs parents qui se tiennent à distance et qui n'oseraient pas peut-être faire ouvertement partie du cortége, mais qui profitent avec bonheur de cette circonstance!... Voici le *Reuse!*

Oh, ici il y aurait à dire bien des choses!

D'abord, ce mannequin, cet homme grand par lequel on croit représenter un grand homme.... ce simulacre n'est pas le portrait d'un personnage, mais la personnification d'une nation, d'une race, d'une caste autrefois maîtresse du pays par le droit de conquête ou autrement. Les traditions de ces graves événements sont effacées de l'histoire, mais on en retrouve des vestiges dans les chants populaires de la Flandre. Le chant du Reuse dont nous donnons ci-joint la notation paraît emprunté à l'hymne *Creator alme siderum* et remonter aussi au Xe siècle. Les paroles qu'on y a adaptées ne sont qu'une parodie du poème primitif. Les Reuses dont le nom a peut-être quelque analogie avec Ruthen, ancien nom de la Flandre, étaient d'une origine illustre. Les Karles, leurs antagonistes, étaient fiers et insoumis. Tandis que des fanfarons se vantaient de descendre des Reuses, ce titre de gloire leur était énergiquement dénié: on rappelait aux Karles, leur rusticité, on les menaçait d'un prochain châtiment...

Est-ce une des circonstances de la longue et sanglante lutte qui eut lieu autrefois entre la noblesse et les communes? On ne peut émettre aujourd'hui que des conjectures à ce sujet.

Lorsque les Reuses, quels qu'ils soient, eurent été personnifiés dans un homme grand, analogue au Gayant (géant) de Douai, au Lydéric de Lille, et autres personnages, on le promena dans les cortéges publics, il fut un objet de risée. Le chant héroïque primitif devint ce que nous le voyons aujourd'hui.

Le siècle dernier, lorsque Reuse faisait son apparition, il était précédé d'un tambour-major, d'un fifre, de tambours et de joueurs de cornemuses. Il était accompagné de sa femme *Gentille* dont le teint vivement coloré était tout-à-fait remarquable. La dame avait cinq pages qui portaient la queue de sa robe. Huit violons marchaient devant elle.

Quant à Reuse il n'avait pas moins de 9 à 10 mètres de hauteur; il dansait, faisait la révérence, saluait en inclinant la tête. Il avait dans sa poche son enfant, poupon de 3 mètres de hauteur qui criait *papa*... et mangeait d'une seule bouchée les gâteaux qu'on lui jetait.

Ces diverses circonstances bouffonnes aident à comprendre le texte de la chanson du Reuse que nous donnons dans la lithographie ci-jointe.

A la révolution, Reuse prit l'allure rébarbative d'un républicain. Ne pouvant faire de lui un sans-culotte, on lui donna le chapeau empenné des représentants et un sabre proportionné à sa taille.

XII

Vous avez vu le jour de réjouissance des hommes, vous devez aussi voir la fête des enfants, la Saint-Martin.

La Saint-Martin! ce nom fait tressaillir quatre classes de personnes : d'abord, les papas et les mamans.... puis les enfants... puis ceux qui, ayant entendu une fois l'horrible tintamarre dont Saint-Martin est le prétexte, ne peuvent se dissimuler ce qu'ils vont de nouveau endurer.

Déjà, et comme pour vous préparer au grand jour, les gamins font, depuis quelque temps, retentir la ville du beuglement qu'ils produisent en soufflant de de toutes leurs forces dans des cornes de bœuf ou, à défaut, dans des trompettes en faïence. Deux semaines à l'avance, des marchands ambulants font étalage de lanternes quadrangulaires, évasées, découvertes, fixées au bout d'une baguette d'osier, et garnies de papier transparent, ornées d'accessoires qui prouvent plus ou moins de goût, affichent plus ou moins de luxe. Les gens comme il faut s'ingénient à en avoir dont la forme, l'élégance, l'éclat, les mettent tout de suite hors de la foule. La fête des lanternes à Pékin ne préoccupe pas davantage les Chinois!

Enfin, la nuit du 11 novembre, trop lente au gré de bien des impatiences, est à peine arrivée, que certaines rues privilégiées se remplissent de curieux; les mères, les nourrices et les bonnes, en toilettes du dimanche et tenant les petits enfants par la main ou sur le bras, font irruption sur la voie publique. Mille fanaux mobiles s'allument; les cornets à bouquin font dix fois plus de bruit que de coutume. Pendant deux ou trois heures, c'est une circulation empressée, un vacarme assourdissant.

Huit heures ne sont pas encore sonnées que la foule s'éclaircit; les lumières s'éteignent successivement; le bruit se calme; chacun rentre chez soi. Les petits enfants reçoivent double ration de caresses et de dragées; ils s'endorment en bénissant le bienheureux Saint-Martin qui ne tarde pas à leur envoyer des songes d'or... La lanterne est mise en réserve... Les cornets à bouquin disparaissent au fond de l'armoire... Pendant un an il n'en sera plus question.

On raconte qu'un prince étant arrivé à Dunkerque le jour de la Saint-Martin, entendit ce bruit étrange et le prit pour un charivari à son intention. On lui fournit l'explication du fait et on lui dit :

Saint-Martin parcourait les Flandres monté sur son âne, il vint à Dunkerque. Ayant passé devant la chapelle Saint-Éloi, il s'y agenouilla pour prier. Pendant ce temps-là, le quadrupède brouttait les chardons. Entraîné par sa convoitise il s'éloigna si bien que le saint ne le vit plus. Les pêcheurs, empressés de plaire au voyageur, allumèrent des torches et battirent la campagne. L'animal fut ramené par les enfants. Pour les remercier, Saint-Martin les gratifia des dragées qu'avaient produites sa monture et qu'il changea en délicieuses pralines. C'est en mémoire de cette circonstance que les enfants chantent :

Saint Martin, boule, boule, boule,
Donnez-nous des croquandoules.

Une autre tradition plus sévère affirme que les flambeaux portés le jour de la Saint-Martin ont pour but de rappeler que le voyageur apostolique est venu pour propager dans le pays la lumière de l'Évangile... On peut choisir entre ces deux versions; nous préférons la première!

XIII

Chez les villageois, la Saint-Martin est le signal de réjouissances moins sonores mais plus solides. Le porc engraissé par la ménagère est mis à mort... La hure, le jambon, les côtelettes, le boudin, en un mot tout ce qui est de nature à mettre sur la table, figure à la *tripée*... réunion où sont convoqués les amis, les parents, les connaissances, sans oublier une place et une part pour les pauvres... La bière, le vin, le café, les liqueurs, viennent aider à l'assimilation de ces mets indigestes; l'oie traditionnelle, ou la dinde plus délicate tient figure au festin.

Car dans ce bon pays de Flandre, on festine avec une remarquable persévérance; toute occasion sert de prétexte : Sainte-Barbe, Saint-Nicolas, Sainte-Cécile, Saint-Éloi, Saint-Georges, Saint-Sébastien.... et surtout la ducasse, à la Saint-Jean, qui dure huit jours entiers ! !

XIV

Nous ne décrirons pas la *ducasse;* mais nous mentionnerons une pieuse cérémonie qui sait toujours nous émouvoir : la procession du Saint-Sacrement à travers les rues de la ville.

Pourquoi cette procession nous émeut-elle à Dunkerque plus qu'ailleurs? C'est ce que nous ne saurions dire. Sans doute c'est ici le même Dieu que nous adorons partout; c'est aussi le même pain eucharistique; ce sont de jeunes filles jetant des fleurs, portant des images vénérées; des enfants, des flambeaux, des bannières, des prêtres, de l'encens, des cantiques..... Mais ce qui ne se voit pas partout, c'est une foule compacte suivant pieusement le Saint-Sacrement, s'agenouillant avec respect pour recevoir la bénédiction qui lui est donnée à chacun des nombreux reposoirs élevés sur le passage de la procession; ce qui donne d'ailleurs une physionomie toute particulière à cette sainte cérémonie, c'est le ciel de pavillons tendus à travers les rues, et qui, fouettés par la brise, s'agitent sans fin et dans leur clapotement font entendre comme un frémissement de plaisir, e chantent à leur manière l'hymne de la journée.

Ces tentures variées où brillent toutes les nuances, ces drapeaux d'origines si diverses, présentent des pavillons anglais, dernières reliques peut-être des conquêtes de Jean Bart! des pavillons hollandais enlevés par les valeureux enfants de Dunkerque; des pavillons espagnols, belges, américains, suédois, français, qui, dans cette fraternité improvisée et dans leur émoi commun, représentent, au cortége, les nations qui les ont choisis pour emblème; semblent absorber, aspirer, envelopper dans leurs plis les bénédictions du Dieu qu'ils ombragent!! Et ces bénédictions ils iront les reporter demain sur les bâtiments au haut desquels ils flotteront! Ce sera pour l'équipage un gage de confiance et de sécurité, une protection efficace dans ces moments terribles où un frêle vaisseau battu par la tempête n'a plus de secours à attendre d'aucune puissance humaine! Cette exhibition si empressée qui frappe nos regards, ces enseignes qui s'étalent, ces flammes qui se déroulent, ne serait-ce pas l'action de grâces qu'adressent au ciel quelques-uns de nos frères heureusement sauvés et rendus à leur famille? Qu'importe! hommage ou prière, demande ou action de grâces, cela a quelqu chose de touchant qui a le secret de nous émouvoir!

XV

On avait mis en suspicion l'esprit de foi des Dunkerquois. Ils se sont noblement et complètement justifiés. Les institutions pieuses et charitables y ont excité une sympathie sincère et générale. Il suffira de nommer les salles d'asile, la société Saint-Joseph, la société Saint-François Régis, la Conférence Saint-Vincent de Paule des hommes et celle des dames, les Fourneaux économiques, les écoles d'adultes, l'œuvre des militaires, l'œuvre de la Sainte-Enfance, qui en peu d'années se sont constituées, étendues, solidifiées.

Il faut, parmi les traits du peuple dunkerquois, mentionner le respect qu'il rend à la cendre des morts. Telle famille pauvre s'impose les plus durs sacrifices pour donner une certaine pompe à la funèbre cérémonie qui conduit au dernier gîte celui qu'elle pleure. Il n'est pas rare de voir des personnes peu aisées acheter une parcelle de terrain réservé, y faire un caveau pour ces restes chéris. Le cimetière est souvent visité; de ferventes prières s'en élèvent, de pieuses larmes en mouillent les pierres. Souvent nous avons vu, avec attendrissement, ces silencieux entretiens de deux amis placés aux deux rives de la tombe!

Une coutume singulière et dont nous n'avons su trouver l'origine, fait mettre devant la porte d'un défunt, une croix formée de plusieurs bottes de paille; la dimension de ces bottes et leur nombre est en rapport avec la somptuosité des funérailles. Tel défunt n'a que quatre bottes de paille, tel autre en a vingt-quatre.... (1) Que veut-on dire par là? Est-ce pour nous rappeler que la mort moissonne les humains comme la faux du laboureur a coupé ces javelles? Veut-on

---

(1) Aux funérailles de Louis XIV, la croix comptait trois cents bottes.

nous faire voir que l'importance de nos richesses, de ces richesses qui attirent l'attention des hommes, ne nous garantit pas de la mort?

XVI

La foi qui est au cœur des marins se révèle dans les grandes occasions. Le départ général de la flotte qui se dirige vers l'Islande pour la pêche de la morue en est une remarquable preuve.

Pour se préparer à cette lointaine et périlleuse excursion qui, pendant six mois et plus, va les séparer de leur patrie et ne leur laisser d'autre vue que le ciel et la mer, les marins de chaque navire, leurs familles, les armateurs et les expéditeurs assistent à une messe célébrée à leur intention.

Mais le 1er avril est arrivé : l'heure de la haute mer approche. Les cent ou cent vingt navires préparés pour l'expédition s'empressent de sortir des bassins, de se détacher des quais. Les voiles se déroulent, les pavillons de partance fouettent l'air. Les matelots circulent sur les enfléchures des haubans ou se distribuent sur les vergues. Les dernières provisions amenées à bord et que l'on n'a pas encore eu le temps d'arrimer, sont en désordre sur le pont. Le chant guttural des travailleurs les aide à tirer sur les amarres, l'air retentit des ordres des capitaines, du grincement des poulies, du cri des cabestans; chacun s'empresse, les retardataires apportent leurs derniers bagages.

Le long des quais, aux environs du port, se produisent mille épisodes que la plume ne peut suffire à retracer. Voici un équipage qui entre en masse à la cantine pour boire le coup de l'étrier…. Voici un matelot qui, à force de renouveler cette précaution, peut à peine se diriger vers son bord et n'y arrive qu'en chancelant. Là, un ami serre affectueusement dans ses bras celui qu'il ne doit plus revoir…. de longtemps! Les mères, les femmes, les sœurs, les filles des marins se tiennent le plus près du navire qui va leur enlever ceux qu'elles chérissent et qu'elles veulent voir le plus longtemps possible. Les jupons rouges et les capuchons blancs des Mardickoises scintillent parmi les vestes bleues et les mantelets noirs des Dunkerquoises. Sur toutes ces figures énergiques on aperçoit pourtant l'émotion, la tristesse, et sur plusieurs, les traces d'une larme furtivement essuyée.

L'heure est venue! la foule des curieux se mêle à celle des véritables intéressés et se dirige vers l'Estran, vers l'extrémité de la jetée, pour y jouir du coup-d'œil. La terrasse de l'observatoire est couverte d'une foule compacte : les longues-vues se disposent…..

A mesure que les navires approchent de la sortie du chenal, ils donnent plus de toile, leur course s'accélère…. La brise est bonne et le navire, comme s'il était joyeux de prendre essor après une longue captivité, fait jaillir autour de lui l'écume. Au moment de dépasser la tête des jetées, ces fronts hâlés se découvrent, ils se signent, ils crient : Vive la France! cette belle et bonne patrie qu'ils quittent pour toujours peut-être! ils jettent un dernier adieu aux amis qui bornent la grève d'où ils les accompagnent de leurs vœux, de leurs regards, de leurs cris. Ils se signent, plaçant en quelque sorte sous la responsabilité divine cette vie qu'ils livrent aux hasards de l'Océan !... Avez-vous, comme moi, aperçu cette jeune mère élevant son enfant dans ses bras, au-dessus de la foule et demandant au père de ce petit ange de lui envoyer une dernière bénédiction, et, se penchant sur la hune, le père jetant à ces deux êtres si chers un baiser et une parole d'amour? Pour moi, tandis que les yeux de la jeune femme se remplissaient de douces larmes, j'en ai senti s'échapper de mes paupières...

Cependant un navire succède à un autre; la rade se garnit de voiles blanchâtres qui cinglent vers le nord. Elles atteignent l'horizon, elles s'éteignent à notre vue... Toute la flotte a pris le même chemin...

A six mois le retour !... et que Dieu soit en aide à nos amis !

XVII

Après ces scènes de la nature, irons-nous chercher dans une société où tout est fictif d'autres tableaux, d'autres enseignements? Ce serait gâter notre travail, en amoindrir la valeur.

Sans doute, nous aimerions à donner ici une image fidèle et complète des mœurs dunkerquoises au XIXe siècle; mais sans compter bien des détails que nous ne voulons pas aborder et qu'il faudrait dérouler devant le lecteur, il en est d'autres qui pourraient lui être présentés, et auxquels nous n'osons porter la main. Un pareil travail exige un maître, et nous sommes loin de nous en croire le talent! Il est des sujets que ne doit jamais traiter un esprit médiocre, car en admettant même qu'il soit exact et consciencieux dans la peinture de certains travers, il ne sera qu'un frondeur ! Est-il fidèle dans ses portraits, c'est un homme servile ou un pamphlétaire! Si, pour louvoyer entre ces écueils, il confond en un même type beaucoup d'individualités, les aspérités s'émoussent, à la vérité, mais les lignes primitives s'évanouissent et il reste quelque chose qui ne ressemble à rien parce qu'on a voulu le faire ressembler à tout.

Se décidera-t-on à dire qu'à Dunkerque il y a des pauvres envieux, des riches pleins d'égoïsme et de morgue? De quelle localité n'en peut-on pas dire autant? Découvrira-t-on que des médisants y rappellent avec malignité la décadence de telle ancienne fortune? l'accroissement récent, équivoque, de tel nouveau parvenu? Retracera-t-on la prétention de ces gens qui, pour arriver au niveau commun, sont obligés de se percher sur leurs écus ? gens que l'on voit outrer le bon ton qu'ils ont acquis, pour dissimuler, s'il se peut, le mauvais genre qui leur est naturel? qui, oubliant ou reniant leurs aïeux, affichent avec une conviction comique quelque bribe de noblesse, quelque aperçu d'écusson armorié? Assurera-t-on que, dans bien des fêtes splendides et coûteuses, il y a plus d'ostentation que de plaisir, plus de recherche que de naturel, plus d'afféterie que de bonté, et mille antithèses de cette force. Qu'aura-t-on fait sinon que ressasser des lieux-communs qui conviennent certainement à toutes les communes de France?

Nous comprenons très-bien qu'en ceci la bonne volonté ne peut suppléer au talent, et nous laissons dans son entier la matière à un explorateur plus habile.

CHAPITRE III.

ÉTUDE PHILOLOGIQUE.

La langue aujourd'hui parlée à Dunkerque, est en général le *français*. Il est peu de Dunkerquois qui ne comprennent cette langue.

En outre, la majorité des habitants, et surtout des indigènes, parlent le *flamand*.

Le flamand parlé à Dunkerque semble un dialecte défiguré. Dans un grand nombre de localités flamandes de la Belgique, on ne le comprend même pas. Les rares prédicateurs qui se font entendre en flamand, dans les églises de Dunkerque, sont inintelligibles à plus d'un des rares auditeurs restés pour les écouter.

Quand a-t-on commencé à parler français à Dunkerque? C'est ce qu'il serait difficile de préciser.

Sous les comtes de Flandre, et lorsque les seigneurs fonciers de Dunkerque étaient Français, les officiers envoyés par eux employaient le français pour les comptes de leur gestion et les actes de leur ministère. Les plus anciens comptes des Baillis sont en français.

On sait que les soldats de Guillaume de Normandie, en allant, au XIe siècle, faire la conquête de l'Angleterre, y avaient implanté leur idiôme avec leur drapeau. Jusqu'à Edouard III, au XIVe siècle, le français fut la langue officielle de la Grande-Bretagne. En 1289, l'usage en était ordonné à Gand.

A cette époque, notre langue était donc un moyen de communication entre trois contrées voisines. Sous la domination des ducs de Bourgogne (1384-1472), on voit pourtant apparaître, en Flandre et à Dunkerque, un plus grand nombre d'actes en flamand. Mais cela a dépendu de la tolérance des autorités (1) et de l'importance que prenait la ville, plutôt que d'un progrès, d'une extension réelle de l'idiôme tudesque.

---

(1) Lors de l'avènement de Philippe-le-Hardi, les provinces flamandes demandèrent que leur langue fût employée dans les actes judiciaires; ce à quoi le prince consentit.

Sous la maison d'Autriche (1472-1516) et d'Espagne (1516-1658) le même fait se reproduit, dû, sans doute, aux mêmes causes. La langue de Philippe de Comines avait cependant fait d'incontestables progrès. Il est curieux de voir alors le serment prêté par nos Flamands à un prince espagnol, Charles-Quint, formulé en français, et la réponse du prince prendre cette même voie pour arriver à ses sujets.

Pendant que Dunkerque appartint aux Anglais (1658-1662), on remarque la même particularité, et Charles II, écrivant aux Dunkerquois, employait un français équivoque que l'on translatait ensuite en flamand.

En 1664, Louis XIV rendit obligatoire l'usage du français dans les procédures et les actes publics.

Le flamand a un droit d'aînesse certain ; quoiqu'il soit également difficile d'assigner l'époque de son introduction dans le pays (1) et de marquer les étapes successives de la décadence qui l'a amené au point où il se trouve aujourd'hui ; de dire comment s'y sont introduits cette foule de mots français qui y figurent sans altération (2) ou avec des modifications sans importance (3).

Du reste, le patois des contrées voisines, en France, a emprunté au flamand plusieurs mots usuels (4). Les noms propres y sont formés suivant le mode que

---

(1) Faulconnier parle (t. I, p. 27,) de Caligula, qui aurait ravagé la *Flandre*. Il parle des *Flamands* qui se seraient révoltés contre Constantin en 307. Mais il faut remarquer que le mot *Flandre* est employé pour la première fois par Saint-Ouen dans la vie de Saint-Éloi. Nous ne connaissons pas de titres authentiques où ce mot figure antérieurement à 678.

(2) Les mots communs aux deux langues sont nombreux, et nous nous bornerons à en indiquer quelques séries. Par exemple : Académie, auteur, fondateur. — Comédie, directeur, acteur, actrice, auditeur. — Concert, accord, clavier, bémol, clarinet. — Bal, ballet, galop, caprice. — Avocat, examen, candidat, client, kabinet. — Commandant, commandeur, colonel, adjudant, fourrier, caporael, et toute la hiérarchie militaire. — Puis : Battery, arcenael, canon, bayonnet, fleuret, fort, forteresse, caserne, corps-de-garde, casemat. — Cathedrael, cardinael, coadjuteur. — Marquis, carosse, elegant, coiffure, diamant, billard, cartel, canapé, bilboquet. — Casserole, flacon, chocolat, cacao, civet, asperge, dessert, etc., etc.

(3) *Absentie*, absence; *audientie, circonstantie, cadencie, quittancie*, et analogues. — *Actie*, action; puis *affectie, capitulatie, citatie, devotie*, etc.; puis *memorie*, mémoire; *glorie, historie*....
D'autres mots ont été travestis : *Ledekant*, lit de camp; *Corpenduys*, court-pendue, sorte de pommes, etc., etc.

(4) A Lille, dans le langage populaire, on dit : *Kron*, pour tortu; en flamand, *krom*; *buise*, pour tuyau; en flamand, *buys*. Voici quelques autres exemples, que nous pourrions d'ailleurs faire suivre de beaucoup d'autres :

Lillois.	Flamand.	Français.
Frisquette,	— Frishcheyd,	— Froid, fraîcheur.
Loss,	— Los,	— Étourdi, gamin.
Mande,	— Mand,	— Corbeille, panier.
Malette,	— Mael,	— Poche, pochette.
Matt,	— Mat,	— Fatigué.
Hars,	— Hard,	— Robuste, vigoureux.
Crant,	— Krank,	— Malade.
Recrant,	— Krank,	— Malade.
Pacus,	— Pack-huys,	— Magasin.
Quenne,	— Kan,	— Pot.
Crolles,	— Krollen,	— Frisure.

On dit à Lille : *Y en a fellement*, pour : il en a beaucoup, il en a *furieusement;* du flamand *felman*, furieux.... *I est mol comme dadel*, il est mou comme *dadel*, du flamand *dadel* désignant le fruit du dattier.

nous avons signalé dans un autre ouvrage auquel nous renvoyons le lecteur que cette matière intéresserait (1).

Il paraîtrait que les Morins, premiers habitants de la contrée, parlaient le celte, et que les peuplades venues de la Germanie avaient une langue commune que l'usage modifia ensuite, de manière à former divers dialectes : le haut allemand (hoch deutch); le hollandais (nieder deutch) et le flamand (plaet deutch); ces mutations ne sembleront pas surprenantes à celui qui se souvient que 1,000 à 1,500 langues plus ou moins primitives, ont donné naissance aux cinq à six mille dialectes aujourd'hui répandus sur la surface de la terre.

Quoiqu'il en soit, il paraît certain que depuis l'ère chrétienne, la contrée et la ville ont eu pour premiers hôtes des Germains, qui ont imprimé partout leur cachet dans les noms des localités.

Cette irruption des Germains s'est étendue fort avant jusqu'à la Loire et au-delà. Mais dans ce pays elle s'est arrêtée sur le bord de l'Aa. Depuis, l'influence française a réagi et refoulé vers le Nord le principe germanique, et, sauf le nom, il n'y a plus rien de tudesque à *Offekerque*, *Nordkerke*...., dans le Pas-de-Calais. Cette action se poursuit de nos jours, et, à moins d'une révolution peu probable, le flamand est condamné à la mort. Seulement, le chiffre de sa dernière heure n'est pas encore écrit.

Revenant à notre localité, disons que tous les noms de lieux terminés en *ghem*, *hem* (2) proviennent du Celte ou du Teuton; ceux en *zeele*, *eecke*, *brouck*, *beke*..., portent le cachet Teuton pur ou Thiois. Il en est de même de ceux où figurent les radicaux *gracht*, fossé; *houck*, coin; *water*, eau; *dyck*, levée (3).

Dans l'enceinte même de Dunkerque, plusieurs points ont conservé chez les indigènes leur appellation flamande : *Cruystraete* (la Place-d'Armes), mot à mot : rue en croix, carrefour; *Reepestraete* (rue du Moulin), mot à mot : rue des Cordiers; *Leugenaer* (Tour à Feu), mot à mot : Menteur; une tour qui était voisine du *Leugenaer*, s'appelait *Gapaer*, littéralement : Bailleur...., parce qu'on y attachait les têtes des suppliciés. D'un côté de Dunkerque : *Roosendael* (Val-aux-Roses); de l'autre : *Dornegat* (la Porte-des-Ronces); tous les bancs de sable de la

---

(1) Nous signalerons quelques substantifs flamands et leurs correspondants français : *Angelier*, l'œillet; *Bakker*, boulanger; *Behaeghe*, plaisir; *Debever*, le castor; *Bode*, messager; *Bogaerd*, verger; *Degen*, l'épée; *Doncker*, obscur; *Grendel*, verrou; *Herold*, héraut; *Vanhulst*, Duhoux; *Dezetter*, le planteur; *Leest*, forme; *Maes*, Meuse; *Dehaes*, le lièvre; *Hardeboel*, dure tête; *Kant*, dentelle; *Decoster*, le coutre; *Crevel*, démangeaison; *Nagel*, clou; *Smet*, souillure; *Schram*, égratignure; *Morelle*, grotte; *Lantshere*, seigneur; *Vandenbosch*, Dubois; *Belet*, obstacle; *Begard*, carillon.

(2) Le département du Nord compte environ 16 localités en *ghem*, 11 en *zeele*, 9 en *cappel*, 5 en *beke*, 5 en *kerque*, 3 en *eecke*, 3 en *brouck*, 3 en *schoote*, 2 en *relde*, 2 en *wick*, 3 en *berg*, etc. Par exemple : *Dunkerque*, *Oostkerque*, *Mariakerque*, *Houtkerque*, *Broukerque*.... *Rubrouck*, *Hazebrouck*, *Saint-Pierrebrouck*, *Cappellebrouck*..... *Bambecque*, *Morbecque*, *Ekelsbecque*..... *Eecke*, *Arneke*..... *Dringham*, *Pitgam*, *Ledringhem*, *Runinghem*.... *Bergues*, *Looberghe*, *Ravensberg*, etc., etc.

(3) Par exemple : *Cromdyck*, digue coudée; *Havensdyck*, digue du port; *Mardyck*, digues de la mer; *Zeegracht*, fossé de la mer; *Molhouck*, coin des taupes; *Padhouck*, coin des crapauds; *Puydhouck*, coin des grenouilles, etc.

rade ont des noms flamands. La dénomination de *Littus-Saxonicum*, donnée à la côte qui s'étend de Gravelines à Anvers, est donc parfaitement justifiée (1).

Il serait bien intéressant de voir par quelles phases diverses a passé le langage primitif pour arriver à sa forme actuelle. Mais les titres concernant la Flandre maritime sont extrêmement rares; nous nous bornerons à en citer deux qui suppléeront, en attendant de plus spéciaux : c'est la formule d'abjuration du concile de Leptine (746) et un fragment du psaume *Miserere*, que l'on croit remonter à l'an 800 (2).

Saint Momelin, au VIIe siècle, fut envoyé dans le pays parce qu'il connaissait le teuton ; saint Willebrod et saint Winoc, qui évangélisèrent Gravelines et Bergues, étaient saxons. Au VIIIe siècle, le teuton s'avançait vers le midi et l'on citait un abbé de Corbie comme possédant une égale éloquence en latin et en teuton. Ces deux langues y étaient donc en présence. Le siècle suivant les deux langues semblent être séparées par la Loire, et le concile de Tours, en 812, ordonne que les instructions soient rédigées en tudesque pour les églises du côté de la mer germanique et en romain pour les églises de France. En 851, le concile d'Arles exige que les prières soient dites en romain et en thiois afin que tout le

---

(7) Dans les registres de la municipalité du XIe siècle, on rencontre à chaque instant des termes flamands inusités de nos jours. Par exemple : *Stabelaer, slender;* on y parle de *doelstocks* (arquebuses), du *Waterslaender* (flaque d'eau douce qui existait en basse-ville), etc., etc.

(8) Dans un précieux recueil intitulé : *Anzeiger für Kunde der teutschen vorzeit*, M. Mone a publié des recherches philologiques très curieuses. — M. J. Bosworth, dans sa dissertation intitulée : *The Origin of the dutch*, donne une traduction que M. le docteur Le Glay a eu l'obligeance de nous indiquer, et dont nous citerons un fragment. Dans son livre *les Flamands de France*, M. Louis Debaecker a réuni sur le sujet des documents pleins d'intérêt.

Dans la formule d'abjuration, on remarque une alliance bizarre des racines germaniques et des désinences latines. Par exemple :

— *Forsachis tu diabolo?* — Renonces-tu au diable?
— *Ec forsacho diabolo?* — Je renonce au diable.
— *End allum diabolgelde?* — Et à toute volonté du diable?
— *End ec forsacho allum diabolgelde.* — Je renonce à toute, etc.
— *End allum diaboles wercum?* etc. — Et à toute œuvre du diable? etc.

Voici le second :
Ginathi mi Got! ginathi mi wanda an thi gitruot sila min.
Miserere mei Deus! Miserere mei, quoniam in te confidit anima mea.
In an scado fitheraco thenro sal ih gitruon untis farliet unrecht.
Et in umbrâ alarum tuarum ego sperabo donec transeat iniquitas.
Ruopen sal ic te gode hoista Got thia wala dida mi.
Clamabo ego ad Deum altissimum Deum qui bene fecit mihi.

Ici l'on remarque une influence asiatique plus formelle et des racines germaniques passées et fixées dans l'anglais et le flamand. Ainsi, *ginathi* rappelle la forme de quelques impératifs grecs, forme que ceux-ci avaient empruntée au sanscrit. *Gnade*, grâce, allemand; *genade* en flamand. — *Gitruot*, séparant l'affixe, il reste *truot*, qui rappelle le flamand *troosten*, consoler: l'anglais *to trust*, confier; l'allemand *trusten*. — *Sila*, âme; anglais, *soul*; flamand, *ziel*; allemand, *zeele*. — *Scado*, ombre; anglais, *schadow*; flamand, *schaduwe*. — *Fitheraco*, ailes; anglais, *feather*, plume; flamand, *feder*. — *Sal getruon*, j'espérerai; *sal*, origine du signe *shall*, employé par le futur en anglais. — *Untis*, jusqu'à ce que; anglais, *until*. — *Farliet*, passe au loin, de *far*, préposition anglaise, loin. — *Unrecht*, un, négation; *recht*, droit, juste; en anglais, *un-right-eous*. — *Wala dida*, Well-did, bene-fecit....; *dida* a une tournure asiatique.

monde les comprît. On en peut conclure que la langue du nord avait alors étendu bien loin ses excursions.

Mais à partir de cette époque, il semble que le saxon, le franck, le thiois, le flamand, car il serait aujourd'hui bien difficile de les différencier nettement, prennent une marche rétrograde. En 912 il n'était plus compris à la cour; au XII° siècle, il était peu usité dans les provinces Wallonnes.

A cette époque, le latin avait au contraire gagné un immense terrain. Conservé dans les cloîtres, il en était sorti et était devenu la langue des savants. Les flamands eux-mêmes l'employaient de préférence à la leur. Du reste l'événement a justifié leur choix, car les ouvrages écrits par des flamands, en flamand, disparaissent de plus en plus dans l'oubli; au contraire plusieurs de leurs ouvrages écrits en latin conservent une belle réputation que le temps paraît ne pas devoir ternir. Ce fait est une preuve surabondante de cette vérité littéraire : *La forme emporte souvent le fonds*.

A partir du XIII° siècle les titres en roman, concernant la contrée, cessent d'être rares, et nous consignerons ici quelques extraits pour aider à juger des mutations de ce langage.

En 1280, Arnould, comte de Guines, disait dans un acte de concession.

« Jou Ernous cuens de Ghisnes faict savoir a tous chiaus ki ches presentes
» lettres verront et orront ke jou ai donne a Bauduin mon chier frere chevalier
» pour son assenement et pour se partie de terre set cent livrees par an au
» parisis... (1) »

En 1283, pardonnant à la rebellion de la ville d'Ypres, Guy de Dampierre disait :

« ...... Faisons savoir à tous ke com il fust ensi ke dou grief fait ki en l'an de
» l'incarnation nostre signeur mil deux cens et quatre vingt avint en notre vile de
» Ypre, lequel grief fait on apicle et apiele la meisme Coquerulle, li eskievin et
» li consaus de celi no vile et cil ki a caus se tinrent d'une part et de metiers
» de le dite no vile.... d'autre part.... »

Le siècle suivant, les bourgeois de Dunkerque s'adressant à la dame de Cassel, lui disaient (1384) :

« No tres redoubtee presse veez chi vos bonnes gens de vostre ville de
» Dunkerke qui vous supplient tres humblement que eue consideration aux
» grands damages et depens qu'il ont eus et soutenus pour le fait de ces darraines
» meutes et guerres de Flandre par lesquelles vostre dicte ville est arse et des-
» truicte en la plus grant partie et encore le serait plus si elle demoroit sans loy
» et sans gouvernement il vous plaise de vostre benigne grace ordener que
» loi soit faite en vostre dicte ville sellon les bonnes costumes et usages
» acostumez..... »

Quelques années plus tard, ladite dame de Cassel envoyait en Angleterre son fils, qui devait y parfaire son éducation : elle prie le bailli de Dunkerque de lui

---

(1) *Recueil d'actes en roman*, par M. Taillar, page 342.

faire une petite provision de poisson pour sa consommation personnelle (2 septembre 1386) :

« …. Lui achetez iij tonnelez de caque pleines de poissons sallez c'est assauoir
» saumons morues makreaux et aultres… Ce qu'ils cousteront nous le ferons
» compte rabattre à vos compte et se vous n'avez tant d'argent des exploits de
» v.^{re} office faites nous l'argent du v.^{re} et nous le vous ferons rendre compte… »

Un certificat de 1486 mérite d'être cité comme spécimen de style et parce qu'il révèle un trait curieux qui s'est passé sous Maximilien et Philippe-le-Beau :

« Nous Lyon Bonne et Omer Maes hommes feauldaux de nos tres redoubtes
» seigneurs messeigneurs le roy des Romains et Philippe son fils de leur cour à
» Baillieul en Flandre certifions a tous et par special a mes tres-honores barons
» messieurs les président et gens de la chambre des comptes a Lille que Pierre
» Levos soubs bailly dudit lieu de Baillieul fit en notre presence et autre nos
» compagnons le 10.e jour de Juin anno 86 dernier passe mettre a execution par
» le bourreau d'Ypre un pourcheau en lui otant la vie et ce fait l'a mis sur une
» butte plantee lez la justice de Baillieul (qui etait au cote meridional du plateau
» en quarre long existant au sommet du S'gravensberg a gauche du chemin de
» Baillieul à Messines) haut sur une etaque et ce a cause que ledit pourcheau avait
» mordry et en partie mange l'enfant de Mathieu Crop, demeurant en la paroisse
» de Metteren dessous la juridiction dudit Baillieul et pour ce que raison veut et
» droit enseigne que l'on certifie toutes choses veritables sy est-il que nous cer-
» tifions ce que dit est ainsi avoir ete fait au jour dessusdit et en temoin de ce
» nous hommes dessus nommes avons ces presentes scellees chacun de nos propres
» sceaulx. Fait le 22e jour du mois de septembre l'an mil quatre cent quatre
» vingt et six. »

Une charte de 1584 concerne plus spécialement Dunkerque : c'est l'acte par lequel Philippe II pardonne aux Dunkerquois leur rebellion contre son autorité et leur participation aux complots du prince d'Orange. Le prince impose plusieurs conditions entre autres celle-ci :

« …. .. Et devant toute chose on doit rebatir et reparer les eglises et lieux
» saints destinez au service divin et a la devotion du public qui pendant la rebel-
» lion de la ville de Dunkerke ont este rompues spoliez et scandaleusement violez
» notre volonte et intention est qu'il y soit incessamment pourvu et qu'ils soient
» remis en bon etat aux depens de ladite ville par des impositions personnelles
» taxations et cotisations qu'on fera a la charge des bourgeois et habitants suffi-
» samment pour ledit retablissement reparation et aussi ornement necessaire bien
» entendu cependant que ladite cotisation ne sera pas faite a la charge des bons
» catholiques qui ont suivy nostre part dans les provinces reconciliees et qui ne
» sont pas accusez d'avoir rompu et viole lesdites eglises… »

A mesure que nous approchons de l'époque actuelle, les différences s'effacent et le langage à Dunkerque, ne présente plus rien qui doive être noté. On y parle et l'on y écrit comme partout en France.

Il est bien entendu que cela n'empêche pas les indigènes d'avoir conservé dans les relations familières des locutions étranges, et, dans le discours ordinaire, un accent particulier.

On dit, par exemple : « *J'ai parlé* CONTRE *votre père* » pour : J'ai parlé à votre père. « *Il a un mètre* TROP *court* » pour : Il lui manque un mètre. « *Il a* MARIÉ *cette personne* » pour : Il a épousé cette personne....

Les indigènes donnent un accent indescriptible aux finales ade, ain, être, comme dans : *malade, pain, fenêtre*..... Ils prononcent *an* comme on doit prononcer *on* et réciproquement. Il est donc souvent difficile de savoir distinguer *canton* de *content*. Ils estropient comme à plaisir certains noms. Ils écrivent : *Uxem* et prononcent *Ouche* ; — *Loon, Loine* ; — *Leffrinchoucke, Lafrenouc* ; — *Arembouts-Cappel*, Armscaple (1) ; — *Archdeacon, Arsdek*, etc., etc.

Nous avons vu l'enseigne d'une maîtresse d'école conçue et orthographiée comme suit :

Ecole d'enfont. — En apprend a lire et a tricote.

Un mot Dunkerquois a attiré l'attention de quelques étymologistes : c'est *Dwelle*, qui désigne un morceau de toile grossière employée à nettoyer les planchers et à étancher l'eau que l'on verse à profusion pour les laver. *Dweller* c'est employer la *Dwelle*. Pour nous, ce mot est tout simplement une corruption du mot français *toile*, anglais *towel* (prononcez taouell) d'où sera dérivé *Dwelle*.

---

(1) Plusieurs noms flamands sont durs à l'oreille. Dans une pièce satirique à ce sujet, M. Gouchon dit :

« Quel poète.... d'un ton doux et facile,
» Parviendrait à chanter Socx, Chrochte, Holque, Ost-Cappel,
» Leffrinchoucke, Craywick, Broukerque, Arembouts-Cappel.... »

CHAPITRE IV.

ÉTUDE HISTORIQUE.

DUNKERQUE AVANT LE X° SIÈCLE.

Prologue.

A l'origine de la plupart des villes, on rencontre quelque nom fameux. Le ciel l'a permis ainsi; souvent les historiens y ont suppléé et les populations y ont applaudi... tant est puissant l'amour de la gloire !

Dunkerque est exempte de cette faiblesse. Elle s'est résignée à ne voir à la première page de ses annales aucune merveille, aucune légende ! pas un Grec, pas un Romain ! Sage et modeste, elle admet qu'elle procède d'un hameau obscur se groupant sans bruit au bord de la mer, à l'abri des Dunes ; s'étendant ensuite autour du temple que Saint-Éloi vint élever à Dieu au milieu de ces cabanes de pêcheurs.

Wisse-Morne nous donne aujourd'hui une idée de ce qu'était Dunkerque dans ses commencements.

Quand, la première de ces demeures a-t-elle paru sur la plage ? c'est ce qu'on ne peut indiquer d'après un titre positif; c'est ce que, probablement, l'on ignorera toujours.

Le point initial où nous voudrions poser notre premier jalon est donc, pour Dunkerque, obscur et mystérieux, comme l'est, pour tous les êtres, le moment qui les fait passer du néant à la vie.

Serait-il téméraire de supposer que cette première cabane ait été aperçue de Pline lorsqu'il parcourut le pays ? admettons-le, ne fût-ce que pour un instant et pour poser une limite indiquant l'entrée de la carrière que nous allons parcourir avec le lecteur, avant de commencer le récit de l'histoire positive de Dunkerque.

I

Environ deux siècles avant l'ère chrétienne, poussés par l'invasion incessante des peuplades germaniques, les Celtes ou Gaulois cédaient aux émigrants une partie du territoire belge.

Ces voyages prodigieux, dont la cause est restée un problème si vaste et si compliqué, se continuèrent presque sans interruption pendant plusieurs siècles.

Lorsque César tenta la conquête de la Gaule, les nouveaux-arrivés s'étaient installés en divers lieux ; ils avaient d'ailleurs été suivis d'autres émigrants à la taille gigantesque, à l'œil bleu, à l'air farouche, à la chevelure d'un rouge ardent, qui s'avançaient aussi à la découverte. (1)

Ces Rhuténiens ont-ils quelque rapport avec les Reuses dont la tradition nous révèle vaguement l'existence ? c'est ce qu'on saura peut-être un jour. Du moins peut-on dire que ces émigrants primitifs formèrent la souche des Morins qui se fixèrent dans la contrée, de ces Morins que l'Italie croyait placés aux dernières limites du monde.

Ces peuples Celtes, par leur sang comme par leur nom emprunté à la mer (2), occupaient une enclave qui, par la suite, forma le diocèse de Térouane, capitale des Morins, diocèse dont Dunkerque fit longtemps partie. (3)

Des forêts, de nombreuses îles aujourd'hui disparues, peu de chemins frayés, des marais brumeux... tel était le pays ; mais les habitants étaient comptés parmi les plus vaillants. C'est un hommage que leur rend César dans ses commentaires.

Après que, sur les bords de la Sambre, ce général eût défait les nations belges confédérées, les peuples de la lisière maritime au Nord de la Loire se réunirent pour tenter sur l'Océan la fortune des combats, si contraire pour eux dans les champs de la Belgique. Ils concentrèrent leurs forces navales sur les côtes de la Bretagne, de l'Armorique.

L'expédition ne fut pas heureuse, et de tous les peuples de la Gaule on ne vit plus que les Ménapiens et les Morins qui osassent rester en armes sur leur territoire encore libre.

César vint à eux. Pris au dépourvu, les habitants se réfugièrent dans les forêts dont le pays était couvert. Les Romains parviennent jusqu'aux lisières des bois sans rencontrer d'obstacle. Mais à peine leurs soldats ont-ils commencé à s'y disperser, que des nuées de Morins fondent sur eux. Les Romains reprennent l'offensive et poursuivent à leur tour les assaillants ; mais, engagés trop avant dans des lieux couverts, ils sont contraints à battre en retraite.

Ne voulant pas exposer son armée à une destruction complète, le chef adopte une tactique nouvelle : c'est la hache à la main que ses guerriers avancent. Les arbres tombent sous la cognée et sont rangés des deux côtés pour servir, au

---

(1) Voyez M. Edward Le Glay, *Histoire des comtes de Flandre*, t. I. Introduction.

(2) Mer, en celte *Moer*, d'où *Moëres, Morins, Morinie*.

(3) Le diocèse de Térouane servit à former ensuite les diocèses de Boulogne, Saint-Omer et Ypres. C'est à ce dernier que ressortissait Dunkerque.

besoin, de retranchements. A force de travail, les Romains arrivent, de cette façon, au lieu où les Morins ont retiré leurs troupeaux et leurs bagages.

Cette perte ne peut encore déterminer à la soumission, ce peuple énergique. D'autres forêts contiguës leur offrent de nouvelles retraites, ils s'y cachent et n'en sortent que pour harceler l'ennemi.

L'auteur des *Commentaires* glisse sur ces faits. Ces échecs étaient les premiers qu'il eût éprouvés dans les Gaules. Il dit que les grandes pluies survenues l'obligèrent à discontinuer le travail pour mettre ses troupes à couvert dans une autre province. Mais si l'on veut se rappeler le caractère de César et l'importance qu'il y avait, pour lui, à ne pas laisser s'affaiblir le prestige attaché à ses armes victorieuses, on sera porté à croire qu'il ne renonça pas à son entreprise sans avoir éprouvé des pertes considérables.

Tels étaient les Morins.

L'année suivante, le conquérant des Gaules voulut descendre en Angleterre et punir ces insulaires qui avaient fourni des armes aux Gaulois. Il rassembla donc ses troupes dans le pays des Morins et envoya reconnaître la côte opposée, en attendant que ses vaisseaux fussent réunis. Mardyck et Saint-Omer reçurent alors, dit-on, les flottes romaines.

Pour détourner le péril qui les menace, les Bretons envoient à César des députés lui offrir des otages. Une partie des Morins suivent cet exemple, et César les accueille avec joie, car il aurait été bien imprudent de laisser sur ses derrières de si redoutables ennemis.

En partant, il confie un corps de troupes à Titurius Sabinus et à Arunculeius Cotta, ses lieutenants, avec ordre de les diriger contre les Ménapiens et les Morins encore insoumis.

Cette mission est trop fidèlement remplie! les généraux détruisent tout par le fer et par l'incendie. — La Morinie ravagée est jointe à la province des Atrebates.

César, avec 28 galères et 600 vaisseaux de charge, se transporta chez les Bretons, où nous n'avons pas besoin de le suivre.

Cependant, pour être défaits, les Morins n'étaient pas vaincus. L'an 52 avant l'ère chrétienne, tandis que le grand capitaine recrute des troupes en Italie, des assemblées se font mystérieusement dans les forêts de la Morinie; une confédération se prépare et réunit deux cent quarante mille hommes et huit mille chevaux. Les Morins y fournissent 25,000 combattants.

Ces vaillantes cohortes furent défaites et la conquête romaine assurée.

C'est sous le règne d'Auguste que furent construites les quatre voies romaines qui traversent l'arrondissement de Dunkerque. C'est aussi vers cette époque que Cassel fut fondée ou du moins reçut la dénomination de *Castellum Morinorum*.

II

D'après ce que nous disent les écrivains latins, les Morins faisaient généralement usage du pain; ils connaissaient l'hydromel et le cidre que Pline appelle

Zyt. Ils amendaient leurs terres par la marne. OElien prétend que les chevaux et les bœufs y étaient nourris de poisson.

Suivant Martial, les jambons et les oies des Morins faisaient les délices des gourmets de Rome.

Les Morins tissaient le lin; ils pratiquaient l'industrie du saunier. (1) Leurs embarcations se composaient de bateaux légers, garnis de cuirs, avec lesquels ils affrontaient les tempêtes jusque sur l'Océan britannique.

Ils avaient le même culte que les Gaulois. On signale sur leur territoire quelques pierres druidiques. Ils adoraient *Teutatès*, inventeur des arts, le guide des voyageurs, le patron des marchands; *Esus*, dieu de la guerre; *Torannis*, dieu du tonnerre, etc. César, adoptant la mythologie romaine pour point de départ (2), prend le premier pour Mercure, le second pour Mars et le troisième pour Jupiter. Il paraîtrait qu'à Groenberg (Bergues), alors une des îles des Morins, il y eut un temple à Baal.

Tel était l'état général de la contrée lorsque, au IIIe siècle, sept missionnaires pénétrèrent jusqu'aux rives de la Somme et de l'Escaut. Deux d'entre eux, Saint-Fuscien et Saint-Victoric, se dirigèrent vers les Morins. (3)

III

Ces apôtres évangélisèrent la contrée; mais, chez ces peuplades sauvages, ils n'obtinrent que peu de succès.

D'ailleurs, l'invasion des Franks (445), ne tarda pas à faire disparaître tout vestige de leurs travaux. Quatre ans après, Attila et les Huns arrivèrent à leur tour (449). La ruine et la destruction marquèrent leur passage. Nos campagnes furent dépeuplées. Sortant des forêts, les bêtes fauves trouvèrent, sur les emplacements des cités, des demeures nouvelles. Les ours surtout abondaient. Dans un grand nombre de chroniques, on trouve mentionnées la présence des ours. Saint-Ghislain leur doit son nom *Ursigundus*; Saint-Géry, Saint-Waast, Saint-Amand, fondateurs de monastères, y sont représentés domptant les ours. Les images les montrent foulant aux pieds ces farouches habitants des lieux que les Moines venaient occuper.

Au VIe siècle, les évêques régionnaires sont dirigés vers les Morins; l'excessif désordre qui s'était accru depuis tant d'années, semblait devoir prendre fin; l'autorité avait une représentation dans les forestiers.

Ce n'est qu'au siècle suivant, surnommé le siècle des Saints, que s'ouvre pour le pays, l'ère de la véritable civilisation, et que parut Saint-Éloi, le père spirituel de Dunkerque.

---

(1) Cela résulte de deux inscriptions insérées dans le recueil de Gruter, et qui ont été faites au nom des sauniers de la cité des Morins.

(2) *De bello gallico*, lib. VI.

(3) *Acta S. S. Belgii*, t. I, p. 153, 157, cité par M. Edward Le Glay, *Histoire des comtes de Flandre.* Selon Faulconnier, Eucheruis, Vacluis et Maternus, évêques de Trèves sous Trajan, seraient venus évangéliser les Pays-Bas. Vinrent-ils dans la Flandre maritime?

IV

C'est durant ce siècle, aujourd'hui encore peu connu, que commença, dans la contrée, l'invasion des pacifiques conquérants de l'Église, malgré tous les obstacles qui devaient les en écarter.

En effet, c'était peu de chose que ces marais brumeux, que ces terres noyées et malsaines dont il fallait braver la délétère influence. Le véritable obstacle c'étaient ces habitants idolâtres, grossiers, cruels, livrés à une âpre luxure, traitant avec une incroyable férocité les messagers de la bonne nouvelle.

Ils vinrent cependant; ils avancèrent à leur tour dans les bois où avaient pénétré les Romains. Dans les forêts consacrées aux idoles, ils élevèrent, au vrai Dieu, de modestes sanctuaires, dont les forêts elles-mêmes leur fournissaient les matériaux (1). De ces *redoutes* de la charité leur domination rayonna partout dans la contrée. Partout où ils portèrent leurs pas; leur souvenir subsiste encore, perpétué par la reconnaissance des populations qui, à l'instar des hommes primitifs, se sont décorées du nom de leurs amis, de leurs bienfaiteurs.

C'est ainsi que Merville doit son appellation (*Maurentium-Villa*) à Maurant, le saint ami du roi Théodoric (2); Groenberg (Bergues), a pris pour signe distinctif le nom du missionnaire breton Saint-Winoc (3). Eecke doit le sien au chêne qui servit d'abri à Saint-Wulmare. Saint-Folcuin, nom d'un illustre membre de la famille de Charlemagne, désigne deux villages de l'arrondissement (4). Saint-Éloi et ses disciples, Saint-Momelin, Germain d'origine; Saint-Bertin et son compagnon Bertram nous présentent des exemples analogues. En trouvant sur nos cartes des localités telles que Saint-Pierre, Saint-Nicolas, Sainte-Marie, Sainte-Catherine, le bienheureux Zéghers, Saint-Arembauld, n'a-t-on pas un indice qui nous révèle comment la religion a présidé au développement de la population sur le territoire de notre Flandre maritime?

D'après la tradition généralement admise, Saint-Éloi, évêque de Noyon, l'ami, le ministre de Clotaire, serait venu, sous le règne d'Honorius et Arcadius, répandre dans le hameau des Dunes la semence de la divine parole.

Nous n'avons pas à transcrire ici la biographie de ce saint personnage; elle a été écrite par Saint-Ouen (5); mais nous devons mentionner les talents artistiques qu'il montra dans les bas-reliefs du tombeau de Saint-Germain, les deux siéges d'or qu'il exécuta pour Clotaire II (6), les nombreuses châsses qu'il fit pour ren-

---

(1) Sy daer een huys getimmert hebben.... Ce verbe *charpenter* laisse penser que les édifices étaient en bois. Voyez : *Églises du moyen âge*, par M. L. Debaecker. C'est sans doute à une circonstance de ce genre que doivent leur nom les villages de Houthem, Houtkerque, peut-être aussi Oudezeele.

(2) Merville, en flamand *Merghem*, en latin *Maurantium villa*, d'où *Maur-ville*, *Merville*. A la suite de plusieurs autres, nous avions inutilement cherché la valeur de ce nom.

(3) Long-temps Bergues fut appelée Bergues-Saint-Winoc.

(4) Saint-Folquin, Volkerinckhove....

(5) Voyez la *Vie de Saint-Éloi*, traduite par Barthelémi.

(6) Introduction au *Cameracum christianum*, de M. le docteur Le Glay.

fermer les reliques. Nous rappellerons sa vie sainte, sa charité constamment bénigne et paternelle, son zèle évangélique, ses belles et célèbres fondations, surtout ses homélies, monument de bonté familière et de sagesse pastorale.

Dans une de ces exhortations, le saint nous a laissé une pièce historique du plus haut intérêt, et que nous ne saurions passer sous silence.

C'est une peinture détaillée et fort curieuse des superstitions qui, de son temps, régnaient dans le pays, superstitions dont on ne retrouve que trop de traces dans nos campagnes.

Est-il rare, en effet, de voir, de nos jours, consulter des devins, tireurs de cartes, somnambules, etc.? Ne voit-on plus au commencement de l'année les mascarades et les orgies proscrites par le saint évêque? — Chercherait-on, en vain, des personnes qui ne consentiraient pas à commencer une affaire importante le vendredi, ou à tel quartier de la lune? Des personnes qui invoquent le diable et profanent le nom de Dieu? Des gens qui, sous une forme ou sous une une autre, pratiquent ces vaines observances que Saint-Éloi condamnait il y a douze cents ans?

Et pourtant, ces erreurs avaient alors une excuse qu'elles n'ont plus aujourd'hui, en plein christianisme, en pleine civilisation! Le paganisme régnait dans le pays; les Saxons, les Suèves s'étaient mêlés aux Morins, aux Gaulois, aux Romains. Les fables du Nord et celles du Midi s'étaient confondues en un informe mélange.

Saint-Éloi disait aux Néophytes : (1)

« ..... Je vous adjure de ne plus observer les sacriléges coutumes des païens.
» Gardez-vous de consulter ou même d'interroger, pour aucun motif de maladie
» ou autrement, les magiciens, devins, sorciers et enchanteurs. N'ayez aucun
» égard aux augures et aux diverses manières d'éternuer. — N'allez pas sur le
» bord des chemins pour tirer un indice du chant des oiseaux. — Il n'est pas
» d'un chrétien de s'inquiéter à quel jour il sort de sa maison, ni quel jour il y
» rentre, car tous les jours sont l'ouvrage de Dieu. — N'attendez pas, pour
» vous mettre à l'œuvre, telle phase de la lune. — Evitez, aux calendes de
» janvier, ces bouffonneries criminelles, ces jeux profanes, ces mascarades, ces
» déguisements où l'on contrefait les vieilles femmes ou les jeunes cerfs. Abs-
» tenez-vous des orgies nocturnes et des étrennes superflues. Nul chrétien ne
» doit croire aux feux-follets et siéger parmi les enchanteurs bouffons, toutes
» œuvres de Satan.   Nul ne doit prendre part aux courses, danses, paroles et
» chansons diaboliques qui se pratiquent le jour de Saint-Jean ou à d'autres
» solennités vers l'époque du solstice. Que personne ne s'avise d'invoquer le
» nom du Diable ou de Neptune, ou de Pluton, ou de Diane, ou de Minerve, ou
» autres semblables inepties. On ne doit pas chômer le jeudi, hors la fête d'un
» saint, ni célébrer le mois de mai, ni passer aucun temps dans l'oisiveté. En

---

(1) Nous transcrivons ici la traduction sommaire que donne M. Edward Le Glay dans son *Histoire des comtes de Flandre* (t. I, p. 16). Nous remarquerons seulement que *murorum* ne peut se rendre par *des souris;* M. Barthelémi remarque également que *tœniarum* ne peut se traduire par *des chenilles.*

» un mot, on ne doit célébrer que le jour du Seigneur. Un chrétien ne pas va faire
» de vœux, allumer des lampes aux débris des temples païens, aux pierres levées,
» aux fontaines, aux arbres, à l'entrée des carrefours. Il ne suspend point d'amu-
» lettes au cou de l'homme ou d'un animal quelconque quand bien même il le
» verrait faire et pratiquer par un clerc ; quand même on lui dirait que c'est une
» œuvre sainte et salutaire ; car Jésus n'a pas mis un remède dans ces choses,
» mais le diable y a mis son poison. — Ne faites plus de lustrations. N'essayez
» pas de communiquer aux herbes une vertu magique, de faire passer vos bes-
» tiaux dans un arbre creux ou dans une excavation de terre, car vous sem-
» bleriez, par là, les consacrer au démon. Que la femme ne s'inquiète pas de
» suspendre à son cou un morceau d'ambre et de l'envelopper dans la toile ou
» autrement, et de prononcer ensuite les noms sinistres de Minerve ou de toute
» autre divinité païenne. Si la lune vient à se cacher ne la rappelez pas par vos
» cris, car ce n'est pas sans l'ordre de Dieu que cet astre s'obscurcit à certaines
» époques. Ne craignez pas d'entreprendre quelque chose à la nouvelle lune :
» Dieu l'a faite pour marquer le temps et dominer les ténèbres de la nuit, mais
» non pour empêcher le travail de l'homme ou abattre son intelligence, comme
» le disent les insensés qui pensent qu'alors le démon est plus habile à s'emparer
» de nous. — N'appelez pas le soleil, la lune, et ne jurez point par eux. Ne croyez
» ni au destin, ni à la fortune, ni à l'étoile Génésiaque. Si quelque infirmité vous
» assiége, ne recourez pas aux enchanteurs, aux devins, aux sortiléges, n'allez
» pas demander du secours aux fontaines, aux arbres, aux chemins qui se croi-
» sent. Éloignez de vous les jeux sataniques, les promenades et les chants des
» Gentils. Ne rendez le culte qu'à Dieu et à ses Saints. Comblez les fontaines
» et coupez les arbres que le paganisme appelle sacrés. — Ne souffrez pas que
» l'on plante des simulacres de pieds dans les carrefours. Si vous en rencontrez,
» livrez-les au feu. — Souvenez-vous que votre salut n'est pas dans les artifices
» humains, mais dans l'invocation de la croix du Sauveur..... »

Qu'il nous soit permis de le dire de nouveau : les conseils que Saint-Éloi adressait, il y a douze cents ans, à nos pères, ne pourrait-il pas, s'il revenait parmi nous, les adresser encore à plusieurs de nos contemporains ? Cette frayeur qu'inspiraient les feux-follets, les éclipses, etc., n'existe-t-elle plus de nos jours ? La foi au *destin*, ou, comme on dit aujourd'hui, à la *chance*, au *guignon*, ne remplace-t-elle pas dans bien des esprits, la foi à la Providence ?

D'un autre côté, n'est-ce pas pour détourner des superstitions si tenaces, que l'Église a permis de suspendre à certains arbres, au carrefour des chemins, une image du Christ ou de la Sainte-Vierge ? N'est-ce pas dans un but analogue qu'elle a invoqué l'intercession d'un saint pour obtenir à certaines eaux minérales ou autres, la vertu curative que les païens demandaient à leurs chimériques divinités ? La fixation de la fête de Dunkerque, à l'époque de la Saint-Jean, alors que le saint Précurseur n'avait dans le territoire aucune chapelle (car l'église Saint-Jean-Baptiste est toute récente), n'aurait-elle pas eu pour but de régler, de purifier les réjouissances que la tradition païenne commandait à cette époque ?

Sans nous laisser aller à des conjectures, disons que, d'après la croyance générale, Saint-Éloi aurait bâti, à l'honneur de Saint-Pierre, le patron des pêcheurs, une chapelle située au milieu des Dunes, et qui aurait donné à la bourgade le nom qu'elle porte aujourd'hui ; qu'elle a grandi et éprouvé tant de vicissitudes.

Il paraîtrait que cette chapelle aurait été placée vers le lieu où se rencontrent la rue Nationale et la rue Dupouy. De fortes présomptions nous permettent d'adopter ce sentiment. D'une part la comparaison des plans de la ville à diverses époques ; d'autre part la découverte de restes de constructions (1) et de nombreux cercueils indiquant l'existence d'un ancien cimetière autour de l'édifice religieux, nous semblent lever toute espèce de doute à cet égard.

Cette chapelle primitive ayant été détruite, on aurait, sur le même emplacement, établi une autre chapelle plus étendue, laquelle aurait, cette fois, été dédiée à Saint-Éloi lui-même ; au commencement du XVIIe siècle, cette dernière subsistait encore. Dans les environs, il se trouvait trente-deux maisons dont le registre aux délibérations du Magistrat de Dunkerque fait l'énumération. A cette époque, ce point était extrà-muros, et la nouvelle ville s'arrêtait à la rue des Vieux-Quartiers. La rue Nationale portait alors et conserva longtemps le nom de rue Saint-Éloi.

Il serait à désirer que de nouvelles recherches procurassent enfin une certitude suffisante et que l'on consacrât, ne fût-ce que par une simple pierre ou une inscription, le souvenir de ce premier sanctuaire, véritable berceau de la cité, berceau où elle fut nommée de ce nom qui a, par la suite, acquis tant de célébrité et d'honneur (2).

V

Cinquante ans avaient suffi aux missionnaires pour réduire au silence les faux dieux et leurs doctrines. Mais, on peut le voir aujourd'hui, chassés des régions de l'intelligence, les vices autorisés par le paganisme et proscrits par le Christ, se cachèrent dans les bas-fonds du cœur humain, d'où ils ne sont pas encore expulsés. Ne pouvant les y attaquer directement, les Apôtres de la contrée cherchèrent à établir du moins le bon exemple. Alors, comme ces criminels qui se réfugiaient dans un asile inviolable et sur qui il n'était pas permis de porter la main, mais que l'on pouvait murer et faire périr d'inanition, ces vices trou-

---

(1) En 1780 environ, un architecte nommé Everaert fit exécuter des fouilles à l'endroit que nous indiquons : il trouva une grande partie de fondements intacts. Dans la construction de ces parois, on avait employé les matériaux provenant d'un édifice plus ancien. Il en a indiqué et dessiné les fragments les plus remarquables. La plupart étaient peints en rouge ou en bleu. D'après son rapport, les moulures, rinceaux, sculptures, etc., ne présentaient rien de bien caractéristique. L'église avait deux nefs spacieuses ; le portail était au Nord, l'autel au Sud, la sacristie à l'Est. Une partie des fondations avaient été fouillées sous Louis XIV. En 1790, Everaert, dont ces premiers résultats avaient éveillé l'attention, continuait ses recherches, et faisait pratiquer plusieurs excavations dans le voisinage sur l'esplanade Sainte-Barbe et jusque dans sa propre maison. Il demeurait au coin Nord-Est de la rue de Soubise et de Séchelles, lorsqu'il reçut l'ordre de les combler sans délai. Ces travaux n'ont pas été repris depuis lors ; il serait bien à désirer qu'on les menât à bonne fin.

(2) Nous nous proposons de traiter ce sujet dans l'*Histoire religieuse de la ville de Dunkerque*.

vèrent autour d'eux la réhabilitation du mariage par la chasteté, la reconstitution de la famille par la dignité de la femme, la glorification de la virginité, la mortification des sens, l'amour de la pauvreté et du travail (1), divine moisson dont Saint-Éloi et ses successeurs jetèrent la semence dans les sillons de notre pays!

Les missionnaires étaient alors les dépositaires non-seulement de la doctrine céleste, mais de ce qu'il restait, dans le pays, de traditions artistiques et littéraires. Sans nous étendre sur ce sujet, nous dirons que Saint-Hilles, honoré à Iseghem, avait appris de Saint-Éloi l'art de façonner l'or et les pierres précieuses; nous ajoutons que, suivant aussi l'exemple de son maître, il avait pour habitude, tandis que sa main fabriquait ces merveilles d'art, de porter fréquemment les yeux sur les saints livres ouverts devant lui (2). Saint-Momelin, successeur de Saint-Éloi, connaissait plusieurs langues. Les moines furent d'infatigables laboureurs. Les premiers, ils mirent la main à ces travaux malsains et repoussants qu'exigeait l'assèchement de nos marais. Souvenons-nous que, si la contrée est aujourd'hui belle et florissante, c'est à leur initiative que nous le devons.

VI

Mais à ces scènes de bénédictions succédèrent des jours de destruction et de ruine. Ce que les ministres du Christ avaient édifié, les barbares vinrent le renverser.

C'est pour la première fois, en 808, que l'on vit descendre sur nos côtes les pirates Danois. Treize vaisseaux à rames et à voiles les avaient amenés, soit de leur pays, soit des rives de la Grande-Bretagne dont ils s'étaient emparés depuis trente ans environ. Wala, abbé de Corbie, déplore en ces termes l'état où se trouvait la province (3):

« Hélas, dit-il, cette guerre impie a détruit notre armée; les villes sont dépeuplées; les rares habitants qui survivent fuient de tous côtés, sans force et sans courage, ou tombent sous le glaive. Ici, là, partout, accourent les païens, les étrangers, le peuple est exterminé, et l'on peut à peine compter les villages qui sont la proie des flammes. »

Tous les cinq ans une expédition semblable se renouvelait. On cite particulièrement celles de 832, de 851.

En 853, Charles-le-Chauve nomma des commissaires pour constater les dommages faits dans le pays. Parmi eux figure Adelard, abbé de Sithin ou Saint-Bertin, et Immon, évêque de Noyon, massacré plus tard avec ses diacres sur le seuil de sa cathédrale.

En 860, une armée partie de Nieuport se porta encore sur Sithin. Les chroniques nous montrent Eskelbeke et Wormhoudt pillés par les Normands en 880;

---

(1) Voir le *Cameracum christianum*, de M. le docteur Le Glay. Introduction.
(2) Ibid.
(3) Ibid.

deux ans après, Oye était ravagé par les enfants du Danemarck.... C'était une désolation inexprimable.

Les barbares ne se contentaient pas de piller les chaumières et de les incendier, de rançonner les couvents et de les dépouiller, ils les souillaient. Pour se soustraire à leurs déportements, on vit plus d'une fois des religieuses se soumettre aux plus douloureuses mutilations. Le nom de Normand était devenu synonyme de *fléau*. Les prières publiques disaient à Dieu :

« De la fureur des Normands, délivrez-nous seigneur ! »

Du reste, le peuple donnait indifféremment aux envahisseurs la qualification de Normands, Danois, Lombards ou Sarrazins.... Il y a, dit-on, à Boulogne, quelques parties de fortifications qui, probablement à cause d'une invasion de ce genre, ont reçu et portent encore le nom de *Murailles Sarrazines*.

Il est facile de comprendre comment les habitants des monastères ont été amenés à prendre les armes et à repousser la force par la force; comment les hommes des champs, leurs amis, leurs pupilles, se sont ensuite joints à eux pour éloigner par un effort commun, un péril commun. La résistance commença donc à s'organiser.

Aussi, lorsqu'en 891 (25 avril), les Normands revinrent assaillir Saint-Bertin, boulevard spirituel et temporel des Morins, ils furent vigoureusement reçus; plus de trois cents d'entre-eux restèrent sur la poussière et le reste se dispersa dans les environs.

Cependant ils ne tardèrent pas à revenir, pour lancer des projectiles enflammés, des morceaux de fer rougi, etc. (1)

Ces invasions donnent au IXe siècle un double caractère qu'on peut définir : Invasion et résistance.

Par cupidité, par fanatisme, ces féroces agresseurs s'acharnaient particulièrement sur les lieux saints enrichis par la piété des fidèles et sur les monastères où étaient honorées les reliques des anciens bienfaiteurs du pays.

Dans la Flandre wallonne, l'Artois et les provinces limitrophes, les populations creusaient parfois dans le sol des retraites, des cités souterraines où elles trouvaient momentanément un abri contre les déprédations; mais dans la Flandre maritime, cela devenait presque impossible. Ce n'était que derrière de bonnes murailles, à l'abri de tours épaisses et bien gardées qu'il était permis d'espérer de se garantir du choc redoutable de ces torrents dévastateurs. Parmi les localités de l'arrondissement, Crochte, dont le nom flamand signifie crypte, église souterraine, est le seul endroit où nous pourrions soupçonner un refuge analogue à ceux que nous venons de citer.

Au commencement du Xe siècle, on lit dans les actes du concile de Trosley (2) :

---

(1) Ces moyens incendiaires, employés au IXe siècle et même bien long-temps auparavant, comme on peut le voir dans les *Commentaires de César*, enlèvent à Congrève la gloire de l'invention et ne lui laissent que celle du perfectionnement.

(2) Voyez le *Cameracum christianum*.

« Les villes sont dépeuplées, les monastères ruinés ou réduits en cendres ; les campagnes sont désertes ; le puissant opprime le faible. Partout ce n'est que violence contre les pauvres et les malheureux... Les peuples abandonnent Dieu et se livrent à tous les vices... »

Tel était l'état de la Flandre, lorsqu'en 960, Bauduin III, marquis de Flandres, procura à Dunkerque une condition d'existence, une ceinture de murailles dont il entoura un nouveau groupe d'habitations qui s'était formé entre la chapelle Saint-Éloi et la mer. Des tours crénelées la mirent à l'abri des surprises. Le marquis fit creuser le port et donna à la ville une date authentique à partir de laquelle nous nous trouvons sur les terres fermes de l'histoire et que nous prenons pour point initial de notre récit de l'histoire proprement dite de notre cité.

CHAPITRE V.

DUNKERQUE SOUS LES COMTES DE FLANDRE.

Prologue.

La domination des comtes de Flandre, proprement dits, part d'un point encore inconnu, et va jusqu'à Louis de Male, en 1384.

D'abord, pendant deux siècles environ, Dunkerque se tient sur la défensive contre une multitude d'étrangers que l'on comprenait sous le même titre de *Normands*, hommes du Nord. Elle prend ensuite et graduellement l'offensive; elle équipe des flottes, poursuit les pirates devant lesquels on avait tremblé si longtemps; par de terribles représailles elle leur fait expier leurs succès passés; par la pratique de la pêche, elle forme des marins vaillants et expérimentés; les courses lui donnent en peu de temps, sur la mer, un rôle aussi redoutable que celui des hommes du Nord sur le continent.

En même temps un fait remarquable se produit en Flandre. A peine constituées, les communes s'émancipent; les serfs deviennent bourgeois; les bourgeois composant l'échevinage, sont appelés par le suzerain, en garantie de l'exécution des traités souscrits par les seigneurs. Rapidement accrue, Dunkerque signa plusieurs de ces actes solennels.

Mais à mesure qu'elles deviennent plus importantes, les communes flamandes, encore peu familiarisées avec l'exercice de la puissance, se montrent turbulentes et désordonnées; elles disputent avec les seigneurs du pays, avec le roi de France; elles s'entendent avec le roi d'Angleterre, elles se livrent entre elles à de sanglantes querelles qui se perpétuent sans motifs appréciables aujourd'hui.

De là ces luttes, ces batailles, dont le nom est si souvent écrit sur le sol de la Flandre à Courtrai, à Mons-en-Pévèle, à Roosebecque, à Furnes, à Cassel et en maintes localités plus ou moins voisines de Dunkerque.

En un mot, dans cette première partie de son existence, notre obscure bourgade prend place parmi les villes, se dessine sur le tableau de l'histoire et prélude au rôle important que nous lui verrons remplir dans les siècles qui suivent.

Nous allons exposer dans leur ordre le peu de détails que nous possédons pour le développement de cette esquisse générale.

I

958. — Arrivé au pouvoir en 958, Bauduin III, dit *le Jeune,* donna à Dunkerque son premier titre historique. Sous ce rapport il mérite une mention particulière et l'on a droit de s'étonner de ne voir nulle part dans la ville ni son image, ni même son nom.

C'est lui qui, pour la première fois, ceignit de hautes murailles flanquées de tours, les édifices de la ville, et la garantit ainsi des déprédations des hommes du Nord. Il combattit ces redoutés envahisseurs et les battit en plusieurs rencontres. Le premier il travailla à améliorer le port; il favorisa le commerce et lui donna une heureuse impulsion; il établit des marchés réguliers à Bergues (1) et autres localités.

L'art mercantile était alors dans l'enfance. On en pourra juger en sachant que, pour régler l'échange, on avait établi que deux poules valaient une oie; deux oies, un porc; trois agneaux, un veau; trois veaux, une vache, etc. (2) C'est à ce point initial que veulent nous ramener les ré-inventeurs de la banque d'échange.

964. — Bauduin vint s'assurer par lui-même de l'état des travaux qu'il avait ordonnés à Dunkerque. Il y tomba malade et mourut à Bergues. Il fut inhumé en l'église de Saint-Bertin, à Saint-Omer.

II

988 — Continuant la politique de son prédécesseur et aïeul, Bauduin IV, dit *Belle-Barbe,* voulut achever et amplifier les travaux commencés. Il vint les activer de sa présence (1027).

C'est là tout ce qu'on sait de l'existence de Dunkerque en ces temps éloignés.

A défaut de faits locaux, enregistrons une date importante pour la contrée. C'est la construction, à Bergues, de la magnifique abbaye de Saint-Winoc.

III

1065. — A Bauduin-*le-Barbu*, succéda Bauduin V, dit *de Lille* (1034), surnommé aussi *le Pieux*, *le Débonnaire*. En 1065 il donna à l'abbaye Saint-Winoc la dîme de l'église de Dunkerque. La charte qui assure cette donation est d'un grand intérêt pour notre histoire. Elle prouve, par exemple, qu'à cette époque Dunkerque et Bergues étaient, sous le rapport de l'importance, dans une relation inverse de ce qui existe aujourd'hui. Elle accorde à l'abbé de Saint-Winoc le privilège seigneurial de nommer et de révoquer les échevins de Bergues. Cette

---

(1) D'Oudegherst, *Annales de Flandre,* t, I, p. 171 ; Beuzelin, *Annales gallo. flandr.,* p. 143.

(2) L. Debacker, *Histoire de Bergues.*

dernière ville avait donc alors des institutions municipales. Elle avait donc devancé plusieurs cités que l'on croit ses aînées sous ce rapport. (1) Et Dunkerque ne devait prendre place, parmi les communes, qu'un siècle après sa voisine (2).

La charte dont nous parlons cite plusieurs villages de l'arrondissement (3); elle mentionne des dunes autour de Petite-Synthe; elle constate que les Watteringues étaient en voie de desséchement; elle établit formellement le retrait graduel de la mer, phénomène dont la continuité paraissait si assurée que le comte lègue, à l'avance, tout ce dont le territoire s'accroîtra par suite de l'éloignement des eaux.

Cette pièce devrait donc, en original ou en copie, figurer aux archives de la ville ou dans les premiers titres du musée historique dunkerquois.

IV

Sans empiéter sur l'histoire de la Flandre, nous pouvons rappeler ici qu'en 1070, l'ambitieuse Richilde (4) agita la contrée par ses excitations et ses cruautés (5). La célèbre bataille de Bavinchove, dite de Cassel, donna l'avantage définitif à Robert-le-Frison qui disputait le pouvoir à Arnould et dont la Flandre flamengante avait embrassé le parti.

Mémorable exemple des bizarreries de la fortune! Robert et Richilde se disputaient le comté d'Arnould; or, le jeune prince périssait en combattant, tandis que les deux compétiteurs étaient faits prisonniers par les armées respectivement opposées. Et ce Robert alors victorieux, voit aujourd'hui la pierre mutilée de son tombeau recouvrir l'orifice d'un égout (6).

Alors pour la première fois, Dunkerque changea de seigneur. C'est, pour le droit féodal, une particularité intéressante dont nous parlerons par la suite.

V

Avant le XIIe siècle, l'histoire ne mentionne que rarement le nom de Dunkerque. Il y a sur les temps un voile pesant... Au-dessus de la surface obscure et uniforme de ce passé, se dressent comme une silhouette menaçante, la grande famine de 1033, les ouragans, inondations et tremblements de terre qui se renouvelaient fréquemment (7), les pluies torrentielles qui ne cessèrent de tomber pendant neuf mois de l'année 1095.

---

(1) Nieuport, qui a eu une kœure de 1163, et même Grammont, qui en reçut une en 1068.

(2 Dans un titre de 1188, Philippe d'Alsace, parlant de Dunkerque, dit : « .....*Burgenses de Novo oppido de Dunkercà quos in conductu meo et protectione meâ susceperam* .... » D'Oudegherst, édition Lesbroussart, t. I, p. 434.

(3) Par exemple Warhem, Ghyvelde, Uxem, Coudekerque, Synthe, Spycker, Socx, Bierne, Bissezeele, Steele, Teteghem, Killem, Wormhoudt.....

(4) *Ric-Hilde*, fille de roi.

(5) *Histoire de Lille*, t. I, p. 192.

(6) L. Debacker, *Notice sur Robert-le-Frison*.

(7) Voyez le chapitre Ier du présent ouvrage : *Étude topographique*, p. 13.

VI

De la mort de Charles-le-Bon à celle de Thierry-d'Alsace (1127-1168), la Flandre maritime resta paisible. La pêche était prospère et Dunkerque semble rester en-dehors des mouvements impétueux qui agitaient tout le reste de la Flandre. Car Lille, ordinairement si paisible, ne sut pas s'en garantir, et, en se levant contre Guillaume-le-Normand, donna le seul exemple de révolte que présente ses annales.

VII

Il nous est interdit d'entrer dans le récit détaillé des agitations que nous venons d'indiquer ; cependant nous croyons devoir, par une citation empruntée à l'histoire du temps, donner une idée de la doctrine politique alors en vigueur.

C'est le discours tenu à ce Guillaume de Normandie par Iwan, le député parlant au nom des communes de Flandres (1).

« Seigneur comte, lui dit-il en substance, pour être justes envers nos conci-
» toyens, vos bourgeois, et nous leurs amis, vous auriez dû ne pas nous exposer
» à d'indignes exactions, mais nous défendre contre nos ennemis et nous traiter
» avec loyauté. Les habitants de ce pays avaient obtenu de vos prédécesseurs, les
» bons comtes de Flandres, et de vous même seigneur, la remise du Tonlieu, la
» confirmation de la paix et des autres libertés ; nous avions juré pour vous,
» l'exécution de ces promesses, et voilà maintenant qu'au mépris de la justice et
» de la sainteté des serments, vous avez violé votre foi et la nôtre ! Nous savons
» tous quelles violences vous avez exercées à Lille et quelles injustes persécutions
» vous avez fait souffrir aux habitants de Saint-Omer ; maintenant, si vous le
» pouviez, vous traiteriez de même les habitants de Gand. Si vous êtes notre
» Seigneur et celui de tout le pays de Flandre, vous devez agir avec nous, suivant
» la raison, sans violence ni menace. Si vous le voulez, que votre cour soit tenue
» à Ypres ; que là, au centre de votre comté, se réunissent les seigneurs des
» deux partis et nos pairs, ainsi que les plus sages d'entre le clergé et le peuple ;
» que l'on s'assemble en paix, sans armes, sans mauvais dessein et qu'ils déci-
» dent !.. Si vous pouvez conserver le comté sans déshonneur pour le pays, nous
» voulons que vous le conserviez. S'il en est autrement, si vous n'avez ni foi ni
» loi, si vous êtes trompeur et parjure, quittez le comté, laissez-nous le confier
» à quelque homme capable et qui ait le droit de s'en occuper ! Nous sommes
» médiateurs entre le roi de France et vous ; si vous ne prenez conseil de nous et
» de l'honneur du pays, vous ne pourrez rien faire de convenable dans le gouver-
» nement. Et voilà que nous, vos cautions auprès de ce roi, ainsi que les bour-
» geois de la Flandre presque toute entière, nous avons été traités iniquement
» par vous, au mépris des serments de nos principaux seigneurs et du roi lui-
» même.... »

---

(1) Warnkœnig, *Histoire de Flandre*, t. I, p. 185.

Ce langage digne et énergique ne fut pas écouté ; mais Guillaume n'ayant pas rempli les conditions des traités, les communes lui retirèrent l'hommage qu'elles lui avaient gardé jusque-là; l'illégitimité du prince fut proclamée et passa dans la croyance générale.

VIII

Une querelle fameuse dans les annales de Flandre, intéresse Dunkerque qui s'y trouve engagée.

La comtesse douairière Mathilde avait obtenu en apanage Dunkerque, Bourbourg, Bergues, Furnes et autres lieux de la Flandre occidentale. Les officiers de cette princesse pressuraient les Flamands de ses domaines, prétendant que c'était pour fournir des secours au comte parti pour la Croisade. En réalité, c'était pour alimenter leur luxe et celui des courtisans de la douairière.

Dans leurs visites chez les particuliers, les collecteurs furent chassés ou tués. Il s'ensuivit une répression acerbe et des représailles de tout genre.

Quelques seigneurs partagèrent l'opposition des vilains. Un d'eux nommé Blaeuvoet fut emprisonné par l'ordre de Mathilde. Sigebert Ingerick, officier des gardes de la princesse, fut poursuivi par le frère de Blacuvoet; Blacuvoet lui-même s'étant échappé se fit des partisans parmi les mécontents devenus fort nombreux (1); de là, deux factions ennemies qui, sous le nom de *Blaeuvotins, Blaumotins* d'une part, de l'autre sous celui d'*Ingrekins, Isengrins*, se perpétuèrent dans la Flandre et reparurent à diverses époques sans qu'on puisse aujourd'hui assigner une cause précise à la persistance de ces haines. La querelle des Reuses et des Karles, vaguement indiquée dans des chants populaires, n'est peut-être qu'un épisode de ce long drame. Quoiqu'il en soit, il paraît que sous ces dénominations contraires, les populations en fureur exercèrent les unes contre les autres les cruautés les plus révoltantes. Assiégée par les Blaumotins, Bergues fut délivrée par le courage de Chrétien Damman, du parti contraire. Il tua aux assaillants trois mille hommes, et le jour de cette défaite sanglante fut appelé le lundi rouge, — *Rooden Maendag*.

Prenant à leur tour le dessus, les Blaumotins saccagèrent à Furnes le palais de la comtesse. Elle dut chercher refuge à Lille, qui avait embrassé sa cause.

Trop longtemps ces dissentions survécurent en Flandre; mais il paraît que le comte de Guines fut assez heureux pour négocier enfin une paix durable, qui éteignit pour toujours ces transports frénétiques.

IX

Sous Philippe d'Alsace, les Dunkerquois se livraient fructueusement à la pêche. Le prince les favorisait, et sa protection contribua beaucoup à l'accroissement de

---

(1) Voyez d'Oudegherst, édition Lesbroussard, t. I, p. 360, 401 ; t. II, p. 50. Warnkœnig, *Histoire de Flandre*, t. I. p. 215. L. Debacker, *Histoire de Bergues*, p. 30, 31.

la ville. De leur côté, les pêcheurs dunkerquois payaient au prince la dîme de leurs produits (1).

Remarquons que c'est, pour les Dunkerquois, la première date authentique de l'industrie de la pêche aux harengs.

X

Des pirates Normands avaient capturé une princesse du Portugal, fiancée au comte de Flandre. Pour venger cette injure, le prince arma, à Dunkerque et autres ports de la côte, une flotte destinée à punir ces forbans.

1186. — Cette expédition lui réussit. Le vainqueur condamna à mort tous les prisonniers et voulut être présent à leur supplice. Sur des roues hissées au bout de pieux plantés le long de la côte, il fit exposer leurs cadavres mutilés.

C'est pour remercier les Dunkerquois du concours qu'ils lui avaient prêté en cette occurence que, dans une charte célèbre, Philippe les exempta des droits de Tonlieu à travers toute la Flandre, prenant ainsi l'initiative des franchises qui firent si longtemps la prospérité de la ville (2).

C'est dans leur port que le même prince équipa une flotte de vingt-sept navires destinés à la croisade ; à ces vaisseaux s'en joignirent cinquante autres venus de la Hollande et l'expédition mit à la voile. En passant, elle prit aux Sarrazins la ville de Sylva, en Espagne.

Ce point initial de l'importance maritime de Dunkerque, devrait, à notre avis, être consigné d'une façon authentique dans les fastes de la localité.

XI

Le travail de l'affranchissement des communes continuant à s'étendre, la plupart d'entre elles avaient obtenu des kœures, chartes, priviléges, libertés, etc. Ce résultat nous paraît, en partie du moins, pouvoir être reporté à l'influence des rois de France. Mais c'était, de leur part, un calcul odieux plutôt qu'une propagande libérale et désintéressée. Les nombreux *leliaerts* qui se faisaient, chez les Flamands, les auxiliaires du roi, préparaient la conquête d'une province convoitée. A cet effet, le monarque, en qualité de suzerain, accordait aux communes toutes sortes de faveurs. Sous peine de perdre leur popularité, les princes Flamands devaient les suivre dans cette voie, les y devancer même. Jetées à profusion et pour conquérir l'affection populaire, ces concessions ébranlèrent le pouvoir des comtes de Flandre. Il reçut un coup mortel lorsque les communes furent appelées en garantie des promesses de leur comte au suzerain. En 1226 et 1227, Dunkerque donna ainsi caution pour la comtesse Jeanne, qui venait de consacrer les priviléges de notre ville (3) et qui dota la Flandre de tant

---

(1) Par acte de 1183, Philippe donne à l'église Saint-Nicolas, de Furnes, un tiers de la dîme des harengs levée sur les pêcheurs de Dunkerque et de Neufbourg (Nieuport?).

(2) Faulconnier, t. I, p. 11.

(3) En 1218. Voir Faulconnier, t. I, p. 12.

de liberté! Elle signa, en 1244, pour la comtesse Marguerite, qui fit disparaître de nos Codes le servage (1); fixa la juridiction de l'échevinage dunkerquois (2) et mentionna dans son testament les pauvres de Dunkerque (3). Elle signa pour Guy de Dampierre (1275). Ce prince libéral qui subordonna le serment de fidélité des communes envers le prince au serment que devait d'abord faire le comte d'en maintenir les franchises et priviléges.

Ainsi, à chaque concession du comte de Flandre correspond un acte qui le pose comme l'égal, ou même en un sens l'inférieur, de ses sujets des communes. Le Tiers-État devenu ainsi l'intermédiaire entre le comte et le roi, se trouvait, envers chacun d'eux, dans une relation fausse, pleine de contradictions, grosse de conflits inévitables, et sur lesquels le roi comptait bien pour le succès de ses desseins. Tel est, à notre avis, le secret de la diplomatie française envers les Flamands.

XII

A la mort de Mathilde, Dunkerque avait fait retour au comté. Elle en fut détachée pour passer à Don Laurens, cousin germain de Ferrand de Portugal. Laurens la passa à Godefroi de Condé, évêque de Cambrai, qui acheta la seigneurie.

Pendant six ans, le nouveau seigneur s'appliqua à embellir la ville; il la dota d'un hôtel échevinal. Il fit aussi construire une jetée à l'Est du port (1238).

Sa mort priva le pays des bienfaits qu'il y aurait répandus. Son héritier, Jean d'Avesnes, retint la seigneurie jusqu'en 1288, qu'elle revint au comte Guy de Dampierre.

A cette époque, l'usage de la langue française s'étendait en Flandre (5); tout s'y avançait dans la voie du progrès. On promulgue les premières ordonnances sur les Watteringues; le comte vend les relais de mer qui existaient entre Nieuport et l'Écluse; il autorise l'amortissement des alluvions antérieurement cédées; ce qui prouve que la contrée continuait à se dégager des eaux qui l'avaient autrefois couverte. Dunkerque prenait de l'importance, et nous croyons que Guy de Dampierre y signala la confirmation des priviléges de Bergues (6).

XIII

L'ambition des rois de France interrompit le cours de ces améliorations. Victime des intrigues de Philippe-le-Bel, l'infortuné comte Guy, battu près de Furnes, par le comte d'Artois (1297), battu à Cassel (1299), par le roi lui-même, qui

---

(2) En 1252.

(3) En 1253. Les chartes sont aux archives de la Chambre des comptes, à Lille.

(4) En 1273.

(1) Warnkœnig, *Histoire de Flandre*, t. I, p. 262.

(2) La charte dont il s'agit est datée *ad Dunes*..... Ne peut-on pas admettre que ce soit Dunkerque?..... Dira-t-on que pour signer ce titre important le comte ait été s'installer dans une vallée des Dunes, ou au bord de la grève?

avait suborné les serviteurs de son vassal, Guy vit les flamands félons se ranger du parti du plus fort. Il vit entre autres le châtelain de Bergues qui lui avait juré fidélité, jeter honteusement sa bannière et se mettre du côté des Français.

Maître du pays, par l'événement de la guerre, Philippe devint, pour quelque temps, le seigneur de Dunkerque. Il confirma tous les priviléges et la ville reçut une nouvelle consécration de ses libertés. C'est ainsi qu'il la récompensait de *s'être adressée à lui* (1). Toutefois, elle ne resta que quatre ans au pouvoir de ce nouveau maître (1300).

La bataille de Courtrai, qui décima l'armée et la noblesse de France, arrêta l'essor de l'envahisseur; mais il reprit sa revanche à Zéericsée (1304) et surtout à Mons-en-Pévèle.

Dunkerque fut alors attribuée à Robert de Cassel, fils du comte de Flandre (2).

XIV

Le nouveau seigneur se montra désireux de complaire à ses féaux. La ville de Dunkerque avait emprunté à un sieur Baude Crépin, d'Arras, une somme de 392 parisis: le prince en donna caution (3). Il termina (1300) un différend survenu entre Bergues et Dunkerque, et décida que les bourgeois de chacune de ces villes seraient jugés par leurs propres échevins. Cette clause montre que les deux cités rivales étaient enfin, de ce côté, sur le pied de l'égalité, et sous ce rapport la chose mérite d'être mentionnée. Satisfaits sans doute de cette manifestation, les Dunkerquois firent au comte un don gratuit de six cents livres.

Robert est souvent cité pour un fait capital: l'établissement du Magistrat de Dunkerque. C'est une erreur. Nous avons déjà cité des titres qui montrent que sous Jeanne et sous Marguerite de Constantinople, Dunkerque avait son échevinage (4). De plus, en 1188, cent cinquante ans avant Robert, Philippe d'Alsace l'appelait une commune récente.

Dans l'acte de 1300, cité tout-à-l'heure, Robert parle des bourgeois de Dunkerque; la commune était donc constituée à cette époque. Ce que le comte a probablement fait, c'est d'ordonner des mesures qui ont consolidé le régime municipal.

Robert institua deux confréries ou serments. La confrérie de Saint-Georges pour les arbalétriers, et celle de Saint-Sébastien pour les archers.

---

(1) En septembre 1797, Philippe énonce cette assertion mensongère dans un titre déposé aux archives de la Chambre des comptes, à Lille.

(2) Il existe à Gand, *Inventaire des comtes de Flandre*, sous les n°s 1135 et 1174, deux titres relatifs à la paix qui se fit alors et qui concernent Dunkerque et les villes voisines. — Voyez aussi Faulconnier, t. I, p. 15.

(3) Cette somme nous paraît équivaloir à vingt mille francs de nos jours.

(4) L'acte de Jeanne commence par ces mots: « *Ego Johanna..... notum facio uniuersis..... quod Scabinis et hominibus omnibus de Dunkercâ, concedo.....* » S'il y avait alors des échevins, Robert n'a pas fondé l'échevinage.

Quant à la confrérie Sainte-Barbe pour les arquebusiers ou canonniers, c'est par erreur qu'on la lui a également attribuée. La poudre à canon était encore inconnue dans le pays, et Dunkerque n'a pas, à notre connaissance, de titre relatif à l'artillerie qui soit antérieur à 1407, c'est-à-dire qui ne soit pas postérieur d'un siècle à Robert de Cassel.

Pour la défense de la ville, ce prince éleva, du côté de l'intérieur, une forteresse ou château, aux angles duquel se trouvaient de hautes tours suivant les pratiques alors admises. Par un acte signé dans ce château, les échevins de Bergues reconnurent, en 1323, les droits du comte.

Le château ne subsista pas longtemps. Il disparut au milieu des guerres civiles qui agitèrent si cruellement le pays. L'emplacement n'en est plus rappelé aujourd'hui que par la rue dite du *Château* et qui était l'ancien chemin de ronde qui longeait le pied des remparts.

XV

Louis de Nevers (qu'on a surnommé de Crécy, parce qu'il périt à la funeste bataille de ce nom), avait vu où tendait la politique du roi de France, mais les filets dont il se sentait entouré étaient trop forts pour qu'il pût les rompre. Les communes devenues de plus en plus exigeantes, n'étaient apaisées que par de nouvelles concessions ; de nouvelles prétentions surgissaient bientôt et avec elles des troubles nouveaux. Déjà battus à quatre reprises différentes, les Brugeois recommencèrent de plus belle à l'occasion d'une donation faite par le comte Louis à son parent le comte de Namur. Ils se mirent en rébellion ouverte, firent la course, ravagèrent le pays, démolirent les châteaux et maisons seigneuriales. Ils tinrent prisonniers le comte et six officiers de sa suite, ils firent mourir ces derniers en représailles de l'exécution d'un pareil nombre des leurs ; cette exécution se serait faite au château de Dunkerque.

Le comte resta un an leur prisonnier.

Deux chefs de partisans, Nicolas Zannekin et Jeansoonne, vinrent à leur tour dans la Flandre maritime, s'emparèrent de Nieuport, de Furnes, et attirèrent Dunkerque dans leur complot. Une fois le traité conclu, on les reçut en ville. Dès qu'ils y furent entrés, ils pillèrent tout. Jacques Pège de Bergues, vint avec une bande de mauvais sujets, il persécuta les prêtres, dépouilla ceux qui avaient quelque fortune. Il prit le château, le détruisit de fond en comble. Il n'y a pas encore bien longtemps que des fouilles pratiquées dans cet endroit firent découvrir des débris d'armes, des ossements de guerriers et de chevaux tombés pêle-mêle, comme s'il s'y était livré un assaut ou un combat acharné.

XVI

Philippe VI vint au secours de son vassal. C'est encore au pied du Mont-Cassel que se donna la bataille (23 août 1328). Les Flamands furent défaits. La Flandre dut se rendre à merci. Dunkerque se mit à la discrétion du comte Robert. Le vainqueur se montra débonnaire ; mais avant d'accorder un pardon définitif, il exigea de nombreuses formalités. Baude Volckin et quelques autres Dunkerquois furent députés vers le sire de Fiennes, lieutenant du roi de France, promettant, pour obtenir grâce, de fournir un détachement de gens d'armes pour aider à soumettre les rebelles. A deux reprises la ville déclara qu'elle subirait sans murmures la sentence qu'il plairait au comte de porter sur sa rebellion. Le style de cet acte est trop curieux pour que nous n'en donnions pas un extrait

« ..... Bourchmaistre, écheuins, conseil et toute la communauté de la ville de
» Dunkerke, salut. Sachent tous comme par les rebellions de désobéissances et
» malefachons que nous avons faictes, puis une pieche de temps en encha contre
» notres chier et très redoubte seigneur, monsieur Robert de Flandres, seigneur
» de Cassel, de laquelle chose nous sommes tristes et dolant, et repentant, que
» plus poons si comme drois est desquelles rebellions, désobéissanches, male-
» fachons, nous lui avons humblement supplié miséricorde et nous en sommes
» souzmis et nous souzmettons, et mettons a sa volonté et franchise..... Nous
» volons et obligeons nous tous ensemble universellement et chacun de nous
» singulièrement not ville et toutte la communauté d'icelle, que de tout en tout
» quant il lui plaira à dire sur nous et sour tout le nostre pour venir à sa grace,
» il puist dire et ordoner en telle manière qu'il lui plaira à dire en nom d'amande
» pour la malefachon..... Nous et chacun de nous tenrons et accomplirons sur
» nous et chascun de nous et sour nos biens et les biens de chascun de nous, et
» de ce nous mettons nous en sa bonne voulente et ordonnance et obligons et
» souzmettons envers luy..... » (1).

Cette requête signée, Robert donna rendez-vous aux députés dunkerquois et les reçut à Hazebrouck. Il imposa Dunkerque à huit mille livres, somme énorme pour le temps. Le roi de France défendit d'y faire la moindre modération (2).

Trois ans après (1331), Jeanne de Bretagne, veuve de Robert, fut enfin remise en possession de Dunkerque. En gage de bonne intelligence, les bourgeois de la ville se firent caution du *bail* ou tuteur des enfants de la dame de Cassel.

Les poursuites particulières contre les principaux fauteurs de la rebellion n'en continuèrent pas moins. Sous la date de 1335, il existe un inventaire des maisons situées à Dunkerque et appartenant à ceux qui avaient figuré à la bataille de Cassel. En 1348, le roi travaillait dans ce sens et pour son propre compte; le mémoire de cette affaire comprend une cinquantaine d'articles.

XVII

La seigneurie foncière de Dunkerque passa dans la maison de Bar (3), qui donna à la ville les armoiries qu'elle conserve depuis lors.

---

(1) Archives de Dunkerque. — Registre, priviléges, édits, arrêts, f° 7 recto.

(2) Les huit chartes qui justifient ces assertions sont aux archives de la Chambre des comptes, à Lille, sous la date de 1328, 1329, 1330.

(3) Iolande, fille de Robert de Cassel, épousa Henri, quatrième comte de Bar, son cousin. Deux enfants naquirent de cette union. Un seul survécut à son père: c'est Robert, duc de Bar, qui devint seigneur de Dunkerque.

On y trouve le lion noir de Flandre et le *bar* (ou barbeau), signe de la famille de Bar.

Depuis Louis XIV, on a voulu faire de ce bar un dauphin. Cette substitution permettait des allusions au fils du roi, et fut fort exploitée dans les inscriptions. Aujourd'hui elle est doublement annulée, et l'écusson dunkerquois doit s'énoncer en style héraldique :

FLANDRE ÉCARTELÉ DE BAR,

Chef d'or au lion passant de sable; pointe d'argent au bar pâmé d'azur, crêté et oreillé de gueules (1).

Support, un homme marin armé de toutes pièces.

Nous avons sous les yeux une pièce de 1349, scellée d'un cachet où le bar est représenté droit et non pâmé (2). Il est donc antérieur à 1343, époque indiquée par plusieurs annotateurs de la localité.

XVIII

A la mort de Charles-le-Bel, Edouard III, roi d'Angleterre, prétendit à la couronne de France, ou au moins au titre de régent. La Flandre était le chemin pour y arriver ; elle fut inondée des armées anglaises, auxquelles se joignirent les aventuriers et les mécontents de divers pays. La bataille de l'Écluse, et surtout la néfaste journée de Crécy, mit la France à deux doigts de sa perte et compromit la Flandre, dont le comte fut trouvé parmi les morts.

Le chiffre de 1346, que nous avons cité dans le premier chapitre de ce livre (article *Rues*) nous rappelle la date de cette année funèbre. C'est d'ailleurs aujourd'hui le vestige le plus ancien de la ville.

XIX

Tombée au pouvoir des étrangers, qui s'y étaient introduits à la faveur des guerres civiles, Dunkerque devint, pour Edouard III, un port d'une grande utilité. Ce prince, qui s'intitulait roi de France et d'Angleterre, faisait venir par notre port les munitions et les approvisionnements nécessaires à son armée.

C'est à cette époque (1347) qu'Eustache de Saint-Pierre et ses compagnons, se dévouant pour le salut de Calais, inscrivaient en traits impérissables leurs noms glorieux dans les annales françaises et dans le souvenir de tous les hommes généreux.

XX

Lorsqu'il fut question de négocier avec la France, les Flamands, forts de l'appui des Anglais et liés avec eux par un commerce lucratif, ne voulaient

---

(1) C'est à tort que l'ordonnance du 11 novembre 1816 qui rend à Dunkerque son ancien écusson, dit : Un dauphin couché. — Voir registre des brevets, lois et diplômes, p. 22 verso. Archives de la marine de Dunkerque.

(2) C'est l'acte par lequel les échevins s'engagent à payer 600 francs.

entendre parler d'arrangement que sous l'agrément du roi d'Angleterre. On sait de quelle intérprétation on usa pour lever les scrupules. Ils avaient fait serment de fidélité au *roi de France*. Mais lui, était non-seulement le souverain de l'Angleterre, mais encore le roi de la France, ainsi que le témoignaient ses titres. Donc...

Par un acte de 1348 (8 mars) Louis de Male maintient les Dunkerquois dans leurs priviléges, franchises et coutumes. Autorisé par son suzerain, le jeune prince envoya à Dunkerque des députés pour y traiter de la paix : Guillaume de Norwick, le duc de Lancastre, Jean de Charlestown, et autres éminents personnages, s'y rendaient à cette fin. Le traité fut signé le 25 novembre 1348 (1). Des lettres de grâce pour Gand et Ypres furent également expédiées de Dunkerque le mois suivant (2).

Une des conditions qui semblerait singulière aujourd'hui, c'est l'obligation imposée au roi d'Angleterre d'ériger dans l'île de Cadzand un couvent de Chartreux, et aux Flamands la construction d'un hôpital à la collation du comte

Louis de Male et l'ambassadeur anglais partirent ensemble de Dunkerque pour se rendre à Bruges. De là peut-être l'erreur de quelques auteurs qui pensent que le traité dont nous venons de parler fut signé à Bruges.

XXI

C'est un spectacle à la fois triste et curieux que celui des relations équivoques de la Flandre avec les deux puissances qui en convoitaient la possession.

L'Angleterre n'intervient dans les débats entre le comte de Flandre et ses sujets que pour les exploiter immédiatement, brutalement, sans vergogne, comme redoutant d'être devancée par la France ; poussant en avant sauf à abandonner la partie dès qu'elle verrait ailleurs un autre profit. Louis de Male, incertain dans son action, se joignant suivant l'occurrence tantôt à Edouard, le roi d'Angleterre, tantôt à Jean, le roi de France, son voisin plus généreux et alors plus désintéressé; Louis de Male, dévastant le territoire de son beau-père, et, pour se faire payer la dot de sa femme, assiégeant Bruxelles et autres villes.

XXII

Pacifiée à grand'peine, la Flandre fut de nouveau mise en émoi à l'occasion d'un différend survenu entre Anvers et Malines. Les Anglais profitèrent des troubles pour tenter un coup de main sur Gravelines et Dunkerque qui leur convenaient, et dont ils avaient, disaient-ils, à se plaindre, car malgré le traité de paix, on y fabriquait des armes. Informé de ces projets, le comte Louis, jaloux de conserver ces villes qui lui avaient été rendues, écrivit aux baillis de Furnes, Bergues, Bourbourg de se tenir prêts à marcher au secours des points menacés (3),

---

(1) Selon d'Oudegherst, le traité aurait été signé à Bruges le 13 mai. — Selon Meyer, c'est à Dunkerque.

(2) Le 3 décembre 1348. — Voyez Dewez, *Histoire particulière des provinces belgiques*, t. II, p. 199. Le titre original est à Lille aux archives de la Chambre des comptes. Il porte la date du 4 décembre.

(1) Ce titre, écrit en flamand, est à Lille. — Voyez M. Gachard, *Rapport sur les archives de Lille*, p. 117.

leur annonçant qu'il viendrait en personne se joindre à eux. Il écrivit aussi aux Dunkerquois d'empêcher les insultes ou agressions qui se faisaient journellement chez eux envers les marchands anglais ou leurs gens, les engageant à les laisser librement circuler, etc., (1). Une enquête fut ordonnée à l'effet de constater les crimes commis depuis la paix de Dunkerque (2). La dame de Cassel vint y présider les *Renenghes* ou Franques-Vérités (3); mais l'occurrence ne paraissant pas suffisamment profitable, les Anglais avisèrent et attendirent une meilleure occasion.

XXIII

L'esprit public à Dunkerque était bien formellement opposé aux Anglais, et malgré les recommandations du comte, Dunkerque et la châtellenie (qui géraient personnellement leurs affaires) se tenaient sur la défensive; elles empruntèrent pour faire face aux dépenses qu'il en résultait (4). De son côté, Louis de Male, sachant combien l'alliance anglaise était peu stable, n'omettait rien pour la consolider. Il envoya de Bruges des chargés d'affaires pour négocier avec les agents britanniques. La reine d'Angleterre s'étant rendue dans cette dernière ville, il lui fit offrir de riches présents, ainsi qu'aux dames de sa cour. Il se rendit lui-même auprès d'elle, et l'escorta à Dunkerque et à Gravelines.

Toutes ces avances furent perdues.

Les Gantois s'étant révoltés de nouveau, les Anglais pensèrent que le moment d'agir était venu. Ils secondèrent le mouvement séditieux. Richard III, envoya par Calais un corps d'armée conduit par Spencer, évêque de Norwick : « Où » pouvons-nous mieux faire notre plaisir et profit que de entrer en cette riche » frontière de mer, de Bourbourg et Dunkerque... » s'écriait le bouillant jeune homme (5).

Aidés de ce renfort, les Gantois ravagent la Basse-Flandre. Ils s'attaquent surtout à la noblesse, pillent les châteaux, les démolissent. L'esprit de révolte gagne les Dunkerquois. En 1364, ils avaient outrageusement traité les magistrats et le bailli de la dame de Cassel. Celle-ci leur avait débonnairement accordé amnistie pour ce grave méfait (6) et avait renvoyé les bourgeois impliqués dans cette affaire. En 1379, ils se soulevèrent de nouveau, forçant les prisons; le bailli dut se soustraire à leur fureur et prendre la fuite...

---

(1) Ibid.

(2) Le titre qui appuie cette assertion est cité au t. IX, p. 26 de l'inventaire des archives de la Chambre des comptes, à Lille.

(3) L'état des dépenses faites en cette occasion porte : 25 francs payés à Eloy Suwens pour les épices livrées pour la cuisine et la chambre de ladite dame.

(4) Sous la date de 1364, il existe un traité par lequel François Chabodon prête 6,000 francs à Dunkerque, Bourbourg et Gravelines..

(5) Chronique de Froissart.

(6) Archives de la Chambre des comptes de Lille et archives de Dunkerque; registre privilèges, édits, arrêts, f° 15 recto.

Cependant on négocia; de nouvelles lettres d'amnistie furent délivrées. Nous en extrayons un passage curieux à plus d'un titre :

« .... Les habitants... meus de chaleur desordonnee par leur mauvaise vou-
» lente et erreur, s'assemblerent grand quantite devant nos dits prisons auquel
» lieu vint notre bailly avec ly anciens de ceux de la loy d'icelle qui leur demanda
» qu'il vouloient, et ils repondirent qu'ils vouloient auoir leur bourgeois qui
» estoient en nos dites prisons, auxquels il dit que il n'y auoit aucun bourgeois,
» et lors le commencierent à parler de grosses paroles et rudes ; eux eschauffer
» sur luy tant qu'il s'en conuint fuir le mirent at has et ruerent apres luy dais
» pierres et bastons et incontinent allerent vers nosdits prisons, les brisierent,
» rompirent, despicierent, mirent hors et emmenerent tous lesdits prisonniers
» qui en icelle estoient et ce fait eux perseverants en leur mauvaise voulente et
» erreur coururent aux armes communement, brisierent luis de la Halle et firent
» sonner les cloches pour assembler tout le commun, lesquels s'assemblerent sur
» le marchie en armes, en bannières deployee et allerent a le maison de nostre
» Bailly sur l'esperance de lui trouver pour le tuer grandement villener et depuis
» continuant cette mauuaise voulente ont este et demoure en tel estat jusqu'à
» présent, et faisant plusieurs fois assemblees et gait de jour et de nuit par
» maniere de conspiration qui est grandement contre nos noblesse hauteur et
» seigneurie... Et depuis sont demourez en ladite ville sans bailly et sans con-
» jureur pour lesquelles choses ceux de nostre loy se soient traits par devers
» nous... »

On ressentait donc à Dunkerque le mouvement fébrile, qui entraînait le reste du pays. On en était venu à ce point que les traités ne duraient pas même deux semaines... Le 11 novembre 1380, les Gantois signaient la paix avec le comte Louis; le 26, il n'en était plus question. Des excès nouveaux, des représailles plus cruelles que jamais ensanglantèrent encore la contrée et amenèrent une nouvelle suspension d'armes qui ne dura pas plus que l'autre. Bruges fut pillée par les Gantois. Dans l'orgueil de son triomphe, Van Artevelde croyait avoir aussi bon marché de l'armée française elle-même, et dans la prévision de sa prochaine victoire, il disait : « Tuez tout... excepté leur roi. — C'est un enfant, nous l'ap-
» prendrons à parler flamand (1). »

XXIV

Contre des vassaux si peu traitables les nobles durent prendre des mesures. Ils se serrèrent autour du comte dont le danger était devenu le leur. Craignant l'arrivée des Français qui secondaient la noblesse, les Gantois appelèrent à leur secours les Anglais qui arrivèrent immédiatement par Calais.

On sait qu'en 1388 il s'était élevé un schisme déplorable : Urbain faisait prêcher une croisade contre Clément et contre les Français qui s'étaient rangés de son côté. Ces Anglais, dont la dévotion n'était pas très-vive, ne songèrent plus

---

(1) D'Oudegherst, t. II, p. 564, 568.

aux Clémentins, et, débarqués en Flandre, ils pillèrent tout ce qui était à leur portée, sans s'inquiéter s'ils agissaient de la sorte envers des alliés.

Un corps de troupes que les seigneurs avaient réuni à Dunkerque, eut l'avantage dans quelques affaires de détail; mais dans une rencontre générale qui eut lieu le jour de Saint-Urbain (16 avril 1383), il fut entièrement détruit et la victoire demeura aux anglo-flamands qui, cependant, laissèrent 9,000 morts sur le champ de bataille.

XXV

Les vainqueurs entrèrent sans difficulté dans Dunkerque, Nieuport, Bergues, etc. Ils mirent le siége devant Ypres; mais le roi de France vint prêter main-forte au comte Louis. La bataille de Roosebecque décida la querelle. Vingt mille flamands y perdirent la vie. Courtrai eut d'affreuses représailles de la bataille des *Éperons*, éperons suspendus dans l'église et dont la vue excita la rage des Français, qui détruisirent et massacrèrent tout sans pitié.

Pendant ce temps là, les Anglais s'étaient rapprochés de la côte, seul point dont il leur importait absolument de s'assurer les abords. Maîtres de Bergues, ils y firent un large fossé, ajoutèrent du côté de Dunkerque une nouvelle muraille. Pressentant la prochaine arrivée des Français, ils réduisirent en cendres tout ce qui, dans les environs, aurait pu leur être utile. C'est ce que l'on appelle en termes techniques *éclairer une place*.

XXVI

En effet, une armée de 20,000 hommes investit la ville, et les Anglais capitulèrent emportant vers Dunkerque tout le butin possible

De leur côté, les Français, avides de pillage, se livrèrent aux excès les plus affreux. Femmes, prêtres, bibliothèques, vases sacrés, rien ne fut respecté; tout fut souillé, tué, détruit. « Boucicault ne fut mie des derniers... Ains si bien s'y
» porta que nul mieux... » dit un mémoire du temps.

Ces violences et ces forfaits firent naître dans les paysans de nos campagnes une exécration profonde contre ces barbares ennemis. Un dicton populaire assurait que : « Quand tous les Flamands seraient morts, leurs os s'assembleraient
» contre les Français. »

Les Anglais s'étant sauvés dans Dunkerque ainsi que nous venons de le dire, à son tour, cette ville fut attaquée et dut capituler. Les Anglais emportèrent tout ce qu'ils purent, jusqu'à la balance du poids public et les poids en fer (1).

Dunkerque s'était obérée en faisant des sacrifices pour soutenir le comte de

---

(1) Lorsqu'on chercha à y remédier, on acheta 100 livres de plomb que l'on fondit en fragments convenables, et pendant plusieurs années le poids public n'eut pas d'autres moyens de peser. On y suppléait par des pierres ou des morceaux de vieux fer

Flandre (1). Elle venait d'être pillée par les Anglais, elle le fut de nouveau par les Français ses libérateurs. C'est ruinée et presque déserte qu'elle fut remise par eux au comte de Flandre (2).

XXVII

Une trêve fut conclue; il était temps.

Dans un acte de 1384 (3), Iolande de Bar se plaint « de la désolacion de sa » ville de Dunkerke qui par ces guerres de Flandre a ete arse et détruite...»

Par suite de ces catastrophes successives, Dunkerque était réduite à la plus grande misère; l'échevinage ne pouvait plus acquitter les dettes considérables contractées pour l'entretien du port, ni même les rentes viagères constituées pour en payer les intérêts. La ville qui avait pris part à la révolte avait perdu jusqu'au droit d'avoir un Magistrat; la commune rebelle avait déchiré ses franchises et priviléges. C'est en cette circonstance que les Dunkerquois adressèrent à la dame de Cassel la supplique que nous avons rapportée au chapitre III, comme spécimen du style de l'époque.

Peu après, Louis de Male mourut. Sa fille porta à la maison de Bourgogne le comté de Flandre; c'est une nouvelle période dont nous parlerons dans un des chapitres suivants.

XXVIII

En terminant celui-ci, nous sera-t-il permis d'exprimer un vœu?

C'est celui de voir réunis dans un musée historique dunkerquois tous les titres qui intéressent la ville, et dont nous avons cité quelques-uns.

C'est celui de voir reproduits par le burin ou le pinceau de nos artistes, les traits de ceux qui ont bien mérité de la cité; et les saints apôtres qui ont travaillé à évangéliser le pays, et Bauduin III qui lui éleva des remparts, et Philippe d'Alsace qui donna à Dunkerque ses premières franchises; et Godefroi qui lui creusa son port, et Robert qui renouvella l'organisation municipale, et Henri de Bar qui lui donna son écusson, et...

Mais nous reviendrons tout particulièrement sur ce sujet dans la revue rétrospective qui termine cet ouvrage.

---

(1) Dans une lettre de 1381, Iolande dit : « .....Comme nos bouns gens et subgez de nostre ville de Dunkerque ayant soustenu et soustiennent encore grands charges, frais et coustanges pour cause de la mocion et rebellion qui a este en Flandre contre notre tres chier et tres ame cousin le comte de Flandre..... »

(2) Registre priviléges, édits, arrêts, f° 22 verso.

(3) Irrité des secours que les Anglais avaient fourni aux Flamands, Charles VI voulut punir les insulaires et résolut de porter la guerre dans leur propre pays. Il fit équiper une flotte nombreuse qui eût suffi pour faire un pont de Calais à Douvres L'expédition manqua par suite du retard concerté du duc de Berry. L'hiver vint, la flotte fut dispersée par la tempête; les vaisseaux désemparés furent pris ou brûlés par les Anglais. *Abrégé chronologique de l'histoire ecclésiastique*, t. II, p. 130.

CHAPITRE VI.

LES HOMMES ET LES CHOSES A DUNKERQUE
sous les comtes de Flandre.

Dans un chapitre portant le même titre, nous avons, dans le tome I de l'histoire de Lille, donné des renseignements généraux sur la Flandre : nous y renvoyons le lecteur pour ne mentionner ici que des particularités relatives à Dunkerque.

I

Une opinion, qui paraît n'avoir plus que de rares adhérents, assignait pour origine aux Dunkerquois, un peuple décoré d'un nom étrange, contraction d'une phrase non moins étrange. Ce nom, c'est *Diabintes;* cette phrase, c'est *Die hap inden,* signifiant *peuple naviguant dans un port en forme de hache...*

M. Jourdain ne se serait-il pas écrié aussi : « Quelle belle langue que le diabinte ! »

Toutefois, cette remarquable interprétation n'a pu prendre naissance que vers le XIIe siècle où la chose aurait eu quelque apparence de vérité. Mais du temps des prétendus Diabintes, le port n'existait pas et la forme de hache ne pouvait lui être aperçue. La contrée n'était qu'un vaste marais. Cette étymologie est donc inacceptable et doit être reléguée au rang des chimères.

II

D'après plusieurs écrivains, notre prétendu pays des Diabintes aurait été donné en dot à Bauduin *le bras-de-fer,* qu'ils affirment avoir été le premier comte de Flandre ; mais aucun titre ne vient appuyer cette assertion. M. le docteur Le Glay la met au rang des fables. Encore une ruine.

III

Ce Bauduin n'en était pas moins un rude seigneur ! ravisseur de la belle Judith, fille de Charles *le chauve,* il remporta sur son beau-père une victoire dont les pierres d'Arques (près-Douai) seraient le monument commémoratif. Il était l'effroi des Normands qu'il battit en maintes rencontres. On le concevra d'ailleurs sans peine, lorsqu'on saura que, d'après la légende, il vainquit le diable en personne!

IV

Il existe peu de données sur la Flandre maritime à cette époque reculée. Nous avons déjà énoncé quelques renseignements glanés dans les récits des rares écrivains de ce temps.

Les noms de lieux nous donnent quelque idée de ce qu'étaient les bourgades à leur origine. L'un rappelle un bois sacré, une plantation d'ormes, de chênes, de tilleuls, de peupliers; les autres un ruisseau, un marais, un désert. Ceux-ci une lande-aux-bœufs, une retraite de sangliers; ceux-là une tannière de loups, un nid de vautours, de corbeaux.

Les premiers habitants voyant peut-être l'ours comme le plus redoutable des hôtes de leurs forêts, ont donné ce nom à leurs chefs. De là, le titre de *Ber* de Flandre; de là, l'ours d'argent, qui était le prix du vainqueur aux fêtes du forestier de Bruges. Pour exprimer la vélocité de la course, ils comparèrent leurs pédestres au lièvre habitant des marais; de là, le *Haes* de Flandre, celui que Homère eût appelé ποδας ωκυς.

V

Les premiers faits certains et les plus importants qui se présentent à l'observateur, sont ceux qui ont rapport à l'extension du christianisme dans la contrée.

Il paraît que Bissezeele est un des villages qui, dans le Nord des Gaules, ont adopté les premiers l'Évangile. L'église de Ghyvelde remonterait au IXe siècle (1), ainsi que celle de Zégerscappel et de Volkerinchove. Si cette opinion est fondée, l'attention devrait se préoccuper de ces localités restées trop longtemps dans l'oubli.

L'église d'Aremboutscappel, celle de Killem, de Noord-Peene, remonteraient au XIe siècle et se rattacheraient ainsi à l'époque des comtes de Flandre. Dans le dernier de ces édifices on signale un baptistère fort curieux, et qui serait une précieuse acquisition pour un cabinet d'archéologie (2).

VI

Outre ces églises qui ont survécu presque miraculeusement aux ravages des siècles et des guerres, il existe en plusieurs localités des oratoires, chapelles, etc., où depuis un temps immémorial les fidèles vont demander à Dieu, par l'intercession d'un saint, la délivrance de plusieurs de ces maux qui assiègent l'existence humaine.

---

(1) M. L. Debaecker: *Églises du moyen-âge.*

(2) Ce monument nous paraît remonter à l'époque de transition qui sépare le règne des druides de celui des idées chrétiennes. Il a la plus grande analogie avec le baptistaire de Gondecourt que nous avons estampé et sur lequel l'honorable M. de Contencin a publié une notice dans le bulletin de la Commission historique du département du Nord.

Lorsqu'on parcourt nos villages et qu'on relit les légendes ou les chroniques des abbayes fondées dans la contrée, on est invinciblement amené à remarquer combien sont en rapport les besoins de la population et les secours qu'elle obtient du ciel. On sait, par exemple, combien les ophthalmies, les fièvres, sont fréquentes dans les lieux humides et marécageux : eh bien! dans la partie centrale des Watteringues, on rencontre à chaque pas une fontaine dont les eaux soulagent les yeux, guérissent la fièvre ; une chapelle dédiée à un saint dont l'intercession est proclamée efficace contre le mal. A chaque page de la vie de saint Winnoc, il est parlé d'aveugles guéris. Millam, Pitgam, Spycker et bien d'autres localités ont des puits, des fontaines, des chapelles semblables (1).

VII

Parmi les institutions du moyen-âge l'ordre des Templiers est resté fameux. Il paraît remonter à 1121. Il s'étendit rapidement dans la Flandre, où l'on n'en retrouve pourtant plus d'autres vestiges que le nom. Plusieurs localités ont des *sentiers* ou des *chemins des Templiers*. Zegerscappel et Cappellebrouck, ont des restes de constructions qu'on leur attribue. A Spycker, un souterrain où l'on ne s'aventure pas, mais dont l'écho trahit la profondeur, est indiqué comme une ruine d'une de leurs maisons. Il paraîtrait qu'à Bergues ils en auraient eu une plus considérable.

VIII

Nous n'avons pas, sur les croisades, plus de détails que sur les Templiers. Nous avons parlé de l'armement fait à Dunkerque par le comte Philippe d'Alsace; c'est à peu près tout ce que nous en pouvons dire.

En 1248, Furnes avait fait construire, pour l'expédition de saint Louis, un grand navire ; l'inexpérience des pilotes l'engagea malheureusement dans les bancs de la rade de Dunkerque, où il périt corps et biens.

IX

Après la destruction, par les Barbares, des églises, abbayes, etc., il devait s'opérer une réaction tendant à relever ces asiles vénérables.

Le XIe siècle et le XIIe en furent les témoins. Tous les fidèles ne pouvaient aller à la croisade, et cependant leur foi aspirait aussi aux faveurs promises aux soldats de la sainte milice. Les Pontifes en accordèrent de semblables à ceux qui rééditifieraient les temples abattus : c'est de là que datent ces merveilleuses cathédrales, trésor monumental de la France. C'est de ce moment aussi que datent un grand nombre des églises de notre arrondissement (2). Des moines en traçaient le

---

(1) L'usage d'une eau pure qui vient à sourdre au milieu d'un marais doit produire d'heureux effets sur ceux qui avaient l'habitude d'en employer de moins salubre. Ce n'est pas un miracle, soit ! C'est du moins un bienfait du ciel.

(4) La Flandre maritime compte onze églises que M. Debaecker reporte au XIe siècle. Arembouts-Cappel, Killem, Quaedypre, Noord-Peene, Houdeghem, Wulverdinghe, Estaires, Borre, Lynde, Sercus,

plan et en surveillaient l'exécution; les fidèles accouraient en foule à ces travaux bénis. Hommes, femmes, enfants, vieillards, riches, pauvres, tous s'empressaient de donner leur travail. Mille personnes s'attelaient parfois à un même char. Dans ces associations volontaires, le silence, la discipline étaient scrupuleusement observés; jamais de contentions, de blasphèmes. Que notre siècle se mesure, en ceci, avec les temps que nous appelons siècles d'ignorance!

X

En cherchant à mettre, en leur vrai jour, certaines faces de cette époque encore mal connue, nous ne nions pas qu'il n'y ait eu alors bien des crimes et des misères; mais nous affirmons que l'esprit chrétien y répandait beaucoup de désintéressement et de charité. Ainsi que l'a remarqué M. Guérard (1), il a même fait naître des institutions de bienfaisance et d'utilité publique qui feraient honneur à des siècles plus polis. C'était l'église qui les organisait, car la constitution politique n'en offrait alors nulle trace. La société n'était guère composée que de deux éléments sous différents noms : Seigneurs et vilains, vainqueurs et vaincus, maîtres et serfs, oppresseurs et opprimés. Entre ces partis essentiellement hostiles, l'Église s'interposa pour en calmer l'antagonisme. Au nom de Dieu, elle obtint aux prolétaires le repos du dimanche et des fêtes. Elle parvint à augmenter le nombre de ces jours de merci; et si ce nombre atteignit ensuite des limites abusives, cet abus ne semble exagéré qu'à ceux qui oublient qu'elle en est l'origine doublement sainte.

Le clergé de ces temps fut de son siècle et il en retint quelque chose. Cela est-il donc extraordinaire? N'aurait-il pas été miraculeux qu'il en fût autrement? Mais cela empêche-t-il que l'influence du clergé au moyen-âge n'ait été fondée sur de véritables bienfaits dont il n'est plus loisible de ne pas tenir compte?

Le peuple n'était alors rien dans l'État, rien qu'une machine à travailler, une bête de somme. Après lui avoir obtenu un jour de repos, le clergé lui ouvrit le temple, non-seulement pour le convier aux solennités religieuses, mais aussi pour lui procurer dans une enceinte à lui, un peu de liberté et de joie. Là, le prolétaire trouvait à la fois, dans le prêtre, un guide, un conseil, un ami qui s'occupait avec lui, de son présent et de son avenir; qui rédigeait les contrats, donations, testaments et tout ce qui concernait l'épargne du pauvre. — C'était là que le serf était affranchi.... C'est là que se préparèrent les fêtes du peuple, puis des festins, puis des danses... Le temple était véritablement alors pour le peuple son hôtel-de-ville, son *forum*, son théâtre. Cette indulgence qui sympa-

---

Haverskerque; neuf du XIIe siècle, Steene, Cappellebrouck, Merkeghem, Clairmarais, Boeseghem, Morbecque, Wallon-Cappelle, Stapple, Oudezeele; une du XIIIe, Blaringhem; trois du XIVe. Bourbourg, Saint-Georges, Merville; cinq du XVe, Saint-Pierrebrouck, Pitgam, Looberghe, Steenwerk et Zermezeele.

(1) Bibliothèque de l'école des chartes, 3e série, t. II.

thisait à tous les besoins du peuple, cette complaisance alla jusqu'à l'abus; mais qui aurait le triste courage d'en parler, aujourd'hui que l'excès a disparu avec le bienfait! Cette intrusion du profane dans les choses saintes, des passions mondaines dans le sanctuaire, mérite tout le blâme et en même temps toute l'indulgence qu'on donne aux tendresses excessives d'une mère pour son enfant.

Car le peuple allait à l'église pour ses intérêts temporels aussi bien que pour ses intérêts spirituels. La violence qui ne respectait pas les cabanes s'arrêtait parfois devant le tombeau d'un saint. L'église devint le grenier commun. Le paysan venait y chercher en détail le blé qu'il y avait abrité après la récolte. Le malade, en demandant à Dieu la guérison, demandait au prêtre le remède; le pauvre lui demandait son pain. Comment donc le peuple n'aurait-il pas aimé l'église? Comment n'aurait-il pas concouru à relever les asiles sacrés où il avait trouvé son bonheur, sa consolation, son plaisir, sa santé, sa vie?

Parlant aux puissants, aux riches, aux maîtres, l'église rappelait la loi de la charité et à sa voix les eaux fertilisaient les champs altérés. De là, ces donations, ces fondations de prébendes, de monastères qui étaient en définitive des legs faits au peuple, des réserves qui devaient se distiller à jamais sur ses misères. On a dit : la France a été faite par les évêques; on peut ajouter : la Flandre l'a été par les moines

La kermesse, cette fête si fidèlement observée en Flandre, est encore un héritage de l'église dont le nom se trouve incrusté dans celui de la fête elle-même (1).

XI

Les chants populaires de la Flandre conservent encore le cachet religieux qu'ils ont reçu à l'origine. Nos pères avaient appris, dans le temple, à moduler les hymnes; ils transportèrent dans leurs chaumières les mélodies sacrées et y appliquèrent des poésies nationales. C'est ainsi que l'air dunkerquois du Reuse, chant aujourd'hui défiguré et parodié de ce qu'il était primitivement, emprunte ses premiers motifs d'une hymne de l'église.

Au IXe siècle, le *Kyrie eleison* servait de refrain a presque toutes les chansons flamandes.

Quand Saint-Bernard prêchait la croisade en 1147, la foule se pressait à sa suite en faisant retentir l'air de ce chant tudesque :

Christ ons genade-Kyrie eleison. (Christ ayez pitié de nous).

Ou :

Heiligen alle helpe ons. (Tous les saints secourez-nous).

En rentrant les dernières gerbes de leur moisson, comme en faisant paître leurs troupeaux, nos paysans chantent encore ce refrain (2).

---

(1) Kermesse (de *kerk*, église, *messe*, foire, fête).

(2) Voir l'ouvrage de M. Debaecker : *les Flamands de France.*

A Morbecque ils disent *Kyri eleisen*. Dans les environs de Bergues : *Kyrioole*. Les pâtres du Mont-Cassel, lorsque tinte l'Angelus, répètent : *elei, alooi*, restes défigurés du *Kyrie eleison*.

A Bailleul, lorsqu'une jeune fille a été déposée à sa dernière demeure, ses compagnes s'emparent du poële et vont en l'agitant à travers les rues de la ville, et chantent moitié flamand, moitié latin et hébreu :

> *In den hemel is een dans*
> *Alleluia !*
> *Daer danse alle de Magdekens*
> *Benedicamus domino*
> *Alleluia !*
> *Al voor de heilige N...*
> *Benedicamus domino*
> *Alleluia !* (1).

Ce qu'on pourrait traduire approximativement comme suit :

> — Dans le ciel est une fête !
> — Alleluia !
> — Le chœur des vierges s'apprête
> Louons Dieu !
> — Alleluia !
> — Une sainte entre au saint lieu
> Louons Dieu !
> — Alleluia ! !

XII

Une fois initiés aux principes du chant et de la poésie, les Flamands s'avancèrent dans la voie. C'est entre Bruges et Dunkerque, c'est sur les bords de la Lys que furent bégayés les premiers mots de la civilisation littéraire de la contrée. Des *Vinders* ou trouvères flamands allaient chantant la ballade de *Goedroen* et celle de *Halewyn*; la victoire des Reuses sur les Karles... Par la suite ils formèrent des confréries. Déjà, en 1165, Nieuport avait de ces sociétés qui rimaient en l'honneur de la vierge sainte.

La guerre qui ravageait périodiquement le pays mit obstacle au progrès sans l'empêcher tout-à-fait. En trois siècles, on compte six invasions qui vinrent y porter la ruine et la désolation. Aussi, au XIe siècle, ce sont quatre religieux qui sont les points lumineux de la littérature flamande : Drogon, Germain, Gossen et Ebrard.

L'histoire littéraire de la Flandre est à faire; ce sera un glorieux monument

---

(1) Tout ce que nous disons ici des chants populaires de la Flandre nous est fourni par M. L. Debaecker dans ses *Flamands de France*.

que nous verrons bientôt paraître. D'habiles et laborieux écrivains nous ont déjà fourni d'intéressants matériaux.

XIII

Dans les récits qui vont suivre, le lecteur trouvera, presque à chaque page, Dunkerque entremise dans quelque guerre. Un traité de paix est à peine proclamé qu'une lutte nouvelle recommence. Ce fait qui se reproduit, chaque siècle, comme il s'était produit le siècle précédent, excite l'étonnement, et l'on se demande d'où vient ce trouble permanent que rien ne peut appaiser? D'où vient cette fureur incessante qui entraine successivement les générations à s'armer les unes contre les autres, sans que jusqu'ici l'expérience du passé ait contribué à l'amélioration de l'avenir?

La mort que nous assure l'organisation humaine est-elle donc trop lente? Quel est cet agent mystérieux et terrible qui aveugle l'homme et le mène fatalement dans le cercle de la destruction? Qui le maintient dans cette route où les maux qui nous sont dévolus, acquièrent une nouvelle intensité? Dans tous les pays, sous tous les régimes, on voit cette cause inconnue agir et se manifester. Selon les époques, elle élève des étendards différents; suivant les régions, elle fait prévaloir des prétentions contraires, mais son influence est la même, le résultat est identique : la destruction.

L'Europe méridionale avait adopté le droit féodal. Cette doctrine a son côté généreux; mais elle a un inconvénient. Elle ôte aux territoires leurs circonscriptions naturelles, elle ôte aux nations leur individualité. Elle enlève à chacun sa personnalité. Tout devient *chose*. On hérite d'un peuple et d'un troupeau, d'une contrée et d'une ferme; il arrive donc qu'un jour on réunit ce qui est inconciliable; qu'on divise ce qui devrait rester uni.

La haine invétérée qui anime les Anglais contre les Français, cette antipathie identifiée aux races et qu'elles se transmettent avec le sang, la cause de ces sanglants conflits trop souvent renouvelés entre deux nations voisines et puissantes, cette haine nous paraît avoir pris sa source, dans cette ténébreuse région que nous avons signalée, et avoir reçu pour occasion l'application du droit féodal dont nous venons de parler.

Guillaume *le Bâtard, le Normand, le Conquérant*, — comme on voudra l'appeler — Guillaume était parti de France, avec un testament qui lui assurait la royauté en Angleterre. A défaut de ce testament, qu'il n'exhiba jamais, il prouva son droit par la victoire, et les sujets des rois Saxons acceptèrent en frémissant le joug d'un étranger qui leur imposa aussi sa langue. L'idiôme du vainqueur régna en Angleterre, trois siècles, jusqu'à Edouard III; et la grande île divisée en soixante mille fiefs, devint la propriété des compagnons d'armes qui l'avaient conquise.

Originairement vassaux des rois de France, les souverains d'Angleterre devinrent plus puissants que leurs suzerains. Par héritage, par des alliances laborieusement conclues, nos plus belles provinces furent dévolues à des princes Anglais.

Ils se crurent enfin autorisés à se proclamer rois de France. Pendant quatre siècles, ils se parèrent de ce titre menteur, et Georges III est le premier (1804) qui ait eu la sagesse d'y renoncer, tout en laissant néanmoins, à sa couronne, les fleurs de lys françaises, symbole que bien des Anglais ne comprennent plus.

C'est à ce point initial que se rattachent toutes les guerres qui, pendant tant de siècles, se sont renouvelées dans notre pays. Ce sont les fruits de cet arbre fatal qui sont tombés sur les nations quand la Providence le secouait au temps de la maturité.

Circonscrit dans le cercle d'une histoire locale, il nous serait impossible de constater chaque fois, en détail, l'origine de chaque guerre où nous verrons Dunkerque s'aligner. Nous avons cru devoir consigner ici cette remarque générale.

Commencée à l'époque des comtes de Flandre, cette lutte prit, surtout pour la France, un menaçant caractère sous les ducs de Bourgogne. C'est sans doute pour consoler les Français de tant de revers, que la Providence balaya enfin le sol de la patrie de ces hordes qui l'envahissaient, et qu'elle chargea une jeune fille d'en chasser à jamais les étrangers.

XIV

On a vu comment, en 1070, périt le comte Arnould, tué à la bataille de Cassel. Alors, pour la première fois, Dunkerque changea de seigneur. C'est pour la ville un fait important et qui mérite quelques explications.

Dunkerque avait un seigneur *foncier* et un seigneur *suzerain*. Au commencement, ces deux dignités étaient réunies en la personne de Baudouin I. Mais par la suite, une des qualités passa à diverses maisons, tandis que la suzeraineté passait à d'autres familles princières.

Un coup-d'œil jeté sur le tableau synoptique ci-joint fera saisir la diversité et le nombre de ces changements.

Ainsi pendant trois cents ans environ, Dunkerque eut pour seigneur foncier le comte de Flandre (906-1192). Cette seigneurie passa ensuite à la maison de Hainaut (1192-1218), par Marguerite d'Alsace (1), puis revint à la Flandre (1218). Elle appartint à Dom Laurens, puis à Godefroy, évêque de Cambrai (1232). Elle échut une seconde fois au Hainaut, qui la conserva jusqu'en 1288. Une troisième fois elle revint à la Flandre (2), sous Guy de Dampierre (1288 septembre). Par le mariage d'Iolande de Cassel, avec le comte de Bar, elle resta dans cette maison pendant un siècle environ. En épousant le comte de Saint-Pol (1415), Jeanne, héritière du comté de Marle, la transmit à la maison de Luxembourg, qui la transmit à son tour à la maison de Vendôme (1487). Par là, elle échut enfin à la maison royale de France, sous Henri IV.

---

(1) Cette princesse, sœur et héritière de Philippe d'Alsace, épousa Baudouin VIII, comte de Hainaut.

(2) Dans l'acte par lequel Bauduin d'Avesnes vend à Gui de Dampierre *Dunkerque la Woestine et appartenances*, la prisée est faite pour 852 livres 12 sous 9 deniers parisis. — Voyez archives de la Chambre des comptes, à Lille : Faulconnier, t. I, p. 14, et les archives de la mairie de Dunzerque, registre privilèges, édits, arrêts, f° 3.

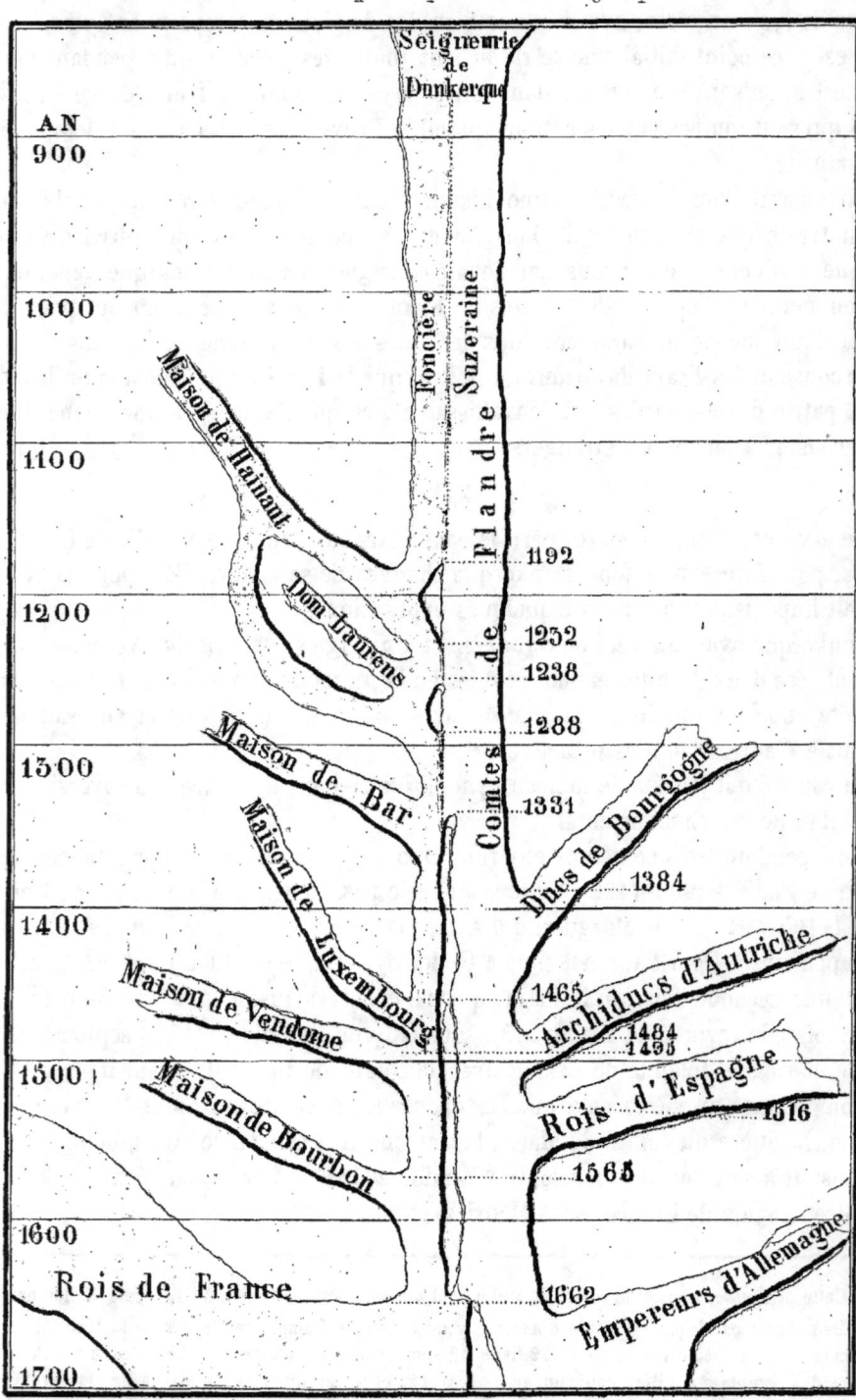

Tandis que ces vicissitudes diverses, conquête, héritage, achat, donation, la faisaient ainsi passer comme apanage de ces onze familles, les maisons suzeraines auxquelles les seigneurs fonciers devaient foi et hommage changeaient, de leur côté, non moins fréquemment. C'est ainsi que se succédèrent les comtes de Flandre, les ducs de Bourgogne, les archiducs d'Autriche, les empereurs d'Allemagne, les rois d'Espagne, les rois de France, souvent en opposition avec les seigneurs fonciers. De là, une position fausse et pleine de contradictions. Pour n'en citer qu'un seul exemple, c'est ainsi qu'au XVIe siècle, Henri IV, héritier des Vendôme, et en cette qualité seigneur de Dunkerque, était tenu de faire le serment de vassal à Philippe II, son ennemi, mais son suzerain pour la Flandre! Et le roi de France devait obtenir de l'infante Isabelle l'autorisation de nommer des échevins à Dunkerque (1), celle d'y envoyer son greffier, ou bien d'y louer des Dunes, etc.

XV

Les coutumes féodales donnaient beaucoup d'importance à une circonstance que nous devons rapporter aussi.

La loi de Flandre excluait, de la succession de leur aïeul, les enfants du défunt aussi longtemps qu'il survivait des frères ou des sœurs de leur père.

Le comte Robert de Béthune avait deux fils, Louis dit *de Nevers*, et Robert dit *de Cassel*. A la mort de Louis de Nevers, décédé avant Robert de Béthune, Robert de Cassel disputa à Louis de Crecy, son neveu, la possession de la Flandre. Le Parlement de Paris était favorable au jeune comte. Charles-le-Bel, obtint pour Robert, son protégé, l'aliénation de Dunkerque et autres lieux. De cette façon, la France se faisait deux amis au lieu d'un.

Le seigneur de Dunkerque, Robert, était d'ailleurs le prince le plus heureusement doué de son siècle; il mourut en 1334. Jeanne de Bretagne, sa veuve, prêta à Louis de Crecy foi et hommage pour Dunkerque (2).

XVI

Aux particularités qui précèdent, nous pourrions joindre beaucoup de détails sur les légendes et croyances superstitieuses de l'époque, mais nous serions entraîné hors des limites restreintes de notre cadre. Nous nous bornerons à dire en général, qu'à propos de tout et de rien, on apercevait partout des prodiges. L'eau des rivières était changée en sang; la pluie en miel; les monstres les plus bizarres naissaient de toutes parts. Parmi cent merveilles de cette nature, le bon d'Oudegherst, nous cite des enfants nés avec une queue (3). Les rêveurs modernes en nous proposant leur nouveau type de l'humanité perfectionnée, nous auraient-ils donc fait rétrograder jusqu'à ces temps d'ignorance?

---

(1) Voyez au Ve registre des titres, mairie de Dunkerque, fos 69 et 224.
(2) Faulconnier, t. I, p. 15, 16, 17 et 18; d'Oudegherst, ch. CXXXXIX.
(3) T. I, p. 364, 412.

XVII

Une particularité mérite d'être citée aux citoyens du XIXᵉ siècle.

En 1300, la garde bourgeoise était instituée en Flandre et la discipline y était sévère. Les bourgeois avaient le privilége de posséder des armes et le devoir de faire en personne le service.

La police avait d'ailleurs adopté plusieurs mesures que l'on paraît croire plus récentes. Chaque bourgeois devait avoir un seau pour venir en aide en cas d'incendie ; les poids et les mesures devaient être jaugés chaque année ; les jeux de hasard étaient prohibés, etc.

CHAPITRE VII.

DUNKERQUE SOUS LES DUCS DE BOURGOGNE
(1384—1477).

Prologue.

Au commencement de cette période, la guerre civile compliquée de querelles tantôt avec la France, tantôt avec l'Angleterre, désole la contrée et promène périodiquement ses ravages sur les diverses parties du territoire. Cette frénésie qui armait les Flamands les uns contre les autres, pousse les villes contre les villes voisines, et rend très-fréquentes, entre les bourgeois d'une même commune, les collisions armées. Quand cette fièvre se calme enfin, Dunkerque se trouve ruinée et dépeuplée. Cependant elle ne tarde pas à réunir de nouveaux éléments de prospérité. La pêche et la course prennent de grands développements. La lutte avec l'Angleterre s'anime fortement et de vaillants Dunkerquois inaugurent la carrière où s'illustra Jean Bart.

I

Pour se rendre compte des événements de cette époque, il faut se rappeler que les rapports des seigneurs avec les communes ne ressemblaient en rien à ce qui avait lieu en France sous la royauté au XVIIe ou XVIIIe siècle, ni à ce qui se passe aujourd'hui entre l'administration supérieure et les diverses localités du territoire. L'unité de direction n'était pas connue, il n'y avait aucun des abus de la centralisation, mais seulement les calamités du système contraire. Les communes avaient leurs priviléges; les seigneurs, leurs droits. Les limites en étaient fort vagues, chacun prétendait les étendre; il en résultait des querelles sans fin. Les conventions qui les terminaient ne duraient que jusqu'à l'apparition d'une bonne occasion de les rompre. Liés entre eux et dépendants, sous certains rapports, les seigneurs et les communes avaient, d'autre part, leur libre arbitre. Les princes avaient leurs démêlés; les communes, leurs disputes; les chefs se rapprochaient sans que les communes les imitassent, et réciproquement. Pour un certain temps et sous certaines conditions, les communes épousaient la querelle des seigneurs; le terme écoulé, ou même sans qu'il fût accompli, elles se retiraient brusquement et sans aucun avis préalable. De là, une complication qui jette parfois les lecteurs de notre époque, dans une grande perplexité.

II

Sous le règne de Louis de Male, les Anglais et les Flamands adoptant les errements dont nous venons de parler, étaient tantôt amis, tantôt ennemis. Ils faisaient des traités et passaient outre sans la moindre vergogne. Toutefois, les Flamands finirent par perdre trop à ce jeu où leurs adversaires n'allaient jamais qu'à coup-sûr.

La Flandre maritime se concerta pour assurer la défense de la côte et en interdire l'accès. Tous les ports, de Lécluse à Dunkerque et Gravelines furent fortifiés à frais communs (1). Alors les rencontres eurent lieu sur mer, où les navires ennemis se firent le plus de tort possible.

III

En épousant Philippe-*le-Hardi*, Marguerite, fille de Louis de Male, porta à la maison de Bourgogne le riche comté de Flandre. C'était le but où, durant sept années, avait tendu la diplomatie française. Mais cette union mécontentait les Flamands et surtout les Anglais, c'était une occasion de plus, pour agiter le pays.

La bataille de Roosebecque, dont nous avons parlé à la fin du chapitre V^e, avait abattu la fierté des communes flamandes. Elles avaient dû se confier à la générosité de leur nouveau seigneur. Mais toutes ne s'étaient pas franchement soumises; Gand continuait ses bravades; la guerre de quartier à quartier, n'avait pas même cessé. On a peine à admettre la réalité d'un pareil état de choses, la férocité des gens de guerre, les horribles excès auxquels ils se livraient... Mais il n'est malheureusement pas possible de les révoquer en doute.

IV

En punition de la part qu'elle avait prise à la révolte des Flamands contre le duc Philippe-*le-Hardi*, Dunkerque avait été imposée à cent francs d'amende. La modicité de cette somme, s'explique par l'état où se trouvait alors, la malheureuse ville, punie par l'occupation anglaise, par le pillage et l'incendie. Aussi, la plupart des habitants s'en étaient volontairement exilés et l'obligation de payer une forte contribution de guerre ne les y eût pas rappelés.

Rendant compte de ces circonstances à la dame de Cassel, seigneur de Dun-

---

(1) D'Oudegherst : *Annales de Flandre*, t. II, p. 603.

kerque, le bailli lui disait que pour « ... Chou que les gens estoient toudis allants
» et venants et qu'ils ne tenoient nul lieu pour doubte des guerres, nul ne voloit
» luwer (louer) aucune maison... »

V

A cette époque, les remparts de la ville étaient, en partie, abattus : ce qui restait était fort délabré et hors d'état de protéger contre une attaque sérieuse. Ce qui était en meilleur état, c'est le château de la dame de Cassel, sur l'emplacement duquel on a, depuis, tracé la rue de la Grille, du Nord et les rues voisines.

Ce château n'était pas compris dans la ville et il ne faut pas le confondre avec celui de Robert de Cassel (voyez page 54).

C'était une construction carrée ayant, à chaque angle, une tour, indépendamment de deux autres tours encastrées dans la façade principale et entre lesquelles s'ouvrait la porte d'entrée.

On y arrivait par un pont-levis ; des fossés profonds et toujours pleins d'eau baignaient le pied de la muraille. A l'intérieur régnait un chemin de ronde au-dessous duquel se trouvaient des casemates renfermant les étables, remises, magasins. Un quartier spécial était réservé pour le logement du seigneur. Une chapelle particulière lui permettait d'entendre la messe sans sortir de son manoir.

Lorsque la dame de Cassel revint dans cette demeure, elle la vit dans un triste état : les toits restés sans entretien, dégradés par la guerre, par les vents, avaient laissé infiltrer partout les eaux pluviales ; les escaliers, les planchers étaient complétement pourris. Aussi, la ville dut s'engager à payer pendant dix ans, à ladite dame, une somme annuelle de cent francs pour contribuer aux réparations.

Les tours étaient couronnées d'un toit conique surmonté de la girouette seigneuriale. La tour cornière (1), la plus voisine du port, portait trois drapeaux : celui du roi de France, celui du duc de Bourgogne, comte de Flandre, et celui du seigneur foncier. Dans les jours de danger, on en arborait un quatrième ; il était noir et revenait à la déclaration : *La Patrie est en danger*.

Le pont du château étant levé, la demeure seigneuriale était inaccessible aux gens du dehors. Une sentinelle au-dessus de la porte d'entrée faisait le *ghet*. S'il se présentait un détachement ou quelqu'un demandant l'entrée, la sentinelle sonnait une cloche pour avertir les gens de l'intérieur. Pendant l'heure de la faction elle s'abritait dans une *maisoncelle*, ce que nous appelons *guérite* ; les autres gens de service attendaient leur tour dans la *garite* (corps-de-garde).

VI

Il n'y avait pas alors, dans le pays, de service régulier pour la poste. Les troubles empêchaient toute correspondance suivie et les fausses nouvelles se répandaient sans qu'il fût possible de les contrôler immédiatement et de les dé-

---

(1) *Cornière*, qui est au coin ; le mot anglais *corner* signifie *coin*.

mentir sur des renseignements exacts. La tour cornière du château arbora maintefois le drapeau d'alarmes. Les nouvelles subséquentes lui apportèrent bien des démentis. De là, sans doute, le nom de *Leugenaer* qui lui est resté. (*Leugenaer* : Menteur).

1388. — Ainsi, par exemple, un bruit courut que les Gantois avaient de nouveau commis d'horribles excès dans le pays. S'attendant à les voir arriver dans leur ville sans défense, les Dunkerquois émigrèrent. Il ne resta en ville que les fonctionnaires et les gens du roi. Considérant comme rompu, le traité récemment signé à Calais, les seigneurs du pays levèrent la bannière et s'avancèrent en armes dans le pays. On sut ensuite que c'était une fausse rumeur. Cependant les habitants ne se décidèrent que très-lentement à revenir dans leurs foyers (1). Leur réserve n'était que trop justifiée.

1389. — L'année suivante, nouvelle alarme! Le traité passé avec l'Angleterre était certainement *brisé-jus!* Le sire de Rambure et ses amis se réunissent au château de Dunkerque; ils travaillent à le mettre en état ; les palissades étaient détériorées, on les restaure, on les couvre de mortier comme font aujourd'hui les plafonneurs sur leurs lattes (peut-être voulait-on par là simuler un mur). Le drapeau noir est arboré... mais on apprit encore que c'était une mystification.

Ces faux bruits nuisaient beaucoup au commerce et les marchands avaient pris fort peu de confiance et de bienveillance pour les annonces du *Leugenaer*.

D'après les déductions que permet de faire le compte du bailli pour cette année, on peut évaluer à 3 ou 400 le mouvement des bateaux de toute grandeur, tant pour l'entrée que pour la sortie du port. Il arriva 6 à 700 balles de laines anglaises, des fers de Suède, des bois du Danemarck, etc.

VII

1395. — Iolande, comtesse de Bar, eut enfin avec le duc de Bourgogne des explications sur les démonstrations hasardées du *Leugenaer*. Avant d'être rassuré sur ce point, le duc, redoutant des hostilités, s'opposa à ce que les droits d'assis continuassent à être perçus à Dunkerque au profit de la dame de Cassel. Ce ne fut qu'après plusieurs années que la chose fut enfin éclaircie.

1395. — Iolande, comtesse de Bar, fit alors un solennel hommage de sa seigneurie de Dunkerque, à Philippe-*le-Hardi*, en sa qualité de comte de Flandre. De leur côté, les Dunkerquois fournirent à ce prince un détachement de *trente-un arbalestriers* pour la garde du camp établi à Cassel (2). Cette particularité mérite d'être signalée et nous semble démontrer que les armes à feu n'étaient pas encore en usage à Dunkerque. En effet, les inventaires de l'arsenal du château mentionnent bien *des fuss, des carreaux d'arbalète, des viretons* (*flèches*).... mais il n'y est pas parlé d'arquebuses ou d'armes de ce genre. Ils nomment bien

---

(2) C'est ce qu'on peut déduire de l'augmentation lente et graduelle des recettes des droits d'assis. Il n'entra cette année en ville que 87 vaches et 98 porcs pour le service de la boucherie.

(3) Voir les comptes du bailli pour l'année 1397.

l'artillerie, mais sous ce titre, ils désignent les *balistes, catapultes*, et autres engins analogues; il n'était pas question de canons (1).

VIII

L'arrière petit-fils de la princesse, Robert de Marle, lui succéda en qualité de seigneur foncier.

Il travailla à relever la ville ravagée par les guerres; il lui rendit les priviléges par lesquels les Dunkerquois étaient exempts de Tonlieu par toute la Flandre (2), priviléges que la révolte leur avait fait perdre. A son tour, le duc de Bourgogne réintégra la ville dans ses franchises et libertés (3).

IX

Comprenant l'importance que la position de Dunkerque donne à la ville, le prince ordonna la construction de nouveaux remparts. Et comme ils devaient coûter « *de très-grands millions* » il autorisa la levée pour huit ans, d'un nouveau droit d'assis.

Dans ce titre important pour la localité, le duc dit : « .... Les Englois, se la
» guerre se remettoit sus entre monsieur le roy et son dit royaume d'une part et
» celuy d'Engleterre d'autre, se pourroient efforcier de venir en icelle ville et
» la fortifier pour l'auantage que y est et s'ensuiveroit (que Dieu ne veuille !)
» grand inconvénient... » Deux cents cinquante ans plus tard, Cromwell justifiait la prévision de Philippe-*le-Hardi*.

Justin Averskerque fut chargé de la direction de ces travaux. La ligne des remparts figura un trapèze irrégulier qui comprenait le château de la dame de Cassel (4). Vingt-huit tours y étaient réparties. Trois portes avec ponts-levis donnaient accès du dehors. Ces murs ne virent pas s'achever le second siècle de leur existence.

On prétend cependant qu'en 1782, lors des travaux exécutés pour le compte de la ville, on en retrouva des vestiges dans le jardin des Récollets, au débouché du canal de Furnes dans le port. C'étaient deux fortes tours servant autrefois de prison, avec des cachots souterrains.

---

(1) Ce qui le démontre sans réplique, c'est un article de ce même inventaire qui dit : « .....Pour *empennir* l'artillerie..... » Or, empennir, écrit dans ce titre pour empenner, c'est mettre des plumes aux flèches et carreaux. D'ailleurs Bergues n'était pas sous ce rapport plus avancée que Dunkerque. Nous ne lui connaissons du moins pas de titre sur l'artillerie moderne, qui soit antérieur à 1581. — Voyez Inventaire des archives, f° 33, le n° 503.

(2) Voyez aux archives de Dunkerque, priviléges, édits, arrêts, f° 35 recto.

(3) Le registre priviléges, édits, arrêts (mairie de Dunkerque) cite sous la date de 1304 (f° 6 recto) des lettres d'amnistie accordées par Philippe, duc de Bourgogne et Marguerite de Flandre aux habitants de Dunkerque. Quoique certifiée par Godefroy, cette date n'en est pas moins une erreur évidente. C'est 1404 qu'il faut lire.

(4) Dans un compte de 1407, il est parlé d'un *nouviel fossé* récemment creusé autour du château.

X

Rassurés par ces moyens de défense, les Dunkerquois songèrent à faire expier aux Anglais les ravages exercés par eux dans la Flandre. De nouveaux armements furent concertés entre les villes du littoral; les croisières firent de nombreuses prises et coulèrent bas un grand nombre de vaisseaux anglais. Quelques uns des équipages furent pendus.

Malgré ces hostilités entre les Français et les Flamands d'une part et les Anglais de l'autre, le duc de Bourgogne, comte de Flandre, était censé en paix avec le roi d'Angleterre. S'abritant sous cette paix nominale, les marchands faisaient passer des envois d'un pays dans l'autre.

En lisant les pièces diplomatiques du temps, on ne peut s'empêcher de remarquer deux choses:

L'une, c'est combien l'esprit d'association était énergique et pratiqué sur une vaste échelle, par les particuliers. L'autre, les faveurs, les prévenances dont le commerce était l'objet de la part du souverain.

De nos jours chacun s'isole, se met sous la tutelle de l'État... On croit avoir montré pour la chose publique un zèle excessif quand on s'est rendu près de l'urne pour y déposer son vote... Et l'on se récrie ensuite sur les abus de la centralisation.

De son côté, le fisc se considère comme une institution de droit naturel; il paraît se croire fort indulgent lorsqu'il tolère le commerce. Aussi ne se fait-il aucun scrupule des entraves dont il le surcharge.

XI

Ainsi les communes délibéraient sur leurs intérêts politiques; par des mesures énergiques et souvent par des hommes d'action et d'intelligence, elles soutenaient leur initiative. Dunkerque peut citer pour l'époque dont nous parlons, Jean Gautier, habile capitaine qui devint la terreur des Anglais. Avec quarante compagnons, il poursuivit un jour jusques dans les eaux de la Tamise un navire anglais qu'il ramena à Dunkerque. Quelques années plus tard, Jean Léon étendait sa croisière jusques sur les côtes d'Espagne. Ce nouvel Attila, fléau des mers, se faisait appeler l'ami de Dieu (*Godvriendt*), titre qu'il porta trente ans et qui disparut avec lui dans un naufrage.

Pour contrebalancer de l'autre côté du détroit les mauvais effets des hostilités privées commises par les villes de la Flandre maritime, le duc de Bourgogne faisait aux marchands anglais toute sorte d'avances; il leur offrait des sauf-conduit, pour circuler sur mer et dans les Pays-Bas; il concluait des trèves marchandes, les prolongeait, etc. Il appelait en Flandre les négociants de Newcastle, de Berwick, etc...

Croyant qu'en sa qualité de princesse flamande elle aurait plus de crédit auprès des villes de son comté, Marguerite, l'épouse de Philippe, écrivit aux Flamands pour les engager à ne plus troubler les Anglais dans leur commerce (1). Cet avis officiel solennellement publié à Dunkerque et dans les autres ports voisins ne produisit que peu d'effet.

Les Anglais préparèrent dès-lors une démarche qu'ils présumaient devoir être plus efficace. Bientôt nous les trouverons à l'œuvre.

XII

Le fils de Philippe-*le-Hardi*, Jean-*sans-Peur*, continua la politique de son prédécesseur. Dès son avènement, les quatre membres de Flandre lui adressèrent une requête pour lui demander, entre autres choses, de ne pas séparer du comté la ville de Dunkerque (2), qui prenait chaque jour plus d'importance.

Jean-*sans-Peur* favorisa le commerce. Sûrs de son appui, les Dunkerquois s'avancèrent dans cette voie. Des lettres écrites par eux, aux ambassadeurs assemblés à Calais, pour le traité de commerce à conclure entre l'Angleterre et la France, et une requête au roi sur le même sujet, montrent que les commerçants, discutaient bien les intérêts communs et savaient bien les défendre.

XIII

Philippe-*le-Bon* hérita des États et de la politique de Jean-*sans-Peur*. Lui aussi, comprenait si bien l'importance du port de Dunkerque, que Réné, duc de Bar étant prisonnier, il lui offrit la liberté s'il voulait renoncer à ses droits seigneuriaux sur la ville (3).

Si le duc était jaloux de s'acquérir tout Dunkerque, les Anglais n'auraient pas été fâchés de s'en emparer. Ils essayèrent de la prendre par surprise, mais leur tentative échoua déjouée par la valeur de Jean Vandewalle. Ils prirent alors le parti d'aller faire le ravage sur la côte de *Cadzand*.

1430. — Pendant ce temps ils excitaient le mécontentement des Flamands. Ceux de Cassel voulaient entraîner dans leur révolte contre Philippe-*le-Bon*, les villes voisines de la mer (4). Cela joint à d'autres motifs que nous ne pouvons exposer ici, dégoûta le duc de l'alliance anglaise qu'il avait gardée jusques-là. Il se déclara enfin contre eux, et convia les communes de Flandre à l'entreprise qu'il voulait faire sur Calais, leur refuge. Les communes de Flandre acceptèrent et firent des préparatifs immenses. On aurait juré qu'elles n'avaient rien de plus à cœur que de s'emparer de Calais et de faire expier aux Anglais tant de griefs qu'elles avaient à leur reprocher.

Néanmoins, elles désertèrent inopinément et l'affaire avorta. Les Anglais en profitèrent, revinrent en force, se répandirent dans la Flandre, ravagèrent les

---

(1) M. Gachart, *Rapport sur les archives de Lille*, p. 127.
(2) Faulconnier, t I, p. 29.
(3) M. Gachard, *Rapport sur les archives de Dijon*, p. 73.
(4) Voir aux archives de Bergues sous le n° 41, un titre de 1430, qui a rapport à ceci.

campagnes des environs de Dunkerque, d'où ils emportèrent plus de douze cents charriots de butin.

Ce succès les mit en goût : six mois après, les ducs d'Yorck et de Glocester, à la tête de deux à trois mille hommes, revinrent achever le pillage. Poperingue, Bourbourg furent dévastés. Surprise sans garnison, Dunkerque fut prise et pillée de nouveau. On eût pu se croire transporté de plusieurs siècles en arrière et revenu au temps de l'invasion des barbares.

Cependant, les turbulentes communes de Flandre essayèrent encore d'organiser un nouveau mouvement contre le duc. Elles envoyèrent partout des délégués pour recruter des partisans. Dunkerque, encore sous le coup de la dernière catastrophe, refusa de les entendre; elle fit de même dans une nouvelle tentative renouvelée quelques années après. Elle conserva ainsi un peu de cette tranquillité dont elle avait si grand besoin.

XIV

Sous Phlippe-*le-Bon* et lorsque ce long paroxisme se calmait, Dunkerque s'enrichit de plusieurs institutions religieuses et charitables.

1426. — Les Conceptionnistes furent bientôt suivis des Récollets (1438), puis de la fondation ou plutôt de l'extension de l'hôpital Saint-Julien (1452), desservi par huit sœurs de l'ordre de Saint-François.

Une belle et vaste église, sous l'invocation de Saint-Éloi, fut érigée en moins de trois ans (1440, trois nefs s'adjoignirent à la tour. L'entrée de ce temple était sous la tour et débouchait sur une vaste place dont le marché au Poisson actuel faisait partie.

XV

Meyer, le *Tacite* flamand, ne dédaigne pas de mentionner dans ses annales le *Carillon de Dunkerque*, dont la réputation est devenue si populaire, et de consigner comme chose digne de remarque l'habileté du carillonneur que, de toute part, on venait écouter.

XVI

Sous les ducs de Bourgogne, Dunkerque reste au second plan.

Le dernier acte important relatif à notre ville, pendant cette période, c'est la décision par laquelle Charles-*le-Téméraire* la place dans la deuxième recette de Flandre, celle de Bruges.

CHAPITRE VIII.

LES HOMMES ET LES CHOSES A DUNKERQUE
sous les ducs de Bourgogne.

Nous avons décrit ailleurs (1) l'état des arts et des sciences, dans la Flandre, sous le règne des quatre ducs de Bourgogne. Nous n'avons rien à changer à cette esquisse ; nous y renvoyons donc le lecteur.

Nous consignerons dans ce chapitre quelques détails tout-à-fait spéciaux à la localité et qui présentent un intérêt que chacun peut apprécier.

Quelques lecteurs apprendront, avec surprise peut-être, qu'au XVIe siècle la chose publique était sauvegardée à Dunkerque presque aussi complètement qu'aujourd'hui.

Par exemple, les substances alimentaires étaient soigneusement inspectées par les *Wardeurs* ou *Warandeurs*. Dans le compte des sessions du bailli, nous voyons qu'un grand nombre de boulangers étaient mis à l'amende pour avoir vendu du pain *mesele* (moisi) ; du pain n'ayant pas le poids, etc., etc. Des bouchers, pour avoir livré de le *char mausaine* (de la viande malsaine) ; pour n'avoir pas leur étal approvisionné au marché. Des brasseurs, pour avoir fait de la bière qui *n'estoit mie passable*, ou pour avoir mêlé à la forte cervoise, de *le cervoise moindre*. Des cabaretiers pour avoir des *kanekins trop petits*, ou avoir vendu avant le *sollel* (avant le lever du soleil). Des épiciers, pour avoir vendu à *foux pois*; avoir livré de *mauses candelles*, de *mase moutarde*. Des poissonniers pour avoir *acaté du poisson en dessoubz*, c'est-à-dire du poisson non expertisé ; pour avoir *mal salé les harengs ;* et, en effet, les Wardeurs avaient découvert que les couches inférieures étaient moins salées que les couches supérieures.

Que de condamnations à prononcer aujourd'hui si l'on s'avisait d'être si difficile.

La police de la voierie était également sévère pour les fils d'eau des rues, le pavage des trottoirs, l'enlèvement des boues, la propreté des rues, leur sûreté, etc.

---

(1) *Histoire de Lille*, t. I, ch. VIII.

Ainsi un délinquant était condamné à 20 sols d'amende (ce qui nous paraît équivaloir à 10 francs de nos jours), pour ce que le « *goutière devant le place vers le ruwe ne fut point vuydie que l'yauwe* (l'eau) *ne pooit avaler* (ne pouvait point descendre). — *A* 10 *sous pour ce qu'ils n'ont point pauees devant leurs maisons.* — *A* 5 *sous pour ce qu'ils ont laissier leurs ordures devant leurs maisons, ou pour avoir porté fiens et aultres ordures en le terre d'aultruy*; ou enfin *pour avoir trotez sur le cauchie de leurs cars* (avoir fait trotter leur chariot sur la chaussée).

Du montant de ces amendes, un tiers appartenait aux Wardeurs, un tiers à la caisse échevinale, un tiers au seigneur. Les amendes pour meurtres ou blessures revenaient plus spécialement à ce dernier. Le bailli entrait d'ailleurs en transaction avec les coupables, et lorsqu'il était convaincu que ceux-ci ne pouvaient payer les 60 livres d'amende, il traitait avec eux de gré à gré pour 24, 20 et même 6 livres.

Un jour, Lambert Lepriester fut condamné à payer 60 livres pour avoir frappé d'un couteau François Claeys (ceci se passait en 1394). Lorsque la cause fut plaidée dans la chambre échevinale, il n'y avait d'autres témoins que le bailli même et ses massiers, mais ils ne pouvaient déposer dans la cause; on s'arrangea donc moyennant 8 livres (1).

Une autre fois, deux bourgeois de Dunkerque s'étant pris de querelle, l'un coupa à l'autre *i piece de sa oreille*. Le bailli en référa à la dame de Cassel, seigneur de Dunkerque. Le secrétaire lui répondit : « *Qu'il en fesist le plus pofitable pour » madame qu'il peust.* » Au lieu de 60 livres le bailli accommodant accepta 40 livres.

C'est à partir des ducs de Bourgogne que la comptabilité des caisses publiques commença à prendre en Flandre quelque régularité. Une grande partie des registres composant les archives de Dunkerque ont malheureusement péri dans les incendies et les siéges éprouvés par la ville. Ce qui a survécu à ces désastres fait vivement regretter l'absence de ce qui nous manque.

Les comptes des receveurs présentent de curieux renseignements dont nous donnerons quelques extraits :

Un titre de 1388, nous apprend qu'il y avait dans l'arsenal du château de Dunkerque 25 livres de salpêtre à 12 sous, et 8 livres de petit soufre à 2 sous. De plus, 2,000 fûts de quarreaux d'arbalète. Il en résulte évidemment que la poudre à canon était à peine connue et d'un prix très-élevé.

Un compte de 1406 porte à la dernière page un inventaire qui est (à notre connaissance) le premier titre officiel constatant l'usage de l'artillerie à Dunkerque. On y lit :

« Provisions au chastel de Dunkerke : 115 pierres pour les canons ; 50 quar-

---

(1) Voici comment s'exprime le compte du bailli : « Lambert Lepriester fut calengié de cx l. de ce
» qu'il auait sachiet j coutel sur claeys fr. Nuls ne le vit fors le bailly et ses machiers q. vinrent sus
» p. lesquels il ne s'en pooit aidier à le preuve...... »

PLAN DE DUNKERQUE AU XV SIÈCLE.

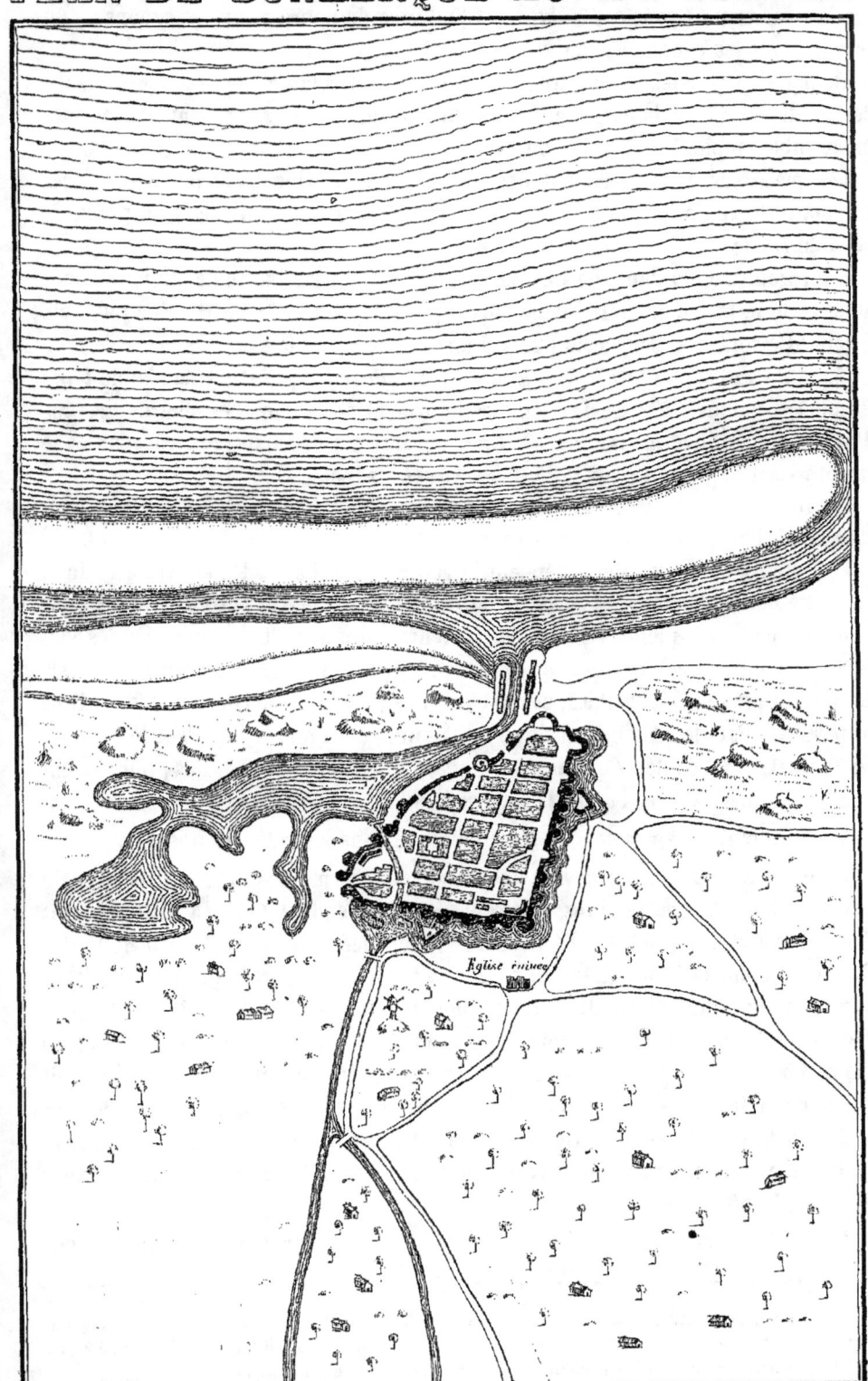

V.or DERODE, Histoire de Dunkerque.   Lith. de Brasseur, à Dunkerque.

reaux pour canons cousta 50 livres ; 100 livres de poure pour les canons ; 100 pierres pour les canons cousta x livres. »

De pareilles provisions montrent toutefois combien était encore restreint l'usage de l'artillerie. Cependant, soixante ans auparavant, les Anglais en avaient fait un mémorable emploi à la bataille de Crecy !

Les pièces de canons avaient des noms propres. Une batterie de six pièces comptait ut, ré, mi, fa, sol, la ; une de sept pièces, les noms des sept preux de la table ronde.

Les comptes de la dame de Cassel nous fournissent une sorte de statistique des affaires de la police correctionnelle du temps. On y rencontre parfois de piquants détails. Ce sont des bourgeois punis d'une amende de 60 sous, pour avoir *fery* (frappé) *du puing, de la corde, du bâton, du coutiel à pointe*. Une simple *baffe* (soufflet), coûtait 40 sous. Les femmes figuraient aussi dans ces affaires, et plus d'une fois on trouve *Katterine, Bodine*, ou autres se prenant aux cheveux et se cassant réciproquement, sur la tête, les *kanekins* (pots).

Du reste, maîtres et serviteurs étaient soumis à la même loi, et tel bourgeois était mis à l'amende pour avoir battu son valet.

Les mœurs de notre ville reflétaient la rudesse des habitudes générales. Ainsi, on voit à cette époque, les bourgeois de Dunkerque se livrer entre eux à des querelles armées, auxquelles ils associaient leurs parents et leurs amis. On les voit faire *husson* (1) conclure des *truiwes* (trèves), les rompre (2) ; se porter aux voies de fait les plus répréhensibles, et dont nous ne pouvons nous faire une idée. Il ne se passait guère de semaine sans que des affaires où figurent le *puing*, le *coutiel*, ne fussent évoqués des *Communs-Kœures* ou sessions municipales, qui avaient lieu quatre fois l'année, en avril, mai, septembre et décembre.

Voici un curieux spécimen du style employé dans les réquisitoires :

« Le samedy au vespe, devant le chandeleur dàrn passe fut j debat en le ville de Dunkerke, entre Jans Credo et Gnekin Lemeester. Si auant que ledit Credo tuwa et mit a mort ledit Lemeister, dont ledit Credo est bâni p. le loy de Dunkerke c ans et j jour hoirs du pays de Flandre. Et entremeut q. ledit debat duroit si le oyt huon Dewalle dire q. on combattoit sur le ruwe devant le maison Jos, Pulle laîn. Il fut a ce dont ens et courut hoirs a tout j coutel sachiet en se main. Pour avoir aidie ledit Credo en contraire de l'aultre dont le bailly mit calenge sur lui de lx livres, selon la loy du pays avoir este aydant et confortant audit Credo pour tuwer l'autre. Nul ne le vit p. quoi li bailly peust avoir prouve sa calenge si le laissa composse a le priere de Renau Dubaillon et autres bonnes gens. xij livres …. »

Les inventaires dressés par le représentant du seigneur foncier ont aussi leur

---

(1) Husson, c'est l'attaque nocturne d'une maison. A l'occasion d'une husson, le bailli nous apprend que « ….N tira son coutel sur Coppin Nagel par nuyt et s'en fut jusqu'a ij fois…. » Condamné à cx l. (60 l.) il s'accorda pour xxiij veu qu'ils estoit estrangier et se n'eut rien….. »

(2) La rupture des trèves bourgeoises entraînait une amende de 60 l.

intérêt. On y trouve les meubles, vêtements, etc., qui se perpétuent tout en changeant de nom. Il faut savoir que le seigneur héritait la moitié de ce que laissaient à leur décès les bâtards et les bannis. Vigilant gardien des droits de la dame de Cassel, le bailli de Dunkerque se transporta donc, en 1382, au domicile de « *Jaque Wouters* de Loon, bastard, morut (mort) en le ville de Dunkerque, » le xxij, jour de jenviet.... et demoura après lui une quantité de cateulx » (meubles)... »

Parmi ces cateulx, nous voyons :

Pour la chambre, *kieute*, c'est-à-dire matelas; *lincheulx*, draps de lit; *couvertoires*, *oreillières*. Pour la garde-robe, *caute ardie* (cotte hardie, espèce de surtout); *blanket*, manteau blanc ; *plichon d'espainge*, manteau d'Espagne; *mantel*, *houppelande* et autres menues *chausettes* (bagatelles). Pour la cuisine, des *chayères* (chaises); *buffets*, *huches*, *platz*, *corbilles*, *potz d'estaing*, *hanaps*, *tasses*, *gobinets* (gobelets), *tréchoirs* (couteaux), etc.

Puis le *rostier* (la broche), *l'andier* (les chenêts) et autres *hostiaux* (ustensiles), parmi lesquels le *forgiet*, dont nous ignorons le nom actuel.

On y trouve aussi mentionné une sorte de brouet composé de bière, d'œufs, et de pain que l'on appelait alors et que l'on appelle encore aujourd'hui *bierenbrodt*.

Ces détails, et d'autres que l'on pourrait y joindre, donneraient de précieux renseignements à celui qui voudrait faire une description vraiment historique des mœurs du temps. Nous les signalons donc au futur Walter-Scott dunkerquois.

Ces inventaires fournissent les prix de plusieurs objets qu'il peut être utile de comparer avec les prix actuels.

Ainsi, le fer et le plomb y sont notés comme valant un sou la livre. Aujourd'hui ils valent l'un 4 sous et l'autre 5; la prétention de fixer à perpétuité la valeur des métaux précieux ne serait pas moins déraisonnable de nos jours, que ne l'aurait été alors celle de décréter la valeur future de ces métaux usuels. Il ne doit donc y avoir pour la monnaie qu'un seul métal employé. C'est une erreur que d'en adopter trois comme on le fait au XIXe siècle.

Suivant la qualité, le blé valait 2 livres, 2 liv. 8 sous, 3 liv. la rasière; le meilleur valait 1 fr. 50 c. l'hectolitre. Il se vend aujourd'hui dix ou douze fois plus.

Si le prix des autres denrées a subi une augmentation analogue, nous avons aujourd'hui les mêmes conditions relatives de bon marché que nos ancêtres. Et en multipliant par 10 ou 12 les prix d'alors, nous devons retrouver ceux de 1851. Ce travail est facile, il n'est personne qui ne puisse l'effectuer.

Ainsi, par exemple, un manœuvre de maçon recevait 4 sous par jour; ce qui donne 2 à 2 fr. 50 c.; c'est le taux qu'on trouve généralement à Paris et ailleurs. Un garçon meunier recevait par semaine cinq sous : ici le salaire actuel est au moins double. Le receveur du seigneur de Dunkerque avait pour salaire 1 ou 2 sous par jour; or, quel fonctionnaire de ce genre se contentera de 50 c. ou 1 fr.? C'est être modéré que d'évaluer le taux au quintuple.

Ainsi les salaires sont augmentés plus que les produits agricoles. C'est un point important à constater.

Prenons d'autres exemples : les lattes se vendaient 9 sous le cent, elles valent 2 fr. 50 c. à 3 fr.; c'est trois et quatre fois plus. La houille se vendait 11 sous, elle vaut 2 fr. 50 c. à 3 fr.; c'est cinq fois plus. La chaux 3 sous 1/2, elle vaut 1 fr. 20 c.; c'est sept fois plus. La laine pour travailler en haute-lice coûtait 13 sous la livre, on la paierait aujourd'hui 10 à 12 fr.; c'est vingt fois plus. L'étoffe de laine pour les robes de la dame de Cassel se vendait 4 sous ; il faudrait au moins 4 à 5 fr. pour une qualité semblable ; c'est 25 à 30 fois davantage.

Les produits ouvrés et manufacturés ont donc éprouvé une augmentation plus rapide que les autres produits; c'est un point sur lequel on discute souvent de nos jours.

Nous venons de parler de la houille, il ne sera pas superflu de remarquer qu'en 1388, on l'employait, à Dunkerque, sous le nom de *carbon de Fevre;* en 1588, on la qualifiait de *charbon de maréchal.*

Le droit de tonlieu, sur ce combustible ainsi que sur le sel, le blé, etc., était de 1 mesure sur 51 ou plus ; et de 1/2 mesure sur 50 ou moins. En prenant pour moyenne 1 pour 100, et calculant sur ce taux nous devrions payer aujourd'hui pour droit d'octroi :

Sur la Houille 2 c. 1/2 l'hectolitre, nous payons 4 fois plus ;
Sur la Bière 35 c. idem, nous payons 10 à 12 fois davantage;
Sur le Vin 1 fr. idem, nous payons 30 fr.

Les impôts ont donc augmenté dans une proportion énorme.

La cervoise de Hollande était consommée en grande quantité à Dunkerque. Elle se vendait 2 fr. 12 c. la tonne ; elle vaut aujourd'hui, proportionnellement, deux ou trois fois plus. Le droit d'entrée était de 2 gros. Disons en passant que, contrairement à l'opinion généralement reçue, la bière et la cervoise étaient choses parfaitement distinctes (1).

N'allons pas oublier ici une circonstance que les annotateurs rappellent avec une complaisance marquée.

L'an 1404, le Vendredi-Saint, pendant qu'on prêchait la passion, une baleine de quinze mètres de longueur et que l'on trouvait d'une dimension prodigieuse, s'engagea dans le port; la curiosité plus forte que le recueillement, attira tout l'auditoire hors du lieu saint.

L'année suivante, huit autres baleines échouèrent sur la côte entre Ostende et Dunkerque. Un fait si merveilleux méritait un chronogramme et il l'obtint. Un cas semblable se présenta en 1633. Ne serait-ce pas à une circonstance de ce genre que Walcheren doit la baleine qui figure dans son écusson ?

Ce qui est plus certain et plus intéressant pour nous, c'est une série de phénomènes dûs à une révolution géologique et qui rendit très fréquentes les inon-

---

(1) La cervoise se faisait avec des substances autres que celles employées pour la bière. D. Carpentier dit, t. IV, p. 127 : Cervoise, boisson différente de la bière et dont on faisait plus de cas. — Ducange dit : Potus præstantior eo quem *biere* vocamus. Il cite une lettre de grâce de 1464 « ...Icellui Noel dist au suppliant qu'il paierait ung pot de *cervoise* et le dit suppliant lui respondi qu'il n'avoit joué que *biere* .... » On faisait de la cervoise avec de l'orge, quelquefois avec des mûres.

dations du littoral. En maint endroit la mer rompit ses digues et ravagea les terres cultivées. Et de même que nous avons vu, précédemment, le retrait de la mer devenu un fait si ordinaire que le comte se croyait autorisé à faire, des relais de mer, des largesses anticipées; de même, par une oscillation contraire, les eaux tentent de reprendre les terres autrefois abandonnées par elles. Aussi, dans les baux de l'époque on voit figurer une clause doublement remarquable, par laquelle les bailleurs prétendent se dégager de tout préjudice résultant des inondations de la mer.

Sous la domination des ducs de Bourgogne, les lettres fleurirent en Flandre. Le mouvement intellectuel de la période précédente se continua et s'étendit. Thomas Diacre et Robert Gaguin y représentent honorablement la Flandre maritime. C'est alors que s'organisèrent les Ghildes ou Chambres de rhétorique : à Bailleul, les Gelsenders et les Adrianistes ; à Bergues, les Royaerts et les Coyaerts; à Dunkerque, les Rhétoriciens.

Ainsi, au milieu même des dissentions politiques, nos ancêtres allaient demander aux lettres, à la poésie, leur consolation, leur passe-temps. Ces hommes que, dans notre risible et dédaigneuse présomption, nous appelons ignorants ou barbares, nous donnaient un exemple que, pour notre honneur, nous avons trop longtemps perdu de vue et qu'il est temps enfin de suivre, sous peine de voir retomber pesamment sur nous l'injure que nous pensons leur jeter.

CHAPITRE IX.

DUNKERQUE SOUS LA MAISON D'AUTRICHE
(1477—1513).

Le mariage de Marguerite, fille de Louis de Male, avec Philippe-*le-Hardi*, avait fait passer le comté de Flandre dans la maison de Bourgogne. Le mariage de Marie de Bourgogne, avec Maximilien d'Autriche, le porta à une nouvelle branche souveraine.

Dunkerque resta 38 ans sous la domination de l'Autriche. C'est une époque de transition qui n'a pas de caractère bien marqué, mais que nous devons parcourir pour ne pas rompre la chaîne des temps.

I

Accusé de trahison, le connétable de Luxembourg avait été décapité en place de Grève; ses biens avaient été confisqués au profit du roi, et de cette façon Louis XI était à son tour devenu le seigneur foncier de Dunkerque. Mais comme il crut pouvoir, sans danger, être généreux envers le fils du condamné, il lui rendit cet apanage.

Cependant, lorsqu'à la mort de Charles-*le-Téméraire* (1477), Marie de Bourgogne apporta à Maximilien d'Autriche les riches provinces de sa dot, Louis se montra moins accommodant. Il exploita son procédé : *diviser pour régner*. Exposée aux tracasseries de son redoutable voisin, Marie vit condamner à l'échafaud ses plus fidèles serviteurs. La guerre se ralluma de nouveau.

1482. — La bataille de Guinegatte, où les deux partis s'attribuèrent la victoire, amena une conclusion. On signa une trêve; après la trêve on conclut la paix. Il eût été préférable de commencer par là (1).

Cette paix, officiellement jurée par le roi, ne l'empêcha pas d'exciter une guerre intestine dont il espérait le profit. Il n'était pas difficile de faire mettre des troupes en campagne aussi longtemps que des villes comme Gand et Bruges pouvaient être de la partie.

Les Français vinrent encore en Flandre. Contraints de lever le siége de Nieuport, ils s'étaient portés sur Ostende et avaient forcé Bruges à payer des contributions. Ils se jetèrent ensuite sur Dunkerque qu'ils croyaient enlever; mais ayant trouvé une résistance inattendue, ils en firent le siége. Etrange spectacle! un sire de Vendôme était seigneur de Dunkerque, un sire de Vendôme commandait les troupes chargées de s'en emparer.

Heureusement, la mutinerie des Suisses de l'armée du siége, en dérangea les opérations. Un conflit s'y éleva; dans la mêlée qui s'en suivit, 300 Suisses et un pareil nombre de Français perdirent la vie. Le camp fut levé et le théâtre de la guerre se transporta ailleurs.

II

Marie de Bourgogne étant morte en 1482, son fils Philippe hérita de ses provinces. Un mainbour ou tuteur fut nommé au jeune prince. Ce fut une occasion nouvelle de révolte. La Flandre maritime voulut se séparer de Maximilien et de son fils. Mais enfin les troubles s'apaisèrent, et en 1488 Maximilien accorda aux villes de la province le pardon des récents méfaits (2).

Si le lecteur veut se rappeler les circonstances que nous avons rapidement énumérées, il verra qu'en moins de deux siècles, Dunkerque avait éprouvé plus de douze fois de ces crises violentes qui détruisent parfois les cités. Mais loin de détremper l'énergie des habitants, il semble que ces secousses ne faisaient que la surexciter.

III

En effet, dès que l'armée française se fut éloignée, les Dunkerquois réconciliés avec Maximilien, lui fournirent des hommes d'armes pour une tentative contre Saint-Omer.

Ayant pratiqué des intelligences dans cette ville, où la garnison française était vue de mauvais œil, ils convinrent d'un signal avec les bourgeois. Une lumière placée au haut d'une tour devait les avertir que tout était prêt. Cependant les appareils apportés pour l'escalade s'étant brisés, les assaillants allaient revenir

---

(1) Il existe aux archives de Bergues des lettres relatives à cette affaire. Inventaire, p. 152, pièce n° 76 et 96 pour la paix de 1488.

(2) Sous la date de 1488 et 1489, il existe deux lettres de pardon et la confirmation d'icelles. — Voir aux archives de Bergues.

sur leurs pas lorsqu'ils aperçurent une échelle laissée par le bourreau, au pied du gibet. Cette ressource inattendue les ramène aux murailles. Ils les franchissent en silence, les sentinelles sont frappées. Surpris à l'improviste, les Français se défendent vaillamment, mais trois fois les Dunkerquois reviennent à la charge et parviennent enfin à se rendre maîtres de la ville.

IV

Venu à Dunkerque pour renouveler l'échevinage, le commissaire du duc de Vendôme remontra aux Dunkerquois que cette hostilité contre la France finirait par leur être préjudiciable, et il les engagea à recevoir la garnison française. Instruits par une coûteuse expérience, les Dunkerquois protestèrent qu'ils préféraient se garder eux-mêmes, assurant qu'ils se passeraient à la fois du concours des Français et de celui des Allemands.

Mais la proposition de l'envoyé avait fait naître des soupçons. A peine eût-il achevé sa mission, qu'ils dépêchèrent un des leurs, auprès d'un officier de Maximilien qui, avec des troupes allemandes, croisait dans la Manche. Ils lui demandèrent une garnison pour les défendre au besoin contre une agression qu'ils croyaient prochaine.

La garnison appelée vint en effet ; mais par une de ces péripéties dont l'histoire abonde, cette troupe amie n'arriva que pour piller et opprimer la population qui lui tendait les bras.

V

1500. — Philippe, qu'on a surnommé *le Beau* (1), le fils de Maximilien d'Autriche et de Marie de Bourgogne, et par conséquent comte de Flandre, vint visiter sa bonne et malheureuse ville de Dunkerque. Le Magistrat, en robe de cérémonie alla au-devant de lui, et malgré les calamiteuses circonstances, lui offrit quelques pièces d'argenterie, plus, deux queuwes de vin, présent traditionnel réservé au comte.

C'est dans cette ville que le prince reçut les ambassadeurs de Henri VII, roi d'Angleterre, et qu'il convint avec eux de se rendre à Calais où l'attendait toute la cour du monarque.

---

(1) Comme il y a dans le récit de cette histoire plusieurs personnages du nom de Philippe, nous les distinguons ici.

Comtes de Flandre.
- Philippe d'Alsace.
- Philippe-le-Hardi, duc de Bourgogne.
- Philippe-le-Bon, duc de Bourgogne.
- Philippe-le-Beau, archiduc d'Autriche.
- Philippe II, Philippe III, Philippe IV, } rois d'Espagne.

Philippe-le-Bel, Philippe-de-Valois, } Rois de France.

Il semblerait que ces souvenirs devraient avoir quelque part à Dunkerque une consécration officielle.

VI

1506. — Philippe-*le-Beau* étant mort, son fils Charles hérita de ses royaumes; mais comme il était mineur, Maximilien, son aïeul, prit en sa place les rênes du gouvernement.

Pendant cette minorité, la Flandre vit encore un exemple de cette initiative que prenaient les provinces dans la direction du gouvernement de leurs affaires, initiative qui depuis n'a cessé de décroître jusqu'à être entièrement nulle.

Les États avaient envoyé des députés au conseil du sire de Fiennes, gouverneur et capitaine-général de Flandre et d'Artois; ces mêmes États votèrent un aide de 128,000 écus de 48 gros à l'effet de lever 1600 piétons et de les répartir en garnison à Dunkerque et autres lieux (1). Le gouverneur avait approuvé ces mesures dans lesquelles le comte n'entrait pour rien.

VII

Pour ne rien omettre de ce qui concerne la localité, citons un octroi transcrit alors au *registre noir* destiné à cet usage (2) et qui, pour assurer à la ville le revenu des droits sur les boissons, éloignait d'une demi-lieue des remparts toute maison où l'on aurait pu vendre à boire.

VIII

La dame de Vendôme vint visiter la seigneurie de Dunkerque; sa bonne ville s'était promptement relevée et excitait la convoitise des États voisins. Aussi, la dame fut-elle inquiétée dans l'exercice de ses droits (3). Elle porta plainte au conseil de Flandre qui l'accueillit peu favorablement. Le parlement de Paris se montra plus disposé à l'entendre, mais rien ne se décida et les choses restèrent en souffrance jusqu'à la majorité de Charles-Quint.

IX

Nous avons déjà signalé une cause permanente de guerre entre les Français et les Anglais : l'ambition de princes étrangers s'appuyant sur le droit féodal pour dominer la France et la gouverner. En terminant ce chapitre, nous avons à indiquer une seconde cause analogue qui vint se joindre à la première.

Ainsi que nous l'avons fait remarquer, le mariage de Marie, fille de Charles-*le-Téméraire*, apportait à l'Autriche les Pays-Bas et la Franche-Comté; en épousant Jeanne de Castille, Philippe-*le-Beau*, héritier de Maximilien et de Marie,

---

(1) M. Gachard : *Rapport sur les archives de Lille*, p. 100.
(2) Il figure f° 60 verso, sous la date de 1506, au registre *Privilèges, Édits, Arrêts*.
(3) Faulconnier, t. I, p. 41.

acqui l'Espagne, Naples, la Sicile... Quand Charles-Quint, plus adroit que François Ier, eût pipé les dés qui donnaient l'empire d'Allemagne, cette puissance toujours croissante alarma les souverains de l'Europe. Les rois de France adoptèrent comme une nécessité de leur politique le devoir *d'abaisser la maison d'Autriche*. Née sous François Ier, nourrie par ses successeurs, cette préoccupation entraîna la France dans la série des guerres dont il sera parlé dans les chapitres suivants.

Pendant le premier siècle, la maison d'Autriche eut l'avantage : le siècle suivant ce fut le tour de la France ; mais au commencement du XVIIIe siècle elle succomba sous l'effort de l'Europe coalisée.

Tel est, d'une manière très-sommaire, l'explication générale des circonstances où nous allons trouver Dunkerque sous Charles-Quint, Philippe II et leurs successeurs.

CHAPITRE X.

DUNKERQUE SOUS LA DOMINATION ESPAGNOLE
(1516 — 1658).

Prologue.

De l'avènement de Charles-Quint au comté de Flandre jusqu'à la conquête qui enleva Dunkerque à Philippe IV, on compte un siècle et demi. Ce long espace offre une série non interrompue de troubles, de combats, de guerre civile et de guerres étrangères. Dunkerque y figure souvent avec honneur. Durant ces orageuses années, elle passe successivement de la domination de l'Espagne à celle des États-Généraux de la Hollande; rendue à Philippe II, elle est, sous son successeur, conquise par la France, remise à l'Angleterre, qui la vend enfin à Louis XIV.

On peut dire que plusieurs des principaux événements de l'histoire moderne se passèrent dans la contrée, au pied de nos remparts. Les noms les plus glorieux vont se presser sous notre plume..... Puissions-nous ne pas rester trop au-dessous d'un si noble travail !

Qu'il nous soit permis d'appeler de nouveau l'attention sur l'importance acquise par Dunkerque, soit comme commune, soit comme ville maritime. Charles-Quint, dont personne ne contestera la compétence, Charles-Quint avait compris de quelle ressource pouvait être cette ville. Aussi, pour se l'assurer sans partage, il en disputa la seigneurie foncière à la dame de Luxembourg (1); et, parmi les conditions qu'il mit à la rançon de François Ier, il plaça la renonciation du royal

---

(1) Faulconnier, t. I, p. 46, 47.

prisonnier à la suzeraineté de la Flandre, en général, et de Dunkerque en particulier.

Cette opinion était celle de tous les hommes d'Etat. Lorsqu'en 1527 la guerre eut été déclarée « aux Gueldrois et aux Franchois (1), » la Flandre demanda que « .. Dunkerque fusist gardee contre les Enghucles..... » Dans le même but, les Allemands offrirent des aides et les Brabançons fournirent 400,000 florins.

Lorsque les troubles des Pays-Bas eurent amené la signature du traité qui mettait le prince d'Orange à la tête des Flamands révoltés, le chef voulut que Dunkerque lui fût donnée en garantie de l'alliance jurée.

Dans leurs rapports diplomatiques, si souvent détruits et renoués, les États-Généraux, l'Angleterre, la France et l'Espagne visèrent toujours, soit à acquérir, soit à conserver Dunkerque, qui, sous ce rapport, offre un spectacle unique dans l'histoire.

Cette unanimité, cette persistance est un fait grave qu'il n'est pas loisible de méconnaître et qui doit être pris en sérieuse considération par ceux qui, tout en s'occupant aujourd'hui du présent et de l'avenir de Dunkerque, ne lui tiennent pas suffisamment compte de son passé.

§ Ier. Dunkerque sous Charles-Quint.

I

Un fait important se présente au commencement du XVIe siècle : c'est l'élection de Charles-Quint à l'empire. Nous croyons devoir consigner ici quelques détails y relatifs. Charles était le seigneur de Dunkerque ; en allant prendre possession de la couronne impériale, il séjourna dans notre ville, qui attira souvent sa royale attention... Ce n'est donc pas sortir de notre sujet que de nous arrêter un instant à cet épisode.

Charles venait d'être émancipé et briguait le titre de roi des Romains. Maximilien, son aïeul, étant venu à mourir, l'empire resta vacant, et le fils de Jeanne-la-Folle sollicita les deux dignités. François Ier se mit sur les rangs et lui disputa la couronne.

Alors commence, auprès des membres du corps germanique, une série de tentatives qui laissent bien loin derrière elles les marchés électoraux que nous considérons comme les plus scandaleux. Les deux compétiteurs envoient leurs agents en Saxe, à Mayence, à Cologne, en Suisse, à Berlin, à Rome, en Danemark, partout où ils soupçonnaient une voix à vendre, une influence à acheter. A cet effet ils fournissent, à leurs envoyés, de l'or en abondance ; de l'or plus convainquant

---

(1) Macquereau, *Chroniques de la maison de Bourgogne.*

que tous les discours, de l'or comptant que l'on puisse palper et sur lequel il n'y ait ni leurre, ni illusion possible.

A l'or, on ajoute des présents, des promesses de places, de pensions, de mariages, de dots. Et il fallait de riches dots, des mariages brillants, des pensions élevées, des places lucratives, des présents considérables, car on avait affaire aux plus opulents seigneurs du temps, hommes expérimentés qui entendaient avant toute chose, toucher tout ou partie du marché; hommes rusés, qui se prétendaient dégagés lorsque l'agent dépositaire de leur parole venait à mourir, et qui énonçaient alors des prétentions plus hautes que jamais; hommes enfin qui, sans aucun souci du bien de l'empire, ne songeaient qu'à leur profit et embrassaient toujours le parti du plus offrant.

Ils n'avaient pourtant pas perdu toute pudeur, car ils voulaient que ces transactions restassent secrètes; ils voulaient que l'élection semblât libre, car ils auraient pu se voir privés de leurs droits électoraux. Ils disaient cela en se vendant, on en convenait en les achetant, et l'on s'entendait pour sauver au moins les apparences! Voilà l'ignoble spectacle que présentèrent les cours de l'Allemagne depuis le mois de mai 1518 jusqu'au 28 juin 1519, à onze heures, où l'élection fut consommée.

Ce tripotage excite à la fois la curiosité et le dégoût. Tandis que les deux rois achètent les électeurs, ils s'efforcent de tarir pour leur rival la source qui lui fournit ses soins corrupteurs. On sème la défiance dans le camp opposé; on cherche à faire prendre le change sur les manœuvres que l'on pratique soi-même; on suppose des propos; on met en avant quelque candidat factice que l'on redoute moins que celui que l'on attaque en effet.

La cupidité des électeurs ayant dépassé toute prévision, on eut recours aux usuriers, et Dieu sait à quelles conditions ils intervinrent! On correspondit par chiffres afin d'empêcher la postérité de percer trop facilement ces honteux mystères! On intercepta la correspondance de l'adversaire, on la publia, sans soupçonner qu'au tribunal de l'histoire ces deux intrigues seraient un jour attachées au même pilori.

Dans ces honteuses négociations, les deux rivaux portèrent leurs qualités et leurs défauts. Dans Charles, on voit une roideur de volonté qui n'exclut pas une réserve très rare à son âge. Dans François I, on trouve l'activité des Français, mais en même temps cette jactance, leur défaut originel. L'un, choisit mal ses gens, et à côté de quelques serviteurs habiles, il s'en trouve qui n'ont ni talent, ni crédit, et qui compromettent l'affaire. Dans des lettres *un peu étranges et mal considérées*, Charles, lui-même, embarrasse ses plus dévoués agents; il en pousse quelques uns à se jeter dans le parti adverse; François, au contraire, emploie des hommes habiles, actifs, ayant tous les moyens de persuader, et pourtant ils n'arrivent pas où ils tendent. Les deux princes préparaient des armées pour appuyer ce qu'ils appelaient leurs droits, mais surtout pour effrayer les électeurs sur les conséquences d'un refus. Du reste, les serviteurs de Charles-Quint désespérèrent plus d'une fois de leur cause, qu'ils gagnèrent, et les Français, qui avaient dit que *par amour*, *par argent*, *par force*, l'empire serait à eux, virent s'évanouir leurs espérances et l'issue fut contraire à toutes les conjectures.

On avait à acheter la majorité de sept électeurs : Bohême, Brandebourg, Mayence, Trèves, Cologne, Saxe et le prince Palatin. Charles avait ouvert un crédit de cent mille florins d'or ; mais comme le roi de France surenchérissait toujours, il fallut dépasser de beaucoup cette somme. Charles avait déclaré à plusieurs reprises qu'il voulait être élu quoiqu'il en coûtât : ses envoyés donnèrent tant et si bien que les sommes payées comptant, le jour de l'élection, s'élevaient à plus de deux millions de florins d'or au-delà de la prévision du prince. La seule journée de Francfort, où se réunirent les électeurs, coûta plus de cinquante mille florins d'or.

A l'électeur de Trèves, on offrit, pour sa voix, 6,000 florins d'or de rente viagère. C'était le plus accomodant de tous.

A l'électeur de Saxe, 30,000 florins d'or pour l'acquit d'une dette dont on avait ajourné le paiement jusque-là ; 80,000 florins de rente viagère et 60,000 florins comptant le jour de l'élection. François I avait promis au marquis Joachim, homme violent et emporté, de le faire son lieutenant à l'empire. Cela lui aliéna l'électeur de Saxe, qui prétendait aussi à ce titre.

A l'électeur de Cologne, outre 6,000 florins d'or de rente viagère et 900 florins qu'il avait stipulés pour ses deux frères, plus 700 florins pour quatre de ses conseillers, il fallait 20,000 florins comptant pour lui le jour de l'élection et 9,000 florins pour les siens.

Pour le prince Palatin on alla plus loin, on lui offrit 80,000 florins, lui laissant entrevoir une bonne confiscation de 20,000 ducats. On promettait au prince Louis 6,000 florins de rente viagère ; à son fils, 50,000 florins en deniers comptants le jour de l'élection. Pour lui et les siens on réserva 113,665 florins, de plus on stipula la lieutenance générale.

L'évêque de Mayence avait d'abord accepté des offres, mais il se repentit, annonçant qu'il allait se retirer si l'on n'augmentait notablement sa part. Outre 10,000 florins de rente viagère, il voulait toucher le jour de l'élection 31,000 florins. Il avait demandé pour son maître d'hôtel 200 florins d'or de rente, et pour ses gens, en deniers comptants, 3,900 florins. De plus, en manière de supplément pour lui et les siens, une somme de 27,000 florins. A tout cela on ajouta encore comme accessoire un service d'argenterie et l'on acquitta le prix d'une tapisserie qu'il faisait exécuter en Flandre.

Cet électeur était d'une versatilité désolante ; on n'était jamais sûr de lui. La Noël 1518 s'étant écoulée sans qu'on eût exécuté tout ce qui avait été promis, il prétendit sa parole dégagée, et pour l'engager de nouveau, il posa un nouvel ultimatum, donnant cinq semaines pour tout délai ; après quoi *il s'arrangerait pour son intérêt* ; l'ambassadeur français lui offrait davantage. Aussi, le négociateur qui l'avait entrepris, disait de lui à Marguerite, régente : « *C'est un homme diabolicque pour besoigner avec lui en matière d'argent.....* » On croyait l'avoir fixé, mais au mois de mars suivant, de nouvelles offres de François I avaient bouleversé toutes les conventions antérieures. Il demanda alors par-dessus toute finance, la place de vice-chancelier de l'Empire.

Quant au marquis de Brandebourg, c'était bien pis encore! et les agents de Charles-Quint, gens qu'il eût semblé difficile d'effaroucher en cette matière, le définissent *le père de toute avarice*. Il avait d'abord demandé 8,000 florins d'or, de pension, et 30,000 florins comptant. Il exigea ensuite le double, faisant remarquer que, même à ce prix, *il y perdait*, puisque l'ambassadeur français lui offrait beaucoup plus. Il stipula donc le mariage de son frère avec Catherine, fille de Maximilien, et avec Catherine une dot de 330,000 florins, à compte de laquelle on aurait 70,000 florins le jour de l'élection, indépendamment de 30,000 florins pour lui et 8,000 demandés primitivement; pour Casimir de Brandebourg, 5,000 florins; pour un doyen 500 florins; pour trois conseillers 400, 300, 200 florins. A toutes ces avances, il faut ajouter encore 15,000 florins comptant pour les bonnes maisons d'Allemagne.

Voilà ce que pèse la couronne impériale de Charles-Quint! Voilà les suffrages qui la lui ont procurée.

Pour célébrer cette glorieuse élection, on ordonna des fêtes dans les états du nouvel empereur; à Dunkerque, comme dans toutes les villes de Flandre, on fit des réjouissances publiques, processions, feux de joie et autres *esbattements* d'usage.

II

Voulant prendre possession d'une dignité si laborieusement obtenue, Charles-Quint partit d'Espagne et se rendit en Angleterre auprès de son allié Henri VIII. En compagnie de ce personnage, réservé à une si triste célébrité, il débarqua à Calais, et de là vint à Dunkerque, dont la population toute entière alla au-devant de lui.

La visite de si éminents souverains était un événement important pour la ville. Le cérémonial déployé en cette circonstance offre des traits curieux qui nous permettent quelques détails. D'ailleurs, Dunkerque reçut vers ce temps la visite d'une foule de personnages de distinction. La complaisance avec laquelle Faulconnier relate ces solennités nous impose le devoir d'en donner une idée (1).

L'homme du comte de Flandre, le bailli portant la verge de justice, marque de sa charge, puis l'homme de la cité, le bourgmestre suivi des échevins, conseillers et autres fonctionnaires en robe de cérémonie, d'étoffe brune ou noire, garnie de bandes de velours, allaient en députation recevoir le seigneur.

Celui-ci arrivait à cheval ou en carrosse. Au nom du corps échevinal, le greffier portait la parole. Il exprimait la joie et la reconnaissance des habitants. Le bourg-

---

(1) Charles-Quint revint trois fois à Dunkerque; Philippe II trois fois. La reine de Hongrie, Éléonore d'Autriche, la dame de Vendôme, le nonce du pape, l'ambassadeur d'Angleterre, le prince d'Orange, le duc d'Anjou, les archiducs Albert et Isabelle, Ferdinand d'Autriche..... et une foule d'autres y parurent successivement.

mestre présentait les clefs de la ville liées par un ruban de soie ou de velours. Le seigneur les lui rendait, en disant : « Gardez ces clefs comme vous les avez » gardées jusqu'ici ; soyez bons sujets, je serai bon prince. » De Charles-Quint à Napoléon telle a été la pratique fidèlement suivie.

A l'entrée en ville se développait un cortège où figuraient : 1° Les canonniers habillés de rouge et de bleu, et qui avaient salué les arrivants par 100 coups de canons ou mieux ; 2° Les archers, vêtus rouge et jaune ; 3° Les arbalétriers, rouge et brun, puis les religieux en leurs divers costumes, et portant les reliques de chaque couvent, puis le commandant de la ville et les divers fonctionnaires.

Sur le passage se trouvaient des orchestres. Les rues étaient plantées d'arbres alternant avec des termes portant des flambeaux de cire blanche ; on en comptait parfois plus de 300. Ici on jouait des mystères, là on allumait des feux de joie…

Par l'entremise des échevins, la ville offrait aux seigneurs du vin de Beaune ou d'Auxerre. Charles-Quint en reçut quatre muids ; la dame de Vendôme, deux ; les autres en proportion. Elle y joignait des pièces d'orfèvrerie artistement travaillées ; on cite surtout le vase offert à l'Empereur. Sur le couvercle était un entrelas de branches et de feuilles ; au centre, se dressait un lion tenant l'écusson de Dunkerque.

Le bon goût et la munificence de l'échevinage se manifestaient, en ces occasions, par les *gratuitez* qu'il distribuait aux divers fonctionnaires ; par la grâce qu'il accordait à des bannis, par des harangues officielles, (1) et surtout par les festins sans lesquels il n'y a pas de véritable fête en Flandre.

Ayant fait son entrée comme il vient d'être dit, Charles-Quint se reposa, et, le lendemain il entendit la messe dans l'église Saint-Éloi. Toute la cour l'y avait précédé. La nef de l'église présentait un assemblage inaccoutumé de seigneurs flamands et allemands. On y voyait les archevêques de Tolède, de Palerme, de Valence, l'évêque de Liége ; les comtes de Ravestein, d'Hoogstraete, etc., etc.

Monté sur une mule richement caparaçonnée, l'empereur se rendit de l'église à l'Hôtel-de-Ville, pour y prêter le serment que la coutume imposait au comte de Flandre.

Par une mesure libre et volontaire, Guy de Dampierre, comte de Flandre, avait en 1297, et dans une charte devenue justement célèbre, pris pour lui et ses successeurs l'obligation de promettre fidélité aux Lois et Kœures des communes avant que les bourgeois lui jurassent, à lui-même, fidélité. De cette façon, la loi était le point élevé auquel s'attachaient, d'un côté, la puissance des seigneurs, et de l'autre, l'obéissance des féaux. Cette théorie vaut bien plusieurs de celles qu'on a préconisées depuis lors.

Pour cette imposante cérémonie, on avait préparé à la fenêtre de la chambre impériale un vaste tapis de velours, et au devant, deux carreaux de drap d'or. Sur

---

(1) Faulconnier, t. I, p. 44, 45, 48, 49.

l'un était un missel et sur l'autre un registre où Charles lut et prononça à haute voix, de sa royale bouche, la formule suivante : (1)

« Nous, Charles, roi des Romains, futur empereur, roi d'Espagne, de Jéru-
» salem et des Deux-Siciles, archiduc d'Autriche, duc de Bourgogne, comte de
» Flandre, promettons en parole de prince, maintenir, garder et défendre notre
» mère la sainte Église de toute oppression, maintenir et garder et défendre
» veuves et orphelins bien et loyalement, à nos bourgeois et inhabitants de notre
» ville de Dunkerque, les lois priviléges, franchises et libertés, leurs kœurs,
» statuts, bonnes coutumes et usages de la dite ville et dépendances d'icelle, dont
» ils ont jusqu'à présent joui et usé; et maintiendrons et ferons maintenir nosdits
» sujets, manants et habitants d'icelle ville selon lesdits lois, priviléges, fran-
» chises, libertés, kœures, statuts et bonnes coutumes et usages, en ferons en
» outre ce qu'un bon et pieux prince et comte de Flandre doit faire, comme ont
» fait nos prédécesseurs.
» Ainsi nous veuille Dieu aider et par les saintes Évangiles céans écrites. »

S'adressant à la foule assemblée au-devant de la maison, le conseiller pensionnaire dit à haute voix :

« Entendez et écoutez bonnes gens :
» Votre souverain seigneur et prince naturel le comte de Flandre ici présent et
» devant vos yeux, a juré pour la ville de Dunkerque et les inhabitants d'icelle,
» ainsi qu'ont fait ses nobles prédécesseurs les comtes de Flandre, et ainsi vous
» jurerez pareillement pour lui et vous leverez la main et vous direz après moi ;
» Ici, nous promettons et jurons à notre très redouté et souverain seigneur et
» prince naturel le comte de Flandre ici présent devant nos yeux, d'être bons et
» fidèles sujets; d'observer bien et loyalement ses commandements, de conserver
» selon notre force et pouvoir, les domaines, seigneuries, limites et bornes de ses
» pays et comté de Flandre et de tout faire pour leur vrai seigneur et prince.
» Ainsi nous aide Dieu et tous les saints.

C'est une particularité curieuse que l'emploi de la langue française comme formule officielle des Flamands parlant à un Espagnol. Ainsi, le registre où la réception de Charles-Quint est relatée donne le texte général en flamand, mais il cite en français les passages principaux. Nous donnons ici le *fac simile* d'un extrait de cette pièce.

Ce qui n'est pas moins bizarre, c'est de voir ce document figurer dans le *registre aux sentences criminelles* de l'époque. Est-ce malice du scribe ou simple distraction ?

Quoiqu'il en soit, Charles-Quint passa trois jours à Dunkerque. Il y revint deux ans après accompagné du comte de Nassau, du marquis de Brandebourg, du prince de Chimay, du duc d'Albe (2). Ce point du littoral avait attiré son

---

(1) Faulconnier, t. I.
(2) Faulconnier, t. I, p. 45.

1522 FAC-SIMILE.

[manuscript text]

Archives de la Mairie.

Très hault, très noble, très puissant, très illustre et très vertueulx prince, notre très redoubté et souverain Seigneur; vos humbles et très obeissants subjectz Capitaine, bailli, buichmaistre, eschevins et avec eux toutte la communaulté de v̄re ville de Dunckerke vous p̄itent, corl clefs dicelle ville ensemble corps et biens à faire à votre plaisir et vollenté.

V.te DERODE Histoire de Dunkerque.   Lith. de Brasseur, à Dunkerque.

attention. Déjà il avait autorisé la navigation directe de la mer à Bergues sans rompre charge à Dunkerque (1). Il favorisa les pêcheurs dunkerquois, et, pour fortifier leur ville, il fit élever un château ou citadelle à l'entrée du port; il y fit des armements et vint à diverses reprises s'assurer par lui-même de l'état des travaux; on lui attribue aussi l'érection d'un phare.

Le fort de Charles-Quint était probablement le château de la dame de Cassel, mis en meilleur état et augmenté de quelques accessoires. Une tour carrée appelée *Gapaer* (2) portait des pointes de fer auxquelles on attachait la tête des suppliciés. Après avoir été debout pendant 150 ans environ, cette tour s'écroula. La tour aujourd'hui nommée *Leugenaer* n'appartenait pas à cette construction primitive : elle a été élevée dans le voisinage et lui a emprunté son nom.

III

Ce qui contribuait puissamment à la prospérité de la pêche, c'est l'usage général du poisson les jours d'abstinence. Les princes donnaient l'exemple et les inférieurs ne manquaient pas de le suivre. On voit dans l'énumération des substances alimentaires du vaisseau chargé de chercher le roi en Espagne, la place qu'y occupait le poisson salé, fumé, conservé (3). Poisson d'eau douce, tel que : anguilles, brochets, aussi bien que poisson de mer, plies, soles, saumons, cabillauds, harengs, etc.

Au commencement du nouveau règne, les Dunkerquois furent troublés dans leur pêche par les Anglais et les Danois (4). Un grand nombre de leurs *busses* (5) furent capturées.

Charles-Quint en exigea la restitution; mais pour parer à ces éventualités, il fallut armer des vaisseaux destinés à protéger les embarcations de pêches : c'était une lourde charge.

A cette époque, cinq cents bateaux étaient occupés à cette industrie et procuraient un produit annuel de 500,000 ducats (6). Quinze ans après, on n'en comptait plus que quatre cents. Aujourd'hui que la population est triplée, que les moyens de transport se sont multipliés, cent bateaux sont bien suffisants.

Pour apprécier l'influence de l'alimentation par le poisson, il faut voir la population des pêcheurs de Dunkerque qui en font leur principale nourriture sans perdre en rien la vigueur et la santé.

---

(1) M. L. Debacker, *Biographie de Gérard Van Meckerem*, p. 20.

(2) Ce mot *gapaer* ne viendrait-il pas de *kapaer* (corsaire), d'où dérive capre? Et cela n'indiquerait-il pas qu'on y attachait la tête des pirates pris en flagrant délit. Vient-il de *gaeper* (bailleur) allusion aux contorsions de la bouche des suppliciés ?

(3) Dans le compte de Jean Wyts Watergrave de Flandre (M. Gachard, *Rapport sur les archives de Lille*, p. 311), on trouve pour cette destination : « 350 stockfishs; 600 soles; 2,400 plies; 400 brochets salés; deux tonneaux de preckes sèches; 200 livres de Roscarres (sorte de stockfish); 12 demi-tonneaux de saumon; 6 d'anguilles; 12 de cabillauds salés; 40 de harengs; 4 de sorets, etc.

(4) Faulconnier, t. I, p. 45.

(5) Busse est une corruption du mot flamand *buys*, qui désigne une barque.

(6) Faulconnier, t. I, p. 47.

Bientôt les difficultés augmentèrent, car les pirates venaient en force et les mesures prises contre eux étaient insuffisantes; on ne pouvait pêcher sans être escorté par des navires de guerre. Cette protection était gênante et coûteuse; un impôt spécial levé à cette occasion, le Lastgeld, vint grever une industrie déjà souffrante.

Dunkerque avait acquis un grand renom dans l'art de préparer le poisson et particulièrement le hareng saur. Les tonnes portant la marque de la ville étaient admises librement dans toutes les villes de Flandre.

IV

Les pêcheurs Dunkerquois étaient convenus que chacun de leurs bateaux prendrait un filet dont le produit serait, par eux, mis à part et consacré à de bonnes œuvres. En raison de sa destination, on le désigna sous le nom de *Filet-Saint*.

Ce produit devint si considérable que l'église Saint-Éloi ayant été atteinte par l'incendie, on pût la réparer avec les fonds provenant du *Filet-Saint*.

Ce beau résultat devait engager à perpétuer l'institution. Aussi, cette sorte de dîme volontaire passa dans les habitudes et devint une loi à laquelle on souscrivit longtemps sans murmures. Mais les réformateurs huguenots l'attaquèrent vivement; l'esprit d'intérêt et d'indépendance étaient pour eux des auxiliaires secrets.

Cette pratique empruntait à son but religieux une couleur spéciale, véritable motif des attaques dont elle était l'objet. Les novateurs la signalaient comme une exaction, les fidèles la défendaient comme une pieuse tradition, un héritage vénéré. Elle fut ainsi le point de séparation des protestants et des catholiques.

Le jour où nous verrions rétablir le *Filet-Saint* nous semblerait une mémorable époque pour la cité, et le signal de sa résurrection à la foi.

V

Mécontent d'être évincé de l'Empire, François Ier cherchait à se venger par des hostilités sans cesse renaissantes. De là, une suite de luttes partielles aussi coûteuses qu'inutiles, suivies de trêves menteuses ou de paix sans consistance.

Trahi par la fortune, à Pavie, le monarque français était devenu le prisonnier de son rival. Il n'était sorti de captivité qu'après avoir signé à Madrid un traité qu'il chercha bientôt à éluder.

Craignant quelque entreprise contre Dunkerque, Charles-Quint y envoya le marquis d'Ambfort (1) avec plusieurs navires et galiotes. Il fit travailler aux fortifications (2); il établit au Nord-Est une batterie, restaura les jetées et voulut rendre Dunkerque capable de résister.

Pour faire face aux dépenses il ajouta, aux fonds fournis par la province, des sommes importantes tirées de son propre trésor. Enfin, pour occuper ailleurs l'ennemi, il envoya Charles de Croy faire le ravage dans la Picardie et l'Artois. Il

---

(1) Macqueriau. t. II.
(2) Faulconnier, t. I, p. 50.

vint en personne faire le siége de Thérouanne, malheureuse ville que, quinze ans plus tard, il effaça de la liste des vivants.

Un armistice conclu avec l'Espagne n'empêcha pas la France d'armer des vaisseaux qui vinrent troubler les Flamands dans leur pêche. Les villes du littoral, d'accord avec les Quatre-Membres de Flandre, armèrent de nouveaux vaisseaux. C'est là l'origine des courses de nos marins. Ce n'était, on le voit, que le droit de légitime défense. Mais, par la suite, les Dunkerquois prirent à leur tour l'offensive et se rendirent redoutables à leurs ennemis.

VI

Aucun événement important pour Dunkerque ne signale cette première partie de la domination Espagnole. Nous avons pourtant à indiquer ici une date précieuse, celle de l'érection de la confrérie des Canonniers dunkerquois qui s'organisèrent en 1519, avec l'agrément du Magistrat (1). A cette mention, nous joindrons celle de la mort de Marguerite, régente (1530); la visite de la reine de Hongrie, gouvernante des Pays Bas (1537, 1546); le châtiment des Gantois (1540); la publication à la bretesque de notre Hôtel-de-Ville, de l'excommunication de Henri VIII; la levée en masse qui appelait tous les Flamands de vingt à cinquante ans (2); la recommandation faite aux Dunkerquois par leur gouverneur, de bien traiter les Anglais leurs nouveaux alliés, et enfin la paix de Crepy (1546), conclue entre le roi de France et le roi d'Angleterre... Mais à peine était-elle signée que les signataires descendaient tous deux dans la tombe. La guerre, hélas! ne mourut pas avec eux.

VII

Parcourant leurs provinces, l'empereur et son fils vinrent de Lille à Dunkerque. Le Magistrat les accueillit avec le cérémonial accoutumé. Le cortége sortit par la porte Saint-Éloi (qui était alors sur l'emplacement de la Grande-Place actuelle), et avec 140 *torses* de cire, alla au-devant du prince, à l'écluse dite de Bergues. Pendant ce temps-là toutes les cloches *batelaient*.. Une fois en présence, les hôtes furent dans un singulier embarras. Philippe ne savait pas le français, le Magistrat ne parlait pas espagnol. Pour répondre au discours officiel, Granvelle, alors évêque d'Arras, et qui joua ensuite un si grand rôle, prit la parole et remercia l'échevinage au nom des voyageurs.

En revanche, Philippe II prit un exercice qui était de son âge et monta au sommet de la tour afin d'y contempler le vaste panorama qui s'y déroule (3). Le

---

(1) Au registre des comptes de 1519, on trouve cette mention : « Aux xx couleuvriniers jurés, » lesquels par le consentement du S^r et de la loy ont fait une compaignie et confrairie et fait serment » à la ville comme les arbalestriers et archiers à cause de quoi leur a été accordé une pension jus- » qu'au rappel desdits de la loy à l'aide des despens qu'ils ont pour hanter les couleuvriniers... chun » d'eulx.... xl sols. »

(2) Archives de Bergues, n° 224, sous la date du 19 juin 1524.

(3) Philippe revint à Dunkerque le 5 septembre 1555; il s'y trouva aussi en 1557.

Magistrat fit de riches présents, non-seulement aux princes, aux religieux, évêques, baillis, députés, au comte de Rœul, mais encore aux maîtres d'hôtel, hérauts d'armes, massiers, huissiers, laquais du prince.

VIII

Ayant arrêté son mariage avec Marie Tudor, reine d'Angleterre, Philippe envoya le comte d'Egmont épouser, en son nom, cette princesse. La *Levrete*, navire de Dunkerque, porta en Espagne le royal messager, et l'habileté non moins que le courage des marins Dunkerquois, le fit arriver au terme de son voyage à travers la flotte ennemie qui croisait sur son passage.

Car on était en guerre avec les Zélandais et les Écossais, qui ne cessaient de vexer et de poursuivre les pêcheurs de la *herenghison*.

---

§ II. Dunkerque sous Philippe II.

Charles-Quint avait déposé, comme trop pesante, la couronne achetée au prix des sacrifices que nous avons énumérés, et Philippe II lui avait succédé.

Sous ce règne long et orageux, Dunkerque éprouve des changements nombreux, dont l'intérêt va toujours en grandissant. Agitée par les opinions nouvelles, elle se voit persécutée dans sa foi par les partisans de la liberté de conscience. Attaquée inutilement et à trois reprises par les Hollandais, ses ennemis, elle leur est concédée comme gage du traité d'union fait entre les provinces révoltées contre le roi. Offerte aux Anglais, qui la refusent, et que nous verrons bientôt faire de prodigieux efforts pour la détruire, elle se trouve laissée à un prince français (le duc d'Alençon); répudiée des États-Généraux de la Flandre, pillée par le maréchal de Termes et les Français, insultée par sa propre garnison, elle est graciée par le général espagnol, dont elle avait tout à redouter, et au milieu de toutes ces péripéties, toujours infatigable, elle lance sur la mer des matelots dont la valeur devient l'effroi de la Hollande. Assurément c'est là un magnifique préambule pour l'acquisition de Dunkerque par la France.

I

Charles-Quint avait fait avec la France une trêve de cinq ans. Avant qu'elle fût expirée, la guerre avait repris son cours. Philippe II, roi d'Espagne et époux de Marie Tudor, était à double titre l'ennemi des Français. Ceux-ci firent d'abord irruption dans le pays de Bredenaerde (1) où ils mirent tout au pillage. Ils armè-

---

(1) Partie du territoire voisine des Watteringues et dont Audruyck est le centre.

rent des vaisseaux qui prirent un grand nombre de bateaux de pêche dunkerquois.

Pour s'opposer à ces attaques, une flotte espagnole arriva à Dunkerque (28 septembre 1557), mais par malheur, elle amena avec elle la peste qui exerça de grands ravages dans les équipages et la garnison. On dut établir au-dehors de la ville des ambulances pour les malheureux atteints de la contagion. Les villes du littoral durent encore faire de nouveaux sacrifices. Le roi fournit 5000 francs de sa cassette.

Cependant, le duc de Guise s'étant emparé de Calais, on commença à craindre pour Dunkerque, a peu près sans garnison; car il ne s'y trouvait qu'une centaine de gens d'armes. Les archives, les priviléges, la vaisselle précieuse furent emportées en Flandre; une partie en fut retrouvée en Angleterre (1). Les particuliers suivirent l'impulsion donnée par l'échevinage, et la panique devint telle que l'on paya jusqu'à 22 écus d'or le loyer d'un seul chariot (2).

Deux cents hommes étaient accourus de Saint-Omer avec le sire de Staple, comme pour défendre Dunkerque; mais n'étant pas régulièrement payée, cette troupe s'en dédommagea en pillant les bourgeois. Les mêmes procédés étaient suivis par la garnison de Bergues.

Le Magistrat de cette dernière ville s'opposa à ces excès et condamna au gibet trois coupables. La bande de Dunkerque en fut informée et cinquante individus de la même compagnie se dirigèrent vers Bergues pour y exercer des représailles; mais ayant trouvé opposition à leur dessein et se voyant condamnés par la cour, ils désertèrent à l'ennemi en l'instruisant du triste état de la place.

Informé de cette manœuvre, le gouverneur de Dunkerque voulut s'assurer par lui-même de ce que faisaient les avant-postes; mais dans une reconnaissance il fut emporté par son cheval, et des gens de son parti le prenant pour un Français, firent feu sur lui et le tuèrent.

Le Magistrat de Dunkerque crut devoir rendre au gouverneur les honneurs funèbres (3). La troupe, en ébriété, maltraita les échevins, dont plusieurs revinrent blessés.

Telle était alors la discipline des armées. Quand à la bravoure de ces troupes et l'habileté de ses chefs, tout nous semble à une hauteur analogue.

II

1558, 28 juin. — Ayant enfin arrêté un plan d'attaque, les Français sortirent de Calais. L'avant-garde, 2,000 chevaux et quelques compagnies d'archers se posta entre Mark et Oye. Deux jours après, 17,000 hommes campaient près de

---

(1) Le registre des comptes, en mentionnant quelques restitutions, laissent entrevoir quelles pertes ont eu lieu en cette circonstance.

(2) Faulconnier, t. I, p. 58.

(3) Les frais occasionnés pour la cérémonie sont portés au compte de 1561.

Gravelines, annonçant une tentative sur Bourbourg, afin de dissimuler le but véritable, la prise de Dunkerque.

Prévoyant de nouveaux excès, plusieurs habitants s'étaient empressés d'en sortir. Et en effet, l'armée ayant pris Mardyck, s'approcha de Dunkerque, et en quelques heures investit complétement la place.

2 juillet. — En cette circonstance comme en beaucoup d'autres du même genre les chefs militaires espagnols montrèrent leur incapacité. Ils ne surent concerter aucun effort utile. Ils consommèrent une grande quantité de munitions en tirant vers les Français encore hors de la portée de leur artillerie. Ceux-ci employèrent plus utilement la leur. Une batterie dressée par eux du côté des Récollets ouvrit bientôt, dans le rempart, une large brèche. Les bourgeois s'empressèrent de la combler. Les uns y portèrent leurs meubles, des lits, des tables....., les autres des planches, des avirons, des pierres..... Des pêcheurs y tendirent des filets.....

Mais il n'était resté en ville qu'un très petit nombre d'hommes armés, qui se voyaient pressés à la fois par les ennemis du dehors et les pillards du dedans. Quelques officiers espagnols qui s'étaient introduits dans la place et qui étaient d'avis de ne jamais capituler, persévérèrent, trois heures, dans leur héroïque dessein.

Effrayé de la largeur de la nouvelle brèche, le sire de Recourt, gouverneur, ne songea qu'à une seule chose, sa conservation et celle de sa bande. Il laissa au Magistrat le soin de s'en tirer comme il le pourrait. Pendant qu'on était à délibérer là-dessus, les Français voyant les remparts abandonnés, font irruption dans la ville, s'y répandent de tous côtés et y mettent le feu. Beaucoup de maisons étaient en bois et couvertes de chaume; l'incendie se propage avec rapidité et sème partout l'effroi. D'après certains auteurs, la ville fut pendant sept jours entiers, livrée au pillage et à la dévastation. Ni les prières des vieillards, ni les supplications des femmes, ni les cris des enfants, ni la sainteté des asiles, rien n'arrêta la fureur des soldats! La ruine, la mort ou l'esclavage, tel fut le partage de presque tous les infortunés Dunkerquois, dont le seul crime était de s'appeler les sujets du roi d'Espagne. La rapacité des pillards était telle qu'ils cassèrent les cloches de l'église afin de pouvoir en emporter les fragments.

Longtemps on vit errer sur les débris fumants de leurs demeures, des orphelins appelant à grands cris leurs parents massacrés par les Français ou ensevelis sous les cendres de leurs maisons. Les archives restées dans la commune furent détruites et c'est hors de la ville qu'il faut aujourd'hui rechercher les titres originaux qui la concernent. La presque totalité des édifices fut incendiée.

En nous rappelant les catastrophes qui vinrent si fréquemment ruiner Dunkerque, nous avons plusieurs fois été amenés à penser que dans une ville si spacieuse, l'habitude de demeurer dans des caves n'a pu prendre cours qu'au milieu de ces circonstances désastreuses où les caves étaient en effet les seuls endroits qui offrissent encore un abri aux malheureux habitants.

III

Le reste de la châtellenie éprouva un sort semblable. De Bergues, il ne subsista que 17 maisons. Dans les villages, les bestiaux étaient pour les vainqueurs un butin embarrassant, dont ils se défaisaient à vil prix : deux ou trois sous pour une vache, un écu pour trente ou quarante bœufs.

Nieuport fut dévasté de même.

Ce triste récit, écho fidèle des plaintes officielles publiées dans le temps, n'est peut-être pas exempt de quelque exagération. Les mémoires présentés au roi pour en obtenir des secours et faire prononcer l'exemption des impôts ne se sont pas renfermés dans une stricte exactitude. La ville était détruite en partie ; on se crut autorisé à dire qu'elle l'était entièrement. Quelques Dunkerquois furent faits prisonniers et délivrés sur rançon : ce fait prit la proportion d'un esclavage général. La grande majorité de la population s'était d'ailleurs retirée devant l'ennemi, elle ne fut donc pas atteinte par la mesure.

IV

Du reste, si les Français se rendirent coupables des horreurs dont on les accuse, ils en reçurent le châtiment à la bataille de Gravelines.

Paul de la Barthe, maréchal de Termes, était resté à Dunkerque, y rassemblant tout le butin enlevé à la contrée. Il en avait chargé un grand nombre de bateaux, qui attendaient le moment de quitter le port.

Absorbé par ce soin, il avait appris, sans y faire suffisante attention, qu'une armée se rassemblait à Watten sous les ordres du comte d'Egmont. Informé de l'approche de ce corps de troupes, il sortit précipitamment avec six régiments pour rejoindre ses gens et conjurer enfin le péril qui le menaçait.

Mais pour compléter son œuvre, il mit le feu à tout ce qui restait debout à Dunkerque, maisons, couvents, hôpitaux, églises ; les navires, les barques même des pêcheurs ne furent pas épargnés. Le général comptait, par-là, assurer une retraite paisible au butin qu'il envoyait le long de la côte jusqu'à l'embouchure de l'Aa, comptant pouvoir ensuite l'introduire dans la Picardie et l'y mettre en sûreté.

Il se porta vers Gravelines, mais le comte de Bugnicourt et le comte de Rœulx s'y trouvaient avec leurs compagnies, un régiment allemand, trois compagnies artésiennes et une compagnie espagnole.

Après avoir tiré sur la ville quelques coups de canon, le maréchal songea à prendre des mesures purement défensives, et essaya, mais inutilement, de passer l'Aa à marée basse.

La position était éminemment compromise : le comte d'Egmont l'assaillait du côté du midi et du couchant. La mer lui interdisait tout mouvement du côté du Nord. Il avait devant lui de braves officiers : le comte de Monthuys avec ses compagnies d'infanterie ; le sire de Chambourg et ses mille *pistolletiers*; Nieurlet avec dix enseignes des frisons, le marquis de Renty et beaucoup d'autres.

De plus l'armée était suivie d'une foule de paysans exaspérés et impatients d'exercer des représailles; on assure même que les femmes et les filles se pressaient à l'arrière-garde, demandant à grands cris la punition des attentats dont elles avaient été les victimes.

Le maréchal établit, d'un côté, une sorte de retranchement formé de ses charriots et plaça sur son front une batterie de trois *sacres* et de six *couleuvrines*.

Les Bourguignons commencèrent l'action avec impétuosité, en criant d'abord : *Victoire!* mais l'artillerie les fit beaucoup souffrir et ils reculèrent. Les compagnies d'Artois furent alors dirigées sur les batteries même, pour les enlever. Elles les attaquèrent avec furie et les Français durent céder. Mais pour ne pas laisser aux assaillants la faculté de se servir des poudres, ils y mirent le feu; l'explosion leur fut plus funeste qu'utile, et le désordre qui en résulta prépara l'épouvantable déroute qui ne tarda pas à se montrer.

En effet, l'inaction du corps allemand qui se trouvait dans l'armée française et qui, ayant refusé d'obéir, tint les piques levées; l'arrivée de dix vaisseaux anglais, qui, sous les ordres de Walrens, grand bailly de Gand et capitaine-général des navires de Zélande, canonnèrent de la rade, déterminèrent le succès de la bataille. Cinq mille français furent tués ou noyés dans l'Aa. Pas un seul n'en échappa pour porter la nouvelle du désastre. Le maréchal de Termes fut fait prisonnier; Villebon, le gouverneur de Picardie, Annebout, Semarpont, Morvilliers, et presque tous les chefs qui survivaient furent conduits à l'abbaye de Clairmarais.

L'armée flandro-espagnole s'était bien conduite. Le comte d'Egmont avait eu un cheval tué sous lui. Le sire du Plouy, le lieutenant-colonel Lazary, le capitaine Ricardin avaient trouvé la mort dans la mêlée. Martin Meyer, Melchior, Deswickan, Jean de Rumpelheim moururent des suites de leurs blessures et furent inhumés à Saint-Omer dans l'église de Saint-Bertin.

Des prisonniers faits, deux cents furent envoyés à la reine d'Angleterre; un pareil nombre fut promené dans les villages où — chose horrible — ils furent tués à coups de cognée, déchirés avec les ongles et les dents par les femmes qui humaient avec les délices de la vengeance, ce sang abhorré! Plusieurs eurent les yeux piqués d'aiguilles ou arrachés par ces furies; d'autres furent indignement mutilés. Triste application de la peine du talion!

V

Telle fut la bataille de Gravelines.

Cette victoire inespérée fut célébrée par des processions que Philippe II ordonna dans tous ses États. Le souvenir en fut consacré par une médaille en l'honneur du comte d'Egmont; médaille où le monarque espagnol est qualifié *d'invincible*, souvenir qui ne préserva pas le noble et infortuné capitaine, de l'échafaud où le poussa par la suite le duc d'Albe.

Singulier rapprochement! à deux siècles et demi d'intervalle deux catastrophes semblables se renouvellent. Par la victoire de Gravelines, le comte d'Egmont, raffermit la puissance espagnole dans les Pays-Bas. — En 1793, par la victoire d'Hondschoote, Houchard sauva la Convention; les deux vainqueurs périrent sur l'échafaud!

Le fanatisme peut changer d'objet, il ne change pas d'instinct!

VI

D'autres processions furent ordonnées, par tous les Pays-Bas, pour obtenir le succès de la prochaine campagne.

VII

Le comte d'Egmont s'étant remis en possession de Dunkerque, procéda à un acte de justice.

Parmi les habitants revenus dans la ville qu'ils avaient abandonnée à l'heure du danger, se trouvait un échevin nommé Denis Naimann, maître de pêche et *esgardeur de hareng caque*. Le malheureux était sans doute coupable de quelque crime, autre que celui d'avoir émigré avec la grande majorité de la population, mais on oublia le reste pour ne s'arrêter qu'à cette dernière circonstance. L'indignation publique se souvint de la désertion de ce lâche fonctionnaire fuyant devant le danger. Elle se formula en un jugement qui le condamnait à une forte amende au profit de la commune, de l'Église, de la bourse des pauvres et de la réparation des remparts. (1) La sentence portait que tous les soirs, et à perpétuité, une lanterne serait allumée pour indiquer la maison du prévaricateur (2). Il y a un siècle à peine, on voyait encore, sur la Place-d'Armes, au coin de la rue du Quai, la barre de fer fixée à la façade et destinée à supporter la fatale lanterne.

Le 10 août, trois semaines après la bataille de Gravelines, les habitants qui avaient émigré revenaient dans leur ville déserte et cherchaient leurs demeures ruinées. Dès ce jour, les échevins tracent de nouveaux alignements pour les rues, ils vendent les vieilles férailles. L'un d'eux, Jaspar Arsven, fait avance de fonds qui manquent partout. Les briques de Bruges, la chaux de Saint-Omer arrivent en quantité. Chacun se met à l'œuvre pour réparer le ravage de la guerre.

En peu de semaines, les brasseurs ont repris leurs travaux; les lois de la police sont remises en vigueur; les cérémonies du culte étalent leur pompe; les prédicateurs reparaissent en chaire; les écoles se rouvrent; l'Hôtel-de-Ville suspend à son beffroi une nouvelle cloche; le magasin que la ville possède, rue des Pierres, est érigé en Halle pour la boucherie.

Et tout ce mouvement se fait avec joie et entrain. (3) Les membres de l'échevinage

---

(1) En 1561, « la bresse » (brèche) faite aux remparts n'était pas encore réparée.

(2) La sentence est au registre criminel, 1559, f° 95, sous le titre : *Sentenz van Denys Nayman Seepers....*, texte flamand. Il faut remarquer comme une circonstance curieuse que, lorsque la femme de l'ex-échevin mourut, le 19 décembre 1558, tout le corps échevinal assista aux obsèques.

(3) Au registre des comptes de la ville, on lit que le 26 décembre le Magistrat festoyait le capitaine Sonastre, gouverneur de la ville (entré en fonctions le 7 octobre), et le capitaine Delamotte,

soutiennent leur zèle par des festins souvent renouvelés. — Deux semaines ne se passent pas sans que *les compaignons de la rhétoricque* ne fassent en public quelque *mystère* ou *esbattement*. Les personnages de haut rang qui viennent visiter la ville y sont reçus avec les libéralités accoutumées, et sauf quelques mesquines économies (1), les choses reprennent promptement leur allure ordinaire.

Les députés, que la ville envoya au roi ne lui exposèrent que le triste côté de la situation; et il le fallait, pour justifier la demande d'exemption d'impôts pour vingt années, celle de la remise totale des dettes de la ville, etc. Le 11 décembre, un gentilhomme de la cour vint s'assurer de l'état des choses. A lui, comme à tous ceux qui vinrent dans le même but, on dépeignit « *la desolacion de la poure ville...* » Et pour les en mieux convaincre, on leur fit de riches présents qui les disposèrent à faire à Philippe II un rapport en faveur de la ville (2).

VIII

Ces avances ne furent pas perdues. La cour accéda à presque toutes les demandes de l'échevinage. Pour faire des fonds, elle eut recours à un procédé que l'on croit, gratuitement, être une invention du XIXe siècle. Le roi autorisa une loterie à laquelle il prit 500 billets à 3 livres. Le produit, qui s'éleva à 20,000 francs, fut employé à la reconstruction de l'hôpital Saint-Julien, en partie ruiné.

Afin d'attirer à Dunkerque de nouveaux habitants, il accorda à la ville de nouveaux priviléges; il ordonna la levée de certains droits, pour acquitter les travaux publics; sur les secours accordés à la Flandre, en général, il préleva 12,000 francs pour Dunkerque; il libéra la municipalité de 6,000 francs qu'elle devait au trésor. Il l'exempta pour six ans de tout droit d'assis, et dispensa du guet « *tous ceux de la loy.* »

Pour diminuer le nombre des toits de chaume, il accorda une prime pour les couvertures en tuiles (3). L'Église fut restaurée à l'aide du Filet-Saint. Déjà ce pieux usage était négligé et on l'avait remplacé par une prime de un pour cent sur la vente du poisson. Une horloge à deux cadrans fut mise à la tour; un habile fondeur de Sant-Omer y posa de nouvelles cloches pour le carillon; de pieux paroissiens assurèrent, par une fondation spéciale, les gages d'un artiste caril-

---

« .... adfin de tenir amour et amitie avec eulx.... » Quatre jours après, l'échevinage s'assemble encore à l'Hôtel-de-Ville « *chacun avec sa portion;* » la ville fournissait le vin, et on ne l'y ménageait pas. — Le lundi *parjuré*, nouvelle réunion gastronomique.... Le jour « *des quaresmiaulx,* » de même. Tout cela permet de penser que « *la poure et désolée ville* » trouvait, çà et là, quelques compensations.

(1) On supprima le traitement d'un chapelain; le vin qu'on donnait le dimanche aux serments de la ville et autres dépenses analogues.

(2) Ainsi, au compte de 1561, on lit : « .... 15 décembre, au comte d'Egmont.... faisant visitation » de la poure et désolée ville.... un tonneau de vin d'Orléans pour sa première bien-venue, 120 liv....; » au sieur de Sonastre, gouverneur, deux pièces de vin d'Orléans, l'un blanc, l'autre clairet, 60 liv.,etc.»

(3) La rue Saint-Gilles et les rues voisines, plus maltraitées par l'incendie, prirent un aspect tout nouveau.

lonneur, et à cette occasion nous croyons devoir consigner ici l'air national *le Carillon de Dunkerque*, et nous le reproduisons dans la lithographie ci-jointe.

L'Hôtel-de-Ville fut également relevé; de belles verrières y furent posées, qui rappelaient les armes de l'empereur Charles, récemment défunt, celles de Philippe son fils, roi d'Espagne, de la duchesse de Parme, gouvernante des Pays-Bas; du comte d'Egmont, gouverneur de la Flandre; de la douairière de Vendôme, seigneur foncier de Dunkerque, et du roi de Navarre, son héritier; puis enfin celles du gouverneur de la ville. Cette galerie d'écussons a fait dire que « *les Dunkerquois avaient eu tant de maîtres, qu'ils croyaient appartenir à tout le monde.* » Ce reproche repose sur l'oubli des faits bien simples que nous venons de rappeler.

C'est ainsi que l'année même, où Charles-Quint (1) et Marie Tudor descendaient dans la tombe, Dunkerque sortait des ruines où l'avait ensevelie la guerre !

IX

La paix du Cateau-Cambresis rendait inutile la présence de la garnison. La ville fut délivrée de ce fardeau qui pesait sur elle. Les clefs des portes furent donc remises au Magistrat.

On put alors songer à rétablir le commerce anéanti par les tristes circonstances que l'on a vues. Profitant des démêlés qui avaient lieu entre la Zélande et Anvers, et en détournaient les arrivages, les Dunkerquois étendirent leurs exportations vers la Baltique et la Russie ; ils se remirent à la pêche, source permanente de leur prospérité; ils y joignirent la course qui, à l'égard de la France, n'était qu'une juste représaille des maux qu'elle leur avait fait souffrir.

Sur leurs légères embarcations, ils étaient à la fois présents partout, et cependant insaisissables aux navires de guerre. Passer à travers les brouillards, hisser des pavillons étrangers, profiter des vents qui poussent à la côte et que redoutent les vaisseaux de ligne, se glisser à la faveur de la marée, rompre les lignes des croisières, éviter les brûlots lancés contre eux, tels étaient leurs exploits quotidiens.

Leurs succès attirèrent l'attention de la cour, et bientôt des armements pour le compte du roi se joignirent aux armements des particuliers. Formés à cette école, une foule de marins accourus à Dunkerque étendirent au loin sa renommée.

---

(1) Le service funèbre de Charles-Quint fût célébré à Saint-Éloi, le 7 avril 1558. Nous extrayons du registre des comptes de la ville, les lignes suivantes qui ont rapport à cette circonstance :
« 8 avril. — Adrien Vandenbrouck, curé de la ville, pour l'obsèque et funérailles de Sa Majesté
» impériale, 10 fr. — Aux douze prêtres venants avec deuil de la maison de ville à l'église, à chacun
» 2 sous. — Pour les mailles de l'offertoire, 4 sous. — Pour les pauvres, 2 rasières de pain. — A
» Gilles Ramadt, poinctre (peintre), d'avoir fait deux gros blasons de 24 pieds et 14 petits à 7 pieds.
» — Pour la cire de deux torches et aultres cierges déduits, ce qui a été rendu, 16 livres 16 sous. »
Voilà, dans sa triste réalité, la pompe qui signala à Dunkerque le dernier hommage rendu à la mémoire du redoutable empereur !

Quoique privés d'éloquence ou de poésie, les registres des comptes n'offrent-ils pas de saisissantes leçons ?

Gloire et profit, deux puissants mobiles! Ajoutons-y, pour ce qu'il peut valoir, le confortable régime que les matelots trouvaient à bord (1).

X

Outre les ravages de la guerre, Dunkerque eut à supporter ceux de la peste, ou de la maladie épidémique que l'on nommait ainsi.

Le mal faisait des irruptions soudaines et dont les causes sont restées inconnues (2). La terreur qu'il inspirait est devenue proverbiale. Néanmoins, il se trouvait des médecins qui, bravant le danger, se dévouaient au service des pestiférés. Pour récompenser ce zèle et les dédommager de la séquestration à laquelle ils se condamnaient, la ville leur donnait 12 livres par mois. Les médecins des *pestiférez* portaient une robe de drap rouge, d'où leur vint le sobriquet de *Rougesmaîtres*. Ce signe indicateur permettait d'éviter leur rencontre que l'on redoutait à l'égal de la rencontre des pestiférés eux-mêmes.

Malheureusement la médecine n'était guère alors qu'un empirisme aveugle, et le dévouement de ces dignes citoyens restait peu efficace.

On relevait sur les rues les cadavres des malheureuses victimes qui y avaient succombé. Les religieuses de l'hôpital Saint-Julien, puisant dans la religion une force surhumaine, se chargeaient du soin de leur donner la sépulture; en peu de semaines elles eurent à exercer soixante-douze fois ce triste et pieux devoir (3).

XI

Pendant que tout cela se passait à Dunkerque, une horrible tempête s'était formée au loin et s'avançait vers la Flandre. Nous voulons parler de la prétendue réforme religieuse.

Chacun sait qu'au XVe siècle, les Flamands étaient tranquilles sous le rapport religieux : fidèles catholiques, heureux de l'être, n'ayant aucun motif qui pût les porter à ne l'être pas.

La double papauté avait passé sans les troubler profondément. Le nuage était

---

(1) L'ordonnance exigeait que chaque matelot reçût :
Par semaine. . . . . Une cartelle d'huile.
Par jour. . . . . . . 20 onces (625 gr.) de biscuits.
                1 lot (2 litres) de cervoise.
                1 jumbe de vinaigre.
Dimanche et jeudi. . 3/4 (375 gr.) de viande salée.
Mardi et mercredi. . 1/2 (250 gr.) de lard.
Vendredi et samedi. 1/2 de poisson, 2 harengs et un potage formé de 2 picotins de pois, une livre de riz, 2 livres de beurre, pour 50 hommes.
Dimanche. . . . . . . 2 onces (62 gr.) de fromage.

Une ordonnance de brumaire an IX ordonne par décade : 3 jours gras, 16 onces de bœuf salé, ou 10 onces de porc ; 7 jours maigres, poisson frais à discrétion, excepté la morue, chaque jour 18 onces de pain, 2 onces 2/3 de légumes, 3/4 onces de fromage, 1 pot de bière.

(2) Le service de l'enlèvement des immondices ayant été interrompu, l'échevinage acheta deux chevaux et 2 tombereaux pour le faire continuer.

(3) Le Magistrat contribuait pour 12 sous aux frais d'inhumation.

trop éloigné pour qu'on s'en alarmât sérieusement. Si l'on ne savait plus où était le pôle, la conscience publique s'agitait pour le retrouver et non pour s'en écarter.

En faisant enfermer dans les châteaux-forts quelques-uns des partisans les plus considérés du pape de Rome, en les y faisant mourir de déplaisir, (comme disent les chroniques), en appelant le bourreau pour abattre la tête à ceux qui résistaient au déplaisir, Philippe-*le-Bon* ne pouvait arracher du cœur des Flamands leur foi au légitime successeur de Saint-Pierre. Il irritait leur piété sans changer leurs convictions.

Çà et là, il s'était montré quelques turlupins, vaudois et gens à doctrine suspecte, mais ce n'était que des éruptions sans importance qui séchaient d'elles-mêmes sur l'épiderme sociale et sans altérer la constitution du sujet.

Pendant ce temps-là, le mouvement était sérieux en Allemagne et en France. Un foyer actif s'y était allumé. Des étincelles s'en échappaient et se répandaient de tout côté. En Flandre, elles arrivèrent d'abord rares et sans danger, mais elles devinrent plus fréquentes et de nature à faire craindre un incendie. Sous Charles-Quint, quelques-unes tardaient à s'éteindre, toutefois des mesures sévères les avaient fait disparaître. Mais le même vent qui éteint une lampe allume une fournaise. Bientôt la fournaise gronda.... Philippe II était sur le trône.

Quelle tournure auraient prise les choses, sous une direction autre? c'est ce que personne ne pourrait préciser. Nous n'avons pas d'ailleurs à nous en occuper ici.

Le fils de Charles-Quint crut que la manière d'en finir avec la doctrine nouvelle, c'était de lui couper la tête. Ce remède héroïque fit pourtant défaut. Dans son ensemble, le protestantisme est une erreur, ce qui ne l'empêchait pas de publier quelques vérités. La persécution double la vie de ce qu'elle ne tue pas. En roulant sur la pente des années, ce qu'on appelait la réforme, grossissait comme une avalanche, s'adjoignant la boue et les débris qui couvraient le sol. Le mouvement prit ainsi une puissance redoutable, impétueuse, irrésistible, qui ne devait aboutir qu'à un arrêt final : le repos avec la destruction de la foi.

Cette levée de boucliers contre l'autorité, était le premier acte de ce drame dont la terreur de 1793 fut le second et dont certains socialistes veulent nous donner le troisième et dernier en abjurant toute autorité, même celle du sens commun.

D'ailleurs, en ce temps-là, comme à toutes les époques, en voyant s'ouvrir devant elles une carrière vaste et inopinée, les ambitions déçues, les mécontentements de tout genre, les convoitises en exaltation s'y précipitèrent à l'envi. Dieu, Liberté, Patrie.. Examen, Foi, Autorité, Indépendance... Ces mots magiques devinrent des signes de ralliement. Mais s'ils les inscrivaient sur leurs drapeaux, les partisans s'inquiétaient peu d'avoir dans le cœur, haine, licence, cupidité, dévergondage, instincts brutaux... Du reste, les meneurs connaissaient bien ces ressorts cachés et c'était sur eux qu'ils s'appuyaient.

La fidélité au prince était alors, pour les catholiques, un corollaire de la fidélité à Dieu. Cette fidélité prit d'étranges formes. Le prince compromettait ses véritables intérêts, il fallait les défendre sans lui, malgré lui, contre lui... C'est ainsi que, pendant bien des années, on vit en Flandre une mêlée de sujets fidèles invoquant le nom du prince tout en repoussant ses armées et ses mandataires. De même que certaines populations protestaient de leur dévouement au souverain tout en battant ses soldats et lacérant ses ordonnances.

Les meneurs savaient bien quelle était l'influence de la France sur les Flamands; aussi n'agissaient-ils pas directement sur ceux-ci. Un d'entre-eux exprimait ce sentiment par une parole que nous citerons pour terminer cette revue :

« Accoustez bien, Messieurs, ce qui adviendra chez nous entre les catholiques
» et les huguenots, car au son du flageolet de Franche, il vous fauldra danser
» par decha... » (1).

XII

Dans ces circonstances difficiles, Marguerite, gouvernante des Pays-Bas, avait à porter une lourde responsabilité. Elle marchait entre deux écueils. Si les mesures répressives étaient efficaces, les novateurs criaient : Tyrannie, fanatisme! Dans l'hypothèse contraire, elle encourait de plus, le reproche de mollesse ou d'impéritie. Elle usa d'abord de modération et de prudence, mais les passions de la multitude devancent bien vite la raison des chefs. Toutes les fois qu'ils rencontrèrent de la réserve, les révoltés montrèrent de l'audace; et si la force venait ensuite, leur ardeur s'élevait jusqu'au fanatisme. Ils résistaient, ils couraient à la persécution comme au martyre. A cette époque, on put se convaincre encore de cette triste vérité : pour gouverner les masses, rien n'est impuissant comme la raison.

Les sectaires avaient pris à Bruxelles le sobriquet de *Gueux* (comme en 1793 les Jacobins adoptèrent celui de *Sans-Culottes*.) Ils affectaient un grand amour pour le roi dont ils voulaient, disaient-ils, être les serviteurs *jusqu'à la besace*. Mais ce masque était gênant, on le rejeta bientôt. Partout où il s'assembla des révoltés, des pillards, des malfaiteurs, ils s'affublèrent tous du titre de *Gueux*. Ils adoptèrent un signe de ralliement : une écuelle à la ceinture, deux mains jointes pendues à un ruban porté en sautoir. Nous les définirons en deux mots en disant qu'ils étaient les socialistes du XVIe siècle, de même que les socialistes de notre temps sont les *Gueux* du XIXe siècle.

La Flandre maritime était infestée par les bandes des révoltés. Les chroniques du pays nous les montrent ravageant Bambecque, Hondschoote, Wormhoudt, Rexpoede, Oudezeele, Herzeele, Wermezeele, Socx... Le poète Sluyper les désigne dans ses vers par un mot barbare comme eux : *Gueusia gens...* Un ouvrage du titre *Gueusianismus* nous révèle leurs hauts faits observés par un témoin oculaire.

Les novateurs disaient : « Ce n'est pas l'église que nous attaquons, c'est
» *l'abus...* » Telle était la face de la médaille! Mais briser les images des saints, lacérer les tableaux, déchirer les livres et les ornements sacerdotaux, profaner les saintes hosties, souiller les vierges consacrées à Dieu, massacrer les prêtres

---

(1) Rapport sur les archives de Lille, par M. Gachart.

sur les autels, leur faire subir les plus douloureuses mutilations, mettre tout à feu et à sac, telle était leur pratique... La croyaient-ils exempte *d'abus?* Ces horreurs dont ils prirent l'initiative attirèrent des représailles... Celles-ci servirent à en prétexter de nouvelles qui en amenèrent d'autres et, au milieu de ces lamentables conflits, l'humanité en délire, sembla pendant quelque temps, avoir perdu la notion du juste et de l'injuste, du vrai et du faux, du bien et du mal. Le transport ne se calma qu'après un demi-siècle de fureurs. Comme ces malades que la fièvre possède et qui ne recouvrent les sensations normales qu'après avoir été plantureusement phlébotomisés.

XIII

Aux premières velléités de ce genre qui se manifestèrent dans la contrée, les hommes religieux se sentirent émus. Mandé par les échevins, l'inquisiteur de la foi vint à Dunkerque. Il examina d'abord Pierre Annot, de Bailleul, et Daniel Gallant, de Steenwoorde, détenus sous prévention d'hérésie. Le conseil provincial de Gand, consulté à ce sujet, ayant donné son avis, on mit Gallant à la torture pour lui faire déclarer ses complices. Annot s'était exécuté sans attendre cette épreuve.

Le premier des accusés était détenteur « d'un nouveau testament traduit du » grec en français sans autorisation de S. M. et avec des notes de Jehan Calvin, » notoirement hérétique...; d'une confession de foy... » où l'on s'efforçait de de démontrer l'unité des églises dispersées...

Une même sentence criminelle frappa les deux prévenus, et le 20 avril ils furent exécutés par le feu (1). Une compagnie de milice bourgeoise, archers, arquebusiers, arbalétriers, assura l'exécution de cet arrêt.

De semblables procédés étaient suivis dans les localités voisines. Les kœurhers ou membres des assemblées municipales, s'inquiétaient de ce trouble nouveau; des députés allaient, d'une ville à l'autre, s'informer de ce qui s'y pratiquait contre les hérétiques, que leur envoyait l'inquisiteur.

Michel Marcot ou Marcotte ayant été mis en prison à Dunkerque, le gardien des Cordeliers de cette ville et celui des Frères-Prêcheurs de Bergues, tentèrent, sans fruit, de le ramener à la vraie foi. Le *Pater prior* (sic) d'Ypres et son religieux ne furent pas plus heureux. Marcot, obstiné, fut condamné au feu. Quelques semaines après, Philippe Vasseur, arrêté pour le même motif, éprouvait le même sort (2).

Ces tristes exécutions ne convertissaient personne. L'évêque vint à Dunkerque informer à ce sujet. Une enquête fut résolue afin de remonter à la cause et y remédier sans délai. De nouvelles ordonnances contre les *vagabondes* (sic) cher-

---

(1) D'après l'*Histoire des Martyrs,* folio 576, édition de Genève 1619, ce serait le 18 avril.

(2) La sentence de ces deux condamnés se trouve aux archives de Dunkerque, registre criminel du 29 novembre 1517, au 1ᵉʳ juin 1565, folios 119, 130, 133; le texte est en flamand.

chèrent à prévenir les conciliabules des gueux ; plusieurs d'entre eux furent punis (1).

Voyant peut-être que la rigueur déployée n'avait pas le résultat attendu, les échevins parurent incliner vers l'indulgence. Un boulanger dunkerquois, Gilles Vandewalle, ayant proféré publiquement des paroles hérétiques et blasphématoires, ils lui épargnèrent le bûcher en le faisant passer comme fou furieux. Le conseil d'Hondschoote, ayant agi d'une manière analogue, se vit destitué en masse. Toutefois, on se borna à infliger aux prévenus d'hérésie une peine plus douce que le feu : vingt hommes et dix femmes de la secte furent bannis, et leurs biens confisqués au profit du roi.

Le zèle des huguenots leur faisait des prosélytes, la persécution leur donnait des amis ; c'est dans la nature du cœur humain. Aussi, après avoir longtemps marché dans l'ombre, ils finirent par se montrer ouvertement.

Le premier prêche se fit le 10 juillet dans les environs d'Hondschoote. Il se tint des conciliabules à Rousbrugghe. Les prédicants étaient accompagnés d'hommes armés d'épées et de pistolets. Le 25 juillet, l'exemple avait gagné Bergues ; un nommé Massé y enseigna publiquement la nouvelle doctrine, appelant ouvertement la violence à l'appui. De semblables tentatives étaient renouvelées en cent localités.

Ces excitations insensées portèrent leurs fruits. Le 15 août suivant, le sac des églises commençait à Hondschoote.

Espérant parvenir à calmer ces transports, le comte d'Egmont avait toléré les prêches ; mais l'année suivante, il sentit qu'il s'était trompé et revint sur cette mesure. Il était trop tard ! Des exaltés d'Hondschoote (2) et autres lieux se mirent en campagne et firent ouvertement la guerre.

Ainsi que nous l'avons fait remarquer, c'était le conseil échevinal qui portait les sentences contre les sectaires.

Pour avancer leur cause, les novateurs tentèrent d'introduire dans le Magistrat de Dunkerque, quelques-uns de leurs amis. C'étaient deux ou trois mécontents qui avaient formulé leur opposition contre le *Filet-Saint*. La population s'en émut, mais dans le sens contraire. Les Dunkerquois envoyèrent à Bruxelles une députation pour représenter l'état de l'opinion dans leur ville et prier l'archiduc de ne pas admettre au sein de l'échevinage des hommes dangereux, en hostilité avec le sentiment général.

La gouvernante délégua Josse Hunsman et Pierre Decock, membres du conseil de Flandre, pour présider au renouvellement du Magistrat. Les commissaires du

---

(1) Nous trouvons cités parmi eux : Antoine Leurs, Gille Caille, Vanhoute, Rogier Flatres, Grand Lozart, Blankeman l'asseuré.... coupeurs de bourses.
En 1563 Charles Elinex fut exécuté à Hondschoote comme hérétique, et deux femmes comme anabaptistes. Jean Vandenweghe fut condamné à faire amende honorable pour avoir chanté des chansons diffamatoires.

(2) Jean Camerlynck, Charles Robert, François Muis...

roi de Navarre, ouvertement amis de la doctrine nouvelle, y exercèrent leur influence. Ils refusaient d'admettre, au nombre des échevins, Antoine Van Ric et Guillaume Bogaert, qui résumaient leur fidélité à la religion catholique par leur adhésion au *Filet-Saint* (1).

Mais enfin les catholiques l'emportèrent; leurs amis furent seuls nommés. Ce n'est qu'en 1580 et 1581, alors que Dunkerque était aux mains des États-Généraux de Hollande, que l'on trouve pour bourgmestres deux hérétiques.

XIV

Si la terre avait ses *Gueux*, la mer eut aussi les siens. On nommait *Gueux de mer* des pirates qui s'étaient organisés à la faveur des troubles. Ils exerçaient leurs brigandages le long des côtes et se retiraient en Hollande, encouragés qu'ils étaient par le prince d'Orange.

Le roi d'Espagne arma plusieurs vaisseaux pour les châtier, les Dunkerquois firent de même et ils enlevèrent aux Hollandais des prises si nombreuses que cela attira l'attention des États. Ils armèrent à leur tour. C'est de ce moment que la guerre maritime commença à prendre les vastes proportions qu'elle atteignit dans la suite. Le prince d'Orange eut des succès marqués et le gouverneur de Dunkerque dut à son tour augmenter ses armements.

Nous signalons encore et pour la dernière fois un des traits politiques qui caractérisait l'époque : c'est que, alors, la ville par l'entremise de son échevinage, s'occupait spécialement des mesures concernant la défense des remparts ou l'attaque des ennemis. Ainsi, en examinant en détail, les pièces du temps, nous avons trouvé fréquemment des titres qui montrent que le Magistrat envoyait ses agents à Furnes, à Gravelines, à Bruges, à Gand, à Anvers pour concerter avec ces villes les mesures nécessitées par les circonstances. Dunkerque achetait son artillerie; l'entretenait (2); faisait des échanges (3), des prêts (4), des emprunts (5);

---

(1) Au f° 88, verso, du registre priviléges, etc., on trouve, sous la date de 1565, un procès-verbal touchant le filet-saint pour la pêche du hareng. — Texte flamand.

(2) Les registres des comptes en fournissent des milliers de preuves.

(3) Sous la date de 1560, on y lit par exemple : « Mener à Anvers et vendre certain nombre de » viel fer d'artillerie.... ensemble quelques nombre de boulets.... »

(4) Sous la date de 1569, on trouve : « .... André Romptable s'est trouvé a Gravelinghes pour y » rendre au amunitionnaire les pièces d'artillerie pretées a cette ville sur la marine de guerre equipée » pour la garde et tuition de la pescherie.... » — 1579 : « .... N.... depute pour avoir traitement de » Mr l'amiral et restitution de la grande artillerie de cette ville.... » — « .... Vacation a Poperinghe » vers Mons. Delanoue afin de excuser le retardement de l'envoi de la grande artillerie de cette ville » pour le siege devant le fort de Boesinghe..... » — « ..... L'amonition et artillerie chargée pour » Bourbourg seront conduites en cette ville pour la provision et garde d'icelle.... »

(5) « .... Allé a Nieuport afin de charger l'artillerie de cette ville et icelle amener ici.... » — « .... Depute a Rousbrugghe afin d'obtenir de lui quelques pièces d'artillerie étant lors sur le châ- » teau.... »

faisait des provisions de poudre (1); payait de ses deniers les fortifications (2); la garnison (3) et jusqu'à l'ameublement du provedidor (4).

Pour faire face à tout cela, il fallait dépenser beaucoup de temps, de zèle et d'argent. Cela formait une ample compensation à la modicité de autres impôts, et nous faisons remarquer aussi qu'en notre Flandre, les ecclésiastiques étaient soumis à tous les impôts que devaient acquitter les autres citoyens (5).

On vit alors s'établir une barbare coutume, qui se prolongea trop longtemps, et dont les deux partis contraires ne se ménagèrent pas les représailles.

Les Dunkerquois avaient fait des prisonniers; en qualité de pirates ils devaient être mis à mort. Le gouvernement en fit exécuter d'abord sept, ensuite quatorze... La contre-partie ne se fit pas attendre. Les représailles prirent des deux parts une proportion de plus en plus grande. On en vint à jeter à la mer tous les équipages faits prisonniers. C'est ce qu'on appelait *leur laver les pieds!*

Les succès furent divers. A trois reprises les escadres royales eurent le dessus; en trois autres rencontres, elles furent battues. Un avantage marquant resta aux confédérés (1572), qui prirent aux Espagnols un grand nombre de navires, parmi lesquels le vaisseau *l'Inquisition*, qu'ils livrèrent aux flammes.

XV

L'universelle réprobation dont l'inquisition est l'objet, n'a pas besoin, pour se

---

(1) Sous la date de 1571 : « Guillaume Sotieu maitre des munitions de la ville de Bruges repete » au bourgmestre les poudres a canon par lui pretees.... » Le prix de la poudre éprouvait de grandes variations, car en peu de mois les achats sont fait à 7 sous, 9 sous, 11 et 14 sous la livre.

(2) C'était une des plus lourdes charges de la ville.

(3) « .... N.... depute a Berghes.... pour les engager a payer la moitié des gages promis à cent » soldats qui furent envoyes en ceste ville sous le Sr de Beaumont, capitaine pour la garde tant de » ladite chatellenie que de cette ville.... »

« N.... se rendit a Rexpoede vers les soldats allemands adfin de leur faire prendre leurs loges a » *Condenen.* »

1633. « .... La loy at este servie a la req. du reverendissime evesque de Saint-Omer et don Loys » de Benavides gouverneur de ceste ville de donner aux soldats tenans garnison dedans ladicte ville » pour estre distribue entre eulx à cause que endeans longtemps ils n'avoient recus aucun argent — » la somme de 325 patacons. »

(4) On trouve payé pour cet objet : « .... Pour quatre douzaines et dix tranchoirs pesant 18 livres, » dix plats du poids de 59 livres et douze sauciers de 10 livres, ensemble 128 livres d'etain, à 8 sous » la livre; deux pots d'etain du prix de 12 sous à 8 sous la livre; trois pots à pisser, de 10 livres » à 7 sous la livre ; et moutardier et deux cuilleres d'etain. 12 livres..... le tout pour l'usage de Sgr. » Jehan provedor general des galleres d'Hespagne, commis par cette ville pour equiper navires de » guerre contre les rebelles de S. M..... pour deux lits, trois oreillers, six couvertures d'Espagne, » trois couvertures carpettes et trois autres couvertures pour ledit seigneur provedor et ses gens.... »

» .... Ustensiles livrees au maitre d'hostel du provedor, comme pots de fer, broches et autres spé- » cifiées au billet....

» .... Trois douzaines de serviettes pour ledit provedor.... »

(5) Nous nous bornons à indiquer ici un article du compte de 1639. Il est ainsi conçu : » A Fran- » cisco Villegas commis des impositions de Flandre au quartier de Bruges, la somme de 12,750 flor..... » a quoy porte la quote de ceste ville, subside ordinaire faicte par les ecclesiastiques et les quatre » Membres de Flandre.... »

Nous reviendrons sur ce sujet à l'année 1789.

justifier, de recourir aux accusations injustes dont cette institution a été poursuisuivie. Il suffit de rappeler, aux Flamands, Titelmann et quelques autres qui marchèrent sur ses traces.

Mais pour apprécier une cause si grave, il faut tenir compte des mœurs du temps et des circonstances où se trouvait la Flandre. La sévérité de certaines lois, la férocité de la soldatesque, l'irritation des esprits, le dévergondage des opinions..... Les plus habiles y perdaient leur sang-froid, les masses ne possédaient guère le leur..... La grandeur du péril explique, mais sans les justifier, les travers où chacun tomba et les violences qui en résultèrent.

Marguerite, gouvernante des Pays-Bas, était une femme bonne et prudente, elle l'avait montré. Et cependant ses ordonnances veulent qu'on recherche, poursuive et livre, au bras séculier, les gens suspects d'hérésie, ceux qui lisent des livres défendus, ceux qui disputent sur la Sainte-Écriture..... Elle consent à ce que, pour atteindre ce but, on ne s'astreigne plus aux formes ordinaires de la justice. La délation fut encouragée..... Du haut de la chaire, on désignait à l'animadversion publique les bourgeois du parti contraire.

Pour fuir cette persécution, plusieurs Flamands s'expatrièrent. On prétend même que des localités restèrent désertes; les manufactures suspendirent leurs travaux. Bergues en souffrit considérablement. Hondschoote, florissante par ses fabriques de serges, ne se releva plus de ce coup..... Leçon aux cités industrielles où, de nos jours, les utopies modernes recrutent si facilement des sectateurs!

Informée de ces émigrations, exaspérée des horreurs dont le récit lui arrivait journellement, la gouvernante se réjouissait de ces exils volontaires. « Puisque » ces misérables ne veulent pas renoncer à l'hérésie, disait-elle, il est bon qu'ils » aillent à l'étranger, cela vaut mieux que de les exterminer par le fer!... »

XVI

Les mesures prises contre la réforme et la révolte ayant été reconnues inefficaces, Ferdinand Alvarez de Tolède, duc d'Albe, fut envoyé en Flandre pour y porter remède.

Ce ministre de Philippe II avait une belle et héroïque figure, mais il avait aussi une persuasion inflexible qui vint redoubler les maux qu'il avait mission de faire cesser.

Son premier soin fut de faire restaurer les édifices religieux pillés par les novateurs. Il imposa à cet effet « *les plus partisants des extravagances* qui avaient » eu cours... »

Il n'eut pas le temps d'accomplir cette restitution. Les événements se pressaient autour de lui. Il porta une sorte de loi *des suspects;* il en fit arrêter par centaines, par milliers. Les uns pour avoir fait le mal; les autres pour ne l'avoir pas empêché. Le vainqueur de Gravelines lui-même expie sur l'échafaud les soupçons qu'il plait au duc d'élever contre lui. Les condamnations se succèdent, les confiscations au profit du roi en sont les conséquences les plus douces.

Sous l'influence du *conseil des troubles,* créé par le duc d'Albe, on voit, dans notre quartier, se renouveler les exécutions qui avaient cessé pendant quelque temps (1),

A ces énormités, subies en murmurant, les Pays-Bas voient s'en ajouter de nouvelles, contre lesquelles ils se soulèvent enfin. Ce sont les impôts désignés sous le nom de dixième, vingtième, centième.... denier. Par là, le gouverneur demandait, au profit du roi, dix pour cent du revenu des immeubles; cinq pour cent sur les rentes, et un pour cent sur les bénéfices présumés des commerçants.

Maître Pierre Titelmann fut établi inquisiteur de Flandre. Par une lettre spéciale, le duc d'Albe ordonna aux conseillers, juges, magistrats, etc., d'assister non-seulement à l'instruction des procès, mais encore à l'application de la torture (2).

Les premières mesures ne touchaient pas sensiblement les Dunkerquois. Ils continuaient leurs armements pour la pêche et les croisières destinées à les protéger; ils équipaient des corsaires qui s'avançaient jusque vers la Hollande. Le sire de Ghistelles (3), gouverneur de Dunkerque, fit aux ennemis diverses prises.

Le duc d'Albe avait ordonné l'envoi à Dunkerque d'une garnison de *cinquante* soldats espagnols. L'opinion publique était si soulevée contre eux, qu'une députation se rendit sans délai auprès du duc « ...afin de garantir la ville des dits soldats, au cas qu'on y eust volu envoyer aucun... » Le duc se montra peu disposé à accueillir cette supplique. Tout ce qu'on put obtenir de lui, c'est « ...qu'à la » première occasion, les troubles cessant, il aurait fait casser lesdits soldats. »

Sous cette pression, on rechercha les sectateurs des nouvelles doctrines. Un « maître rompeur d'imaiges, » Jacques Vanhondeghem, fut exécuté (23 mars 1568). A partir de ce moment, les procès criminels se présentent très nombreux. Quant aux échevins, ils laissent échapper les inculpés (4) et renvoient au comte d'Egmont des soldats qu'on avait adressés au Magistrat pour qu'il en fît justice.

Les procédés suivis en ces circonstances, présentent des particularités remarquables. Les historiens de la localité en ont rarement parlé soit qu'ils les ignorassent, soit qu'ils les confondissent avec les mesures prises par le duc d'Albe pour pacifier le pays. Les notes que nous avons sous les yeux sont trop nombreuses (5) pour que nous les passions tout à fait sous silence.

---

(1) A Hondschoote, 3 avril 1568, un sectaire eut la tête tranchée. — En 1569, Gilles de Queker et Martin Salomé furent pendus; trois autres périrent par le feu; deux par l'épée; de plus, Mespelbole, Vanhende, D'Adynkerque, Matthieu Blacre, Th. Stalpart, reconnus pour avoir eu part au pillage des églises, furent également exécutés. — Corneille Halover, dont l'enfant, âgé de sept mois, était mort sans baptême, fut battu de verges.

(2) Cette lettre est aux archives de Bergues sous la date du 13 août 1571.

(3) Faulconnier, t. I, p. 67 et 68.

(4) Aux comptes de 1567, on lit des mentions comme celles-ci : « .... A un homme docte de la » ville d'Ypres qui deux fois s'est mis en debuoir de convertir un anabaptiste prisonnier .... depuis » en fuy.... 28 liv. — Au gardien du couvent de Saint-François qui en prison a tache de convertir a » la foi catholique un anabaptiste, depuis eschappe .... 24 liv.... »

(5) En voici quelques unes:

« 1569. 9 juin. Paye a Jehan Benaut concierge pour la depense de Mess. les Bailly, Bourgmestre,

Les rebelles au roi ayant été déclarés mis hors la loi, il semblait tout naturel qu'une fois prisonniers, on les envoyât au supplice. Cependant pour donner à ces exécutions un semblant de justice, on informait contre les malheureux et l'on prononçait leur sentence. On trouve même des exemples de procédures faites contre des cadavres ramenés par les pêcheurs (1). En 1575 il y eût un moment d'arrêt, on parla d'échange, mais on revint promptement à ces massacres ordonnés de sang-froid par les deux partis en hostilité.

Ces tristes circonstances n'empêchèrent pas de célébrer, par des fêtes publiques (2), la naissance d'un fils de Philippe II (1571).

Tout semblait devoir plier devant l'inflexible rigidité du gouverneur; mais le

---

» Echevins et Conseillers, apres avoir donne et fait executer la sentence a charge de sept pirates
» pendus et etrangles. xlj livres xv sols.

» — 14 juin. Audit pour la depense des seignrs de la loy apres qu'ils avoient donne et fait executer
» la sentence a charge de quatre autres pirates aussi pendus et etrangles.

» — 12 juillet. Audit.... apres l'execution de la sentence rendue a charge de Jehan Monault brule
» et pendu.

» — Au meme.... apres avoir donne et fait executer la sentence de Jans de Zettere det Bestop
» pendu.

» — Encore.... apres que Nicaise Forket avoit ete fustige de verges et banni.

» — 8 mai. Huict pirates pris en la mer par les pecheurs de la ville.... et les autres pirates aussi
» par les pecheurs pris en mer affin de Furnes.

» — 10 juin. Sept pirates pendus par la justice.

» — 27 juin. Depense faite apres l'execution de la sentence criminelle a charge de Hans Brus de
» Labeke pirate pendu et etrangle.

» — .... L'execution de larron pris au fait.

» 1572. 16 mars. Examen des deniers provenant de la vente des biens, denrees et marchandises
» par les pecheurs de cette ville prises sur les rebelles leurs adherents.... et execution de quelques
» pirates pris par les pecheurs en la mer....

» 1574. 2 octobre. Depense faite apres l'execution des sentences rendues contre.... cinq pirates
» pendus et etrangles.

» — 8 octobre. Depense faite apres l'execution de.... quatre pirates pendus et etrangles.

» — 29 octobre. Apres l'execution de deux pirates pendus et etrangles par dessus trois autres.

» 1573. 18 septembre. Pirates ramenes par les pecheurs.... et pendus en la prison de cette ville.

» ....

» — ..... Huict pretres anglais envoyes de Bruges pour reduire a la foi catholicque et renouveller
» a Dieu quatre Anglais pirates prisonniers en cette ville.

» 1575. 15 avril. N.... depute a Anvers pour le faict d'un navire de vin pour les eschevins de ceste
» ville pris en la mer des pirates et afin que ces Mess. de la loy seroient accorde de retirer hors de
» la captivite des rebelles leurs bourgeois par echange des prisonniers lors en cette ville....

» ....

» 1571. 14 novembre. Sentence criminelle contre Jehan de Mey mis sur l'eschaffaut les yeux bandes
» et le glaive de la justice par dessus sa tete.

» — .... Contre Jean Berchelle fouette et fustige de verges avec le glaive de la justice sur la tete.

» .... »

Ces exécutions, qui n'avaient aucun antécédent et qui n'ont pas continué après cette époque d'effervescence, nous ont paru mériter ces nombreuses citations, que nous avons pourtant considérablement abrégées. Le lecteur aura sans doute remarqué avec surprise que les pêcheurs dunkerquois ramenaient les *pirates* pris par eux.

(1) 1570. 2 mai. « A Jehan Benaut concierge pour la depense faite par Mess. de la loy apres avoir
» donne sentence a charge des corps morts des deux pirates pris sur mer et amenes par les pecheurs
» de la ville au havre.... (port). »

(2) Aux comptes de 1571, on lit : « ..... Aux compaignons de la retoricque pour avoir joue une

comte Louis de Nassau s'étant refusé à comparaître devant les juges nommés par le duc d'Albe, et ayant pris ouvertement les armes contre le roi, les affaires reçurent une autre tournure. Le duc d'Aremberg, envoyé pour le réduire, fut lui-même défait. Désormais la révolte avait un corps et trouvait sa justification. Plusieurs villes de la Zélande repoussèrent les troupes royales (1572) et la séparation que Philippe voulait empêcher, se consomma peu à peu.

Le roi comprit enfin qu'il avait fait fausse route. Il rappela son lieutenant et le remplaça par le commandeur dom Louis de Requesens.

XVII

1573. — Le nouveau gouverneur voulut réparer le mal commis. Il essaya de la clémence, mais on ne crut pas à ses bonnes intentions. Il fallut faire la guerre non plus pour effrayer les révoltés, mais pour pouvoir parler de paix avec eux.

Car ils obtenaient souvent des succès de détail, non-seulement sur mer, mais sur terre. Pendant quelque temps les corsaires hollandais avaient été si funestes aux Dunkerquois, que ceux-ci semblaient avoir renoncé aux expéditions maritimes, et leur commerce était en grande souffrance.

Pour les en dédommager, Requesens confirma leurs priviléges ; il revint sur les mesures arbitraires qui avaient confisqué (quoique avec indemnité) les navires du port ; il engagea à renouer les relations commerciales avec les nations amies. Il introduisit à Dunkerque (1574) une industrie nouvelle, celle du raffinage du sel. Cent dix-sept poêles y furent autorisées. C'était une compensation aux pertes des pêcheurs, car cette année-là, des cent vingt bateaux de pêche qu'on armait ordinairement, aucun n'était sorti, et toutes les professions occupées pour l'armement étaient sans travail.

Il fortifia les villes de la côte, particulièrement Dunkerque, dont les confédérés avaient envie de s'emparer et autour de laquelle les partisans rôdaient sans cesse. Et en effet ce port devenait un refuge bien utile aux escadres espagnoles, souvent décimées par les combats ou les tempêtes, dans une guerre où les pertes navales s'élevaient déjà à plus de cent millions.

1575. — Forcés de renoncer à la pêche, les armateurs se tournèrent vers la course. Le roi leur accorda les deux tiers des prises, ne gardant pour lui que le troisième tiers, plus, les prisonniers et les canons. Il n'en fallut pas davantage pour exciter une émulation générale. Les confédérés s'en ressentirent. C'est en vain que, par une vengeance puérile, ils se complaisent, dans leurs livres, à dire que les Dunkerquois étaient des *pirates*, des *forbans*, des *écumeurs de mer*....; l'exposé qui précède suffit pour montrer l'inanité de leurs griefs. C'était de

---

» farce au jour de la joie ordonnée par le respect de la nativité de Mgr. le Prince..... A divers gens
» des bourgeois pour avoir joué une autre farce..... A Mess. les Prêtres et aux trois couvents pour
» leur bon debuoir desployé à la procession generale ordonne pour le même respect.... »

La rue dite Reepestraete obtint « le haut prix divertissant pour le plus triomphant feu de joie. » La rue voisine du Gapart obtint le deuxième, et le quartier « West de la rue d'Oostporte, » le troisième.

bonne guerre, guerre d'éclaireurs, si l'on veut, mais guerre légitime qui n'a rien de commun avec les entreprises de déprédations dont le pillage est le but, et qui n'encourt pas même le blâme que mérite la guerre en général.

Les registres des comptes de ce temps, constatent avec quelle activité les Dunkerquois amassaient des armes et des munitions (1); néanmoins, le gouverneur ne fut pas heureux dans une expédition de vingt deux navires qu'il dirigea vers Zeericksée (2). Les grosses escadres ne réussirent que rarement à nos marins.

XVIII

Requesens vint à mourir inopinément. Don-Juan d'Autriche lui succéda.

Le bâtard de Charles-Quint manqua de droiture. Ses manœuvres frauduleuses furent découvertes et les négociations commencées restèrent suspendues.

L'archiduc Mathias fut appelé par les Pays-Bas qui prétendaient rester fidèles au roi, mais qui repoussaient son mandataire Don-Juan. C'était une complication nouvelle aux embarras de la situation.

Mathias usa de toutes les ressources financières, il emprunta aux églises leur argenterie, fit descendre les cloches dans toute notre châtellenie, n'en laissant qu'une seule à chaque église. Pour éviter ces spoliations, Jean Leroy, abbé de Saint-Winnoc, s'étant sauvé à Saint-Omer, avec les principaux joyaux de la communauté, le bailli, qui ne pût s'opposer à cette fuite, fut destitué.

Tout en prétendant rester fidèle au roi d'Espagne, les Flamands ne voulaient pas entendre parler de deux choses: l'inquisition et les troupes espagnoles. Pour tout le reste, ils différaient d'opinion avec les provinces de la Hollande, mais ils s'accordèrent avec elles sous ces deux points-là (3). Un traité fut conclu dans ce sens entre les députés du Brabant, du Hainaut, de l'Artois et de la Flandre, convoqués à Gand. Les Dunkerquois avaient adhéré au parti qui mettait le prince d'Orange à la tête de la coalition, et pour gage de la sincérité du traité, Dunkerque, Gravelines et Nieuport devaient lui être remises en dépôt (4).

Pendant quelques années, Dunkerque resta dans une position exceptionnelle qui eût pu gravement la compromettre comme on le verra dans le paragraphe suivant.

---

(1) Ils firent venir de Saint-Omer une garnison de *cent* hommes; ils achetèrent des armes.... Par exemple: « .... 27 calibres, 20 flacons, 25 morions, 20 corselets, 200 livres de poudre.... » (cette poudre coûtait 11 sous la livre), etc., etc.

(2) Parmi les noms des navires de cette escadre, nous remarquons les suivants: *Cheval noir,* — *Cochon gras,* — *Cochon maigre,* — *Chien,* — *Jeune Chien,* — *Petit Chien....* — Il faut convenir que cela ne fait pas honneur à l'imagination des constructeurs de ce temps. — Voyez Faulcon., t. I, p. 74.

(3) Au registre Priviléges, Édits, Arrêts, on trouve au folio 109, verso, la lettre de garantie donnée par les Pays-Bas. — Texte flamand.

L'acte d'union des États-Généraux des Pays-Bas rassemblés à Bruxelles et l'approbation du Conseil d'état sont à Bergues, — porté à l'inventaire des archives sous le N° 509.

(4) D'après quelques détails des comptes de 1575, il paraîtrait que le prince d'Orange avait des intelligences à Dunkerque. On y lit par exemple: « Communiqué la lettre du prince d'Orange et » de son amiral Boisot sur la trahison de ceste ville et le dégat de l'armée.... » — Un Dunkerquois est député vers le gouverneur de Calais « pour lui communiquer le fait de ladite trahison.... » Un autre échevin est député à Bailleul dans la même intention....

§ III. Dunkerque aux États-Généraux de la Hollande.

I

On sait qu'en 1554, la maison d'Orange s'étant levée contre le roi de France, avait été déclarée coupable de félonie, et la principauté d'Orange avait été confisquée au profit de la couronne. Exilés de France, les membres de cette maison s'agitèrent au-dehors. Les troubles des Pays-Bas les mirent en relief.

Mis en possession de Dunkerque, ainsi qu'il vient d'être dit, le prince d'Orange demanda aux quatre-membres de Flandre de faire fortifier cette ville si importante à la sûreté de la province maritime (1) et d'empêcher les communes, et particulièrement Bergues et la châtellenie, de s'entendre avec les partisans du roi.

Les efforts des révoltés furent couronnés d'un succès si général, que des dix-sept provinces des Pays-Bas, il n'en resta que trois du parti de Philippe.

Une maladie contagieuse qui vint à régner après une disette, le mauvais état du port, le défaut d'entretien des écluses des Watteringues, qui ne garantissaient qu'imparfaitement les terres de l'invasion des eaux salées, vinrent se joindre aux autres maux dont Dunkerque avait à souffrir ; on était disposé à regarder cela comme une punition de cette alliance faite avec un prince hérétique.

Il fallait combattre cette disposition des esprits ; aussi les amis du prince d'Orange ne négligèrent rien pour le populariser à Dunkerque. Ils lui firent honneur de quelques bonnes mesures prises alors ; ils lui attribuèrent la création de l'amirauté de Dunkerque (2). Ils ne négligèrent rien pour aliéner au roi le cœur des Flamands ; une médaille frappée alors, consacre cette maxime :

Lorsque le roi se montre tyran, le peuple est autorisé par les lois divines et humaines à se séparer de lui.

On trouve dans les archives de plusieurs villes des environs les lettres et autres pièces par lesquelles on invitait les communes à *abjurer le roi*.

D'un autre côté, le prince d'Orange s'efforça de faire accepter par les Dunkerquois cette espèce d'armistice religieux qu'on nomme *Religionsvrede* ; l'échevinage, qui était foncièrement catholique, éprouvait des défiances à cet égard ; il envoya en secret des députations à Gand et à Bruges. Les réformés qui se trouvaient devancés en furent mécontents et déléguèrent de leur côté leurs amis, entre autres Pierre Baert (3). Ces pourparlers se prolongèrent plusieurs mois.

---

(1) Voyez *Documents historiques inédits*, par M. Kervin de Volkoersbekel, 1848, in-8°, p. 249. — Le texte de cette lettre est en flamand.

(2) *Histoire métallique des Pays-Bas*. — Cependant, à la date de 1549, l'amiral de Flandre adressait des plaintes à « *l'amirauté de Dunkerque.* » (Voyez M. L. Debaecker, *Biographie de Van Meckeren*, p. 50.) — Ailleurs, on cite l'amirauté de Dunkerque comme fondée en 1583 (Priviléges, Édits, Arrêts, folio 112, recto). En 1636, Faulconnier, t. I, p. 87.

(3) La famille Baert comptait plusieurs membres à Dunkerque. Les livres des comptes de ce temps

II

Comprenant sans doute le danger de la situation, Philippe II envoya en Flandre Alexandre Farnèse, duc de Parme.

Farnèse était à la fois bon général et ministre habile. Les affaires du roi étaient gravement compromises, il sut les rétablir; il battit les confédérés et sut les mettre en désaccord.

Sous cette influence nouvelle, il se forma un parti favorable au roi. Le duc d'Arschot quitta les révoltés. L'Artois et le Hainaut revinrent à Philippe; dans la Flandre wallonne et particulièrement à Lille, les *Malcontents* se déclarèrent pour sa cause. Cassel inclinait pour s'y ranger. Le gouverneur de Saint-Omer se joignit à eux; Delamotte, gouverneur de Gravelines, en fit autant. Les Wallons de l'armée du prince d'Orange lui retirèrent leur concours. Aussi, le Magistrat de Bergues, dévoué à la cause de ce chef, écrivit-il à toutes les communes de la Flandre maritime pour leur recommander de n'avoir aucun égard aux ordres de la chambre des comptes à Lille, et de se tenir en garde contre le sire Delamotte et ses gens.

De son côté, le roi faisait mainte belle promesse aux villes qui garderaient son obéissance ou y rentreraient. Il autorisait Delamotte à conserver ou étendre les privilèges des communes restées fidèles.

Ne sachant auquel entendre, les Dunkerquois décidèrent secrètement qu'ils ne s'aboucheraient avec cet officier que sur l'avis des Quatre-Membres de Flandre. Quant à l'archiduc Mathias, il s'opposait de tout son pouvoir à ce qu'on entrât en pourparlers avec les *Malcontents*.

Delanoue, capitaine breton au service de France, et qui avait acquis le surnom de *Bras-de-Fer*, soutenait le parti protestant (1). Les chances étaient diverses : Delanoue fut battu près de Dunkerque par les *Malcontents*; ceux-ci, à leur tour, éprouvèrent un échec près de Bergues.

Un détachement de 250 cavaliers, commandés par Floyet, avait été envoyé par Montigny; endoctrinés par les protestants, les paysans sonnèrent le tocsin, enveloppèrent cette troupe, coururent sus et les massacrèrent tous à l'exception de sept.

Les *Malcontents* voulaient tirer vengeance de cette trahison, mais les prières des habitants de Bergues parvinrent à les calmer (2).

Craignant peut-être que les Dunkerquois ne fussent disposés à tenir parti

---

citent un Thomas Baert, député à Bergues; un Jean Baert qui prit l'habit de religion dans l'ordre de Saint Dominique; un Pierre Baert, maître de pêche...., etc. Remarquons qu'il faut attendre encore soixante-dix ans pour arriver à la naissance du célèbre Jean Bart, qui devint chef des escadres de Louis XIV.

(1) Aux comptes de 1579, on voit que la ville lui *prêtait sa grande artillerie pour le siège devant le fort de Boeseghem....,* » et lui envoyait des députés à Bergues, à l'abbaye des Dunes, etc.

(2) Famianus Strada. — Faulconnier, t. I, p. 77.

contre eux, les *Berguenaers* leur refusèrent l'entrée de leur ville. Ce qui nécessita une députation chez ces soupçonneux voisins (juillet 1580).

Pendant ce temps-là, toute la Flandre était le théâtre de cent combats partiels, et le célèbre siège de Maestricht poursuivait son cours. Au même moment il se tenait à Cologne une assemblée des députés de Philippe II et des princes de l'Allemagne pour travailler à la paix. Les Dunkerquois qui appelaient de tous leurs vœux cette solution, envoyèrent à Gand entretenir l'assemblée des États de Flandre sur les points et articles à insérer dans le futur traité.

III

Pressentant bien que la force des choses lui aurait enlevé Dunkerque, le prince d'Orange chercha à en tirer parti. Lui et ses amis ne pouvaient se dissimuler ce qu'ils avaient à craindre de Farnèse. Ils avaient beau rire des soldats de la *patre-notre*, ainsi qu'ils appelaient dérisoirement les *Malcontents*, ils avaient beau faire des quolibets sur le chapelet qu'ils portaient au cou, Gravelines était déjà en leur pouvoir et Dunkerque ne pouvait manquer d'attirer bientôt leur attention.

Et puis, les caisses étaient vides !

Pour parer à ce grave inconvénient, le prince d'Orange emprunta 20,000 livres sterling ; Elisabeth lui en fit les avances et reçut en garantie les promesses des principales villes de la Flandre (1577). Dunkerque y avait pris rang (1) et nous

---

(1) A l'appui de cette assertion, nous translatons un titre dont l'original, sur parchemin, existe aux archives de la Mairie de Dunkerque ; texte flamand.

(22 février 1577). Lettres de garantie données par les États-Généraux des Pays-Bas, à raison d'un prêt de 20,000 livres sterlings.

« Comme la très-illustre princesse, madame Élisabeth par la grâce de Dieu, reine d'Angleterre,
» d'Irlande et de France nous avait, à la pressante demande de nous, représentants des États-Géné-
» raux de ces Pays-Bas, mis en main dans notre besoin, la somme de 20,000 livres sterlings, dont une
» partie en anglottes d'or et une autre en une masse d'argent pur. Pour assurance à Sa Majesté, nous
» avons expédié des lettres de garantie par certaines villes, savoir : Bruxelles, Gand, Bruges, Dun-
» kerque, Nieuport et Middelbourg en Zélande.... » La loi des susdites villes a consenti à donner ces
lettres » à condition d'avoir les lettres de garantie réciproque et ainsi est-il que nous, États-Généraux
» susdits, étant assemblés dans la susdite ville de Bruxelles, savoir : de Brabant, de Gueldre, de
» Zutphen, de Flandre, d'Artois, de Hainaut, de Valenciennes, de Lille, de Douai, de Hollande, de
» Zélande, de Namur, de Tournai, du Tournaisis, d'Utrecht, de Malines et de ceux de Groeninghe
» et chacun de nous et un seul pour tous, nous promettons de notre ferme et certaine autorité aux
» bourgmestres, échevins et conseillers de la ville de Dunkerque et à toutes les communes et ensemble
» tous les bourgeois de cette même ville en général et en particulier, à perpétuité, indemniser sans
» frais et sans perte envers Sa Majesté d'Angleterre susdite, pour la susdite somme de 20,000 livres
» sterlings ensemble de tous les frais pertes que les sus-nommés, de Dunkerque en général ou en
» particulier ont souffert ou pourraient souffrir, nous engageons nous, et chacun de nos personnes,
» notre pays, territoire, héritages, ainsi que tous nos biens meubles et immeubles, ceux de nos villes,
» vassaux présents et futurs, ensemble et séparément, que nous abandonnons et plaçons pour l'exé-
» cution honorable des présentes, comme s'ils étaient par justice ou jugement. Soumettons-nous, et
» chacun de nous à toutes espèces de cours, comme cours de justice et cours ecclésiastiques et ce,
» jusqu'à parfaite exécution et liquidation de ce que la susdite a consenti d'accorder. Et que ladite
» ville de Dunkerque sera autorisée, au cas de non-paiement, et satisfaction de la susdite indemnité
» et emprunt et tout ce qui en dépend, après l'expiration du dernier juin prochain, de s'en prendre
» à chacun de nous, de nos biens meubles et immeubles et crédits, et de pouvoir les saisir sans

insistons sur ce point, afin de ne plus voir se reproduire cette assertion qui figure dans une harangue officielle assez récente : *avant Louis XIV, Dunkerque n'était qu'un hameau de pêcheurs.*

Deux ans après, nouvelle demande (1579). Nieuport et Dunkerque étaient offertes à la reine, pour gage de ce prêt. Malgré un si puissant appât, Elisabeth énonça un refus (1).

Delanoue et le capitaine Siméon suppléaient, autant qu'ils le pouvaient, à la pénurie des fonds; ils battaient monnaie sur les villages de la châtellenie et les contraignaient à venir verser à Dunkerque les contributions qu'ils leur imposaient. Guillaume Blois, dit *Trelong*, dévoué au prince d'Orange et partisan prononcé de la réforme, était alors gouverneur (2). Tout en proclamant la liberté des consciences, ces chefs opprimaient celles des Dunkerquois. Sous leur administration, on vit les Huguenots s'emparer de l'église paroissiale et l'accommoder à leur culte, chasser les prêtres et les religieux persécutés (3), renverser les autels, briser les statues et autres images, commettre enfin mille attentats; c'est probablement alors que furent détruites les belles verrières qui ornaient les fenêtres de l'église St-Eloi (4); la garnison descendit la cloche de la tour, la fondit; des bandes se répandaient dans les campagnes, y brûlaient les églises, s'y livraient à toute sorte de déprédations. Peut-être le gouverneur trouvait-il là un supplément à son traitement de 600 livres par mois.

Contrairement à ce qui s'était fait jusque-là, un huguenot fut élu pour bourgmestre.

Du reste, ledit gouverneur ne se borna pas à ces courses terrestres : il arma en peu de jours trois vaisseaux et un yacht, ce dont les États le félicitèrent (5).

IV

A bout de moyens, le prince d'Orange proposa aux États-Généraux de déclarer la déchéance de Philippe II et d'offrir le comté de Flandre au duc d'Alençon, prince français, à qui la chose devait convenir. L'avis fut agréé. Le sire de Marnix conduisit la négociation; le duc signa le traité. Accompagné d'une foule

---

» autre formalité légale jusqu'à ce que la susdite ville soit entièrement indemnisée sans frais et pertes
» du susdit emprunt et sans préjudice des usages et coutumes, auxquels nous renonçons à nous
» opposer et à contester tant en général qu'en particulier.

» En témoignage de tout quoi, nous avons fait écrire les présentes et les avons fait signer par le
» greffier des États de Brabant, M. Corneille Wikemans, et sceller des sceau des États de Brabant,
» lequel nous avons prêté et employé à cette fin, à Bruxelles, le 22 février 1577.

» Signé : WIKEMANS. »

(1) Voir Faulconnier, I. p. 76.

(2) Au compte de 1579, on voit que l'échevinage offrit du vin.... « *au trompette de l'amiral Treslon.* » — Ailleurs, son nom est écrit : *Très long.*

Il existe aux archives de Bergues une lettre de cet officier concernant les nouvelles de ce temps.

(3) Il ne resta chez les Conceptionnistes que deux religieuses; les autres se réfugièrent à Calais.

(4) Le V⁰ registre (Archives de la mairie de Dunkerque) attribue ce méfait aux gens de mer en 1591.

(5) Par leur lettre du 28 août 1579.

d'officiers de distinction, il vint à la tête de 15,000 hommes délivrer Cambrai, assiégé par le duc de Parme.

1581 (28 octobre). — Celui-ci dut se replier sur Tournai. Profitant de la circonstance, les États tentèrent de reprendre Gravelines; mais le jour marqué, l'occurrence s'étant trouvée défavorable, l'entreprise échoua et ne fut plus reprise.

Néanmoins toute la châtellenie avait été pillée par les armées réunies à Loo et sous Dunkerque; presque tous les villages étaient brûlés et dévastés. Plusieurs avaient été complétement abandonnés (1).

V

Pour affermir sa position, le duc d'Alençon aurait bien voulu épouser Élisabeth, reine d'Angleterre. Les négociations furent entamées. Les États de Bruges, pour faire profit d'une circonstance qui relevait les affaires protestantes, ordonnèrent dans toutes les églises de Flandre des prières d'actions de grâces *pour la promesse faite entre le duc d'Anjou et la reine d'Angleterre.*

1582 (2 février). — Le prince passa la mer, mais il revint comme il s'en était allé. Avant de s'embarquer pour le Continent, il dépêcha à Dunkerque un secrétaire pour s'y informer de l'état actuel des affaires. Le prince d'Orange était aux aguets; il écrivit immédiatement au gouverneur de Dunkerque de l'informer des démarches du duc et de se tenir sur le pied d'une vigoureuse défensive

VI

Rappelé par les États, le prince français revint en Flandre et débarqua à Flessingue avec une foule de gentilshommes qui lui formaient une cour à l'instar d'un roi. De là, il se rendit à Anvers, où il fut reçu avec une rare magnificence. Une lettre du conseil de Flandre convoqua à Gand, tous les délégués officiers et magistrats pour assister à l'entrée triomphale du duc d'Anjou et lui prêter serment de respect et de soumission.

VII

De son côté, Philippe II avait répondu — à sa manière — au défi du Prince d'Orange: il avait mis à prix la tête du prince! — Quatre-vingt-mille ducats et une commanderie de Saint-Jacques, telle était la récompense offerte au meurtrier.

Un commerçant ruiné saisit cette occasion de rétablir ses affaires. Il plaça près du prince un domestique, son affidé. Puis, muni d'un passeport, il vint à Dunkerque et de là se rendit à Tournai auprès du duc de Parme.

1582 (18 mars). — L'assassin ne tarda pas à accomplir son mandat. Il fit du moins preuve de zèle. Il blessa la victime, et croyant l'avoir tuée, il se sauva auprès du duc de Parme, se faisant fort d'amener dans le parti du roi le commandant de Dunkerque.

Le bruit de la mort du prince se répandit rapidement. Dans la fausse per-

---

(1) Les archives de Bergues abondent en pièces relatives à cette époque.

suasion de cette mort, Farnèse écrivit aux Dunkerquois, les engageant à se ranger dans le parti du roi, leur promettant bienveillance et pardon. Mais le coup était manqué, la lettre resta sans effet. Indignés de ces procédés, les Magistrats des principales villes de Flandre exhortèrent les communes de leur ressort, à abjurer définitivement le roi d'Espagne, qui ne reculait pas devant l'emploi de semblables moyens.

VIII

Les Quatre-Membres de Flandre faisaient bien des sacrifices pour le triomphe de leur cause : mais en définitive, ces efforts se formulaient en impositions qu'on exigeait des communes déjà si obérées par la guerre. Ainsi que nous l'avons dit, une foule de bourgs et villages rançonnés par les divers partis, pillés, incendiés ou même complétement détruits ne pouvaient rien fournir et réclamaient au contraire de prompts secours. La rapacité des pillards ne laissait pas même aux artisans les ustensiles de leur profession. Aussi on manquait de tout. C'est en France que devait s'approvisionner l'armée. Ces embarras firent naître des divisions. On accusa Trelong de concussion, on l'accusa même de tremper dans des complots contre le prince d'Orange.

De leur côté, les *Malcontents* avaient éprouvé des mécomptes. L'annonce de l'arrivée prochaine d'une armée française qui allait enfin faire pencher la balance, les décida à réclamer le concours des troupes espagnoles, repoussées jusque-là au prix de tant de sacrifices !

Cette demande fut accueillie avec empressement par Farnèse, qui y voyait un indice certain du progrès de sa cause.

IX

Ayant vu ce qui se passait au-dehors, jetons un coup-d'œil sur l'état de Dunkerque.

Le Magistrat n'était pas en bonne intelligence avec le gouverneur — on le conçoit sans peine. — Il s'était plaint au duc d'Alençon de la conduite de ce fonctionnaire, lui exposant qu'il avait voulu s'emparer des prises faites par les armateurs dunkerquois; que des collisions très-vives s'en étaient suivies ; que les bourgeois avaient été malmenés et que plusieurs y avaient perdu la vie.

Le duc de Parme crut devoir profiter de la circonstance et résolut de se porter vers Dunkerque, mais il fut prévenu : le comte de Mansfeld avait filé le long de la côte avec 1500 chevaux et un gros d'infanterie, et le duc fut contraint de se retirer avec perte.

1582. — Mal conseillé, le duc d'Alençon ne sut pas tirer profit de cet avantage : il s'embarrassa de plus en plus dans les mille difficultés des affaires, et lorsque Biron vint hiverner à Dunkerque avec 7,000 hommes, dernière ressource du prince français, celui-ci n'était plus en état de tenir la lutte. C'est en vain qu'il voulut y suppléer par l'intrigue et surprendre plusieurs villes : elles lui échappèrent tout-à-fait et lui devinrent ouvertement hostiles.

X

Quoique Dunkerque lui restât encore, il savait bien que la bourgeoisie ne lui était pas favorable. Pour n'avoir rien à en redouter, voici à quel moyen le commandant Chamon eut recours.

La garnison comptait sept compagnies françaises et trois compagnies des confédérés. Ces dernières ne lui inspiraient aucune confiance. A une revue générale, il leur ordonna de déposer leurs armes. A peine eurent-elles obéi, que les compagnies françaises s'en emparèrent. Les compagnies désarmées furent licenciées à l'instant et se répandirent dans les campagnes.

Ces préliminaires achevés, Chamon fit proclamer, pour les bourgeois, l'ordre de porter à l'Hôtel-de-Ville toutes leurs armes; et il s'en empara comme il avait fait des autres. Il prit de même les clefs de la ville, des magasins militaires et des vaisseaux appartenant aux États.

XI

Le but de toutes ces manœuvres, c'était d'établir à Dunkerque la résidence du duc d'Anjou qui avait dû renoncer à s'installer à Malines. C'est en effet à Dunkerque que se rendit le prince français; et c'est de là qu'il écrivit au prince d'Orange pour se plaindre de ce que les vaisseaux confédérés rançonnaient les Français se rendant à Dunkerque.

XII

Sachant le duc d'Alençon confiné dans Dunkerque, Farnèse conçut le dessein de l'y forcer. Montigny, Lamotte, Mondragon, le marquis de Roubaix se portèrent à Roosendael, où Biron se tenait avec sept mille hommes assez mal disciplinés. Ce général n'eut pas le dessus, il fut blessé à la jambe. Mais les Espagnols ne poursuivirent pas leur tentative, et avant de se porter plus sérieusement sur Dunkerque, le duc de Parme mit le siége devant Herentals.

Ayant appris ce dessein, le roi de France députa Mirabeau vers le prince Farnèse pour lui rappeler les liens de bienveillance qui avaient autrefois existé entre leurs familles. Suivant l'ambassadeur qui s'adressait à l'esprit chevaleresque du général espagnol, le souvenir que le duc en avait sans doute conservé, ne devait pas lui permettre d'assiéger une ville où le frère du monarque faisait sa résidence.

Usant du même style, le duc répondit que les Farnèse étaient loin d'avoir oublié cette circonstance; qu'Horace, son oncle, l'avait prouvé en mourant au service de la France; mais que lui, fidèle sujet du roi d'Espagne, ne devait tendre qu'à l'avantage de son prince. Qu'au surplus, maintefois dans son cœur il avait formé le vœu de se mesurer avec une armée royale de France et que cette occasion ne lui manquerait pas, si, comme il en avait l'espoir, le roi venait en personne au secours de son frère.

1583 (18 juin). — Cette mutuelle courtoisie ne rassura pas suffisamment le duc d'Alençon. Sous le prétexte de s'entendre avec le roi, il s'embarqua pour Calais et se retira dans le Cambresis, où Biron vint le joindre.

1584. — Miné par le chagrin, le duc mourut peu de temps après, ne devançant que d'un mois le prince d'Orange.

Frappé une seconde fois, ce prince le suivit de près dans la tombe, et la scène où se tenaient les adversaires de Philippe II se dégageait peu à peu.

XIII

Cependant, Chamon était resté à Dunkerque avec 1200 hommes environ. Après le départ du duc, plus de moitié désertèrent. C'était, disait-on, l'effet de leur attachement au prince. Cet attachement était si violent que, trouvant les portes fermées, les fuyards ne craignaient pas de se précipiter du haut des murailles.

XIV

Les *Malcontents* ne tardèrent pas à cerner de nouveau Dunkerque dont la possession leur semblait si importante. Ils s'emparèrent d'abord des écluses et des forts voisins. Farnèse comptait bien que les mésintelligences qui régnaient parmi ses adversaires les auraient empêchés de venir au secours de la ville. Il ne se trompait pas. Se voyant sans contradicteur, il établit devant les murs une batterie de 20 canons avec laquelle, en quelques heures, il ouvrit une brèche suffisante.

1583 (17 juillet). — Abandonné à lui-même, Chamon dut capituler. Il remit la place et sortit avec son épée seulement (1).

XV

Dunkerque était enfin rendue à l'Espagne! Farnèse se hâta d'informer le roi de cette importante nouvelle et d'une conquête qui ne lui avait coûté que douze hommes.

XVI

Suivant les idées alors reçues, Dunkerque qui avait été du côté des rebelles, était coupable du crime de lèse-majesté divine et humaine. Le vainqueur eût pu la détruire, la raser; il eût pu du moins la priver de ses franchises et priviléges. Il n'en fit rien. Au contraire, il reçut la ville à merci, lui accorda des lettres d'amnistie (2). Cette indulgence porta immédiatement ses fruits, car peu de jours après et sur la remontrance du magistrat de Dunkerque, Nieuport s'empressa d'ouvrir ses portes; Bergues, Furnes, Dixmude et autres villes, suivirent cet exemple, et l'Espagne rétablit son autorité sur toute la province.

---

(1) Voyez *Histoire métallique des Pays-Bas*, t. I, p. 325, 326, 327, et Faulconnier, t. I, p. 86.

(2) Ces lettres sont au registre Priviléges, Édits, Arrêts, folio 115, verso, texte flamand. La traduction française est au folio 126.

§ IV. Dunkerque rendue à Philippe II. 1583—1599.

I

Le duc de Parme ayant déclaré libres les relations commerciales avec les nations du Nord, sans en excepter la Hollande et la Zélande, les matelots et gens de mer accoururent en foule à Dunkerque. Cette désertion des marins hollandais inquiéta vivement les États-généraux. Le prince d'Orange tenta, inutilement, de s'y opposer. Farnèse en profita pour armer des corsaires qui ne tardèrent pas à exercer leur ministère.

La ville se releva de ses longs malheurs; les religieux rentrèrent dans leurs maisons; l'évêque d'Ypres vint consacrer de nouveau l'église profanée par les Huguenots. Le roi confirma les lettres d'amnistie (1). Il n'exemptait du pardon que les principaux chefs, notamment le bailli, le bourgmestre et douze autres individus qui s'étaient montrés le plus partisans du duc d'Alençon.

Ces lettres de pardon imposaient deux conditions qui méritent d'être rapportées.

L'article IV indique que : « Lesdits bourgeois et habitants se feront dûment
» absoudre par leurs supérieurs ecclésiastiques des crimes qu'ils peuvent avoir
» commis contre le Tout-Puissant; et des censures ou excommuniations qu'ils
» peuvent par là, avoir encourues. » L'article XV veut que : « Devant toute
» chose on rebâtisse et répare les églises et lieux saints. »

Nonobstant la guerre et les désastres dont nous avons dû si souvent renouveler le récit, il s'était établi en Flandre de nouvelles sociétés de rhétorique. Elles avaient été l'objet de la générosité des concitoyens, et plusieurs d'entre elles avaient des propriétés. On conçoit facilement que l'on y ait discuté les questions si brûlantes alors de la réforme religieuse: sous prétexte de rhétorique, on en vint à ébranler les notions de toute chose. Le duc de Parme abrogea ces institutions, confisqua leurs biens et les appliqua au fisc. Dans son édit, nous remarquons le passage suivant:

« ..... Attendu qu'il est reconnu par expérience, les chambres de rhétorique
» estant en plusieurs villes de par deçà, non-seulement être inutiles, mais aussi
» occasion d'oisiveté à plusieurs esprits legiers, adonnes à nouvelles et perni-
» cieuses opinions dont sont procédez plusieurs scandales, mauvaises édifications
» et erronées doctrines, celles qui existeroient à Dunkerque sont abolies et leurs
» biens appliqués au fisc. »

---

(1) Le roi étendit cette amnistie à toutes les villes de Flandre, et à tous ceux qu'on aurait pu croire compromis par leur conduite pendant les troubles.

II

Une fois la paix faite avec les Flamands (1), le roi et son lieutenant songèrent à utiliser la position de Dunkerque et entreprendre contre la Hollande. Améliorer le port, fortifier la ville, y équiper des vaisseaux de guerre, des *capres* pour la course, (2) tels furent leurs premiers soins. Harceler les flottes ennemies, bloquer l'embouchure de l'Escaut, enlever au passage les navires marchands isolés, telle fut la tactique qu'ils adoptèrent et qui nuisit bien plus à la Hollande que de gros armements (3).

Le duc fit réparer les écluses et les chaussées (4); et, comme ces dépenses incombaient à la ville, il la dégréva de certains droits dont le roi avait la perception (5); il préleva sur les subsides de la châtellenie 2,000 florins; embellit l'église (6), et par son exemple entraîna les particuliers à des legs magnifiques. C'est de là que date le superbe autel qui subsista jusqu'au siècle dernier (7) et qui faisait une des merveilles de la Flandre. C'est à ce moment que parut le fameux tableau de Porbus (1587) et celui de Sainte-Barbe (1592), les boiseries, (8) les orgues, etc.

III

.Les Dunkerquois répondirent bien à ces avances. (9) Ils supportèrent, sans trop se plaindre, les charges de la guerre et les garnisons, chose qui leur fut toujours

---

(1) Un fait fera juger de l'état du service des postes. Bruges se rendit le 25 mai 1584; on n'en fut informé à Dunkerque que le 31 mai !....

(2) Les lettres par lesquelles le duc de Parme autorise à faire la course sont inscrites au Ve registre (Archives de Dunkerque) sous la date de 1585. — Il prêta aux *maroniers* (marins) de la ville quatre pièces d'artillerie.

(3) Faulconnier, t. I, p. 93.

(4) Le titre dit : *Les Casheyes*, ce que nous présumons être une altération du mot flamand *kassey*, chaussée. Il parle aussi « des *Cays*.... » C'est sans doute pour désigner les quais, en flamand *kaey*.

(5) Sous la date de 1586, 1587, 1588, 1592, etc., on trouve des lettres d'octroi pour parer à toutes les dépenses que nous venons d'énumérer. Voyez Privilèges, Édits, Arrêts, p. 135, 140, 142, 217, 218, etc., etc.

(6) On fait honneur au duc de Parme du don de quelques pièces d'artillerie destinées à former des candélabres en bronze. La vérité est que trois pièces de canon hors de service, et appartenant à la ville, furent données par le Magistrat « *pour faire dresser des piliers d'airain audit autel;* » ce que le duc autorisa, mais sans y contribuer autrement.

(7) Cet autel, garni de statues de marbre et d'albâtre, coûta 40,000 florins, qui furent fournis par les confiscations et impôts exigés des rebelles. On en a fait honneur à la munificence du duc. Le dessin de ce remarquable monument existe aux archives de la fabrique Saint-Éloi. La parfaite exactitude en est attestée par l'entrepreneur qui a procédé à la *démolition*, et qui, avec une rare bonhomie, se glorifie de cet acte.

(8) Ces boiseries ont recouvert les anciennes sculptures dégradées par les Iconoclastes, et qu'on a remises au jour en 1850.

(9) De leur côté les échevins se piquèrent d'émulation, car on trouve au registre des comptes une mention que nous traduisons :

... Peu de temps après la reddition de la ville, les bourgmestres, eschevins, conseillers et notables

antipathique. Plusieurs d'entre eux se distinguèrent par leur valeur, entre autres Charles Dauwère et Jean, son fils. Le premier obtint le titre de capitaine de l'armée navale du roi d'Espagne en Flandre (1).

Une anecdote de cette guerre maritime peut trouver ici sa place :

Le hollandais Grootenbuyck, sachant que des navires Dunkerquois étaient à Hambourg à l'effet d'y chercher du blé, cerna le port. Les Hambourgeois demandèrent à l'amiral l'exhibition des ordres dont il se disait porteur. Le trop crédule hollandais vint à terre dans l'intention d'obtempérer à cette réquisition, mais il fut retenu et les Dunkerquois s'en retournèrent chez eux avec leurs charges.

IV

Pour tirer vengeance de tous leurs griefs, les Hollandais envoyèrent dans le port de Dunkerque un brûlot formidable qui semblait n'être qu'un vaisseau de commerce. Cette machine incendiaire mit feu à six vaisseaux qui devaient figurer à l'expédition que le roi préparait contre l'Angleterre.

On sait que, pour se venger de cette puissance, dont il avait été quelque temps le roi nominal, Philippe II fit équiper une flotte qui ne comptait pas moins de 150 navires portant 2,600 canons et 23 mille hommes, suivis d'un nombre prodigieux de bateaux de charge. L'aspect de cette flotte lui valut prématurément le surnom d'invincible!

1588. — Le duc de Parme devait commander l'expédition. Il fit préparer sur l'Aa une grande quantité de bateaux plats pour le débarquement des troupes et de la cavalerie. Il en rassembla 200 à Nieuport, qui fut la *Boulogne* de cette invasion. Il avait à Gravelines 20,000 tonnes pour faire des ponts; à Dunkerque un immense matériel pour la cavalerie. Entre Dunkerque et Nieuport un camp de 5 à 6,000 hommes. Près de Dixmude, un autre camp de 20,000 hommes. A Courtrai, à Watten, des réserves de cavalerie. Don Francisco de Aguilar commandait à Dunkerque.

Dans ces préparatifs on eût crut voir une seconde expédition de Xerxès contre la Grèce. Une foule de petits bâtiments avaient été construits à Anvers : craignant de les exposer aux chances d'un voyage le long de la côte, le général fit creuser, avec une prodigieuse promptitude, un canal de l'Écluse à Nieuport.

---

reçurent bon courage de Son Altesse (le prince de Parme) parcequ'ils avoient l'assurance qu'il emporteroit de la cour une très-forte somme d'argent pour aider cette ville en son grand besoin; mais toutefois, s'il arrivait que Sa Majesté eût dû l'employer ailleurs, il leur suppliait de lui donner tout ce qu'il leur était possible, en moyen de secours généraux, rentes, impôts, deniers des orphelins.... Cela fut exécuté jusqu'à la somme de 34,309 livres 19 s.

(1) Au registre des comptes de 1589, on lit : « A M⁰ Burot chirurgien sermente avec trois autres
» chirurgiens lesquels avoient demis la jambe de Ch. Dauwere, capitaine sur le navire de guerre équipé
» de la part de la ville, ensemble la jambe d'un soldat de Greveninghes ayant été en mer avec ledit
» navire, 24 liv. »

Au mois d'août se trouve cette autre mention :

« .... Pour les funérailles de Charles Dauwere a son trepas capitaine sur le navire de guerre équipé
» par cette ville et mort d'un coup d'arquebuse par lui reçu en la mer, 280 liv. »

L'Angleterre était évidemment hors d'état de résister à une si formidable attaque. Elle rassembla promptement toutes ses ressources. Ses 15,000 matelots furent embarqués sur 114 navires, dont le plus fort était à peine de 300 tonneaux. Un seul le *Triumph*, portait 40 canons. De leur côté, les Hollandais fournirent 90 navires. Drake, Hawkins, Forbisher et Charles Howard commandaient l'armée navale.

Le 29 mai, le duc de Médina partit de Lisbonne. A peine à la hauteur du cap Finistère *l'Invincible Armada* fut accueillie par un ouragan. Plusieurs vaisseaux se perdirent sur les côtes de Galice et de France, et la flotte se réfugia dans la rade de la Corogne.

En apprenant ce sinistre, Élisabeth, trop promptement rassurée et croyant tout danger dissipé, ordonna le désarmement de sa propre flotte. Mieux avisé, Howard temporisa.

Ayant appareillé de nouveau, la flotte espagnole s'avançait. Mal renseignée par les pilotes, elle prit le cap Lézard pour celui de Ram, près de Plymouth. Elle perdit du temps à poursuivre quelques vaisseaux anglais qui lui échappèrent, et elle laissa venir la tempête qui devait la disperser. Harcelée par les navires ennemis, elle vit son arrière-garde coupée (21 juillet), et après six jours perdus en inutiles manœuvres, elle vint jeter l'ancre près de Calais.

La côte était inconnue, un ouragan s'éleva. Des brûlots lancés par les Anglais vinrent porter le trouble au milieu de l'escadre. Pour se soustraire au danger, les capitaines coupent les cables; au milieu de cette confusion les navires s'abordent, s'entrechoquent, se brisent; la tempête augmente. Plus promptement que ne l'aurait fait une puissante armée, elle disperse *l'Invincible*. — Le 30 juillet, toute la côte d'Ostende à Calais était couverte de débris, de vaisseaux désemparés et de cadavres rejetés par la mer.

Quinze navires étaient entièrement perdus, 5,000 hommes avaient disparu!

Néanmoins la flotte espagnole était de force à tenir tête à ses adversaires. L'impéritie vint en aide à la tempête. Croyant se soustraire à la poursuite des ennemis, Médina voulut doubler les Orcades. La tourmente vint l'y assaillir et consommer sa perte. Dans ces mers inconnues dix-sept navires se perdirent sur les côtes d'Irlande; vingt-huit allèrent se briser sur les falaises de l'Écosse.

Ainsi, sans qu'il y ait eu de combat, cent navires étaient anéantis. Une valeur de cent vingt millions était engloutie dans les flots.

D'habiles pilotes dunkerquois, Michel Jacobsen et Simon Ryet, furent chargés de ramener en Espagne les débris de *l'Invincible* (1).

En apprenant ce désastre Philippe se contenta de dire : « J'avais envoyé com-

---

(1) Au compte de 1589, on lit : « .... A Simon Ryet bourgeois marinier de cette ville, 96 livres en
» recompense des despens et autres incommoditez comme de maladie, danger de sa personne, danger
» du chemin que aultrement supportee a son retour de l'Armada d'Espagne, en laquelle au comman-
» dement de Mgr. le gouverneur de la ville il avait ete envoye par la loy pour piloter. »

Au 1er registre des délibérations, 1591 à 1603 (Archives de Dunkerque), il est fait mention en 1593, (p. 48 et 168), de l'armement d'un navire de guerre par *Mathieu Jacobsen*, pour le duc Juan Alvarado.

» battre les Anglais et non les tempêtes ! Que la volonté de Dieu s'accomplisse !...

En Angleterre la joie fut proportionnée à la grandeur du péril dont on se voyait enfin délivré. Un triomphe à la romaine fut organisé. Élisabeth fit frapper des médailles où elle s'attribuait tout l'honneur du succès. Les chants inspirés par un événement si remarquable transmirent jusques dans les plus humbles chaumières le souvenir de cette circonstance qui sauvait l'Angleterre et relevait la Hollande.

V

L'intervention des corsaires dunkerquois contribua à modérer la joie de ces deux nations (1). C'est en vain que s'irritant de leurs agressions, les États envoyaient jusqu'à cent vaisseaux pour bloquer Dunkerque, leur vigilance se trouvait en défaut. Loin d'être intimidés, les corsaires s'attaquaient même aux vaisseaux de ligne, et l'un de ceux-ci n'eut d'autre moyen d'éviter la honte d'être pris qu'en mettant le feu à ses poudres.

La renommée grandissait encore la réalité et les exploits de nos marins jetaient l'effroi parmi les pêcheurs hollandais. Pour éviter une prise qu'ils regardaient comme infaillible, ils rentraient dans les ports d'armements ou refusaient d'en sortir. La populace finit par s'ameuter contre les autorités, lui imputant la responsabilité de tout cela. Pour apaiser le soulèvement, on envoya au gibet des prisonniers dunkerquois bien inoffensifs, et l'on annonça que les croisières seraient renforcées.

On tint parole, et ce ne fut pas sans résultat. Une partie de la flotte royale ayant tenté de forcer le passage, il s'en suivit un combat meurtrier où les Hollandais eurent l'avantage. Un vaisseau dunkerquois, monté par cent hommes, dont soixante-dix s'étaient fait tuer dans l'attaque, ayant été pris, fut conduit à Flessingue où les trente survivants furent pendus.

Cet échec fut d'ailleurs compensé en beaucoup de rencontres particulières, dont Faulconnier donne le détail que l'on peut consulter (T. I, p. 98 à 105).

VI

1590. — Epuisés d'un travail si pénible et si peu fructueux, les Hollandais s'arrêtèrent au projet de s'emparer de Dunkerque : ils y pratiquèrent des intelligences ; ils savaient que les remparts étaient en ruines. Une nuit ils débarquèrent 3,000 hommes pour un coup de main ; mais la mine était éventée ! Vigoureusement repoussés, ils durent se rembarquer précipitamment. Ils renouvelèrent, sans plus de succès, cette tentative en 1596 et en 1628.

VII

Les particuliers pour leur compte, le Magistrat pour le compte de la ville, le Gouverneur pour le compte du roi, répondirent à ces démonstrations en faisant

---

(1) Faulconnier, t. I, p. 96. — *Histoire métallique des Pays-Bas*, t. I, p. 382, 384, 385, 387, 410, 475, 489.

de nouveaux armements en course, genre de combat où les Dunkerquois ont trouvé des rivaux, mais où ils n'ont pas de maîtres. La rançon des prisonniers, la vente des marchandises capturées venait grossir la caisse municipale et celles des armateurs. Le seul mois de janvier 1594 produisit au Magistrat 6,500 florins; février 6,200 florins; en 1596, le chiffre des rançons s'éleva à plus de 300,000 florins.

Les Hollandais n'en continuaient pas moins leur blocus infructueux (1). D'une part les corsaires leur échappaient fréquemment et d'une autre part l'approche de la ville était rendue chaque jour plus difficile par les forts qui s'ajoutaient aux anciens moyens de défense. Un vigilant capitaine, Pedro Lara, commandait l'artillerie.

C'est en vain que les États luttent contre leur mauvaise fortune; c'est en vain que, profitant des observations d'Adrien Damman, prisonnier évadé des prisons de Dunkerque, ils prennent les mesures qu'il indique; c'est en vain que, suivant l'avis de Jean Gerbaut, ils modifient leurs croisières; c'est en vain qu'ils offrent une prime de 25,000 florins par navire et de 100 florins par prisonnier: le résultat leur fait défaut. Le vice-amiral Dewacken, qui résidait à Dunkerque, dirige habilement les efforts des Dunkerquois; de vaillants capitaines se font remarquer à l'envi. Michel Jacobsen et Daniel Dekoster enlevèrent aux Hollandais tant de navires (2), qu'en mainte occasion les populations se soulevèrent contre les États-Généraux inhabiles à les garantir de ces pertes, ou contre les capitaines qu'ils allaient jusqu'à accuser de connivence.

L'activité de ces luttes incessantes amenait à Dunkerque de nombreux matelots et une garnison considérable. Celle-ci était pour la ville un véritable fléau, car il n'y avait nulle discipline (3). André d'Autriche qui arriva (1596) avec trois régiments, donna lieu aux plaintes les plus vives.

L'Archiduc Albert ayant pris Calais, nos armateurs comprirent l'avantage d'avoir, dans la Manche, un nouveau port de refuge. Aussi, ne tardèrent-ils pas à mettre en mer un plus grand nombre de capres. Par contre, les Hollandais tentèrent de nouveau de combler le chenal de Calais et celui de Dunkerque, en y

---

(1) En 1592, le Magistrat présentait au comte de Mansfeld une requête afin d'être autorisé à faire couler trois bateaux dits *Pleeten*, devant le port « pour empescher que l'ennemy ne s'y vienne mettre » ou il jectait l'ancre pendant des mois entiers, nonobstant toutes les tempestes et bourrasques.... » (V^e registre, folio 21). Cette curieuse circonstance est peu explicable pour nous.

(2) Au Ve registre déjà cité, folio 54, sous la date de 1595 se trouve un « consentement du roy » d'Espagne au capitaine Michel Jacobsen pour aller en course sur les ennemis. » Le texte est en flamand. — Au folio 55 se trouve « le consentement du comte de Mansfeld au capitaine Daniel De» koster. »

(3) Voir les comptes de 1590; voir aussi une lettre de l'archiduc Albert au commandant de Dunkerque (1596) en lui recommandant d'empêcher que la garnison n'exige des bourgeois aucun « *usten-* » *sile, tel que bois, chandelles, etc.* » — Ibid, folio 60.

Aux registre des comptes de 1596, N.° 40 on trouve plusieurs articles de dépenses pour les « gabions, » fassynes, poudre à canon, bales de plomb et aultres admonitions » fournis par la ville à l'armée royale qui assiégeait Calais.

coulant des embarcations chargées de pierres (1); ils défendirent de procurer aux Dunkerquois des vivres, des provisions.... C'était une gêne pour nos marins, mais ils n'en poursuivaient pas moins leurs succès.

Les soulèvements excités à ce sujet, en Hollande, furent apaisés par une nouvelle exécution de prisonniers dunkerquois qui se trouvaient en leur pouvoir.

VIII

1598. — La paix de Vervins entre l'Espagne et la France fut publiée à Dunkerque, et célébrée par des feux de joie.

Le roi sentait sa fin approcher; il donna en apanage à sa fille Isabelle les Pays-Bas et la Flandre, et termina sa longue et orageuse carrière.

§ III. Dunkerque sous l'Infante Isabelle. 1599 — 1633.

Le règne d'Isabelle nous présente une particularité doublement remarquable.

En effet, lorsque toute la Flandre était en proie aux fureurs de la guerre civile et religieuse, Dunkerque restait quasi étrangère aux mouvements violents qui agitaient les Pays-Bas. Au contraire, lorsque le règne bienfaisant des archiducs eut assuré la paix intérieure, la guerre avec la Hollande devint plus vive que jamais et Dunkerque prit à cette lutte une part plus active qu'auparavant. De sorte que les événements semblent avoir pour elle un caractère opposé à celui qu'ils avaient pour le reste des provinces flamandes.

I

1602. — Au commencement de cette nouvelle période, les corsaires dunkerquois se joignant à quelques galères espagnoles, recommencèrent leurs attaques contre les provinces unies. Ils ne se contentaient plus d'enlever les bateaux de pêche ou les navires marchands, ils débarquaient sur les côtes de Hollande, y mettaient tout à feu et à sang. La peste qui sévit à Dunkerque ne les arrêta pas dans ces expéditions.

II

Le prince Maurice de Nassau et les États, réunis à La Haye, délibérèrent si l'on ferait une dernière tentative pour s'emparer de Dunkerque; mais la difficulté parut si grande qu'on ajourna toute décision à cet égard, et l'on se borna à la résolution d'attaquer Ostende.

---

(1) Au compte de 1601, on lit : « .... A Louis Olivier et Jehan Constant ayant emprins de rompre
» et briser certaines grosses pierres que les rebelles ont faict aller au fond et submerger à la ruine et
» detriment de ce havre.... à quoy touttefois par la grace de Dieu ils n'ont seu parvenir..... 24 liv. »

C'est dans la nouvelle série de ces efforts que l'archiduc Albert, l'époux d'Isabelle, perdit près de Furnes une bataille qui coûtait si cher au vainqueur, que le prince de Nassau disait, le lendemain : « Ya à Dieu ne plaise qu'il nous donne
» beaucoup de semblables victoires, il n'en fauldroit qu'une pour nous en retour-
» ner sans rien faire. »

Dunkerque reçut dans ses murs un grand nombre de blessés de l'armée espagnole; mais ils étaient si pressés qu'il fallut les répartir dans les localités voisines.

Pendant ce temps-là, quatorze vaisseaux de guerre sortis de Dunkerque sous la conduite de Wacken, croisaient dans la mer du Nord. Ils prenaient aux Hollandais quelques navires et un convoi de pêcheurs. La plus barbare animosité régnait dans les combats. C'était à ce point que les barques hollandaises furent coulées bas avec leurs équipages (1).

La nouvelle s'en répandit promptement et causa autant de terreur que d'indignation. La flottille de pêche n'osa se mettre en mer, mais vingt vaisseaux envoyés contre Wacken, l'attaquèrent avec fureur. Six seulement, des espagnols, purent se faire jour à travers la flotte hollandaise. Tous les autres équipages faits prisonniers furent pendus.

III

Cependant cela n'arrêta pas les Dunkerquois. En deux mois ils amenèrent encore plus de trente prises. Ils poussaient la bravade jusqu'à aller les mettre en vente en vue de La Haye. Les Hollandais y répondirent par une nouvelle exécution de prisonniers. De son côté, l'amirauté de Dunkerque proclama de nouveau l'ordre de noyer tous les équipages dont on viendrait à s'emparer. Les Hollandais enchérirent encore, et pendant que l'archiduc Albert faisait le siége d'Ostende, ils assommèrent 250 prisonniers espagnols. Si ces atrocités n'étaient incontestablement prouvées, on aimerait à en pouvoir douter. Mais nous avons du moins à consigner ici un trait honorable.

Il s'agissait de répondre à ce dernier défi. Les Dunkerquois firent aux archiducs Albert et Isabelle une supplique où ils demandaient de surseoir à ces actes de froide cruauté. Cette pièce mérite d'être transcrite; la voici :

« Les Bourgmètre et gens de loy de vostre ville de Dunckerque aduertyz de la
» resolution prinse au conseil de V. A. S. d'ordonner execution de certains pri-
» sonniers de guerre destenuz audit lieu se jetent au pieds de V. A. S. Supplitz
» très-humblement quelles s'inclinent a faire surseoir ladite execution pour tant
» soit peu de jours en dans lesquels elles soyent a plain informez des extremites
» a quoy tout le corps de ladite ville (composé pour la plus part des gens de mer
» habituez a uiure et s'entretenir per la pescherie se voirat reduit si par dessus la
» fortune et sortz ordinaires de la mer ils se voyent exposez a un plus grad et
» euident danger de leur uie venant a se rencontrer auecq l'ennemy cō il leur

---

(1) Il existe, à la date de 1601, un ordre de l'archiduc Albert commandant de jeter à la mer les prisonniers hollandais.

» arrive trop souvent. Sy auant que le tout bien considere (a tres-humble cor-
» rection) il serat trouue y aller plus tost de la depopulâon generale de ladite
» bourgeoisie forcee par le moyen de resacer ung plus asseure abry que du chas-
» toy condigne a la rebellion desdits prisonniers joinct a la commiseration et
» refroidissement naturel que le droit des gens aporte et defere volontiers a tous
» solz de pareille condition. — Sy prieront tous les mains joinctes a Dieu de
» prosperer les personnes de V. A. S. S. en tres heureuse et longue uie. Faict le
» 22 janvier 1606 (1) ».

IV

Pendant plus de trois ans, l'archiduc continua le siége d'Ostende. La mer était libre et les Hollandais introduisaient dans la place des troupes, des vivres, des munitions. La ville fut enfin emportée, mais le succès coûta cher ! Dunkerque y contribua par des sommes d'argent, des envois d'hommes, des fournitures de bateaux, etc. (2).

Après cet important avantage, le prince se rendit à Anvers où les députations des principales villes voisines allèrent le féliciter. Dunkerque n'eut garde d'y manquer (3).

Cette victoire fut d'ailleurs bien compensée par les défaites éprouvées sur mer. L'amiral espagnol Spinola se sauva à grand peine en perdant six galères. En plusieurs rencontres les Dunkerquois durent battre en retraite. Quelques-uns furent pris et pour un certain temps la chance se montra contraire au roi d'Espagne.

V

Pour améliorer sa position, il fit la paix avec l'Angleterre.

Abandonnée à ses seules ressources, la Hollande ne désespéra pas de sa cause, et elle eut d'abord plusieurs avantages. Elle battit une escadre de 10 vaisseaux, partis de Lisbonne et qui apportaient en Flandre de nouvelles troupes. Il ne s'en sauva que quatre, grâce à l'intervention des Anglais et au port de Douvres où ils se refugièrent.

Les Dunkerquois avaient armé 10 vaisseaux de guerre et un grand nombre de navires particuliers. Ils se mirent en campagne et capturèrent aux Hollandais un grand nombre de busses de pêche et de navires marchands.

1609 (14 avril). — Toutefois, un fait important était consommé, la Hollande

---

(1) Voir au folio 22 du IIe registre aux déliberations du Magistrat de Dunkerque, 1604-1625.

(2) Au Ve registre, folio 95, le Magistrat consent à payer 1,500 liv. pour contribuer à la construction des forts près d'Ostende. — Au folio 109, il relate ce que les Quatre-Membres ont accordé pour le siége. — Au folio 112 se trouve une lettre desdits États au Magistrat de Dunkerque, et au folio 113 la réponse. — Aux comptes de 1599 on voit aussi une somme de 3,450 livres pour « l'emblocquement de la ville d'Ostende. »

(3) Le discours prononcé en cette occasion par les délégués dunkerquois figure au Ve registre, folio 128, 13 août 1603. — Texte français.

était indépendante. Mais épuisée par une lutte de quarante années, elle consentit à une trêve de douze ans, qui fut proclamée à Dunkerque le 14 avril 1609.

VI

Pendant cette paix si désirée, et grâce à la sage impulsion de l'administration d'Isabelle, les améliorations de tout genre s'opérèrent dans la Flandre et particulièrement à Dunkerque. Proposée par les États et agréée par le roi d'Angleterre, notre ville devint le point de transit et de dépôt des denrées échangées entre les deux pays (1). C'est un avantage de sa position topographique qu'on ne saurait lui enlever.

Dunkerque avait fait bien des sacrifices, l'archiduchesse l'exempta de l'impôt fourni par les autres provinces. Les habitants furent délivrés de l'obligation de loger les gens de guerre. De belles et spacieuses casernes furent construites pour la garnison (2).

VII

Attirés à Dunkerque par les avantages qu'on leur assurait, les commerçants y accoururent de toutes parts, de préférence à Ostende et Anvers. Cette circonstance importante doit être signalée à ceux qui s'occupent de l'avenir commercial de notre ville.

1614. — Affranchie des droits qui avaient pesé sur elle, la pêche reprit son activité. On arma pour la pêche à la baleine.

Enfin, délivrée d'entraves, la religion ne tarda pas à refleurir. Pour la première fois depuis longtemps, l'évêque d'Ypres vint à Dunkerque administrer la confirmation. Les Jésuites fondèrent une église et un collége qui subsistèrent jusqu'à la Révolution.

La comptabilité prit un ordre inaccoutumé. Sous Philippe II, un déficit énorme s'était produit dans la caisse échevinale. Au commencement du règne d'Isabelle, ce déficit était annuellement de 20 à 30 mille livres. Il diminua graduellement, puis un excédant de recettes apparut. En 1630, il était de 4,000 livres; en 1631, de 15,000 livres; en 1632, de 17,000 livres. Ces chiffres sont un bel éloge. Malheureusement, après la mort de notre bonne princesse, l'amélioration ne se soutint pas; elle diminua graduellement et finit par disparaître tout-à-fait.

En peu d'années la population s'accrut considérablement. Les registres de l'état-civil prirent une tenue régulière (3). Le desséchement des moëres fut étudié,

---

(1) Faulconnier, t. I, p. 116.

(2) On a de 1611, 1612 et années suivantes, des lettres d'octroi pour ces casernes, qui, construites des deniers de la ville, devaient appartenir au roi lorsque Dunkerque cesserait d'avoir garnison. — Ajoutons, comme particularité intéressante, que l'on y employa un million de briques provenant de l'abbaye des Dunes, ruinée par la guerre.

(3) Ces registres ne remontent pas au-delà de 1609, encore les commencements sont-ils évidemment incomplets.

entrepris, encouragé. Des canaux furent creusés. La basse-ville augmenta l'étendue de Dunkerque. Don Alonzo de Luna en était alors gouverneur (1).

L'ingénieur Van Langren travailla un plan important auquel on est souvent revenu depuis, celui d'établir une communication maritime à l'intérieur entre Dunkerque et un point de la côte Ouest. Louis XIV le réalisa un moment; Brueys et Napoléon l'auraient repris si...

VIII

Quelqu'avantageuse que fût cette paix, elle ne devait pas durer. Conclue en 1609, la trève expirait en 1621. La guerre recommença malgré tout ce que fit l'archiduc pour la prévenir.

Les combats sur mer devinrent quotidiens, et les Dunkerquois y déployèrent un courage qui les rendirent bien funestes aux Hollandais.

A cette époque, il existait une passe aujourd'hui comblée par la nature et que l'on appelait fosse Mardyck : c'était un canal maritime qui longeait la grève de l'Ouest entre le continent et le banc Schurken. En sortant des jetées de Dunkerque, les vaisseaux tournant à gauche suivaient ce canal et s'y trouvaient à l'abri des bâtiments de guerre situés au-delà des bancs. Pour la sûreté de ce passage, les Dunkerquois construisirent à la hauteur de Mardyck un fort en bois dont l'importance était très-grande, tant pour garder la côte que pour protéger la sortie des corsaires (2).

Ces corsaires étaient devenus pour les Hollandais un fléau tel que, d'après le conseil des amiraux, ils assurèrent à leurs armateurs non-seulement l'intégralité des prises, mais encore une prime de 10,000 florins pour chacune d'elles.

IX

Jean Jacobsen (3), commandant le *Saint-Vincent*, de 180 hommes d'équipage, était sorti d'Ostende, avec deux autres navires, pour croiser de conserve ; ces deux infidèles compagnons l'ayant abandonné, le brave Dunkerquois ne tarda pas à être entouré par des vaisseaux hollandais, au nombre de neuf.

La partie n'était pas tenable et l'issue du combat ne pouvait être douteuse (4).

---

(1) Ses lettres de créance sont au Ve registre, folio 199.

(2) Au compte de 1625, on lit : « .... Livraison de deux grands tonneaulx servants de signale pour » mettre sur le bancq nommé *Het-Schurken*, à l'opposite du nouveau fort près de Mardycke.... » Ce banc Schurken est aujourd'hui coupé par le chenal. La maison des bains est bâtie sur la partie Est de ce banc. Des bouées remplacent aujourd'hui sur les bancs plus avancés de la rade l'office des « deux grands tonneaulx » dont il est parlé dans l'article ci-dessus transcrit.

(3) Le Ve registre, 1623 à 1625, relate un grand nombre de permissions données par l'archiduc de résider dans ses états. Ces pièces, imposent à ceux qui avaient séjourné chez les rebelles, l'obligation d'abjurer l'hérésie. Parmi les individus graciés de cette façon, nous trouvons le nom de Gheritson Bart, natif d'Amsterdam; celui d'Antoine Cornelissen, de Georges Pietersen, et autres noms connus; puis enfin celui de Jean Jacobsen. Nous ne pouvons nous donner une explication satisfaisante de la présence en ce lieu de ce nom de Jean Jacobsen, et nous ne savons si les biographies nous la fournissent.

(4) Voyez le recit détaillé de cette action dans Faulconnier, t. I, p. 126.

Jacobsen harangua ses compagnons ! « Amis, leur dit-il, faisons à Dieu et au roi un généreux sacrifice de notre vie... » Et prenant l'initiative de l'attaque, il alla droit aux ennemis, leur lâcha ses bordées et coula un de leurs navires. Le feu de huit autres désagréa bientôt le téméraire et mit hors de combat la moitié de son monde. Cette lutte inégale dura treize heures. Voyant ses hommes réduits à dix et son navire faisant eau, il donna l'ordre de mettre feu aux poudres. Les Hollandais, pour s'opposer à ce dessein, l'abordèrent tous à la fois. Il ne restait plus que trois ou quatre hommes debout, mais c'était assez. L'explosion coûta la vie à plus de 400 hommes. Un des canons, en retombant sur un des navires hollandais le fit couler à fond.

Tant d'héroïsme n'empêcha pas que les prisonniers repêchés par les Hollandais ne fussent envoyés au gibet.

On répondit à cette barbarie par une barbarie analogue : trente Hollandais *furent immolés aux mânes de Jacobsen !*... Par suite, les Hollandais lièrent deux à deux, les prisonniers espagnols et en firent jeter à la mer ! Qui s'arrêta le premier dans ce jeu féroce ? nous ne pouvons le dire.

X

1624. — D'Olivera, Colaert, Michel Jacobsen, Daniel Dekoster et une légion d'intrépides marins cherchèrent à venger cette mort, et leur ardeur ne fut pas sans résultat. Les Vandewalle, armateurs dunkerquois, amenèrent 18 vaisseaux qui leur rapportèrent plus d'un million de florins, indépendamment de 200,000 livres qu'ils tirèrent de la rançon des autres.

Isabelle profita de cette ardeur pour réorganiser l'amirauté dunkerquoise, à qui elle imposa l'obligation d'avoir toujours 24 vaisseaux de guerre.

Il serait difficile de donner une juste idée de la richesse résultant de tous ces armements. L'un des Vandewalle dont nous venons de parler, arma 12 vaisseaux de ligne (1632) qu'il offrit au roi d'Espagne, pour en obtenir la décoration de Saint-Jacques. Ce qui ne l'empêcha pas d'acquérir ensuite à deniers comptants la seigneurie de Zuydcoote.

De 1623 à 1633, ce seul armateur prit aux Hollandais 26 navires, dont 6 vaisseaux de guerre et 6 yachts. En 1655, son fils était receveur des droits à Dunkerque, chevalier de l'ordre du Christ, gentilhomme de la maison du roi, seigneur de Zuydcoote. Il réclamait de S. M., un reliquat de compte qui équivaut à quelque chose comme dix millions de francs (1).

Les Hollandais soutenaient bravement leur mauvaise fortune. Ils eurent même parfois des succès de détail. Ils détruisirent des capres dunkerquois. Ils mirent en fuite l'escadre espagnole. On assure que les capitaines hollandais s'engageaient par serment de mettre le feu aux poudres plutôt que de se laisser prendre par

---

(1) Voyez la réclamation qu'il a fait imprimer sous le titre de : « Brefve déclarations des Interests
» particulieres que le Receveur des Tholeux (tonlieux) et licentes (licences) et autres droits en la
» ville de Dunkerque..... at souffert et souffre encor..... » In-4°, 8 pages.

un Dunkerquois... Mais, Michel Colaert prit une éclatante revanche contre le vice-amiral Van Dorp. — Sous sa conduite, les corsaires anéantirent presqu'entièrement les bateaux de pêche et bloquèrent à leur tour le Texel.

XI

Pendant que cette guerre funeste suivait son cours sur les mers, le reste des provinces données à Isabelle goûtait le bonheur du repos et les heureux fruits de la paix.

La princesse parcourait le pays s'informant partout de ce qui pouvait y établir ou y consolider le bon ordre. On dit qu'en 1624 elle vint à Bollezeele, demander à Notre-Dame, les joies de la maternité. Elle y laissa de riches présents, entre autres une chasuble brodée de ses propres mains, et un reliquaire renfermant des cheveux de la Sainte-Vierge. Mais Albert étant mort dans le cours de la même année, l'infante dut renoncer à cet espoir. Elle donna tous ses soins à la conduite du gouvernement qu'elle dirigea seule pendant douze ans.

Bien que menant une vie presque claustrale, elle sut remplir avec un rare talent ces difficiles devoirs.

1624. — A cette époque, Dunkerque reçut dans ses murs, le prince de Pologne Sigismond (1), le cardinal Fernand et la princesse Isabelle, elle-même. On l'accueillit avec les honneurs dus à son rang et à ses vertus. Des feux de joie s'allumèrent sur nos places publiques (2). Pendant son séjour à Dunkerque, une tempête furieuse dispersa la flotte hollandaise qui croisait devant le port et sembla ainsi saluer sa venue au bord de l'Océan.

Une triste coïncidence est à noter ici. Quand la princesse quitta la ville, une maladie contagieuse y fit invasion. Les Capucins qui se dévouaient au soin des pestiférés, vinrent s'établir alors à Dunkerque. Les Récollets firent à l'admission de cet ordre religieux une opposition qui n'eut pas de résultat. Les Jésuites avaient peine à soutenir leur maison, ils obtinrent du Magistrat quelques subsides et même certains droits à l'entrée des marchandises.

Lorsque régnait la peste, on voyait à Dunkerque de nombreux et édifiants exemples du dévouement qu'inspire la foi chrétienne : tandis que la frayeur de la contagion écartait des pestiférés, leurs serviteurs, leurs amis, leurs parents même, la charité leur en amenait d'autres : des chirurgiens (3) — car il y avait des

---

(1) Ordonnances et règlements de police, de 1624 à 1662 (Archives de Dunkerque).

(2) Ordonnances de police, 1625, folio 20 (Archives de Dunkerque).

(3) Aux comptes de 1596 on trouve : « A Mahieu Vanhvudeghem, pour livraison de neuf aulnes
» de drap rouge cramoisi donnés par Messieurs de la loy aux deux maistres chirurgiens de la maladie
» contagieuse et la baige servant de doublure de iceux manteaulx.... 8 10 livres.

» ..... à frère Jehan et maistre Michel Ambedeux, chirurgiens de la maladie contagieuse.... et
» aussi pour les drogues et médicaments par eux achetés ... »

» ..... à M. Michel, le maistre chirurgien, au faict de la maladie contagieuse, pour ses gaiges et
» pension, d'avoir assisté les bourgeois de cette ville infectés de la maladie, à raison de 60 livres
» par mois... »

opérations à exécuter, — des gardiens (1) pour les soigner et les « advises » des religieux (2) et des religieuses pour les consoler, leur donner une sépulture honorable. — La ville achetait les médicaments pour les plus pauvres ; bâtissait des cellules pour les y traiter..... Il paraît bien probable que les émanations des marais contribuaient beaucoup au retour si fréquent du mal et à l'intensité avec laquelle il sévissait parfois.

XII

1627. — Pour détourner le péril qui les menaçait, les États de Hollande triplèrent la prime offerte à leurs armateurs et l'élevèrent à 30,000 florins par prise, ne fût-elle que d'un navire de 100 tonneaux. Ils remplacèrent par le vice-amiral de Nassau, Vandorp, qui avait perdu son prestige; ce qui n'empêcha pas qu'en 1627, leurs pertes ne s'élevassent à 10 millions !

Le peuple murmurait ; les échevins d'Amsterdam ayant formulé des plaintes très-amères, furent destitués. L'année suivante, une nouvelle entreprise fut tentée sur Dunkerque et Gravelines. Des armements nombreux se firent pour s'y opposer. La mort de l'amiral Heyne acheva de décourager la Hollande. La panique était telle que, plus d'une fois, à l'aspect d'un corsaire dunkerquois, les Hollandais, se sauvant dans leurs canots, abandonnèrent leurs navires. On en rencontra même, dit-on, qui allaient en dérive et qu'ils avaient quittés avant d'être en vue. Une médaille frappée en Hollande cherchait à relever l'esprit public. Elle porte une inscription dont le sens est :

Prenez courage, mettez en Dieu votre confiance (3).

XIII

Plus leurs adversaires étaient abattus, plus les Dunkerquois s'animaient. De 1629 à 1630, ils enlevèrent aux Hollandais plus de 12 millions. D'un premier coup ils prirent aux français quatorze vaisseaux qui furent bientôt suivis de onze autres.

Les Hollandais essayèrent encore, mais sans succès, une tentative sur Mardyck (4).

Nous n'énumérerons pas en détail toutes les actions qui se succédèrent alors;

---

(1) « Jehan Coppens, pour avoir payé à Vinchant, de divers corps qu'il a enterrés des gens décédés
» de la maladie contagieuse en ayant aulcuns transportés de maison ou lieu à l'autre et autres
» choses.... »

(2) « Au compte 1584 .... à maistre Olivier Guethals, chapelain de l'église paroissiale de cette
» ville, pour la moitié des dépents supportés par lui en la maladie contagieuse.... »
Au compte de 1634. « .... Pour apchapt de deux matras (matelas) pour coucher les révérends
» pères récollets qui advisent les infectez de la maladie contagieuse, 20 livres. » — « Jehan Berot,
» chirurgien, pour 4 mois de ses gages, d'avoir distribué aux infectez de la maladie contagieuse, ce
» ce qu'ils avoyent nécessaire pour vivre, à raison de 18 s. por mois.

(3) *Histoire métallique des Pays-Bas*, t. II, p. 164.

(4) Faulconnier, t. I, p 132.

nous ne nommerons pas les officiers Pagadors, Tenedors et autres. Faulconnier y a pourvu (1). Nous nous bornerons à dire que, au prix de dix-sept blessures, le seul Jacques Colaert, dunkerquois, enleva pour sa part 109 navires, 27 vaisseaux, plus 1500 canons.

Aussi, les prisons de Dunkerque ne suffisaient plus à contenir les hôtes qu'on y envoyait chaque jour. Les quais, les magasins des particuliers regorgeaient de marchandises et de butin. La population s'accrut de nouveau (2).

En Hollande, tout dépérissait. Frappé de stupeur, compromis dans ses intérêts, ne sachant à qui imputer la responsabilité des désastres qu'il apprenait, le peuple murmurait, se livrait à la mutinerie. Les femmes firent à elles seules des émeutes très-sérieuses. L'amiral Quast avait beau se tenir en croisière devant Dunkerque, les câpres se jouaient de lui et poursuivaient le cours de leurs exploits.

L'ennemi paraissait blessé à mort. L'Espagne voulut lui porter un dernier coup en faisant alliance avec l'Angleterre. Rubens fut chargé des négociations. Suivi de seize gentilshommes, il vint à Dunkerque où le traité fut proclamé en 1632.

Nous croyons intéresser le lecteur dunkerquois en lui mettant sous les yeux la traduction d'une lettre où le célèbre artiste entretient un de ses amis des affaires du temps. « … On m'a assuré, dit-il, qu'on s'irrite en Hollande de ceux
» de Dunkerque qui sont venus en corsaire jusqu'à Scheveninghe, près de La
» Haye, où ils ont capturé un vaisseau sur les côtes et qui plus est, un des meil-
» leurs et des plus riches qu'il y eût à Amsterdam. *Il y a de quoi s'étonner en*
» *voyant cette poignée d'hommes faire tant de bruit avec un si petit nombre*
» *de vaisseaux* (3) ».

XIV

Deux ans après, Isabelle descendait dans la tombe; l'église Saint-Éloi était tendue de noir; les Dunkerquois affligés assistaient au service funèbre de l'Infante. (4).

La Flandre avait été momentanément détachée de la couronne d'Espagne. Cette mort l'y ramena, et nous verrons dans le paragraphe suivant, cette nouvelle partie de notre histoire.

Terminons celui-ci en jetant quelques fleurs sur le tombeau d'Isabelle.

Active, bienveillante, sobre, pieuse, éclairée, l'Infante fut l'objet des regrets

---

(1) Faulconnier, t. I, p. 134.

(2) Cette prospérité rendait facile l'établissement de nouveaux droits d'octroi. On en trouve des traces à la date de 1618, 1621, 1625, 1627, 1628, 1630, etc.

(3) C'est notre ami, M. De Savary, qui nous a signalé cette lettre, datée d'Anvers 9 mars 1628, et et adressée à P. Dupuy, l'un des plus savants hommes du temps. Le texte est en italien. « ..... Mi
» disse che in ollanda si stava di mala voglia per l'audacia degli di Dunkerque, etc..... »

(4) En cette occasion, l'échevinage dépensa 1,357 florins. Voyez Compte de 1633.

unanimes des Flamands. Les gens de lettres la louèrent, le peuple la pleura. C'est la plus belle des oraisons funèbres (1).

Après avoir accueilli la reine Marie de Médicis, exilée, et avoir essayé de la réconcilier avec le roi Louis XIII, son fils, elle déjoua avec habileté une conspiration à laquelle, dit-on, le cardinal de Richelieu n'était pas étranger et qui avait pour but de constituer les Pays-Bas catholiques en République fédérative, à l'instar de la Suisse... Les écrivains protestants eux-mêmes se sont fait les panégyristes de notre princesse; ils ont vanté sa sagesse, sa modération; ils ont félicité le peuple belge de vivre sous un gouvernement si bien approprié à ses besoins (2).

Faulconnier raconte que la princesse fit trancher la tête à Louis de Velasco, qui logeait chez le gouverneur de Dunkerque, dans la Grande-Rue. On ne devina pas, dit l'historien dunkerquois, le motif de cette exécution qui aurait eu lieu dans la chambre même du condamné... Jusqu'à plus ample informé, nous regarderons cette assertion comme une erreur ou comme l'écho d'une calomnie.

§ VI. Dunkerque sous Philippe IV. 1633—1658.

Les vingt-cinq dernières années de la période espagnole présentent une série continuelle de combats, de siéges, de négociations où il est toujours question de de Dunkerque. Attaquée, défendue, prise, reprise, cédée, vendue... elle est comme l'enjeu de la partie que jouent entre elles les puissances voisines : l'Espagne, l'Angleterre et la France.

I

La guerre se poursuivait entre l'Espagne et la Hollande : la Hollande justement fière d'une indépendance si laborieusement acquise, et jalouse de la conserver... l'Espagne mécontente, humiliée et résolue de la contester.

Dunkerque, que le décès d'Isabelle faisait retourner à l'Espagne (à Philippe IV en sa qualité de comte de Flandre), Dunkerque servait la cause espagnole.

A la fin de notre dernier récit, la chance était à cette puissance, et la Hollande affaiblie se trouvait réduite à ses seules ressources.

Mais elle persista avec une constance héroïque. Privée de l'appui de l'Angleterre (3), elle sollicita celui de la France; et, pour conjurer le péril le plus grand

---

(1) *Histoire de Lille*, t. II, p. 94.

(2) *Cameracum christianum*, folio 53.

(3) Un trait mérite d'être cité : l'Espagne voulait faire parvenir à Dunkerque une somme de 4,500,000 florins; elle prit la voie de l'Angleterre, en payant au roi 1/2 pour 100. Cette *commission* fut suffisante pour prémunir le roi contre les Hollandais, qui le détournaient de prêter son concours.

et le plus voisin, elle insista sur la nécessité de s'emparer de Dunkerque. Elle offrit son concours pour arriver à cette fin, renonçant à toute prétention sur la future conquête.

II

L'amiral Tromp, qui parut en scène, aida beaucoup à changer la face des affaires (1). Il serra une flotte espagnole et la détruisit malgré l'appui des Anglais.

Cette action d'éclat eut un retentissement immense. Elle décida peut-être la séparation du Portugal qui se déclara indépendant de l'Espagne. Elle relevait la Hollande de l'abattement où elle était tombée. Les États généraux l'exploitèrent, Deux médailles furent frappées pour en perpétuer le souvenir. Tromp fut surnommé le restaurateur de la Marine ; le roi de France lui envoya des lettres de noblesse. Ce brave marin justifia bien les honneurs dont il était l'objet.

III

Dunkerque comptait alors 60 armateurs ayant à la mer plusieurs centaines de corsaires. C'était une école où se formaient d'intrépides matelots. Philippe IV avait de leur valeur une idée très haute. Un trait en fera juger :

Pour attirer dans son alliance le roi de Danemark, il lui offrit de faire armer et entretenir pour son service, par les seuls Dunkerquois, soixante, d'autres disent cent frégates (2).

Quelques citations suffiront d'ailleurs pour montrer la prodigieuse activité qui régnait à Dunkerque. En un seul mois de l'année 1632, 40 navires de guerre sortirent des chantiers et du port (3) ; en 1635, 25 ; en 1639, une flotte de 30 navires de guerre et 3 frégates (4) ; en 1643, l'amirauté de Dunkerque envoya dans dans la Méditerranée une escadre de 16 vaisseaux ; l'année suivante, elle équipa encore 16 vaisseaux royaux, sans compter 60 navires qui furent armés par les particuliers. Ceux-ci étaient à peine terminés, qu'on travaillait à équiper 10 à 12 vaisseaux royaux et 14 ou 15 armements particuliers.

IV

Tout cela portait aux ennemis un préjudice considérable, et la lutte prenait des proportions colossales. Des hommes de guerre accouraient dans notre ville pour s'y aligner ; des capitaines expérimentés y venaient prendre part. Abraham Duquesne, qui habitait Dunkerque, les dirigeait de ses conseils. Josse Pieters s'y distingua par ses hauts faits et mérita les marques les plus éclatantes de la

---

(1) Voyez l'*Histoire métallique des Pays-Bas*, t. I, p. 241, 267, 285, etc.

(2) Ce fait dément une assertion avancée par l'administration des douanes dans un mémoire qu'elle a publié contre la franchise du port de Dunkerque. « Jamais, y dit-elle, les Dunkerquois n'ont eu de la marine à eux. » Ce mémoire semble prouver surtout une chose : c'est que l'auteur ignorait les faits de l'histoire de Dunkerque.

(3) Faulconnier, t. I, p. 133, 138, 139.

(4) Ibid, t. I, p. 146. — Cette flotte ramena promptement plus de 27 prises.

faveur royale. Aussi, l'espace devenant insuffisant, une seconde enceinte fut tracée.

Mais encouragées par leurs récents triomphes, la France et la Hollande firent de nouveaux efforts; le commerce hollandais, surtout, réclamait une compensation à ses longues souffrances. La croisière devant Dunkerque fut organisée, sans annuler toutefois l'action de nos corsaires. C'est dans une rencontre avec les Hollandais que notre brave Mathieu Rombout perdit la vie (1).

V

Pendant quelque temps, les armées de terre, placées des deux côtés de la frontière des Pays-Bas, semblèrent se borner à s'observer réciproquement; mais ayant enfin jugé la circonstance opportune, le duc d'Orléans, frère du roi de France, travailla à réaliser un projet depuis longtemps caressé par la cour : celui de s'emparer de Dunkerque.

Il fit assurer les passages par le maréchal de la Meilleraie et se porta vers Gravelines dont il fit le siège.

De leur côté, prévoyant une agression prochaine, les Espagnols avaient construit à Dunkerque le fort Léon.

Le gouverneur de Dunkerque envoya des secours à la place assiégée et l'on déploya de part et d'autre la plus grande vigueur. Toutefois, après quarante-huit jours, les français s'en rendirent maîtres. Ils prirent également l'abbaye de Watten et Cassel.

VI

Bientôt Mardyck fut investi du côté de terre, et Tromp se chargea d'empêcher tout secours d'y arriver par mer.

D'ailleurs le général espagnol Picolomini, qui devait défendre la Colme, s'étant hâté de quitter Spycker et de se camper derrière le canal de Bergues, le champ resta libre aux opérations des Français.

1645. Le 5 juillet, ils ouvrirent la tranchée le long des dunes. Serrée de plus en plus, la garnison de Mardyck se décida à brûler elle-même le fort de bois qui s'avançait dans la mer. Elle fit des signaux de détresse auxquels Picolomini essaya de répondre en attaquant l'armée de siège; mais il fut repoussé.

Les Espagnols capitulèrent le 10 juillet : onze de leurs drapeaux furent envoyés à Paris et restèrent appendus aux voûtes de Notre-Dame. — En vérité, c'était leur faire trop d'honneur !

VII

Trop confiants, les Français ne gardèrent pas suffisamment leur conquête. Quelques jours après la prise de possession, Ferdinand de Solis, gouverneur de

---

(1) Bornés par le cadre restreint de ce livre, nous ne pouvons nous étendre sur aucune biographie particulière. Nous devons, pour ce sujet, renvoyer aux publications déjà faites.

Dunkerque, ayant appris leur présomptueuse négligence, concerta une expédition qui, en trois heures, et presque sans coup férir, se rendit maître d'une place qui avait coûté aux Français six semaines de combats et des dépenses considérables ; une place que Tromp surveillait toujours du côté de la mer.

VIII

L'année suivante, les hostilités reprirent une grande activité. Les Français avaient à faire oublier la perte de Mardyck.

Afin de s'ouvrir la route de Dunkerque le maréchal de Gassion s'empara de Bergues et de quelques forts dans le voisinage. Mais un renfort de 3,000 hommes jetés dans notre ville, engagea le général à se porter vers Mardyck.

La mer était libre, cette fois ; le gouverneur de Dunkerque introduisait journellement dans le fort, des troupes et des provisions.

Tandis que les assiégés avaient tout en abondance, la disette régnait du côté des Français et augmentait pour eux les difficultés du siége. Le prince fut blessé dans une escarmouche.

Les Espagnols durent pourtant se rendre en donnant aux Français 2,500 prisonniers et 200 chevaux.

Furnes ne tarda pas à avoir le même sort : cent cinquante mousquetaires l'enlevèrent en moins de deux heures. Huit ou dix mille Français battirent en détail une armée espagnole triple. Suivant les mémoires du temps, la seule vue d'une compagnie française suffisait, parfois, pour mettre en fuite des régiments espagnols tout entiers. Cela aurait besoin de confirmation.

IX

Quoiqu'il en soit, ces préliminaires achevés, le duc d'Enghien, prince de Condé, généralissime de l'armée française, porta enfin tout son effort sur Dunkerque.

La saison était avancée, rien de convenable pour établir des quartiers d'hiver dans un pays découvert, coupé de canaux. Il était difficile de fermer le port de Dunkerque.... Le marquis de Lede, qui y commandait, avait la réputation d'un brave et habile capitaine. L'armée de siége était réduite à dix mille soldats ; l'incertitude de l'alliance hollandaise paralysait les grandes mesures ; les abords de Dunkerque étaient couverts par de puissantes inondations ; Caracena et Lamboy étaient près de Nieuport ; Picolomini et Beck, sous Dendermonde ; le duc de Lorraine, aux frontières de la Hollande... Néanmoins l'impatience du général français passa sur toutes ces considérations.

D'ailleurs cette fougue ne lui ôta rien de la prudence la plus consommée. Il prit les mesures les plus habiles ; l'armée seconda son activité et exécuta comme par enchantement des travaux que l'on eût crus impossibles en si peu de temps.

Le duc de la Ferté campait sur la Lys avec 40 mille hommes ; le Vidame d'Amiens tenait prêtes à marcher toutes les garnisons de la Picardie ; six mille hommes étaient répartis à Mardyck, à Bourbourg et à Bergues ; deux mille Polonais et mille Anglais, à Calais.

Le prince de Condé prit son quartier du côté de la mer. Gassion tint la gauche avec dix compagnies des gardes françaises et divers autres corps. Rantzau garda la Colme avec un pareil nombre de compagnies, tandis que Tromp, avec dix vaisseaux, surveillait la rade, et qu'une grande quantité de bateaux plus petits se trouvaient près de terre pour barrer le passage à tout convoi qui tenterait de pénétrer par la fosse Mardyck.

Toute cette armée arriva, en même temps, au rendez-vous, le 19 septembre, et Dunkerque se trouva tout d'un coup complètement investie. Le 20, les lignes de circonvallation furent constituées; les fossés avaient 2 mètres de profondeur et 4 de largeur; à quelque distance, un second fossé semblable. D'habiles et brillants capitaines rivalisaient d'ardeur et brûlaient de se distinguer. Au premier rang se tenaient Gassion, Rautzau, à qui *la guerre ne laissa rien d'entier que le cœur*.... de Villequier, la Ferté-Imbault; le comte de Castelnau, le duc de Chatillon, le marquis de Laval. Des volontaires, pleins d'audace et d'émulation : d'Anville, de Retz, de Montausier...

Le 25, la tranchée ouverte, les Dunes furent emportées, malgré quatre assauts successifs donnés par les Espagnols, qui semblaient désireux de faire oublier leur inaction passée.

Tandis que cela avait lieu, le marquis de Castel-Rodrigo, impuissant à empêcher l'effet de ces mesures, se tenait à distance, observant les mouvements, et se bornant à en avertir journellement la cour de Bruxelles (1).

IX

A cette époque, la ville de Dunkerque était composée de deux parties bien distinctes : 1° la vieille ville, encore entourée d'une muraille à tours crénelées, alors en mauvais état. — La rue des Vieux-Remparts en indique aujourd'hui la direction. — 2.° La ville nouvelle, à l'extérieur de l'ancienne, et garantie en dehors par des bastions modernes; beaucoup de maisons y étaient couvertes en chaume; une vingtaine de corps-de-garde étaient distribués sur la ligne des fortifications (2).

La défense avait 3,000 bourgeois armés, 2,000 matelots habitués aux combats; 11 régiments d'infanterie; ensemble, 2,600 hommes, 300 chevaux, de l'artillerie, des munitions en abondance. De plus, l'inondation était étendue, et l'armée espagnole, rassemblée dans le voisinage, était plus nombreuse que l'armée de siége.

Mais les chefs espagnols décontenancés, divisés par des jalousies personnelles,

---

(1) Dans la commission de munitionnaire, donnée à Vandewalle (1593), on voit qu'il était tenu de conserver « .... tous les pouldres.... et entretenir en bon esquipaige et estat du service tous les harnais, » courselets, harquebousses a crocq et a la main, picques, hallebardes, semblas armes et munitions. » On peut, d'après cela, se faire une idée des armes employées à Dunkerque.

(2) Dans le compte de 1604, on voit que les 22 corps-de-garde brûlaient annuellement une quantité de charbon équivalent à **3,000** hectolitres, à 12 sous 1/4; — 8,000 fasseaux, à raison de 5 livres 10 sous le cent; — 3,000 livres de chandelles, à 20 florins le cent.

ne sachant à quoi s'arrêter, se bornèrent à faire parader leurs troupes à Adynkerque, à l'abbaye des Dunes... puis enfin vers Nieuport. Il faut dire, d'ailleurs, qu'en temporisant ainsi, ils espéraient prendre les Français par la disette.

Le prince de Condé continuait toujours ses travaux. Dans une tournée faite aux tranchées, il eut un officier tué à ses côtés; une autre fois, il fut lui-même blessé des éclats du crâne d'un domestique qui le suivait et qu'un boulet dunkerquois vint décapiter.

X

Voyant les travaux approcher de leur terme, les généraux espagnols tentèrent d'introduire par mer des renforts, mais ce fut inutilement. Ils ne réussirent pas davantage en essayant d'y glisser un renfort qui, à marée basse, suivit la grève de l'Est.

Cependant, les attaques devenaient plus pressantes. La mine avait ouvert une brèche. Condé demanda au marquis de Lede d'entrer en conférence. L'espagnol envoya, pour parlementer, un de ses officiers nommé Veere qui, autrefois prisonnier en France, avait obtenu sa liberté sur parole. Le gouverneur de Dunkerque ignorait cette particularité, mais le général français reconnut tout de suite l'homme. Tout en lui faisant l'éloge de la brave garnison, il l'engagea à capituler, donnant à entendre quel serait le sort de ceux qui seraient pris les armes à la main.

XI

C'est sous la préoccupation du danger qui le menaçait, que Veere rendit compte à son général de l'entrevue qu'il venait d'avoir et des dispositions du prince de Condé. Il l'engagea à ne pas perdre la possibilité d'obtenir de favorables conditions et de conserver à l'Espagne un corps d'armée qui pouvait lui être encore si utile. A la vérité, l'Angleterre avait annoncé le dessein d'envoyer une flotte au secours de Dunkerque, mais rien n'indiquait la réalisation de cette promesse.

1646. — Le marquis entra dans ces vues, la capitulation fut signée, et après treize jours de tranchée, la ville fut remise aux Français, le 11 octobre (1).

La garnison : 1,700 hommes et 300 chevaux, sortit avec les honneurs de la guerre où, suivant la lettre du traité, « avec armes et bagages, mèche allumée, balle en bouche, drapeaux volants, tambours battants... » et deux pièces de canon.

Un article de la capitulation stipulait que les prisonniers auraient été rendus. Gassion en avait retenu six. Le prince de Condé l'apprit, et s'en indigna : « Rendez-les à l'instant, aurait-il dit, d'un ton impérieux. — Lorsque j'ordonne, » je veux être obéi. — Je vous apprendrai à respecter mes ordres, aussi bien que » le dernier soldat de l'armée. »

---

(1) Archives de Dunkerque, au VI⁰ registre, folios 1, 5, 12, on trouve les articles faits à cette occasion. « .... Aux ecclésiastiques, nobles, magistrats, corps et communauté de la ville et port de » Duncquerque par le ducq d'Anguien.... » La capitulation se trouve aussi au folio 361 du registre Priviléges, Édits, Arrêts.

XII

2,400 Français entrés à Dunkerque trouvèrent la ville bien approvisionnée. Rantzau en fut nommé gouverneur.

Une médaille célébra ces succès des armées françaises; elle portait une inscription qui, disons-le en passant, suffirait, à elle seule, pour démontrer l'importance de Dunkerque dans la guerre contre la Hollande (1) :

Les forces navales énervées par la conquête de Dunkerque.

Depuis un siècle, les mœurs guerrières étaient bien changées! On se souvient des horreurs qui avaient accompagné la prise de Dunkerque, par le maréchal de Termes.... Cette fois, les choses prirent une tout autre tournure. La capitulation accordée par le général français, conservait aux habitants leurs privilèges; les exemptait d'impositions nouvelles, leur laissait la liberté de rester ou de se retirer. La religion catholique était seule maintenue; les églises et les images respectées; le bailli et les fonctionnaires maintenus.

Un second traité, confirmant et amplifiant même le premier, fut signé par le roi.

Cette victoire que la prudence, le courage et la magnanimité rendaient plus éclatante, eut un grand retentissement. Le prince de Condé fut comblé d'honneurs; Paris et la province retentirent de sa louange.

XII

Établie sous ces favorables auspices, l'autorité française ne se signala que par des bienfaits. Les premiers jours de son installation coïncident avec l'établissement d'un vaste hôpital, l'introduction des Minimes, etc. (2).

Mais la minorité de Louis XIV (3) laissait le pouvoir incertain. Les intrigues des partis qui se disputaient le gouvernement fomentèrent la discorde, et le trouble s'introduisit partout.

Les Espagnols en profitèrent. Ils se remirent en possession de Saint-Venant, Ypres, Mardyck, Gravelines, etc. Furnes, qu'ils reprirent en 1648, leur fut enlevé en 1649 et ils s'en remirent de nouveau en possession en 1650.

Par suite, Dunkerque était accablée par l'entretien des garnisons qui s'y succédaient; cet objet lui coûtait annuellement plus de 30,000 livres. Or, elle avait un arriéré de 200,000 livres, et les administrations mal assises, mal définies, ne pouvaient remédier au mal qui excitait une plainte universelle. Comme on peut

---

(1) *Histoire métallique des Pays-Bas*, t. II, p. 285.

(2) Voir registre VI, p. 27 et 34. — Archives de Dunkerque. — La maison des Minimes était située rue des Arbres. Elle leur fut cédée par Rantzau.

(3) Les commissions des fonctionnaires envoyés à Dunkerque étaient délivrées par « .... Anne, par » la grace de Dieu, reyne et régente de France et de Navarre, mère du roi.... »
Le brevet de Nicolas de Charpy, en qualité de lieutenant-général de l'amirauté, mentionne que ladite régente « possédoit et exerçoit la charge de grand-maître surintendant-général de la navigation » et commerce de France.... »

le voir au tableau général de l'état-civil, l'année 1650 est un des minimums des naissances.

Dans les campagnes voisines, la situation était bien plus triste encore. Le passage incessant de troupes mal payées et plus mal disciplinées, ruinait les paysans; les provisions de bois épuisées, les chaumières elles-mêmes servirent à faire du feu. Dans cette tourmente et dans toutes les guerres que nous avons racontées, des hameaux disparurent complétement. Nous ne saurions où retrouver aujourd'hui Middelhof, Grotezeele, Haluzeele, Lahyte, et d'autres encore que nous trouvons cités dans les comptes du bailli de Dunkerque, au XIVe et au XVe siècles (1); ni Pastorbourg, ni Alceste-Capelle, à l'Est de notre ville, ni Claverstede à l'Ouest... Les moëres, desséchées sous l'administration d'Isabelle et qui entraient en voie de prospérité, furent ruinées et mises de nouveau sous les eaux, ainsi que nous l'avons dit à l'article *Moëres*. Craignant de laisser à ses ennemis, des villes fortifiées, le roi d'Espagne ordonnait lui-même de démolir les remparts de Bourbourg et d'autres places.

La terreur répandue parmi les habitants laissa de si profondes traces que, s'il fallait en croire les légendes, pendant plus d'un siècle après ces événements, le tumulte des batailles et le son des trompettes retentissaient encore aux oreilles des villageois en alarme! Le silence des nuits était interrompu par des bruits étranges, et le pâtre veillant aux troupeaux entendait, pendant l'obscurité, des cris de fureur et de combat que le vent dans sa course emportait à travers le pays.

XIII

Amené au pouvoir par les circonstances que chacun connaît, Cromwell avait tourné aussi vers Dunkerque ses regards appréciateurs. Il fit remontrer au comte d'Estrades, que dans l'état critique où se trouvaient les affaires, ce que la France avait de mieux à faire, c'était de céder aux Anglais Dunkerque, qu'elle ne pouvait d'ailleurs espérer de conserver. Au surplus, pour reconnaître cette obligeance, il offrait une flotte de 50 vaisseaux et une armée.

Comme il est facile de le prévoir, le général français répondit à cette proposition par un refus énergique.

XIV

1652. — C'est ainsi que quatre puissances se disputaient une petite ville du littoral flamand, lorsque la providence faisait naître Jean Bart.

Au milieu des contentions dont Dunkerque était l'objet, l'Espagne trouva moyen de reprendre cette ville. L'archiduc Léopold était revenu en forces, et l'avait bloquée. Il convint avec le prince de Condé que la place se rendrait si elle n'était pas secouru dans l'espace de six semaines.

---

(1) La ville de La Hyte est citée dans un compte de 1318; elle paraît sous le nom de *le Hedde* au compte de 1458. — Les autres noms rapportés ici sont indiqués dans un compte de 1339.

Pour lui amener ce secours, une flotte fut mise à la mer sous la conduite de Dimulet; mais les Anglais, en pleine paix avec la France, vinrent au milieu de la nuit, sous les ordres de Blacke, attaquer à l'improviste cette escadrille. Ils lui enlevèrent 14 vaisseaux qu'ils conduisirent à Douvres, et 1,300 prisonniers. Cette perfidie fit tomber la place au pouvoir des Espagnols. C'était, pour le moment, ce que voulait l'Angleterre.

Rentré dans Dunkerque, l'archiduc Léopold y rétablit le marquis de Lede, que le prince de Condé en avait fait sortir quatre ans auparavant. Suivant l'usage de ce temps, il célébra cet événement par une médaille ou plutôt par un jeton (1).

XV

Devenu suspect à l'Espagne, le duc de Lorraine avait été arrêté à Bruxelles et dirigé sur Dunkerque, d'où il devait partir pour la péninsule. Ayant entendu la messe dans l'église des Récollets, le pauvre duc, dégoûté des grandeurs humaines, conçu le dessein de se faire religieux. Mais, peu convaincu de cette vocation subite, Fuensaldagne, gouverneur des Pays-Bas, l'expédia en Espagne, où il fut enfermé au château de Tolède (2).

XVI

1653. — Tandis que les diverses nations qui convoitaient Dunkerque s'ingéniaient pour faire pencher, en leur faveur, l'Angleterre dont l'alliance devait assurer le succès, le marquis de Lede était à Londres comme ambassadeur, et, peu après, les Dunkerquois recommençaient, au profit de Philippe IV, leurs courses maritimes.

Ce que nous avons dit de nos corsaires, par rapport à la Hollande, se reproduisit contre l'Angleterre. Il ne se passait pour ainsi dire pas de jour, qu'il n'entrât au port quelque nouvelle capture. Ostende et Dunkerque reçurent ainsi et par centaines des navires enlevés aux Anglais. Faulconnier en évalue le nombre à 2,500!

Des compensations partielles obtenues en diverses rencontres étaient loin d'établir l'équilibre dans le résultat, et c'était sans beaucoup de succès que lord Montaigu et sa flotte, reprenant le rôle des Hollandais, croisaient à leur tour devant les deux ports!

XVII

L'Angleterre et la France, que tant de motifs divisaient, s'unirent néanmoins contre un danger commun. Un traité fut conclu entre les deux puissances : il avait pour objet la prise de Dunkerque.

De son côté, Philippe IV se mit sur ses gardes. Il demanda aux États de Flandre

---

(1) *Histoire métallique des Pays-Bas,* t. II, p. 357.
(2) Faulconnier, t. II, p. 14.

un subside de 600,000 florins et une levée de 6,000 hommes. Il proposa même à l'Angleterre de lui céder la ville de Calais si elle voulait faire alliance avec lui.

Voyant que la convention passée avec Cromwell assurait à ce chef, la possession de Dunkerque, qu'elle voulait pour elle-même, la Hollande fit offrir au roi d'Espagne d'échanger ce port de mer, contre l'importante forteresse de Maestricht.

Spectacle grandiose et digne d'un Homère !

En définitive la France et l'Angleterre activèrent leur projet. Les Anglais devaient fournir une armée d'élite et, pour mettre fin à l'entreprise, les Français conduits par Turenne, auraient attaqué la ville.

XVIII

Turenne ! ce nom dit assez que l'affaire allait être sérieuse. Elle le fut en effet. L'habileté du grand capitaine contraste avec l'impéritie des chefs espagnols que la crainte semble avoir paralysés.

Don Juan, — qu'il ne faut pas confondre avec le vainqueur de Lepante, — était chef de l'armée de défense. A lui s'était joint le prince de Condé, alors transfuge, Condé qui avait autrefois donné Dunkerque à la France et qui venait aujourd'hui la lui disputer ; avec Condé, plusieurs officiers Français attachés à sa personne et ayant épousé sa querelle.

Le talent de ce général lui a-t-il fait défaut ? L'insuccès est-il une suite de sa sa position équivoque ? ou bien l'attaque est-elle plus facile que la défense ? La prise d'une ville n'est-elle plus qu'une affaire de temps ?... Toujours est-il, que Condé ne fut plus que l'ombre de lui-même.

XIX

Suivant le plan adopté, Turenne s'assura d'abord de quelques places secondaires. Il enleva Mardyck dont il fit la remise aux Anglais.

Le général anglais Reynolds, qui était à la tête de 6,000 Anglais, s'étant noyé en allant visiter ses amis en Angleterre, Lockart le remplaça.

Du reste, charmé du début de la campagne, de la loyauté de la France et des égards dont les troupes anglaises étaient l'objet, Cromwell commença à détendre la défiance qu'il avait invinciblement gardée jusque là. Il envoya un renfort de 10,000 hommes de bonnes troupes.

Les cours de France et d'Angleterre firent assaut de prévenances et de courtoisie. Nous supprimons toutefois les détails que Faulconnier nous fournirait et que le lecteur peut y lire. Etait-ce une comédie où les acteurs cherchaient mutuellement à se tromper ? ou bien y avait-il effectivement une dupe ? Dans l'une et l'autre hypothèse, nous voulons détourner les yeux de la politique de Mazarin et revenir à Dunkerque.

XX

Les généraux Espagnols s'étaient bornés au rôle d'observateurs. Leurs troupes étaient ici, ils les faisaient aller là...; ils les envoyaient plus loin; ils les faisaient revenir sur leurs pas. Ce semblait un jeu; mais ils s'en contentaient.

Mardyck enlevé, ils voulurent le reprendre comme ils l'avaient fait à quelques années de là; mais ces choses ne se voient guère deux fois de suite.

Le général Caracena, le prince de Ligne et le duc d'Yorck (1) ce royal rejeton que les révolutions avaient chassé d'Angleterre et que la France avait accueilli si bien, alors qu'elle s'alliait avec Cromwell.... tentèrent un coup de main sur cette bicoque. Repoussés vigoureusement, ils laissèrent sur les sables 1,200 morts et revinrent tristement à Dunkerque, concerter une nouvelle tentative. En attendant, ils ouvrirent les écluses et inondèrent quelques lieues de terrain pour interdire les approches de la ville.

Ces mesures étaient sans portée. Elles ne dérangèrent rien aux précautions prises par Turenne. Il avait assuré ses quartiers d'hiver. Il resta dans le pays, tout prêt à agir au commencement de la belle saison.

La position des Espagnols n'était cependant pas désespérée. Gravelines, Furnes, Bourbourg, Bergues, Nieuport étaient en leur pouvoir, et il semblait téméraire de s'aventurer à attaquer Dunkerque, point central de ces diverses places fortes.

Mais leurs généraux eurent le vertige! Les Français en profitèrent.

XXI

1658. — Au retour de la saison, Turenne reprit ses plans; il fit enlever Cassel et quelques redoutes sur la Colme et le canal de Bergues.

Pendant ce temps-là, 25 vaisseaux anglais se plaçaient devant le port.

Le général posta autour de la ville cinq divisions et ouvrit la tranchée. Deux sorties furent repoussées. Le maréchal d'Hocquincourt, transfuge comme Condé, y trouva la mort.

La correspondance interceptée fit connaître à Turenne les mesures des Espagnols. Sachant que le corps d'armée réuni à Nieuport devait l'attaquer, il confia, à des officiers sûrs, la garde de ses lignes et celle du camp, et, ses derniers ordres donnés, il se disposa pour la prochaine rencontre, qui ne fut rien moins que la célèbre bataille des Dunes (2).

XXII

L'événement était attendu avec anxiété, chacun en comprenait l'importance. Depuis le 20 mai, le roi se tenait à Calais. Cromwel avait envoyé Lockart avec des troupes fraîches. Les Espagnols avaient réuni 25,000 hommes.

---

(1) Le compte de 1656 constate la présence du duc d'Yorck au sein de l'échevinage de Dunkerque qui lui avait offert un banquet.

(2) Il ne faut pas confondre cette bataille avec celle qu'on désigne du même nom, et dans laquelle Tromp défit les Espagnols près des côtes d'Angleterre. Voyez *Histoire métallique des Pays-Bas*, t. II, p. 245, 416, 417, 421, 422.

L'armée de Turenne n'en comptait que 15,000, dont 6,000 cavaliers; mais la valeur du chef supplée souvent au nombre. Turenne étendit ses gens avec prudence : à la première ligne, 14 escadrons à droite, autant à gauche, dont 4 Anglais ; au centre, 10 bataillons, dont 3 Anglais. — A la seconde ligne, 9 escadrons à gauche ; 7 à droite ; 7 bataillons au centre avec une réserve de 4 escadrons.

Par son front de bandière, la première ligne occupait tout le travers des Dunes, depuis la laisse de mer jusqu'au canal de Furnes.

Turenne ayant donné l'aile droite à Créqui, l'aile gauche à Castelnau et le corps de bataille à Gadayne et Bellefond, s'enveloppa dans son manteau et s'endormit sur le sable.

XXIII

A Turenne, les Espagnols opposaient un général Français, un habile capitaine, Condé. En face de Lockart, ils mettaient don Juan. Celui-ci avait sous ses ordres le duc d'Yorck et le duc de Glocester, tous deux fils de Charles Ier. et enfin don Estévan de Gamarre et le marquis de Caracene. Lutte homérique, mais lutte impie, où l'on voyait dans les rangs adverses, des hommes du même pays qui semblaient n'avoir plus de patrie.

Quoique supérieure en nombre, l'armée espagnole n'avait pas, en ses chefs, la confiance qui animait les Français. En voyant le bel ordre de bataille donné par Turenne, elle sembla avoir un funeste pressentiment. En toute entreprise, mais surtout dans un bataille, celui qui ne compte plus sur lui-même, est déjà perdu.

Don Juan ne manquait pas de confiance en lui-même, mais ce sentiment dégénéra en présomption. Le général espagnol massa son armée sans lui donner d'ailes. Toute son infanterie formait une seule ligne soutenue par quatre lignes de cavalerie. Le prince de Condé lui avait donné les conseils que lui suggérait son expérience. Don Juan les repoussa. Jugeant, tout de suite, les conséquences du plan adopté, Condé se tourna vers le duc de Glocester : « Jeune homme, lui » dit-il, n'avez-vous jamais vu perdre une bataille?... Eh bien! avant une heure » vous l'aurez vu. »

Don Juan comptait bien sur une diversion produite sur les derrières de l'armée française par une sortie des assiégés. Il espérait ainsi prendre l'ennemi entre deux feux.

Turenne fit commencer l'attaque par une canonnade à laquelle les Espagnols ne répondirent pas, car ils n'avaient pas reçu leur artillerie et c'était une des raisons qui poussaient le général français, à agir sans délai. L'armée avança.

Les dunes rendaient assez difficile l'exacte observation des lignes ; néanmoins, on ne les rompit pas. A mesure que le canon arrivait sur les hauteurs, les français en tiraient quelques volées. Ils firent ainsi quatre décharges en marchant au petit pas. Trois heures furent employées à parcourir trois kilomètres.

A huit heures, les armées étaient en présence. Les Anglais se trouvaient devant une haute dune que les Espagnols avaient occupée. La mêlée commence. Les Anglais montent avec ardeur, se soutenant les uns aux autres ; les Espagnols les renversent à coups de pique. La résistance augmente l'ardeur des assaillants; ils s'accrochent aux armes, saisissent la pointe des hallebardes et s'en aident pour monter. La cavalerie française vient à propos les soutenir. Ils s'emparent de la hauteur et en chassent les Espagnols. Les Anglais taillent et hachent sans merci. Aussi, disait-on après le combat :

« Les Français se battent comme des anges et les Anglais comme des démons! »

Pendant ce temps-là, Castelnau s'était jeté entre la première et la seconde ligne. Il y semait partout le désordre et l'effroi. Déjà on voyait la gauche fléchir et se disposer à la retraite.

Mais, sur la droite, Créqui avait trouvé plus de résistance. Condé rompit les rangs et peu ne s'en fallut que, perçant l'armée française, il ne secourût la ville tout en perdant la bataille.

Turenne aperçoit la situation, il enveloppe le corps du prince de Condé et l'entame en plusieurs endroits. Trois fois Condé rallie ses escadrons, trois fois Turenne parvient à les rompre. C'est en vain que, pour soutenir l'ardeur de ses soldats, le général s'expose comme le dernier d'entre eux! Il ne peut parvenir à les reconstituer. Une décharge tue le cheval du prince; Grousalles, un de ses officiers lui donne le sien et se sacrifie pour le sauver. C'est en vain que le duc d'Yorck et son frère cherchent à se signaler, la défaite est consommée. Tout se met en fuite jusqu'à Furnes où les débris commencent seulement à se réunir.

Turenne ne suivit pas les fuyards; il retourna au siége de Dunkerque.

XXIV

Les Espagnols avaient perdu 300 colonels et officiers; 3,000 prisonniers; 2,000 morts; toute leur artillerie, tous leurs bagages.

Les Anglais avait 200 morts, les Français 500.

Dunkerque était désormais sans défense sérieuse. En peu d'heures, le but de la guerre était atteint. — On conçoit que Philippe IV ait dit de Turenne : « Voilà » un homme qui m'a fait passer de bien mauvaises nuits... »

Après cette victoire signalée, le général écrivit à sa femme : « Les ennemis » sont venus à nous, ils ont été battus. Dieu soit loué! J'ai un peu fatigué toute » la journée. Je vous donne le bonsoir et m'en vais me coucher... »

Qu'admirerons-nous le plus? la victoire ou la lettre ?

La bataille gagnée, tous les intrigants voulurent s'en attribuer le mérite, Mazarin surtout. Nous n'exposerons pas ici les commérages qui se firent en cour à cette occasion.

Le gain de la bataille avait pour conséquence inévitable la prise de la ville. Les assiégés le comprenaient bien ainsi. Bientôt le fort Léon leur fut enlevé et le marquis de Lede étant mort de ses blessures, Dunkerque se rendit par capitulation (1). 600 chevaux et 1,200 fantassins, plus 400 blessés sortirent avec 2

---

(1) Le traité fait avec Turenne se trouve aux Archives de Dunkerque, VI⁰ registre, folio 55.

canons, 1 mortier et 80 chariots. Louis XIV vint de Mardyck pour assister à leur départ.

Ainsi prit fin et pour toujours la domination espagnole dans notre ville.

Cromwell envoya féliciter le roi sur cet événement. Il se réjouissait de voir entre ses mains, Dunkerque : « *L'asile et la retraite d'une infinité de corsaires....* » Il exprimait sa satisfaction de voir enfin : « *La mer libre de tant d'infâmes pirates dissipés et réduits à se cacher* (1) ».

La capitulation accordée par la France était semblable à celle qu'on avait déjà consentie : Amnistie de tout délit politique, conservation des priviléges, propriétés, offices, etc., maintien exclusif de la religion catholique, intégrité des églises, etc. Il est à remarquer que, par l'article XIII, la langue thioise ou flamande est maintenue pour l'exercice de la justice.

Afin d'obvier aux plaintes faites par les habitants, sous le gouvernement du comte d'Estrades, il fut stipulé que la garnison paierait tout ce qu'elle demanderait aux bourgeois et marchands.

Ce n'était donc pas un mensonge, que l'inscription gravée sur l'une des médailles frappées en cette occasion :

Victoria pacifera.

Le 26 juin, le roi entra en ville ayant à ses côtés, le duc d'Anjou, son frère, et le cardinal Mazarin. Arrivé à l'église Saint-Éloi, il y entendit le *Te Deum*.

Mais le traité passé avec l'Angleterre portait que Dunkerque lui serait remise. Cette clause fut immédiatement remplie. Lockart et Mylord Mordant en reçurent l'accomplissement (2) et l'on vit — exemple unique dans l'histoire — une ville appartenir successivement en un jour à trois puissances (3).

XXV

La prise de Dunkerque fut promptement suivie de celle de Bergues, Furnes, Dixmude, Gravelines, Audenaerde... qui, l'année suivante, furent restituées à l'Espagne, en vertu du traité des Pyrénées.

---

(1) Larrey, *Histoire d'Angleterre*, 1658.

(2) Voyez *Histoire métallique des Pays-Bas*, t. II, p. 418. La signature de Lockart se trouve aux Archives de Dunkerque, carton 6e, pièce 1re.

(3) Faulconnier dit à ce propos, t. II, p. 28 : « Chose d'autant plus rare qu'elle est sans exemple. »

CHAPITRE XI.

LES HOMMES ET LES CHOSES A DUNKERQUE
sous la domination espagnole.

On peut adresser à l'administration espagnole plus d'un reproche fondé, mais on ne saurait, sans injustice, l'accuser d'avoir mis obstacle à la prospérité de la Flandre ou de n'avoir pas contribué à la rendre riche et puissante.

C'est de l'époque espagnole que date le dessèchement des Moëres (1) et l'assainissement du pays aujourd'hui si peuplé, si fertile. Il avait auparavant une bien autre physionomie : c'étaient des *Campines* (2), des *Wastines* (3), des terres en friche... C'est de là que commence l'administration régulière des Watteringues, le creusement des principaux canaux qui sillonnent le pays (4).

Sous cette administration, qu'on se donne le facile plaisir de décrier, le commerce était florissant; Hondschoote prospérait par ses nombreuses manufactures; Bergues, autorisé à recevoir des navires sans rompre charge, était, en quelque façon, l'arrière-port de Dunkerque. Les localités voisines se ressentaient de l'activité des affaires et l'on ne peut assigner quelle limite ce bien-être aurait atteinte, si la paix eût permis à ces heureux commencements de se développer sans obstacle.

La guerre intérieure y mit sans doute des entraves; mais cette guerre elle-même fut parfois l'occasion qui amena à Dunkerque des richesses prodigieuses.

---

(1) Un titre de 1628, qui autorise la construction sous le *Pannebrugghe* d'un moulin à eau qui serait mu par la chute alternative du flux et du reflux, dit que : « Depuis quelques années, pour le » meilleur essuement des Moeres, il a convenu de boucher certain canal par lequel les eaux des Wat- » teringues d'Oostmes se déchargeoit à la mer par la vieille écluse, dite, en thiois, *Moersluys*... »
Sous la date de 1632 parut une ordonnance sur les Watteringues de Bergues et de Bourbourg. Le texte flamand est au registre 1, Privilèges, Édits, Arrêts, folio 284.

(2) Dans un titre de 1598, on lit : « Loon dans la Campine.... »

(3) Campines, Wastines... désignent des lieux peu habités, incultes.

(4) Des résolutions prises par les trois collèges, touchant le canal de Bruges en 1654 (aujourd'hui de Furnes), se trouvent au registre Privilèges, Edits, Arrêts, registre 1, folio 306, et registre VI, folio 173.

Elle porta la réputation des Dunkerquois à un point que peu de populations ont atteint.

A cette guerre intérieure se joignit une guerre civile, furieuse, acharnée. A propos de réforme religieuse, on voulut faire une réforme politique, et, à cette occasion, les désordres les plus affreux, la ruine, l'invasion, vinrent désoler le pays. Tout ce qui exalte l'énergie humaine fut exploité, et une aveugle furie alluma trop longtemps en Flandre, la flamme de l'incendie ou le bûcher du supplice ; cette aveugle furie y fit couler le sang comme l'eau.

Mais ces calamités furent le malheur et non l'ouvrage du pouvoir espagnol. Elles n'en sont donc pas le crime. Rendit-on jamais le gouvernement responsable de l'invasion de la peste? Pourquoi lui imputerait-on celle de l'hérésie? Philippe II, dont la mémoire n'est arrivé à nous que chargée d'imprécations et d'anathèmes, Philippe II n'est-il pas, en ceci, plus malheureux que coupable?

Excités par une malfaisante impulsion, les peuples dont l'église avait protégé l'enfance, qu'elle avait réchauffés dans le pan de sa robe, les peuples voulurent s'émanciper et braver la loi religieuse. Comme ces adolescents qui, fiers de leur raison naissante, la tournent en paradoxes contre les conseils de leur mère, ils voulurent réformer la foi....

Après avoir joui de ce qu'ils appellent leur liberté, leur dignité, ils sont revenus à comprendre qu'ils se sont fourvoyés ; ils reviennent, nous les voyons auprès de cette mère un instant délaissée, et, par une affection plus tendre, s'efforcent de la consoler de leurs mauvais jours....

Ce mouvement intellectuel se manifesta en Flandre par un phénomène bien remarquable. Au milieu des guerres et des troubles dont nous avons fait le récit, les lettres furent cultivées ; la foi était vive ; ce qu'elle perdait dans les controverses, l'intelligence le recherchait avidement ailleurs. Aussi voit-on alors une glorieuse cohorte de gens de lettres explorer les régions aujourd'hui si désertes de la littérature. Toutes les villes de notre Flandre y fournissent leur contingent, au premier rang figure Bergues, puis Hondschoote et Bailleul ; puis Cassel, puis Dunkerque, Gravelines, Hazebrouck...; de simples villages y envoient leurs enfants, Watten, Eecke, Wallon-Capelle....

Des sociétés littéraires s'y organisent ; Watten en 1501 ; Bergues en 1516 ; Eecke en 1542 ; Flêtre en 1548.... et lorsqu'en 1539 Gand mettait au concours cette question : « Quelle est la plus grande consolation de l'homme mourant?... » seize villes répondaient à l'appel : Audenaerde, Axèle, Bruges, Bruxelles, Capryke, Courtrai, Edinghe, Fessingue, Loos, Menin, Messine, Nieukerke, Nieuport, Thielt et Ypres.

Anvers obtint le premier prix, Bergues le second.

Ces concours se faisaient avec une telle pompe que l'on a cru pouvoir les comparer aux fêtes olympiques de la Grèce. En admettant qu'il y ait dans ce parallèle un peu d'ambition, ne devons-nous pas avouer que, de nos jours, ces luttes intellectuelles n'exciteraient plus cette noble émulation, cet élan général. Endormis dans notre indifférence, engourdis par notre présomption, nous verrions à peine

PLAN DE DUNKERQUE EN 1660.

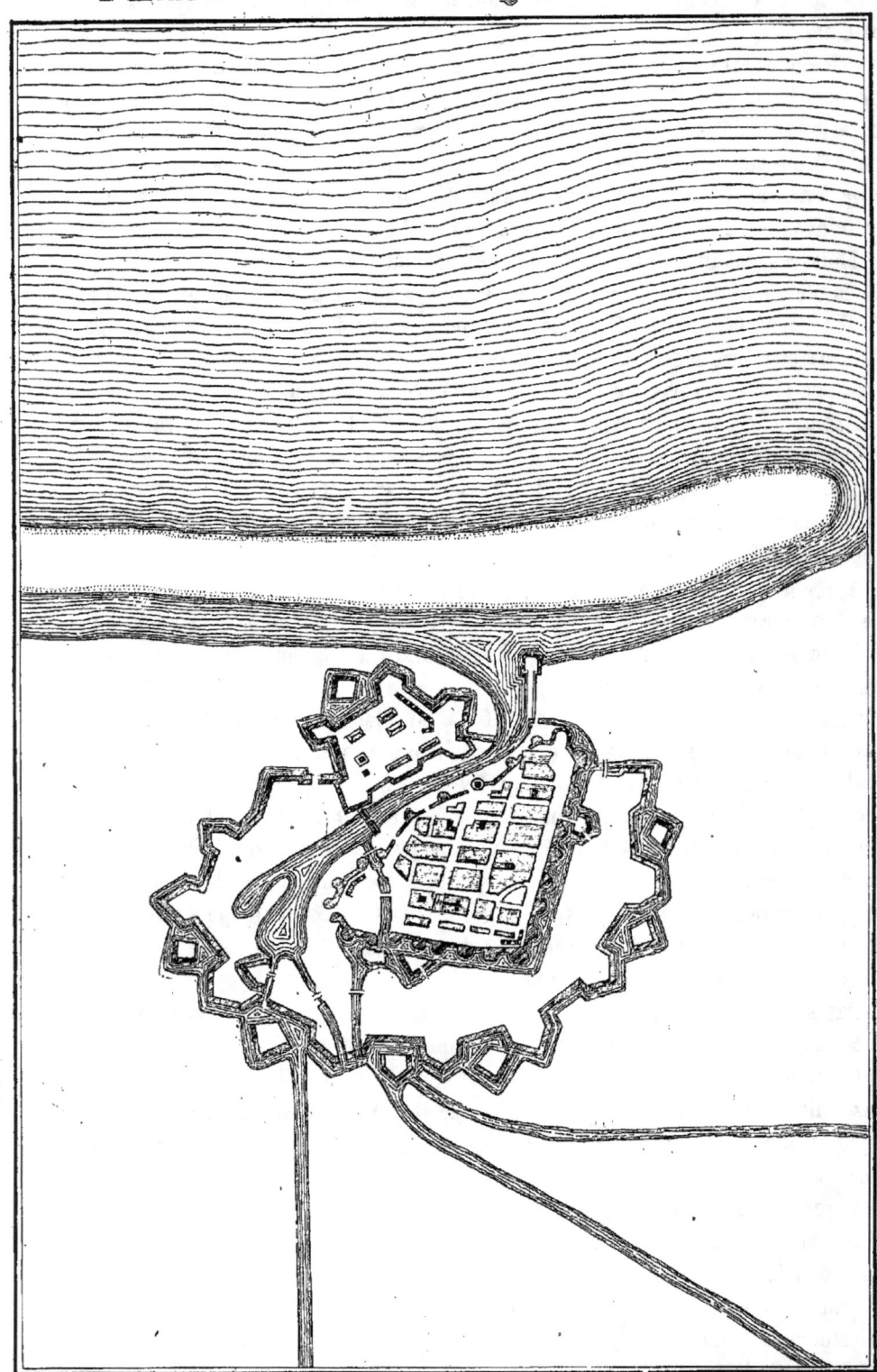

V.^{on} DERODE, Histoire de Dunkerque.   Lith. de Brasseur, à Dunkerque.

sur une pareille question, deux ou trois mémoires lancés de la mansarde de quelques gens de lettres affamés.

Et au milieu de cette agitation fébrile, les études furent favorisées. Les dangers de la foi éveillèrent le zèle des croyants; comme de nos jours, les rêveries du communisme émeuvent dans les cœurs des sentiments qu'on y avait crus morts. Les arts furent cultivés, la sculpture, la peinture, l'architecture, l'orfèvrerie, la joaillerie produisirent à Dunkerque des œuvres remarquables. L'église St.-Éloi, dans ce qui en subsiste aujourd'hui, est de cette époque, ainsi que plusieurs des remarquables tableaux qui y figurent.

L'exiguité de notre cadre nous défend de nous arrêter à ces détails individuels qui appartiennent aux biographes; cependant nous manquerions à notre devoir si nous omettions les noms de quelques-uns des hommes remarquables de cette remarquable époque. Déjà, parmi les marins dunkerquois, Colaert, Maes, Jacobsen, Dorne, Dauwere, Rombout, Pieters, Decoster, ont leur biographie écrite, mais d'une manière insuffisante peut-être, pour faire connaître leur mérite. Parmi les savants, De Briaerde, Maertens, Vandenhelle, ont trouvé une place honorable; parmi les artistes, le graveur Léonard, les peintres Corbéan, Jean de Reyn ont conquis la leur..... Il conviendrait d'y ajouter Hennekin Vandenbussche resté jusqu'ici dans une injuste obscurité (1).

C'est de la guerre des *Gueux* que commence pour Dunkerque l'industrie du raffinage du sel; que s'établit sur de grandes proportions la course maritime et nous répétons que ce fut d'abord une légitime défense; ensuite une agression que justifie le droit de guerre; ensuite une triste représaille dont les circonstances atténuent la responsabilité.

D'ailleurs nous exposons l'histoire et nous n'avons pas à justifier les actes qu'elle révèle; mais notre devoir est de fournir le moyen de les apprécier équitablement.

La foi religieuse est la règle des mœurs; la foi ébranlée, la licence s'infiltre. Le trouble qui accompagne les guerres lui était une belle occasion : à Dunkerque comme ailleurs, une foule de conséquences apparurent. Il n'est ni possible ni bienséant de les indiquer toutes ici. Il suffira de dire en général qu'en 1585 la garnison se livrait chez les bourgeois à de tels excès qu'après bien des plaintes inutiles, le magistrat présenta une requête à l'archiduc pour obtenir à la population l'autorisation d'émigrer en masse et de s'établir ailleurs (2). En 1591, les gens

---

(1) Ce peintre, né à Dunkerque en 1495, fut un des disciples de Thomas Hottel, et devint chef de la célèbre école de Saint-Leu à Tournai. Et puisque nous citons des particularités, mentionnons que, sous la date de 1563, on trouve, au folio 145 du registre criminel, une sentence contre Jean Bart, pour tapage et blessures. Elle est intitulée : « Jan Bart ome een ander gequest to hebbenne en beroerte gemacht » gecondemnert amende honorable doen on in 60 liv. pars. boete. » Or, ce Jean Bart, homonyme du chef d'escadre de Louis XIV, ne doit pas être confondu avec ce célèbre dunkerquois, car c'est près de cent ans avant la naissance de ce dernier que le tapageur se faisait mettre à l'amende.

(2) Cette requête est transcrite au Ve registre, archives de Dunkerque.

de mer donnaient lieu à des plaintes analogues (1); quelques années plus tard, le bailli demandait la condamnation au feu de quelques jeunes garçons de 13 à 17 ans, coupables de crimes contre nature.

La diminution de la foi religieuse fut compensée par l'augmentation des croyances superstitieuses, et c'est là une tache ineffaçable de cette époque.

Ces tristes souvenirs peuvent avoir leur utilité, et nous croyons remplir un des devoirs de l'historien en retraçant ici le résultat de l'analyse fidèle et consciencieuse d'une vingtaine de sentences criminelles rendues contre des misérables accusés de sorcellerie, sentences qui reçurent leur exécution sur notre place publique.

Les accusés sont âgés de 50 à 72 ans; leur état ou profession n'est pas indiqué, mais on peut déduire, des détails répandus dans le procès, que ce sont des malheureux, sans moyen régulier d'existence.

Ce sont des êtres grossiers vivant dans une licence habituelle. Il ne serait pas possible d'en rapporter ici les preuves, que le texte flamand expose avec une crudité d'expressions que le français ne tolère pas : ce sont des empoisonneurs tuant les poulets, les vaches, les chevaux, les enfants, les femmes, les hommes, soit par des substances vénéneuses, soit par des maléfices; ce sont des profanateurs des mystères de la religion, des renégats qui se livrent au diable, le consultent, lui obéissent; qui maudissent les hommes, leur nuisent dans leur propriété, leur santé, etc.

Assurément voilà des crimes abominables; mais il faut remarquer que c'est la torture qui en amène la confession, qu'ils sont souvent antérieurs d'un grand nombre d'années et sans preuve solide; ces prétendus faits sont souvent impossibles, et plusieurs, en les supposant vrais, ne sont pas justiciables des tribunaux humains.

Et le prix de ces énormités, le tarif de ces attentats n'est pas moins curieux : c'est un escalin pour tuer une vache; 8 sous pour ensorceler un cheval, 15 sous pour étouffer un nouveau-né. Parfois même la malédiction jetée ne rapporte que 3 sous au malédicteur!

Le sabbat, où se réunissaient les sorciers et les sorcières, était un rendez-vous d'orgie et de débauche; il se tenait dans les dunes, à l'est de Dunkerque, non pas le samedi seulement, le samedi jour traditionnel, mais le lundi, le jeudi, le vendredi indistinctement.

Aujourd'hui, le diable a transféré son domicile intra-muros, rue des Bons-Enfants et ailleurs.

De malheureuses femmes, obéissant à des appétits grossiers, se livraient à des individus qui, tout matériels qu'ils étaient, se faisaient passer pour des esprits, et s'affublaient de noms bizarres (2).

---

(1) V⁰ Registre, Archives de Dunkerque, folio 20.

(2) Par exemple : *Lyckenpoel*, *Iral*, *Busbal*, *Hanixtenpied*, *Amaymon*, *Melfas*, *Baldac*, *Vesarius*, *Hennic*, *Visken* (petit poisson), *Rondvoet* (pied rond), *Lichvoet* (pied léger), *Zevenlee* (sept orteils), *Negheulee* (neuf orteils), etc. D'après leurs déclarations, il y avait parmi les diables cinq chefs ou capitaines.

Ces diables se manifestaient à leurs commensales sous la forme humaine, prenant l'apparence tantôt d'un jeune homme agréable, blond comme les indigènes, n'ayant pas de barbe; tantôt sous la figure d'un homme d'une trentaine d'années, court trapu, d'un teint hâlé, vêtu de noir ou de bleu, avec manches rouges, gipe de laine, chemises de canevas comme s'il eut voulu se faire passer pour un simple matelot ou un pêcheur de harengs. Il avait une voix sombre, caverneuse, que les accusées comparent à celle d'un homme enrhumé, *qui parlerait dans un chaudron* ou en général qui dissimulerait le son naturel de sa voix.

Généralement, ils ont les pieds bots, ronds comme ceux du cheval, parfois ils sont fourchus comme le veut la tradition populaire.

Au sabbat, le *mauvais* marquait ses gens à la main, au bras, à l'épaule, à la tête, sur le dos, au nombril ou ailleurs. Cette marque était comme la signature du contrat diabolique. Elle était généralement blanche et dénonçait les coupables en apparaissant aux regards investigateurs du bourreau, chargé de vérifier les soupçons et d'appliquer la question ordinaire et extraordinaire.

Le pacte avec le diable se faisait par un simple consentement, ou bien en arrachant une herbe nommée *Lancea Christi;* en écrivant certains mots sur du parchemin vierge, en faisant offrande de certains objets — que l'on jetait derrière soi, par dessus l'épaule gauche.....

Ces dons consistaient en un coq rouge, un poulet de première couvée, une sole, une *playie*, un brochet, un rouget, une anguille.... quelques cheveux.....

Le sabbat était présidé par un diable enveloppé dans son manteau. Il s'y trouvait ordinairement dix à quinze couples attablés. — Le menu variait : tantôt ce n'était que du pain *fromagé;* tantôt du poisson frit.... mais d'autre fois la viande abondait, il y avait des côtelettes de mouton ou de veau, des quartiers d'agneau... ces mets étaient rôtis ou bouillis. Parfois même la viande était salée, ce qui nous paraît inouï dans les fastes de la sorcellerie, le diable ayant une horreur naturelle pour le sel, emblème de la sagesse.

On y buvait de fort bonne bière, du vin rouge ou blanc, tantôt dans un gobelet d'étain, tantôt dans une écuelle, tantôt dans un verre, tantôt dans une coupe d'argent.

Ces différences indiquaient sans doute si l'assistance comptait des matelots ou des capitaines.

Après le repas, la danse. Parfois, le chant servait seul à marquer la mesure. D'autres fois c'était un instrument tel que : « un fifre qui jouait l'air de *la Brande d'Angleterre* ou du *Coq de Nieuport*, » un sifflet, un tambour, un violon, un luth.

Une fois, le ménétrier infernal tenait une petite boule de verre sur laquelle il frappait d'une main avec un petit bâton, tandis que, de l'autre main, il jouait de la flûte (*sic*). Au souvenir de cette plaisante musique, le torturé (qui n'avait sans doute plus sa raison) ne pouvait s'empêcher de rire et d'interrompre, par un éclat de gaîté, l'interrogatoire qui le menait au bûcher.

On nous dispensera de décrire les suites de la danse. Exposons plutôt les croyances relatives aux sorts ou sortilèges. Ce sont des extraits de procès criminels, qui indiquent d'une manière authentique l'état des esprits. Nous y verrons d'ailleurs des rapports frappants avec quelques-uns des préjugés que saint Éloi stigmatisait neuf siècles auparavant, et nous nous étonnerons moins de voir qu'aujourd'hui il en reste encore des vestiges dans les derniers rangs du peuple.

Battre un cheval en disant : *Que le diable t'emporte*, ou une vache en disant : *Courez au diable !* — moyen infaillible de les faire mourir dans les deux jours.

Mêler au lait d'une vache, une certaine poudre grise, — moyen certain de l'empêcher d'en donner encore.

Jeter une anguille vivante dans la cuve d'un brasseur, — procédé pour faire *aigrir* toute sa bière.

Mettre au cou d'une poule, un billet contenant une certaine formule, — moyen de découvrir les trésors cachés. En effet, la poule ne manque pas d'aller gratter au-dessus du trésor demandé.

Évoquer la lune le second jour de sa croissance, écrire quatre à cinq paroles d'une certaine langue inconnue, et surtout employer à cet effet le sang d'un pigeon blanc et sa plus longue plume de l'aile gauche, jeter en l'air le billet et le voir disparaître... — méthode pour obtenir, du malin, des renseignements sur le sort des absents.

Il faut dire ici que, malgré l'infaillibilité du procédé, il arrivait parfois que, interrogé de la sorte, le diable se bornait à faire entendre « *pendant un quart d'heure, des cris comme une souris.* » Ce qui n'était pas de nature à le compromettre.

Lire cinq fois une évocation, à jeun, la tête nue, la veille de certaines fêtes... — moyen d'*envoûter.*

Mettre un billet dans une bague d'argent, prendre alors le soulier d'une petite fille, l'enterrer neuf jours, prendre une pièce de monnaie sans croix, la jeter en l'air en disant : *Je fais présent de cela au roy Amaymon*, la voir disparaître, tenir alors la bague près de l'oreille..... — moyen un peu long mais infaillible d'avoir une réponse à toutes les questions qu'on voudra lui adresser.

Faire bouillir des aiguilles et un peloton de fil dans le lait d'une vache ensorcelée.... — seul moyen de faire arriver aussitôt celui qui lui a jeté le maléfice.

Maintenant, au choix :

Cracher sur le dos de quelqu'un; lui mettre sur la tête de *l'huile humaine;* frapper la main gauche sur son côté gauche; toucher son manteau; souffler sur une blessure, offrir du pain, des fruits, etc.... en pensant une imprécation telle que : *Mourez !... Crevez !* etc., — pratiques certaines pour faire mourir dans un délai qui varie de trois jours à dix ans.

Se lier à un arbre et se dégager ensuite en laissant le lien attaché à l'arbre... — moyen de se débarrasser de la fièvre, qui reste désormais à l'inoffensif végétal.

Cueillir un trèfle à quatre feuilles.... — garantie certaine qu'on gagnera au jeu.

Il est à remarquer que la perpétration des maléfices occasionne parfois aux sorciers de grands troubles de conscience et des douleurs intolérables dont ils ne peuvent se délivrer, qu'en allant sur le lieu même où le sort a été donné, et en y disant : *Dieu vous bénisse !... Dieu vous guérisse !...*

Une fois convaincus de crimes de ce genre, crimes que les échevins, juges de ces procès, trouvaient suffisamment prouvés par les aveux obtenus au moyen de la *géhenne*, les prévenus étaient condamnés à périr par le feu, à l'aide duquel on les asphyxiait, après quoi le cadavre était traîné au lieu de la justice, au hameau Pierkepaps (aujourd'hui le Roosendael). Là, il était pendu aux fourches patibulaires, où il restait indéfiniment, jusqu'à ce que l'action de l'air ayant rongé la corde, le poids des ossements fît rompre ce support et précipitât sur le sol ces restes informes. Les oiseaux de proie s'y disputaient les lambeaux de chair putréfiées. Les animaux carnivores s'y donnaient rendez-vous et la *Justice* était un charnier infect, d'où l'on s'éloignait avec horreur.

Sept misérables furent ainsi traités en 1597. Douze exécutions semblables eurent lieu l'année suivante. Les localités voisines suivaient les mêmes errements. Nos notes nous fournissent les noms des sorciers exécutés à Hondschoote (1), Bergues (2), Bourbourg (3) et autres lieux. En 1614, on voit encore le Magistrat de Dunkerque obtenir la confirmation du privilége abusif de juger « *les cas de sortilége sans l'avis d'avocats ni graduez en droit* (4). » En 1627, quelques bourgeois étaient cités à comparaître à Ypres, pour cause d'hérésie (5). Ces deux accusations *hérésie et sortilége*, étaient souvent confondues. On conçoit, en effet, que les commensaux du diable soient fort peu orthodoxes.

En lisant les pièces des nombreux procès de sorcellerie, nous y avons rencontré, avec intérêt, des noms qui se trouvent plus honorablement ailleurs. Ainsi, la veuve de Pierre Élias est citée pour avoir figuré au sabbat ; l'épouse de Michel Jacobsen, parce que ses deux enfants étaient morts, victimes d'un sortilége (6).

Si le lecteur s'étonnait de voir le Magistrat de Dunkerque suivre cette voie, nous devrions nous hâter d'ajouter que cette ardeur anti-diabolique nous semble

---

(1) Jean Neuthier.
(2) Georges Debeire.
(3) Allard Janssen.
(4) Priviléges, Édits, Arrêts, registre I, folio 229, recto, et registre V^e, folio 199, recto.
(5) Faulconnier, t. I, p. 130.
(6) Un procès important, celui de Nicolas Boudelot, curé de Dunkerque, eut un grand retentissement et dura plusieurs années. Ledit Boudelot avait été interdit par l'évêque d'Ypres, et le nonce du pape avait instruit son procès. Le Magistrat demanda que le pasteur fût remplacé. Sur l'ordre de l'arrêter, le prévenu se constitua prisonnier dans la maison du promoteur Martin Degrave. Là, il fit un mémoire justificatif. — Le Magistrat envoie ses députés (1607) vers l'official d'Ypres pour dénoncer trois complices. — Nouvelle instruction. — Nouvelle députation. — Les avocats consultés donnent leur avis. — Les députés font leur rapport. — Les complices font requête. — Le Magistrat répond. — Le conseil formule sa sentence. — Les condamnés recourent à l'intervention de l'archiduc Albert, et font une liste des points à examiner. — En 1608, on découvre un nouveau complice, et le procès se recommence de nouveau. — Nous en ignorons l'issue.

Toutes les pièces de ce procès sont en flamand. — Voyez Faulconnier, t. I, p. 130.

lui avoir été suggérée par Don Juan Martinez de Mellado, récemment envoyé en ville, par le roi de France, pour y remplir les fonctions de bailli. René Gordien avait été en fonctions jusqu'en 1596, et nous ne trouvons pas jusque-là, de poursuites pour sorcellerie. Mais aussitôt après l'installation de Martinez, elles commencent et se continuent.

Après avoir, pendant quelque temps, suivi cette impulsion, le Magistrat semble en avoir un remords; il s'arrête et demande l'éloignement du malencontreux fonctionnaire; il s'adresse à l'archiduc, au conseil de Flandre, au roi d'Espagne, au roi de France; il accuse publiquement d'incapacité et d'ignorance le bailli, qui dut céder à cette persistance. Ce n'est qu'en 1620, que Jean de Héricourt, régulièrement commissionné, vint reprendre la charge de bailli.

Outre la superstition, la peste régna souvent dans la ville. En moins de 40 ans, plus de vingt ordonnances furent publiées à ce sujet; ce qui montre la grande fréquence du fléau. Il serait difficile aujourd'hui d'indiquer avec précision la nature de ce mal : il semble pourtant que c'était une affection des voies digestives. On prenait de grandes précautions pour la propreté des rues et l'alimentation des habitants; on poussait le scrupule jusqu'à défendre aux boulangers et aux brasseurs d'avoir chez eux des pigeons, des lapins, des porcs, animaux immondes. On proscrivait la vente des fruits doux, pommes, poires, *cherisses* (cerises), des *sauterelles* (crevettes).

On avait alors à Dunkerque un lugubre fonctionnaire, le *garde des pestiférés*, le *capitaine de la peste*.

D'après Yperius, la lèpre (*elephantasia pestis*) aurait régné avec intensité et persistance dans la contrée, dès l'année 960. D'après Malbrancq (1), le même mal régnait en 1227; un hôpital des lépreux existait à Gravelines. Grammaye nous apprend (2) qu'en 1515, le Magistrat de Dunkerque faisait réparer les *cellules des lépreux* situées extra-muros. En 1620, le *receveur des lépreux* de Dunkerque rendait ses comptes. Nous en pouvons donc conclure que, pendant 700 ans au moins la lèpre a régné dans ce pays.

Saint-Éloi et un grand nombre de saints étaient invoqués pour la peste (3). Il n'est presque pas de maux qui n'ait eu son médecin céleste. Il n'est pas jusqu'à ce mal qui n'a pas de nom honnête qui n'ait aussi son intercesseur (4).

Un usage assez bizarre encore suivi à cette époque, c'était celui de danser à la procession de Saint Jean-Baptiste. C'était peut-être, un dernier vestige des tradi-

---

(1) T. III, p. 476.

(2) Art. *Dinoclesia*.

(3) Dans l'ordre de saint Benoit seulement on en comptait 18. Saint Benoit, 21 mars-24 septembre; Raynaldus, 9 février; Joanna Balneensis, 16 janvier; Molacus, 20 janvier; Oswald, 28 février; Cuthbertus, 20 mars; Godoberta, 11 avril; Gudwalus, 6 juin; Colomba, 9 juin; Deodatus, 19 juin; Hidulphus, 11 juillet; Hunegondes, 25 août; Agricolus, 2 septembre; Remaclus, 3 septembre; Richardus, 15 septembre; Nicetius, 6 octobre; Malachias, 9 novembre; Eloi, 1er décembre.

(4) Saint Titho, le 3 octobre, et, assure-t-on, saint Job.

tions du moyen-âge que nous avons déjà signalées. Dans ces danses solennelles figuraient les soldats de la garnison et les étudiants de la ville (1).

Passant à un autre ordre de considérations, nous mentionnerons une loi de police fort peu efficace — à en juger par le grand nombre de fois que nous la voyons reproduite, — qui défendait de jeter dans les rues, de porter ou déposer sur les remparts, du fumier ou des *vilainies*. Mais l'habitude était si invétérée qu'elle continua jusque sous la domination française. On menaçait pourtant les délinquants d'une amende de 3 livres et de la perte du chapeau pour les hommes ou de la *coeffe* pour les filles. En 1851, la police a encore beaucoup à faire, sous ce rapport.

Une autre ordonnance fort sage de 1653 défend d'habiter dans les caves; mais elle ne fut pas plus observée que la précédente.

Cependant, l'espace ne manquait pas en ville. Les Espagnols savaient construire de commodes et élégantes demeures, ainsi qu'on peut s'en convaincre encore dans quelques façades de la ville et quelques édifices de l'arrondissement (2).

Nous regrettons que l'on ait perdu la coutume d'indiquer sur les façades la date de la construction des édifices. Ce chiffre présente un intérêt qui détruit l'ennui que procure inévitablement l'uniformité des façades. Qui resterait indifférent en voyant inscrit de cette façon le chiffre de 1188, date des premières franchises? De 1346, qui rappelle la bataille de Crécy et l'avènement de Louis de Male? 1522, la visite de Charles-Quint? 1658, la bataille des Dunes et l'occupation anglaise? 1650, l'année de la naissance de Jean Bart, et 1702 celle de sa mort, et cent autres non moins remarquables dans l'histoire de la cité.

Des maisons ainsi datées deviendraient des pages de l'histoire locale; elles porteraient chacun à lire en entier la série des faits qui concernent une ville célèbre et méconnue jusqu'ici (3).

---

(1) Aux comptes de 1656, on trouve cet article :
« ... Aen spaensche soldaeten over hunne oncosten ende meriten die s'y ghedaen hebben om te
» danssen in de processe van Saint-Jan... »
A ceux de 1673 (sous la domination française) :
« ... A Longueval, maître des danses, pour avoir appris à danser les étudiants de cette ville pour la
» décoration de la procession de Saint-Jean, 36 livres. »

(2) La façade de la maison Thiébaut, sur le Marché au Poisson, a un caractère remarquable; Esquelbecq a un château qui remonte à 1610 : ses tourelles crénelées, ses fossés, ses souterrains, tout y rappelle le moyen-âge, mais tout y a été défiguré par l'ignorance et le mauvais goût, et il serait à désirer que le nouveau propriétaire de cette maison en confiât la restauration à un architecte instruit.
Herzeele à une épitaphe de 1638; Broxeele des restes de vitraux de 1634; Bambeke un ostensoir de 1645; il a aussi du 1633, 1614, 1606, 1591. Eringhem et Ledringhem ont des verrières de 1614; Steene, de 1604, 1542, 1532; Killem a, dans son église, des pendentifs remarquables, et des autels du XVIIe et du XVIe siècle; Warhem a du 1630 et du 1587; Merkeghem du 1599, du 1534; Spycker une cloche de 1598; Watten, des restaurations de 1592; Uxem, un baptistère de 1589; Wormhoudt, des fragments du 1547. (Voyez églises du moyen-âge, par M. L. Debaecker. *Passim*).

(3) Puisque nous faisons une sorte d'inventaire des reliques de ce temps, mentionnons deux titres qui concernent la ville et qui se trouvent aux archives de la chambre des comptes, à Lille.
L'un est de 1585 : c'est la « Recepte des biens des rebelles annotez et saisiz en la ville de Dun-
» kerque, depuis la réduction d'icelle qui fut le 18 de juillet 1584. »

Ce serait se tromper que de croire que la ville eût alors la régularité que nous admirons aujourd'hui. On y voyait un grand nombre de toits de chaume; les maisons avaient sur rue un pignon triangulaire; les eaux pluviales se déversaient au milieu de la voie publique, sans aucun égard pour les passants. Le rez-de-chaussée de chaque maison avait une fenêtre garantie par un appentis en bois et un *burguet* de cave faisant saillie; les enseignes à bras s'avançaient au-dessus des *flegards*.... Ceux qui possédaient des maisons en bois devaient avoir constamment devant leur porte une grande pipe ou vase plein d'eau.

La première institution régulière de la poste à Dunkerque est de 1624; la première commission de maître de la poste fut donnée à Jacques Lebrun. La première mention du blé sarrazin est de 1653; la première mention officielle de feux d'artifice de 1641; la première mention du tabac de 1634; le premier voyage pour la pêche à la baleine eut lieu en 1616.

A la suite de ce fascicule de notes ramassées dans nos recherches, nous consignerons une remarque sur la collection des comptes de la ville.

Cette série qui commence à 1519 et se poursuit jusqu'à la Révolution, n'est pas sans lacune; néanmoins elle est une source de renseignements précieux. A l'observateur patient, elle révèle une foule d'usages dont il ne reste ailleurs nulle trace; elle ressuscite des faits ignorés ou méconnus; pose des jalons pour l'histoire des arts, de la littérature, de la linguistique, des institutions locales, des hommes célèbres qui ont visité le pays; elle nous les montre souvent sous un jour nouveau, dans des circonstances imprévues.

Dans un ordre plus positif, elle dévoile les errements financiers des diverses époques; elle aide à résoudre des questions d'économie politique ou industrielle.

Si la providence nous en conserve les moyens, nous tirerons un jour parti de ces mille riens dont l'ensemble peut pourtant offrir un tableau plein d'intérêt et tout imprégné de couleur locale.

Terminons cette revue en rappelant aux Dunkerquois de 1854, qu'à cette époque, dont deux siècles à peine nous séparent, leurs ancêtres étaient personnellement et exclusivement chargés de la garde et de la défense de leur ville. Les registres de l'époque contiennent une foule d'ordonnances qui les appellent à ces pénibles fonctions et à ce dur service. Les bourgeois devaient se pourvoir à leurs frais, d'armes, de poudre et autres munitions. Quoique propriétaires de leur équipage de guerre, ils ne pouvaient le transporter hors de la ville. Ils étaient appelés non-seulement pour faire des patrouilles et défendre les remparts, mais pour travailler aux fortifications, aux jetées du port. C'est à ce prix qu'ils achetaient leurs priviléges; c'est à cette rude école qu'ils se sont faits ce que nous les avons vus !

Les citoyens de 1854 n'ont-ils pas dégénéré des bourgeois de 1650 ? En ont-ils maintenu les traditions ?

L'autre est de 1602, il est intitulé : « Recepte des biens annotez es villes de Dunkerke, Nieuport
» et Grauelinghes pour un an finy le X d'apuril XVI c. et deux. »
Il se trouvait alors à Dunkerque une maison appelée la *Pucelle de Malines*.

FAC SIMILE

Ecriture des registres de l'Echevinage de Dunkerque au commencement du XVIIe siècle

---

remonstrent en toute humilité et rever^ce les
Bailly Bourchmest. et Eschevins de la ville de
Dunkerque que p^r costeo de lad. ville de
plus grands troubles meslées et destourbs à qui les
Impositions et charges ordinaires tant
de la garnison q. aultres sont attribuez (?)
luy avant (avant) q. ne luy estre plus aucun
moyen pour dorés navant y pourvoir furnir
cō de plus en suicte de pareilles
remonstrances et req^tes sur ce pntes à v.
A. au mois d'Aoust dernier,
les supplz. aymans mieulx de
plus de qu'ils
ont voluntiers passé soubz silence
une infinité de rapportz et delitz

Registre aux délibérations du Magistrat de Dunkerque.
Tome I P. 157.

V^or DERODE, *Histoire de Dunkerque.*

Lith. de Brasseur, à Dunkerque.

CHAPITRE XII.

DUNKERQUE SOUS LA DOMINATION ANGLAISE
(1658—1662).

I

La prise de Dunkerque était, depuis longtemps, l'objet des vœux et de la préoccupation des Anglais. Lorsque ce fait fut accompli, ils avaient peine à y croire. Ils ne doutaient pas que la ville ne dût succomber sous les efforts des coalisés, mais en même temps ils s'attendaient à voir la France marchander l'exécution du contrat.

Larrey s'exprime à ce sujet avec une arrogance toute britannique. Selon lui : « Ayant appris que la France voulait éluder le traité, Cromwell menaça l'am» bassadeur français que si, une heure après la reddition de Dunkerque, la » place n'était pas remise à Lockart, on le verrait lui-même, à la tête de l'armée » anglaise aux portes de Paris. » Puis il ajoute : « La France ne songea plus » qu'à satisfaire un si terrible allié. »

Quelques pages plus loin, il surenchérit encore sur ces fanfaronnades. Parlant de Cromwell, il dit : « Il en usait avec tant de hauteur, que dans le traité, il » qualifiait Louis XIV de *roi des Français,* tandis qu'il prenait le titre de *Pro-* » *tecteur d'Angleterre et de France,* et que dans la copie qu'il fit faire de ce » traité, il exigea que son nom et ses titres figurassent avant ceux du monarque. »

De telles excentricités, si elles ont eu lieu, ne peuvent s'inventer qu'en Angleterre, et à l'usage des Anglais.

La France avait stipulé tout particulièrement la conservation des priviléges de Dunkerque et la liberté de la religion catholique ; le gouverneur anglais annonça cette bonne nouvelle aux habitants; cette faveur inespérée les disposa, sans doute, à jurer sur l'Évangile, le serment que voici :

« Nous promettons et jurons en présence de Dieu que nous serons fidèles à
» S. A. S. Olivier, seigneur protecteur de la république d'Angleterre et à ses
» successeurs, que nous ne ferons et n'attenterons rien contre la personne du
» sérénissime protecteur, ni contre la conservation de la ville de Dunkerque;
» mais que, selon notre pouvoir, nous assisterons et défendrons sa personne et
» son autorité. »

Le curé de la paroisse n'ayant pas cru pouvoir souscrire à cette formule, dut se retirer à Bergues.

Dunkerque, en la puissance des Anglais, c'était pour eux, « *l'assurance d'une* » *suite indéfinie de triomphes.* » Telle est, du moins, l'opinion de leurs écrivains; mais, prévoyant que le joyau qui venait de leur être remis leur serait bientôt contesté, ils commencèrent par fortifier la ville. Sur l'emplacement de l'ancien fort Léon, ils construisirent une citadelle dominant le port. Un pont faisant suite à la rue des Pierres y conduisait en droite ligne (1). Aujourd'hui, cette citadelle est détruite, mais l'emplacement en a conservé le nom. Dans les magasins de M. Bourdon, on trouve le dernier vestige de la porte de cette ancienne construction.

Mais prévoyant peut-être aussi qu'un jour il faudrait s'en dessaisir, ils laissèrent dans le triste état où ils se trouvaient, le port, les quais, les jetées. Jamais, pendant les quatre ans de leur domination, ils n'autorisèrent l'ouverture de l'écluse bleue qui servait à dévaser le port.

Toutefois, nous devons dire qu'ils se montraient fort accommodants pour les Dunkerquois. Ils ne contrariaient que rarement leurs croyances et leurs habitudes. Ainsi, sous la domination anglaise, *Reuse* resplendissant et remis à neuf chaque année, apparaissait à la ducasse; les serments faisaient leurs exercices accoutumés. Les religieux enseignaient les enfants et pratiquaient leurs divers exercices sans éprouver trop d'entraves.

De leur côté, les habitants se montraient conciliants. Pour plaire aux Anglais, ils adoptaient quelques-unes de leurs manières. Les enseignes prenaient une couleur britannique : *La Ville de Londres... le Roi d'Angleterre... la Reine d'Angleterre,* etc. L'heureuse arrivée de la nouvelle reine, épouse de Charles II, fut célébrée par un *Te Deum.* On fêtait de même le jour de sa naissance; les Pères Jésuites, avec leurs élèves, célébraient ces jours officiels. De son côté, le Magistrat ne se tenait pas en-dehors de ces manifestations publiques; il fournissait au colonel Harley, gouverneur, le drap rouge de son uniforme; il payait le logement de ce fonctionnaire, sa domestique...

Ce colonel, chevalier de Harley, successeur de Lockart, se montra bienveillant,

---

(1) Le premier paiement concernant ce pont se trouve au compte de 1661, 3,000 florins; le second à Jean Pieters, « ayant entrepris de deblayer la boue au travers du havre pour faire les fondements du » grand pont de bois.... »

il confirma Winnocus Pletz dans son privilége d'amener en ville, des eaux douces tirées des fossés extérieurs et de les conduire dans la rue Saint-Jean, au réservoir nommé Waterback (1), où la garnison allait s'approvisionner. Le reste se rendait, par des conduits souterrains, chez les divers brasseurs de la ville.

II

Une révolution s'était opérée en Angleterre. Monck avait proclamé Charles II. Conformément au programme officiel, Dunkerque fit de grandes réjouissances. La garnison, à ce qu'il paraît, était favorable à ce changement.

III

En parcourant les actes de l'autorité à cette époque, nous en avons remarqué deux que nous citerons en particulier.

Les Anglais prenaient le plus grand soin à ce que le repos du dimanche fût rigoureusement observé à Dunkerque. Une ordonnance de 1660, signée Edward Harley, en donne une preuve intéressante (2).

Le roi d'Angleterre, lorsqu'il eut recouvré la couronne, ne tarda pas à porter une loi contre les impies et les blasphémateurs. Cette pièce, datée de Whitehall et publiée ici le 17 juin 1660, exprime, en un français qui fourmille d'anglicismes, des sentiments fort édifiants sur le respect dû à Dieu.

Pourquoi les Anglais ne se sont-ils pas contentés de laisser à Dunkerque ces honorables exemples? Mais dans cette pièce, Charles se qualifie de *Roi de France et d'Angleterre*... Que les perfections de l'homme sont bornées!

Ces bons procédés n'avaient pas attiré à l'Angleterre l'affection des Dunkerquois, et plusieurs d'entre eux songeaient à la France qui avait conservé leurs sympathies.

Charles II avait marié sa sœur au duc d'Orléans; il avait épousé l'Infante de Portugal; il était favorable à Louis XIV: trois griefs que les Anglais dressent sur sa tombe. Toutefois, le parlement lui avait accordé ce qu'il avait refusé à Charles Ier : le droit de lever des milices et l'établissement de la liturgie anglicane.

L'Angleterre était obérée dans ses finances; lord Clarendon prêta l'oreille à la proposition de vendre, à Louis XIV, la ville que ce dernier lui avait si généreusement et si fidèlement livrée. Le noble lord en voulait douze millions; le roi en offrit quatre et finit par conclure à cinq.

Dunkerque revint ainsi à la France, qui l'achetait après l'avoir conquise. En novembre 1662, par l'habile négociation de Pierre Faulconnier et du comte d'Estrades (3), Dunkerque fut évacuée par les troupes anglaises et occupée par une garnison française.

---

(1) Voyez le VIe registre, folio 99. — Archives de la mairie de Dunkerque.

(2) Cette pièce, revêtue de la signature de Ed. Harley, est cotée 10, carton IV, Archives de Dunkerque. Ce privilége fut l'objet d'un procès, par lequel le successeur de Pletz prétendait contraindre les brasseurs à prendre chez lui toute l'eau dont ils avaient besoin.

(3) *Histoire métallique des Pays-Bas*, t. II, p. 488.

Un *Te Deum* fut chanté pour en remercier le ciel et trois médailles furent faites pour en perpétuer le souvenir (1).

IV

La vente de Dunkerque avait été conduite avec mystère, et personne en Angleterre n'en avait la prévision. L'accord fait à Londres est du 27 octobre 1662.

Dès que le parlement anglais en eut reçu la nouvelle, il fit une énergique protestation et expédia promptement au gouverneur de Dunkerque la défense de livrer la ville. Le message arriva quelques heures trop tard. L'affaire était consommée.

Le peuple anglais partagea l'opposition du parlement. On disait que ce fatal traité livrait à la France « *la clef de l'Angleterre et la plus forte barrière qu'elle pût opposer aux flottes françaises.* » Lord Clarendon fut accusé par la chambre des communes. Le principal grief était la vente de Dunkerque : la rumeur publique disait qu'il s'était vendu à la France. La maison qu'il fit bâtir à Londres, reçut alors et conserve encore aujourd'hui, à ce qu'on assure, le nom de *Petit Dunkerque*. Le ministre fut banni et dut se retirer en France où il vécut encore neuf ans. Selon Hume, la vente de Dunkerque est la plus grande tache du règne de Charles II.

V

Pendant les quatre ans que Dunkerque fut au pouvoir des Anglais, ils léguèrent à l'histoire un de ces odieux souvenirs qu'ils ont laissé partout.

La famine régnait en France ; une flotte française avait été prendre du blé en Hollande; maltraitée par la tempête, elle relâcha à Dunkerque; sans aucun droit ou plutôt contre toute espèce de droit, malgré la paix existante, sans même énoncer un prétexte, les Anglais retinrent ces vaisseaux.

De pareils actes n'ont pas besoin de commentaires !!

VI

En terminant ce chapitre, exprimons notre sentiment sur la direction générale de la politique anglaise.

Également éloigné d'une approbation préconçue et d'un dénigrement systématique, la main sur la conscience, comme membre du jury que forme le genre humain, nous disons :

Oui, l'Angleterre est une nation vaillante, éclairée, puissante.... la plus puissante de toutes peut-être...

Non, elle n'est pas scrupuleuse sur les moyens d'établir cette puissance.

Oui, elle est la plus habile, du moins la plus adroite.

Mais elle est la plus perfide...

---

(1) Au compte de 1652, on voit qu'à l'entrée du comte d'Estrades le Magistrat lui paya une bienvenue de 100 livres.

En ses paroles, la plus libérale,
En ses actes, la plus tyrannique...

Le lucre est le but auquel elle vise sans cesse; les moyens d'y atteindre sont bons dès qu'ils sont certains...

Le succès suffit pour les justifier.

Sa conduite envers la France, en offre des preuves nombreuses et notoires. Détruire sa marine, absorber ses ressources dans des guerres sans cesse excitées, tant à l'intérieur qu'à l'extérieur; profiter des troubles pour s'emparer de ses colonies, des traités pour paralyser son industrie; employer la ruse et le mensonge, lorsque la force fait défaut, n'est-ce pas là le résumé de sa politique ?

Cela peut être fructueux, ce ne sera jamais honorable.

CHAPITRE XIII.

DUNKERQUE SOUS LA DOMINATION DES ROIS DE FRANCE
(1662 — 1789).

Prologue.

1662-1789. — Le siècle de Louis XIV, le midi du jour français, est aussi le point culminant de l'histoire de Dunkerque.

Sous le gouvernement espagnol, cette ville s'était acquis une renommée qui eût pu suffire à l'ambition de plus d'une cité importante. Durant le demi-siècle qui s'écoule de 1662 à 1714, elle s'élève à une hauteur inattendue.

Mais cette élévation même cause sa perte! sa grandeur et son infortune atteignent des proportions égales.

L'histoire du grand roi, du grand siècle, répète souvent le nom de Dunkerque; et, en effet, lié à ses prospérités comme à ses malheurs, il s'élève avec lui, il s'abaisse de même....

Objet de la crainte des nations liguées contre la France, victime de la haine implacable de l'Angleterre, Dunkerque ne put trouver grâce devant le conseil des souverains de l'Europe; le sacrifice de la noble cité fut la condition de la paix qu'ils accordaient à la patrie! Le sacrifice fut consommé.

Le roi savait bien la valeur de ce trésor, d'autant plus précieux qu'il était plus disputé. Il favorisa Dunkerque, lui donna à pleines mains toutes les conditions de richesses et de prospérité, et en particulier, la franchise de son port. Il l'orna, l'agrandit, l'entoura de formidables défenses.... Voilà ce que reçut Dunkerque. Voici ce qu'elle donna : ses infatigables corsaires, qui firent aux ennemis plus de trente mille prisonniers et leur enlevèrent cent millions; deux cents millions de prises!... elle donna à la France Jean-Bart; elle se donna elle-même pour le salut commun...

Pendant de longues années, il ne se fit pas un traité où il ne fût question de détruire Dunkerque. Les inquiétudes de l'Angleterre, aussi long-temps qu'elle put douter que cette ruine ne fût accomplie, la joie que le peuple et le parlement manifestèrent en apprenant qu'elle était consommée, voilà de quoi justifier la fierté nationale.

Dans les pages qui vont suivre, si nous avons à entremêler des récits de douleur et des récits de gloire, nous montrerons la ville constamment forte et énergique. Si, aux pompes royales, aux splendeurs de la victoire succèdent la disette, l'épuisement, l'humiliation; si nous voyons Dunkerque tomber enfin sous la cognée, nous la verrons aussi, comme ce chêne qui, couché sur le sol, trouve encore dans sa propre sève de quoi projeter de vigoureux rameaux!

Afin de dire dignement tant de grandes choses, que Dieu ne tarde plus à susciter un grand écrivain!

---

§ Ier. Dunkerque sous Louis XIV. 1662—1714.

I

A peine Dunkerque était-elle évacuée par les troupes anglaises, que le roi y fit son entrée avec une magnificence dont ses nouveaux sujets n'avaient pas encore d'exemple.

La mythologie grecque et la langue latine prêtaient leur pompe à une nation chrétienne, à la France, et une société religieuse (1) avait accommodé le tout. Les inscriptions et les chronogrammes se montraient avec une véritable profusion. C'était la mode! Or, ses caprices sont divers, mais trop souvent loin du vrai.

Nous empruntons au grand-bailli quelques détails sur cette mémorable journée.

A la porte dite *de Bergues* (2) était un arc de triomphe où figurait Neptune, symbole de la mer, et la *nymphe* de Dunkerque. A droite, le dieu marin présentait au roi une couronne; à gauche, la ville offrait au vainqueur les clefs de ses portes. A ses côtés, une corne d'abondance versait une moisson de fleurs de lys. A la partie supérieure étaient les Tritons et divinités de la mer, à califour-

---

(1) Le registre des comptes porte plusieurs sommes remboursées aux P. Jésuites pour leurs frais « lors de la triomphante entrée de S. M. »

(2) A cette époque, la porte dite *de Bergues* était vers le lieu où se trouve aujourd'hui le chantier de construction et l'entrée du parc de la marine, voisine du poste de l'octroi. Le chemin longeait l'arrière-port, passait à l'écluse de Bergues, et se continuait le long du canal. — Une gravure du temps l'appelle *la porte de Calais*.

chon sur des dauphins, et, au-dessus d'eux, la Renommée, embouchant la trompette, publiait la gloire du roi.

A l'Hôtel-de-Ville, encore des Tritons et des dieux marins; les uns versaient de leur conque les fleurs de lis qui les remplissaient; les autres soutenaient, de leur épée, un globe couronné d'oliviers. Pour faire allusion au fils du roi, on avait cru pouvoir considérer le bar ou *barbeau* de l'écusson de Dunkerque, (et qui désigne la maison de Bar) comme un dauphin, et les allusions, les jeux de mots s'ébattaient à leur aise. Onze dauphins (1) étaient munis chacun d'une inscription et d'un chronogramme. Sur la façade de l'église Saint-Éloi, autres dauphins, autres allusions, autres chronogrammes.

Devant la maison du gouverneur, logis agréé par le roi, on avait représenté son portrait environné des Génies de la terre et de la mer prosternés devant lui. La reine y était aussi figurée entre Junon et Thétis, avec des inscriptions rappelant sa récente maternité (2).

De plus, les particuliers avaient à l'envi orné leurs maisons de draperies, de guirlandes, de fleurs, etc.

Le cortége s'ouvrait par cinq escadrons de cavalerie; les chevaux des officiers avaient les housses brodées d'or et les harnais garnis d'argent; à la suite venaient les détachements de mousquetaires, gendarmes, chevau-légers, gardes-du-corps. Les compagnies des gardes bordaient la haie.

Le roi!....

Il montait un cheval richement caparaçonné, et s'avançait entouré de ses valets, de ses gardes et d'un grand nombre de princes et d'officiers-généraux, dont la tenue était magnifique.

Le comte d'Estrades reçut le royal visiteur et lui présenta les clefs de la ville.

Le roi entra au bruit des salves, aux acclamations de la foule. Il se rendit à Saint-Éloi, où le clergé le complimenta. Le *Te Deum* fut chanté.

Le soir, de nombreuses illuminations, la plupart spontanées, témoignèrent de la joie générale. On ne manqua pas de faire figurer le dauphin dans les transparents et devises.

Le lendemain 3 décembre, la pluie tomba tout le jour; cela n'empêcha pas la sortie d'une procession que le roi suivit, la tête découverte, par les rues de la ville (3), et à l'édification de tous les assistants. Il passa ensuite les troupes en revue, monta à cheval pour visiter les remparts et le port, puis présida le conseil où se trouvaient réunis Turenne, Villeroy, Aumont et autres officiers.

Dans la soirée, il reçut la députation du Magistrat. Pierre Faulconnier se pré-

---

(1) Ce qui donne de l'intérêt à ce souvenir, c'est que ces peintures étaient dues au pinceau de Jean de Reyn, secondé par Ackerman. (Voyez comptes de la ville de 1662, 1663, Archives de la mairie de Dunkerque). Au compte de 1664, le même peintre est indiqué comme ayant « *peinct en la grande église l'image de saint Louis*, 44 livres. »

(2) Le dauphin était né le 1er mars 1661.

(3) Cette particularité est consignée au VIe registre, folio 68, Archives de Dunkerque.

senta à son tour : le prince le gratifia d'une chaîne d'or avec un médaillon contenant le portrait royal. L'ambassadeur d'Angleterre, lord Carteret, admis en audience particulière, reçut un semblable portrait enrichi de diamants. Le roi soupa en public sans gardes. Ravis de sa magnificence, de sa bonne mine, de sa popularité, les Dunkerquois se succédèrent avec empressement pour jouir quelques instants de sa vue.

Le lendemain Louis XIV partait pour Calais, laissant les cœurs sous le prestige de ce qui venait de se passer.

Une médaille rappela cette prise de possession (1); un tableau, placé au plafond de la galerie de Versailles où il subsiste encore aujourd'hui, annonçait que Dunkerque appartenait désormais à la France (2).

II

C'est en 1662 que se consomma cette union. Lille ne fut conquise que cinq ans après (en 1667); Dunkerque est donc son aînée parmi les villes qui furent, par le roi, adjointes à la glorieuse famille française.

Comme l'Espagne était encore maîtresse des Pays-Bas et de la Flandre Wallonne, Dunkerque fut annexée à la province de Picardie. Colbert, le grand Colbert, en était l'intendant. Il vint à Dunkerque, et ayant fait sonner la cloche de l'hôtel de ville, il réunit le conseil échevinal qui prêta serment de fidélité au roi (3).

C'est alors que fut constitué ce que l'on nommait le *territoire de Dunkerque;* circonscription qui comprenait environ 10 mille mesures du pays

Par la suite (1667) ce territoire fut, pour quelque temps, augmenté de Saint-Omer; mais cet état ne dura pas, cette dernière ville ayant été définitivement transférée à l'Artois, après le traité de Nimègue (1678). Ypres fut à son tour annexée à Dunkerque. L'intendance de notre ville comprenait alors cinq villes fortes, 14 villes ou bourgs, 236 villages, le tout réparti sur une surface de soixante-quatre kilomètres sur quarante-huit.

Ce ne fut pas sans opposition que ces nouvelles dispositions furent réalisées; les anciennes juridictions (celles de Bergues entre autres) eurent beaucoup de peine à s'y soumettre. Elles entendaient ne pas perdre leurs vieilles coutumes et voulaient conserver surtout leur prépondérance. Un grand nombre d'arrêts vinrent les débouter de leurs prétentions.

---

(1) Dunkerque, représentée par une femme couronnée de tours, présente au roi le plan de la ville. La légende : *Providentia principis.* — *Dunkerca recuperata.* MDCLXII.

(2) La France y est représentée sur un trône. Dunkerque est à ses genoux; elle lui présente les clefs. La France lui tend les bras pour la retirer des mains de l'hérésie, qui, un bandeau sur les yeux, est environnée de livres en confusion. D'un autre côté, l'Angleterre fait mettre dans ses coffres l'argent que lui a procuré la vente de Dunkerque.

(3) Cette cérémonie est relatée au registre VIe sous la date du 4 décembre. Parmi les signataires se trouvaient plusieurs citoyens dont les descendants existent encore aujourd'hui à Dunkerque. Par exemple : Coppens, Heyndricsen, De la Fontayne, Cornelissen, Herrwyn, Dejonghe, Decorte, etc... La lettre que le roi écrivit au sieur de Saint-Pouanges est au folio 118 du registre de correspondance, N° 1, mairie de Dunkerque.

III

L'acquisition de Dunkerque était un fait dont tout le monde comprenait l'importance. L'opposition du parlement anglais montre assez quel était son sentiment. La Hollande n'en fut pas moins alarmée : c'est à grand' peine que le comte d'Estrades obtint, des États-généraux, la ratification d'une vente que d'ailleurs il ne leur était pas loisible d'annuler. Dans les provinces unies, la rumeur générale était que Dunkerque allait, de nouveau et plus que jamais, devenir une cause de ruine pour le commerce et la pêche de la Hollande. Nous avons actuellement la paix, disait-on, mais cette paix est éventuelle.... Rotterdam, la Zélande, Amsterdam, s'élevaient surtout contre ce nouvel arrangement. On y annonçait que bientôt les ouvriers allait émigrer et affluer à Dunkerque; c'était un murmure général : si, sous l'Espagne, Dunkerque a été si nuisible à la Hollande, que sera-ce lorsqu'un roi jeune, puissant, français, y aura fortement établi sa domination ?... et que de ce poste si rapproché de l'Angleterre et de la Hollande, il se portera vers l'une ou vers l'autre ? D'ailleurs, devenue port-franc Dunkerque absorbera les éléments de la prospérité commerciale de ses voisins !...

IV

Alors qu'elle inspirait tant d'alarmes, Dunkerque n'était pourtant qu'une bicoque : il n'y a pas à comparer ce qu'elle était en 1670 à ce qu'elle est aujourd'hui que personne ne se préoccupe de son importance. L'entrée du chenal était difficile, le port incommode et peu profond; il s'était surtout envasé depuis que l'écluse bleue, seul moyen qu'il y eût alors de le nettoyer, avait cessé d'être employée par les Anglais; le banc Schurken barrait le passage; la fosse Mardyck rétrécie ne recevait que des navires d'un faible tonnage; les jetées étaient insignifiantes et mal tenues; la ville avait 52 rues et 10,000 habitants.

Pour rassurer les Hollandais, le comte d'Estrades leur avait fait remarquer ce que nous venons de dire, mais il n'avait pu les convaincre. Les *Bataves* savaient que les choses ont pour valeur la valeur même de ceux qui les emploient. Louis XIV avait incontestablement le génie du cœur; sous l'impulsion d'un grand cœur, les grandes choses naissent et se développent.

Le roi commença par accorder à Dunkerque des franchises commerciales complètes; c'était bon et avantageux pour la ville, mais en même temps c'était prudent et sage. Il faut arriver jusqu'au temps de la convention et au XIXe siècle pour trouver des hommes qui ne comprennent plus les principes simples, évidents, qui guidèrent le grand roi et que les Anglais savaient si fructueusement mettre en pratique.

Quoiqu'il en soit, constatons que la bienveillance royale s'étendit à tout ce qui intéressait la prospérité de la ville. Modérer les droits d'accises qui furent réduits aux 2/3 et les autres droits d'octroi à moitié; construire des chaussées, creuser des canaux, multiplier les voies de circulation et assainir le pays en le dégageant

PLAN DE DUNKERQUE EN 1695.

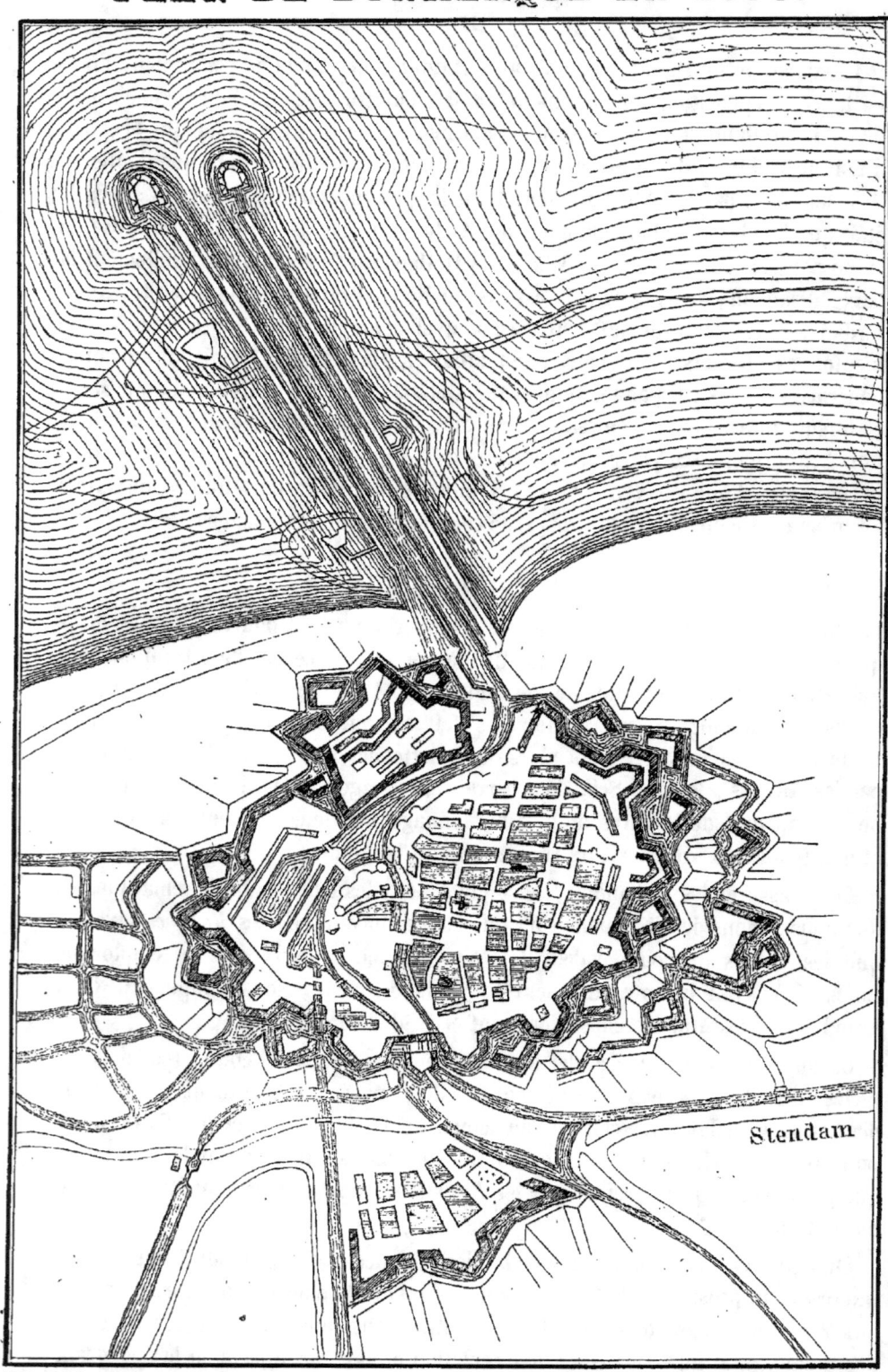

Stendam

V.or DERODE, Histoire de Dunkerque. — Lith. de Brasseur, Dunkerque.

des eaux dont les émanations lui étaient si funestes (1); donner l'impulsion à toutes les innovations que comportait l'état du pays ; établir les premières presses de l'imprimerie (2), le premier paquebot régulier entre Dunkerque et Londres (3); instituer une chambre de commerce (4), une intendance de marine ; fixer les juridictions indécises, déterminer les cours d'appel (5).... Telles furent les mesures bienfaisantes qui rendirent Louis XIV cher aux Dunkerquois.

C'est un édit de ce prince qui imposa la langue française comme la seule officielle dans l'exercice de la justice (6).

Et tout en s'occupant des grands objets de l'administration, le roi ne perdait pas de vue les autres branches du service : à plusieurs reprises, et particulièrement en 1664, la récolte des céréales ayant fait défaut, la marine royale alla faire des approvisionnements dans tous les marchés de l'Europe. C'est devant cette puissante initiative que s'éclipsa désormais l'action restreinte des communes, et que s'établit au contraire la centralisation dont on n'apprécie aujourd'hui d'une manière équitable ni les avantages ni les inconvénients.

Louis XIV, prévoyant et actif pour les besoins du peuple, était généreux dans ses récompenses, et ingénieux à trouver le chemin du cœur (7). Aussi laissa-t-il à Dunkerque un souvenir qui n'est pas encore éteint. Il faut ajouter d'ailleurs que la ville fut l'objet de sa prédilection ; que, par ses ordres, elle prit une extension, une puissance, une importance qu'on n'aurait pas soupçonnée. Bastions, ouvrages à cornes, fossés, casernes, camp retranché, rien ne fut épargné pour rendre Dunkerque une des places les plus formidables de l'Europe. Deux magnifiques jetées, défendues par des forts habilement combinés ; un banc de sable coupé de manière à placer, dans l'ancienne rade, la nouvelle entrée du port ; des travaux hydrauliques savants et nombreux ; des écluses réparées ou construites, un bassin à flot, des magasins et accessoires, une citadelle complétée et jointe à la ville.... Tel était le legs que nous destinait ce glorieux règne (8) !

---

(1) Jean Garot fut nommé en 1669 contrôleur des Watteringues. — Mairie de Dunkerque, registre VI, folio 247.

(2) Jean Weins fit paraître en 1679 l'Eschantillon de la première imprimerie establie à Dunkerque. En 1695, il y avait en ville 2 imprimeries; Paris en comptait alors 36. En 1791, il y en avait 7 ; on en compte aujourd'hui 4 ou 5. — Paris n'en possède pas moins de 80, indépendamment de 214 imprimeries lithographiques et 140 imprimeries en taille-douce.

(3) Registre VI, folio 188.

(4) Un président, quatre conseillers, un pensionnaire.

(5) L'appel des causes fut d'abord attribué au conseil d'Artois, puis à celui de Paris.

(6) Parmi les ordonnances du roi, il en est une que nous ne pouvons passer sous silence : c'est celle qui expulse de la ville les partisans de la religion dite réformée (1664).

(7) C'est ainsi que Louis XIV accorda au fils du comte d'Estrades, habile et dévoué serviteur, la survivance du gouvernement de Dunkerque, mesure qu'il suivit aussi envers le duc de Boufflers, le valeureux défenseur de Lille.

Il faut ajouter que le comte d'Estrades vendit son gouvernement au comte de Medavi. — Faulconnier, t. II, p. 101.

(8) Histoire métallique des Pays-Bas, t. III, p. 38. — Faulconnier, t. II, p. 80.

A ces immenses entreprises le roi employa trente mille hommes ; à leur tête il plaça Vauban.... La pensée royale était royalement exécutée et Dunkerque mérita le titre magnifique que lui donne un monument numismatique de l'époque, qui l'appelle

Freti gallici decus et securitas (1).

De la France maritime l'honneur et la sécurité.

V

Les événements les plus fréquents du règne de Louis XIV, ce sont les traités de paix et par conséquent les guerres... et à cause de celles-ci les mille incidents qui en sont les suites naturelles.

Ces guerres se rattachent à quatre causes principales que nous allons rapidement indiquer, afin de jeter quelque lumière sur les faits particuliers de notre histoire locale.

La première, c'est la prétention d'abaisser la maison d'Autriche et celle d'Espagne, — politique héréditaire que nous avons déjà signalée ; — c'est dans cette catégorie qu'il faut placer la réclamation de la Flandre comme faisant partie de la dot de Marie-Thérèse, épouse du roi ; la conquête de la Franche-Comté....

La seconde, le châtiment que le roi voulait infliger à ceux qui avaient combattu ses desseins, — par exemple, la guerre contre la Hollande, — qui, on le sait, fut conquise comme au pas de course.

La troisième, la guerre faite par l'Europe qui contestait au roi la succession d'Espagne....

La quatrième enfin, les efforts tentés pour remettre les Stuart sur le trône.

Le théâtre de ces guerres fut successivement porté dans les provinces unies, au cœur de l'Allemagne, en Italie, en Espagne, en Flandre, dans les Pays-Bas, sur la Méditerrannée, l'Océan atlantique, la mer du Nord...

Que de travaux ! que de sang répandu ! que d'or gaspillé ! Mettons en regard et en balance les moyens et le résultat !...

VI

Quelques mots encore sur ce sujet.

Un traité signé à Bréda (1667) établit une paix momentanée entre la France, l'Angleterre et la Hollande (2). Celui d'Aix la Chapelle (1668) (3) rendit à l'Es-

---

(1) Au VIe registre, folio 77 (Archives de Dunkerque), dans la commission de survivance du gouverneur de Dunkerque pour le fils du comte d'Estrades, il est dit en parlant de la ville : « .... Ce » port, qui est un des plus fameux et des meilleurs de toute la coste... qui y attire et favorise un » grand commerce avec les étrangers... »
Cela s'écrivait officiellement en 1662. On le niait sans le moindre embarras en 1804.

(2) La lettre par laquelle le comte d'Estrades en avertit Faulconnier se trouve dans le cabinet de M. Gentil-Descamps, à Lille. Elle est conçue en ces termes : « Je vous donne avis que la paix vient » d'estre signée avec l'Angleterre. Je suis à vous. (31 juillet 1667.) »

(3) Les réjouissances pour cette paix furent célébrées à Dunkerque le 2 juin.

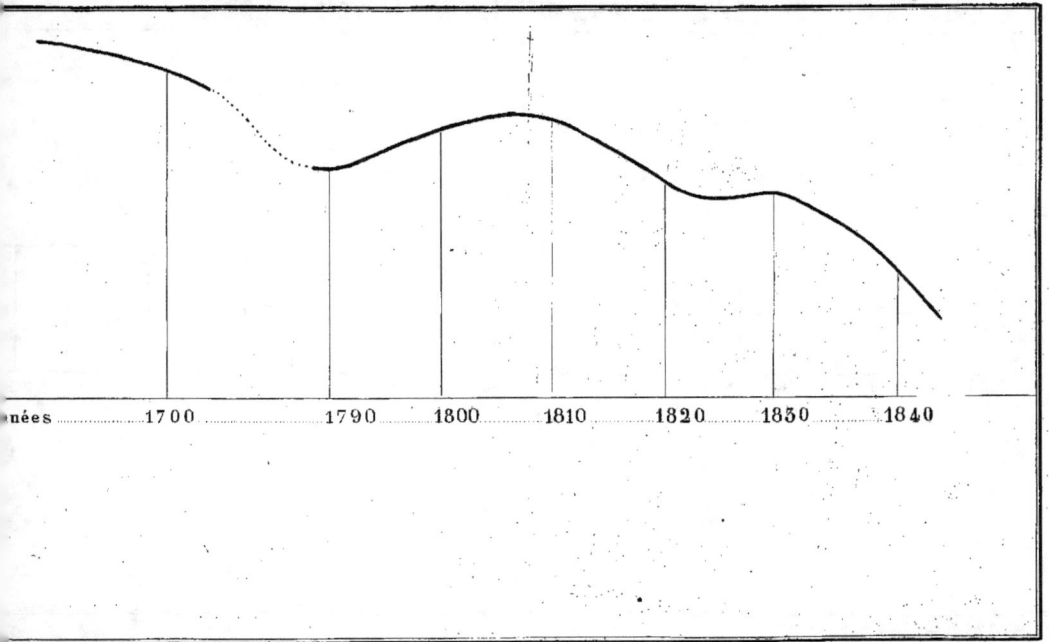

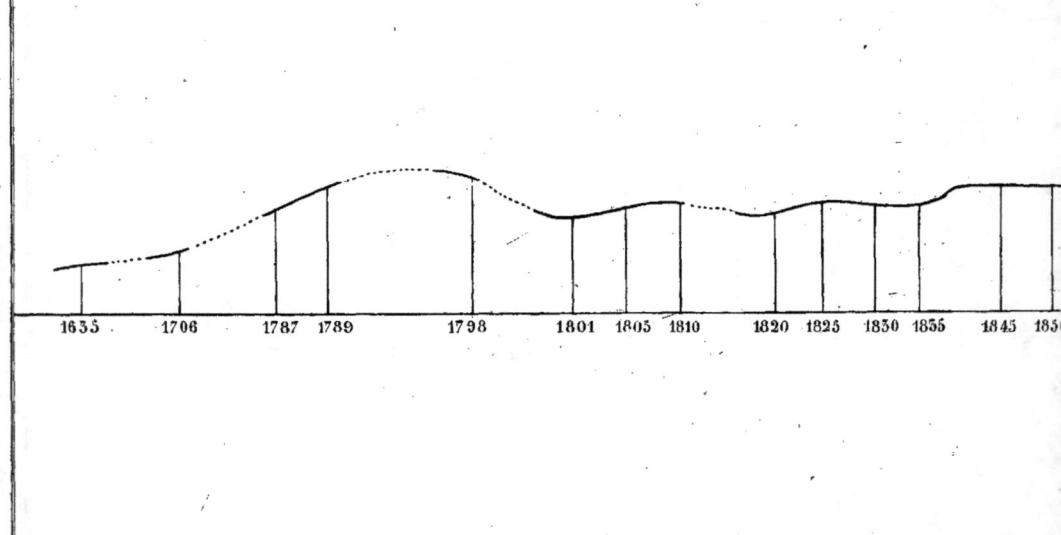

pagne les possessions qui venaient de lui être enlevées, mais assura à Louis la Flandre Wallonne conquise l'année précédente.

L'éclat des victoires du roi alarma l'Europe, et, sous prétexte de garantir l'exécution du traité d'Aix-la-Chapelle, les souverains se liguèrent contre la France. Comprenant leur projet, Louis XIV fit travailler à ses places fortes, ravitailler ses chantiers, arsenaux, etc. C'est de là que datent, à Dunkerque, le parc de la marine et les bâtiments adjacents. Le roi vint visiter ces travaux et les activer par sa présence (1670); dans cette vue il séjourna un mois tout entier à Dunkerque (1671).

L'Angleterre et la Hollande étaient les ennemis les plus infatigables de la France; mais au lieu de s'unir contre un adversaire commun, elles se disputèrent entre elles, la suprématie des mers. Inférieurs dans la lutte (1665), les Hollandais demandèrent l'appui de Louis XIV. Battus à leur tour, les Anglais durent se montrer plus traitables.

1672. — Après s'être lié avec la Hollande contre l'Angleterre, le roi se lia avec l'Angleterre contre la Hollande (1). Celle-ci attira dans son parti l'Espagne, l'Allemagne, le Danemarck. Ces alliances ne l'empêchèrent pas d'être conquise comme au pas de course. Le vainqueur proposa Dunkerque pour les conférences de la paix. Cette condition humiliait les Hollandais; ils firent des difficultés, et Cologne fut enfin désigné pour le lieu de réunion des plénipotentiaires.

Dans cette guerre la France avait pris Valenciennes (17 mars 1677), et Cambrai (17 avril); par l'entremise du duc d'Orléans, elle battait à Cassel (10 avril) le prince Guillaume; les Dunkerquois ruinaient le commerce des ennemis quand vint enfin le traité à Nimègue (1678) et la paix avec le Danemarck (1679).

Pour savoir avec détail les circonstances qui amenèrent le traité de Ryswick (1697) et le traité d'Utrecht (1713), le lecteur devra consulter les ouvrages généraux sur l'histoire du pays. Notre cadre nous impose l'obligation de l'y renvoyer et de revenir à Dunkerque.

VII

La peste régna à Dunkerque en 1666 (2). Le retour des maladies contagieuses était alors fréquent, et les marais environnants n'y étaient pas sans influence. Vauban contribua puissamment à améliorer le pays. Il sécha les lagunes de Gralines, les criques de Dunkerque.

Ces criques existaient au lieu où se trouve aujourd'hui l'embarcadère du chemin de fer.

Pour juger de la différence de la mortalité de ce temps avec celle que les registres de l'État-Civil constatent de nos jours, il suffit de considérer la carte ci-jointe.

---

(1) Cette guerre fut annoncée à Dunkerque en avril 1672.

(2) La reine-mère mourut cette même année 1666. Son service funèbre fut célébré à Saint-Éloi, et coûta 78 livres. La lettre du roi à M. de Chambellé, lieutenant-gouverneur de Dunkerque, pour lui annoncer cette mort, est au folio 156 du registre 1 de la correspondance.

Afin de soustraire la garnison aux influences de la maladie, on avait construit, hors de la ville, un bivouac, où elle campait à plusieurs reprises. On remarqua que les Suisses n'étaient pas atteints du mal qui décimait le reste de l'armée. Cette curieuse particularité est restée inexpliquée.

Quant aux bourgeois, dès qu'une maison était atteinte, on en expédiait les habitants au Roosendael ou au Jeu de Mail ; on *parfumait* sa demeure et on la *barrait*, c'est-à-dire on y faisait des fumigations et l'on mettait les scellés sur la porte. Les capucins se dévouèrent, comme toujours, à servir les pestiférés, dans les cellules qu'on leur construisait hors la ville.

On évalue à 3,000 le nombre des victimes que le fléau frappa cette fois. L'hiver vint diminuer son activité, qui s'éteignit au renouvellement de la saison. Un *Te Deum* fut chanté à cette occasion, et un banquet offert aux généreux capucins (1).

L'année 1666 vit descendre au tombeau Philippe IV, roi d'Espagne, et Anne d'Autriche, mère du roi de France (2).

VIII

A son tour la guerre enleva à Dunkerque une partie de ses plus vigoureux enfants.

La pêche était libre, mais cette liberté était illusoire aussi longtemps que la mer était infestée par les croiseurs ennemis. Les Dunkerquois durent encore une fois se tourner vers la course. En peu d'années ils prirent aux Hollandais et aux Danois (3) plus de 400 vaisseaux et des marchandises valant au-delà de cinq millions ; mais lorsque la paix fut proclamée en 1679, la ville avait perdu 32 capitaines et environ 3,000 matelots.

IX

Louis XIV se plaisait à recevoir dans Dunkerque les ambassadeurs des puissances étrangères. C'est ainsi qu'il y accueillit le comte de Sunderland et lord Duras (1677), et qu'il y envoya les mandarins siamois, que la renommée du grand prince avait attirés vers les régions occidentales (1686).

La garnison, sous les armes, reçut les voisins du céleste Empire et leur fit des honneurs princiers ; vingt coups de canon les saluèrent ; le Magistrat les complimenta *en très bon français*, les logea à l'Hôtel-de-Ville, etc.

La circonstance où le roi montra le plus de somptuosité se rattache à l'année 1680. Le dauphin venait de se marier ; la paix était générale ; c'était le cas de

---

(1) On prit la singulière mesure d'exiger de tous ceux qui se présentaient aux portes de la ville pour y entrer, un *billet de santé*.

Au registre 1er de la correspondance, il existe des lettres du roi et du marquis de Louvois sur les précautions à prendre pour préserver l'armée des atteintes de la peste, datées de 1667 et de 1668.

(2) Les frais de funérailles célébrées à Saint-Éloi sont portés au compte de 1666. La lettre par laquelle le roi donne avis de cette mort est au registre N° 1er, sous la date du 20 janvier 1666.

(3) La guerre au « roy de Dannemarck » fut déclarée le 28 août 1676.

faire de splendides réjouissances. Toute la cour arriva à Dunkerque. Léry, commandant du navire *l'Entreprenant*, de 50 canons, prépara aux nobles voyageurs le spectacle de la manœuvre militaire maritime. Un équipage choisi et vêtu coquettement de culottes bleues, camisoles rouges et écharpes blanches, avait reçu sa consigne. Les officiers, richement habillés, étaient couverts de points d'Espagne d'or et d'argent (1).

Le gouverneur et le Magistrat, en grand costume, conduisirent le prince à l'Hôtel-de-Ville, où il logea et où le public fut admis à le voir souper.

Le lendemain, le roi donna audience au comte d'Oxford et au colonel Churchill, envoyés de la cour d'Angleterre, et au marquis de Warnier, député par le duc de Villa-Hermosa, gouverneur des Pays-Bas espagnols. Puis il se rendit à bord de la frégate avec le dauphin et les principaux seigneurs. C'était la première fois que Louis XIV visitait un vaisseau armé. Pendant trois heures il demanda et entendit l'explication de l'usage de chaque chose du bord. Il vit les manœuvres pour l'exercice, l'abordage, le tir du canon, etc.... Le lendemain, il voulut avoir une seconde leçon.

L'après-dîner la reine et ses dames vinrent à leur tour à bord de *l'Entreprenant*, pendant que le roi s'assurait de l'état des travaux commandés pour la défense et l'amélioration du port. A cette époque des vaisseaux de 64 canons pouvaient entrer à Dunkerque.

Le jour suivant, le roi et la reine assistèrent à un simulacre de combat entre deux frégates, l'une de 30, l'autre de 36 canons. Deux magnifiques galiotes portaient les deux majestés.

En témoignage de sa satisfaction, le prince donna à Léry et à son équipage une trentaine de mille livres de gratification.

X

Louis XIV arrivait à l'apogée de sa puissance; il faisait bombarder Alger (1682), la ville des pirates; Alger, que son arrière-petit-fils devait conquérir et rendre français. Dunkerque fournit, à cette mémorable expédition, cinq galiotes-bombes qui furent armées sur ses chantiers.

Jusqu'ici la fortune avait souri à Louis XIV, elle commença à lui montrer ses rigueurs.

Une gelée extraordinaire et qui durcit les eaux jusqu'à deux lieues au large (1684), prépara la disette des années suivantes. La ligue d'Augsbourg (1688), la guerre déclarée à l'Espagne, ramenèrent les calamités qu'on avait crues éloignées pour toujours.

Sans doute, cette guerre n'était pas sans éclat; Tourville, au cap de Bevesen, battait les flottes des Anglais et des Hollandais; la course n'était pas improductive, mais la France était à bout de ressources. Plus elle s'appauvrissait, plus on mettait de bruit à proclamer ses victoires. Mais en dépit de ces démons-

---

(1) Voyez Faulconnier, t. II, p. 90.

trations, le vide des caisses publiques se faisait sentir et l'on commençait à comprendre que cette gloire ne laissait pas que de coûter fort cher.

XI

Le besoin d'argent entraîna le roi dans des mesures fiscales odieuses et qu'eût réprouvées la droiture de son âme. Contrairement aux franchises si libéralement accordées à Dunkerque (1), le fisc imposa de 6 % les sucres étrangers (1690); de 12 % les morues étrangères (1691); de 6 % les fromages (1692); de 20 % les articles du levant.

Ces vains palliatifs tarirent la source au lieu de l'alimenter. Les articles dont la franchise était respectée, se ressentirent du coup porté aux autres et tout le commerce en souffrit. C'est ainsi que la sensitive abaisse toutes ses feuilles qui se flétrissent lorsqu'une main indiscrète vient à toucher l'une d'elles.

Les financiers recoururent d'ailleurs à d'autres moyens. Toutes les charges, tous les offices furent vendus au profit des caisses royales. Il n'est pas de misérable procédé qu'on n'ait employé pour soutirer l'argent : contributions de tout genre, capitations, dons gratuits, sous pour livre, création burlesque d'offices nouveaux, augmentation successive des impôts établis.

La province de Dunkerque payait par abonnement 600,000 livres; elle fut taxée à 700,000, et c'était le moindre mal ; pour se dérober à l'intrusion qui menaçait toutes les administrations, l'échevinage racheta les charges telles que : brasseurs, hôteliers, procureurs, greffiers, huissiers, jurés-priseurs, police, rivière. Quatre à cinq cent mille livres furent ainsi obtenus de l'échevinage et de la bourse des pourvus d'office.

De plus, la disette se montrait de temps à autre. Un illustre Dunkerquois, Jean Bart, procura plus d'une fois du pain à la France. Nous nous bornons ici à indiquer et comme en passant, le nom de ce brave marin, parce que nous lui consacrerons tout à l'heure un article spécial.

XII

Dans les conflits où elle s'était aguerrie, et surtout depuis que d'Estrées avait incendié 25 navires anglais dans la rade de Plymouth, la marine française créée par Louis XIV avait acquis la suprématie des mers; mais elle ne la conserva pas longtemps. L'Angleterre travailla à la lui enlever.

Pour affaiblir la France, elle adopta alors le projet de ruiner ses ports sur l'Océan. Pour le mettre à exécution, elle bombarda successivement Saint-Malo, Dieppe, Calais et particulièrement Dunkerque qui, trois fois de suite, reçut l'honneur de ses attaques.

Les soins de la guerre avaient absorbé l'attention des chefs, et plusieurs des

---

(1) Le 6 décembre 1681, un arrêt du conseil ordonnait que les bureaux de douanes se tiendraient aux portes de la basse-ville pour la perception des droits. — La ville proprement dite était entièrement franche.

grands travaux nécessaires à la conservation du pays avaient été oubliés. Ainsi, les digues qui allaient de la Lys au canal d'Hondschoote avaient été si négligées, que de Comines à Ypres, un corps de troupes n'aurait pu être en sûreté (1). Les retranchements de Beveren à Hondschoote, n'ayant pas été réparés depuis longtemps, étaient aussi en grand délabrement. Il fallait y porter remède, sans plus de délai, sous peine de compromettre le pays. En 1691, Desmadrys, intendant de Dunkerque, de concert avec ses collègues de Lille, Maubeuge, Amiens, etc., fournirent 215,000 pionniers. Au moyen de 150 fours, Dunkerque, Gravelines, Bergues et Ypres, leur adressaient journellement 200 mille rations.

Pendant tous ces mouvements, on débarquait à Nieuport et à Ostende (1er septembre 1692), 14 à 15,000 hommes (2), destinés à faire partie d'une armée d'invasion en France. Cette armée s'empara de Dixmude et de Furnes dans la vue de tenter le bombardement de Dunkerque.

Mais les pluies continuelles ayant rompu les chemins, les terres étaient à demi inondées; d'ailleurs, Dunkerque pouvait tenir sous les eaux tous les environs et se trouvait presque inaccessible du côté de l'intérieur.

La partie qui regarde Furnes est la plus élevée, et avait été longtemps la plus faible, mais Vauban y avait pourvu, et la ville était tellement fortifiée qu'il ne fallait pas songer à s'en emparer par là.

Déçus dans leur attente, les alliés se procurèrent le plaisir d'une médaille qu'ils firent frapper en leur honneur. Ne pouvant, cette fois encore, vaincre Louis XIV par les armes, les Anglais l'accusèrent — aussi par une médaille — d'avoir voulu faire assassiner leur roi, Guillaume III ! Cette calomnie ignoble autant que maladroite, montre à quel point il faut être circonspect lorsqu'il s'agit de transcrire un fait, et de le transporter de la légende d'une médaille aux pages de l'histoire elle-même ! N'a-t-on pas vu, de nos jours, la Russie éditer en bronze d'impudents mensonges sur ses prétendues victoires? N'a-t-on pas vu Louis XVIII, dater (en 1825) de la vingt-troisième année de son règne? N'a-t-on pas vu l'Angleterre dresser à Wellington des statues menteuses autant que ridicules?

XIV

Quoiqu'il en soit, l'entreprise ayant échoué par terre, fut reprise du côté de la mer (1694), et un nouvel armement fut confié à l'amiral Shovel.

Avec une flotte comprenant treize vaisseaux de guerre anglais, six hollandais, quelques frégates, deux galiotes à bombes, dix-sept barques à machines, il vint se poster en deçà de Mardyck. Le 20 septembre, il envoya douze chaloupes, soutenues de quatre frégates, sonder les avenues du port. L'avis des pilotes fut unanime; on ne pouvait songer à bombarder la ville sans avoir, auparavant, détruit les forts placés à la tête des jetées.

Le 22, trente-six voiles et brûlots entrèrent dans la rade avec mission d'incen-

---

(2) *Histoire militaire de Flandre*, de 1990 à 1694, t. I, p. 5, in-folio, 1776.
(3) *Histoire métallique des Pays-Bas*, t. III, p. 111.

dier les forts. Ceux-ci ripostèrent vigoureusement ; ils firent sauter deux brûlots, endommagèrent plusieurs navires; et après être restée quatre jours en rade, la flotte dut se retirer.

Elle alla se poster devant Calais.

A la nouvelle de l'attaque de Dunkerque, le maréchal de Villeroi avait quitté le camp de Wormezeele, près d'Ypres; le duc du Maine et le comte de Toulouse étaient accourus avec deux régiments de dragons et 700 grenadiers. La milice boulonnaise, sous les ordres du duc d'Aumont, arriva en même temps; mais leur présence n'était plus nécessaire, car, le 29, la mer étant devenue difficile, l'escadre fut forcée de s'éloigner, et on ne la vit plus.

L'Angleterre en conçut un grand dépit. Un historien, en mentionnant cette vaine attaque, dit : « Néanmoins, peu s'en fallut que la fameuse ville de Dun» kerque, son port et ses vaisseaux ne fussent ruinés : elle ne dut sa conserva» tion qu'à des accidents fortuits... »

Cet insuccès n'empêcha pas le roi d'Angleterre de faire une médaille commémorative de ce grand exploit (1); c'est une habitude sans conséquence.

XV

1695. — L'année suivante, croyant sans doute avoir une victoire plus complète encore, les ennemis revinrent une troisième fois (4 août); 80 vaisseaux anglais et hollandais, sous les ordres de Berkeley, parurent à la hauteur de Mardyck (2).

Ils avaient préparé des brûlots monstres dont un auteur contemporain nous donne la description suivante :

Le fond de cale était rempli de sable limoneux battu. Il était garni de traverses et piliers qui soutenaient le premier pont pour donner plus de force aux poudres. Dans le premier pont, d'un pied et demi d'épaisseur, étaient entassés quinze mille livres de poudre. Le second pont avait un vide d'un pied et demi, rempli de cailloux de 15 à 20 livres. Dans le troisième pont, d'un demi-pied d'épaisseur, 250 barils à cercles de fer, pleins de grenades, chargées et enveloppées de cordages goudronnés; 50 machines de fer, garnies de pointes, qui, tombant sur du bois, s'y implantaient. Ces derniers appareils étaient remplis d'une composition de poix, goudron, soufre, eau-de-vie; ces machines infernales avaient 34 pieds de longueur, 18 de hauteur et calaient 9 pieds d'eau.

Sans connaître ces particularités, les Dunkerquois savaient bien qu'il y avait des précautions à prendre : ils firent transporter en basse-ville tout les dépôts de matière combustibles et prirent toutes les mesures propres à combattre l'incendie. Une batterie flottante ou ponton de quatre pièces de 24 fut enchaînée entre les deux têtes des jetées, non-seulement pour interdire l'entrée du chenal, mais pour

---

(1) *Histoire métallique des Pays-Bas*, t. IV, p. 167.

(2) Le plan du mouillage devant Dunkerque est indiqué dans la planche 20, t. II, de l'*Histoire militaire de Flandre*, de 1690 à 1695, et dans Faulconnier, t. II.

canonner à fleur d'eau. Une batterie sur la grève voisine de Roosendael empêchait toute descente de ce côté. Jean Bart commandait dans le fort de Bonne-Espérance.

Le 5 août, l'armée de blocus fut renforcée de quatre vaisseaux de guerre, et le lendemain, l'amiral ayant donné le signal d'appareiller, toute la flotte mouilla dans les bancs. Toutefois, elle y resta inactive. Le 7, quinze navires avancèrent comme pour commencer l'attaque, mais il se retirèrent aussi sans rien faire. Le 8, nouveau renfort de trente navires : ce qui portait à 114 le nombre des voiles.

Ces forces si considérables hésitèrent pourtant encore et se bornèrent à mouiller vers le fort de Bois, de Mardyck.

Le 11, après diverses manœuvres dont on ne devine pas l'utilité, seize frégates de 24 à 40 canons, dix-huit galiotes à bombes et quatre brûlots, se présentèrent enfin d'une manière sérieuse. Elles ouvrirent le feu. De huit heures du matin à trois heures après-midi, il continua sans interruption, mais aussi sans résultat. La distance était trop grande, le roulis gênait la manœuvre. Des 1,200 bombes qui furent ainsi lancées, dix tombèrent sur le Risban, une sur le fort Vert, les autres allèrent à droite ou à gauche des jetées. Il paraîtrait cependant que quelques-unes arrivèrent dans le port, car nous en avons vu extraire de la vase lors des travaux exécutés en 1848, près de la porte à Couronne.

La marée montante dérangeait considérablement les travaux des assiégeants, en même temps que le courage et l'intrépidité des assiégés déjouaient leurs efforts ; les brûlots allèrent à la côte et ne produisirent qu'un vain bruit. Maltraitées par nos batteries, par la mer et les bancs, une frégate de 28 et plusieurs galiotes échouèrent sur le *brack*. Les Français parvinrent à y mettre le feu.

Honteux de voir leurs tentatives avortées et leurs sacrifices perdus, les alliés durent se retirer et ce fut le tour de la France de célébrer par une médaille véridique, la conservation de la bonne ville de Dunkerque (1).

XVI

Ces tentatives épuisaient les adversaires. Tout le monde désirait la paix.

Le commerce dunkerquois souffrait considérablement ; le cabotage était presque nul. On armait annuellement de trente à quarante navires, savoir : pour Cadix, treize à quatorze ; pour le Levant, une quinzaine ; pour le Portugal, trois à quatre ; pour le Nord, huit ou neuf ! A cause des dangers de la navigation, le transport était à un prix excessif : un navire de 120 hommes d'équipage, de Cadix à Dunkerque faisait 75,000 fr. de frêt.

Il est vrai que la course avait donné quelque compensation (1697), car on évalue à 22 millions de livres les prises faites aux Anglais ; mais de telles ressources sont exceptionnelles. C'est dans un commerce régulier qu'un port doit placer la source de sa richesse.

---

(1) Faulconnier, t. II, p. 107.

La paix de Ryswick vint suspendre les hostilités. Les dernières conquêtes faites sur l'Espagne lui furent restituées. Mais cette paix fut, pour Dunkerque, le signal d'une crise bien pénible. Dans la prévision de la guerre on y avait préparé, sur de vastes proportions, l'armement en course; de nombreuses faillites furent la conséquence inévitable de l'annulation des préparatifs.

XVII

Le repos ne fut pas de longue durée. La guerre de la succession d'Espagne commença avec le XVIIIe siècle. Elle inaugura pour la France une série de calamités parmi lesquelles, la mort de l'héroïque Jean Bart.

Le renom de cet incomparable capitaine reçut un lustre tout particulier du contraste que forma le sire de Pointis, nommé pour le remplacer; accablé en quelque façon de la tâche qui lui était échue, cet officier, qui s'était distingué ailleurs, ne montra guère que de l'irrésolution et de l'incapacité.

XVIII

Dans le nouveau conflit qui agita l'Europe encore épuisée de ses récentes blessures, la guerre se passa par moitié sur la mer et sur le continent.

Sur l'Océan, les Français, et parmi eux, les Dunkerquois, eurent à enregistrer de beaux faits d'armes. Saint-Pol (1), Forbin (2), Dewulf, Pierre Freraert, André et Cornille Bart, dignes émules de celui que pleurait la France, jetèrent sur la marine française un éclat qui ne s'éteindra jamais.

XIX

Mais sur terre, la décadence avait été rapide. — Et, comme nous l'avons déjà remarqué, les réjouissances officielles, feux de joie, *Te Deum*, et autres moyens de relever l'opinion publique qui s'en allait, prenaient d'autant plus de fréquence, que la France s'affaiblissait davantage.

Dépossédé de ses États, l'électeur de Cologne (un des rares alliés restés fidèles à Louis XIV), vint visiter Dunkerque (17 mars 1704); il y revint l'année suivante (26 avril 1705) en allant joindre son frère, l'électeur de Bavière, également chassé de ses États. C'est un des rares souvenirs de ces tristes années.

La bataille de Ramillies (1706), si funeste à la France, donnait lieu de craindre que l'effort des ennemis ne se portât de nouveau sur Dunkerque, dont ils ne cessaient d'être préoccupés.

Pour parer aux éventualités qu'il redoutait, le roi envoya à sa bonne ville une

---

(1) En 1703, avec quatre vaisseaux il brûla la flotte hollandaise aux îles Schetland. — Voyez sa biographie.

(2) En 1707, avec huit vaisseaux il en prit d'abord trois aux Anglais; puis, renforcé de quatre autres et en compagnie de Duguay-Trouin, il enleva un convoi de cent trente bâtiments, escortés de cinq vaisseaux de guerre, dont trois furent pris. — C'est dans cette rencontre que *le Devonshire* fut brûlé. — Dans l'impossibilité d'énumérer toutes les actions particulières, nous devons renvoyer aux biographies.

nombreuse armée de défense. Il fit établir un camp retranché pour intercepter la marche des alliés, s'ils se dirigeaient dans le pays. Ce camp, situé entre Dunkerque et Bergues, employa dix mille pionniers. Jamais travail de ce genre ne fut si étendu ni si fortifié. Il n'avait pas moins de 8,000 mètres de circonférence; les fossés mesuraient 12, 14, 16 mètres de largeur et 2 de profondeur. Des parapets de 3 mètres d'épaisseur et à l'épreuve des boulets de 4, de 8 et même de 12 livres de balle, dominaient la campagne et toutes les inondations qu'on aurait pu y produire.

XX

Cependant, les armées étrangères faisaient invasion en France. Après une longue et héroïque résistance, Lille avait dû capituler. Dunkerque ne s'était ressentie des succès des *Hautes-Puissances*, qu'en fournissant sa part des impositions exigées de la province.

Une gelée extraordinaire qui vint à sévir (1709), amena un nouveau fléau, compagnon fidèle de la guerre : la disette. La plupart des arbres avaient péri par le froid, les céréales n'y avaient pas résisté. Le blé se vendait à Dunkerque 60, 70 et même 75 livres la rasière. Les Anglais se tenaient en observation pour empêcher l'arrivée des convois que la France attendait du Nord. Ils pressentaient que le terme de leur longue espérance allait être atteint.

S'adressant au parlement anglais, Boyle lui représentait que la guerre, qui coûtait tant de sang et de trésors à la nation britannique, devait lui procurer au moins une compensation, et que cette compensation devait être la ruine de Dunkerque, cette ville si nuisible à l'Angleterre.

L'article 17 du projet de traité rédigé par la Hollande exigeait que les fortifications de Dunkerque fussent rasées et son port détruit, sans qu'il fût jamais loisible à la France de les rétablir ni directement ni indirectement.

Aussi longtemps que cette destruction n'était qu'en projet, les alliés doutaient toujours qu'elle se réalisât. Cet espoir leur avait tant de fois fait défaut ! Dans l'anxiété qui le tourmentait, le peuple anglais s'en émut ; le Parlement adressa à la reine une supplique où il lui recommande d'insister au conseil des souverains, sur un point particulier, *Destruction de Dunkerque*, et de l'imposer comme condition absolue de la paix.

La reine rassura ses fidèles sujets. Elle répondit qu'elle ferait tous ses efforts pour arriver à cette fin ; mais sa bonne volonté incontestable ne suffisait pas à l'impatience des bons Anglais.

XXI

Malgré l'infériorité où l'avaient placé ses récents revers, Louis XIV avait rejeté ces propositions, et cette année même, il faisait ajouter aux fortifications de Dunkerque une lunette sur l'esplanade de Nieuport, qui, ainsi que nous l'avons dit, est la partie la plus vulnérable de la ville.

Mais de leur côté, les alliés insistaient; et l'article 3 du traité (1710) exigeait que les fortifications fussent rasées, le port comblé et que le roi s'engageât à ne jamais les rétablir (1).

XXII

Pendant toutes ces négociations, les corsaires dunkerquois ne restaient pas oisifs. En 1710 et 1711 ils firent de nombreuses captures. Adoptant la tactique de Jean Bart, Saus ramenait presque journellement des prises et souvent des navires chargés de blé, précieuse ressource dans ces temps de disette. Diot (2) évalue à 1,644 le nombre, et à 30 millions de livres la valeur des bâtiments enlevés dans cette guerre aux ennemis de la France.

XXIII

Dans cette lutte suprême, Louis XIV conservait l'espoir de sauver Dunkerque. Il fit encore élever une demi-lune pour la défense de l'écluse de Bergues.

Mais un traité signé à Londres pressait la solution désirée. L'article 6 imposait la destruction de Dunkerque en donnant au roi un équivalent à sa satisfaction (3). On aurait transigé sur bien des points, mais le *delenda Dunkerka* était le pivot autour duquel tout le reste était subordonné.

Pour arriver plus promptement à ce but, la reine fit avec la France un armistice particulier (14 janvier 1712). Par l'article 2, Dunkerque aurait été livrée à l'Angleterre qui l'aurait tenue comme dépôt jusqu'à ce que la compensation en eût été donnée à Louis XIV. Forcé par d'impérieuses circonstances, le roi avait dû accéder : il demandait Tournai.

L'article 3 stipulait que, momentanément, tout serait maintenu à Dunkerque dans le *statu quo*.

Moyennant cette concession, la reine d'Angleterre déclarait qu'elle ferait une paix particulière avec la France, quand bien même les autres puissances n'y accéderaient pas.

Ainsi, l'Europe était en feu parce qu'elle ne voulait pas que la succession d'Espagne revînt à un prince français; l'Angleterre avait pris les armes pour s'y opposer, et maintenant la voilà qui oublie les vues de la politique européenne, la voilà qui oublie les dix années qui viennent de s'écouler! la voilà qui consent à perdre le fruit de tous ses anciens sacrifices pourvu que Dunkerque lui soit livrée !

De pareils souvenirs doivent être chers aux Dunkerquois.

XXIV

La loi du plus fort est toujours la meilleure ! Il fallut plier ! Le 18 juillet 1712,

---

(1) Faulconnier, t. II, p. 156.
(2) Description historique. — M. S. à M. Declebsattel.
(3) Faulconnier, t. II, p. 159.

Dunkerque fut effectivement livrée de nouveau aux Anglais ! Trente-deux navires parurent en rade. Les redoutables forts qui les avaient éloignés quelques années auparavant, étaient muets ; les ennemis passèrent avec 6 ou 7,000 hommes, le général Hill vint à terre. Le Magistrat lui adressa le compliment que la brebis doit au loup.

Le canon de Saint-James et celui de la Tour de Londres, annoncèrent cette nouvelle aux Anglais. Un rugissement de joie contenu jusques-là s'échappa de leur poitrine. L'Angleterre s'illumina spontanément, des feux de joie s'y allumèrent partout. Dunkerque était entre leurs mains !

Une clause avait pourtant été oubliée ! L'armistice ne faisait pas mention des corsaires. En intrépides et déterminés champions, ils ne désarmèrent pas, ils coururent sus aux navires anglais !

La trêve conclue pour les armées de terre fut alors étendue aux armées navales. Les braves durent s'abstenir ; mais avec la frénésie du désespoir, ils portèrent leurs coups sur les navires hollandais qui se ressentirent seuls de ces derniers efforts.

De 1703 à 1713, ils avaient fait de 16 à 17,000 prisonniers et des captures d'une valeur de 30 millions de livres. De 1,700 à 1714, il était sorti de Dunkerque 8,859 navires ; 792 vaisseaux y avaient été armés pour la course ! De pareils chiffres paraîtraient fabuleux s'il n'étaient extraits des registres officiels.

XXV

4,000 Anglais étant venus à Dunkerque renforcer l'armée d'occupation, la citadelle leur fut remise (1).

Denain illumina la fin du règne de Louis XIV : c'était le dernier éclat de la lampe qui allait s'éteindre !

La France profita de cette heureuse victoire pour obtenir une paix qu'on lui refusait depuis longtemps.

Cette paix lui fut accordée, mais le sacrifice de Dunkerque en fut de nouveau la condition.

L'article IX du traité d'Utrecht dit : « Le roy très-chrétien fera raser les for-
» tifications de la ville de Dunkerque, combler le port, ruiner les écluses qui
» servent au nettoiement du port. Le tout à ses dépens et dans le terme de cinq
» mois après les conclusions de la paix, savoir : Les ouvrages du côté de la mer,
» dans l'espace de deux mois et ceux de terre avec lesdites écluses, dans les trois
» mois suivants, à condition encore que les fortifications, port et écluses ne
» pourront jamais être rétablis. Laquelle démolition ne commencera toutefois
» qu'après que ledit roi très-chrétien aura été mis en possession de générale-
» ment tout ce qui doit être cédé en équivalent de ladite démolition »

Pour veiller à l'exécution de cette sentence, la reine Anne nomma Armstrong et Clayton.

---

(1) Au compte de 1712, on trouve une dépense de 60,000 livres payée par la ville pour fourniture de lits à la garnison anglaise.

XXVI

Il n'y avait plus de sursis à espérer ! En vain la malheureuse ville fit-elle entendre un long cri de douleur ! en vain les députés allèrent aux pieds de la reine déposer leurs prières et leurs arguments contre la mort ! la reine avait dit à son Parlement :

« — Soyez délivrés de toute crainte. »

Elle tint parole et resta inflexible !!

En rappelant ces circonstances, nous nous demandons : après la bataille, le plus vaillant soldat de l'armée vaincue est-il quelquefois passé par les armes ?

Ce traitement inique, Dunkerque l'éprouva !

1713. — Jours néfastes !! — Le 7 octobre, on enleva les palissades, le 10, on rasa les dehors. Les entrepreneurs demandaient plus de deux millions pour démolir ces fortifications. Du côté de la mer seulement, elles étaient desservies par 200 pièces de canon. Quatorze milliers de poudre firent sauter le Risban, le fort Blanc, à l'est ; les jetées, le fort Vert, le fort de Bonne-Espérance eurent un sort semblable ; un immense batardeau auquel deux mille hommes furent employés, empêcha toute communication avec la mer ; des batardeaux particuliers barrèrent chaque canal aboutissant à Dunkerque.

Le 6 août 1714, cette œuvre était achevée, Dunkerque n'était guère qu'un monceau de ruines !

A un siècle d'intervalle, Utrecht et Waterloo ! Louis XIV et Napoléon ! 1713 et 1814 !

De vieux soldats versèrent des larmes en voyant périr ces magnifiques ouvrages auxquels leurs mains avaient travaillé ! Des marins voulaient mourir en défendant ces forts qui, tant de fois, les avaient abrités.

La force avait prononcé, il fallait obéir !

C'est ainsi que tomba Dunkerque ! c'est ainsi qu'elle expia les alarmes qu'elle avait inspirées à l'Angleterre et à la Hollande (1).

---

§ II. Des tentatives faites pour le rétablissement des Stuarts.

Parmi les faits généraux de l'histoire de ce temps, il s'en trouve une série particulière que nous voulons isoler dans ce paragraphe : ce sont les tentatives

---

(1) Dans le cabinet de M. Gentil-Descamps, à Lille, il existe une « Complainte sur la démolition » de Dunkerque. » La ville y énumère les forts que les Anglais vont détruire ; cette pièce a 96 vers. Elle n'a d'ailleurs rien qui la recommande à l'attention.

faites pour le rétablissement des Stuarts sur le trône d'Angleterre, d'où ils étaient sans cesse repoussés.

Ces princes, que protégeait la France, trouvèrent plusieurs fois à Dunkerque un asile contre leur mauvaise fortune. C'est de Dunkerque que partirent la plupart des expéditions ordonnées en leur faveur. Ce fut pourtant parmi les Stuarts que se trouvèrent les plus tenaces des ennemis de Dunkerque. Témoin la reine Anne que nous venons de voir si inflexible. Quand elle poursuivait Dunkerque sans lui accorder trêve ni merci, il n'y avait pas quinze ans que son père, Jacques II, placé sur les jetées du port, y avait inspecté l'armée qui devait lui conquérir son royaume.

Pour compléter cette esquisse, nous allons donc faire excursion dans le passé de notre récit et anticiper sur les pages qui vont suivre : notre intention étant de ne pas diviser la narration pour y revenir.

I

D'abord, un coup-d'œil sur les circonstances générales de l'histoire de nos voisins.

La guerre des deux roses avait épuisé l'Angleterre; le pays prit quelques repos sous le règne despotique des Tudors. A la mort d'Elisabeth, le pouvoir tomba à Jacques Ier, chef de l'infortunée famille des Stuarts.

Charles Ier succéda à Jacques Ier (1625); devenu prisonnier du Parlement (1646), ce prince fut décapité (1649). La Royauté ayant été abolie et la République proclamée, Cromwell prit le titre de Protecteur, et pendant douze ans, exerça la tyrannie la plus absolue.

Richard, le fils d'Olivier Cromwell, lui succéda dans le protectorat, mais il n'était pas au niveau des circonstances. D'ailleurs, les esprits n'étaient pas mûrs pour la République; ils s'étaient reportés vers le passé : Monck avait secondé ce mouvement et Charles II fut proclamé roi (1660). Jamais révolution plus rapide ni moins violente.

En 1685, Charles descendait dans la tombe, et son frère, le duc d'Yorck, lui succédait sous le nom de Jacques II.

Trois ans ne s'étaient pas écoulés que, victime de ses fautes politiques, victime surtout de l'ambition de sa fille Anne et de son gendre Guillaume de Nassau, ce roi venait en fugitif demander asile à la France et se réfugiait à Saint-Germain.

Pendant ce temps-là, les chambres anglaises s'étaient constituées en convention.

Après d'inutiles tentatives, Jacques II revint à Saint-Germain et y termina sa carrière; Louis XIV reconnut pour roi d'Angleterre le fils du défunt, qui prit le nom de Jacques III.

Mais la nation Anglaise ne ratifia pas cette reconnaissance. Jacques III ne fut pour elle qu'un prétendant. La mort de Guillaume de Nassau ne ralentit pas même le mouvement de répulsion qui rejetait le Stuart. Restée seule au pouvoir, Anne déclara la guerre à la France. Le Parlement lui accorda des subsides prodigieux. Mille allégations servaient de prétexte. La haine contre les Français était le motif.

Humiliée des conquêtes de Louis XIV, l'Europe se ligua contre lui. Vaincu dans cette lutte de géant, il dut, entre autres choses, confesser et reconnaître que Anne Stuart était la reine légitime de la Grande-Bretagne. Le prétendant dut s'exiler de France, ou plutôt, il y resta caché sous le nom de chevalier de Saint-Georges.

Trente ans après, Charles-Édouard Stuart, son fils, qui portait ce même titre de Saint-Georges, fit une tentative pour remonter sur le trône d'où son grand-père était descendu. Son entreprise, brillante comme un exploit chevaleresque, servit à prouver le courage, la constance du jeune héros, mais n'aboutit qu'à une défaite qui le ramena en France, affaibli par la maladie, épuisé de fatigue, mourant de faim.

De 1689 à 1745, quatre armements furent faits dans le même dessein :
Le premier, en 1689, lorsque Jacques II descendit à Kingsale, en Irlande ;
Le deuxième, en 1708, lorsque le prétendant aborda dans le golfe de Forth, à l'Est de l'Écosse ;
Le troisième, en 1745, lorsqu'il y aborda par le Nord vers Peterhead ;
Le quatrième, enfin en 1745, lorsque le fils du prétendant, voulant tenter la fortune, se porta vers l'Ouest à l'île de Bara.

A chacune de ces tentatives, Dunkerque coopéra plus ou moins.

Déjà, nous avons montré le duc de Glocester se réfugiant dans notre ville (1) où il était reçu avec toute la sympathie que faisait naître son infortune; en 1658, nous avons signalé le duc d'Yorck (depuis Jacques II) au siège de Mardyck; nous avons vu le duc de Glocester à côté de Condé, à la bataille des Dunes. C'est donc, à plus d'un titre, que Dunkerque doit figurer dans l'histoire de l'Angleterre.

II

Ayant jeté ce regard sur l'ensemble, nous pouvons venir à quelques actes particuliers dont le lecteur peut maintenant voir l'origine et saisir la portée.

Poursuivi par l'ambition de son gendre, Guillaume de Nassau, et par sa fille dénaturée Anne, Jacques II refusait encore d'admettre qu'il eût à craindre de tels attentats de la part de ses enfants. Il dut pourtant en demeurer convaincu et prendre le chemin de la France. La reine, la princesse de Galles, ne tarda pas à l'y suivre (1688).

En vengeant la cause du prince exilé, Louis XIV voulait défendre l'honneur de la royauté et croyait tous les rois obligés de venger cette insulte. Il arma contre l'Angleterre; les courses de Dunkerque sont fameuses dans l'histoire, et, pendant trois années, elles imposèrent aux Anglais une coûteuse expiation.

Jacques avait des partisans dans les deux royaumes : les deux tiers de l'Irlande

---

(1) Après la bataille de Worcester. — A cette époque, Dunkerque appartenait à l'Espagne.

étaient pour lui ; la France occupait les alliés au-delà de la mer ; l'occurence semblait propice. La flotte française s'approcha de l'Irlande (16 mars 1689). Château-Renaud battait la flotte anglaise et prenait aux Hollandais dix vaisseaux (1690). Tourville, à son tour, battait la flotte combinée des deux nations.

Mais en même temps Jacques II était défait sur la Boine, par Guillaume. La campagne d'Irlande dura trois mois.

III

Cependant Jacques II recevait du roi de France de nouvelles troupes (1692). Cette fois il était guidé par le marquis de Bellefonds. Tourville croisait dans la Manche avec quarante vaisseaux ; d'Estrées arrivait de Toulon avec vingt-huit navires.

Les deux généraux conseillèrent une descente dans l'île de Wight.

Toutes les forces de l'Angleterre, formant ensemble 96 voiles, vinrent s'y opposer. Mal renseigné et comptant sur des intelligences qui lui firent défaut, Louis XIV voulut que Tourville livrât bataille. La Hogue vit le triomphe des Anglais. Resté à terre, le roi Jacques était témoin de l'action dont le résultat brisait ses espérances. Dominé par ce sentiment national qu'on ne peut jamais étouffer entièrement, il s'écriait plein d'admiration : « Oh ! que mes Anglais se » battent bien ! »

IV

Turbulent, ambitieux, animé contre la France d'une implacable haine, Guillaume III s'était fait l'âme d'une ligue contre Louis XIV. Il s'agitait sans fin pour relever le zèle défaillant de ses alliés.

De son côté, le roi persistant dans son dessein, redoublait d'efforts pour rétablir Jacques II.

Celui-ci publia un manifeste où il exposait ses griefs contre l'usurpateur Guillaume ; il promettait à ses sujets la liberté de conscience et tout ce qu'il savait devoir leur plaire. Mais si Guillaume avait fait des mécontents, Jacques s'était fait des ennemis, et ces ennemis, la haine de la religion catholique les réunissait dans leur opposition.

Nous avons déjà indiqué le plan adopté alors par les Anglais pour ruiner les ports de France (1694). Ils se portèrent à Saint-Malo, Dieppe, le Hâvre, Calais. Nous avons raconté le bombardement de Dunkerque.

V

En 1696, nouvelle tentative de la France : tous les esprits s'animaient ; un mandement de l'évêque de Soissons, disait : « Nous ne pouvons sans crime paraître » indifférents au succès de ce dessein. Le roi veut tenter encore une fois de faire » rentrer dans ses États ce vertueux prince qui en est sorti pour la religion. Ses » troupes doivent incessamment descendre en Angleterre pour tâcher d'en chasser » l'usurpateur. Prions pour le succès de cette sainte cause ! »

Tout étant prêt de nouveau, Jacques II partit de Saint-Germain. Arrivé à Calais, il y trouva le général d'Héricourt avec de bonnes troupes et des bâtiments de transport.

De là, il vint à Dunkerque accompagné de Boufflers. Il fut reçu avec toutes les démonstrations qui pouvaient le toucher. De la tête des jetées il vit la flotte qui attendait ses ordres. Nemond et Jean Bart la commandaient.

Cet effort eût été fatal à l'Angleterre; aussi était-elle aux aguets. On ne tarda pas à voir paraître à la hauteur de Gravelines soixante voiles commandées par Russel. La partie n'était pas égale; il fallut ajourner. L'expédition échoua. Jacques retourna à Saint-Germain (6 mai), où il mourut le 16 septembre 1701.

VI

Sept ans après, nouvelle tentative (1708).

Forbin devait débarquer en Écosse, Jacques III. Il avait neuf vaisseaux de ligne, dix-neuf frégates armées par des particuliers; vingt-cinq gros capres sur lesquels on embarqua 7,000 hommes, 10,000 fusils, 12,000 habillements complets et 4 millions en numéraire.

Tout semblait assurer le succès. Les esprits étaient mécontents de l'union des royaumes, les amis du légitime souverain s'étaient multipliés en son absence; le chevalier de Nangis, envoyé pour s'assurer de l'état des choses, avait rapporté d'excellentes nouvelles; le pape approuvait l'entreprise. il accordait des indulgences aux fidèles qui prieraient pour le succès d'une affaire qui intéressait si fort la religion.

Pour empêcher la nouvelle de cet armement de se répandre au dehors, le roi avait consigné tous les navires qui se trouvaient dans le port de Dunkerque. Les portes, et particulièrement celle dite de Nieuport, furent tenues fermées; les personnes étrangères furent gardées à vue. Tout commerce par lettres fut défendu.

L'excès même de ces précautions fut nuisible. Informés les premiers de ces préparatifs, les Hollandais en avertirent l'Angleterre.

Aussitôt, les chambres font à la reine une adresse où elles exposent le double motif de prendre de vigoureuses mesures : d'une part, rendre l'Espagne à la maison d'Autriche, de l'autre, repousser le prétendu prince de Galles (1).

Cependant, les seigneurs anglais, fidèles à la cause du Prétendant, arrivaient en foule à Dunkerque. Parmi eux on comptait le duc de Perth et son fils, Talbot, Hamilton, Griffith, etc.

Le prince alla faire à Louis XIV sa visite d'adieu (5 mars). Le roi lui donna une épée dont la poignée était enrichie de diamants et d'une valeur de 50 mille livres. « Souvenez-vous, lui dit-il, que c'est une épée française... »

Il lui fit compter en or un million.

---

(1) Le titre de prince de Galles était dévolu au fils aîné du roi d'Angleterre, comme en France le titre de dauphin.

Lorsque le prince fut arrivé à Dunkerque, Louis XIV écrivit à ses ambassadeurs auprès des puissances une lettre où il disait :

« .... Ces raisons m'ont déterminé à équiper une escadre de mes vaisseaux à
» Dunkerque, et à donner au roi d'Angleterre des troupes pour l'accompagner
» en Écosse... Je fais un acte de justice en vengeant l'honneur des têtes couronnées qui a reçu un si grand outrage dans la personne de son père... »

On ne doutait pas du succès; l'anagramme lui-même ne fut pas dédaigné. Dans :

Louis le quatorzième, roi de France et de Navarre.

on trouvait, avec admiration, quelque chose comme :

Jacques remontera sur le trône de la vraie foi.

En Angleterre, la circonstance parut si critique, que plusieurs particuliers crurent prudents de retirer de la banque l'argent qu'ils y avaient déposé.

Néanmoins, une adresse à la reine lui donnait une nouvelle assurance de l'affection de son peuple. Le Prétendant était déclaré traître; Cadogan partait en toute diligence pour obtenir à Bruxelles, à Gand, à Ostende, des alliances nouvelles. Il y mit une telle activité que le jour même où Jacques III arrivait à Dunkerque, 27 navires de guerre s'embossaient dans la fosse Mardyck, et des barques envoyées dans la rade y faisaient la reconnaissance des vaisseaux qui s'y tenaient à l'ancre.

Néanmoins, le 11 mars, les troupes s'embarquèrent ; mais ce jour-là, le roi d'Angleterre a une attaque de fièvre suivie de la rougeole, et tandis que la flotte anglaise se retire vers Douvres, probablement pour engager l'expédition à prendre la mer, le Prétendant se met au lit.

Le 17, il s'embarquait à bord du navire de Forbin et faisait voile vers l'Écosse.

Le 20, une quarantaine de navires anglais étaient revenus pour s'assurer où en étaient les choses. Voyant l'escadre partie, ils se mirent à sa recherche. L'amiral Byng la retrouva à l'embouchure du Forth. La tempête qui s'éleva empêcha une rencontre et un débarquement. Après avoir tenu la mer quelques jours, il fallut se désister encore.

Jacques III revint à Dunkerque le 7 avril. Les Anglais l'y suivirent en forces; mais ils durent se borner à bloquer l'escadre de Forbin.

L'affaire avorta de nouveau !

VII

1709. — L'Angleterre ne se tint pas tout de suite pour rassurée; les chambres demandèrent à la reine d'imposer comme une des conditions de la paix à négocier : 1° l'expulsion du Prétendant hors du territoire de France; 2° la destruction de Dunkerque; et pour manifester l'énergie du sentiment qui les animait, elles donnèrent 7 millions de livres sterlings de subsides.

On sait que, par la paix d'Utrecht, cette double satisfaction leur fut accordée.

VIII

Caché sous le nom de chevalier de Saint-Georges, le Prétendant publia un manifeste qui eut peu de retentissement. En 1715, le proscrit vint incognito à Dunkerque; accompagné de quelques amis, il se rendit secrètement à bord d'une frégate mouillée dans la rade et qui le porta en Écosse. Le 21 février 1716, il était à Gravelines.

IX

1744. — Édouard, fils de Jacques III, ayant avec lui le maréchal de Saxe et 12,000 hommes de troupes, reprit le même chemin. Soixante navires aux ordres de Dubarailh, des munitions, de l'artillerie, des finances, tout semblait devoir assurer à cette expédition, le succès qui avait manqué aux précédentes.

L'Angleterre était dégarnie de troupes, il n'y avait pas 12,000 soldats dans les trois royaumes ; les flottes anglaises étaient dispersées ; il n'y avait, à Portsmouth, que huit vaisseaux.

Dès que Roquefeuille, avec vingt navires, fut à la hauteur de Saint-Malo, le maréchal de Saxe arriva à Dunkerque (22 février). Le jour même, les troupes s'embarquèrent. On comptait faire une descente dans l'île de Tharet.

Mais le 24, la tempête qui semble aux ordres de l'Angleterre, vint se mettre de la partie : cinq grands bâtiments firent côte. Tandis que ce contre-temps surgissait, Roquefeuille paraissait devant Plymouth.

Les Anglais dépêchèrent en toute hâte un chevalier de Norris à Spithhead. Ayant réuni quelques vaisseaux armés à Chatam, il fit voile pour la rade des Dunes et rencontra Roquefeuille à la hauteur de Dungernest. Une fois en présence, il jeta l'ancre à deux lieues de l'escadre française. Le vent ayant forcé celle-ci à filer ses câbles et à porter au large, le combat n'eut pas lieu. Edouard renonça pour quelque temps à ses projets.

Le 14 juillet, il s'embarqua à Saint-Lazare, près de Lorient, dans une frégate de 20 canons et fit voile pour l'Écosse sous l'escorte du vaisseau français *l'Élisabeth*, de 64 canons. Quelques mois après, un régiment écossais au service de France et des brigades irlandaises formant un ensemble de 1,200 hommes, partirent de Dunkerque sous le commandement de John Drummond, frère du duc de Perth, et débarquèrent dans le Nord de l'Écosse.

1746. — Le prince Édouard eut d'abord quelques succès qui relevèrent ses espérances et jetèrent l'alarme à la cour de Londres. Après bien des vicissitudes qui ne sont pas de notre ressort, il fut complètement défait à Culloden. Fuyant de rocher en rocher, il abandonna l'Angleterre et se retira à Gravelines. Ses amis expièrent sa faute et furent livrés au supplice. Pour lui, il vécut dans l'obscurité sous le nom de chevalier de Douglas !

Mémorable et touchante infortune ! Leçon mystérieuse posée par la Providence à l'étude de ceux qui gouvernent les nations !

En reconnaissance des services qu'avait rendus, à la cause des Stuarts, un généreux armateur établi à Nantes, Charles-Édouard lui remit une épée que le prince avait lui-même achetée à Dunkerque au prix de 80 louis. Cette épée qui porte, gravés sur la lame, les mots : *gratitudo fidelitati*, est conservée comme une précieuse relique dans une famille qui a rendu autant de services à la cause des Bourbons que ses aïeux en avaient rendu à la cause des Stuarts.

---

§ III. De la franchise du port de Dunkerque.

Un des grands bienfaits de Louis XIV, c'est la franchise qu'il accorda à Dunkerque. Au point de vue historique, aussi bien qu'au point de vue économique, c'est un sujet important, et nous avons cru pouvoir en dire ici quelques mots, au risque de prendre, pour quelques instants, une allure autre que celle qui convient au style historique. Au surplus, cette irrégularité ne dépassera pas les limites de ce paragraphe.

I

Mû par l'instinct des grandes choses, instinct qu'il possédait éminemment, Louis XIV, par lettres-patentes de 1662, accorda à Dunkerque la franchise de son port. En ceci il obéissait à une conviction que les faits ont pleinement justifiée, partout et toujours.

Une expérience directe se fit d'ailleurs à Dunkerque même. La franchise était devenue une source de richesses inouïes, lorsque, pour combler le déficit occasionné par la guerre, les gens du fisc imaginèrent toutes sortes de moyens. Contrairement aux priviléges, ils imposèrent quelques articles. Ces exceptions annullèrent tout l'effet des franchises restées intactes ; et en 1700, Barentin, l'intendant de la Flandre, adressait au roi un mémoire pour réclamer l'intégralité de la franchise telle qu'elle avait été primitivement concédée.

Comme on le voit, l'expérience est double : la franchise accordée, on en goûte les fruits....; cette franchise restreinte, on en éprouve les inconvénients, et l'on demande de revenir au point de départ. Ce n'est plus une opinion, une prévision ; c'est un calcul, calcul au-dessus de toute discussion. — Deux opérations, deux résultats ; on choisit le meilleur.

Cela ne paraît pas susceptible de contestation. Pourtant, cela a été contesté ! Nos ancêtres ont préféré ce qui était moins bon...., voilà du moins soixante ans qu'on le répète, voilà soixante ans qu'on marche dans une ornière creusée pendant l'inondation révolutionnaire, — ornière qui fait invinciblement dévier du sentier du droit sens, du sens commun, du sens populaire, dont il faudra pourtant tenir compte un jour.

Les administrations fiscales appelées à donner leur avis sur la matière, ont toutes erré dans les bas-fonds de la finance. Elles ignorent complétement l'histoire de Dunkerque, premier et principal moyen d'apprécier la question. Il semblerait que leur horizon ne s'étende pas au-delà de la circonférence d'un écu placé devant elles. En un mot, tout l'échafaudage qu'elles ont construit pour dominer la discussion nous semble absolument caduc, vide et nul.

Replaçons-nous donc au mémoire Barentin, qui renferme la substance de la chose et peut être pris pour point de départ.

II

Il établit que la franchise du port de Dunkerque intéresse non-seulement la ville, mais encore la province et le royaume tout entier. Cette solidarité est évidente.

Il fait remarquer que Dunkerque n'étant ni une ville manufacturière, ni un marché, ne peut être puissante et riche que par le commerce maritime, et que celui-ci a un excitant irrésistible dans la franchise.

Il rappelle, l'expérience sous les yeux, que la franchise attire les étrangers, car elle assure liberté et économie : deux choses également précieuses et fécondes.

Il rappelle, de la même manière, que la franchise amène les consommateurs, qu'elle favorise par conséquent et l'agriculture et l'industrie manufacturière, qu'elle tend à faire baisser le prix des produits étrangers amenés au port et mis en concurrence, et en même temps à relever celui des produits nationaux qui trouvent des acheteurs nouveaux; qu'elle attire les capitaux du dehors, diminue l'exportation des nôtres, qu'elle favorise la marine nationale et relève la puissance du pays.

Il démontre que la franchise restreinte détruit d'un côté, ce qu'elle paraît accorder de l'autre.

Tout cela est justifié par l'expérience que l'on venait de faire à Dunkerque. Il n'y avait rien à objecter; — l'expérience est la pierre de touche des systèmes. — Les franchises furent rétablies (1700); elles justifièrent ce qu'on en attendait.... Mais la guerre incessante qui épuisait la France et la destruction de Dunkerque, objet de jalousie de l'Angleterre, vinrent empêcher l'expérience de se formuler de nouveau.

III

La discussion ainsi spécialisée aurait semblé désormais au-dessus de toute erreur. Il n'en fut par ainsi : la Convention se laissa surprendre le vote de la suppression de cette franchise, comme contraire à l'abolition des priviléges et attentatoire au principe de l'égalité.

Les partisans de la suppression n'ont cessé depuis lors de répéter cette naïveté gouvernementale qu'ils démentent, chaque jour, par leurs actes : *Une législation uniforme doit tout régir. — Tout privilége étant la négation de ce principe, la loi nouvelle ne peut admettre de port-franc.*

Nous en demandons pardon à ces économistes. Il y a en leur syllogisme confusion et erreur.

La législation doit régir uniformément, et elle régit ainsi, tout ce qui est semblable ou analogue; elle régit différemment, les choses dissemblables et sans analogie. Elle le fait; il lui serait impossible de ne pas le faire; elle y est invinciblement amenée.

Nous ajoutons : Ceux qui invoquent ainsi, de bonne foi, l'égalité la méconnaissent avec la même bonne foi. En voici la preuve :

Toutes nos villes de France sont-elles, peuvent-elles être simultanément ou successivement et tour-à-tour le siége du Gouvernement? Cela est évidemment un privilége! — Pourtant que dirait-on si, sous le prétexte d'égalité, une commune des Basses-Pyrénées ou de l'Alsace, demandait que l'on transportât dans son sein les Chambres, les Ministères et leurs dépendances? Cette absurde prétention ferait sourire de pitié! Chacun comprend que Paris est naturellement la tête, la capitale; que sa position, ses monuments, nos souvenirs, la nature des choses, lui assurent le monopole contre lequel Weissembourg et Mauléon auraient tort de s'insurger.

L'égalité devant la loi s'oppose-t-elle aux degrés de la hiérarchie? s'oppose-t-elle à l'inégalité des traitements?

L'administration place aux frontières des postes de douanes ; elle y entretient des places fortes, objets de sacrifices importants..... Recevra-t-on comme fondée les réclamations de tel hameau de l'intérieur qui, s'appuyant sur le principe d'égalité, demanderait des bastions, ouvrages à cornes et quelques régiments de garnison? On répondrait : on ne traite pas une bourgade ouverte comme une place de guerre! une commune de l'intérieur comme une ville frontière; l'inégalité contre laquelle vous réclamez est dans la nature, il faut vous y soumettre! On aurait raison et l'égalité absolue aurait tort.

Si les communes qui n'ont pas de voie ferrée venaient demander un embranchement, — embranchement qui d'ailleurs ne rendrait pas l'égalité complète, — irait-on, dans le gouffre que creuseraient de telles prétentions, jeter le présent et l'avenir de nos finances? On dirait : « Ce vœu n'est pas réalisable! Nous accordons,
» à certaines contrées, une voie de fer, comme la nature distribue les artères, là
» où c'est le plus utile.... l'égalité est dans la loi, l'inégalité est dans la nature,
» il faut vous y soumettre.... » On aurait raison! l'égalité absolue aurait tort.

Ne sortons même pas de notre localité : la Chambre des Représentants de la nation prend-elle sur les deniers du trésor, pour chacune des communes de France, huit millions de francs comme elle l'a fait pour Dunkerque? Le fait-elle pour chacun des ports de mer? (ce qui ne serait pas moins une inégalité pour les villes de l'intérieur.) Cette inégalité flagrante a-t-elle paru à quelqu'un la violation du principe fondamental de nos lois?

Accorder à Dunkerque *l'entrepôt réel*, que l'on refuse à d'autres villes, c'est constituer *une inégalité, un privilége*.... Il faudrait, suivant le principe de l'égalité absolue, l'établir partout ou ne l'établir nulle part. Nous convenons que l'un et l'autre parti sont également inacceptables ; mais dès que l'on déroge formellement au principe, il faut renoncer à l'invoquer contre la franchise.

Supprimer la franchise sous prétexte d'égalité est une excentricité plus dangereuse, mais non moins déraisonnable ; c'est la suite d'une erreur, d'une confusion d'idées que la pratique la plus vulgaire distingue sans hésitation.

A priori, on ne peut écarter l'idée de port-franc. Il s'agit uniquement d'apprécier la convenance de l'application de la mesure.

Ainsi posée en son véritable jour, la question ne paraît pas susceptible d'être résolue négativement pour Dunkerque.

En effet : notre ville touche pour ainsi dire à deux mers ; elle commande en quelque façon le détroit ; elle est un poste pour observer l'embouchure de la Tamise. Seul port français sur la mer du Nord, point également distant de certaines parties de l'Angleterre, de l'Ecosse, de la Belgique, de l'Allemagne, du Danemarck, de la Norwège, de la Suède, de la Baltique, de la Russie d'Europe, Dunkerque, pourvu d'un port que de grands et recommandables travaux ont amélioré et que des soins actifs et intelligents délivreraient promptement des obstacles que l'on y a créés comme à plaisir ; Dunkerque bien supérieure aujourd'hui à ce qu'elle était lorsqu'elle suffisait aux nécessités du port-franc et d'une vaste guerre maritime ; Dunkerque dont le climat est notablement assaini, dont le territoire est vaste, dont l'enceinte est fortifiée ; Dunkerque pourvue de canaux, de routes, de voies ferrées qui la font communiquer avec toutes les parties de la France, et particulièrement avec les départements voisins, contrées agricoles et industrielles centre d'une grande production, d'une grande consommation ; Dunkerque placée par la nature pour être le point d'importation et d'exportation de tout le nord de la France ; Dunkerque ne peut rester dans l'état d'atonie et d'infériorité où elle se trouve aujourd'hui par la faute de..... bien des gens.

La franchise étant admise comme possible, quel autre port que Dunkerque peut être, dans le nord, l'extrêmité de l'artère commerciale de la France ? Dunkerque seule peut conserver, à la France, des relations faciles avec les nations septentrionales, faire concurrence à l'Angleterre, à la Belgique, au Zollverein, Dunkerque est l'avant-garde de la France contre ses habiles et puissants adversaires. N'en faisons pas une sentinelle perdue (1) !

IV

L'administration de la douane objectait à Barentin, comme elle objecte aujourd'hui aux partisans du port-franc, la facilité que peut y trouver la fraude ou contrebande. Elle ajoute : Que l'entrepôt réel, tel que nous l'avons aujourd'hui, a tous les avantages de la franchise et en a même d'autres encore ?... A cela une réponse suffirait, mais nous sommes trop poli pour la faire.... Disons seulement que la question de fraude est tout-à-fait secondaire.

---

(1) Voir Dieudonné, *Statistique du Nord*, t. II, p. 473 et suivantes ; t. III, p. 76 et suivantes, et le Mémoire de M. Battur.

V

Si une nation voisine de la France établissait dans une ville de la frontière ou un port voisin des limites, un port franc, la France se croirait-elle autorisée à réunir un congrès européen pour obtenir la destruction de ce marché franc?.... de ce marché qui donnerait à la douane l'obligation d'exercer une surveillance plus active?

Ce qu'on dit du danger que présenterait le port-franc à Dunkerque ne nous paraît pas plus sérieux.

Que les trois ou quatre kilomètres de l'enceinte de Dunkerque soient considérés comme un allongement de nos frontières françaises, cette périphérie est percée d'ouvertures que nul ne peut éviter ni multiplier à son gré pour aller à l'intérieur du territoire; que la douane y exerce son ministère et les intérêts du fisc seront saufs.

Quant à la diminution des recettes pour les objets consommés par les habitants eux-mêmes, une contribution spéciale pourrait leur être demandée pour établir un équilibre convenable, et ils s'empresseraient eux-mêmes d'y souscrire.

D'ailleurs, nous le répétons, ce sont là des questions secondaires et qui ne touchent pas au principe.

VI

Les adversaires sérieux du port-franc où sont-ils aujourd'hui?

Parmi les hommes compétents qui s'occupent d'économie politique, se trouvent les libres-échangistes, les partisans des docks-francs, ceux des franchises restreintes etc.

Or, les free-traders ne peuvent-être les adversaires du port-franc, puisqu'ils demandent la franchise de tous les ports. La franchise de Dunkerque est comme le premier degré de leur échelle; ils ne peuvent refuser d'y monter avec nous.

Les partisans des docks-francs ne diffèrent avec nous que du moins au plus. Ils sont nos auxiliaires plutôt que nos ennemis.

Les franchises ont leurs partisans parmi les hommes d'État d'une valeur incontestable. M. Thiers n'a-t-il pas voté pour la franchise de Marseille.

Et puis des exemples sont là sous nos yeux : Trieste, Venise, Livourne, Manheim et cent autres, fournissent un enseignement qu'il n'est pas loisible, même à la douane, de méconnaître. On conviendra que, dans l'appréciation de semblables intérêts, l'Angleterre est d'un certain poids. Eh bien, elle a accordé la franchise à plus de quarante de ses colonies!

VII

La franchise de Dunkerque, souvent contestée sous Louis XV, reprit toute sa vigueur sous Louis XVI, et elle promettait les fruits les plus abondants lorsque vint la Révolution de 1789.

La franchise fut abolie par la Convention.

Mais les Conventionnels eux-mêmes déclarèrent en quelque façon que le vote de cette suppression leur avait été enlevé par surprise. Les embarras des affaires ne permirent pas d'y revenir (1).

Mais la ville de Dunkerque, — mais la Chambre de commerce de Lille, désintéressée personnellement dans la question, — mais le Conseil général du département du Nord, organes des véritables intérêts de la contrée, n'ont pas cessé depuis lors, de protester contre cette disposition funeste (2) qui nuit à tous et n'est

---

(1) Le rapport est du 19 avril 1794, et le vote *sans discussion* du 11 nivôse an III.

(2) Le lecteur aimera peut-être à trouver ici quelques dates relatives à ces réclamations incessantes. Nous les consignons dans cette note comme document à consulter.

1790. 24 mars. — Les députés dunkerquois envoyés à Paris pour défendre la franchise écrivent qu'ils espèrent la conserver.

Idem. 28 mars. — On lit à l'Hôtel-de-Ville un mémoire rédigé par Coppens et Labenne.

Idem. 29 mars. — Coppens est envoyé à Paris pour s'adjoindre à la députation.

Idem. 31 mars. — La ville écrit à ses députés de consentir aux conditions (fussent-elles onéreuses), qui assureraient les franchises de Dunkerque.

Idem. 11 juin. — On se montre hostile aux franchises de Dunkerque. Hovelt, Labenne, Debaecque, Cova, puis Simoens, sont adjoints à la députation qui est déjà à Paris.

Idem. 12 juin. — On demande d'assimiler Dunkerque à Marseille. — On assemble les sept quartiers de Dunkerque. — Ils nomment 70 députés pour délibérer avec la municipalité au sujet des franchises.

Idem. 16 juin. — On communique des copies d'un mémoire, rédigé par Diot, Mercier, Mazuel et Labenne. — Ce mémoire est vivement approuvé. — Il démontre la partialité qui a présidé à la rédaction du rapport fait à l'Assemblée nationale.

Idem. 18 juin. — 14 députés seront adjoints aux anciens. — 3,000 livres seront comptées à Coppens. — On alloue 150 livres à ceux qui en feront la demande. — Voici les noms des 14 délégués : Coppens (456 voix), Emmery, Montgey, Fr. Leroy, Gamba, Mercier, Taverne (200 voix), Douvillion, Diot, Faulconnier (158 voix), de Nerbet, Blaisel, Delille, Liebaert fils.

Idem. 26 juillet. — Il faut se hâter, sinon la cause est compromise. — Faulconnier donne sa démission. — On fait valoir cet argument, que la franchise est la cause du département tout entier.

Idem. 24 août. — Le Directoire du département du Nord émet un vœu dans ce sens. — Des *huit* districts du département *sept* se déclarent pour la franchise. — La Chambre de commerce de Lille vote dans le même sens.

Idem. 15 octobre. — Le projet de loi défavorable à Dunkerque est admis à Paris par le comité de commerce. — Ce projet est communiqué aux sept quartiers de Dunkerque assemblés. — On y décide qu'on s'efforcera de retarder la présentation de cette loi désastreuse.

Idem. 25 novembre. — On défend chaleureusement à l'Assemblée nationale la franchise de Dunkerque. — Le décret est ajourné.

1791. Février. — L'abbé Goutte écrit à la municipalité que la question de la franchise va être de nouveau discutée.

Idem. 26 juillet. — Un décret est rendu en faveur de Marseille. — Defrancoville demande le même régime pour Dunkerque et Bayonne. — Députation nouvelle pour solliciter le maintien des franchises.

Idem. 5 août. — Deux nouveaux délégués y sont adjoints.

Idem. 21 août. — Délibération municipale pour ce sujet.

Idem. 5 octobre. — Deman et Debaecque députés à Paris.

1792. 22 mars. — Coppens fait pressentir que, malgré tous les efforts tentés, les franchises de Dunkerque seront supprimées.

Idem. 13 avril. — La décision est ajournée à un mois.

Idem. 16 juin. — Rapport sur les franchises.

bonne à rien, qui met gratuitement obstacle à la prospérité d'une ville intéressante, d'un pays digne d'attention et de sympathie !

---

§ IV. Jean Bart (1).

I.

Nous consacrons à Jean Bart une page de notre livre, tandis que nous nous bornons à nommer plusieurs des braves et intrépides capitaines ses émules.

Les motifs de ce procédé sont assez saillants pour que nous ne nous arrêtions

---

Idem. 11 octobre. — Fockedey écrit à ce sujet. — Colin et Blaisel aviseront aux moyens d'empêcher la fraude.

1794. 21 ventôse. — Blaisel écrit pour aviser que la Convention va faire un acte de navigation, qu'il faut s'occuper des franchises. — On est découragé ; on dit qu'on se résignera à ce que décidera l'assemblée.

Idem. 4 nivôse. — Ce découragement ne persiste pas ; on écrit au Comité de salut public.

Idem. 11 nivôse. — Le décret est porté.

1795. 27 nivôse. — Poultier fait savoir que sa proposition est renvoyée à trois comités, d'où il parait résulter que le décret restera suspendu.

Idem. 28 nivôse. — La municipalité écrit à Poultier et Florent-Guyot sur les franchises.

Idem. 1er pluviôse. — La commune s'assemble à ce sujet.

Idem. 6 pluviôse. — Lettre de Test et Mazuel sur les franchises.

Idem. 13 pluviôse. — Lettre écrite à la Convention pour obtenir le rapport du décret sur les franchises.

Idem. 21 pluviôse. — Nouvelle lettre de Test et Mazuel.

Idem. 26 pluviôse. — Montgery remplace Mazuel à Paris.

Idem. 3 ventôse. — Lecture d'une lettre de l'ambassadeur des États-Unis sur les franchises.

Idem. 11 ventôse. — Lettre des députés annonçant la suppression définitive des franchises. (Arrêtés du conseil-général de la commune, depuis le 2 ventôse an II jusqu'au 15 prairial an III, folios 203, 204, 205 et 206).

1799. — Mémoire par Regnauld l'aîné, Emmery, Debaecque, Degravier aîné et Faulconnier, sur les avantages du rétablissement des franchises.

1800. — Mémoire du conseil-général du département, qui réclame dans le même sens.

1801. 15 avril. — Deuxième mémoire du conseil-général sur le même sujet. — Emmery, Debaecque, Gamba, Devinck sollicitent de nouveau la franchise.

1802. — Une députation est envoyée à Paris avec l'assentiment du sous-préfet. — La ville vote 12 à 15,000 fr. pour cette nouvelle tentative.

1803. 4 thermidor. — Arrêté des consuls. — Entrepôt réel.

....

1814. — Nouvelles tentatives.

1821. Mai. — M. de Vaublanc exprime à M. Coffyn toute sa sympathie pour la cause de la franchise.

1829. — Nouvelles tentatives auprès de Charles X.

(1) Cette esquisse historique raconte la vie de Jean Bart dans ce qu'elle présente de plus important. Dans un livre spécial, M. Vanderest, a discuté avec autant d'attention que de talent, chacune des allégations qu'il met en avant. Il rectifie, épure, complète toutes les biographies antérieures. Assurément nous ne pouvions faire mieux que de suivre un tel guide. Nous nous sommes bornés à le rendre plus complet en nous aidant des titres authentiques que nous avons eu l'honneur et le bonheur de procurer à la ville.

pas à le justifier. Notre cadre restreint nous impose ses proportions pour chaque compartiment, et cela explique pourquoi nous renvoyons souvent aux biographies déjà publiées. Mais Jean Bart forme une individualité hors ligne. Au physique, il représente bien le type dunkerquois ; au moral il en est l'expression la plus élevée. Il est le légitime orgueil de sa ville natale. Dans l'histoire de l'Europe, son nom se trouve mêlé aux récits des plus grands événements ; dans les fastes nationaux il marche de pair avec les plus illustres ; c'est enfin un des rayons de ce soleil qu'on appelle la gloire de la France.... A tous ces titres nous devions indiquer spécialement une esquisse de la vie de ce grand homme.

Un autre motif se joint à ceux que nous venons d'énumérer.

Des contemporains jaloux, de détestables plaisants, des échos serviles.... ont travesti comme à plaisir cet héroïque marin. Ils tendent à en faire un personnage sinon ignoble, du moins inepte, grotesque..... Des anecdotes apocryphes qui ont vu le jour pour la première fois cinquante ans après la mort du héros ont été répétées sans discernement, se sont insinuées dans tous les livres. Il est temps que ces fables tombent devant la vérité. Or, si cette vérité doit commencer à poindre de quelque part, assurément c'est de Dunkerque, la patrie du célèbre capitaine, de Dunkerque où il a été connu, où il est aimé, vénéré ; où sa famille et ses amis ont conservé et transmis les précieux souvenirs qu'il leur a laissés. C'est pour arriver à ce résultat que nous avons rédigé cet abrégé, cette analyse d'un ouvrage plus étendu (1).

II

Voulez-vous savoir où est né tel homme fameux ? on pourra souvent satisfaire votre curiosité. On vous dira : ici est son berceau..... là, il a joué enfant ; ici il s'est montré avec éclat ; on ajoutera : voici sa tombe ; voici l'arbre sous lequel il méditait, le fauteuil où il travaillait ... Voici son lit, ses armes, sa plume..... Ce que plus d'une ville fait pour des hommes d'un ordre même inférieur, Dunkerque le pourrait-elle faire pour Jean Bart dont elle s'honore à juste titre d'être la mère? Dans quelle maison a-t-il vu le jour? on l'ignore! Où s'est-il éteint?... dans une demeure que la voix publique désigne, mais que rien de particulier ne distingue des maisons voisines ; dans une rue qu'on a nommée d'un autre nom que le sien (2). Où reposent ses cendres? on n'est pas certain! ou plutôt on sait qu'elles sont confondues avec les restes des co-habitants de la cité des morts! Jean Bart fut inhumé dans l'église Saint-Éloi, mais en 1783 on avait à prendre des mesures d'hygiène, on transporta, sans y prendre garde, ses dépouilles mortelles dans un cimetière commun ; on ne soupçonnait pas qu'on dût mettre à part ces reliques! D'ailleurs, en 1793, le soc révolutionnaire a passé par là. L'égalité de

---

(1) On dit, mais sans apporter de preuves positives, que Jean Bart naquit dans une maison portant le N° 8, rue de l'Église.

(2) Cette maison, située rue Royer, est occupée par Melles Gallois.... L'acte de décès de notre héros porte : « .... Rue de Bar.... » Registre de l'état-civil de l'année 1702, folio 29, verso.

la tombe n'aurait pas suffi aux Jacobins, ils auraient jeté au vent ces cendres glorieuses.....

Consolons-nous pourtant; la gloire de Jean Bart s'augmente de tout l'éclat qu'on lui a si mesquinement refusée; elle brille pure en dépit de ses obscurs profanateurs. ...

III

Le 21 octobre 1650, il y a deux siècles, alors que tant de puissances se disputaient la possession de Dunkerque, la Providence faisait naître Jean Bart, qui devait les en éloigner toutes.

Il descendait d'une honorable famille depuis longtemps fixée dans la ville. Il comptait parmi ses ascendants plusieurs des illustrations maritimes qui, sous la domination espagnole, ont porté si haut la renommée des Dunkerquois. Sa propre gloire aurait pu lui suffire, Dieu y ajouta celle des aïeux.

Les Hollandais prétendent qu'il est originaire d'un village près de Rotterdam.... c'est une mystification. Des biographies disent qu'il est fils d'un simple maître de pêche, c'est une erreur.

IV

Dès l'âge de douze ans, Jean Bart connaissait la mer, il était sur un navire commandée par Valbué.

Pendant quatre ans qu'il resta sous ce chef rigide, il fut initié aux mœurs maritimes dont fera juger la scène que nous allons transcrire.

Un des matelots du bord, Martin Lanoix, était huguenot; le patron Valbué était catholique. Des disputes avaient souvent lieu entre eux et faisaient craindre de mutuelles violences.

Un jour, Valbué échauffé par le vin, proféra des menaces contre Lanoix, qui répondit :

« Maître, le jugement (1) porte que le patron doit être modéré et juste envers
» ses compagnons, s'il vous plaît. »

Cette réponse augmenta l'irritation de Valbué. Il se répandit en invectives contre les Huguenots. Lanoix riposta..... une injure rendit Valbué furieux; il s'élança vers l'imprudent matelot, celui-ci représenta de nouveau :

« Maître, le jugement d'Oléron auquel vous êtes soumis comme moi, dit que
» le patron ne doit pas sur sa chaude, poursuivre le marinier, s'il vous plaît. »

Valbué n'en entendit pas davantage, il frappa; de son côté le matelot donna un coup de couteau qui atteignit le maître au bras.

Un camarade voulut s'interposer : Lanoix lui porta un coup mortel.... A cette vue l'équipage se jette sur Lanoix, le désarme et le garotte.

Le capitaine fait mettre en pannes, assemble l'équipage et dit :

---

(1) Les jugements d'Oléron servaient de loi dans les mers du Ponant sur toutes les questions de navigation.

« Par le jugement d'Oléron, en mer, tout matelot est jugé, vous allez juger Martin Lanoix.

Puis relevant sa manche ensanglantée, il montra la blessure béante et posa cette question :

— Oui ou non, Martin Lanoix a-t-il fait cela ?

Pressentant la fatale conséquence de l'affirmation deux hommes dirent : *Non!* Jean Bart était un des deux.

Les autres dirent : *Oui*.

« Six marins disent que Martin Lanoix a blessé son capitaine Jérôme Valbué. » Deux disent qu'il ne l'a pas blessé..... Six ont raison contre deux. Donc Martin Lanoix a blessé son capitaine.

» Apportez un coutelas! »

Il reçut le coutelas ; c'était une lame espagnole droite, large, un peu ébréchée à la pointe. Il la fixa dans une rainure du mât.

Valbué ayant donné ses ordres, on leva Lanoix, qui, enroulé et enchevêtré de telle sorte que son bras droit, resté seul libre, fût attaché court et serré à fleur de la lame. Les chairs furent coupées jusqu'à l'os sans que le patient proférât une seule plainte.

Cette première exécution accomplie, Valbué fit apporter le cadavre de Laret : on le déposa aux pieds de Martin, qui était toujours garotté.

Le maître recommença la terrible question :

« Oui ou non, Martin a-t-il tué Laret ?

Deux voix dirent encore : *non* ; six voix dirent *oui* !

La conclusion fut la même, et en vertu du jugement d'Oléron, Valbué fit lier, dos à dos, le mort et le vivant et les fit jeter à la mer.

V

A seize ans, et sous Ruiter, cité comme le premier entre tous les marins, Jean Bart faisait un autre apprentissage. Pendant cinq ans et demi il resta à cette excellente école. Mais quand la guerre eût été déclarée à la Hollande, par la France (1672), il revint dans sa patrie lui offrir son bras et ses services.

C'est problablement ce séjour à l'étranger qui a fait dire que notre héros est originaire de Rotterdam et de Silésie [1].

VI

Rendu à son poste avec Keyser, son fidèle ami, Jean Bart monta avec lui un corsaire où ils ne tardèrent pas à se distinguer par leur bravoure. Leur conduite leur valut promptement à chacun le commandement d'une galiote. L'une *le Roi David*, l'autre *l'Alexandre*, sur lesquelles ils s'exercèrent contre les Hollandais auxquels ils firent des prises nombreuses et importantes. En 1675, avec trente-

---

[1] *Histoire métallique des Pays-Bas*, t. IV, p. 232.

six hommes et deux canons, il enleva une frégate de dix-huit canons montée par soixante-cinq hommes.

VII

Par prudence, par humanité, Jean Bart avait libéré des prisonniers ; le ministre l'en blâma fortement, le menaçant en cas de récidive de le punir suivant la rigueur des ordonnances.

On oublie facilement ce grief en apprenant que celui qui encourait ce reproche détruisait en peu d'années 670 navires appartenant à la Hollande.

VIII

En 1676, Jean Bart fut chargé du commandement de *la Palme*, de 24 canons et 150 hommes d'équipage. Sur ce nouveau théâtre il fit éclater son habileté et son courage. Informé de sa belle conduite, le roi lui envoya une médaille et une chaîne d'or et songea à utiliser pour le service de l'État un homme qui se faisait connaître par de tels débuts.

A cette époque, Dunkerque comptait 33 corsaires, tous braves et intrépides marins. Small et Wacrenier se distinguaient parmi eux. Néanmoins l'intendant mettait au-dessus de tous Jean Bart, dont la réputation grandissait chaque jour. En effet, notre héros s'illustra par des faits vraiment prodigieux qui lui assuraient sur ses équipages un ascendant sans égal, et chez les étrangers une renommée qui ne fit que s'accroître dans toute sa carrière.

IX

Nous croyons ne pas devoir émailler notre récit du nom des navires capturés et du détail de leur chargement. Que nous importe, en effet, de savoir qu'un vaisseau s'appelait le *Jambon*, le *Court-Nez*, le *Cochon-Maigre* ou autres appellations analogues ?... Il nous suffit de dire que pendant ces années Jean Bart devint la terreur des ennemis de la France. De même que les animaux frémissent à l'approche du lion, de même les équipages étrangers étaient frappés d'épouvante lorsqu'ils voyaient apparaître à leurs regards le pavillon du célèbre capitaine.

X

A la fleur de l'âge, Jean Bart avait les traits agréables et bien formés ; son teint légèrement coloré, ses cheveux blonds, sa physionomie ouverte et avenante, rappelaient les premiers habitants que la tradition nous signale dans le pays. Il était d'une taille au-dessus de la moyenne ; très-robuste, d'une grande énergie, d'une constance qui ne se démentit jamais. Voilà ce qu'il nous apparaît de sa personne.

Simple dans ses goûts et dans sa mise qui contrastait avec celle des courtisans ; sobre, vigilant, sensible aux douceurs de la vie de famille, entendant raillerie, mais sachant au besoin contenir les plaisants; sagement familier avec ses gens, les consultant volontiers.... Tel il se montrait dans ses mœurs.

Mais s'il était prudent et calme au conseil, il était résolu et terrible à l'œuvre, et ses ordres devenaient impérieux, absolus, irrésistibles.

Excellent pilote, il connaissait les passages où il séjournait, et comme il possédait à fond toutes les ressources de la manœuvre, il exécutait parfois des mouvements qui jetaient ses adversaires dans la stupeur et ses amis dans l'admiration.

L'antiquité n'a pas d'homme de mer comparable à Jean Bart. Séparé de lui par un siècle et demi à peine, on se défie du récit des exploits dont les preuves irrécusables sont là sous nos yeux !

Les demi-dieux de la fable n'ont pas de hauts faits plus importants ou plus merveilleux que les siens.

XI

Jean Bart ne dut rien à l'instruction proprement dite. La nature le doua d'une perspicacité rare qui y suppléait. Il ne faut d'ailleurs pas s'imaginer qu'il fut ignorant et sachant à peine signer son nom. On a de lui des rapports, des plans d'armement qui démentent ses détracteurs. Mais il est vrai qu'il ne dut rien à la faveur. Son mérite seul le recommanda auprès de ses chefs.

Ajoutez à cela que toujours (sauf une fois peut-être) il semblait favorisé par l'à-propos, par ce que le vulgaire appelle la chance et qui souvent fait toute la valeur de certains hommes.

Il réunissait ainsi en lui seul les causes qui produisent le plus sûrement le succès. Mais autant il était haut placé par la providence qui l'avait si heureusement doué, autant il se tenait modeste et même timide lorsqu'il était question d'en revendiquer la gloire.

XII

Ces qualités et ces vertus s'alliaient dans son cœur avec toutes les affections honorables. Nous l'avons vu encourir une première admonition pour avoir libéré sans rançon des prisonniers; il en mérita une seconde pour avoir autorisé, sur simple rançon, la flotte hollandaise à continuer sa pêche.

Et comme pour démontrer que cette mansuétude n'était pas l'effet de l'amolissement de son caractère, il continuait la lutte contre les vaisseaux armés; et dans un des combats il eut la figure et les mains brûlées et le gras des jambes emporté par un boulet.

La paix de Norwège vint lui donner le loisir de se remettre de ses blessures.

XIII

Vauban avait de Jean Bart la plus haute estime. Le roi partageait ce sentiment. Il nomma le brave marin lieutenant de vaisseau (1679), grade qu'il tint deux ans.

Colbert lui donna alors le commandement de deux frégates avec lesquelles il alla croiser sur les côtes du Portugal.

XIV

Jean Bart s'était aguerri contre les dangers de la bataille. Il eut à se fortifier contre les peines du cœur : en une même année il perdit son père, sa mère, sa femme et sa fille (1682).

XV

L'année funèbre était à peine révolue, que notre infatigable capitaine avait repris la mer. Pendant la nouvelle guerre contre l'Espagne, il commanda d'abord *la Serpente*, avec laquelle il croisa dans la Méditerranée; puis *le Modéré*, sur lequel il fut de nouveau blessé en enlevant deux vaisseaux espagnols.

Le brevet de capitaine de frégate le récompensa de cette campagne (14 août 1686). Il revint alors dans sa patrie pour y prendre quelque repos.

La guerre qui s'alluma entre la France et le reste de l'Europe coalisée contre elle, ne lui laissa pas de longs loisirs. On s'était habitué à compter sur lui.

L'intendant de Dunkerque armait pour son propre compte; il avait la faculté de choisir les meilleurs capitaines : il se réserva Jean Bart et lui confia *la Railleuse*, de 24 canons.

XVI

Il fallait porter, de Calais à Brest, des munitions de guerre (1689). Six vaisseaux anglais et un pareil nombre de vaisseaux hollandais croisaient dans la Manche. Le poste était périlleux, la mission difficile; le roi en chargea Jean Bart.

Il lui fut recommandé à la fois d'éviter les croiseurs ennemis, de faire bonne chasse aux corsaires hollandais et d'en enlever même quelques-uns.

Cette tâche multiple fut accomplie, et ce fut dans une lutte qu'il eut à soutenir contre un de ces corsaires de 14 canons, qu'il donna un frappant exemple de l'énergie de son caractère.

Son jeune fils, François-Cornille, âgé de dix ans, l'accompagnait, et, pour la première fois, assistait à ces terribles scènes qu'amènent l'attaque et l'abordage des navires. A la première décharge, Jean Bart aperçoit sur la figure de son enfant l'impression d'une frayeur bien concevable. Craignant sans doute de le voir céder à une émotion qui, aux yeux de ses gens, aurait pu paraître une lâcheté; redoutant peut-être de le voir inutilement compromis dans la mêlée; ne pouvant ni le contenir, ni l'animer dans le cours d'une action où il devait lui-même prendre une si chaleureuse part, Jean Bart attacha son fils au grand mât, où il resta pendant tout le combat.

Quel que fut le motif de cet acte, le jeune François se montra digne de cette initiation guerrière.

XVII

Pendant que notre héros séjournait à Bergen, un capitaine Anglais y vint avec deux navires. Apprenant que le célèbre marin est dans la ville, il s'écrie : « C'est ce que je cherche! il faut qu'il se mesure avec moi. »

Le Dunkerquois n'était pas homme à refuser, il dit à l'Anglais : — Ce que vous désirez est facile.. J'ai besoin de quelques munitions ; dès que je serai pourvu... à votre service !

Je vous attendrai.

Tout étant prêt, le loyal Bart prévient son antagoniste qu'il mettra à la voile le lendemain. — C'est bien, dit l'Anglais, venez à mon bord déjeuner avec moi !

— Le déjeuner de gens comme nous, répondit Jean Bart, se fait à coups de canon ou à coups de sabre.

L'Anglais renouvela son amicale invitation. Jean Bart accepta. — Ils déjeunèrent sur le pont, prirent un peu d'eau-de-vie, fumèrent. Le Dunkerquois se levant, dit :

— Allons, il est temps !

— Un moment, dit l'Anglais, vous êtes mon prisonnier ! J'ai promis de vous amener en Angleterre !

En entendant ces mots, Jean Bart bondit d'indignation. D'une voix terrible il pousse son cri d'abordage : A moi ! à moi ! puis renversant tous les Anglais qui se trouvent sur son passage, il s'élance par-dessus le bord.

Ses fidèles matelots arrivent, montent, taillent en pièces une partie des Anglais, font le reste prisonnier, et quoiqu'en port neutre, s'emparent du vaisseau du traître qui fut ramené à Dunkerque.

Quant à l'autre vaisseau, ils le respectèrent.

XVIII

Pour abattre la Hollande, il fallait ruiner son commerce et sa pêche. Jean Bart avait conçu un plan qui assurait ce résultat pour la Baltique et la mer du Nord. Il communiqua le projet à Seignelay, ministre de la marine.

Celui-ci trouvait son profit personnel à exploiter la course. Soit qu'il ne comprît pas, soit que son intérêt fût autre, il passa outre et se borna à faire des armements contre les Anglais.

Dans la suite, le comte de Pontchartrain, mieux inspiré que son prédécesseur, apprécia la valeur de cette idée et l'adopta avec empressement, ainsi que nous le dirons tout à l'heure.

La résolution de Seignelay ne porta pas bonheur à ceux qui eurent à l'exécuter (1689).

Jean Bart et Forbin étaient partis du Hàvre en escortant vingt navires marchands. Le 22 mai, dans la Manche, à travers les *casquettes*, ils rencontrèrent deux vaisseaux de force supérieure qui arrivaient à toutes voiles sur la flotte. Les deux capitaines adoptèrent le plan que voici :

Ils mirent leurs meilleurs soldats sur un de leurs vaisseaux et composèrent l'équipage de l'autre, d'hommes pris parmi les matelots marchands. Pendant qu'avec leur frégate, les chefs attaqueraient un des vaisseaux ennemis, les autres amuseraient l'autre vaisseau, se laisseraient prendre et se feraient garder.

Après avoir capturé le navire choisi par eux, Forbin et Jean Bart seraient venus attaquer le second, s'en seraient emparés avec d'autant plus de facilité qu'ils auraient eu des auxiliaires dans les prétendus prisonniers.

Mais à peine s'étaient-ils attachés aux flancs de l'ennemi, que ceux qui devaient faire diversion prenaient lâchement la fuite, laissant entre deux feux, les braves qui s'étaient dévoués.

Le combat dura deux heures et demie; les deux tiers des équipages français furent tués. Jean Bart avait reçu une blessure, Forbin en avait six. Tous deux furent pris et emmenés en Angleterre.

XIX

Les deux officiers eurent un sort égal : la prison. Mais Forbin ne savait pas l'Anglais, Jean Bart parlait cette langue. Cette connaissance lui valut d'être mieux traité que son compagnon. Elle lui donna même la possibilité de favoriser leur commune évasion.

Un Ostendais, parent de Jean Bart, avait relâché à Plymouth; il vint rendre visite aux détenus. Il leur procura une lime à l'aide de laquelle un des barreaux de la prison fut attaqué.

Il y avait onze jours que durait leur captivité, lorsque des mousses, mis dans la confidence par l'officieux compatriote, trouvèrent dans un bateau un Norwégien étendu ivre-mort. Ils le déposèrent sur un bateau voisin et vinrent prévenir les prisonniers. En peu d'instants le barreau est limé, enlevé. Les draps de lit forment une corde. On descend.... Forbin, dont les blessures étaient à peine fermées, prend le gouvernail; Jean Bart, le grand aviron; les mousses, le petit... et ils partent.

Sur la Tamise, vingt navires hélèrent : Où va la chaloupe ?

Jean Bart répondit : *Fishermen !*.... (pêcheurs), et ils passèrent.

Aidés successivement du brouillard et du beau temps, après une traversée de quarante-huit heures pendant lesquelles Jean Bart ne cessa de ramer avec une infatigable vigueur et sans se reposer que pour prendre à la hâte quelque nourriture, après avoir parcouru soixante-six lieues, les fugitifs arrivèrent près de Saint-Malo, à un village nommé Hanqui (1).

XX

Seignelay avait appris l'issue du combat et l'arrivée en Angleterre des deux officiers; mais il ignorait leur évasion. Il écrivit à l'intendant de Dunkerque (14 juin 1689) :

---

1. Voir les *Mémoires de Forbin*, in-12, Amsterdam, MDCCXXV, p. 268 et suivantes.

«.... Travaillez à échanger Jean Bart et Forbin, mais surtout Jean Bart.... »

Cette appréciation est nettement formulée; elle n'était pas due à une heureuse occurence. Elle doit éclairer sur l'opinion qu'on avait dès lors du Dunkerquois.

A peine arrivés en France, nos intrépides marins se dirigèrent vers Paris. Le roi les créa l'un et l'autre, capitaines de vaisseau.

XXI

Après sept ans de veuvage, Jean Bart épousa Jacqueline Tugghe, d'une bonne maison de Dunkerque. L'année suivante, l'épouse du héros mettait au monde le premier des neuf enfants qu'elle lui donna.

Mais l'attrait du bonheur domestique n'empêchait pas le brave marin d'être dévoué au roi, personnification de la patrie. Il ne tarda pas à se remettre en mer. Pendant sa croisière, il continua à enlever aux ennemis un grand nombre de vaisseaux. Il figura à une bataille navale où Tourville battit les Anglais.

XXII

En 1690, Jean Bart commandait l'*Alcyon*, de 36 canons; en 1691, l'*Entendu*, de 66 canons et 400 hommes d'équipage. Comme le chêne dans la forêt, il s'élevait lentement, mais solidement.

Il renouvela alors à Philippeaux de Pontchartrain la proposition déjà faite à Seignelay, et lui exposa son plan de campagne contre la Hollande. Le projet fut goûté et l'auteur resta chargé d'en assurer l'exécution.

XXIII

L'envie ne pouvait laisser un homme de ce mérite continuer paisiblement son chemin. Desservi auprès de la cour, Jean Bart en reçut les lettres les plus désobligeantes. Mais le nuage se dissipa, la vérité reprit le dessus et l'injustice ne tarda pas à être réparée.

XXIV

La Hollande soupçonnait ce qui se tramait contre elle. Une surveillance active l'informait de l'état des armements de Jean Bart. Une flotte de 32 vaisseaux de 50 à 80 canons stationnait dans la mer du Nord, pour l'accueillir à sa sortie de Dunkerque, s'emparer de lui et de sept frégates, et terminer d'un seul coup ses futures expéditions.

Jean Bart ayant achevé ses préparatifs, sortit sans être aperçu, passa à travers la croisière, et pendant qu'elle continuait son inutile surveillance, il poursuivait sa route, et, dans cette première sortie, prenait ou détruisait 86 navires, incendiait deux cents maisons à Newcastle, et ramenait à Dunkerque des prises d'une valeur d'un demi-million de livres.

XXV

Les ordres de la cour lui enjoignaient de brûler les prises qu'il ferait. L'intendant Patoulet, qui avait intérêt à modifier cette mesure, lui adjoignit un commissaire pour juger les cas où il aurait fallu opérer ainsi.

Jean Bart mécontenta l'intendant. Celui-ci le dénigra, et, à son arrivée, le marin dut encore se rendre à la cour pour s'y justifier.

Hâtons-nous d'ajouter que le roi l'accueillit comme il le méritait, et, qu'informé de la vérité, il lui fit donner une gratification de mille écus.

XXVI

On sait que près de la Hogue, Tourville perdit une célèbre bataille (29 mai 1692); toutefois il ne tarda pas à prendre, à Lagos, une éclatante revanche.

En peu de temps une nouvelle flotte française s'était constituée comme par enchantement. Elle comptait 91 vaisseaux, plusieurs brûlots et vingt navires de charge. Jean Bart commandait *le Glorieux*, de 62 canons qui, en compagnie de deux autres, venait de prendre 16 vaisseaux hollandais chargés de blé.

Tourville apprit bientôt que la flotte ennemie, escortée de 27 vaisseaux de ligne, dont le moindre avait 50 canons, et forte en tout de 140 voiles, s'était divisée en trois colonnes qui venaient droit à la flotte française. Le combat eut lieu. Quarante-cinq bâtiments ennemis furent brûlés et, 27 pris. La perte des ennemis fut évaluée à 20,000,000 de livres.

De son côté, Jean Bart ayant fait échouer, près de Faro, six navires hollandais richement chargés, les réduisit en cendres. Parmi ces navires, on en comptait de 26, 28, 36, 42 et 50 canons.

XXVII

Le blé était rare en France et à un prix exorbitant. Le gouvernement avait fait des achats à l'étranger; mais les Anglais et les Hollandais veillaient au passage pour en empêcher l'arrivée.

Jean Bart reçut la difficile mission de déjouer leur vigilance. Revenu à Dunkerque, il prit le commandement de six frégates, envoya la flottille et l'amena à bon port.

Il donnait du pain à la France; c'était bien plus qu'une victoire! aussi fut-il salué par d'unanimes acclamations.

Chargé du commandement du *Bien-Venu* et du *Portefaix* (1692), il protégea, d'une manière non moins heureuse, l'arrivée d'un autre convoi de blé venant de Vleker.

XXVIII

En 1694, il renouvela cette action et l'acheva avec un succès merveilleux.

A quelques lieues au large, entre le Texel et la Meuse, il rencontra huit vaisseaux de guerre hollandais, dont un portait un pavillon de vice-amiral. Cette escadre avait arrêté au passage une flottille de cent et quelques voiles chargée de blé pour la France.

A cette vue, Jean Bart rassemble les capitaines et leur expose le cas. Le conseil est unanime : il faut attaquer, il faut brusquer l'ennemi sans lui laisser le temps de se reconnaître.

Aussitôt fait que dit, Jean Bart aborde le contre-amiral, de 58 canons, lui tue 150 hommes, blesse le commandant, et après une demi-heure de combat, se rend maître du navire au prix de trois morts et vingt-sept blessés. Son propre vaisseau était entièrement désemparé.

Les autres capitaines n'étaient pas restés oisifs. *Le Fortuné* avait pris un navire de 30 canons, *le Mignon*, un de 50 ; les cinq autres hollandais s'étaient sauvés.

Les navires furent ramenés à Dunkerque ; le blé s'y vendait 30 francs ; il tomba à 3 francs la mesure.

XXIX

Un trait de bravoure dont cette affaire fut l'occasion, mérite une mention particulière.

Jean Bart avait promis dix pistoles à celui de ses gens qui rapporterait le pavillon de poupe du contre-amiral. Un marin provençal résolut de tenter l'entreprise. Dès l'abordage, il s'élance avec ses camarades, monte au grand mat pour enlever le pavillon. Le contre-maître l'aperçoit et lui tire deux coups de fusil : l'un lui perce la main, l'autre la cuisse. Sans se déconcerter, le marin enveloppe sa main de son mouchoir, et sa cuisse de sa cravate ; puis, il continue à monter. Il arrive au pavillon, l'enlève, s'en fait une ceinture, descend, va à la dunette et procède à l'enlèvement du second pavillon. Déjà il l'a détaché à moitié ; le contre-maître qui l'aperçoit lui porte un coup d'esponton. Le marin se retourne, prend à son côté la hache-d'armes et d'un coup de pic crève l'œil du contre-maître. Il le renverse, continue de détacher le pavillon, l'ajoute à sa ceinture et va porter à Jean Bart ses deux trophées.

XXX

Pour informer le roi de cette heureuse victoire, Jean Bart envoya son fils, âgé de dix-sept ans. — Le messager se rendit d'abord chez le ministre.

— Le roi est à Saint-Germain, dit celui-ci ; il faut venir avec moi lui annoncer cette bonne nouvelle.

— Mais, monseigneur, je ne suis pas en état de paraître devant Sa Majesté.

— Il faut, au contraire, venir comme vous êtes, monsieur ; vous prouverez ainsi au roi votre empressement à lui apprendre une nouvelle aussi agréable pour lui que glorieuse pour votre père.... Sa Majesté vous en saura gré. Ma voiture va vous conduire à Saint-Germain.

Rendu auprès de Louis XIV, Pontchartrain lui dit : — Sire, j'ai l'honneur de présenter à Votre Majesté le fils de M. Jean Bart, qui vient lui annoncer que son père a repris aux ennemis votre flottille chargée de blé et qu'elle est dans vos ports. Les détails sont dans cette lettre.

Le roi prit la lettre, la lut, puis s'adressant au jeune homme :

— Êtes-vous monté à l'abordage, monsieur ?

— Sire, j'y suis monté avec mon père.

— Vous êtes bien jeune !... Au reste, il n'est pas étonnant que le fils de Jean Bart soit un brave ! Dites à monsieur votre père que je lui donnerai des marques de ma satisfaction.

Plus tard, le roi expédia au père des lettres de noblesse (1), et au fils le brevet de lieutenant de vaisseau.

---

(1) A la date de 1694, il y a deux diplômes importants pour notre histoire : l'un le brevet de chevalier de Saint-Louis, l'autre les lettres de noblesses de Jean Bart. Nous donnons le texte de ces pièces tel que le portent les titres originaux.

BREVET DE CHEVALIER DE SAINT-LOUIS.

Louis, par la grâce de Dieu, Roi de France et de Navarre, Chef souverain, Grand Maistre et fondateur de l'ordre militaire de Saint-Louis a tous ceux qui ces présentes lettres verront, Salut. Par notre edit de creation et d'institution du dit ordre militaire de Saint-Louis du mois d'auril de l'année dernière. Nous avons fixé le nombre des places des grand-croix, commandeurs et chevaliers des officiers de nos troupes tant de terre que de mer qui auront servi au moins dix années en qualité d'officiers ausquels nous aurons attaché des pensions pour reconnoistre les actions signalées et les blessures qu'aucuns d'entr'eux auraient reçues. Nous estant neant moins réservé a l'esgard desdits cheualiers la faculté d'en faire tel nombre que nous jugerions a propos d'admettre a cet ordre, et comme nous scauons qu'il y a encore plusieurs officiers de nos troupes de mer a recompenser, les quels ont long-temps seruy et se sont distinguez par les belles actions qu'ils ont faites, nous avons resolu d'augmenter le nombre des dits chevaliers, les quels auront les mesmes honneurs, et prerogatives que les autres chevaliers qui ont presentement des pensions avec esperance d'y pouuoir succeder et d'en avoir la jouissance quand il en viendra a vacquer, et estant bien informez des bons et fidelles seruices que le Sieur Bart, capitaine de vaisseau, nous a rendus pendant l'espace de quinze années et plus, tant en qualité de lieutenant de vaisseau, capitaine de fregatte, qu'en celle de capitaine de vaisseau ainsy qu'il paroist par les certificats cy attachez sous le contre séel de ces présentes qui justifient aussi de sa bonne vie et mœurs, religion catholique, apostolique et romaine. A ces causes et autres a ce nous mouuant, nous auons, le dit Sieur Bart, fait constitué, ordonné et estably, faisons, constituons, ordonnons et establissons par ces présentes, signées de nostre main, chevalier du dit ordre militaire de Saint-Louis, pour par luy, jouir du dit titre de chevalier, aux honneurs et prerogatives qui y sont dues, avec faculté de tenir rang parmi les autres chevaliers du dit ordre, et de porter croix d'or sur l'estomach, attaché d'un petit ruban couleur de feu, sur la qu'elle il y aura l'image de Saint-Louis, a condition d'observer les status du dit ordre, sans y contrevenir directement ny indirectement et de se rendre a nostre cour et suitte, toutes fois et quantes que nous lui ordonnerons pour nostre service ou pour le bien et utilité du dit ordre. Si, donnons en mandement a tous grand-croix, commandeurs et chevaliers du dit ordre militaire de Saint-Louis, de faire reconnoistre ledit Sieur Bart en la dite qualité de chevalier du dit ordre de tous ceux et ainsi qu'il appartiendra, après toute fois qu'il aura presté le serment pour ce du et accoutumé, car tel est notre plaisir, en temoin de quoy nous avons fait mettre nostre séel a ces dites présentes, donné à Versailles, le premier feurier, l'an de grace XVI quatre-vingt-quatorze, et de nostre regne le cinquante uniesme.

Signé : LOUIS.

Par le Roy, Chef Souverain, Grand Maistre et fondateur de l'ordre militaire de Saint-Louis.
PHELYPEAUX.

Aujourd'hui dixneufiesme du mois d'avril XVI quatrevingt-quatorze. Le Roi estant à Versailles, le sieur Bart denommé aux présentes a presté ez mains de Sa Majesté le serment qu'il estoit tenu de faire a cause de sa charge de chevalier de l'ordre militaire de Saint-Louis, dont Sa Majesté l'a pourueu par ces présentes, moy, commissaire secretaire d'Etat et des commandements de Sa Majesté present.

PHELYPEAUX.

XXXI

Quand il se présenta à Saint-Germain, le jeune Bart était en bottes de voyage; il glissa sur le parquet; le roi poussa un cri et fit un mouvement comme pour l'aider à se relever; mais le jeune homme était debout aussi promptement qu'il était tombé.

LETTRES DE NOBLESSE
pour le sieur Jean BART. Août 1694.

Louis par la grace de Dieu, roy de France et de Navarre, à tous pns et à venir, Salut. Comme il n'y a point de moyen plus asseuré pour entretenir l'émulation dans le cœur des officiers qui sont employes pour nôtre service, et pour les exciter à faire des actions esclatantes que de récompenser ceux qui se sont signalés dans les commandemens que nous leur avons confié, et de les distinguer par des marques glorieuses qui puissent passer jusques à la postérité! Nous avons par ces considérations accordé des lettres de noblesse a ceux de nos officiers qui se sont rendus les plus recommandables. Mais de tous les officiers qui ont mérité cet honneur, Nous n'en trouvons point qui s'en soit rendu plus digne, que nostre cher et bien aimé le sieur Jean Bart, chevalier de nostre ordre militaire de Saint-Louis, capitaine de marine, commandant actuellement une escadre de nos vaisseaux de guerre, tant par l'ancienneté de ses services derniers que par la qualité de ses actions et de ses blessures. Puisqu'en 1675, ayant le commandement d'une galiotte armée en course et montée seulement de deux pièces de canons, et de 36 hommes il enleva à l'abordage devant le Texel une fregate de XVIII canons et de 65 hommes venant d'Espagne. En 1676 ayant eu le commandement de la fregatte *la Royalle* armée en course et montée de 10 pièces de canons, il prit une fregatte hollandoise nommée *l'Esperance* de 12 canons, qui servait de convoy d'Hollande à Hambourg. Ensuite de quoy, estant allé croiser contre la pesche des Hollandois, il la détruisit beaucoup après avoir battu deux convois dont il en enleva un, monté de 18 pièces de canons nommé *la Bergere*. En 1677 commandant la frégate *la Palme*, montée de 18 canons, il enleva, après trois heures de combat très opiniastre, la frégatte *le Suanemburg*, montée de 24 canons, servant de convoy d'Hollande en Angleterre, et prit seize navires marchands, quoiqu'il ait eû plus de cent hommes morts ou blessés. Au mois de septembre de la mesme année, commandant la dite fregatte *la Palme*, il prit à l'abordage un vaisseau hollandais nommé *le Neptune* de 36 canons, quoyque beaucoup plus fort en artillerie que ladite fregatte. En considération de quoy, nous lui donnasme une medaille et une chaisne d'or. Au mois de mars de l'année 1678, ayant le commandement de la fregatte *le Dauphin* de 14 canons, et ayant faict rencontre d'un vaisseau de guerre hollandois nommé *le Schedam*, monté de 32 canons servant de garde costes devant le Texel, ce vaisseau ayant voulu l'enlever, il combattit avec tant de valeur qu'il le prit à l'abordage, et reçut plusieurs blessures en ceste occasion. Il prit pendant le reste de cette campagne, trois corsaires d'Ostende, et depuis l'année 1678 jusques à la paix arrivée en   , il coula bas, fit eschouer, brûla, rançonna et amena au port de Dunkerque, un grand nombre de navires ennemis, dont les registres de l'admirauté de ladite ville sont chargez. La paix étant survenue, ses belles actions nous convièrent à le prendre à nostre service. Et luy ayant donné le commandement de la fregatte *la Vipère* de 14 canons pour croiser contre les Valtins (?), il en prit un de 16 canons et de 130 hommes. La guerre estant déclarée contre l'Espagne, Nous luy donnasme le commandement de la fregatte *la Serpente*, avec laquelle il prit un vaisseau, où il y avait 350 soldats espagnols. Ensuite de quoy, ayant eu ordre de s'embarquer avec le sieur Damblimont sur le vaisseau *le Modéré*, pour la campagne de Cadix, il contribua à enlever deux vaisseaux de guerre espagnols, dans laquelle occasion il blessé à la cuisse d'un coup d'esclat. Enfin, la guerre qui est allumée aujourd'huy estant survenue il eut le commandement de la fregatte *la Bailleuse* de 16 canons, avec laquelle il a fait beaucoup de prises considérables. Il fut blessé mesme très dangereusement en escortant par nostre ordre, une flotte de navires marchands, du Havre à Brest. En 1690, commandant le vaisseau *l'Alcion* de 36 canons, il destruisit la pesche et coula bas plusieurs pescheurs hollandais, il prit et amena à Dunkerque, deux vaisseaux qui portaient en Angleterre 450 soldats danois. Ensuite de quoy il fut à Brest, et de la en Irlande, sous les ordres de feu S^r d'Ainfreville, lors lieutenant général de nos armées navalles. Ensuite de quoy servant dans la Manche, il eut ordre, après la défaite de l'armée angloise et hollan-

ARMOIRIES DE JEAN BART.

D'argent à la fasce d'azur chargée d'une fleur de lis d'or et accompagnée en chef de deux ancres de sable passées en sautoir et en pointe d'un lion passant brun (de gueules). L'écu timbré d'un heaume ou casque d'argent taré de front, grillé, liseré d'or fourré de gueules, accompagné de ses lambrequins d'argent et de gueules et ayant pour cimier un gantelet d'argent armé d'un sabre de même à la garde d'or.

D'après les lettres de noblesse originales octroyées par le roi Louis XIV au mois d'Août 1694.

— On voit bien que Messieurs Bart sont meilleurs marins qu'écuyers, dit le roi en souriant.

La princesse de Conti envoya chercher le jeune ambassadeur et le pria de lui faire le récit de la bataille. Quand elle l'eût entendu, elle tira d'un bouquet qu'elle portait à la ceinture, une fleur, et, la remettant au fils de Jean Bart :

doise, d'aller à l'Elbe chercher deux navires que nous avions fait charger de cuivre, poudres, armes et autres munitions de guerre, et ayant eu avis de Hambourg, que les vaisseaux n'estaient pas prets, il fut croiser pendant quinze jours ou il rançonna pour quarante-trois mille écus de navires, venant de la pesche de la baleine, et amena les dites rançons à Dunkerque. En 1692, ayant eu le commandement de sept fregattes, et d'un brulot, trente-deux vaisseaux de guerre anglois et hollandais bloquerent le port de la dite ville de Dunkerque ; mais il trouva le moyen de passer, et le lendemain, il enleva quatre vaisseaux anglois richement chargés, qui allaient en Moscovie ; et ensuite, il fit bruler quatre-vingt-six bastimens, tout navires, buches, dogres qu'autres vaisseaux marchands, et ayant fait descente vers Neucastel, il brûla environ deux cent maisons, et amena à Dunkerque pour cinq cent mille livres de prises. Sur la fin de la dite année 1692, ayant esté croiser au Nord avec trois de nos vaisseaux, il fit rencontre d'une flotte hollandoise venant de la mer Baltique, chargée de bled et escortée par trois navires de guerre ; il attaqua les convois et en prit un, après avoir mis les deux autres en fuitte, il prit seize vaisseaux de la dite flotte, chargée de bled, seigle, orge, goldron et autres marchandises qu'amena à Dunkerque en 1693, et ayant eu le commandement sur le Glorieux de 62 canons, pour servir dans nostre armée navalle qui estait pour lors commandée par nostre cousin le mareschal de Tourville qui surprit la flotte de Smirne. Et s'estant trouvé separé de la dite armée, et rencontre proche de Faro, six navires hollandais, scavoir, un de 50 et les autres de 42, 36, 28, 26 et 24 canons, tous richement chargez, il les fit eschouer et brusler ensuite, après quoy ayant desarmé à Toulon, il se rendit à Dunkerque suivant nos ordres et il partit pour Vleker où il eût le commandement de six de nos vaisseaux, pour emener en France une flotte chargée de bled qu'il conduisit heureusement à Dunkerque, quoique les Anglois et les Hollandois eussent de grosses escadres en mer pour l'en empescher. Enfin, estant party le 28 juin de la présente année 1694, avec les mesmes six vaisseaux de guerre pour aller chercher une flotte de bled à Vleker. Elle estoit partie du dit lieu au nombre de cent et quelques voiles, sous l'escorte de trois vaisseaux danois et suedois. Elle fut rencontrée entre le Texel et le Fly par le contradmiral de Frisse, le Sr Hidde qui commandoit une escadre composée de huit vaisseaux de guerre, s'estoit déja emparé de ladite flotte. Mais le lendemain, ledit Sr Bart le rencontra à la hauteur du Texel, et comme il s'agissoit de faire une action aussy esclattante qu'utile pour le bien de nostre service, et le soulagement de nos sujets, il prit la resolution de la combattre, quoiqu'inférieur en nombre et en artillerie, et ayant abordé le contr'admiral il l'enleva aussy bien que deux autres qui furent enlevez par les autres de l'escadre dont nous luy avions confié le commandement. Et ainsy il se rendit maistre des bastimens dont ils s'estoient deja emparés, et il conduisit à Dunkerque les vaisseaux chargez de bled qui estoient destinez pour ladite ville, avec les trois vaisseaux de guerre hollandois qui ont esté pris en cette occasion, montez l'vn de cinquante huit pièces de canons, l'autre de 52 et le 3e de 34. Une action si distinguée jointe a plusieurs autres qui l'ont signalé, par tant de fameux exploits, Nous conviant à luy donner des marques de l'estime que nous faisons de sa personne, et de la satisfaction que nous avons de ses services, en l'honnorant du titre de noblesse, afin d'augmenter s'il est possible, l'ardeur qu'il a de se signaler et de donner en mesme temps de l'emulation a nos autres officiers de la marine, et l'envie de l'imiter, dans l'esperance de s'acquerir et a leurs familles un semblable honneur. — A ces causes, voulant reconnoistre les services importants du dit Sr Bart, par des marques de distinction qui fasse connoistre à la posterite la consideration particuliere que nous avons de sa valeur, qu'il a toujours conduite auec tant dauantage pour le succes des entreprises qu'il a faites pour nostre service, de nostre grace spécialle pleine puissance et autorité Royalle, Nous avons annobly et annoblissons par ces presentes, signées de Nostre main, ledit Sr Jean Bart, ensemble ses enfans, posterite et lignée tant masles que femelles, nez et à naistre en legitime mariage, que nous avons decorez et decorons du titre et qualité de gentilhommes, voulons, et nous plaist, qu'ils soient doresnavant tenus, censez et reputez pour nobles et gentilhommes en tous actes, lieux et endroits, tant en jugement que dehors et qu'ils se puissent dire et qualifier escuyers, et parvenir a tous degrez de chevalerie, titres, qualités et

— Monsieur, lui dit-elle, présentez cette fleur à votre père, et dites-lui de ma part de la mettre à sa couronne de lauriers.

La princesse était la plus belle femme de la cour, et, dans les idées alors à la mode, c'était une délicate allusion : *Vénus couronnant Mars.*

Le résultat de la bataille valait mieux qu'une allusion, une fadaise. Pour en perpétuer le souvenir, le roi fit frapper une médaille. Et, comme Jean Bart avait noblement agi, il le déclara noble ; sur le parchemin qui acquittait cette dette patriotique et accordait à un homme de cœur la récompense qui pouvait le plus le toucher, il écrivit :

« De tous les officiers que j'ai anoblis, il n'en est pas un qui s'en soit rendu » aussi digne que mon cher et bien-aimé Jean Bart. »

C'était bien l'expression de la pensée publique, et le nom plébéien de Jean Bart a depuis lors marché l'égal des plus grands noms de la France.

---

autres dignitez de nostre royaume, acquerir tenir et posseder tous fiefs, terres nobles, et seigneuries, de quelque nom, titre, qualité et nature qu'ils puissent estre, joüir de tous honneurs prerogatives, privilèges, franchises, libertez, exemptions et immunitez dont jouissent les autres gentilshommes de nostre royaume comme s'ils estoient d'ancienne et noble race, tant qu'ils vivront noblement et ne feront acte derogeant, permettant au dit Sr Bart et à sa posterite de porter les ecussons et armoiries timbrées telles qu'elles sont icy empreintes, auec faculte de charger l'ecusson de ses armes d'une fleur de lis d'or a fonds d'argent que nous luy avons concede, et concedons par ces dites pntes, en memoire et consideration de ses signalez seruices, et icelles faire peindre, grauer et insculper en ses maisons, terres et autres lieux a luy appartenant, ainsy que bon ly semblera, sans que pour raison de ce il soit tenu de nous payer, et a nos successeurs aucune finance ny indemnité dont nous l'auons chargé et dechargeons, et autant que besoin serait. Nous luy en auons fait et faisons don et remise par ces dites presentes. Si, donnons en mandement à nos amez et feaux et gens tenant nostre cour de parlement, chambre de comptes et cour des aydes à Paris, et a tous autres nos justiciers, et officiers qu'il appartiendra que ces presentes ils ayaient a enregistrer et de tout contenu faire jouir et user ledit Sr Bart et ses enfans, posterité et ligne, tant masles que femelles, nez et à naistre en légitime mariage, plainement, paisiblement et perpetuellement, cessant et faisant cesser tous troubles et empeschement, nonobstant tous édits, déclaraons, arrêts, ordonnances, reglmens et lettres a ce contraires, ausquelles nous avons deroge, et derogeons par ces dites presentes, car tel est notre plaisir et afin que ce soit chose ferme et stable a toujours, nous auons fait mettre notre scel à ces présentes. Donné à Versailles au mois d'Aonst, l'an de grace xvje quatre vingt quatorze et de nostre regne le cinquante deuxiesme.

Signé : LOUIS.

Par le roy.

Signé : PHELYPEAUX.

Au dos est écrit : Registré . En la cour des aydes ouy, le procureur général du roy, pour jouir par l'impétrant, ses enfans, posterite et lignée tant males que femelles nez et a naistre en legitime mariage du....... et contenu ez presentes lettres, a etre executoires sous leur forme et teneur en........ payant, par le dit impetrant, la somme de cent cinquante livres. A Paris, le 26 mars 1695. Collationné.

Signé : PERET.

Registré ouy le procureur general du roi, pour jouir par l'impetrant ses enfants, posterite et lignée tant masles que femelles, à naistre en legitime mariage de leur............. et............. être executoire selon conforme et teneur, tenant l'arret de ce jour. A Paris, en parlement, le 9 mars 1695.

Signé : FOUGET.

Visa. *Signé* : BOUCHERAT.

Pour lettres de noblesse au Sr Jean Barth.

Signé : PHELYPEAUX.

Dans l'écusson du Dunkerquois figurent : premièrement, la fleur de lis, sans doute comme actions de grâces de la patrie; secondement, un lion, soit pour désigner le vaillant capitaine, soit pour indiquer qu'il appartient à la Flandre; troisièmement, d'un cimier représentant une main armée d'un sabre, pour exprimer sans doute la soudaineté et la rapidité de ses attaques (1). Nous dirons en passant, que le heaume de face est une marque d'honneur ordinairement réservée aux rois et aux prince du sang. Il n'y a peut-être pas en Europe, trois écus qui réunissent au même degré, les signes de distinction qui sont concentrés dans celui de notre héros.

XXXII

Jean Bart n'était pas homme à dormir après un succès. Quinze jours à peine écoulés (juillet 1694) il était déjà en mer. En poursuivant un paquebot, il se jeta dans une flotte de 24 navires escortés de 3 frégates de 16, 20 et 40 canons. Il semblait là un loup au milieu d'un troupeau; la première frégate chargée de poudre d'or d'une valeur d'un million, coula avec son équipage, sauf quinze hommes qui furent ramenés à Dunkerque; les autres frégates échouèrent.

XXXIII

Le prince d'Orange, roi d'Angleterre et promoteur des ligues contre Louis XIV, devait se mettre en mer. Dès qu'il apprit que Jean Bart était dans les parages qu'il devait traverser, il n'osa s'exposer. C'est en ces termes que la *Gazette de la Haye* rapporte la chose.

Sans être rassuré par la force de l'escadre qui l'aurait accompagné, le prince disait :

« Si cet homme venait à savoir que je suis sur un de ces vaisseaux, il risquerait tout pour le prendre.... »

Pendant que le prince se gardait, le chevalier Jean Bart ramenait de Norwège 17 navires chargés de grains.

XXXIV

En 1695, les alliés vinrent dans le dessein de bombarder Dunkerque. Jean Bart commandait au fort de Bonne-Espérance. Les ennemis rangés en cercle autour de la tête des jetées auraient dû abîmer les forts... Ainsi que nous l'avons dit, ils furent contraints, après d'inutiles tentatives, de se retirer sans avoir rien fait.

Nous avons parlé des armements faits à Dunkerque pour le rétablissement de

---

(1) En style héraldique, cet écu s'énonce comme suit :

D'argent, à la fasce d'azur, chargée d'une fleur-de-lys d'or et accompagnée en chef de deux ancres sables passées en sautoir et en pointe d'un lion passant brun (de gueules?). — L'écu timbré d'un heaume d'argent, taré de front, grillé et liseré et or, fourré de gueules, accompagné de ses lambrequins d'argent et de gueules et ayant pour cimier un gantelet d'argent armé d'un sabre de même, à la garde d'or.

Jacques II et de l'expédition où le commandement d'une escadre fut confié à Jean Bart. Nous ne répétons pas les récits et nous y renvoyons le lecteur.

XXXV.

Jean Bart fut envoyé en croisière dans la mer du nord avec six frégates, suivant la tactique qu'il avait fait adopter. Le 17 mai, il passa malgré 14 vaisseaux qui lui barraient le passage. Un mois après, il joignit une flotte hollandaise de 80 navires marchands, escortés de 5 vaisseaux de guerre de 24, 38 et 44 canons. Il les enleva ayant eu 15 tués et 15 blessés. Il prit ensuite 25 flottes chargées de blé et autres denrées. Il aurait détruit toute la flotte sans l'arrivée d'une escadre fraîche de 12 vaisseaux hollandais.

Conserver les uns, attaquer les autres... la chose ne laissait pas que de présenter des difficultés. En vue des vaisseaux arrivants, Jean Bart brûla les vaisseaux de commerce et 4 vaisseaux de guerre, conservant le cinquième pour les prisonniers.

En voyant l'incendie sur tant de points à la fois, les Hollandais furent remplis de crainte; mais enfin ils se décidèrent à chasser à toutes voiles sur Jean Bart. Celui-ci resta en panne jusqu'à ce que les vaisseaux de ligne fussent consumés : faisant servir alors avec deux huniers seulement, il passa fièrement devant les ennemis qui avaient toute leur toile dehors. Cette manœuvre leur imposa; ils restèrent d'abord stupéfaits... puis voulurent se mettre à le suivre. La nuit vint..... et le matin, Jean Bart n'était plus en vue.

XXXVI

La nouvelle de cet exploit se répandit avec rapidité, la flotte destinée pour la Russie s'en retourna sans achever son voyage. De 400 à 500 bâtiments hollandais destinés pour la pêche, il n'en sortit que 30 ou 40.

Tandis que les navires ennemis fuyaient devant Jean Bart comme les gazelles devant le lion, les Hollandais se procurèrent le facile plaisir d'une médaille où ils insultaient, de loin, leur vainqueur, en l'appelant *Pirata gallorum maximus*, en le comparant à un malfaiteur fameux qui venait d'être exécuté en Allemagne.

Cette preuve d'injustice et de mauvais goût ne remédiait pas à leurs affaires. La Hollande n'en avait pas moins perdu de nouveau le prestige que lui avaient autrefois rendu Tromp et Ruiter. L'Angleterre se voyait menacée dans sa fortune... Aujourd'hui, suivant son invariable habitude, elle feint d'ignorer jusqu'au nom de Jean Bart. Il y a une foule d'Anglais qui ne soupçonnent pas même qu'il a existé un homme de ce nom.

Nous le répétons ici, les preuves en main et à la disposition de quiconque voudra le vérifier, ce pirate, cet homme inconnu, avec 7 vaisseaux et 280 canons, tenait en échec deux puissantes nations. Réalisant le plan que son génie avait conçu, il les jetait dans des alarmes continuelles. Contre ce misérable aventurier, elles entretenaient 50 vaisseaux de ligne divisés en 3 escadres, dont le malheureux semblait se jouer, qu'il traversait impunément et alors qu'elles s'échelonnaient pour lui barrer le passage.

Le roi créa Jean Bart chef d'escadre (1697), c'était justice. Il lui en donna personnellement la nouvelle, c'était délicat! c'était de l'à propos!

C'est en cette occasion qu'il aurait répondu à Louis XIV :

« Sire, vous avez bien fait! »

Nous croirions méconnaître le lecteur français si nous nous arrêtions à lui faire comprendre que cette parole n'est pas le cri de l'amour-propre satisfait : c'est l'expression de la conviction profonde d'un homme parvenu enfin au point où il désirait être, pour rendre à son pays, les services que son expérience et l'étude lui avaient montrés possibles.

L'honneur qu'il reçoit dans sa patrie, le dépit qu'il excite chez ses adversaires, pèsent également dans la balance pour élever bien haut sa gloire.

XXXVII

Jean Sobieski, roi de Pologne, était mort. Huit prétendants se disputaient sa couronne. Le prince de Conti était un des plus puissants. Pour le conduire dans ses états on choisit Jean Bart; c'était de droit, car 19 vaisseaux anglais et hollandais avaient mission de s'y opposer.

Le ministre français était d'avis d'armer 10 gros vaisseaux pour cette expédition; mais Jean Bart persévérant dans le système dont il avait éprouvé la valeur, préféra 6 frégates légères. On lui énumérait les forces de l'ennemi :

— Que j'aie deux portées de canon d'avance, répondit-il, et je me moque d'eux.

En effet, le 6 novembre 1696, il met à la voile à minuit, le 7 il traverse inaperçu un des points les plus dangereux de la croisière et passe devant Ostende... Il voit ensuite 3 vaisseaux de 80 canons à la voile et 9 frégates mouillées entre la Meuse et la Tamise... Il continue sa route.

Une fois le danger passé, le Prince lui dit :

— S'ils nous avaient attaqués, ils auraient pu nous prendre!

— C'était impossible!

— Comment cela?

— Mon fils se tenait à la sainte-barbe et au premier signal....

— Mais!!... le remède est pire que le mal!!! Je vous défends de vous en servir aussi longtemps que je serai à bord!

Jean Bart conduisit le prince à Dantzig, chemin faisant il prit cinq vaisseaux, et le 10 décembre il était de retour à Dunkerque.

XXXVIII

La paix de Ryswick permit à notre héros de venir se reposer au sein de sa famille.

Ici se montre sous un nouveau jour ce guerrier que nous venons de voir infatigable et intrépide.

Rendu au calme de la vie commune, il se fait un plaisir de visiter son parent

Nicolas Bart, curé de Dringham, village voisin de Dunkerque. Arrivant au presbytère avec sa femme et ses enfants, il disait :

— Cousin, je viens passer quelques jours avec vous, mais à condition que je ne vous serai point à charge! Aussi longtemps que je serai chez vous, vous ne mettrez pas le pot-au-feu! c'est moi qui fais la dépense! Ici, vous aurez bouche

Jean Bart était pieux et bon catholique. Après ses victoires, il avait coutume d'offrir à N.-D. les pavillons enlevés à l'ennemi ; à l'image, objet de ce culte de reconnaissance, il fit une sorte de litière de ces glorieuses dépouilles.

Si quelque chose est propre à relever encore les grands hommes, assurément c'est la simplicité de leur vie, la modestie de leur âme, la piété de leur cœur !

XXXIX

La succession d'Espagne devint la cause d'une guerre... guerre funeste!... Car c'est à cette occasion que mourut Jean Bart, et que Dunkerque fut sacrifiée par le traité d'Utrecht !

Mais, signalons du moins un de ces résultats imprévus par lesquels la Providence semble se jouer des efforts des hommes ! Ce spectacle que nul n'eût pu prédire, c'est un rejeton de Charles-Quint donnant le trône d'Espagne au fils d'un des successeurs de François Ier.

Louis XIV avait ordonné l'armement d'une flotte. Jean Bart devait commander une escadre ; le roi lui envoya *le Feudant*, beau vaisseau de 70 canons. Le chef d'escadre travailla avec une ardeur immodérée. Il fut pris d'une pleurésie qui l'emporta le 27 avril 1702, à l'âge de 52 ans.

XL

Ce qu'il reste de Jean Bart, c'est sa réputation européenne. Sa fortune, il n'y avait pas songé ! On ne trouve de lui à Dunkerque qu'une pierre tumulaire, appliquée au mur de l'église Saint-Éloi ; on lit l'inscription suivante :

D. O. M.

CY GIST MESSIRE JEAN BART,

EN SON VIVANT,

CHEF D'ESCADRE DES ARMÉES NAVALES DU ROY,

CHEVALIER DE L'ORDRE MILITAIRE DE SAINT-LOUIS,

NATIF DE CETTE VILLE DE DUNKERQUE,

DÉCÉDÉ LE 27 AVRIL 1702, DANS LA 52e ANNÉE DE SON AGE,

DONT IL A EMPLOYÉ 25 AU SERVICE DE SA MAJESTÉ ;

ET

DAME MARIE-JACQUELINE TUGGHE,

SA FEMME,

AUSSI NATIVE DE CETTE VILLE,

QUI MOURUT LE 15 FÉVRIER 1749, AGÉE DE 55 ANS.

PRIEZ DIEU POUR LEURS AMES.

XLI

En 1845, la ville inaugura solennellement sur la place publique une statue en bronze, du héros (1).

Sur le piédestal on lit cette inscription :

A JEAN BART,
LA VILLE DE DUNKERQUE (2).
MDCCCXXXXV.

XLII

Pour terminer ce résumé, nous transcrirons l'appréciation de ce grand homme par un écrivain compétent.

Après avoir fait le parallèle de Jean Bart et de Forbin, il ajoute :

« ..... Jean Bart domine Forbin de cette immense hauteur qui séparera toujours l'officier brave et chaleureux, mais sans portée, du tacticien créateur et original, ayant à lui une méthode de manœuvre, ayant à lui un mode de marche, d'attaque, de retraite, de l'homme de génie inventif qui sait et peut imprimer à ses résolutions un caractère saillant et tout particulier.

« C'est à la demande incessante (et trop longtemps négligée) de Jean Bart, que le ministre se décida à former une division de course composée de frégates légères et d'une marche supérieure, armées d'un équipage nombreux et aguerri destinées à ruiner le commerce des Hollandais et des Anglais. C'est sur des mémoires fournis par Jean Bart, au sujet de ces armements, que les instructions des capitaines furent basées et les points de croisière déterminés. Et l'on voit par le relevé des prises et rançons quel fut le prodigieux résultat de cette combinaison stratégique.

« S'il fallait être Tourville pour développer la ligne immense de la grande armée navale, il fallait être Jean Bart, le sublime corsaire, pour avoir conçu cette division de course, cette création à la fois une, complexe, hardie, alerte, vigilante, insaisissable, acharnée, harcelant sans cesse l'ennemi, et lui échappant toujours par la vitesse de sa marche, la sûreté de la manœuvre et la connaissance des courants, des marées, des bancs... Tantôt se séparant en atomes ardents qui, se glissant et se croisant sur les mers, surprenaient et entraînaient les convois marchant isolés ; ou bien, enfin, se fondant en un seul corps, uni, serré, sorte de terrible météore qui traversait de haute lutte les plus nombreuses escadres avec

---

(1) Il a été fait de Jean Bart un grand nombre de bustes et de portraits. Ils n'ont entre eux aucune ressemblance, ce qui permet de douter de leur ressemblance avec Jean Bart lui-même. Celui qui nous semble supérieur aux autres est le buste par Lemot. M. Gentil-Descamps, à Lille, a dans son cabinet quatre portraits différents du marin dunkerquois.

(2) Les souscriptions pour le monument n'ont-elles pas été recueillies aussi hors de Dunkerque ? Si la réponse est affirmative, l'inscription est incomplète, et renferme d'ailleurs une ingratitude?

le fracas et la rapidité de la foudre... Comme elle, ne laissant après son passage que ruines, débris, vapeur de soufre, fumant sur les flots....

« Cette gloire fut celle de Jean Bart et par cette pensée qui fut si féconde, il s'élève et se place à côté des plus belles et des plus mâles intelligences de son temps. »

A la suite de cette notice biographique, nous croyons devoir consigner quelques détails relatifs aux parchemins appartenant à Jean Bart, à Cornille, son fils, et à Philippe-François Bart; titres précieux dont la ville vient d'être mise en possession par la générosité de M. Jules Delpit, propriétaire à Bordeaux et secrétaire de l'Académie de cette ville. La correspondance que l'auteur de cette histoire a eue avec M. le Maire de la ville, instruira le lecteur de ce qui s'est passé à cette occasion.

« A Monsieur le Maire de Dunkerque,

« Monsieur Margerie, directeur du télégraphe, m'informa, il y a quelque temps, qu'un de ses amis, M. Jules Delpit, propriétaire à Izon par Saint-Loubès (Gironde), était possesseur de parchemins relatifs à Jean Bart, et qu'il avait, autrefois, informé un habitant de Dunkerque de la disposition où il était d'en faire don à la ville.

« La note annexée sous la lettre A indique quels sont ces titres et fait connaître leur importance, pourtant aucune réponse ne fut faite à cet offre courtoise.

» Justement froissé d'un tel procédé, M. Delpit parut changer de dispositions et résolut de garder devers lui, ces titres dédaignés.

» Conservant l'espoir que cette décision n'était pas irrévocable et entretenu dans cette pensée par M. Margerie, j'écrivis à M. Delpit la lettre dont j'ai l'honneur de vous transmettre copie (annexe B) : j'y parle au nom de la *Société Dunkerquoise (pour l'encouragement des Sciences, des Lettres et des Arts).* et même au nom de la cité.

» Le succès suivit cette tentative. M. Delpit y répondit favorablement. La lettre qu'il a bien voulu m'écrire figure en copie à l'annexe C.

» Je vous prie, monsieur le Maire, de m'accuser réception de cette lettre et d'agréer, etc.

« Signé : VICTOR DERODE. »

ANNEXE A.

INVENTAIRE DES TITRES.

N° 1. — 1689, juin, 20. — Commission de capitaine de vaisseau pour le sieur Jean Bacrt. — Signé : Louis; contresigné : Colbert — Enregistré au contrôle de la marine à Dunkerque, le 25 juin 1689.

N° 2. — 1694, février, 1. — Provisions de chevalier de Saint-Louis pour le sieur Baert, capitaine de vaisseau, capitaine de frégate et lieutenant de vaisseau depuis 15 ans. — Signé : Louis ; contresigné : Phelypeaux. — Date du serment prêté à Versailles entre les mains du roi, le 19 avril 1694 ; signé : Phelypeaux.

N° 3. — 1694, août. — Lettres de noblesse pour le sieur Jean Bart. — Signé : Louis ; contresigné : Phelypeaux — Les armoiries de Jean Bart, dessinées et peintes sur le parchemin, ont été souvent pliées et dépliées et sont légèrement endommagées. Le texte original de ces lettres renferme quelques variantes du texte imprimé.

N° 4. — 1697, avril, 1. — Provision de chef d'escadre de Flandres pour le sieur chevalier Bart, capitaine de vaisseau, à la place du sieur marquis de Langeron. — Signé : Louis ; contresigné : Phelypeaux.

N° 5. — 1697, mai, 26. — Lettres d'attache aux provisions de chef d'escadre pour le sieur chevalier Bart. — Signé : L. A. de Bourbon.

N° 6. — 1712, novembre, 25. — Commission de capitaine de vaisseau pour le sieur Bart, capitaine de frégate. — Signé : Louis ; contresigné : Phelypeaux

N° 7. — 1718, 28 juin. — Provisions de chevalier de l'Ordre de Saint-Louis pour le sieur Bart, capitaine de vaisseau (officier depuis 25 ans). — Signé : Louis ; contre-signé : Phelypeaux. — Serment prêté à Calais devant Hennequin, capitaine de vaisseau, le 1ᵉʳ octobre 1718.

N° 8. — 1741, mai, 1ᵉʳ. — Provisions de chef d'escadre pour le sieur Bart, l'un des plus anciens capitaines de vaisseau. — Signé : Louis ; Phelypeaux. — Vu par L. J. M. de Bourbon, duc de Penthièvre.

N° 9. — 1748, avril, 1ᵉʳ. — Commission de capitaine de vaisseau pour le sieur Bart, lieutenant. — Signé : Louis ; contre-signé : Phelypeaux. — Vu par L. J. M. de Bourbon, duc de Penthièvre ; contre-signé : Romieu ; enregistré à Brest ; signé : Michel.

N° 10. — 1750, février, 7. — Provisions de lieutenant-général des armées navales pour le sieur Bart, chef d'escadre. — Signé : Louis ; contre-signé : Rouillé ; enregistré à Dunkerque, 24 mars ; signé : Malo.

N° 11. — 1752, septembre, 1ᵉʳ. — Provisions de vice-amiral de France, ès-mers de Ponant, pour le sieur Bart, lieutenant-général. — Signé : Louis ; contre-signé : Rouillé. — L. J. M. de Bourbon ; Romieu à Dunkerque. — Signé : Malo. — Maurat de Monfort, etc. — En marge est transcrit un arrêté des bourgmestres et échevins de Dunkerque, qui se sentent extrêmement honorés de posséder un officier général d'une qualité si éminente, et font transcrire ces provisions sur leurs registres, le 16 février 1753. — Signé : Dewleele.

N° 12. — 1753, août, 25. — Provisions de grand'croix de l'Ordre de Saint-Louis pour le sieur Bart, vice-amiral. — Signé : Louis. — Rouillé. — Malo, etc.

N° 13. — 1756, octobre 1ᵉʳ. — Provisions de gouverneur lieutenant-général des îles sous le Vent en Amérique, pour le sieur Bart, capitaine de vaisseau. Signé : Louis. — Machault.

N° 14. — 1764, avril, 1ᵉʳ. — Provisions de chef d'escadre pour le sieur Bart.

capitaine de vaisseau. — Signé : Louis. — Duc de Penthièvre. — Duc de Choiseul, etc.

ANNEXE B.

COPIE DE LA LETTRE ADRESSÉE A M. DELPIT.

Dunkerque, le 9 septembre 1851.

« Monsieur,

» Sous les auspices de M. Margerie, directeur du télégraphe, mon compatriote et mon ami, je prends la liberté de vous écrire à l'occasion d'une communication qu'il vient de me faire touchant des parchemins qui sont en votre possession.

» Ces titres, au nombre de quatorze, dont j'ai sous les yeux la liste écrite de votre main, concernent Jean Bart, son fils Cornille et le capitaine Pierre Bart.

» Ces illustres Dunkerquois sont, à juste titre, l'orgueil de notre ville. Leurs titres sont les lettres de noblesse de Dunkerque elle-même. Ce sont des pièces que chacun sera fier de voir figurer dans nos collections qui ne datent que d'hier, mais qui recevraient ainsi une importance inattendue, dont notre patriotisme se réjouirait doublement.

» Vous feriez, Monsieur, un sacrifice bien agréable aux Dunkerquois, un sacrifice qui serait bien apprécié, si vous consentiez à vous dessaisir en leur faveur de ces précieux parchemins. C'est comme organe de la Société Dunkerquoise que je viens vous prier, vous supplier de ne pas changer l'intention où vous étiez de leur donner cet inestimable présent.

. . . .

» Je nourris l'espoir d'une réponse favorable, et, dans l'attente de la recevoir, je vous présente, au nom de la Société Dunkerquoise, au nom de la cité toute entière, l'expression de notre reconnaissance, et j'y joins l'assurance de ma parfaite et respectueuse considération.

» Le président de la Société Dunkerquoise,
» *Signé* : V. DERODE. »

ANNEXE C.

COPIE DE LA RÉPONSE DE M. JULES DELPIT.

« Izon, par Saint-Loubès (Gironde), le 19 septembre 1851.

» Si je n'ai pas répondu plus tôt, Monsieur, à la lettre que j'ai eu l'honneur de recevoir de vous, ce n'est pas que j'ai hésité sur la réponse que j'avais à faire. Je suis trop heureux de m'associer aux nobles sentiments que vous m'exprimez, pour ne pas répondre favorablement à votre patriotique demande. En achetant les titres de Jean Bart, je n'ai pas voulu faire un acte de commerce : ces précieux parchemins appartiennent dès aujourd'hui à la ville de Dunkerque. Veuillez me faire écrire par M. le maire une lettre qui m'indique par qui et comment je dois les lui envoyer.

. . . .

» Recevez, Monsieur, avec l'assurance de toute ma considération, l'expression du sentiment de satisfaction que vous m'avez fait éprouver en me montrant que les Dunkerquois ne sont pas tous indifférents à la gloire de leurs compatriotes.

» *Signé* : JULES DELPIT. «

Dans une lettre du 3 novembre, l'honorable donateur parlant de ces circonstances dit à l'auteur de ce livre : « Vous m'avez écrit le premier pour réclamer » au nom de la ville de Dunkerque la lettre de Jean Bart.... C'est sur vos ins- » tances que j'ai renoncé à la détermination prise de continuer à garder ces » parchemins.... etc. »

§ V. Dunkerque sous Louis XV.

Sous Louis XIV, la ville de Dunkerque vient de jouer un beau rôle : pendant les soixante années du règne de Louis XV, elle présente un spectacle non moins digne de notre attention.

Frappée mortellement, la ville se relève sans cesse; ses ruines effrayaient encore les ennemis de la France. A diverses reprises, les émissaires de la Hollande et de l'Angleterre vinrent pour constater le décès de leur victime. A chaque mouvement qui se faisait au sein de ces débris, les deux nations tournaient, de ce côté, leurs regards inquiets et jaloux. Un fonctionnaire anglais resta quinze ans en permanence dans Dunkerque même, le pied sur le cœur de la cité, cherchant à y saisir la moindre pulsation, afin de la dénoncer à son gouvernement.

Deux fois la guerre tenta de laver cet opprobre, deux fois les traités le rétablirent. La guerre de l'indépendance américaine nous en délivra enfin.

Sous un autre rapport, il se passe une scène non moins intéressante. Dans ce long intervalle, un travail s'opère dans l'opinion publique. Identifiée avec le roi, la nation avait paru s'habituer à confondre sa volonté avec celle du monarque. Après avoir été fort loin dans ce sens, elle se porta vers l'extrême contraire. Une foule de circonstances favorisèrent ce mouvement. La corruption des mœurs descendit, du sommet, jusqu'à la base de la société: les vices des diverses administrations et particulièrement des finances, détruisirent toute cohésion, alarmèrent tous les intérêts et fournirent un prétexte aux démolisseurs de la société.

Pendant que ces deux grandes causes agissaient selon leur nature, Dunkerque, forcée de renoncer à son action maritime, tournait sur elle même son infatigable activité. On voit s'élever en son sein une foule d'établissements utiles : la Bourse est bâtie, les écoles d'architecture et de dessin instituées, les quais établis, plusieurs des plus belles rues tirées au cordeau. Pour la première fois, les maisons sont numérotées d'après un système uniforme, le nombre des citernes publiques est augmenté... L'apparence actuelle de la ville, son bien-être même sont en grande partie l'œuvre du siècle dernier.

I

Louis XIV mourut en 1715 : (1) c'est en 1722 que le régent venant à disparaître, Louis XV régna à son tour.

Dunkerque était démantelée, son port anéanti..... Les ennemis de la France eussent dû être satisfaits... Ils ne l'étaient qu'à demi.

Louis XIV avait jeté les yeux sur Mardyck. C'était un moyen de ressusciter Dunkerque, dont le chenal n'aurait fait que changer de direction et de longueur. C'était, du moins, le moyen d'attendre que sa bonne ville pût sortir de l'état où il l'avait vue. Ce dessein était médité en silence, on avait réuni secrètement une somme de 1200 mille livres ; l'épuisement général ne permettait pas d'aller au-delà.

D'ailleurs l'Angleterre y avait l'œil. La garnison anglaise s'était retirée (12 août 1714), mais lord Armstrong était resté chargé de la surveillance ; ce fonctionnaire était peu disposé à rien tolérer : il trouvait journellement que la ruine de Dunkerque n'était pas complète. Il s'alarmait de quelques constructions bien inoffensives. Prior en fit l'objet d'un mémoire.

Le grand roi était vieux et affaibli ; on biaisa : on fit remontrer qu'il était nécessaire de donner issue aux eaux du pays.

La première pierre des ouvrages de Mardyck avait été posée ; cinq mois après (2), le nouveau port était ouvert, et l'année suivante (3), une frégate de 34 canons franchissait l'écluse !...

Un tel événement releva l'espoir des Dunkerquois, mais la prudence défendait d'en laisser rien paraître. Néanmoins, lord Stairs ne put se dispenser de s'en montrer scandalisé (4). Il fit bien voir qu'il ne s'y trompait pas. Il remontra que le canal de Mardyck pouvait contenir 400 navires ; qu'un vaisseau de 80 canons pouvait y entrer à pleines voiles, et que la nouvelle ville était, pour l'Angleterre, aussi menaçante que l'avait été l'ancienne...

Néanmoins, la franchise de Mardyck avait été proclamée ; la navigation directe

---

(1) Le service funèbre fut célébré à Saint-Éloi. 120 pains de 8 sous furent distribués aux pauvres. — 300 bottes de paille furent employées pour la croix mortuaire. — Voyez le compte de 1715.

(2) Le 17 février 1715. — Diot donne le 1ᵉʳ janvier, — et le 6 janvier pour la première chasse qui ait envoyé à la mer par Mardyck les eaux du pays.

(3) En avril 1716.

(4) Il fit un mémoire en février 1715.

de Bergues à la mer autorisée... Peut-être voulait-on, par ces modifications, détourner l'attention du but véritable, le rétablissement de Dunkerque.

Quoi qu'il en soit, ces admirables travaux (1) étaient à peine constitués qu'il était question de les détruire! Dans l'article 4 du traité de la Haye (2), il est stipulé suivant les conventions faites à Hamptoncourt, près d'Iberville (3), que le passage de Mardyck de 44 pieds serait démoli de fond en comble; que les matériaux ne pourraient être employés à établir aucun ouvrage à deux lieues de distance des deux places; que la petite écluse serait réduite à 16 pieds; que les jetées et fascinages seraient rasés au niveau de l'Estran, le tout en l'espace de deux mois.

Cette éversion commencée en juillet, ne fut cependant terminée qu'en décembre. Les eaux, désormais sans issue, recommencèrent à répandre leurs miasmes dans le pays (4), et depuis lors, la mer, élevant successivement son lit, a barré le chenal et scellé pour jamais ces ruines!

En hommes énergiques que rien ne décourage, les Dunkerquois cherchèrent alors à tirer parti du canal de Furnes; mais ici, c'était une tout autre affaire!

II

1717. — Attiré sans doute par le bruit de ces mémorables catastrophes, le futur czar de Russie, celui qui devint Pierre-le-Grand, se dirigea vers Dunkerque (21 avril), où il fut reçu par Cornille Bart, délégué à cette fin par le Régent. Il arriva par ce même canal de Furnes et entra sans pompe dans Dunkerque, entourée des ruines de son ancienne splendeur! Pour ne pas insulter à cette immense infortune, le prince avait d'abord refusé tout ce qui pouvait donner à son arrivée un appareil quelconque. Sur les instances du Magistrat, il accepta cependant une garde de quinze hommes. Néanmoins, l'échevinage alla en corps au devant de lui et lui présenta les vins d'honneur.

Le voyageur resta quatre jours à Dunkerque. Il logea à l'intendance, visita l'emplacement des fortifications et se rendit à l'église Saint-Éloi; assista deux fois aux exercices des régiments alors en ville.

Il alla de même voir les ruines de Mardyck. Son œil put errer sans obstacle sur la plage où avaient été élevés si rapidement les ouvrages fameux, détruits plus promptement encore.

---

(1) Du Pont-Rouge à la laisse de basse mer le canal de Mardyck avait 6,600 mètres (une lieue et demie); le chenal avait 78 mètres de largeur et 57 mètres à l'extrémité. La largeur de l'ancien chenal de Dunkerque était de 92 mètres environ. La grande écluse avait 14 mètres 30 centimètres, ce qui permettait à un navire de 70 de la franchir; c'était la plus belle qui existât en Europe. La petite écluse avait 8 mètres 45 centimètres. Une frégate de 26 ou un bâtiment de 300 tonneaux pouvait y tenir.

(2) 4 janvier 1717.

(3) 1er novembre 1716.

(4) En 1718, les habitants de Dunkerque détruisirent le batardeau qui bouchait le canal de Furnes, et y substituèrent une écluse (nommée le Guindal de Kesteloot) pour diriger les eaux par Mardyck. — Le Magistrat délégua quelques-uns de ses membres pour s'entendre avec Furnes et Bruges pour l'entretien, à frais communs, du canal de Furnes.

Accompagné de Lebois, gentilhomme de la cour du régent, il partit ensuite pour Calais dans les carosses royaux.

Quelques personnes attribuent à la présence de Pierre-le-Grand le nom donné à la rue des *Pierres;* c'est une erreur. Plus de deux siècles auparavant, cette rue était déjà dénommée de la sorte.

III

Pendant six ans, Dunkerque resta dans un état de complète prostration. Pendant quarante ans, à partir de l'époque funeste, le chiffre des naissances baissa graduellement.

La tempête et la mer, secondant le vœu des habitants, vinrent en une nuit renverser le batardeau que l'Angleterre avait jeté à travers le chenal. Et c'est merveille, en vérité, car il n'avait pas moins de 200 mètres d'épaisseur (1)!

Ce fut un véritable événement. Un long cri de joie retentit dans la ville! — *Le batardeau est rompu! le batardeau est rompu!...*

Jamais prisonnier sentant tomber ses fers, n'a éprouvé une émotion plus vive; toute la population bravant les rafales, vint sur la grève pour s'en assurer, et, chose incroyable, les Anglais ne se hâtèrent pas de recommencer leur digue!

Toute restreinte qu'elle était, cette ouverture permettait à l'espérance d'entrer avec les eaux de la marée! Peu à peu, la mer avançant son œuvre, et des mains complaisantes lui venant peut-être en aide, le canal s'élargit et l'on songea à faire des expéditions aux colonies. Six mois s'étaient à peine écoulés que des lettres-patentes donnaient les autorisations nécessaires. Un entrepôt était établi en basse-ville. Un moulin à eau qui se trouvait entre le canal de Furnes et celui de la Moëre, fut déplacé, et les eaux de l'écluse de Kesteloot (2) furent amenées dans le port. Il fut ainsi amélioré et put recevoir des vaisseaux marchands. En 1730, il avait 13 pieds d'eau; le fait fut constaté par le colonel anglais Lascelles.

Les anciennes jetées étaient remplacées par une môle en pierres avec des fascinages des deux côtés, et s'avançaient de 1,200 à 1,400 mètres, dominant l'Estran de près d'un mètre. C'était suffisant pour empêcher l'invasion des sables dans le chenal.

A petit bruit et comme en cachette, les Dunkerquois travaillaient à relever leur ville. Réorganiser une Chambre de commerce, construire une halle, préparer des ressources à la navigation... tels étaient les plans dont ils s'occupaient avec une infatigable persévérance et qu'ils réalisèrent quelques années plus tard.

Si les Dunkerquois s'occupaient de leur ville, les Anglais ne la perdaient pas

---

(1) Nous pensons que la rupture de ce batardeau avait été préparée par les sources qui en avaient miné et divisé la masse, que la mer en fureur n'eut plus ensuite qu'à disperser.

Un tableau assez médiocre retrace l'état du chenal au moment de la rupture du batardeau. Ce tableau est dans le cabinet de M. Conseil, capitaine du port; il y en a un sur le même sujet au Musée.

(2) Kesteloot était le nom de l'éclusier qui était chargé de veiller à l'entrée et à la sortie des eaux de la Panne. — Aujourd'hui, par une substitution analogue, on appelle écluse *Magloire* celle qui se trouve à l'extrémité de la Cunette.

de vue. Dans un acte de 1730, le Parlement dit : « L'heureuse situation de cette ville, les avantages qui lui étaient accordés, ont détruit en grande partie le commerce de l'Angleterre... C'est avec raison que Dunkerque peut être nommée la terreur de la nation anglaise. »

Ce que nos rivaux confessent, des Français veulent de nos jours le contester !

Quoi qu'il en soit, la réapparition du môle était une énormité que la Grande-Bretagne ne pouvait tolérer. Elle expédia sur les lieux, lord Armstrong.

Par la voix du grand pensionnaire de Witte, les Hollandais avaient dit : « Dunkerque a nui à la Hollande plus que tous les armements de l'Espagne... » Elle nous envoya Cromstroom (27 septembre 1732), et son ambassadeur, le comte de Waldegrave, insista auprès de la cour pour que les digues du chenal fussent complétement détruites, et que ce qui restait du fort Vert et du fort de Bonne-Espérance, ne fût pas tiré de l'état où il avait été mis.

On évita de donner une réponse catégorique, et les choses demeurèrent dans la même situation.

IV

On assure qu'en 1744, la France, autrefois reine de l'Océan, n'avait pas un vaisseau à mettre à la mer.

Pour se consoler de leurs propres infortunes, les Dunkerquois pouvaient s'occuper des victoires que le roi remportait sur terre. En effet, pendant le règne de Louis XV, on mit, à la publication officielle des succès des armes françaises, une pompe invariable de feux de joie, *Te Deum*, feux d'artifice, réjouissances publiques, etc., dont l'expérience de Louis XIV n'avait pas corrigé les ministres (1). A ces démonstrations, ils s'en joignaient d'autres pour le rétablissement de la santé du roi, le sacre du jeune monarque, son mariage, la naissance de deux princesses, celle du dauphin, sa convalescence, la naissance du duc d'Anjou, du duc de Bourgogne, du duc d'Aquitaine, du duc de Berry, du comte de Provence, du comte d'Artois, etc.

Puis encore les fêtes locales pour l'arrivée en nos murs de grands seigneurs du temps (2).

Parmi cette multitude de noms indifférents ou odieux, il en est un qui brille pour nous d'un éclat trop honorable pour que nous n'en fassions pas une mention

---

(1) Les registres de la ville relatent les fêtes à l'occasion de la prise de Fontarabie, de Saint-Sébastien, de Milan, de Nice, de Menin, de Parme, de Philisbourg, d'Anvers, de Mons, de Charleroy, de Namur, de Minorque, de la victoire de Guastalla, de Raucoux, de Lawfeld, de Berg-op-Zoom, d'Hastembeck (1757), de Saint-Cas (1758), d'un avantage obtenu sur les Hessois, les Anglais et le duc de Brunswick.

(2) Parmi les personnages de ce temps qui vinrent à Dunkerque, citons le marquis de Grancey, le comte d'Hérouville, Melian, De La Grandville, de Lomond, d'Argenson, maréchal de Belle-Isle, de Noailles, de Séchelles, duchesse de Neufchâteau, duc de Modène, comte de Beaumont, marquis Dubarail, comte de Saint-Germain, duc de Choiseul, le prince de Robecq, de Soubise, Bernier, le prince de Tingry, Richelieu, commandant l'armée qui devait conquérir l'Angleterre...., Louis-Philippe d'Orléans, aïeul du roi de ce nom (1741).

particulière; nous voulons parler de Cornille Bart, fils de l'héroïque Jean, dont nous avons esquissé la biographie. Chaque fois que ce brave Dunkerquois revint dans sa ville natale, le Magistrat lui offrit les vins d'honneur. On aime à le voir à chaque apparition, décoré d'une nouvelle dignité. D'abord simple capitaine, il refusa toutes les offres avantageuses des souverains étrangers qui voulurent l'attacher à leur service. Il se présente ensuite avec le cordon rouge et la grand'croix de Saint-Louis, comme chef d'escadre, comme lieutenant-général, comme vice-amiral du Ponant..... Fidèles interprètes du sentiment public, nos échevins plaçaient dans leur grande Salle, le portrait de Jean Bart et de son fils. Puis.... tel est le terme de toute gloire humaine ! Ils assistaient au service funèbre célébré en son honneur, le 15 mai 1755 (1). Consignons à la louange du Magistrat de cette époque, que, voulant honorer la mémoire du fils de Jean Bart, il accorda à ses filles Catherine et Jeanne, une pension sous le titre d'indemnité de logement (2).

---

(1) Cornille Bart trépassa le 22 avril 1755 dans son domicile, rue Saint-Sébastien ; rien n'indique ni cette maison, ni ce souvenir !

Les dates suivantes qui marquent dans la vie de ce brave Dunkerquois seront sans doute lues avec intérêt :

1677. — 16 juin. Naissance de François-Cornille Bart.
1688. — Son premier voyage sur *la Serpente* (d'autres disent *la Railleuse*).
1691. — Garde-marine. Sur un détachement de cinquante chaloupes il brûle quatre frégates hollandaises près de Malaga.
1694. — Enseigne. Figure à l'attaque de huit vaisseaux qui avaient pris cent-trente navires chargés de blé.
1696. — Lieutenant à l'âge de dix-huit ans. De cette époque à 1702 il se trouve à dix-neuf abordages.
1707. — Figure au combat de Dugay-Trouin et Forbin contre cinq vaisseaux anglais escortant cent vingt navires pour le Portugal. — Incendie du *Devonshire*.
1707. — Capitaine de frégate. Aide à prendre le *Hamptoncourt* de 72.
1712. — 25 novembre. Capitaine de vaisseau.
1717. — Chargé de recevoir le czar Pierre. — Refuse toutes les offres de servir à l'étranger.
1718. — 28 juin. Chevalier de St-Louis.
1740. — Commande *le Fleuron* de 64 et devient en 1741 chef d'escadre.
1744. — Commandant à Dunkerque.
1746. — Commandeur de l'Ordre de St-Louis.
1750. — 17 février. Lieutenant-général.
1752. — 1er septembre. Vice-amiral de France ès-mers du Ponant.
1753. — 25 août. Grand'croix de l'ordre de St-Louis.
1753. — Premier vice-amiral.
1755. — 22 avril. Trépasse (en son domicile rue St-Sébastien).

Nous croyons devoir aussi en consigner quelques-unes relatives à Philippe-François Bart, le dernier des descendants mâles directs de Jean Bart :

Né le 28 février 1706.
Entré dans la marine en 1721.
Enseigne en 1731.
Lieutenant en 1741.
Se trouve au combat du cap Ortegal le 25 octobre 1747.
Capitaine en 1748 (1er avril).
Commandant à Dunkerque.
Gouverneur des Isles-sous-le-Vent en 1756 (1er octobre).
Retraite de chef d'escadre en 1764.

(2) Par délibération du 15 mai 1755.

Le roi s'amusait, et ses sujets à son exemple, entraient dans une voie de scandaleuses prodigalités, de dilapidations intolérables. Nos échevins flamands avaient promptement appris à devenir, en ceci, de très-grands seigneurs.

La position de la ville aurait pourtant dû leur inspirer d'autres dispositions!

En effet, par la destruction de son port, Dunkerque n'avait plus la ressource de la pêche, ni celle des armements en course, ni celle du commerce ordinaire du cabotage. Une partie de la population avait dû émigrer. Les gens de mer qui y abondaient auparavant avaient dû chercher ailleurs de l'emploi. Le gouvernement du territoire, devenu sans importance, avait été annexé à la Flandre wallonne (1). La ville était menacée de consomption et l'on aurait pu conjecturer sa prochaine disparition.

Néanmoins, vingt ans après la rupture du batardeau, et lorsque s'ouvrit la guerre de la succession d'Autriche (1740), quatre môles en fascinages s'étaient élevés sur le côté *est* du port; des batteries y avaient été établies; 80 pièces d'artillerie y étaient prêtes à saluer l'ennemi. A l'*ouest*, le fort Risban sortait de ses ruines; sous les entraves mêmes de l'Angleterre, Dunkerque tendait à ressaisir son ancien prestige. Ses corsaires ne tardèrent pas à s'élancer, et en peu d'années ils obtinrent, de nouveau, des succès prodigieux. On évalue à 12 millions de livres les seules prises de l'année 1744.

V

Le roi, victorieux, n'aimait pas naturellement la guerre. Il combattait pour forcer l'ennemi à accepter la paix. Il vint à Dunkerque (8 juillet 1744): la ville reprit à cette occasion son mouvement et sa parure d'autrefois. Un cortège magnifique, des arcs de triomphe placés à l'entrée de la rue Royale (rue Lamartine), de la rue Saint-Louis (rue Neuve) et de la rue de Berry (rue de la Marine).... des fontaines de vin, des feux de joie, des illuminations splendides et jusqu'au sommet du beffroi (2), des fusées lancées de la grande tour.... tout pouvait laisser croire qu'il n'y avait plus à Dunkerque trace des maux d'autrefois! Pendant quelque temps on aurait pu penser que nos beaux jours allaient renaître.

Dans la harangue qu'il adressait au roi, le conseiller Tugghe, lui disait: « ..... Sire, une raison d'état obligea votre bisaïeul, pour donner la paix à l'Europe, de sacrifier les fortifications et le port de Dunkerque; une raison contraire peut aujourd'hui en assurer le rétablissement!... »

Le bassin d'Ostende, dont le roi ne tarda pas à s'emparer (1745, 23 août), tint quelque temps lieu de celui que nos armateurs avaient autrefois à Dunkerque. Il avait même le grand avantage de leur faire mieux éviter les côtes d'Angleterre en cinglant vers le Nord.

---

(1) Lors de cette adjonction, l'échevinage courtisan envoya à Lille une députation pour « complimenter à ce sujet M. de Bernières! » et pourtant, à cause de la misère et de la disette, le gouvernement avait dû consentir à ne pas percevoir de capitation.

(2) En 1730, le toit de cette tourelle avait été incendié par l'effet des fusées qu'on y allumait.

Un camp retranché s'était reconstitué autour de la ville de Louis XIV, du côté de l'Est; à 3 kilomètres des anciennes fortifications (1), une ligne de retranchements joignait la grève au canal de Furnes (1742); six batteries étaient distribuées le long du canal lui-même; à un kilomètre de la place et de l'autre côté de ce canal, des redoutes allaient s'appuyer au canal des Moëres et au fort Louis, en suivant le Bernardslet: 20 bataillons, sous les ordres du maréchal Noailles, étaient répartis sur cette vaste circonférence.

VI

Alliés de Marie-Thérèse, roi de Hongrie, les Anglais avaient fait passer en Flandre 16,000 hommes, sous le commandement de Stairs. En attendant du renfort, ces troupes campaient autour de Bruges et de Gand où était le quartier-général. Il s'y joignit 16,000 Hânovriens, plus 6,000 Hessois, et l'on s'attendait à un mouvement sur Dunkerque. Mais cette attaque fut ajournée; les Anglais temporisèrent, convaincus sans doute que pour abattre de nouveau cette ville, les champs de la diplomatie leur offrirait des chances plus favorables

VII

Dans ces dernières guerres, la France avait perdu plus de cent mille soldats. Elle en était à ses dernières ressources. La pénurie d'hommes ne permettait pas de laisser, derrière nos retranchements, les bataillons que l'on y avait d'abord postés. Pour y suppléer, on réorganisa la garde bourgeoise de Dunkerque (2), comme Louis XIV l'avait déjà fait en 1688 et 1690. Tous les manants de 14 à 60 ans furent armés; on les rangea en quatre divisions de six compagnies (3), qui procédèrent à l'élection de leurs chefs comme on le ferait aujourd'hui en pleine République. Les Dunkerquois virent établir sous leur ville un camp de six régiments (4), après que le roi eût pris en personne Nieuport (5 septembre 1744), Ath (en octobre) et après que Fontenoi fût venu confirmer leurs prévisions et détruire la fleur de l'armée anglaise.

Cependant, par une faiblesse que n'explique pas la situation des affaires et surtout les récentes victoires, Louis XV, pour assurer la paix, renonça non-seulement à toutes ses conquêtes, mais il sacrifia de nouveau Dunkerque. Le traité d'Aix-la-Chapelle (12 octobre 1748) stipula cette condition. L'article 17 porte:

---

(1) Il existe au Musée une gravure représentant une revue passée par le roi, et qui se rapporte peut-être à cette époque.

(2) Suivant le protocole de l'ordonnance, le motif du rétablissement était « .... la sûreté publique, » la défense des biens des bourgeois, un secours prompt en cas d'alarme.... »

(3) Les quatre quartiers étaient : 1° celui de la Porte Royale, assemblée Place au Bois; 2° de la porte de Nieuport, place Dauphine; 3° de la porte du Quai, Marché-aux-Volailles; 4° de la Citadelle, marché au Blé.
Chaque division comprenait six compagnies de 100 hommes, dont 4 sergents, 6 caporaux, 6 anspesades (*), 2 tambours, 1 capitaine, 1 lieutenant en premier, 1 lieutenant en second.

(4) Savoir : Goudrin, Royal de Noailles, Dillon irlandais, la Marche, Navarre, Bourbonnais.

(*) Les anspesades étaient des bas officiers au-dessous des caporaux, et qui étaient néanmoins portés parmi les hautes-paies.

« Dunkerque restera fortifiée du côté de terre en l'état qu'il est... le côté de
» la mer sera mis sur le pié des anciens traités... »

En conséquence, les batteries, à peine rétablies sur l'Estran, furent démolies de nouveau !

Ce n'était pas assez de supporter ce triste résultat de la guerre, Dunkerque eut à souffrir de la peste qui y reparut trop souvent ; le choléra lui-même y fit sa sombre apparition (1752) ; la disette vint souvent inquiéter le pays, et le Magistrat dut, pour prévenir les émeutes, acheter du blé et le distribuer au-dessous du prix de revient.

VIII

1753. — Ce nouveau coup était de nature à faire retomber la ville dans un état pire que celui d'où elle était récemment sortie. Néanmoins, l'expérience venait de montrer de quel abîme Dunkerque peut se relever, pour peu qu'on lui laisse d'air et de lumière. Cette pensée y soutint l'esprit public. En attendant des circonstances plus favorables, on s'y appliqua à tracer de nouvelles rues (1). La bourse fut élevée (2) ainsi qu'un nouvel hôtel pour l'intendant de terre (3); une nouvelle maison de force, un nouvel hôpital général (4); des terrains restés vagues jusque-là, furent vendus pour y élever des habitations ; et, en effet, le chiffre de la population s'éleva graduellement, le commerce interlope prit une grande extension; l'exportation atteignit des proportions plus vastes que jamais. (5). Dunkerque se fit industrielle, ses fabriques de tabac obtinrent une grande réputation. Le monopole que le gouvernement impérial se réserva de cette industrie fit encore tarir pour elle cette source de prospérité.

---

(1) Par exemple : Des Récollets (1751), du Sud, de la Paix, de Soubise, de Séchelles, de Beaumont, Caumartin. — Ces derniers avaient été intendants de Flandre ; ils avaient contribué à la prospérité de la ville.

(2) En face de l'Hôtel-de-Ville. Le rez-de-chaussée est voûté. — La Chambre de commerce ayant quitté le premier étage du poids public, Marché-aux-Volailles, occupa le premier étage de la Bourse jusqu'en 1791. — L'Ecole d'architecture occupa le second étage (aujourd'hui le Musée) jusqu'en 1769. — La bibliothèque publique fut logée quelque temps au premier étage.

(3) La ville acheta 58,000 livres les terrains rue du Jeu de Paume. Pour l'appropriation, elle dépensa d'abord plus de 160,000 livres. Des changements opérés ensuite absorbèrent pour ce seul objet plus de 500,000 livres !

(4) Les lettres-patentes sont datées de 1737.

(5) On en pourra juger par les chiffres suivants, que nous empruntons à Diot : En 1754, il s'exportait environ 30,000 hectolitres d'eau-de-vie et 25,000 hectolitres de vin, d'une valeur de 2 millions de livres. Les smoggleurs emportaient pour 2 millions de denrées, une somme égale de produits manufacturés, et pour 1 million d'indigo.

Dunkerque armait pour l'Amérique quinze à vingt navires, de 100 à 350 tonneaux ; pour l'Espagne et le Portugal, huit ou dix ; sur Hambourg, trois ou quatre ; sur Ostende et Nieuport, sept ou huit. Elle ne comptait plus qu'une vingtaine de navires de pêche. En 1752 et 1753, ce nombre s'éleva à cinquante-deux, qui ramenèrent 30,000 tonnes de harengs et 6,000 tonnes de morue, indépendamment de la pêche au poisson frais, qui rapportait plus de 400,000 fr. — Quatre à cinq navires faisaient la traite des nègres.

Un pareil état de choses mécontenta l'Angleterre, elle s'efforça d'y mettre obstacle.

1754. — Pour écouler les eaux du pays, on avait creusé le canal dit de la *Cunette*, un fossé large de quelques pieds. C'était un beau sujet de guerre; elle signala cela comme une infraction aux traités. Elle prétendit qu'on relevait les fortifications; que les débris des anciens ouvrages avaient servi à exhausser les jetées. Lord Abermale, ambassadeur à la cour de France, fit un mémoire à ce sujet.

Le duc de Mirepoix répondit qu'il n'était question que de faciliter l'enlèvement des matériaux désignés; que la *Cunette* n'avait d'autre but que d'évacuer les eaux insalubres du pays, etc.

Le chevalier Bret et Desmaretz se rendirent, sans tarder, sur les lieux; les États généraux y dépêchèrent le général Cornabé : ce qui n'empêcha pas que la *Cunette* ne fût terminée l'année suivante.

IX

1755. — Suivant sa constante habitude, voyant un jour l'occasion favorable, l'Angleterre, sans déclaration de guerre, sans motifs avouables ou avoués, se mit à courir sus aux navires français. 300 vaisseaux et 8,000 matelots furent ainsi escamotés à la France.

1756. — Pour répondre en français, à de semblables procédés, une ordonnance royale (3 février) prescrivit aux Anglais habitant Dunkerque de sortir de la ville dans le délai d'un mois, et peu après (5 juin), le roi annonça qu'il rétablissait le port de Dunkerque, et il y envoya le maréchal de Belle-Isle.

Les perfides aggresseurs expièrent leurs trahisons; en peu de temps 64 corsaires portant 572 canons et servis par 4,686 hommes, sortirent de notre port et ramenèrent 635 bâtiments pris aux Anglais (1); c'est plus du double de ce que les insulaires avaient enlevé à la France. En même temps (1758), on rétablit le bassin de la marine, comblé par le sable du batardeau rompu; les quais reçurent un revêtement de pierre de taille, l'écluse de 44 pieds fut réinstallée avec portes busquées, et pont tournant. Une somme de 13 millions de livres fut consacrée à relever Dunkerque et ses forts du côté de la mer. Chamonin et Jacobens, députés à Paris, allèrent solliciter la remise en vigueur des anciennes franchises (2).

C'est alors que brilla par ses hauts faits le capitaine Pierre Bart, qui marchait glorieusement sur les traces de son aïeul et qui, plus heureux que lui, périt en combattant les ennemis de son pays! (3). Et l'Europe apprit de nouveau quelles ressources imprévues la France trouve dans l'énergie de ses enfants!

---

(1) Voir Dieudonné, *Statistique du Nord*, t. I, p. 479.

(2) Au compte de 1759, leur mission est portée pour 3,211 livres.

(3) Le 27 mars 1759, P. Bart, sur *la Danaë*, de 36 canons et 360 hommes d'équipage, fut tué; son fils le fut après lui, et *la Danaë* prise par deux frégates anglaises, *la Mélampe* et *le Gaspars*. — Le 15 septembre, l'échevinage de Dunkerque accorda à la veuve une pension de 300 livres. (Voyez Registre aux délibérations, III).

PLAN DE DUNKERQUE EN 1759.

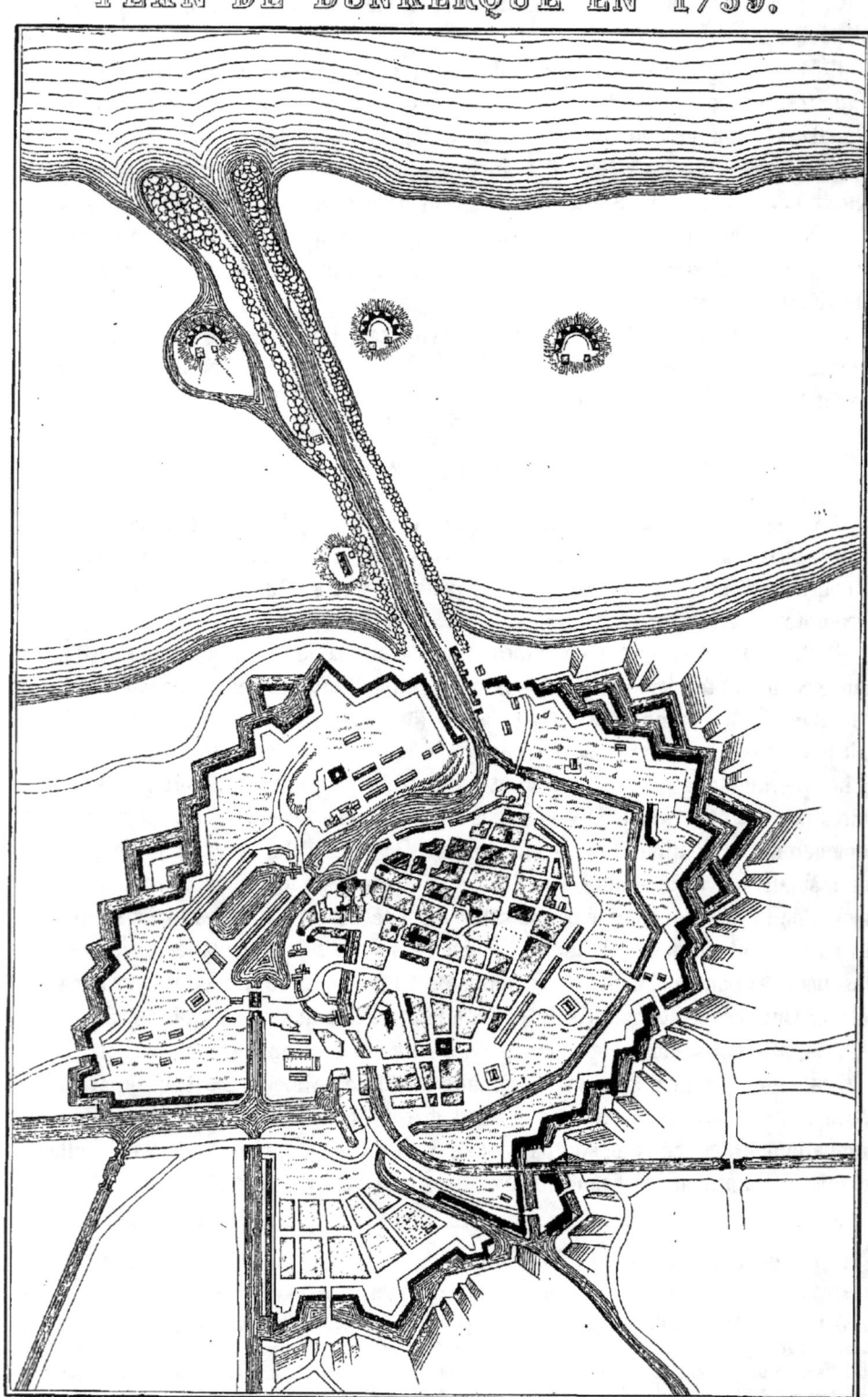

V.^{or} DERODE, Histoire de Dunkerque.   Lith. de Brasseur, à Dunkerque.

C'est alors aussi, qu'en dehors des anciennes fortifications, fut élevée une enceinte à redans qui donna à la ville l'étendue qu'elle a gardée depuis (1) ; le front de Nieuport fut particulièrement soigné, les ouvrages et les chemins couverts furent garnis de palissades, etc.

X

L'Angleterre renouvela aussi ses anciennes expéditions contre les ports français, elle s'efforça de les incendier. Cela donna aux ministres de Louis XV la pensée d'une invasion dans cette île, et il se fit, en conséquence, de grands préparatifs dont nous devons dire quelques mots.

Le roi avait fait construire à Dunkerque et autres ports, 180 bateaux plats ne tirant que quelques pieds d'eau et pouvant porter 300 fantassins ou 60 cavaliers et leurs montures. On y arma aussi des prames portant vingt canons de 36 et quatre mortiers qui devaient servir à protéger le débarquement. Un camp d'infanterie fut placé au Doornegat et un camp de cavalerie au jeu de Mail.

Trente mille hommes, divisés en plusieurs corps d'armée, devaient partir de Dieppe et du Hâvre, aborder sur la côte de Sussex, près de Rochester et menacer Londres pendant que le maréchal de Conflans, avec 20,000 hommes, apparaîtrait sur la Clyde comme pour atteindre Glascow à l'Ouest de l'Écosse, ou bien se porterait dans la partie méridionale de l'Irlande.

Un brave capitaine, quasi Dunkerquois, Thurot, qui s'était montré brave et intrépide au point de mériter le surnom de Duguay-Trouin II; Thurot qui avait adopté le système de Jean Bart pour la division des frégates légères destinées à la course, Thurot devait partir de Dunkerque avec cinq navires et 1,500 hommes des Suisses et gardes Françaises, et seconder les opérations.

Assurément, le plan était bien concerté, les chefs capables, et si la prudence, la valeur et le courage eussent été suffisants, le résultat eût été obtenu; mais il fallait compter avec la mer !

1759. — Thurot mit à la voile le 14 octobre; le lendemain, une violente tempête démâta une de ses frégates, le *Begon*, de 36 canons, et l'obligea de rentrer à Dunkerque. Les quatre autres se réfugièrent à Bergen, en Norwège. Le 15 décembre, elles reprirent la mer et se portèrent au Nord de l'Irlande.

Comme ils étaient en vue de cette terre, une nouvelle tempête vint les assaillir; l'*Amaranthe* désemparée fut contrainte de relâcher dans une île. Là, Thurot apprit la défaite de Conflans par l'amiral Hawke.

1760. — Néanmoins, il descendit près de Carrickfergus (Irlande), et le 21 février il s'empara de la ville et de la citadelle, leva des contributions, ravitailla ses vaisseaux et voulut emmener en France la garnison anglaise qu'il avait faite prisonnière; mais en chemin, il rencontra lord Elliot sur l'*Éole*, de 32 canons, et deux autres frégates de 36. L'action s'engagea; Thurot ayant été tué, ses vais-

---

(1) Cependant, tout a été complètement modifié ; successivement, et surtout depuis cinquante ans, le système des fortifications a été amélioré, étendu, complété.

seaux furent pris et emmenés en Angleterre. Louis XV n'avait pas réussi mieux que Philippe II [1].

XI

1761. — On creusa de nouveau le canal de Bergues ; cette dernière ville construisit un bassin pour y recevoir des navires marchands ; la persévérance des Flamands se montrait plus tenace que leur mauvaise fortune.

Depuis trois cents ans, l'Europe, obéissant aux suggestions de l'Angleterre, se déchirait au profit de cette nation. Partout on demandait la paix ! mais il était dit que Dunkerque en serait de nouveau la condition.

Le prétexte était tout trouvé. L'Angleterre ne pouvait tolérer que la *Cunette* subsistât, en dépit des anciens traités ! Sa sûreté personnelle en était trop compromise. S'il fallait assainir le pays, elle aurait avisé à trouver quelque moyen, mais la *Cunette* ne pouvait rester ! elle ne servait qu'à dévaser le port ! Desmaretz, le colonel envoyé spécialement pour examiner la chose, en était pleinement convaincu. La *Cunette* servit d'argument en 1763 comme elle avait servi en 1734, et c'est en vain que Ramsault, commissaire français, essaya de faire des observations à l'encontre. L'article 13 du traité de Paris, signé le 10 février 1764, stipulait encore que les forts seraient détruits ; que le port, les quais et autres constructions analogues seraient démolis jusqu'aux assises des fondements. Il stipulait de plus que :

Un commissaire anglais résiderait quinze ans dans la ville pour assurer l'exécution de cette clause.

Le même Desmaretz accepta cette fonction ; il en était digne. Son zèle ardent n'était jamais rassuré. En 1766, il faisait faire encore aux jetées de nouvelles coupures. Heureusement, la mort vint mettre un terme à ses entreprises : il mourut à Armentières en 1768.

Frazer le remplaça. Plus traitable, il toléra qu'on travaillât à l'écluse de Kesteloot, toutefois sans en approfondir le radier.

En 1772, le quai fut rétabli depuis l'ancienne *Cunette* jusqu'à la barrière de l'Estran, et de nouveau, les expéditions aux Colonies, la pêche, le commerce interlope se relevèrent et tendirent à reprendre leurs anciennes allures.

XII

C'est un spectacle vraiment merveilleux que cette énergie sans cesse prête à se manifester !

Mais une déplorable cause vint y mettre obstacle. Nous voulons parler du déficit des caisses publiques et de l'antagonisme qui se déclara de plus en plus entre la nation et le gouvernement.

Cet important objet mérite que nous nous y arrêtions un moment.

---

1 Voyez l'*Histoire de France au XVIIIe siècle*, par Lacretelle ; — la *Biographie universelle* ; — la *Description historique de Dunkerque*, par Diot.

Les guerres de Louis XIV et les débauches de la régence avaient vidé non-seulement les coffres de l'État, mais ceux de bien des particuliers. Le cardinal Fleury s'était appliqué à réparer ce désordre. Par ses soins, de notables améliorations avaient été réalisées. La *taille* était diminuée de 300 millions; il avait aboli (1720) le droit nommé *cinquantième denier;* plus tard (1741), il était parvenu à supprimer un droit plus odieux encore : le *dixième denier.*

Mais ces impôts ne tardèrent pas à reparaître sous d'autres noms. On épuisa les moyens de tirer de l'argent des contribuables : ainsi, pour ne citer que peu d'exemples, Dunkerque avait été taxée (1723) à 350,000 livres pour être délivrée de l'obligation de racheter les offices municipaux que l'on avait pris le parti de mettre à l'encan. En 1734, elle avait ajouté comme supplément 90,000 livres avec les deux sols pour livre. En 1773, elle payait encore 100,000 livres pour le même objet.

La Flandre maritime comprenait alors cent vingt paroisses. Elle payait une première part nette de 800,000 livres; ce qui suppose un versement brut du triple. En 1752, on y ajouta 80,000 livres pour solder les terrains récemment enclavés dans les fortifications de Bergues; puis 220,000 livres pour le canal d'Aire à Saint-Omer; puis 242,000 livres pour subside extraordinaire... sans préjudice à l'aide ordinaire, la capitation, et autres charges locales.

Croyant faire face à tous ces besoins, la Flandre avait voté un emprunt de 500,000 livres; mais elle n'avait rien à offrir en garantie. Quant aux particuliers, ils n'avaient guère de ressources, car, tandis que les traités faisaient de Dunkerque ce que nous avons dit, les financiers la saignaient comme on vient de le voir; et, en outre, une épizootie cruelle avait appauvri les campagnes environnantes. Tout faisait défaut à la malheureuse Flandre !

Pour adoucir cette situation, le roi préleva, pendant quelques années (1751 à 1754), sur les impôts communs, une somme pour amortir l'emprunt; mais cet allégement nominal ne dura même pas. En 1757, les vingtièmes supprimés par Fleury, reparurent. La province s'abonna pour 294,500 livres, plus les 2 sols pour livres. C'est le décime dont le fisc respecte la tradition.

De son côté, pour satisfaire aux plus urgentes nécessités, la ville avait emprunté, une première fois, un demi-million de livres. Elle se chargeait de rentes qui grossissaient chaque année et qu'elle ne pouvait même plus payer. En 1760, la dette communale s'élevait à un million dont la moitié de capitaux reçus de divers; 400,000 livres de rentes exigibles et 28,000 livres de rentes viagères.

Les maisons de charité, hôpitaux, etc., dont les ressources se composaient surtout de rentes sur la ville, étaient dans une cruelle souffrance; les petits rentiers étaient réduits à mourir de faim. En 1766, la municipalité étant sans ressources, les entrepreneurs de la ville regardèrent leurs marchés comme résiliés et refusèrent non-seulement de continuer les constructions commencées, mais encore de fournir aux hospices les subsistances pour lesquelles ils avaient passé contrat.

Les échevins empruntèrent alors, sous leur responsabilité personnelle, une somme de 500,000 livres. Cinq ans après, ils levèrent encore 200,000 livres pour la restauration des quais.

Les actes financiers de ce temps présentent des traits curieux; un seul en donnera une idée.

En 1761, Lille et la Flandre maritime étaient imposées à 283,000 livres pour être exemptées de l'obligation de faire au roi *un don gratuit!*.... En 1774, Dunkerque, pour décliner *l'obligation* du même don gratuit, s'abonnait pour cinq ans à raison de 100,000 livres par an.

Se rendant au conseil de la cour, et pour subvenir à ces besoins dont on connaît aujourd'hui l'origine, la municipalité s'était décidée à se défaire de quelques pièces de son argenterie; l'église paroissiale et les couvents avaient fait de même (1).

Le système d'emprunt était d'ailleurs passé dans les habitudes, à ce point que le Chambre de commerce emprunta 600,000 fr. (1757). La fabrique de l'église Saint-Éloi, et plusieurs couvents en firent autant.

De cet examen général descendons à un examen particulier des dépenses de l'échevinage, car sans cela, il ne serait pas possible de se faire une idée du gaspillage qui s'était introduit dans les finances, pendant les deux règnes de Louis XIV et de Louis XV; sous Louis XVI le mal était devenu tel qu'il dut y avoir un point d'arrêt.

Pendant les 127 années qui séparent 1662 de 1789, trente-deux comptes présentent un excédant de recette, 95 sont en déficit. En 1761, ce déficit atteignait 314,000; en 1768 on l'avait réduit à 2 mille; mais, s'élevant de nouveau graduellement, il était de 132 mille, en 1781 (2).

La guerre, les dépenses considérables qu'entraîne le maintien de la garnison (3) y furent pour leur part, mais une honteuse prodigalité y fut pour la sienne; ainsi on trouve parmi les dépenses d'une certaine année :

Menues dépenses ou *mandées* (4) aux échevins. . . .	12,528 livres
Dépenses extraordinaires.	30,380 »
Voyages et députations des échevins.	10,587 »
Gratifications ordinaires.	8,816 »
Gratifications extraordinaires.	6,638 »
Dépense de bouche des échevins.	6,023 »
Frais de bouche et autres pour la reddition du compte.	1,926 »

---

(1) Voir le compte de 1759 et le IIIe registre aux délibérations. L'échevinage se défit de 8 flambeaux, 2 réchauds, 2 sucriers, 2 porte-huiliers, pesant 29 marcs, 4 onces 6 gros.

(2) Nous consignons ici que la première apparition des chiffres arabes dans les registres des comptes est de l'année 1605, mais après cela on reste longtemps sans les revoir; ce n'est qu'en l'année 1664, registre N° 83, qu'on les retrouve de nouveau. — L'addition des sommes mises en colonnes se rencontre pour la première fois dans le registre de 1765, N° 185.

(3) En 1760, le logement des officiers coûtait à la ville 48,000 livres, et celui de la garnison 81,000 livres. Les réparations des casernes, etc., absorbaient 60,000 livres; celles de l'église et du pavillon, 25,000 livres. Ce total de 214,000 livres est exorbitant.

(4) On entendait par *mandées* le paiement hebdomadaire des gages des échevins.

Voilà un total de 77 mille francs bien employé! et nous pourrions faire une foule de citations analogues.

Les chapitres *gratifications* et *dépenses de bouche* excitent la surprise et même l'indignation et le dégoût. On nous pardonnera quelques détails à ce sujet.

Et d'abord, la maison échevinale avait une cuisine munie de tous ses ustensiles ; une vaisselle d'étain et d'argent (1), le tout portant l'écusson de la bonne ville de Dunkerque ; deux glacières, l'une au petit château, l'autre derrière les Récollets; une cave abondamment fournie de vins rouges, blancs, *rosés*, gris...., mousseux ; de liqueurs choisies, etc., renfermés dans des bouteilles aux armes de la ville ; une office convenablement approvisionnée, et un « *confiturier* (2) » en titre qui fournissait tout ce qui concernait sa spécialité, y compris le café.

Les festins de l'échevinage étaient, en effet, fréquents et plantureux. Le jour de Pâques et des grandes fêtes religieuses (3) lors de l'adjudication des fermes, de la visite des chemins, du renouvellement du Magistrat, de la reddition des comptes, de leur clôture, de la quête des pauvres, des exécutions criminelles, de l'arrivée de quelque personnage marquant, tous les événements politiques entraînant feux de joie, etc.... Le mariage d'un échevin, la naissance de son enfant, les relevailles de sa femme, les obsèques des membres du respectable corps, tout cela et beaucoup d'autres circonstances encore étaient prétextes à festin.

Sous la domination espagnole, on cherchait encore quelque raison plausible (4), on s'efforçait d'adoucir ce que ces séances gastronomiques pouvaient avoir de choquant pour les contribuables. On crut ensuite pouvoir négliger ces précautions

---

(1) Au compte de 1670, on voit mentionné l'achat « .... d'une grande esguière et bassin d'argent » pour le service de la ville, et deux douzaines de cuillers et forcettes...., le tout 1,256 livres. » Ailleurs, on trouve la fourniture « *des batteries de cuisine d'airain*....., etc. »

(2) Outre le gros mémoire, on acquittait les menus frais de buvette, qui variaient de 200 à 2,000 liv.

(3) On se bornait d'abord aux jours « *natauix*, » mais le proverbe : *L'appétit vient en mangeant*, trouva une fois de plus à se vérifier, et il ne se passait guère de semaine sans qu'il y eût à l'Hôtel-de-Ville quelque réunion gastronomique.

(4) Nous transcrivons ici quelques-uns de ces articles, dont la naïveté est vraiment curieuse :

1519. — 12 février.... A certaines gens de loy et aultres nobles et bourgeois de ladite ville.... faisant bonne joyeuseté et aussi certain *retorrichement* de ladite ville....

1548. — .... A ceulx de la loy quant ils avaient este occupez à créer les officiers ... servant le bien de la chose publicque....

.... Le lundi parjuré, ceulx de la loy accompagnés des notables bourgeois assemblez chun avecq sa portion en la maison de ville pour entretenir accord et bonne intelligence l'un avecq l'autre....

1559. — .... Le magistrat a festoyé le capitaine Souastre et le capitaine Delamotte afin d'avoir et tenir amour et amitié avec eulx....

1571. — .... Le lundi flore, repas aux bourgmestre, échevins, notables, avec MM. les curés et prêtres de l'église afin de nourrir et de tant mieux entretenir concorde et amitié au corps de la ville....

1581. — Présenté au gouverneur de ladite ville pour certaines bonnes considérations....

1600. — .... En signe et démonstration de la joye et congratulation que le corps de la ville avoit reçu qu'icelluy Sr était commis du gouvernement....

1633. — .... Pour le repas fait en sa maison par MM. de la loy, y compris les frais de trois tortures exécutées à charge de *Loix trese*.... (sic).

oratoires et on arriva à formuler, sans sourciller, l'article d'un repas coûtant à la ville de 4 à 5,000 livres.

Cette dépense toujours croissante fit ouvrir les yeux au commissaire chargé de l'examen de ces comptes, il recommanda de modérer les dépenses de bouche.... Mais si la théorie est facile, la pratique offrait bien des difficultés et celles que l'on rencontra furent telles que l'on ne put passser outre.

Nous avons cependant remarqué deux modifications que voici :

Les bons échevins avaient insensiblement pris l'habitude de faire exécuter par les ouvriers de la ville et au compte d'icelle, certains menus travaux de construction ou de réparation dans leurs maisons particulières; sur l'observation plusieurs fois renouvelée que leur en fit le commissaire, ils décidèrent qu'à l'avenir cela n'aurait plus lieu; mais, pour dédommager chaque échevin, ils lui allouèrent pour chaque année *huit nobles d'or*.

Les échevins aimaient le vin de champagne et ils en buvaient copieusement, on leur adressa une remontrance à ce sujet. Prompts à s'amender, ils cessèrent la distribution du Champagne, mais il la remplacèrent par une petite somme annuelle de 1,445 livres, qu'ils se partagèrent entre eux et qui figure aux comptes sous le titre de *rédemption de vin de Champagne !*

Le vin était l'objet d'une consommation abondante et régulière, car l'échevinage en offrait généreusement à quiconque entrait en relation avec lui. Les grands seigneurs avaient la première et plus grande part; les notables, les couvents de la ville; les bourgeois eux-mêmes, en certaines circonstances, par exemple : celui qui entrait dans les ordres, recevait une feuillette de vin pour la première messe; il en était de même pour une bourgeoise à son entrée en religion; celui qui abattait le *Papegai* de chaque confrérie, les compagnons de Rhétorique lors de leur représentation, une foule de personnages qui venaient traiter de quelque affaire avec le Magistrat, jusqu'au fondeur des cloches du carillon, tous avaient reçu, de l'usage, le droit d'emporter une part de vin de la ville.

Outre le vin, on faisait des présents en rapport avec la position sociale des gratifiés : gouverneur, commandant et leurs épouses..... bailly, bourgmestre, échevins, notables.... employés, greffiers, huissiers, procureurs,... hocquetons, laquais, gens de service de la haute aristocratie..... tout cela recevait à divers titres une partie plus ou moins considérable des écus fournis par les habitants.

Ces présents prenaient toute sorte de forme : c'était des draps pour robes, des étoffes rares, des rubans, des poissons remarquables, des harengs en barils, des médailles, des jetons, des dragées et surtout des espèces monnayées à l'aide desquelles on peut se procurer tout le reste.

Ces espèces se donnaient pour étrennes et gratifications, comme moyens d'entretenir des bons rapports d'amitié (1).

---

(1) Parmi la foule des exemples que nous avons sous les yeux, nous choisissons les suivants :
1651..... M. le gouverneur d'Estrades, afin qu'il conserverait les intérêts de la bourgeoisie après le renouvellement de la loy, par forme de courtoisie, 1,725 livres. — Pour la même cause, à M. Quentins, lieutenant du roi, 900 livres; au major, 300 livres; à M. Dutoit, commissaire du roi,

Et pendant que cette pluie d'or tombait ainsi sur quelques privilégiés, les rentes dues par la ville n'étaient pas acquittées. Les registres des comptes révèlent des arriérés de 10, 20 et même 50 années!.. (1)

Les religieuses semblent avoir été rarement admises aux largesses du Magistrat. Parmi les religieux, les Carmes et les Minimes n'eurent qu'une assez mince part. Les Capucins, les Récollets et surtout les Jésuites étaient plus favorisés.

Ces errements financiers sont éminemment vicieux, et l'on ne peut qu'approuver la réforme qu'ils ont subie. On a justement fait un crime aux administrations passées, d'avoir ainsi creusé un gouffre; et telle est la bizarrerie de l'esprit humain, qu'on en est aujourd'hui à faire une sorte de reproche à notre Magistrat municipal de l'économie qu'il a introduite, de la réserve qu'il met dans la conduite des finances de la ville!... Qu'on ne le perde pas de vue : un corps élu n'est pas soustrait aux lois de cette simple et commune probité, qui consiste à payer ses dettes ; à cette obligation de rendre au public, qui le délègue, un compte clair et liquide de ce qui a été fait dans son intérêt.

Nous avons émis un blâme, la justice exige une réserve que nous sommes heureux de consigner pour certaines dépenses intelligentes qui ne sauraient être confondues avec celles dont nous venons de parler. Ce sont les encouragements donnés aux études (2), aux écrivains, aux artistes (3); les acquisitions annuelles

---

1,054 livres....; pour le page et le varlet du sieur commissaire, 19 livres; par ensemble 4,802 livres. .... Quelques rafraîchissements au maréchal d'Aumont, 323 livres.

1719. .... A M. le marquis de Grancey, pour ses étrennes, 1,000 livres....; au comte d'Héronville, 600 livres....; aux domestiques du gouverneur, pour étrennes, 512 livres....; aux mêmes, lors de la confirmation du Magistrat, 250 livres....

1757. .... Une pièce pékin, liseré d'or et d'argent, présentée à Mme de Beaumont, 1,408 livres. — Une pièce d'étoffe rare, offerte à Mme Hérault, fille aînée de M. de Séchelles, 750 livres. — Au gouverneur, à titre de courtoisie, 6,000 livres. — Au général des armées du roi, 3,000 livres ; pour jetons, 200 livres; à son maître-d'hôtel, 600 livres. — Au commandant de la ville, 3,000 livres. — Au major, 1,000 livres. — Aux aides-major, 600 livres. (Parmi ceux-ci figure un sieur Cavagnac.) — A l'intendant, pour étrennes, 2,000 livres. — Au commissaire des guerres, 1,200 livres. — En 1519, chaque échevin recevait annuellement en drap, pour robe et velours pour garniture, une valeur de 54 livres, en diminution de quoi on déduisait 40 sols. — Après 1700, les robes coûtaient à la ville plus de 1,400 livres. — Les échevins, outre leurs mandées, prélevaient sur la ferme des assises une somme de 1,500 livres. A la naissance du dauphin, ils se distribuèrent des médailles d'or qui coûtèrent 3,829 livres. — Nous ne finirions pas si nous voulions rapporter ici tous les abus de ce genre que nous pourrions signaler.

(1) Voir le registre des comptes de 1721.

(2) Parmi les Dunkerquois dont le Magistrat favorisa les études figurent des hommes restés obscurs, mais on y retrouve aussi des noms qui ont survécu, des homonymes intéressants: Saus (1719), Bondu, Sacrels, Robert de Saint-Gilles, Masseni, Vanzee, Eylinck, Claerens, Rombout, de Swaen....

(3) Les registres des comptes constatent la libéralité du Magistrat envers un chirurgien qu'il payait pour venir opérer gratuitement la *pierre* et la *cataracte*; envers Delamotte, Hecquet, Tully et autres habiles médecins qui ont laissé d'honorables souvenirs à Dunkerque....; envers les hydrographes Pierre Baert, Vincent, qui publia un traité sur la navigation; Carpeau, qui a édité des plans que l'on consulte aujourd'hui avec intérêt....; envers les peintres Jouaert, auteur d'un tableau représentant le bombardement de Dunkerque; Charles Carlier, qui a peint deux toiles, aujourd'hui au Musée, représentant le comblement du port en 1714, la rupture du batardeau en 1720 (ces tableaux lui furent payés 300 livres ....; Jean de Reyn, qui fut chargé de la décoration de la ville lors de l'entrée de

pour la bibliothèque du Magistrat (1). Des pensions pour honorer le souvenir des grands citoyens... et nous n'excluons pas de l'éloge la prime donnée à tout bourgeois lors de la naissance de son septième fils (2).

Parmi ces traits dignes d'approbation, nous citerons avec plaisir ce qui regarde Faulconnier, le père de l'histoire de Dunkerque.

On sait que ce grand-bailli a fait sur ce sujet un ouvrage en deux volumes in-folio qu'il dédia au Magistrat. Ce corps souscrivit pour 30 exemplaires du livre (3), et en outre fit présent à l'auteur d'une vaisselle d'argent d'une valeur de 3,000 livres. De semblables traits honorent ceux qui en prennent l'initiative, non moins que ceux qui en sont l'objet.

XIII

Parmi les ferments de discorde qui se répandirent dans la nation, il faut aussi compter les discussions dont les maîtrises et jurandes devinrent le sujet ou l'occasion.

Les corps de métiers avaient, à Dunkerque, des règlements analogues à ceux qui étaient en vigueur dans les autres villes de Flandre (4). Ces lois avaient eu leur effet utile ; mais, sur plusieurs points, elles étaient contradictoires, empiétant les unes sur les autres et laissant indécis beaucoup de cas qui faisaient surgir incessamment une foule de procès entre l'administration et les intéressés.

Louis XIV....; Geluwe, auteur d'un ouvrage de controverse (1665) ; le P. Colzaet, qui, parti de Dunkerque, sa ville natale, comme simple religieux, devint prieur des Dominicains de Liége, et fut appelé à Rome pour y rester auprès du pape ; Thybaut, compositeur ; Destouches, habile professeur; Vandewalle, auteur d'un précis sur l'histoire universelle, dont le Magistrat acheta vingt-quatre exemplaires 216 livres...., etc., etc.

Il est à remarquer qu'on n'y trouva pas celui de Decamps.

Nous devons une mention particulière à Cornille Éveraert. Il avait été fait prisonnier par les Marocains, et, en cette qualité, il était devenu esclave, ainsi que plusieurs de ses compatriotes. En 1738, la ville racheta trois d'entr'eux : Cornille Éveraert, François Buhau et Jean Cornoys. Le Magistrat les fit habiller à neuf, et leur donna en outre 100 livres pour revenir. Éveraert en tira parti ; il se fit bientôt recevoir comme hydrographe, puis comme inspecteur des travaux de la ville, place qu'il transmit à son fils.

(1) Le Magistrat consacrait annuellement une somme de 500 livres environ pour l'acquisition d'ouvrages destinés à la bibliothèque de l'échevinage. Parmi les ouvrages ainsi acquis figurent les *Traités sur la législation*, les *Œuvres de Bossuet*, l'*Encyclopédie méthodique*, l'*Histoire métallique des Pays-Bas*.

(2) De 1650 à 1750, nous avons trouvé une vingtaine d'exemples de présents offerts à des bourgeois, lors de la naissance de leur septième fils. D'abord, c'était « une vaisselle d'argent » d'une valeur de 40 à 50 livres. — « Une tasse d'argent. » — En 1730, le prix s'en élevait à 70 livres ; en 1770, à 80 livres ; en 1785, à 300 livres. — Cette progression, qui croît si rapidement, n'est-elle pas un indice ?....

(3) Voir les comptes de 1727 et de 1732. — Cet ouvrage est coté à 30 fr. l'exemplaire.... Ces trente exemplaires furent distribués aux échevins en vertu d'une résolution du 18 février 1728. — En 1780, l'échevinage en acheta encore douze exemplaires.

(4) Nous aurions donné sur cette matière quelques renseignements, mais nous préférons renvoyer le lecteur au travail spécial que prépare M. Bessal, où il traite le sujet *in extenso* et d'une manière complète.

Au XVIIIe siècle, le premier exemple d'insubordination contre ces antiques prohibitions, fut donné à Dunkerque par la compagnie des savetiers.

En 1456, le Magistrat avait fait des statuts pour cette corporation et celle des cordonniers. En 1669, ils avaient été renouvelés, mais en 1737, et contrairement aux prescriptions, les savetiers s'ingérèrent de mettre en vente des souliers neufs!... Le Magistrat fit saisir et confisquer les chaussures prohibées, condamnant les délinquants à une amende de 20 sous.

Les savetiers déclinèrent la compétence du Magistrat, prétendant que, par un privilége spécial, ils étaient hors de la juridiction des échevins. Ils furent déboutés.

Néanmoins, les fripiers ne tardèrent pas à suivre ce pernicieux exemple. De Dunkerque, l'insubordination gagna Saint-Omer. Il fallut une ordonnance royale pour rétablir le Magistrat dans ses droits et prérogatives. L'arrêt fut notifié à tous les corps de métiers (1).

XIV

Néanmoins, peu de temps après, les bouchers eurent à défendre leurs priviléges contre des particuliers qui prétendaient vendre de la viande sans se soumettre aux conditions imposées à la corporation.

Cette corporation avait, il est vrai, reçu en 1606 une confirmation de ses Kœures, plusieurs ordonnances (et notamment celles de 1657, 1658, 1663), avaient parlé dans le même sens (2); mais les opposants faisaient remarquer que la franchise générale accordée en 1662, au commerce de Dunkerque, laissait à chacun la faculté de vendre de la viande. A défaut de ce titre, le droit naturel leur semblait suffisant. Un arrêt leur signifia qu'ils avaient tort; le conseil d'Artois confirma la sentence, menaçant d'une amende de 100 livres tout contrevenant.

En 1726 et 1727, nouvelles confirmations et, peu après, nouvelles brèches faites par l'impatience des assaillants. Croyant remédier au mal, le roi attribua à l'intendant (1752), la solution des difficultés. Se voyant enlever la plus positive et la plus ancienne de ses attributions, le Magistrat fit, à son tour, de l'opposition au au gouvernement, et les conflits se multiplièrent. La discipline disparut peu à peu (3), et l'on vit, chose inouïe jusque-là, les cordiers refuser positivement d'assister à la messe des corps de métiers.

---

(1) Parmi les corporations, l'exploit cite celle de saint Louis (marchands de draps); de sainte Gertrude; de saint Jean (les tailleurs); de saint Éloi, de saint Barthélemy...., et en outre les savetiers, orfévres, cérurgions (sic), apoticaires (sic), brasseurs, charpentiers de maisons, de navires; tourneurs, tonneliers, maçons, cordiers, menuisiers, charrons, bélandriers, pêcheurs, boulangers, meuniers, charcutiers et maîtres d'école.

(2) Il en résultait que, pour être reçu boucher à Dunkerque il fallait y être né, être bourgeois, avoir fait un apprentissage de trois ans ... Les viandes devaient être égardées et vendues dans l'enclos de la boucherie et non ailleurs, etc., etc.

(3) En 1761, Jolly, propriétaire du moulin à l'eau de Winocus-Pletz, voulait, en outre de son privilége, imposer aux brasseurs l'obligation de s'approvisionner de son eau, à raison de 15 livres par brassin.... Il fut débouté.

Au milieu des récriminations qui s'élevaient de toutes parts, on ne savait plus auquel entendre et ce fut à ce point qu'en 1765, les trois ordres étaient illégalement convoqués par le *siége* des traites à Dunkerque, pour aviser sur la marche à suivre à l'occasion des prochaines élections municipales. Or, cette nomination se faisait, à l'occasion, par le roi, en sa qualité de seigneur foncier, comme héritier de la maison Vendôme. Il y avait donc dans les esprits, une profonde perturbation qui les poussait en sens divers. La municipalité se hâta de faire un mémoire sur l'amélioration à introduire dans l'administration de la province.

La cour crut bien faire en ôtant à l'intendant la juridiction qu'elle lui avait attribuée; mais six ans après elle revint sur cette mesure et la lui rendit de nouveau (1771). C'était l'époque où les parlements étaient exilés; tous les esprits faisaient de l'opposition contre l'administration centrale, barrière vermoulue qui devait bientôt se briser sous tant d'efforts. L'absence de limites précises dans la juridiction amena (1767 à 1776), une contestation fort curieuse au sujet de la collation de la cure de Saint-Éloi; l'abbé Thiéry, nommé par l'abbé de Saint-Winoc et l'évêque d'Ypres, d'une part, et l'abbé Hespelle, gradué, nommé par l'Université de Paris, d'autre part, se croyaient fondés à réclamer leur entrée en fonctions en faisant appel au Magistrat, à Dunkerque, et aux chefs-colléges de la Flandre maritime.

Rien n'est plus contagieux que l'insubordination. Chaque citoyen se fit censeur. On dévoilait un grand nombre d'abus; mais aux abus réels on en ajouta beaucoup d'imaginaires, enfantés par la légèreté, la présomption ou la haine. La somme de tous ces griefs constitua l'acte d'accusation que la nation formula en 1789.

C'est vraiment un affligeant tableau que celui de la misère générale du pays en 1770. Les registres officiels parlent sans cesse de *l'état affreux* où se trouve la province, sans argent, sans crédit, sans ressource pour payer plus de onze cent mille livres d'impôts. La fortune de la plupart des cultivateurs consistait en vingt-trois ou vingt-quatre bêtes à cornes; en les perdant, ils avaient tout perdu... On était obligé de rétablir l'impôt de juillet 1724 : 3 deniers par livre de taille pour l'extinction de la mendicité.

XV

Lorsqu'on pense aux graves et déplorables événements qui vont suivre le règne de Louis XV, on ne se plie qu'avec peine à la nécessité de rapporter ici de minimes circonstances concernant la localité. Mais, comme il ne nous est pas loisible de décliner cette obligation, nous allons y satisfaire brièvement.

L'édit de proscription contre les Jésuites reçut son exécution à Dunkerque l'année même que le duc de Choiseul visita cette ville. Les Carmes remplacèrent les religieux exilés; pendant quelques années, le service divin y fut fait par eux pour le public; l'église Notre-Dame devint comme une seconde paroisse de la ville. L'échevinage acquitta les frais du culte.

Les funérailles du Dauphin (janvier 1767), celles de Marie Letzinscka (20 janvier 1768), celles de Louis XV lui-même (1774), marquèrent ces années de funèbres souvenirs (1). Nous n'exceptons pas l'arrivée de Christiern III, roi de Danemarck, qui, sous le nom de prince de Trawendahl, vint visiter Dunkerque (29 juillet 1768).

XVI

On aurait pu croire que la nature entière, obéissant à une crise, annonçait un prochain bouleversement. De fréquents tremblements de terre agitèrent la contrée depuis si longtemps paisible. On connaît la catastrophe de Lima (1746), et celle de Lisbonne (1755). La Flandre fut aussi violemment secouée en 1756 (2) en 1760 (3); les chroniques notent en 1776 une secousse (4) accompagnée d'un grondement souterrain, puis d'une crue extraordinaire de marée qui dépassa de soixante-six centimètres l'écluse dite de Bergues.

XVII

Pour terminer ce chapitre, disons qu'un événement célèbre, la guerre de l'indépendance en Amérique, vint changer la situation politique et commerciale de Dunkerque. On sait quel rôle y joua la France, on verra bientôt que Dunkerque n'a pas manqué au sien.

§ VI. Dunkerque sous Louis XVI. — 1774-1789.

I

Le règne de Louis XVI est, pour la France, le dernier anneau d'une longue série qui se brisa en 1789; outre les titres qu'il possède à l'attention de chacun,

---

(1) A la mort de Louis XV, l'échevinage prit le deuil. Le bailli et le bourgmaitre reçurent à cette occasion une indemnité de 300 livres; chacun des échevins, conseillers, etc., 200 livres; chaque sergent, 50 livres. Total, 4,225 livres. — Le service funèbre coûta 9,527 livres 15 sous, dont 125 pour le pain et 126 pour la viande distribués aux pauvres.

Comme renseignements locaux, nous consignons ici que, le 9 mai 1774, on apprit à Dunkerque que Louis XV avait reçu l'extrême-onction; sa mort eut lieu le 10 mai 1774, à trois heures, après onze jours de petite-vérole. Par la lettre du 14 mai, Louis XVI annonça au Magistrat cet événement. Le duc d'Aiguillon était porteur de la lettre. Le lendemain, le Magistrat prenait le deuil pour sept mois, avec *pleureuses* pour deux mois — Le 31 mai, le service fut célébré. Un magnifique catafalque, élevé de onze degrés, fut dressé dans le chœur de l'église Saint-Éloi, dont les nefs étaient tendues de noir. Le Magistrat se rendit chez le prince de Robecq, et le cortège se rendit à la paroisse. Ce jour-là, toutes les cloches de la ville tintèrent toutes les heures pendant quinze minutes. Durant le service, on tirait un coup de canon par cinq minutes. Les quarante jours suivants, les cloches tintèrent encore trois fois le jour.

(2) La mention de ce tremblement de terre est faite au folio 67, verso, du IIIe registre aux délibérations du Magistrat de Dunkerque. — 1756, 18 février. — La secousse dura quelques secondes. Elle était dirigée d'Orient en Occident. Voyez *Histoire de Bergues*, par M. Louis Debaecker, p. 138.

(3) Ibid, p. 138.

(4) Ibid, p. 137.

il en a, pour nous, de tout particuliers; car, sous l'impulsion donnée par ce prince, bon, généreux et éclairé, Dunkerque aurait reconquis la position qu'elle avait eue sous Louis XIV; une nouvelle ère s'ouvrait pour cette ville si longtemps éprouvée; elle était enfin délivrée de l'humiliation des anciens traités. Des améliorations de tout genre s'y succédaient; la course y amenait des richesses fabuleuses; l'Angleterre expiait ses insolents triomphes d'autrefois...

Mais voilà qu'une réforme politique, commencée au nom de la justice et de la liberté, se poursuit sous l'influence de l'anarchie et de la licence; ses principes mal appréciés, motivent la suppression des franchises de Dunkerque... Ce coup vient frapper au cœur une ville qui avait tant souffert pour la France; ce coup la blesse mortellement et y fait tarir la source même de sa prospérité. Ce que n'avaient pu faire ni l'Angleterre ni la Hollande coalisées, une assemblée française préoccupée, un décret insensé viendra l'accomplir!

Pour s'en convaincre, il suffit de comparer, d'une part, ce que notre ville a fait pendant les soixante-quinze années qui séparent le traité d'Utrecht de la Révolution de 1789, et de l'autre, ce qui est advenu durant les soixante années qui nous séparent de cette dernière époque. Pendant la première de ces périodes, des ennemis acharnés viennent, en quelque sorte, fouiller dans les entrailles de la ville pour y découvrir et y étouffer toute étincelle de vie..... et pourtant elle se relève trois fois, toujours fière, toujours redoutable, toujours digne d'elle-même. Mais depuis qu'un mot mal interprété fausse le sens commun, elle est atteinte de marasme. Malgré de coûteux palliatifs, elle végète et s'incline vers la tombe où elle descendra inévitablement, si l'on persiste à lui refuser le seul remède qui puisse l'en préserver.

II

Louis XVI vécut jusqu'en 1793; mais, à proprement parler, son règne ne dépasse pas la réunion des États-généraux en 1789. Nous n'étendrons donc pas ce chapitre au-delà de cette limite.

Le grand fait de ce règne, c'est, à l'intérieur, l'éclosion des principes fomentés durant le long règne de Louis XV, c'est l'absorption graduelle du pouvoir royal par l'insubordination commune; insubordination portée jusqu'au délire, jusqu'à la frénésie. A l'extérieur, c'est la guerre d'Amérique, la lutte des provinces anglaises contre la métropole. C'est à ces grandes divisions qu'il faut rapporter les faits de l'histoire locale, en ne perdant pas de vue que Dunkerque avait suivi une marche ascendante dont elle allait enfin goûter les fruits, lorsque la catastrophe de 1789 s'opéra.

Le premier acte de Louis XVI fut de libérer Dunkerque du subside extraordinaire et de réduire de cinquante mille livres, l'aide ordinaire.

III

Le comte d'Artois (depuis Charles X) entra à Dunkerque (1) le jour même où l'on y célébrait l'avénement au trône du roi son frère (2), par le *Te Deum* et les réjouissances ordinaires.

Il avait passé *incognito* à Bergues ; mais ici, il trouva les rues sablées, la garnison sous les armes, et la ville en habits de fête. Le canon le salua, le bailli lui adressa la harangue officielle. En un mot, il fut accueilli comme un souverain. On ignorait alors les étranges péripéties que cachait l'avenir.

Si le commencement de ce règne fut marqué à Dunkerque par la présence d'un prince de sang royal, la fin le fut par celle du prince de Condé et du duc d'Enghien, son fils. Or, que de catastrophes! Pour Louis XVI, l'échafaud! pour Charles X, la tombe dans l'exil! pour le duc d'Enghien, les fossés de Vincennes! pour le prince de Condé, l'espagnolette mystérieuse qui devint pour lui le gibet.

Sans soupçonner ces terribles solutions, le comte d'Artois fit une promenade aux jetées, monta à la tour, visita le pavillon, alla, en canot, au Rysban et soupa en public, chez Thelu, sur la grande place où il était logé.

C'est de la fenêtre de sa chambre qu'il eut, pour la première fois, le spectacle d'une fête flamande et de ses pompes sério-burlesques. Le cortége passa devant lui. Son aïeul Louis XIV et Christiern, roi de Danemarck, avaient joui du même coup-d'œil. Le prince vit défiler devant lui les deux marches, l'une, dite de dévotion, à l'issue de la messe paroissiale, l'autre qui n'avait d'autre dénomination que celle de *Procession*. Dans cette dernière figuraient, avec leurs drapeaux, étendards et attributs, les confréries de Saint-Georges, de Sainte-Barbe et de Saint-Sébastien. Puis venaient les corps de métiers : les tonneliers, la corporation Saint-Jean (les tailleurs), les cordonniers, les charpentiers de navires et de maisons, les bélandriers, les pêcheurs, les cordonniers en vieux, les boulangers, les meuniers... Puis les chars : celui du pélican ; celui de l'enlèvement d'Europe ; celui de Vulcain et de sa forge ; celui de l'Asie ; celui de l'Amérique ; celui des vendangeurs ; celui de Saint-Louis ; celui de Dunkerque ; celui du roi ; celui de la reine, entourée de ses gardes à cheval.... Puis les petits chevau-légers; les petits dauphins ; le grand dauphin ; le char des sauvages ; la géante *Gentille;* le géant *Reuse*, un Géant à cheval ; le navire de saint Pierre...., etc.

La Vénus, qui était sur le char des Cyclopes, profita de l'occasion pour présenter un placet, demandant pour son frère l'exemption de la milice ; ce qui lui fut gracieusement accordé. Huit fraudeurs furent aussi relâchés sur la demande du prince.

---

(1) Les frais faits à cette occasion s'élèvent à 1,260 livres.

(2) Le *Te Deum* coûta 51 livres et les réjouissances publiques 5,287 livres. (Voyez les registres aux comptes de la ville.)

IV

Il semble utile de rappeler, que, sous Louis XVI, on prenait l'initiative de beaucoup de choses dont notre XIXᵉ siècle paraît se croire le premier auteur. Le projet d'un abattoir public remonte à 1775, de même que celui d'une salle de théâtre sur la place Dauphine (1); il en est de même de l'établissement régulier des pompes à incendie; des boîtes pour les noyés (1778); de l'éclairage public aux frais de la ville (1776) (2); de la plantation des quais, aujourd'hui privés de cet agrément; de la translation, dans un terrain de la basse-ville, des cimetières confinés, jusques-là, dans l'intérieur du temple (3). L'érection du magnifique péristyle de Saint-Éloi remonte à 1783 (4). On faisait même alors des ateliers de charité (1775). Pour la pêche d'Islande, on décernait des primes d'encouragement aux matelots et marins qui s'étaient le plus distingués par leur courage ou leur intelligence, en ces périlleuses expéditions; l'usage des voitures publiques était assez général pour qu'il y eût en ville deux stations destinées aux fiacres et cabriolets.

V

A mesure que le terme avançait, le mal financier prenait des proportions alarmantes; l'instinct de la vie faisait sentir l'urgence d'une réforme; mais on n'avait pas d'autre remède que l'emprunt. On empruntait donc. La Flandre devait fournir au roi une garantie pour vingt millions, qu'un banquier hollandais consentait à prêter au taux de 4 %. L'échevinage tint plusieurs conseils à ce sujet. Nous ignorons ce qu'il en advint. Seulement, nous disons, que si la Révolution de 1789

---

(1) Voyez le IVᵉ registre aux délibérations, 21 juin 1775 et 6 juin 1776, folios 173 et 174.

(2) Il y avait alors 200 lanternes et 400 becs.

(3) Dès le 10 août 1775, il était question de cesser l'inhumation dans l'église Saint-Éloi. Depuis longtemps on remarquait qu'il y avait là un foyer d'infection. Le matin, les personnes qui entraient les premières dans l'église se sentaient prises de nausées et de syncopes. Sous l'influence des anciennes habitudes, on songea d'abord à faire au pied de la tour un cimetière de distinction (Résolutions, t. IV, p. 137). On s'arrêta ensuite au plan d'un cimetière au-delà de la Cunette, près du cimetière dit *Espagnol*. En 1776, le conseil échevinal tint à ce sujet un grand nombre de séances. Le curé de la ville fit l'inspection de huit cimetières des couvents répartis en différents quartiers. On cessa les inhumations dans l'église. Clabeau, l'organiste, fut inhumé l'avant-dernier, et la demoiselle Dasenberg la dernière. Enfin, le 3 décembre 1777, le Magistrat prit possession du terrain; la bénédiction en eut lieu le 29 septembre suivant, et le 3 décembre les marguilliers de Saint-Eloi furent mis en possession à leur tour. Au compte de 1778, une somme de 6,963 livres est portée pour le paiement du terrain.

(4) Dès 1753, il y avait un projet d'agrandir l'église et de faire une loterie de 40,000 billets de 30 livres, sur le produit desquels on aurait réservé 30,000 livres pour l'agrandissement. En 1777, on parla du projet d'une façade et d'une souscription pour en couvrir les frais; en 1778, il était question de faire une rue entre l'église et la tour; en 1782, le plan de l'architecte Louis était adopté. Un autel à la romaine devait être placé dans le chœur et remplacer l'autel du duc de Parme. Les balustrades en marbre devaient être enlevées et remplacées par une grille en fer, etc. En 1783, les vases sacrés furent portés aux Récollets; en 1784, on avait déjà dépensé pour ce travail une somme de 572,581 livres (Voyez le compte de 1784).

n'était venue solder brutalement tous les arriérés, nous ne savons de quel moyen régulier on aurait pu se servir pour les éteindre.

VI

La guerre contre l'Angleterre vint faire diversion à la préoccupation générale. On connaît l'origine de cette lutte célèbre. Après la guerre contre la France, guerre que les Anglais avaient terminée si profitablement pour eux, il fallut songer à régler les comptes. Le Parlement taxa les colonies; celles-ci se récrièrent, prétendant avoir seules le droit de s'imposer. L'Angleterre persista dans sa volonté; les colonies, dans leur refus. Cette opposition devint le signal de l'affranchissement de l'Amérique anglaise. La France profita de l'occasion de venger ses récentes humiliations. Elle donna la main à Washington et seconda le mouvement insurrectionnel. Bientôt, l'Espagne et la Hollande se joignirent à nous. Après quelques années d'une lutte maladroite, l'Angleterre céda, et, en 1782, reconnut l'indépendance des États-Unis.

VII

Cette guerre devint, pour Dunkerque, une bonne fortune inattendue. D'abord, Frazer, le commissaire anglais, fut congédié (1778). Après le combat de l'*Arethuse* et de la *Belle-Poule*, la course fut autorisée de nouveau, et les Dunkerquois se mirent en ligne.

En moins de cinq ans, plus de cent cinquante corsaires sont armés (1). Environ 10,000 hommes s'y font inscrire. Près de douze cents navires pris ou rançonnés; vingt millions de prises; huit cent soixante-treize otages; dix mille prisonniers, tel fut encore pour l'Angleterre l'annonce du réveil de la forte ville.

Attiré par l'appat du gain, des capitaines anglais et américains accoururent à Dunkerque; parmi eux, Marc-Carter, commandant de la *Princesse-Noire*, prit ou rançonna quatre-vingt bâtiments; Patrick Dowlin en ramena cent un !

Pour se garantir du côté de la mer, la ville avait ressuscité le vieux *Rysban*, qui portait douze canons et quatre mortiers. A Zuydcoote et à Leffrinchouck, des batteries défendaient la rade.

VIII

Une pareille manifestation est sans doute considérable; cependant le roi fit,

---

(1) En 1778, Dunkerque fournit 31 corsaires; en 1780, 96; en 1760, 111; en 1781, 140; en 1782, 134 avaient déjà pris la mer lorsque la paix fut proclamée. En deux ans, il sortit de nos chantiers 25 vaisseaux, tant frégates que corsaires; nos armateurs en achetèrent 29, ce qui forme un total de 54, sur lesquels ils mirent 670 canons et 4,790 hommes. Il en résulta une mise dehors de plus de cinq millions de livres.

Les armateurs retiraient de la course un produit qui parfois doublait cette mise dehors. Le teneur des comptes avait pour ses écritures 2 pour 100 du montant des prises. En 1781, *le Phœnix* rapporta d'une course 30 pour 100 net; *le Soleil levant*, 85 pour 100. Briansiaux arma lui seul 18 corsaires, qui lui ramenèrent 89 prises et rançons.

pour Dunkerque, plus et mieux encore. Toutes les améliorations se succédèrent, et nous ne pouvons nous dispenser d'en signaler quelques unes.

En 1784, Louis XVI fit, sur la taxe de la Flandre maritime, une réduction de 211,800 livres; ce qui n'en élevait le chiffre à solder qu'à 50,000 livres seulement. En 1785, il lui fit remise entière de la taxe. Il favorisa d'une façon toute particulière la pêche à la baleine, depuis si longtemps abandonnée; la pêche de la morue et du hareng, encouragée, procurait déjà en 1783 et 1784, plus de 1,300,000 livres. Aussi, en 1785, on armait de nouveau et en plus grand nombre. Les habitants affluaient, des terrains restés vagues étaient cédés à la ville pour y élever de nouvelles constructions. L'ingénieur Duclos répare le bassin de la Marine; le quai dit de la Citadelle est achevé; pour la première fois, une chaussée joint Dunkerque à Gravelines. La batellerie de l'intérieur reçoit des règlements. Les dunes sont défrichées en plusieurs points; on y élève des digues.

Pour relever le commerce, le roi reprend l'œuvre interrompue de Louis XIV. Il rassemble en une même loi tout ce qui avait été fait jusques-là en faveur de Dunkerque. La franchise du port est proclamée de nouveau, le commerce avec les smogglers anglais prend des proportions vraiment fabuleuses. L'industrie elle-même s'éveille, une fabrique de gaze s'établit en basse-ville, d'autres renaissent et reprennent une nouvelle extension (1).

La pêche à la baleine est une industrie spéciale, que Dunkerque dut à la bienveillance du roi et au zèle d'un bon citoyen, M. Coffyn. Au chapitre *Institutions dunkerquoises*, nous avons consigné l'historique de cette tentative que la Révolution fit avorter.

IX

Cette prospérité, qu'on aurait pû croire impossible, était l'œuvre de Louis XVI. Les Dunkerquois le comprenaient ainsi, et ils aimaient le roi. On les voyait se presser dans le temple toutes les fois qu'on y priait pour le prince ou pour sa famille (2).

La naissance du dauphin (de ce malheureux enfant que la Providence réservait à de si rudes épreuves!) fut célébrée par des fêtes splendides et d'un caractère inaccoutumé. Pour la première fois, le Magistrat donna au peuple un bal, où pour la première fois on fit couler des fontaines de vin rouge et blanc (3); où des

---

(1) Les déclarations, édits, lettres-patentes, publiés en faveur de Dunkerque portent les dates suivantes : 1662, novembre; 1700, 30 janvier, 16 février, 15 juin, 20 juillet; 1716, 10 octobre; 1718, 20 janvier; 1721, 2 octobre; 1722, 13 octobre; 1735, 6 novembre; 1773, 18 avril et 12 septembre; 1784, rétablissement de la franchise; 1785, 24 avril.

De 1765 à 1785, 18,858 smogglers sortis de Dunkerque en exportèrent pour 377 millions de marchandises, qu'ils payèrent en or.

(2) En 1778, on faisait des prières publiques pour l'heureuse délivrance de la reine; en 1779, 24 janvier, on adressait des actions de grâces pour la naissance de la princesse royale, depuis duchesse d'Angoulême; pour le dauphin, en 1781; pour le duc de Normandie, 16 avril 1785.

(3) D'après le compte de 1781, huit barriques de vin y furent employées.

buffets, chargés de comestibles, rappelaient les cours plénières d'autrefois. Mais, par une innovation plus heureuse et que suggéra le cœur du monarque, on distribua aux pauvres 12,000 fagots et des secours à domicile.

En général, on voit qu'à partir de cette époque, l'attention se portait vers les souffrances des pauvres : la municipalité réforme les abus de la gastronomie, rogne le budget de cuisine échevinale et grossit le chapitre des aumônes. Il est bon de consigner que ce louable mouvement n'attendit pas pour naître, ni le grondement de l'émeute, ni les menaces des socialistes, ainsi qu'on paraît vouloir l'insinuer.

Cette juste préoccupation nous paraît avoir sa source dans le mouvement qui porta les esprits vers l'étude des questions de l'économie politique, science jusque-là fort négligée et qui est si fort défigurée de nos jours. La disette, qui venait souvent allarmer tout le monde, excita tout naturellement la sagacité des penseurs. Il ne s'écoulait pas dix années sans que l'on eût à compter sérieusement avec la famine. En outre, une épizootie, qui désolait tour à tour les villages de la Flandre, y occasionnait des pertes désastreuses (1). La sécheresse qui laissa souvent sans eau les citernes, força de s'occuper des réservoirs d'eau pluviale (2); les maladies occasionnées par la disette amenèrent les médecins à réfléchir sur des calamités si fréquentes, et c'est ainsi que l'on fut porté à introduire les améliorations hygiéniques dont nous jouissons aujourd'hui (3).

X

En flattant l'amour-propre national, les succès des armes françaises avaient pour effet, sinon de calmer le mécontentement général, du moins de lui apporter une distraction. On conçoit bien, en effet, que les victoires des troupes royales, aidant à fonder une république, ne devaient pas affermir, dans les esprits minés par le scepticisme, la foi à la royauté qui les célébrait pourtant avec force illuminations, feux de joie, *Te Deum*, etc. (4).

Dans ces années de renaissance, Royer, marin dunkerquois, soutint dignement la renommée de sa patrie : il mourut au champ d'honneur. La ville donna à la

---

(1) Malgré ces calamités, qui devaient augmenter la valeur des bestiaux, voici les prix de la viande première qualité à cette époque : 1767, 25 cent. le 1/2 kilog.; 1771, 37 cent. 1/2 ; 1776, 30 cent.; 1783, 35 cent.... On trouvait que c'était bien cher. Aujourd'hui on paie 60 cent. Aussi en France la consommation moyenne est de 22 kilog. par personne; en Angleterre elle est de 68 kilog.

(2) En 1780, une citerne fut construite dans le jardin des Carmes.

(3) Une ordonnance du 10 février 1772 dit : « ..... La cherté excessive des denrées nécessaires à » la vie occasionnée par l'exportation pour l'Angleterre..... ôte aux trois quarts et plus des habitants » et à la garnison le moyen de se sustenter..... d'où il résulte des maladies causées par la disette et » une mortalité extraordinaire surtout pour les pauvres.... » En conséquence, il est défendu d'exposer beurre, œufs, volailles, gibier, légumes, etc.

(4) En 1779, on célébrait ainsi à Dunkerque la victoire du comte d'Estaing sur la flotte anglaise de lord Byron; la prise de Grenade sur les Anglais....: en 1781, celle de Tabago, où Cornwallis avait dû se rendre prisonnier, etc.

veuve de Royer une pension alimentaire, et, par la suite, inscrivit le nom du brave capitaine à l'angle d'une de ses rues.

Se sentant inférieure dans la lutte, l'Angleterre n'eut rien de plus pressé que de la terminer. La paix fut proclamée en 1783; un *Te Deum* en remercia le ciel (7 décembre). Le traité de Versailles releva Dunkerque de l'humiliation des anciens jours. Mais la paix arrêtait l'élan des corsaires, elle tarissait une source de richesse... Aussi fut-elle diversement accueillie par la population.

XI

Tandis que cette voie irrégulière se fermait pour les Dunkerquois, une autre voie plus large, plus généreuse et plus productive encore, s'ouvrait pour eux : nous parlons de la franchise du port.

1784. — Ainsi que nous l'avons dit, Louis XVI restitua les franchises de Louis XIV (1); c'était un acte de haute intelligence.

D'après ces franchises, tout marchand, de quelque nation qu'il fût, pouvait aborder à Dunkerque sans frais. Il pouvait, quand il le jugeait convenable, débarquer ses marchandises, les vendre ou les rembarquer, acheter et mettre à bord sans aucune espèce d'entrave, sans avoir à solliciter une permission, sans payer aucun droit d'entrée ou de sortie, et avoir à subir aucune vérification (2). De plus, le roi naturalisait tous ceux qui s'établissaient à Dunkerque sans qu'ils eussent besoin d'obtenir aucune lettre ni d'acquitter aucune redevance.

Castries, ministre de la marine, vint à Dunkerque pour assurer l'effet de ces dispositions (1785). Calonne, intendant de la province, Calonne, à qui l'on peut sous d'autres rapports adresser de justes reproches, Calonne eut le bon esprit de contribuer à les faire adopter. Les Dunkerquois, reconnaissants, reçurent avec enthousiasme ces deux fonctionnaires, et lorsque (10 octobre 1786) le portrait de Calonne, peint par madame Lebrun, eût été placé dans la salle échevinale, on entendit plusieurs voix s'écrier : « Voilà notre bienfaiteur! jamais sa mémoire ne se perdra à Dunkerque! » Et pourtant, trois ans ne s'étaient pas écoulés, que, pour soustraire à la colère des patriotes cette toile inoffensive, on la faisait disparaître sans bruit et on la déposait dans un grenier où ils allèrent bien la chercher pour la déchirer et la brûler sur la place publique.

XII

1787. — Tandis que Dunkerque reprenait pied sur ce terrain nouveau, et que, grâce aux réformes commencées, on obtenait quelque amélioration dans la

---

(1) Une députation fut nommée à l'effet de suivre à Paris cette importante affaire. Les frais faits en cette occasion s'élèvent à 29,260 livres, somme exorbitante (Voyez le compte de 1784). M. Salomez, échevin, et Hovelt, conseiller, allèrent de nouveau à Paris à ce sujet en 1788. Leur note de frais est de 17,128 livres.

(2) Un administrateur du XIXe siècle a écrit et imprimé que l'entrepôt réel, tel qu'il est constitué, offre des avantages équivalents !

situation financière et qu'on commençait à solder quelques dettes envers les rentiers, un mouvement contraire s'opérait en France. De plus en plus, le déficit du trésor devenait patent, et les notables, assemblés à Versailles, connaissaient enfin l'étendue de ce cancer qui rongeait la nation.

A cette révélation accablante, il s'élève de toutes parts un concert de plaintes. On signale une foule d'abus, on demande un nouvel ordre dans l'administration. Il n'y a pas de réformateurs plus intrépides que ceux qui n'ont pas d'idée de la réforme à établir; des mémoires, des brochures arrivent en foule et contribuent à obscurcir toutes les questions; on ne sait plus auquel entendre. On s'accordait bien sur ce point qu'il faut détruire, mais on ne convenait pas de ce qu'on mettrait pour remplacer. On s'en occupait peu, supposant probablement que la chose était toute simple.

Les censeurs de la localité firent à Dunkerque comme partout ailleurs. Les quolibets, les sarcasmes furent plus nombreux que les bonnes raisons. Il faut pourtant bien convenir que celles-ci ne manquaient pas! Le déficit des caisses publiques préoccupait surtout les esprits; on dévoilait les dilapidations diverses dont nous avons parlé; on exposait ce qu'avait coûté le péristyle de Saint-Éloi; les prodigalités faites sous le prétexte de l'intendance; on parlait malignement de la répartition des terrains vagues, concédés par le roi en 1785. Partout on entrevoyait favoritisme, malversation.

Dans les localités voisines, on agissait de même. Nous avons sous les yeux une pièce par laquelle les habitants d'Hondschoote signalaient à l'intendant de Dunkerque les scandaleuses dépenses faites, sous le manteau, par leurs échevins. D'après ces accusations, la chambre échevinale achetait chaque année, pour sa consommation, six pièces de vin à 180 fr. la pièce, sans se soucier d'acquitter les rentes arriérées. Elle avait des agents qui trafiquaient pour son compte, en tabac et autres denrées... Les échevins passaient le temps des séances à lire les journaux et à converser de choses fort peu édifiantes, ou au moins de bagatelles. Quelques meneurs nominalement désignés, s'étaient donné la mission de faire tout à leur gré. Calonne avait déjà rendu une ordonnance en faveur des plaignants, et, forts de ce précédent, ils insistaient pour qu'on fît droit à leurs nouvelles remontrances. Il en était relativement de même ailleurs.

A Dunkerque, on alla plus loin : fouillant dans la vie privée des échevins, on reprochait à l'un, sa naissance obscure; à l'autre, les fonctions équivoques qu'on accusait d'avoir acceptées (1); à celui-ci, on rappelait des goûts particuliers, des habitudes peu honorables; à l'intendant, on signalait surtout des dépenses. Dans des brochures anonymes répandues partout, on lui disait : « Vous faites habi-
» tuellement la fraude.... Vous avez des voitures à cet usage, et qu'on ne visite

---

(1) Sans répéter ici le nom du fonctionnaire à qui s'adressait ce reproche, nous disons seulement que son nom ou celui d'un homonyme est inscrit plusieurs fois au registre des comptes comme sergent du bailli, à 15 livres par mois, puis comme « espion de la police. » Ayant fait une rapide fortune dans les armements, il fut nommé échevin, devint baron, etc.

» pas!... Vous avez à Paris, tels agents.... pour vendre les marchandises ainsi
» introduites.... » On lui reprochait toute chose, par exemple : que les dunes
avaient beaucoup de points incultes ; qu'il y avait à Dunkerque des mendiants....
On exposait en ces termes les abus de l'écowage des chemins (1) :

» ..... Imaginez quinze à seize personnes employées à l'administration de la
» justice, choisissant exprès, quatre jours d'audience par année pour en faire
» autant de vacances, commençant par un déjeûner composé de chocolat, café,
» thé, etc .... Voyez ces personnes se placer dans des voitures à quatre chevaux,
» partant avec le plus grand appareil... Elles font deux lieues, un nouveau
» déjeûner survient, composé de biscuits et de liqueurs dont elles ont soin de se
» pourvoir..... Elles font une lieue encore, et un troisième déjeûner, consistant
» en poulets froids, une longe de veau, un jambon, des gauffres et vins de toutes
» les couleurs ; ces mets sont de fondation... . Remettez-les dans leur voiture, où
» généralement leurs yeux sont moins ouverts pour voir que fermés pour dormir ;
» faites-leur faire deux autres lieues ; ramenez-les à une portée de fusil de la
» ville ; voyez-les s'attabler à cette distance, y faire un dîner magnifique, revenir
» sans avoir rien vu, sans jamais avoir fait assigner personne : c'est l'histoire de
» nos écowages, qui sont cependant bien payés..... »

Tous les actes de l'administration étaient appréciés dans ce genre. Ces accusations hardies et qui n'étaient pas tout-à-fait mensongères, étaient nouvelles, piquantes, et répandaient dans toutes les classes le mépris de l'autorité et de ses agents : choses qu'il importerait tant de savoir distinguer.

La justice qui nous a imposé l'obligation de signaler des abus, nous oblige également à citer des dépenses plus honorables et l'amendement que nous trouvons dans les années qui précèdent 1789.

On voit des sommes importantes votées pour être distribuées aux pauvres ; on en voit qui sont accordées pour encourager les travaux intellectuels (2). Tout cela était bien imparfait, il faut en convenir, mais du moins, le mouvement ancien se ralentissait, il s'agissait de lui en substituer un meilleur.

La disette, qui revenait de temps à autre, excitait les inquiétudes de ceux qui exploraient l'avenir, mais l'injustice ne ménagea pas les particuliers, plus qu'elle ne respecta les fonctionnaires. Déjà en 1789, la dette de la ville comprenait 214,433 livres, pour pertes sur les fournitures de blé faites au peuple au-dessous du prix de revient ; personne ne signala ce sacrifice patriotique. Un Dunkerquois riche et généreux (3), amena à Dunkerque cent vingt-cinq navires

---

1. *Le Furet*, in-8°, 76 pages, p. 39.

2. Les comptes de la ville nous révèlent une récompense accordée à Verhulst pour une publication sur la médecine, 90 livres ; des sommes payées à Diot, dessinateur, qui a laissé plusieurs manuscrits ornés de plans, 600 livres ; à Pradel, graveur, pour la planche gravée du portrait de Jean Bart ; à Hespel, pour sa *Theotrésie*, en trois volumes, qu'il avait dédiée au Magistrat. Une gratification à dom Bevy, religieux bénédictin, qui avait entrepris d'écrire l'histoire de Flandre et du Hainaut.

3. Ig.-Jos. Vanlerberghe. Ces différentes importations atteignent le chiffre de 247,000 quintaux, dont 86 navires pour Dunkerque avec 162,537 quintaux.

chargés de blé, qu'il répandit dans les provinces qui en manquaient. Ce service éminent ne lui valut que haine et soupçons. Sans lui tenir compte du bien qu'il avait fait, ni de celui qu'il s'efforçait de faire, on lui imputa tout le mal qu'il ne pouvait empêcher. En 1790, il avait encore 12 à 13,000 quintaux, c'était plus qu'il n'en fallait pour mériter le titre d'accapareur. Aussi, pour sauver sa tête, il dut s'expatrier.... Mais ne devançons pas les temps et ne prélevons rien sur les amertumes de l'époque suivante !

XIII

Il était question de fixer définitivement la teneur du traité passé avec l'Angleterre (25 février 1707). Le cabinet de Saint-James demanda si Dunkerque voulait être considérée comme ville française ou comme ville étrangère... On lui laissait cette singulière option.

Plusieurs s'en inquiétèrent; c'était une énigme ou un piège. La chambre de commerce et l'échevinage se réunirent plusieurs fois à ce sujet et consultèrent pour s'éclairer. Il fut unanimement décidé que Dunkerque demandait à être réputée ville étrangère, jouissant des immunités attachées à ses franchises...

La part était effectivement assez belle pour désirer de la garder; mais la Révolution vint la lui enlever brutalement, comme nous le verrons par la suite

XIV

La pêche était alors en bonne voie de prospérité. Quatre-vingt-six navires pour l'Islande; soixante-dix pour le hareng; cinquante-quatre pour la baleine; quarante à cinquante pour le poisson frais, indépendamment du petit cabotage, d'une trentaine de navires pour les Antilles et une dizaine pour l'île Bourbon (1).

L'industrie comptait à Dunkerque de nombreuses manufactures, aujourd'hui disparues. On y comptait huit cents presses à tabac, employant 5 à 6,000 ouvriers, une verrerie, une fonderie, une fabrique de gaze, d'hameçons, etc., etc.

L'inventaire général de la nation offrirait, sous certains rapports, un résultat analogue. Malgré les glorieuses guerres de la République et de l'Empire, la France n'est pas aujourd'hui plus grande qu'en 1789, sous Louis XVI. Sa marine de guerre est beaucoup moins considérable, et, sauf l'Algérie, ses colonies sont moins riches et moins étendues.

---

1. Nous aurions bien voulu n'avoir pas à y ajouter cinq navires pour la traite des nègres.

CHAPITRE XIV.

LES HOMMES ET LES CHOSES A DUNKERQUE
sous la domination française. — 1662 - 1789.

Jusqu'à l'époque Espagnole, le caractère dunkerquois n'avait été modifié qu'à la surface; un seul changement important s'était opéré dans les huit siècles précédents. Saint-Éloi et les missionnaires évangéliques avaient vaincu le paganisme et planté la Croix aux lieux où régnaient auparavant Baal et Mercure. A travers ces ruines, quelques restes de vieilles superstitions avaient trouvé à se faire jour. Sous les comtes de Flandre, les lueurs du crépuscule historique nous permettent de voir dans les habitants de la contrée, des marins ayant peu de relations au-dehors; se laissant aller parfois à des velléités d'insubordination; suivant parfois l'exemple des Gantois, grands tapageurs politiques; tantôt fiers et intraitables comme eux, tantôt se prosternant devant le Comte lorsque le sort des armes prononçait en sa faveur.

Sous les ducs de Bourgogne, quelques détails intimes nous ont montré les bourgeois de Dunkerque se livrant entre eux à des hostilités individuelles ou collectives; guerre civile permanente, triste résultat des mœurs féroces des ancêtres. Mais peu à peu ces traces de barbarie s'effacent; cette exubérance de forces, qui tendaient à se répandre au-dehors, se laisse enfin contenir par la religion et les ordonnances. L'autorité étend successivement son action aux hommes, à leurs actes, à leurs institutions, leurs demeures, leurs habits. Les métiers reçoivent des règlements qui restreignent peu à peu l'initiative redoutable et désordonnée que prenaient autrefois les corporations. Les produits des arts s'infiltrent dans l'ordinaire de la vie. Sous la protection des princes, la littérature fleurit à Dunkerque et y produit des œuvres remarquables dont nous déplorons aujourd'hui surtout l'absence prolongée.

Sous la maison d'Autriche et sous la domination espagnole, la population dunkerquoise, absorbée par les travaux maritimes, n'abandonne pas les nobles délassements qu'elle affectionne. Elle conserve sa foi et sa littérature.

Les seigneurs fonciers de Dunkerque furent presque toujours des princes français. De là, le grand nombre de titres en français dont nos archives conservent précieusement le dépôt. Après la conquête de Louis XIV, cette action devint plus générale et plus vive.

Cette invasion dans le langage fut contemporain d'une invasion morale plus étendue. Une foule de gens venant de France s'implantèrent à Dunkerque et inoculèrent à la population leurs habitudes, leurs mœurs qui n'étaient pas tout ce que la France eût avoué. En effet, au premier rang parmi ces nouveaux venus, figurent les soldats, puis les aventuriers qui vont partout à la suite des armées pour tenter la fortune, puis enfin les fonctionnaires de divers ordres. Ils n'apportèrent pas tous bonne doctrine ou bon exemple. De là, une initiation à des désordres peu fréquents jusques-là, et surtout un antagonisme prononcé entre les vainqueurs et les vaincus.

D'ailleurs, en cette esquisse comme dans toutes les autres que nous avons offertes au lecteur, nous respectons scrupuleusement la vérité. Nous posons le daguerréotype, l'image produite n'est plus notre fait.

I

Notre ville aujourd'hui si propre et si coquette n'a pas toujours eu cette riante physionomie. L'état de la voie publique laissait beaucoup à désirer. Toutes les fenêtres des pièces au rez-de-chaussée étaient alors garnies d'un auvent ou appentis en bois qui faisait le plus disgracieux effet. C'est en 1734 seulement qu'on le fit disparaître.

Chaque maison bourgeoise avait *un burguet* ou porte monumentale de la cave, et ici, nous devons avouer que nous préférerions le burguet lui-même, aux portes inqualifiables par lesquelles il a été remplacé!

Les gouttières déversaient leurs eaux au milieu de la rue; c'est en 1752, il y a un siècle, qu'on exigea des tuyaux de descente appliqués aux façades.

Les enseignes à bras traversant ou même dépassant le trottoir menaçaient la sûreté des passants; il fallut attendre jusqu'en 1772 pour en voir proscrire les dernières.

Sauf la lanterne de la Cruystraete, entretenue à la maison du malheureux Nayman, il n'y avait pas de luminaire sur la voie publique. En 1752, un anglais, Robert Canning, établi à Dunkerque, fit venir de Londres vingt-quatre lanternes coûtant 288 livres. On en gratifia les notables et les fonctionnaires. Trois ans après, on en acheta vingt autres qui furent réparties dans les rues les plus fréquentées. Enfin, en 1758, le Magistrat consacra 9 à 10 mille livres à l'établissement d'un certain nombre de ces appareils. En 1780, l'éclairage coûtait à la ville 24,000 livres par an. On y brûlait de l'huile de baleine, d'œillette, de colza....

C'est en 1754 que l'on attacha à l'angle des rues des planchettes portant l'indication de leurs noms. C'est en 1765 que les maisons reçurent des numéros permanents

C'est à l'époque espagnole que remontent la plupart des emprises faites sous la voie publique et qui sont aujourd'hui encore l'objet de redevances ou de procès; toujours l'administration s'est efforcée, mais sans fruit, de restreindre l'habitation dans les caves.

Au XVIIe siècle, le seuil des portes était joint à la chaussée par de petits ponts qui franchissaient le fil d'eau et dont on fit disparaître les derniers en 1696. Les égoûts étaient couverts d'une forte planche en chêne qui fermait la rigole souterraine et permettait de la découvrir dans toute sa longueur.

En cas de maladie sérieuse, il était loisible aux habitants de barrer la rue et d'en interdire momentanément le passage aux voitures.

II

L'arrivée des Français fut l'occasion d'un grand accroissement dans la licence qui s'était tenue cachée jusques-là. Une ordonnance de 1673 nous dit que : « En » vilipendence et contravention des reglements, les taverniers s'advisent de rece- » voir des personnes pour boire apres la retraite sonnee et s'oublient cy avant » depuis quelque temps en deça, de tenir des assemblees a dancer, recepuants et » admettans par des nuicts entieres la jeunesse tant jeusn'hommes que filles » jouant continuellement avec le violon dans lesquelles assemblees plusieurs » actions vilaines se commettent a la totale ruine et corruption de ladite jeunesse » tant des jeusn'hommes que filles »

Sous l'Espagne, on a vu que cette danse licencieuse était le bouquet final du sabbat, la récréation des sorciers; dans cette nouvelle époque, elle n'a plus ce caractère mystérieux; elle se produit sans vergogne, en public. La danse devint une mode; il s'établit des écoles de danse; des *redoutes* à époques fixes; les Dunkerquois ne se lassaient plus de danser. Ils voulaient danser même en temps de carême; ce que le Magistrat ne se décida pas d'abord à concéder (1707). Néanmoins, entraîné par l'exemple, il donnait lui-même, en 1736, « *un bal à plusieurs » personnes de considération.* » Cette ardeur dansante était telle qu'on voulait s'y livrer partout. En 1765, l'échevinage accordait « le corridor de la Chambre de » Commerce » pour un bal, mais sous la condition expresse qu'à 10 heures on aurait effectué la retraite. Pour être moins gêné, on dansait dans la rue, et cette habitude n'a pas disparu de certains quartiers de la ville.

Le jeu devint aussi une manie. Il s'établit à Dunkerque plusieurs académies de jeu. Il fallut proscrire académies et académistes, et avec eux les dés, les cartes qui servaient au Mormonny, Passe-Dix, Hoca, Bassette, Pharaon, Lansquenet, Barbacolle, Pour et Contre, Brelan, Trente et Quarante, Vingt-et-Un, Quinze, Triomphe.... Il n'est pas jusqu'à l'inoffensif Loto qui n'ait été frappé de proscription (1788), tant il est vrai qu'on abuse de tout.

Quant aux enfants, leurs jeux où le hasard n'intervenait pas, n'étaient pas moins une entrave à la libre circulation. Une foule d'ordonnances sont là pour prouver leur inefficacité et la persistance du délit. Dès 1674, elles défendaient de « juer sur les rues avec des clefs, kuytes, toppes, » d'assaillir les passants

« à coups de boule de neige, » de faire « des trous dans les rues pour y mettre du *draff*. »

III

Les articles de procédures nous révèlent quelques particularités qu'il peut être utile de rappeler.

On faisait une instruction criminelle sur le cadavre des individus soupçonnés de suicide; un avocat nommé d'office défendait la mémoire du défunt. S'il devenait douteux qu'il se fût donné volontairement la mort, il était absous du crime « *de s'être défait* » et on lui accordait la sépulture; sinon, on le jetait à la voirie. Cela se pratiquait en 1744, 1754, 1769, etc. L'avocat de Marie Carlier, comparaissait pour disculper cette fille de l'accusation « *de s'être homicidiée dans les prisons.* » M. Lefebvre, nommé curateur d'office au cadavre de Macnamara, trouvé « *pendu et étranglé* » recevait 60 livres pour son plaidoyer. Peut-être, pensait-on, que cette comédie sauvegardait la morale publique.

Le duel était considéré comme un crime. Le duelliste est homicide d'intention, il est justiciable des lois. La victime était traitée comme suicide, et en cette qualité, on attachait son cadavre nu, la face tournée contre terre, à une charette ou à la queue d'un cheval. On le traînait ainsi aux fourches patibulaires, en face de l'Hôtel-de-Ville et on l'y pendait la tête en bas; de là, il était jeté à la voirie. Quant au survivant, on le pendait par le cou.

Au commencement de l'occupation française, plusieurs militaires furent ainsi traités. Par la suite, ces exemples devinrent plus rares et finirent par disparaître tout-à-fait.

Les différents soldats amenés au tribunal en ces occasions, nous ont permis de constater une habitude qui n'est pas encore perdue parmi les militaires. C'est celle de remplacer le nom propre, par un sobriquet, que souvent rien ne motive ou ne justifie; nous avons vu ainsi répondre à l'appel: *la Rose, Belle-Rose, la Tulipe, la Fleur, la Verdure, l'Orange, la Fortune... la Jeunesse, la Joie, la Liberté, Francœur, Haute-Paie, Sans-Façon,..... Chevalier, Baguette, l'Espagnol, la Terreur, Tranche-Montagne, la Vieille*, etc....

Le vol était puni avec une grande sévérité. En 1738, une servante, convaincue de ce crime, était pendue en face l'Hôtel-de-Ville. Un misérable qui avait pris la cassette aux saintes-huiles, éprouvait le même sort. Parfois, les voleurs étaient envoyés aux galères, ou « *fustigés en chambre à discrétion.* »

Une fille, convaincue du crime d'avortement, était, en 1748, condamnée au fouet et à la marque; la même peine frappait une infanticide, etc.

Le diffamateur était tenu à réparation publique et amende honorable. Il n'est pas, jusqu'aux médecins ignorants, qui en certains cas, ne fussent condamnés à donner compensation aux victimes de leur impéritie!

Du reste, certaines punitions étaient un scandale inutile. Ainsi, quand un teneur de mauvais lieu ou une fille perdue était exposé au pilori, ayant sur le dos un écriteau indiquant en grosses lettres et en style technique leur qualité et profession, assurément il n'en résultait pour personne ni amendement ni édification!

IV

En parcourant les registres qui contiennent les sentences criminelles de l'époque, et les jugements correspondant à ceux de notre police corectionnelle, nous avons pu nous convaincre, une fois de plus, qu'en fait de mal, il n'y a guère rien de nouveau sous le soleil.

V

A la fin du XVIIe siècle, il semblerait que les habitants ne pouvaient se rencontrer sans s'assaillir et se frapper. La chose en vint au point qu'il était défendu de circuler, non-seulement avec des armes, mais même avec une simple canne. Les maçons et menuisiers avaient, par une exception toute spéciale, la permission de porter leur règle. Les hostilités étaient devenues néanmoins si fréquentes, qu'en 1669, sept ans après la conquête, une ordonnance du siége échevinal prononce peine de mort immédiate contre quiconque aura tiré son couteau pour assaillir quelqu'un. Voici comment elle s'exprime : « ..... Sans
» aucune consideration, punir de mort tous habitans et paysans qui, pour
» griefver, blesser, ou assaillir quelqu'un, aura tire un coulteau.... sans autre
» solennite ni verification que deux temoins seulement et seront punis comme
» s'ils avaient tue quelqu'un ; et ce, pour obvier aux journaliers malheurs qui en
» proviennent..... (1). »

Vingt ans après, en 1689, toute blessure est punie d'une amende de 60 livres et d'un mois de détention au pain et à l'eau.

Au moment où nous écrivons, un navire de pêche, venant d'Islande, ramène plusieurs matelots blessés dans ces combats de sauvages à coups de couteau.

A l'époque dont nous parlons, les naufragés étaient considérés comme une proie tombée dans les filets du chasseur. En 1735, le navire le *Dragon* fut ainsi pillé....

Les puissances barbaresques réduisaient en esclavage tous les prisonniers qui leur tombaient entre les mains. Les frères de la Merci se vouaient à la rédemption de ces malheureux. En 1713, Jean Blankeman, capitaine de *Damoiselle-Catherine*, et treize Dunkerquois de son équipage étaient rachetés. En 1720, six compatriotes étaient aussi tirés des fers (2); quelques années après, d'autres

---

(1) Une ordonnance de 1673 nous fait connaître les armes dont les bourgeois étaient dépositaires. On leur commande d'apporter à l'inspection « les mousquets, mousquetons, fusiles, arquebuses de » but (en thiois *doelstocks*), pistolets, espées, sables (*sic*), picques, bajonnettes ... »
On voit ici *sable* pour *sabre*; ailleurs, à la même époque, on trouve *matras* pour *matelas*....

(2) Voici leurs noms : Nicolas Boys, F. Grimaldi, Cassien, Dominique Bataille, André Gaspard, Joos Barre.

furent également ramenés dans leur patrie (1); en 1740, le capitaine Robyn et sept hommes de ses équipages furent délivrés de la même manière.

Pour en finir de toutes les vilenies de ce temps, plaçons un renseignement de 1776. Il paraît qu'à cette époque, une troupe de mauvais sujets s'était donné mission de faire, de nos rues, de véritables coupe-gorge. Ils fabriquaient en grand des fausses clefs, à l'aide desquelles ils s'introduisaient dans les maisons; ils saisissaient les passants, leur frottaient la figure et les yeux avec de la chaux vive; ils outrageaient les femmes « de la façon la plus injurieuse et la plus sen » sible..... »

VI

Les représentations dramatiques avaient pris une grande place dans les récréations des Dunkerquois, et cela nous impose l'obligation de quelques détails qui pourront, un jour, trouver place dans l'histoire littéraire et artistique de la Flandre maritime.

Nos ancêtres aimaient les lettres et les jeux de la scène. Parmi les preuves nombreuses que nous pourrions en apporter, nous n'en citons qu'une seule : c'est qu'en 1558, lorsque les habitants rentraient dans leur ville abandonnée et demi-ruinée, *les jeux de rhétorique* se faisaient avec une fréquence qu'on n'avait pas vue auparavant.

Les membres de la Société de rhétorique, composaient des *mystères*, des *jœux moraux*, des *farces*... Ils les représentaient soit en public sous la voûte du ciel, soit dans l'intérieur de l'Hôtel-de-Ville; on trouve même dans les registres, cette qualification : « *Compagnie de la Retorique de Saint-Eloi.* »

Nous n'avons pas les titres de ces drames; on rencontre seulement cette désignation vague de : *Ung Jœu; ung Jœu Moral; un Esbattement; ung Esbattement Moral; un Jœu de Moralisation; une Farce; une Mystère; une Belle Mystère avec figures sur echaffaulx*.....

Ces représentations faisaient partie des cérémonies publiques, des réjouissances populaires, comme des manifestations officielles. Elles avaient lieu à l'arrivée des souverains, à l'époque de la procession, « *à l'honneur et louange de Dieu,* » ou lorsqu'il y avait lieu à « *quelque joyeuseté,* » comme à la nouvelle année, le lundi parjuré pendant le Carnaval...., etc.

Nos pères aimaient ce genre de récréation qui nous semble supérieur aux plaisirs de la tabagie. Le Magistrat honorait de sa présence ces tentatives encore imparfaites, mais relevées et honorables; il les encourageait de ses présents, de ses subsides. Des particuliers léguaient leurs biens pour faire à la compagnie de Rhétorique un revenu assuré, qui affermît l'institution; c'était un établissement national, une chose publique, l'objet du sentiment patriotique de chaque cité.

C'est de la sorte que la *Rhétorique* prospéra jusqu'aux guerres dites de reli-

---

(1) Cornille Éveraert et ses compagnons, dont nous avons déjà parlé.

gion. A cette époque d'effervescence, la controverse s'introduisit partout. Les sociétés de rhétorique devinrent ce que nous appelons aujourd'hui des clubs politiques ou socialistes, où l'on voyait mis en question tout ce qui devrait ne l'être jamais. Aussi, à la rentrée du prince de Parme, en 1583, il supprima ces clubs et en confisqua les biens.

Les habitudes d'un peuple ne sont pas de ces choses qu'une ordonnance peut tuer à sa volonté. Proscrites, les sociétés de rhétorique se reconstituèrent dans l'ombre et se multiplièrent à ce point que l'on en rencontrait dans de simples villages. La compagnie dunkerquoise n'était pas restée longtemps dans le tombeau; en effet, au livre des Comptes de 1621, on trouve cette mention:

» ..... A la confrérie Saint-Michel, *alias Rhetorica*, pour le loyer de la maison qu'elle occupe.... 96 livres. »

La confrérie Saint-Michel vivait, mais semble avoir renoncé aux exhibitions publiques, car on voit par les diverses mentions des mêmes comptes deux faits qui paraissent indiquer que les drames chantants avaient remplacé les anciens mystères.

Une confrérie de Sainte-Cécile, dont le doyen était un fonctionnaire de l'église Saint-Éloi, prêtait son concours aux » Comédies des Espagnols. « On trouve en 1633, que les échevins donnaient à tout le personnel de la confrérie de Sainte-Cécile, une indemnité de 1,200 florins pour ce motif. C'était une somme très-considérable. Ailleurs (1637), on remarque une somme de 100 livres pour venir en aide au voyage que devaient entreprendre, vers la Péninsule, « *les comédiens espagnols faisant des comédies au peuple.* »

A défaut d'artistes dramatiques, on se contentait même de marionnettes, ainsi que nous l'apprennent les mémoires de Rochefort, dont nous transcrivons un passage. Voici ce qu'il dit à ce sujet :

« J'arrivai à Dunkerque où mon neveu entra en convalescence. Il put sortir;
» il y avait des marionnettes dans la ville, tout le monde les allait voir, et le
» fameux Polichinelle faisait des merveilles. J'y menai mon neveu... il y prit
» plaisir. Brioché, fameux joueur de marionnettes de Paris, voyant qu'on était
» las de ces sottises dans cette grande ville, prit le parti de se promener en
» Champagne, en Lorraine, en Alsace, et à Strasbourg, où ceux qui n'avaient pas
» vu Polichinelle vinrent le visiter; il alla en Suisse, on crut qu'il était sorcier;
» il fut dénoncé. Cependant ils consultèrent un colonel d'un régiment Suisse au
» service de France. Malgré son avis, ils entendirent des témoins qui rappor-
» tèrent qu'ils avaient ouï parler ces petites figures, que ce ne pouvait être
» que des diables. Ils décrétèrent donc contre Brioché. L'officier, naturellement
» ne les ayant pu détromper par raison, leur dit que Brioché qui faisait figurer
» les princes de l'Europe devait être bien avec eux, et que le canton allait se
» mettre mal avec les puissances. Ils se contentèrent donc de bannir Brioché
» avec amende. Celui-ci refusa. On exigea qu'il dépouillât ses marionnettes, et
» il fallut les habiller à neuf avant de venir en Flandre. Persuadé que l'officier
» lui avait joué le mauvais tour, Brioché fit une pièce contre M. Dumont.

» Celui-ci était en garnison à Bergues et avait une maîtresse à Dunkerque. Il s'y
» rendit secrètement, sa maîtresse l'obligea à aller aux marionnettes, promet-
» tant de le déguiser si bien qu'il ne serait pas reconnu. Il se laissa donc travestir
» en bourgeois, cette fille ayant fait accroire que c'était un ami de son père.
» Brioché étant venu sur le théâtre avec Polichinelle, et ayant reconnu Dumont,
» fit dire à Polichinelle : Grande trahison en Espagne, grande trahison en Alle-
» magne, grande trahison en Angleterre, grande trahison en Portugal, grande
» trahison en Italie, grande trahison en Flandre... et il lui dit de prendre garde
» de pas découvrir par son indiscrétion ce qui se passait dans l'Europe. Mon
» Polichinelle continuait de nommer tous les autres États, on ne savait que dire
» de cette pièce dont aucune n'avait jamais commencé de la sorte. Brioché reprit
» la parole et dit à Polichinelle que puisqu'il avait une si grande démangeaison
» de parler, il lui en donnait la permission, pourvu du moins qu'il n'allât pas
» dire que Dumont, colonel Suisse était là déguisé en bourgeois avec sa maî-
» tresse; comme il y avait des officiers présents, ils jetèrent les yeux de tous
» côtés. Dumont aida à la chose, il voulut sortir le chapeau rabattu. On y
» regarda de plus près; il fut reconnu. Sa maîtresse baissa ses coeffes; la comé-
» die fut interrompue. Dumont lui jura qu'il la vengerait, mais Brioché partit
» pour Paris. »

Dès que le public eut pris le parti de se contenter de semblables récréations, la société de rhétorique de Dunkerque reste dans l'ombre. Son nom se révèle çà et là, mais les traces de son action deviennent insaisissables. Elle semble s'occuper plutôt à reproduire les chefs-d'œuvre qu'à en éditer qui lui soient propres. C'est ainsi qu'en 1722 et 1723, le Magistrat lui donne les vins d'honneur et un sub-side « pour aider aux dépenses faites pour la représentation de la tragédie de
» *Sainte-Catherine*, du *Cid* et de *Polyeucte*. »

En 1725, la société se trouvait en déficit, et des vingt-quatre membres qui la composaient, plusieurs refusaient de solder les 5 livres, part de dette qui incombait à chacun (1).

En 1750, Nicolas-Polycarpe de Baeke, avocat en parlement et échevin était nommé connétable (2).

A cette époque, la société ayant obtenu une parcelle du terrain du petit château, y fit bâtir une salle pour ses séances. En 1764, on lui signifia de laisser les lieux libres pour les constructions que l'on voulait y opérer. Elle fit la

---

(1) Nicolas de Perne, doyen, signale cette année un déficit de 120 livres, et nomme André Van Costez, notaire, Antoine Rycx, praticien, Maximilien Van den Bussche, maître maçon, et Louis Messchaertz, maître vitrier, comme refusant de payer leur part. Corneille Godefroid, le précédent doyen, avait été également obligé de faire intervenir le Magistrat pour obtenir 4 livres 10 sols de Henri Mille, Jean Willems, Louis Henry, Antoine Rycx, Adrien Van Haverbeke et François Sibramgondi, qui refusaient d'acquitter leur cotisation.
Le valet de la confrérie avait 24 livres de gages.

(2) La nomination signée par les doyens et serments de la confrérie est aux archives de la Mairie ; c'est la première pièce qui s'y rencontre relativement à la Société de Rhétorique. Elle porte les signatures de Louis Éveraert, J. Declercq, Margat fils, L'Etang et Delacour.

sourde oreille jusqu'en 1764 que Débrier, connétable, et Boulanger, doyen, firent connaître que les délais apportés jusque-là avaient pour cause l'espoir d'être gratifiés d'un autre terrain où ils auraient employé leurs matériaux. Se sentant à sa dernière heure, la confrérie de Saint-Michel faisait remarquer que, « de mémoire d'homme, elle avait subsisté sous la direction et conduite d'un » notable commis par le siége.... qu'il s'était continuellement tenu des assem- » blées de ladite confrérie, au vu et au sçu de toute la ville, même plusieurs » représentations publiques dans la salle des spectacles, au contentement de » chacun. »

Pendant que l'ancienne société de rhétorique allait ainsi s'affaiblissant, une autre compagnie se formait et prenait un nouveau titre : celui de Société litté- raire. Nous n'avons pas jusqu'ici rencontré de documents qui en soient émanés, mais nous avons le savant Dom Berthod, auteur d'une biographie de Richardot, évêque d'Arras, qui nous apprend à la fois l'existence de la compagnie et la considération dont elle jouissait, car il signe :

« Membre des Sociétés littéraires de Bruxelles, Grenoble et Dunkerque. »

D'ailleurs, l'époque que nous venons de parcourir, nous a laissé des noms honorables : dans la peinture, Corbéan, Jean de Reyn, Elias, J.-B. Descamps, habile à manier la plume et le pinceau : parmi les statuaires, Brouchort ; parmi les numismates, Guillaume Beauvais ; parmi les naturalistes, Denys-Montfort, et, dans la littérature, Michel de Swaen, le dernier et le plus remarquable peut- être des poètes flamands, qui fut le prince de la Ghilde, ou Société dunkerquoise.

Si l'ancienne tradition littéraire se retirait des habitudes générales préoccupées par les vices ou les intérêts, les P. Jésuites l'avaient recueillie et la renouvelaient dans l'éducation ; et dans leurs maisons se conservait ce feu que le vent du siècle menaçait d'éteindre au-dehors. L'église Saint-Éloi contribuait pour sa part à ces efforts, et l'on trouve, au compte de 1644, une somme payée par le mer- glisseur-trésorier « pour livraison de soutiens pour le dessous du théâtre des » Jésuites, 12 livres 7 escalins de gros. » (92 francs 62 centimes).

En 1664, les élèves des Pères donnèrent une représentation dont le récit sui- vant pourra donner quelque idée.

Le jour de la nativité, on joua *la Fille de Jephté,* pièce en trois actes, composée par les Pères. Ce qui intéressa le plus, dit un témoin oculaire (De Rocoles, historiographe de France, en ce temps là à Dunkerque), ce furent les diludes ou entr'actes. Dans le premier, les écoliers, divisés en Israélites et en Ammonites, exécutaient des combats simulés et faisaient semblant de se frapper ; l'un tenait le pied sur le ventre de son adversaire vaincu, l'autre portait le glaive à la gorge de son ennemi et n'attendait que le moment de l'exécuter. Tous ces exercices se faisaient d'une manière très-grave, au bruit du roulement des tam- bours, des fanfares et des trompettes, avec un aplomb et une précision qu'on ne trouve que dans les fêtes flamandes.

Au second acte, la scène changeait : Une troupe de nymphes et de bergers, coeffés de grands chapeaux de paille, étaient assis sur le gazon et chantaient les airs du pays au son des tambourins de basque et des flageolets, comme si l'on eût été dans le Béarn et la Biscaye. On sait d'ailleurs les rapports qui existaient entre l'Espagne et la Flandre.

En troisième lieu, on représenta une allégorie tirée des sentiments principaux qui occupèrent l'âme de *Jephté* lorsqu'il fut question de sacrifier sa fille. L'amour paternel combattit longtemps dans son cœur l'amour divin; aussi, pour personnifier ce débat fit-on paraître sur la scène une espèce de ballet dans lequel un jeune écolier représentait l'amour paternel; un autre l'amour divin, et tous deux, en dansant, tiraillèrent à qui mieux mieux le pauvre *Jephté* qui demeurait perplexe.

Enfin, dans un certain entr'acte, les acteurs représentèrent le roi Midas, à table, et, par un instinct propre à la nation, dit le voyageur Rocoles, ils y parurent mangeant et buvant non point au figuré comme sur nos théâtres, mais en réalité. Les mets et les friandises n'étaient ni en peinture ni en carton, ce qui eût fort médiocrement exalté la verve des écoliers flamands. Ils firent le paranymphe de la boisson et de la mangeaille, contrefirent les ivrognes et poussèrent les choses à l'extrême sur ce point. C'est la partie de la fête qui émut le plus vivement et qui obtint le plus d'attention et d'applaudissement du public.

Il est vraisemblable que la pièce jouée à Dunkerque en 1664, était en latin, dit l'auteur à qui nous empruntons ce récit (1). Or, nous demandons si, dans notre siècle de haute littérature, il se trouverait un public fort nombreux pour entendre, apprécier, applaudir une pièce en latin, et des intermèdes en flamand?

Le Magistrat encourageait cette direction, qui entretenait le goût de l'étude des langues. Dans les registres des comptes de la ville, une foule d'articles de dépenses pour construction, réparation du théâtre, décorations, rideau, machinistes, prouvent que sa protection était réelle et effective. Il faisait ordinairement suivre ces représentations d'une collation à laquelle il prenait part et dont il payait les frais (2).

Un article de 1743 mérite d'être cité; il est conçu en ces termes :

« ..... Aux R. P. Jésuites pour servir aux frais de la tragédie d'*Athalie*, qu'ils
» ont fait représenter par la jeunesse fréquentant leur cathéchisme dans l'église
» paroissiale, 100 livres » (3).

---

(1) Les *Archives historiques*, de M. Arthur Dinaux.
(2) En 1755 la collation coûta 98 livres.
(3) Une pièce de 1754, et qui se trouve aux archives de Dunkerque (registre III, folio 4, verso), mérite aussi d'être transcrite; la voici :
« Supplie le P. Emmanuel Gamba, préfet des R. P. Jésuites de cette ville, disant qu'après la tra-
» gédie qui vous est, Messieurs, dédiée et représentée par les écoliers de ce collège, à la fin d'aoust
» de chaque année, les prix, par votre libéralité, sont distribués, qui consistent en 65 livres de diffé-
» rentes grandeurs, tous reliés en vaux (sic), que le suppliant doit procurer, acheter et payer pour
» ledit temps, afin que la distribution en soit faite en votre présence aux étudiants des cinq classes,
» chacun suivant son mérite. Outre cette dépense, le suppliant est encore obligé de faire imprimer
» et payer les arguments de la pièce, de payer les musiciens et symphonistes le jour qu'on la repré-

Mais pour le public, pour le public proprement dit, il y avait un théâtre dans la salle du jeu de Paume. En 1730, il fut transporté dans la rue des Pierres, où le Magistrat fit construire un amphithéâtre (1734). Par la suite, on fit une autre salle dans la rue Nationale (maison de madame Schadet), aux frais d'un acteur (Huant), qui y consacra 300 livres.

Ces entreprises ne furent pas prospères. Ce n'étaient plus les exercices corporels qui occupaient les loisirs comme au moyen-âge, le mail, la paume ; ce n'étaient plus les exercices de l'imagination comme au temps des Sociétés de Rhétorique. Les cartes, la bière et le tabac ont successivement remplacé les vieilles habitudes, et l'on n'a pas à craindre qu'elles renaissent jamais aussi longtemps que celles-ci conserveront leur empire stupéfiant.

On avait conçu le projet de faire une salle plus grandiose sur la place Dauphine; mais des difficultés s'étant élevées, on en fit une autre près de l'ancienne porte de Nieuport dont le Magistrat concéda les matériaux (1). La salle actuelle, a été érigée en 1835.

Contenu dans le milieu que les œuvres humaines ne doivent jamais franchir, l'art dramatique offre pourtant le plus noble et le plus digne des amusements. L'histoire, — qui le conteste ? — est une leçon dont rien ne remplace l'utilité ; les voyages élargissent les vues et les jugements ; l'étude du cœur humain est la plus nécessaire, la plus attrayante de toutes ; la curiosité est le plus puissant des mobiles.... Or, le drame, en lui-même et dans son idéal, présente la quintessence de tout cela, et le jour où Sophocle, Racine, Molière ne seront plus goûtés, on pourra prédire comme prochain le retour de la barbarie.

Un autre usage qui a quelque rapport avec l'art dramatique, et qui offre en Flandre un caractère tout-à-fait remarquable, c'est celui des cortéges-processions.

Primitivement c'était une cérémonie pieuse où les fidèles accompagnaient le Saint-Sacrement dans les divers quartiers de la ville. Par la suite, les corps de métiers y figurèrent avec leurs attributs, bannières et statues. Il en résulta bientôt l'introduction d'accessoires burlesques ou facétieux. Les anges, les saints finirent par se trouver en compagnie des fous, des diables et des personnages de la mythologie. On sentit l'inconvenance de ces rapprochements ; l'échevinage prit l'initiative de la réforme ; de sa propre autorité il supprima l'Annonciation, la Naissance du Sauveur, le Paradis, l'Enfer.... car tout cela figurait au cortége. L'évêque d'Ypres alla plus loin ; il interdit formellement les processions com-

---

» sente et de faire apprêter le théâtre et fournir à ses dépens les décorations extraordinaires qu
» mandent les pièces qu'on représente pendant l'année, comme aussi les images de parchemin qu'on
» donne pour prix aux étudiants chaque mois après la composition; de payer celuy qui sonne jour-
» nellement la cloche pour appeler ou avertir les écoliers aux classes, au sermon et à la messe ; outre
» d'autres petits frais casuels qui tombent à sa charge pendant l'année, pour tout quoy il n'est accordé
» et payé au suppliant que 100 livres.... »

Touché de ces raisons, l'échevinage accorda 150 livres.

(1) On y joua la première fois l 11 novembre 1777.

posées à la fois d'éléments sacrés et profanes. Le Magistrat réclama contre cette interdiction absolue et la procession continua.

Il y avait deux cortéges principaux : celui de la Fête-Dieu et celui de la Saint-Jean. Le premier était moins considérable que le second. Les registres du temps nous font connaître en détail l'ordre qu'on y observait, le rang de chaque métier, etc.

Des querelles de préséance s'élevèrent souvent à cette occasion. Les boulangers prétendaient avoir le pas sur tous les autres, ou au moins venir immédiatement après les chirurgiens et les barbiers. A Dunkerque on comptait au cortége douze à treize corporations. A Saint-Omer et à Bruges il y en avait cinquante-trois.

A mesure que le XVIIIe siècle approchait de sa fin, la foi paraissait s'éteindre en même temps que les mœurs. De même que ces hommes qui comprennent le prix de la santé à mesure qu'elle leur fait défaut, le Magistrat s'efforçait par des ordonnances de plus en plus fréquentes, de maintenir le respect de la religion et du culte. On le voit rappeler aux habitants l'obligation du jeûne et de l'abstinence, défendre les bals en carême, fermer les cabarets pendant le temps des offices.

Nous trouvons dans nos notes, une foule de renseignements que l'exiguïté de notre cadre ne nous permet pas de reproduire. Nous croyons cependant pouvoir en extraire quelques-uns par lesquels nous terminerons cette nomenclature.

En 1755 les assurances mutuelles étaient déjà établies entre nos armateurs pour la pêche. L'institution d'une chambre pour les noyés remonte à 1778. Un cours public de physique était ouvert au collége en 1787.

Les ordonnances les plus nombreuses sont celles qui ont rapport à l'habitude invétérée de faire « *vilénie* dans les rues (1).

Nous citerons également ce bizarre édit qui ordonne aux marchands d'eau-de-vie en détail, de prendre pour enseigne un mouchoir au bout d'un bâton ; celui qui proscrit comme poison, l'huile d'œillette, et n'en tolère l'usage qu'à la condition de la mélanger avec l'essence de thérébentine (1768); celui qui, sous peine de 300 livres d'amende proscrit l'inoculation parce que la petite vérole introduite artificiellement dans la plupart des maisons, pourrait occasionner une espèce d'épidémie permanente (3 février 1778).

La première fois que nous voyons mentionner la pomme de terre à Dunkerque

---

(1) L'absence de latrines dans les demeures s'est longtemps fait remarquer à Dunkerque. En 1766, les ordonnances s'élevaient encore contre l'ignoble habitude (qu'elles signalaient pour la centième fois), de souiller les rues de certains dépôts immondes. Il paraît que les noms donnés aux cabinets d'aisance ont varié sans être encore fixés : le *commun*, la *garde-robe*, la *basse cambre* (basse chambre), le *privé*, le *secret*, les *commodités*.... Pour le nettoyage d'une *basse cambre*, on payait, le siècle dernier, 20 à 30 livres. L'agriculture n'utilisait pas les gadoues, et les vidangeurs déchargeaient leurs tombereaux dans la Panne et l'Arrière-Port. Cela se faisait encore en 1780.

En 1746, la ville payait 3,000 livres par an pour l'enlèvement des immondices. A partir de là, une nouvelle marche s'établit. La ferme des boues et immondices était adjugée, le 4 avril 1759, pour 1,700 livres par an ; en 1767, le 18 février, l'adjudication ne dépassait pas 1,200 livres. En 1788, on adjugeait les boues, immondices et fosses d'aisances, pour 18,100 livres, plus 100 livres au Magistrat.

est en 1748, à l'occasion de la dîme que l'abbé de Saint-Winoc voulait prélever sur ce tubercule. Ce qui semblerait permettre de reporter vers 1740 la plantation en grand de *la Parmentière*. Mais il faut se rappeler qu'on appelait *pomme de terre* le topinambour (1).

La plupart de ces données nous sont fournies par les registres des comptes, seul recueil qui subsiste pour nous parler de ces temps, car les délibérations du conseil sont absentes et laissent une lacune de 150 ans environ que rien ne saurait combler. A celui qui a le courage de traverser ces pages tristes et monotones, il arrive parfois de glaner des renseignements dont ce qui précède peut donner une idée. Le philologue y assiste avec intérêt aux transformations successives qui ont donné au langage sa forme actuelle (2) et sous ce rapport c'est une branche nouvelle à proposer aux archéologues.

Une ordonnance touchant les procureurs sera le dernier emprunt que nous ferons à cette source. Elle fixe les honoraires de ces officiers judiciaires : chaque production de témoins leur valait trois sous; chaque cause, deux sous et demi; pour coucher inventaire un sou et demi.... Si pareil taux était maintenu aujourd'hui que de travail nécessiterait l'achat d'un cigarre *panatella!*

Cette époque vit s'augmenter l'éclat que Dunkerque s'était acquis dans l'époque précédente. Le lecteur a pu en juger par le récit des événements que nous lui avons successivement exposés.

Elle a légué à la postérité des noms dont nous pouvons être fiers : Jean Bart, le grand homme, le chef d'escadre; Cornille, son fils; André et Pierre Bart, Saus et Thurot, ses émules; Royer, qui marcha aussi sur ses traces, et que la mort enleva aussi trop tôt à sa patrie; De Lille, Freraert, Dewulf, les vaillants corsaires; Vanstabel, le vice-amiral dont le Directoire marchanda mesquinement le sang versé pour la France, et bien d'autres braves qui, dans un rang plus obscur, se sont montrés de dignes enfants de la bonne ville.

---

(1) Il paraît que le topinambour (*helianthus tuberosus*) fut apporté à Dunkerque en 1659 par les Anglais. Dès 1688, on le cultivait d'une manière suivie.

(2) On disait autrefois, en parlant d'une femme veuve ou mariée, *Mademoiselle....*; d'une femme à marier, *Madame....* Nous disons au roi : *Votre Majesté*; on disait à un religieux : *Votre Paternité....* On confondait *quantité* avec *nombre* : Acheter un certain *nombre* de blé...., de poudre. *Veuant* signifiait *ayant vue* : Une fenêtre *veuant* sur la rivière. *Espagnol* a été successivement *Espaignart, Espaingart, Hispaingol, Hispaignol, Espaignol....* Une meule s'appelait *pierre tournoire*; un marin, *un maronnier*; une revue, *une monstre*; un foyer, *un ardoir*; un bail renouvelé était un *rebail*, etc., etc.

CHAPITRE XV.

INSTITUTIONS DUNKERQUOISES.

Amirauté. — Archives. — Bibliothèque. — Chambre de Commerce. — Caisse d'épargne. — Gaz. — Hospices. — Intendance. — Juridiction des traites. — Journaux. — Magistrat. — Musée. — Pêche. — Seigneur. — Siége des traites. — Sous-Préfecture. — Tribunaux. — Vaccine.

AMIRAUTÉ — Le siége de l'amirauté avait pour mission de régler ce qui concerne la marine. Les annotateurs de la localité donnent plusieurs dates comme l'origine de l'amirauté : 1671, 1659, 1647, 1625 (1).

Nous avons déjà cité des titres concernant l'amirauté et qui datent de 1549, 1583. Tout ce que nous pouvons en conclure, c'est que ce sujet n'est pas suffisamment éclairé. Cela devient sans conséquence depuis que l'ordre des choses établi par la Révolution de 1789 a supprimé cette juridiction. On trouve, d'ailleurs, des titres y relatifs dans les archives de la ville, 11e division, 5e section.

ARCHIVES. — Malgré les nombreuses pertes qu'elles ont subies, les archives de Dunkerque sont encore très-dignes d'intérêt par l'importance des documents qu'elles renferment, par l'ancienneté des titres et par l'excellent ordre que M. Gombert y a établi. Elles occupent deux vastes salles de l'Hôtel-de-Ville, et sont partagées en dix divisions qui sont à leur tour subdivisées suivant leur nature.

Il y a deux séries, l'une antérieure à 1789, l'autre postérieure. La première série est en ordre et l'inventaire en est dressé.

BIBLIOTHÈQUE. La Bibliothèque publique de Dunkerque est placée dans

---

(1) Voici comment s'exprime à ce sujet, en 1625, l'infante Isabelle écrivant aux Dunkerquois :
« Chers et bien aimés co le roy monseigneur et nepveu à trouve convenir d'ériger et establir une
» admiralté ou compaignie des subiectz.... plus obeyssant y ayant leur residence et de ses royaulmes
» de Castille.... en former et establir en la cité de Seville restablir et asseurer par deçà à l'exclusion
» des rebelles le traficq.... »

une des salles de l'Hôtel-de-Ville. Elle compte environ 5,000 volumes. Trois fois la semaine elle est ouverte de six à neuf heures du soir.

L'établissement figure au budget annuel de la commune de Dunkerque pour une allocation de 1,200 francs, dont 4 à 500, selon la lettre du vote, se dépensent en abonnement aux journaux, recueils périodiques traitant d'administration, et le surplus en acquisitions directes au profit de la Bibliothèque. Elles ont pour objet, selon les besoins de la localité, des livres de navigation, de géographie, de sciences, etc.

Le local de la Bibliothèque est au premier étage Nord, de l'Hôtel-de-Ville, et se compose de trois salles de plein-pied, liées entre elles par de grands portiques symétriquement découpés dans les cloisons de séparation ; il pourrait recevoir 10,000 volumes ; il est sec, aéré, et convient sous tous les rapports à l'emploi auquel il est affecté.

CHAMBRE DE COMMERCE. Établie par un édit de février 1700, elle comprenait quatre conseillers, plus un pensionnaire. Supprimée en décembre 1791, elle a été rétablie en vertu de l'arrêté des consuls (3 nivôse an XI). La Chambre de Commerce occupait d'abord le premier étage de la balance publique. Elle fut plus tard transférée au-dessus de la Bourse. Elle est aujourd'hui près du bureau du pilotage sur le port.

CAISSE D'ÉPARGNE. Il est superflu de développer avec détails la nature et le but des caisses d'épargnes. Chacun sait que cette institution, créée dans une intention de haute bienfaisance, est entièrement destinée à recevoir la petite économie, à partir d'un franc, que les personnes laborieuses savent prélever successivement sur le produit de leur industrie, et de la faire fructifier au moyen d'un intérêt.

Ces économies, ainsi mises en réserve, deviennent plus tard une ressource au jour du besoin, et combien de déposants ont dû s'en féliciter dans des circonstances difficiles ou même imprévues.

La caisse d'épargne et de prévoyance de Dunkerque, autorisée par ordonnance royale du 1er novembre 1833, commença ses opérations le 1er janvier 1834.

Au 1er janvier 1854, elle avait reçu de 8,401 déposants 51,104 versements, formant 6,757,175 38

Elle avait remboursé 5,918,394 67

Elle restait débitrice de 838,780 17

Les 8,401 déposants comprennent :

    Ouvriers, domestiques, etc 3,953

    Enfants mineurs 1,869

    Sociétés de secours. 52

    Employés et professions diverses 2,527

               Total égal. 8,401

GAZ (Usine du.) L'Usine au gaz, dont le directeur est M. Vandeville, fournit à la ville 1,540 becs alimentés au moyen de 24 mille mètres de conduits souterrains, et de deux gazomètres de 1,800 mètres cubes.

HOSPICES ET HOPITAUX. L'Hospice Général de la Charité fut établi par lettres patentes de juillet 1737. Il était dirigé par douze administrateurs et des maîtres qui soignaient les malades, les vieillards et les enfants.

L'Hôpital Saint-Julien, dirigé par les Sœurs Pénitentes, recevait les blessés sur la voie publique; on y soignait les pestiférés. Charitable mission partagée avec les capucins.

Il y eut un Hôpital-Militaire, rue des Arbres, puis à la Citadelle.

Aujourd'hui Dunkerque possède deux vastes établissements : l'un l'Hospice Général, l'autre l'Hôpital-Militaire. Nous traiterons de ces établissements dans l'ouvrage que nous nous proposons de publier sur l'Histoire religieuse de la ville.

INTENDANCE. L'Intendance fut établie par Louis XIV. Il y avait l'intendance de mer, dont le siége était sur le Marché-aux-Volailles, et l'intendance de terre, rue du Jeu-de-Paume. Les intendants avaient une juridiction qui a quelques rapports avec celle des préfets. Le bâtiment de l'Intendance élevé sur l'emplacement d'un ancien Jeu-de-Paume, coûta 58,000 francs. On y fit des réparations pour 150,000 francs et des changements pour 115,000 francs, ce qui éleva d'abord le coût à 332,000 francs. On continua à dépenser avec aussi peu d'ordre, ce qui donna lieu à des récriminations très-fondées.

L'intendant de la Province faisait sa tournée annuellement et ne restait à Dunkerque qu'une quinzaine de jours. Voici la liste des intendants depuis 1700. De Barentin, 1705; de Bernières, 1709; Le Blanc, 1718; de Meliand, 1730; de la Grandville, 1743; de Séchelles, 1754; de Beaumont, 1756; Caumartin, 1778; de Calonne, 1783; Esmaingart.

JURIDICTION DES TRAITES. Ce bureau connaissait des mêmes matières que les siéges d'élections dans les lieux où il n'y en avait pas d'établis, comme tailles, taillons, recrues et subsistances, aides et toutes autres impositions et subsides. Il jugeait jusqu'à la somme de 500 livres. L'appel se faisait au Conseil-d'État. Tout cela a été déblayé dans le grand travail de la nouvelle législation.

JOURNAUX. Dunkerque compte aujourd'hui quatre journaux qui paraissent trois fois la semaine : *le Commerce de Dunkerque*, rédacteur, M. Vanderest; *la Dunkerquoise*, rédacteur, M. Drouillard; *l'Indépendant*, rédacteur, M. Victor Letellier; *le Journal de Dunkerque*, rédacteur, M. Vandalle.

Le premier journal publié quotidiennement dans notre département est *l'Abeille Patriote*, ou *feuille de tous les jours*, fondée à Lille le 1er janvier 1790, format in-4° à deux colonnes, quatre pages par numéro; prix, 24 livres par an. C'est alors aussi qu'un premier journal fut créé à Dunkerque, sous le titre : *Gazette de la Flandre Maritime Française*, dont le premier numéro date du 17 janvier 1790, mais qui ne paraissait que deux fois par semaine, chez Em. Lorenzo, en quatre pages in-4°. Prix, 18 liv. pour la ville et 24 liv. pour le dehors.

MAGISTRAT. Qualification employée autrefois pour désigner le corps municipal tout entier.

Quand Dunkerque a-t-elle été constituée ghilde ou commune? C'est une question importante et qui n'est point tranchée.

Les annotateurs de la localité, dont les dires se copient tous en ce point, avancent que l'institution du Magistrat doit être attribuée à Robert de Cassel, en 1322. C'est une erreur.

Dans un acte de 1300, ce Robert parle « *des Bourgeois de Dunkerque* » : il y avait donc déjà une commune constituée. En 1218, la comtesse Jeanne, confirmant les priviléges, nomme formellement les échevins.

Nieuport a ses titres de franchises datés de 1163; Furnes, de 1109; Saint-Omer, de 1127; Gravelines, de 1160. Comment Dunkerque serait-elle restée étrangère à ce mouvement de tout le pays? D'après le savant Warnkœnig, c'est en 1168 qu'elle aurait reçu ses priviléges (1). Et en effet, en 1188, Philippe d'Alsace l'appelle une *commune récente*.

Nous pouvons donc, sans craindre de nous tromper, reporter au dernier quart du XIIe siècle l'organisation municipale de notre ville.

D'après M. Bouthors, la commune procéderait des Ghildes, ou colléges d'artisans. La *Ghilde*, institution germanique, remonterait jusqu'aux temps antérieurs au Christianisme. L'auteur que nous citons la signale payenne à l'origine, ne cédant qu'avec lenteur et répugnance à l'impression des missionnaires qui la détournaient des pratiques superstitieuses. Dans les statuts des corps de métiers au moyen-âge, il aperçoit bien plus de traces de la Ghilde que de la législation romaine. Les membres jurent de se prêter mutuellement secours et assistance, d'obéir à des juges, leurs pairs. Comme les confrères de la Ghilde, ils ont une bourse commune, des banquets solennels, des repas de noces, de funérailles, de bien-venue; en un mot, tout ce qui constitue la force et le lien d'association porte le cachet germanique, tandis que tout ce qui a trait à la hiérarchie administrative s'y reflète comme une tradition de la législation Théodosienne. La commune réunit en un seul faisceau les corporations particulières; elle devient le développement de la Ghilde, ou si l'on veut la Ghilde des Ghildes. Elle admet la commensalité comme lien d'association, la garantie mutuelle comme condition de son existence, l'excommunication civile comme sanction des lois pénales.

Or, nous retrouvons, dans les particularités de notre histoire locale, tous les traits généraux que nous venons d'indiquer, et, à défaut d'autres titres, nous y trouverions une preuve suffisante de l'origine germanique de notre population.

L'élément français y a fortifié la centralisation, puis le principe d'égalité, mais

---

(1) Warnkœnig, *Histoire de la Flandre*, t. II, p. 317.

on ne pouvait concevoir alors la loi comme nous la concevons aujourd'hui. Il n'y avait guère que des parcelles sociales, si l'on peut s'exprimer ainsi, qui, se constituant à part, cherchaient à absorber chacun en particulier toutes les conditions de puissance et de bien-être dont elles étaient susceptibles.

Cet instinct, cette action fut favorisée par les circonstances. On a vu comment les comtes de Flandre, aiguillonnés par l'exemple des rois de France et surtout par la crainte de leurs empiétements, accordaient libéralement à leurs féaux, des lettres de franchises, priviléges, etc., qui jouent un si grand rôle dans le passé de notre province et de notre ville.

Ces priviléges consistaient dans la gratuité de la justice, le jugement par les échevins, l'exemption de certains impôts, tels que les aides, la gabelle, etc. Nous ne nous étendrons pas sur les détails aujourd'hui sans objet.

Ce qui constituait une commune, c'était un échevinage, un sceau, une cloche, un beffroi, une juridiction.

Personnifiée dans son échevinage, la commune avait son Palais, son Hôtel-de-Ville, où se réunissaient les mandataires chargés du soin de la chose publique, où se trouvait le beffroi, et dans la tourelle, la cloche qui convoquait les bourgeois.

L'Hôtel-de-Ville de Dunkerque fut plusieurs fois visité par l'incendie; avec l'édifice furent ravagées les archives (1642) qu'il renfermait et qui offrent aujourd'hui des lacunes irréparables. Le beffroi en ressentit les atteintes dans des incendies partiels occasionnés lors des feux de joie ou d'artifice qui se renouvelaient si souvent au XVIIe et au XVIIIe siècle.

Le Beffroi était flanqué de tourelles dont l'ensemble dominait la ville et qu'on apercevait surtout en arrivant par mer. La tourelle mesquine et insignifiante qui surmonte le lourd portique que nous voyons maintenant n'offre aucun des caractères de l'ancienne construction (1).

Dans la salle échevinale se trouvaient de magnifiques verrières représentant les blasons des princes et seigneurs de la ville, des tableaux de différents genres. Un crucifix de bronze présidait dans la chambre des délibérations. Une table couverte d'un drap vert renouvelé chaque année réunissait les échevins. Chacun d'eux avait à sa place le nécessaire pour écrire et un lourd encrier en plomb.

La chapelle était voisine, les échevins s'y rendaient avant d'exercer la justice. C'était un usage rationnel et chrétien. Mais par la suite, il est fait mention plus fréquente de la cuisine que de l'oratoire, et des caves, que de la chapelle ou de la bibliothèque.

Le corps municipal de Dunkerque porte dans nos chartes des différentes dénominations : tantôt c'est le *Magistrat*, *l'Échevinage*, *le Seigneur et la Loy*, noms empruntés à la langue française; tantôt *Scabinatus*, *Coratores*, désignations empruntées au latin. Tantôt *Kœurhes*, *Schepen*, *Kœurman* dont la racine est germanique, mais qui désignent tous un même ensemble.

---

(1) L'escalier en pierre qui mène aux étages de l'Hôtel-de-Ville est de 1784 et 1785. (Voir aux comptes desdites années).

Ce corps exerçait la justice civile et criminelle; il réglait les finances, la voirie, la police. C'était à la fois, un pouvoir législatif, exécutif et judiciaire. Organisation essentiellement vicieuse dont les abus accumulés ont amené une réforme radicale en 1789.

Le Magistrat connaissait des cas royaux et prévôtaux; il jugeait, sans avocat, les procès de sorcellerie. Avant la conquête de Louis XIV, l'appel de ces sentences était porté à Malines; après 1662, il le fut à la cour d'Artois, puis à celle de Paris. En 1686, il était attribué au parlement de Flandre à Douai.

La juridiction de ce corps n'avait pas de limite bien déterminée; il en était de même pour le territoire où elle s'exerçait; aussi les conflits étaient fréquents et présentaient des difficultés insolubles. De 1529 à 1561, un procès fut pendant entre l'échevinage de Dunkerque et celui de Bergues, au sujet de la pose des bornes.

Le territoire de Dunkerque comprenait quatre paroisses et six branches de paroisses, savoir : Grande Synthe, Mardyck, Arembouts-Cappel, Zuydcoote, Coudekerque-Branche, Teteghem, Uxem, Ghyvelde, Leffrinckouck.

Par l'organe du bailli, le Magistrat de Dunkerque signifiait aux hoofmans, poorters, asséeurs de son territoire, l'ordre d'imposer les terres pour les frais ayant pour cause la dépense commune, l'entretien du port, des fortifications.

Le Magistrat était choisi par le seigneur foncier, ou plutôt par les commissaires nommés à cet effet. Cependant, il ne manque pas d'exemple que les bourgeois étaient appelés aux délibérations.

Depuis Robert de Cassel, voici ce qui s'observait . vers la Saint-Jean, le seigneur envoyait un, deux ou trois commissaires pour le renouvellement de la loi. Le grand bailli assemblait le Magistrat. Les commissaires se rendaient à l'Hôtel-de-Ville à neuf heures du matin; le corps échevinal allait au-devant de lui; après les compliments d'usage, l'assemblée entrait au conclave. Le commissaire exhibait ses lettres de créances, qui étaient vérifiées et enregistrées.

Ensuite, le même commissaire remerciait les échevins des bons services rendus à la ville, et tout le corps se retirait. Le grand bailli, les pensionnaires et le greffier étant restés seuls, le commissaire leur communiquait la liste du nouveau Magistrat, et leur demandait leurs observations sur les personnes y indiquées.

L'élection faite ou modifiée au besoin, était notifiée au curé, afin qu'il certifiât qu'aucun des candidats n'était suspecté d'hérésie. Cette certitude acquise, on sonnait la cloche de l'Hôtel-de-Ville et de la Grande-Tour pour avertir le peuple. Lorsqu'il était rassemblé devant l'Hôtel-de-Ville, le greffier, accompagné du bailli, proclamait les nouveaux membres du Magistrat. Un sergent de ville se rendait chez chacun des élus, en l'invitant à se transporter, sans délai, à la maison échevinale. Le grand bailli recevait leur serment en présence du commissaire, qui, ensuite, prenait séance et présidait les officiers du nouveau Magistrat, placés chacun selon son rang. Il leur adressait une allocution, leur recommandant fidélité au roi, prompte exécution dans l'administration de la justice et exactitude aux assemblées, à l'heure indiquée. Si le commissaire avait fait quelques mémoires ou ordonnances, il les remettait pour en faire lecture et les enregistrer, et si les comptes de la ville étaient prêts, on les lisait et il les arrêtait; dans le cas contraire, il fixait un jour à cet effet. Le lendemain, un repas somptueux réunissait à l'Hôtel-de-Ville les fonctionnaires sortants, leurs successeurs et les principaux des notables. Le surlendemain, après avoir assisté à la messe du Saint-Esprit, le Magistrat prenait séance et s'occupait à pourvoir aux nécessités du service.

Le Magistrat de Dunkerque comprenait : le bailli, le bourgmestre et les échevins au nombre de neuf ou dix, ce qui formait le conseil.

Les échevins n'apportaient pas toujours au conclave une grande connaissance des affaires. En 1532, ils exposaient à la dame de Vendôme la nécessité de leur adjoindre des gens de loi, parce que, disaient-ils, « les échevins ne sont que des » marchands entendus en leur stil et négociation, » ce qui ne suffisait pas pour diriger habilement les affaires de la commune.... En conséquence, on leur adjoignit successivement des conseillers-pensionnaires (1), un procureur (2), un trésorier ou poortmester (3), des greffiers (4)....

Le bourgmestre était le chef des échevins. Il gardait le sceau et les clés de la ville. Il convoquait l'assemblée, mettait les affaires en délibération, recueillait les voix; au cas de partage égal, la voix du bourgmestre était prépondérante.

Sous ses ordres et pour sa garde, il avait deux *massiers* (colfdraegers), deux archers nommés *souverains*, et un des sergents de ville. La prison ne s'ouvrait que par son ordre. Au cas d'absence ou de maladie, il était remplacé par le premier échevin.

Le Magistrat s'assemblait régulièrement tous les jours de la semaine (sauf le lundi); il tenait séance de neuf heures à midi : mardi et samedi, pour les causes qui se plaidaient à tour de rôle; mercredi, pour les finances; jeudi, pour les affaires de police et du territoire; vendredi, pour les procès par écrit et appointés.

Chaque année, à la Saint-Jean, l'échevinage était renouvelé par les commissaires du seigneur foncier. A partir de 1662, l'intendant représentant le roi, qui était à la fois seigneur foncier et seigneur suzerain, y procédait seul.

Lorsqu'une circonstance particulière s'opposait à ce que cela eût lieu à l'époque voulue, le Magistrat était continué. Cela se présenta très-fréquemment sous

---

(1) Un premier en 1519; un deuxième en 1593. En 1594, le premier pensionnaire s'étant retiré, il n'en resta qu'un jusqu'en 1611. De 1612 à 1618, il n'y en eut pas du tout. En 1618, on en nomma deux. En 1619, le second fut supprimé, puis rétabli. Le Magistrat en nomma ensuite un troisième. On fit des observations à l'encontre (1644), et la place fut supprimée. De 1644 à 1666, ils restèrent deux. En 1666, on leur adjoignit de nouveau un troisième collègue. Ces conseillers devaient être gradués. Ils pouvaient donner congé ou le recevoir, moyennant avis préalable de six mois.

(2) Le procureur de la ville avait pour appointements 6 livres par an en 1519, et 9 livres en 1641. Si le casuel ne venait pas offrir compensation, c'était une charge sans revenus. — La charge de procureur syndic fut créée en 1694. — Les fonctions de procureur étaient d'être l'agent de la commune et d'en surveiller les intérêts. Rachetée par l'échevinage, cette charge fut réunie au corps de la ville en 1695, et il n'en fut plus question jusqu'en 1760. En 1760, l'intendant la fit revivre jusqu'en 1788. Elle appartint pendant ce temps à une même famille. C'était d'ailleurs une sinécure qui rapportait 12 à 1,500 livres par an. En 1788, Hovelt, deuxième conseiller, en fut investi quelques mois.

(3) Le trésorier avait pour appointements 72 livres par an.

(4) En 1550, le greffier avait 120 livres par an.

Louis XV. Les prétextes les plus frivoles furent d'abord invoqués. On se dispensa ensuite d'en chercher (1).

Le Magistrat traitait des affaires de la ville et du territoire de Dunkerque ; celles de la province de la Flandre maritime étaient de la compétence des *États* qui se réunissaient annuellement à Cassel pour délibérer sur l'assiette de l'impôt, l'audition des comptes et la délibération des principaux intérêts de la province. Le bureau permanent veillait à l'exécution des mesures adoptées. C'était à peu près ce que font aujourd'hui les conseils généraux des départements.

Des assemblées générales se tenaient aussi à Bailleul.

Les États comprenaient, les députés des tiers-états représentés par l'échevinage, ceux de la noblesse et du clergé. Ces deux ordres comptaient peu de membres dans la Flandre maritime. Ils ne jouissaient d'aucun privilége ou exemption d'impôts, comme cela se faisait ailleurs.

Les fonctions de l'échevinage étaient rétribuées. Le traitement, d'abord fort modique, ne tarda pas à s'augmenter, et sous le nom de *mandées*, s'éleva de 14 à 15,000 livres.

A ce salaire notoire, s'adjoignit un calcul plus ou moins légitime, qui, sous le titre de présents, gratifications, dons honorables, etc., devint une source d'abus criants.

A leur entrée en fonctions, les échevins faisaient le serment de remplir les devoirs de leurs charges ; sous Louis XIV, la formule était ainsi conçue :

« Sur cette croix où il a plu à notre N.-S. de mourir pour la rédemption du » genre humain, je jure de vivre et mourir en la religion catholique, apostolique » et romaine, sans avoir jamais d'autres sentiments contraires.

« D'être fidèle et loyal serviteur du roi, notre souverain ; de ne rien faire ni » attenter contre son service.

» De n'avoir aucun commerce ou communication avec ses ennemis.

» D'observer et faire observer toutes les ordonnances, nulles réservées.

» D'avertir les supérieurs de ce qui pourra venir à ma connaissance contre le » service de S. M.

» De maintenir et conserver les priviléges et droits de la ville et territoire ; de » garder les secrets du Magistrat, à la réserve de ceux qui pourraient être contre » le service du roi.

» D'assister les veuves et orphelins ; de faire aux parties bonne et prompte justice.

» De bien et loyalement gouverner les revenus de la ville et territoire.

» De faire généralement ce qu'un fidèle officier de justice est obligé de faire.

» C'est ce que je promets à Dieu et à tous les Saints. »

Dans le commencement, les sentences échevinales étaient exécutoires sur biens et personnes, et nonobstant tout appel. Tel est le sens des articles 2 et 3 de la coutume de Bruges. Cette coutume fut longtemps la loi municipale de Dunkerque.

---

(1) Le premier exemple que nous ayons rencontré de continuation du Magistrat est de 1585, par le duc de Parme. Voyez le Ve registre, Archives de la Mairie.

Les ressources financières de la ville consistaient surtout dans la recette des droits d'assis sur les boissons. Les recettes et dépenses, à partir de 1519, ont été mentionnées dans un travail spécial dont nous avons fait hommage à la Société dunkerquoise. — Le minimum de la recette, au XVIe siècle, est de 10,669 livres pour l'année 1559; et le maximum, 115,516 pour l'année 1589. — La ville était presque constamment en déficit. Ce déficit varie du minimum 1,469 livres (en 1553), au maximum 51,125 (en 1558).

Au XVIIe siècle, le maximum des recettes est de 21,739 florins (en 1643); et le maximum 293,914 florins (en 1699). — Le déficit ne cesse pas de se faire voir, et varie de 2,029 florins (en 1669), à 64,267 (en 1643) (1).

Au XVIIIe siècle, les recettes varient de 97,785 (en 1726) à 944,743 (en 1789); et le déficit de 188 florins (en 1712) à 313,907 (en 1760).

La dépense avait, autrefois, à satisfaire à beaucoup de besoins, car la ville avait pris à sa charge, tant pour le service extérieur de la maison échevinale que pour l'administration extérieure, une foule de fonctionnaires parmi lesquels nous citerons les greffiers, avocats, procureurs, etc., que le Magistrat avait à Malines, à Bruxelles, à Paris; les apaiseurs, les gard'orphanes, les maîtres d'écoles, les médecins, chirurgiens, sages-femmes, etc., les warendeurs, peseurs de pains..... messagers, varlets de chambre, sergents-de-ville..... l'exécuteur des hautes-œuvres, les chasse-coquins, tue-chiens, guetteurs, clinqueurs, etc..., balayeurs, allumeurs, garde-chasses, etc. (2).

Nous consignons ci-après, comme un document historique plein d'intérêt pour la localité, le tableau des bourgmestres à partir de 1506. Parmi ces noms, plusieurs sont restés connus à Dunkerque : Briaerde, Vanden-Helle, Faulconnier, etc. Parmi ceux qui ont été rappelés à ces fonctions honorables, on remarque surtout Doncquer, qui a administré pendant vingt années consécutives.

---

(1) Pour terme de comparaison, nous consignons ici quelques données extraites du compte-rendu par M. Mollet le 15 mai 1850 :

Recettes	551,530	50
Dépenses	499,418	56
Excédant . .	52,111	94

Dans ces dépenses, le chapitre instruction publique et beaux-arts figure pour la somme de 41,053 fr. 47 c.; l'hospice civil, pour 40,000 fr.; le bureau de charité, pour 13,000 fr.; la garde nationale, pour 6,588 fr. 09 c.; l'éclairage public, pour 15,987 fr. 92 c.

(2) En 1519, l'avocat de la ville avait pour honoraires 6 livres par an. En 1641, on les élevait à 9 livres. Les apaiseurs n'avaient en 1641 que 6 livres; le bourgmestre n'est porté au compte que pour 12 livres; c'est ce qu'on donnait aux gardiens des Vierbouts. Le garde de l'artillerie recevait pourtant 32 livres (en 1348); la première sage-femme 42 livres, et la seconde, réservée au service des pestiférés, 36 livres. Pendant plus de cent cinquante ans, le port-mestre avait 72 livres par an; le chirurgien, 24; le maître d'école, 48.... Il est à présumer que le casuel apportait une compensation à des traitements si minimes. Nous avons déjà fait connaître quels abus s'étaient introduits sous le nom de présents, gratifications, etc. C'est ainsi que le bourgmestre recevait à la naissance de son fils une pièce d'argenterie, dont la valeur était de huit à dix fois son traitement. Les registres des comptes nous révèlent une foule d'exemples de dons faits au bailli, au gouverneur et autres fonctionnaires, de vins, meubles, linge de table, médailles, etc. En 1757, ces gratifications s'élèvent à 8,456 livres, et en 1643 les pots-de-vin sont portés à 8,816 livres.

TABLEAU des Bourgmestres de la ville de Dunkerque, depuis 1506 jusqu'à 1784.

Années.	NOMS.	Années.	NOMS.
1506	Jacques Ryeel.	1565	Nicolas Lauwereyns.
1507	Idem.	1566	Jacques Martins.
1508	Idem.	1567	Antoine Van Rye, seigneur de Locre.
1509	Jean Vanderstraete.	1568	Jacques Martins.
1510	Idem.	1569	Pierre de Huvettere.
1511	Jean de Schepper.	1570	Pierre Boudeloot.
1512	Idem.	1571	Idem.
1513	Idem.	1572	Idem.
1514	Idem.	1573	Pierre Boudeloot.
1515	Idem.	1574	Léonard Tacoen, dit *Zilleke*.
1516	Idem.	1575	Idem.
1517	Idem.	1576	Idem.
1518	Idem.	1577	Idem.
1519	Matthieu Cortewille.	1578	Idem.
1520	Idem.	1579	Jean de Schepper.
1521	Bauduin Ryeel.	1580	Adolf Van Briaerde, calviniste.
1522	Idem.	1581	Roger de Brouckere, calviniste.
1523	Idem.	1582	Idem.
1524	François Caut.	1583	Corneille Martins, catholique.
1525	Idem.	1584	Idem.
1526	Idem.	1585	Idem.
1527	Matthieu Cortewille.	1586	Idem.
1528	Idem.	1587	Antoine Van Rye, seigneur de Locre.
1529	Marle.	1588	Idem.
1530	Idem.	1589	Corneille Martins.
1531	Idem.	1590	Idem.
1532	Antoine de Briaerde.	1591	Idem.
1533	Idem.	1592	Antoine Van Rye.
1534	Henri Baldekin.	1593	Idem.
1535	Idem.	1594	Idem.
1536	Jean Martins.	1595	Idem.
1537	Antoine de Briaerde.	1596	Cornille Martins.
1538	Idem.	1597	Idem.
1539	Idem.	1598	Idem.
1540	Idem.	1599	Antoine Van Rye.
1541	Idem.	1600	Idem.
1542	Idem.	1601	Idem.
1543	Idem.	1602	Corneille Martins.
1544	Idem.	1603	Idem.
1545	Idem.	1604	Josse Snellinck.
1546	Corneille Ployaert.	1605	Idem.
1547	Idem.	1606	Antoine Van Rye.
1548	Henri Baldekin.	1607	Idem.
1549	Jacques Martins.	1608	Idem.
1550	Idem.	1609	Mathieu Van Hulst.
1551	Antoine de Briaerde.	1610	Idem.
1552	Idem.	1611	Van Houdeghem.
1553	Matthieu Vanden Helle.	1612	Idem.
1554	Idem.	1613	Idem.
1555	Idem.	1614	Idem.
1556	Jean Baldekin.	1615	Idem.
1557	Idem.	1616	Jacques de Vulder.
1558	Mathieu Vanden Helle.	1617	Idem.
1559	Idem.	1618	Idem.
1560	Jacques Martins.	1619	Van Houdeghem.
1561	Idem.	1620	Idem.
1562	Nicolas Lauwereyns.	1621	Arnoud Vandewalle.
1563	Jacques Martins.	1622	Idem.
1564	Antoine Van Rye, seigneur de Locre.	1623	Jacques de Vulder.

Années.	NOMS.	Années.	NOMS.
1624	Jacques de Vulder.	1690	Pierre-Denis de Brier.
1625	Arnoud Vandewalle.	1691	Idem.
1626	Idem.	1692	Jacques Omaer.
1627	Jacques de Vulder.	1693	Idem.
1628	Idem.	1694	Idem.
1629	Marc Rybens.	1695	J.-N. de Meulebecque.
1630	Idem.	1696	Idem.
1631	Idem.	1697	Pierre de Coninck.
1632	Idem.	1698	Idem.
1633	Jacques de Vos.	1699	Nicolas Marcadé.
1634	Arnoud Vandewalle.	1700	Idem.
1635	Henri Hector.	1701	Idem.
1636	Idem.	1702	Roger Hereford.
1637	Idem.	1703	Idem.
1638	Marc Rybens.	1704	Idem.
1639	Idem.	1705	Jean Barbaroux.
1640	Idem.	1706	Idem.
1641	Marc Rybens.	1707	Idem.
1642	Jacques de Brauwere.	1708	Idem.
1643	Idem.	1709	Nicolas Marcadé.
1644	Idem.	1710	Robert Peelaert.
1645	Idem.	1711	Idem.
1646	Idem.	1712	Idem.
1647	Henri Hector.	1713	Idem.
1648	Henri Hector.	1714	Pierre Tugghe, descendant d'une famille de chevaliers bannerets d'Angleterre.
1649	Nicolas de Meulebecque.		
1650	Pierre Faulconnier, écuyer.		
1651	Jacques Roufflet.	1715	Idem.
1652	Jacques Caes.	1716	Roger Herefort.
1653	Idem.	1717	Idem.
1654	Idem.	1718	Idem.
1655	Charles Hardevust.	1719	Nicolas de Meulebecque.
1656	Idem.	1720	Idem.
1657	Jacques Roufflet.	1721	Idem.
1658	Nicolas de Meulebecque.	1722	Idem.
1659	Thomas le Sergeant.	1723	François de Vinck.
1660	Pierre Lams.	1724	Idem.
1661	Thomas le Sergeant.	1725	Nicolas de Meulebecque.
1662	Jean Becues, et sous la domination de la France Nicolas Meulebecque.	1726	Idem.
		1727	Robert Peelaert fils.
1663	Nicolas Soy.	1728	Idem.
1664	Idem.	1729	Idem.
1665	Idem.	1730	Idem.
1666	Thomas le Sergeant.	1731	Idem.
1667	Pierre Vander Helle.	1732	Jacques Varlet.
1668	Idem.	1733	Idem.
1669	Pierre Vander Helle.	1734	Idem.
1670	Nicolas Soy.	1735	Pierre-Nicolas Taverne, seigneur de l'Ypréau.
1671	Idem.		
1672	Idem.	1736	Idem.
1673	Gérard de Soomer.	1737	Idem.
1674	Idem.	1738	Nicolas F. de Doncquer (1).
1675	Nicolas Van Eelen.	1739	Idem.
1676	Idem.	1740	Idem.
1677	Philippe Coppens.	1741	Idem.
1678	Idem.	1742	Idem.
1679	Jean Omaer.	1743	Idem.
1680	Idem.	1744	Idem.
1681	Pierre-Denis de Brier.		
1682	Idem.		
1683	Idem.		
1684	Jean Omaer.		
1685	Idem.		
1686	Philippe Coppens.		
1687	Idem.		
1688	François Joires.		
1689	Idem.		

(1) Nicolas-François de Doncquer, écuyer, seigneur de Saint-Antoine, de la Bruyère, de Walpré, de Coudecastel, de Coudekerque, de l'amanie de Dunkerque, de Coudewerde, de Langenstrynck, conseiller du roi, subdélégué de l'intendance de la France maritime; nommé par brevet du roi en l'année 1744 colonel des habitants de Dunkerque enrégimentés, descendant de la maison T. Serrolofs, une des sept familles patriciennes de Bruxelles.

Années.	NOMS.	Années.	NOMS.
1745	Nicolas F. de Doncquer.	1766	Bernard-Pierre Coppens.
1746	Idem.	1767	Idem.
1747	Idem.	1768	Jacques-Nicolas de Bonte.
1748	Idem.	1769	Idem.
1749	Idem.	1770	Idem.
1750	Idem.	1771	Albert-François Martin (1).
1751	Idem.	1772	Idem.
1752	Idem.	1773	Idem.
1753	Idem.	1774	Idem.
1754	Idem.	1775	Jacques-Joseph-Nicolas Taverne (2).
1755	Idem.	1776	Idem.
1756	Idem.	1777	Idem.
1757	Louis Vernimmen.	1778	Idem.
1758	Idem.	1779	Idem.
1759	Idem.	1780	Louis Vernimmen.
1760	Idem.	1781	Idem.
1761	Idem.	1782	Idem.
1762	N.-B.-P. Taverne (1).	1783	Idem.
1763	Idem.	1784	Charles Thierry.
1764	Jacques-Nicolas de Bonte (2).		
1765	Bernard-Pierre Coppens (3).		

(1) Écuyer, seigneur de Vieille-Église, de Nieppe, Ypréau, etc.
(2) Seigneur et pair de la paroisse et pairie de Recques, en Artois.
(3) Écuyer, seigneur d'Hersin, etc., chevalier de l'ordre du roi, gouverneur de la ville d'Hondschoote, lieut.-génér. civil et criminel de l'amirauté de Flandre.

(1) Conseiller du roi, trésorier de l'extraordinaire des guerres de l'artillerie et du génie au département de la Flandre maritime.
(2) Écuyer, seigneur de Renescure, de Montdhiver, de Zegerscappel et de Beauval, ancien mousquetaire de la seconde compagnie des gardes, lieutenant de roi d'Hondschoote.

MUSÉE. — Situé au second étage du Palais-de-Justice. Ce local, devenu insuffisant, sera transféré sous peu dans un édifice érigé à cette fin, sur les cloîtres voisins de l'église de Saint-Jean-Baptiste.

La commission du musée a été formée en mars 1838. Le musée a été ouvert au public le dimanche de la Ducasse, en juin 1841.

Le fonds du musée provient de dons volontaires. M. B. Gernaert, notre compatriote, a adressé de Canton, où il était consul de France, divers envois dont il a fait hommage à la ville et qui ont puissamment contribué à l'extension du musée.

La ville accorde annuellement au musée, une allocation de 1,200 francs, que la commission répartit entre les diverses branches du service.

L'honorable M. Benjamin Morel, est président de la commission.

PÊCHE A LA BALEINE. — Cette branche d'industrie, que François Coffyn s'efforça d'assurer à sa ville natale et à la France, semble désormais perdue. Nous avons exploré toutes les pièces de la volumineuse correspondance tenue par lui, avec le ministre Calonne, avec l'intendant des pêches, et avec les principaux nantuckois en Angleterre et en Amérique. Nous avons apprécié les démarches tentées, les voyages faits, les contre-temps éprouvés.

Nous devons à la justice et à notre qualité d'historien de consigner quelques souvenirs qui s'y rapportent. Si le zèle ardent et désintéressé d'un bon citoyen n'a pu atteindre le but qu'il se proposait, l'honneur de ses patriotiques efforts doit rester à sa mémoire.

En 1785, l'île de Nantuckett se trouvait dans une situation critique.

Cette île, située près de la côte orientale des États-Unis, appartient à l'état de Massachusetz. Elle est peu fertile; il n'y avait alors d'autre culture que celle de la pomme de terre. Mais elle est entourée d'une mer poissonneuse, et, à cause de cet avantage, quelques individus s'y étaient fixés, vers 1735. Actifs, intelligents, ils se livrèrent fructueusement à la pêche, surtout à celle de la baleine. La population augmenta rapidement, et, en cinquante ans, atteignit le chiffre de six à sept mille âmes. Elle s'occupait de la fabrication des huiles, dont elle avait un débouché facile.

Une double circonstance vint troubler cette prospérité. D'une part, la concurrence anglaise; d'autre part, la guerre des colonies d'Amérique avec la métropole.

Voyant une industrie prospérer, les Anglais songèrent à s'en emparer. Ils armèrent trente navires pour la pêche du cachalot, et imposèrent aux huiles étrangères, un droit prohibitif.

Une fois ce débouché fermé, les Nantuckois cherchèrent à placer leurs produits à Halifax et autres villes de la Nouvelle-Écosse. On les reçut d'abord comme produits nationaux; mais la chose fut découverte et l'on y mit bon ordre. Les huiles furent mises en séquestre. Un long procès fut organisé devant les tribunaux de Londres.

Croyant résoudre toute difficulté, les Nantuckois demandèrent à être incorporés à l'Angleterre et à être traités comme sujets anglais. Cette demande ne fut pas agréée. Ils sollicitèrent alors, de Pitt, l'autorisation d'émigrer en Angleterre. Ils apportaient cent cinquante navires de cent à deux cents tonneaux et deux mille marins, les meilleurs qui existassent. Rotch, leur principal armateur, avait à lui seul vingt-cinq navires. On refusa de répondre.

Ce mauvais vouloir les désespéra; ils se portèrent vers la France, et demandèrent à y être reçus avec exemption de droits sur leurs huiles et sur les approvisionnements de bord, avec la faculté de commander leurs propres navires, avec la liberté de leur culte qui est celui des quakers.

Aucune de ces conditions ne pouvait être raisonnablement refusée. Le capitaine Thubael Gardner, fait prisonnier par les Anglais et interné à Londres, fut chargé de s'entendre avec la France. Louis XVI approuvait complètement ce projet. En 1785, Coffin était à Paris, où il resta plus d'un mois pour s'efforcer d'aplanir tous les obstacles, de répondre à toutes les objections. Jefferson prétendait, que les Nantuckois auraient de belles conditions, si l'on abaissait à deux francs du quintal le droit d'entrée sur leurs huiles; mais ce droit, même réduit, était un obstacle, et peut-être le diplomate n'était-il pas tout-à-fait sincère en ceci.

Quoiqu'il en soit, un capitaine Nantuckois devait partir en février 1785 sur le *Calonne*, en compagnie du *Louis XVI* et du *Marie-Antoinette*, pour se rendre à Nantuckett y engager neuf à dix de leurs meilleurs harponneurs et mettre l'affaire en voie d'exécution. Pendant ce temps là, Roth convoquait à Sherburn, les *Electmen*, ou principaux de sa peuplade; il leur communiquait les propositions de Coffyn et demandait leur décision.

L'assemblée inclinait à venir en France et particulièrement à Dunkerque. Mais il fallait une première avance de 1,800 livres sterlings pour le transport des artisans. On en informa Coffyn, qui trouva moyen de procurer ce secours et s'occupa à préparer des habitations aux futurs émigrants.

L'ingénieur Duclos était alors à Dunkerque; il chercha avec lui le moyen d'accueillir ces hôtes. Le 28 avril, Roth et son frère étaient arrivés et visitaient la ville dont ils paraissaient enchantés, et ils demeuraient d'accord, que les travaux achevés, il n'y aurait, nulle part, un port plus convenable pour les armements de la pêche à la baleine.

Cependant, dans l'incertitude sur l'issue des négociations entamées, plusieurs familles nantuckoises s'étaient transférées à Halifax avec douze navires et cent cinquante marins d'élite. Cette résolution fort convenable, indiquait aux négociateurs que, pour prendre un parti fructueux, il fallait ne pas temporiser indéfiniment.

La France ne présentait pas aux Nantuckois, les garanties de puissance et de protection qu'aurait pu leur donner l'Angleterre; néanmoins, ils venaient à elle de bon cœur et avançaient toujours quoique les assurances officielles se fissent encore attendre. Roth vint à Paris pour conclure définitivement et demander 36,000 livres avec garantie sur ses navires. Le *Canton*, venant de la pêche, était envoyé à Dunkerque pour y être réarmé sous pavillon français et faire immédiatement une nouvelle course. Trois navires chargés d'huile arrivaient au port (1). Chardon, l'inspecteur des pêches, était venu s'assurer de l'état des choses, et pourtant rien ne se décidait.

Roth proposa alors de commencer les opérations par son navire *Joseph*, arrivé récemment de la Virginie, et un autre dont il comptait faire l'acquisition dans le pays.

Les premières défiances semblaient s'être enfin dissipées et tout s'acheminait vers un succès probable, lorsqu'un incident, d'abord inexplicable, vint se jeter à la traverse. Dupe des suggestions intéressées de l'Angleterre, le maréchal de Castries parut changer d'idée; il refusa de faire aucune concession aux Nantuckois. Il fallait renoncer à la pêche au cachalot, car, disait-il, les Anglais n'y avaient eu aucun succès et n'avaient même éprouvé que des pertes.

Il est à noter qu'en ce temps, restés sourds jusque-là aux pressantes réclamations des Nantuckois, les juges de Londres, se ravisant, prononçaient la levée du séquestre sur les huiles en litige, et le ministère anglais s'efforçait de renouer avec les pêcheurs, les négociations autrefois interrompues.

Toutefois, ce revirement était tardif; d'une part, les choses avaient marché; à

---

(1) *Canton*, capitaine Whippey; *États-Unis*, capitaine Thaddée Coffyn: *Marie*, capitaine Moors.

Dunkerque, les bâtiments de la corderie de la marine étaient concédés aux Nantuckois, en attendant qu'on eût disposé dans l'île Jeanty, leurs demeures et leurs usines, suivant les instructions qu'ils avaient données. D'une autre part, Thubael Gardner avait soumis aux *Electmen* sa correspondance avec Coffyn. L'émigration pour l'Amérique s'était arrêtée, et les insulaires, esclaves de leur parole, avaient remercié les Anglais de leur bonne, mais trop tardive disposition.

Par suite, l'émigration pour la France commença à s'effectuer. Gardner, sa femme et sa fille, arrivèrent avec six harponneurs. Une famille nantuckoise, établie à Londres, demanda à venir aussi à Dunkerque. Le *Pénélope* partait pour prendre et amener les familles déjà prêtes, et le 18 septembre 1796, trois navires nantuckois sortaient de Dunkerque pour faire la pêche au cachalot sur la côte du Brésil (1). Bientôt, les arrivages se succèdent; les différentes familles sont logées chez des particuliers. Vu l'affluence, on propose, outre l'île Jeanty, de faire un établissement sur l'Estran. Douze nouveaux navires partent pour la pêche, et tout fait présager que la prochaine expédition sera au moins double.

Mais on avait compté sans le voisin. On connaît le proverbe; il trouva à se vérifier encore. Malgré l'insuccès de leurs premières tentatives, pour rompre l'alliance des Nantuckois avec la France, les Anglais ne s'étaient pas découragés. Leurs agents s'insinuent dans tous les conseils du gouvernement. Ils obtiennent secrètement, des ministres, une diminution de droits; aussitôt, ils viennent sur les marchés faire concurrence aux produits nantuckois. En même temps, ils élèvent de nouveau chez eux, les droits déjà portés à un taux prohibitif. Les choses étaient tellement faites, qu'un gallon d'huile française coûtait six livres de plus que la même quantité d'huile anglaise.

L'effet naturel de cette irruption, fut de paralyser le zèle des Nantuckois. Cette année, quatre baleiniers furent mis en vente, mais personne ne se présenta pour les acheter.

En même temps, des mémoires apocryphes parvenaient au ministre français, pour lui dire que les huiles nantuckoises ne provenaient pas de leur pêche. On accusait Coffyn de profiter de cette fraude. C'est en vain que cet honorable citoyen prouva qu'il agissait par un mouvement généreux et spontané; il avait poussé la délicatesse jusqu'à refuser la consignation des navires; en vain il affirma sur l'honneur qu'il n'avait reçu de personne quoique ce fût; en vain il prouva qu'il n'était pas même rentré dans ses débours. On poussa plus avant, on travailla activement à semer la défiance, à faire naître la division. La Chambre de commerce de Dunkerque elle-même, vint se plaindre de ce qu'on ne l'avait pas consultée.....

Tout cela était bien organisé, car les circonstances pressaient. Les Dunkerquois qui s'étaient jusque-là tenus en dehors du mouvement, se mettaient de la partie. La maison de Baecque frères, la maison veuve Dominique Morel, avaient armé pour le compte des Nantuckois pour le Cap, où l'on signalait une grande abondance de

---

(1) *Canton*, 260 tonneaux; *Marie*, 250 tonneaux; *États-Unis*, 350 tonneaux.

baleines et de veaux-marins. Une fabrique de bougies de blanc de baleine s'était établie en basse-ville, dans une ancienne manufacture de limes à l'anglaise. Cette fabrique de bougies, ne travaillant que pendant l'hiver, offrait une précieuse ressource.....

Soumis à l'influence occulte que nous avons signalée tout-à-l'heure, les ministres français ne cachent plus leur défiance et leur mauvais vouloir. Ils vont jusqu'à refuser d'exécuter les conventions passées avec les Nantuckois; ils refusent de payer les primes annoncées.

Cette malveillance était contemporaine de mesures corrélatives prises en Angleterre. Pour bien constater le parti pris, on expédia de Dunkerque pour Londres, quelques barils d'huile, offrant d'acquitter les droits du tarif. On refusa de les admettre, et les barils d'huile durent revenir à Dunkerque.

Éclairés sans doute sur ces manœuvres qui tendaient à détourner la France de se livrer à cette pêche, alors que les Anglais équipaient près de cent navires (1) pour se l'accaparer, les ministres français prohibèrent, à leur tour, toutes les huiles étrangères. Mais leur décret portait : les *huiles de baleine*. Les Anglais présentèrent alors leurs huiles, sous le titre d'huile de *veau-marin* ou de *morues*.

Quant à eux, leur décret de prohibition était plus explicite et repoussait tout produit étranger *d'huile provenant des créatures vivant dans la mer.*

La révolution vint aussi se mettre de la partie. On conçoit que les troubles et les embarras qui en résultèrent, n'aient plus permis de s'occuper de la pêche. Les caisses devenues vides permettaient à peine d'acquitter les primes. La guerre que l'Angleterre faisait à la marine française, mettait obstacle aux armements (2). Les Nantuckois pensant être moins inquiétés, demandèrent la permission de porter pavillon américain (1790).

L'Assemblée française n'était pas hostile aux Nantuckois. Un décret du 9 septembre 1791, accorde aux individus de cette nation qui viendraient s'établir en France, les mêmes avantages que leurs compatriotes établis sous l'ancien régime. C'est-à-dire prime de 50 francs par tonneau, naturalisation et les conséquences, liberté religieuse, faculté de commander leurs propres navires, etc. Mais en 1792, tout fut en désarroi : Chardon, resté chargé jusques-là de la direction de la pêche, dut remettre au ministre Roland toutes les archives et pièces de son département et dès-lors aussi la série des faits concernant la pêche nous fait défaut.

Nous n'entrerons pas dans le récit détaillé des entraves que rencontra l'établissement Nantuckois à Dunkerque (3). Nous ne donnerons pas la liste des

---

(1) Alors qu'ils détournaient la France de cette mauvaise pêche, les Anglais avaient 92 navires récemment armés pour l'opérer.

(2) En 1793, 8 navires nantuckois de Dunkerque étaient dans la baie de Woollvich, côte d'Afrique. Un navire anglais de 22 canons s'empara de *l'Hébé*. Les sept autres durent lever l'ancre et renoncer à leur pêche. Ils se sauvèrent à Dunkerque.

(3) Telles que la révolte de certains équipages nationaux, la difficulté de construire ou de réparer en France des navires convenables à cette pêche. C'était à Londres qu'il fallait s'adresser, et l'on conçoit qu'on n'y arrivait pas sans détours et sans délai.

familles qui vinrent habiter notre ville (1), ni celle des vaisseaux expédiés, ni l'état des produits qu'ils emportèrent; il suffit de dire que le gouvernement, au moyen d'une prime de 1,100,000 francs, était parvenu à fonder une branche d'industrie qui excita au plus haut point l'attention et la jalousie de l'Angleterre; notre voisine voyait Dunkerque la menacer de nouveau, Dunkerque dont elle avait tant à redouter les corsaires, lorsque la guerre était déclarée, allait lui faire concurrence pendant la paix !

En ce peu d'années, les Dunkerquois (2) avaient employé à la pêche à la baleine cinquante-deux navires dont les départs successifs donnaient déjà un total de 28,000 tonneaux. Trente-huit de ces navires rapportèrent 50,000 barriques d'huile; 8,000 barriques de sperma-ceti, 500,000 livres de fanons. C'est dans ces expéditions lointaines et difficiles (3) que se formaient de nouveau des marins dignes de la haute et vieille réputation de leurs ancêtres.

Pendant les orages de la révolution, nous perdons de vue les braves et habiles marins Nantukois (4).

A la paix d'Amiens, la maison de Baecque chercha à rétablir les armements qu'on avait dû abandonner. Elle équipa cinq beaux navires qui exigèrent une mise dehors de plus d'un million de francs. Les baleiniers s'étaient mis en mer et avaient effectué une partie de leur pêche, lorsque les Anglais s'en emparèrent. Cet odieux machiavélisme est le fait coutumier de l'Angleterre. Il lui réussit comme d'ordinaire. La France ne songea de longtemps aux expéditions de la pêche; l'Angleterre lui avait taillé trop de besogne sur le continent.

Sous la Restauration, le gouvernement eut la pensée de rétablir les armements. Noel, intendant des pêches, vint à Dunkerque, il s'adressa à M. Coffyn-Spyns, dépositaire des documents réunis par son père. Mais il n'y fut pas donné suite.

En 1830, nouvelle velléité : fidèle à la tradition de famille et de patriotisme, la maison Ve Dom. Morel et fils, arma le *Harponneur;* M. Bonvarlet, *l'Aimable Nanette,* qui était, dit-on, commandé par le dernier des Nantuckois restés à Dunkerque. Par des circonstances inouïes et dont l'initiative paraît revenir tou-

---

(1) Nous remarquons seulement leurs prénoms empruntés aux Juifs : *Lévi, Thubael, Benjamin, Eliézer, Laban, Samuel,* etc. Nous signalons aussi douze familles du nom de *Coffyn,* qui n'étaient pas alliée à la famille dunkerquoise de ce nom.

(2) Les Nantuckois étaient devenus les enfants de Dunkerque, et d'ailleurs nous voyons figurer parmi les armateurs *Debaecque* frères, *Emmery* père et fils, *Christiaens,* Dominique *Morel* et fils, *Wallet, Cornely* et fils, *Chevalier, Destouches,* etc.

(3) Les expéditions dunkerquoises pour la pêche à la baleine se dirigèrent vers l'Islande, le Groenland, Nantuckett, la baie de Woolwich, le cap de Bonne-Espérance, Madagascar, le Brésil, le cap Horn, le Chili, la mer Pacifique et toute la mer méridionale..... C'était une grande école de marine pratique.

(4) Un navire nantuckois fit en vingt-deux jours le trajet de Nantuckett à Dunkerque. Le capitaine d'un de nos navires harponna et tua lui seul onze baleines. Le produit de ces expéditions était si avantageux, que tel matelot qui, à raison de 3 livres par jour, n'aurait eu pour sa campagne que 378 livres, recevait pour sa part de 1/65e une somme de 822 livres.

jours à l'Angleterre, ces tentatives restèrent infructueuses (1). Six ans après, huit navires étaient encore dirigés vers le Sud et vers le Nord, les mêmes causes produisirent le même effet, mais à un degré tel qu'un des navires ne rapporta, dit-on, qu'une machoire de cétacé qui se trouve encore aujourd'hui près de la maison de bains. Est-ce un propos sans valeur ? ou bien serait-il vrai que l'Angleterre ait scellé son triomphe primitif en y imprimant une dernière moquerie ?

LE SEIGNEUR DE DUNKERQUE. Dans les siècles que nous avons parcourus jusqu'ici, le droit politique et administratif, reste une question très-difficile à étudier.

Les déductions que nos recherches autorisent à faire, sont nombreuses, diverses, obscures, contradictoires. L'observateur rencontre une foule de juridictions, dont les attributions semblent tantôt se confondre, tantôt se combattre, et il s'égare dans un fourré épais où il ne distingue plus de sentier frayé.

Quelques faits glanés dans nos recherches pourront aider à trouver la solution cherchée. Nous les apportons comme les moëllons qui pourront entrer dans la masse de l'édifice à construire.

Aux XIIe et XIIIe siècles, Gand, Bruges et Ypres trouvaient dans l'agriculture, l'industrie et le commerce des sources fécondes de richesses et de prospérité (2). Dans la Flandre maritime, ce progrès était moins sensible; sous le patronage des comtes de Flandre et des châtelains se constituèrent définitivement d'une part, des villes domaniales, soumises au comte; de l'autre, des villes féodales assujéties à des seigneurs. Dunkerque et Gravelines étaient villes domaniales; Bergues, Bourbourg, Cassel, Bailleul, étaient des châtellenies.

Il y avait donc pour Dunkerque deux seigneurs : le seigneur suzerain et le seigneur foncier. Au suzerain, appartenait foi et hommage. Son titre comportait honneur et suprématie. Mais à ce revenu purement honorifique il en joignit souvent d'autres plus positifs, tels que la confiscation, l'héritage des bâtards, des intestats, etc.

En 1780, époque où tout était remis en question, les difficultés inhérentes à ces matières étaient de nouveau débattues. On les faisait sortir de la poussière où elles avaient longtemps dormi. Le ministre du roi et l'échevinage de Dunkerque étaient aux prises à ce sujet. Le premier soutenait que dans le droit français : *nulle terre sans seigneur*, et la commune soutenait, au contraire, que *nulle seigneurie sans titre*. De telle sorte que tout ce qui n'était pas démontré relever d'une seigneurie était libre et de *franc-alleu*. Le ministre disait que, dans la

---

(1) Nous devons dire que les baleiniers ne se bornaient pas à la pêche. On assure que l'équipage du *Jean Bart* descendait dans les îles, en enlevait les femmes, etc. Les naturels finirent par s'emparer du baleinier pirate et y mirent le feu. Un homme de cette expédition est encore à Dunkerque dans notre voisinage : c'est de lui que nous tenons ces détails.

(2) Voyez *Recueil d'actes en langue romane, etc.*, par M. Taillier.

Flandre, nulle coutume n'est allodiale ; il ajoutait que partout la terre est dans l'un de ces deux états : *Noble* ou *hommagée*,

Roturière ou cottière.

En conséquence, il soutenait que le roi était le seul seigneur direct des vingt-quatre villages composant la châtellenie de Bergues et le territoire de Dunkerque.

La Révolution accorda les plaideurs....
«.... En croquant l'un et l'autre.... »

Cette discussion peut nous sembler bizarre ; mais elle était inévitable par le défaut de principes déterminés. Citons encore un exemple :

Certaines provinces étaient dites *étrangères au tarif de* 1664 ; elles étaient donc soumises au tarif de 1671. Telle était notre Flandre maritime, et avec elle le Lyonnais, la Provence, le Languedoc, la Guyenne, la Franche-Comté. Trois évêchés, trois provinces, Lorraine, Alsace étaient connus au ministère sous le nom *d'étranger effectif*.... et avaient leur législation à part.

Nous avons donné ailleurs (1) une idée des diverses propriétés féodales ; nous y renvoyons le lecteur.

Le seigneur foncier de Dunkerque avait basse, moyenne et haute justice (2). Il nommait d'abord l'échevinage tout entier, puis, pour le représenter au sein de l'échevinage, le *Bailly*. Comme le suzerain, il avait le droit de grâce. Il rappelait les bans de Mars et d'Août, et imposait à son profit les amendes déterminées plus par la coutume que par une loi (3). Il prononçait parfois la confiscation des biens appartenants à ses vassaux rebelles. Foncier et suzerain avaient ce droit. Lors de la révolte des Flamands, en 1348, le roi de France en usa avec le comte de Flandre ; après la révolte du Pays-Bas, Philippe II l'employa sur une grande échelle.

Le seigneur foncier donnait l'autorisation de lever certains droits sur les objets de consommation, comme le vin, la bière, etc. Ce droit partagé entre le seigneur et la commune se nommait *accises*, *assis*.... et la permission s'appelait *octroi* ; les deux noms ne tardèrent pas à se confondre et le dernier absorba l'autre. Il règne seul aujourd'hui (4). Le seigneur avait le droit de *Lagan* ou de *Naufrage* (5), *d'Aubaine* ou d'épaves (6), de batardise, de *Cherême* ; à quoi il faut

---

(1) *Histoire de Lille*, t. II, p.

(2) Ibid, t. II, p.

(3) Il paraîtrait que l'équité n'était pas seule consultée pour la fixation des amendes, car on voit la dame de Dunkerque, consultée par le bailli, lui répondre de terminer l'affaire en tirant le plus d'argent qu'il pourra.

(4) Le seigneur réservait à son profit un cinquième, un quart, un tiers, du profit des accises.

(5) Ce qui était trouvé en mer ou sur la côte appartenait moitié au seigneur, moitié au trouveur.

(6) On appelait ainsi le droit que se réservait le seigneur haut-justicier de posséder tout ce qui se trouvait sans propriétaire.

ajouter prison, colombier, moulin, poids (1), passage, tonlieu (2), ferme, de la pêche dans le port (3).

Le seigneur foncier de Dunkerque percevait plusieurs impôts en nature. Le bureau où il touchait le revenu prenait un nom en rapport avec le genre de redevance. Il y avait à Cassel, à Brobbourg (Bourbourg) un *espier* (spyker, *spicarium*) pour le blé; à Hondescote (Hondschote) un *lardier* (pour le lard); à Wornhoud (Wormhoudt), un *fourmaigier* (pour le fromage, etc. Ces établissements indiquent assez quelles étaient dès-lors les productions naturelles les plus abondantes de ces régions.

Il percevait par tonne de *cervoise d'Hollande*, alors nommée hoppen-bier (4), un droit de deux gros par tonne; un noble d'or pour chaque last de hareng, etc. D'après le compte de 1318, le *tonlieu* comprenait : « Les pasturages, le sprè-
» dinghe, les deniers des masures pour 63 livres 10 deniers; le *ponds*, la mesure
» sur terre et en l'eauwe, le hierrenes dou chastelain (5), la ville de la Hyte et
» les appartenances, deux pièces de terre, l'une de 60 sous, l'autre de 20 sous,
» et de plus le tonlieu des aventures, le tout évalué par an à 200 livres parisis (6).
» li baillie (7) de la ville et li esploits sont prises (sont évalués))les wages dou
» baillius et le coust des franques vérités ostées), pour 29 livres 6 deniers (8). »

Li *ammanstep de la ville*, rapportait 20 deniers. Si *Kamenbranche des seines*, *le warande* de Dunkerque, étaient des impôts perçus à son profit, mais dont nous ignorons la nature et l'importance.

---

(1) Dans une plainte faite par le Magistrat en 1532, on voit que le seigneur ne tenait pas convenablement le poids public. Il n'y avait, en effet, ni poids, ni balance pour les fardeaux de 800 livres et au-dessus. On se servait, pour les pesées, de fer, de pierres, etc., dont on supputait ensuite la valeur.

(2) En 1337, le tonlieu était affermé pour 66 livres 10 sols; l'adjudication se faisait publiquement en présence d'échevins et autres notables.

(3) Le compte du bailli de Dunkerque en 1338 parle de la « pêcherie de l'écluse de Dunkerque, appelée Paeldinchetten, à une grande rue nommée Draghnes. — 12 livres 10 sols vieux gros tournois, chaque gros comptant pour un denier.... »

(4) Est-ce de *hop*, houblon?

(5) Dans un autre titre, ce droit est dénommé « *le herenc du chastelain qu'on dit le hereng du burggrave.* »

(6) Cent quarante ans après (en 1458), ce revenu était triplé ou à peu près; voici du moins la transcription du dénombrement : « Les paçteurs, le spredinghe, les deniers que on dit des masures
» qui sont de chaque verge de terre maisonnée et non maisonnée en la dite ville et partout le baillage
» dudit Dunkerque nous doivent une maille poitevenne, qui vaut par an 28 à 30 livres de la dite
» monnay.
» Le droit de poids de la dite ville et de mesure sur terre et sur eau, et le siège des nefs batteaux,
» et le tonlieu des moutures et les herens du chastelains qu'on dit les herens du burgrave. Lesquelles
» choses sont baillés à ferme ensemble avec le tonlieu et vaut tout a présent chacun an six cens livres
» monnoye dite, ou environ. — Et soulions avoir un colombier en la d^e ville, et 2 moulins à vent —
» au dehors d'icelle ville qui a présent sont ruinez. Item nous appartien la prison audit lieu.... Item
» aussi aucuns droits de la garenne sur la mer et partout le dit baillage.... Item tous les clains et
» afforts des vins et cervoises que le vend et brasse dans la dite ville.... Item aussi le ville de le
» Hytte et ses appartenances et deux bonniers de terre.... Item la ville et chatelenie de Bourbourg....
» Les dites choses valant au prix ancien chascun an 500 livres. »

(7) *La baillie* ou *le baillage*, la recette du bailli.

(8) Les gages du bailli et les frais des sessions déduits.

Outre ces divers revenus, le seigneur de Dunkerque avait la propriété des fortifications élevées sur le territoire ; c'est, du moins, ce qui paraît résulter d'une transaction du 13 Novembre 1335. Par cet acte, Pierron *dit* le Bilre, cède à la dame de Dunkerque « tout ce qui peut lui appartenir es forteresses de Petin-
» ghem et de Spyckere et ce, pour acquitter l'âme de son père, de ce qu'il avait
» pris briques, merreins, bois, pierres et autres choses esdittes forteresses sans
» la permission du seigneur. »

Dans un acte de 1458, le seigneur de Dunkerque nous donne de précieux documents sur ses attributions et sur l'état de la ville. « Il reconnoit avoir, nous ci-
» tons encore, la ville de Dunkerque fermée et enclose de meurs (murs), environ-
» née de grands fosssez et d'eau environ ... et en icelle ville, quatre portes à ponts
» levants.... Il y a un cloque de loy, sceau authentique, bourgeoisie et là on
» peut renouveller et créer autant de fois que bon nous semblera, un bourg-
» maistre et plusieurs échevins qui ont la police de la dite ville, en connoissance
» de tous les cas criminels et civils qu'à toute justice appartient (1) à la semonce à
» à notre bailly.... pouvant faire tout bannissement de la dite ville et comté de
» Flandre a temps et à toujours et avant en dehors d'icelle ville justice à trois
» piliers. »

Le seigneur de Dunkerque dont nous venons d'énumérer les principales attributions et les revenus les plus anciens, n'agissant pas par lui-même ainsi que nous l'avons dit, se faisait représenter par le bailli ; mais le suzerain avait aussi son homme portant le même titre (2). De là, une fréquente confusion entre les deux baillis et les données qui les concernent, et ce qui augmente l'embarras, c'est que, en beaucoup de circonstances ils empiétaient mutuellement sur leur attributs.

Aux XIVᵉ et XVᵉ siècles, le bailli était receveur des biens du seigneur foncier. Il était chef de la police, veillait à la propreté des rues, à la bonne qualité des substances alimentaires, attributions aujourd'hui dévolues à la municipalité. — Au XVIIᵉ siècle et au XVIIIᵉ siècle, lorsque la seigneurie suzeraine et foncière appartenait au roi de France, le bailli ou baillif était un officier de robe courte, remplissant des fonctions multiples empruntées à l'une et à l'autre origine.

A ce qu'il semblerait, le bailli avait succédé aux anciens ducs et comtes. Comme eux, il avait l'administration de la justice, le commandement de la force armée, le maniement des finances. Une ordonnance de Louis XI rend leur office héréditaire en France. Jusqu'à Louis XIV, il resta personnel à Dunkerque. Ce roi le rendit également héréditaire. En 1788, l'office de grand-bailli fut réuni aux domaines. Par la suite, on voit que la justice est exclusivement dévolue à son lieutenant. On le trouve remplissant les fonctions de châtelain, de sénéchal, etc.

Ainsi, par suite de la bizarre organisation qui s'était établie avec le temps, on

---

(1) A qui toute justice appartient.

(2) Parfois il se distinguait par le titre de *souverain bailli*, tandis que l'agent du seigneur foncier ait le *bailli* tout court.

signalait, en 1789, les plus étranges abus. Ces fonctionnaires étaient à la fois représentants du seigneur et des féaux, du roi et de la province; par suite, au nom de leurs administrés, ils s'accordaient à eux-mêmes, des subsides, parlant pour le prince; *administrateurs* lorsqu'ils agissaient, *traitants* lorsqu'ils s'abonnaient, *collecteurs* lorsqu'ils percevaient, *parties* lorsqu'ils poursuivaient, *juges* lorsqu'ils prononçaient, *auditeurs* et *comptables* de leur gestion personnelle, ils offraient le plus inimaginable assemblage (1).... La nouvelle organisation de l'édifice politique a sagement séparé et défini les pouvoirs, de manière à rendre impossible de semblables excès.

Indépendamment de ses autres attributions, le bailli de Dunkerque recevait le serment des divers fonctionnaires, tels que..... « les recepueurs des lepreux..... » les pescurs de pain..... devaleurs de vin, warendeurs de viande sallée et non » sallée..... de poisson et harancq salle et non salle. » La veille du jour du Saint-Sacrement, il appelait les doyens des confrèries, « portant soing que chacun orne » et entretienne son autel et chapelle suivant sa condition..... » (2).

Après de nombreuses vicissitudes, cette fonction prit fin à Dunkerque en 1788. Un arrêt du conseil d'État, sollicité par le Magistrat de cette ville, y arriva le 4 septembre, et fut signifié le lendemain au titulaire, le sieur Laviolette de Verbée. L'échevinage crut faire un bon marché en lui remboursant 154,000 livres pour le prix de sa charge.

Le bailli n'est donc plus qu'un souvenir historique, et nous devons nous en féliciter. Ce qui n'empêche pas, que les comptes de ce fonctionnaire n'offrent des détails intéressants dont nous avons tiré parti en plusieurs endroits de cette histoire.

Ajoutons ici, que les émoluments du bailli furent longtemps de deux sous par jour (3). Michel Lebourgeois, en 1378, Jean de le Haie, en 1403, ne percevaient

---

(1) *Histoire de Lille*, t. II, p. 363.

(2) La forme de la police de Dunkerque, traduite du flamand en français, se trouve au registre Priviléges, Édits, Arrêts, t. I, p. 85. Le texte flamand, pour l'année 1604, est au registre V, folio 132.

(3) Voici le chiffre officiel des traitements au 30 septembre 1767 :

HONORAIRES DES OFFICIERS, SERVITEURS OU DOMESTIQUES.

Grand bailli, son lieutenant, son sous-lieutenant	2,000
Au maire	600
2 Commis aux octroys	1,600
Commissaire aux travaux	600
7 Échevins, à 500 livres	3,500
Au fourrier	300
Syndic receveur (dont 400 livres à la charge du terr.)	2,400
Secrétaire greffier et son commis	1,600
Pour l'état des étrangers logés en ville	200
4 Sergents de ville	1,200
4 Sergents du grand bailli	1,200
2 Gardes-chasses ou sergens du territoire	400
A reporter	0,000

pas davantage. Et pourtant, leur emploi n'était pas sans fatigue ni sans dangers: administrer les biens des seigneurs, en percevoir le revenu (1), emprunter pour leur compte, chevaucher jusqu'à Lille et Douai, présider aux sessions municipales, siéger en police correctionnelle..... voilà qui vaut plus de deux sous!..

Le Code pénal n'était pas écrit, les peines étaient à peu près arbitraires. La coutume était une lettre morte ou du moins fort élastique. Ainsi :

Le meurtrier était condamné à un banissement de cent ans et un jour ; mais parfois, il rachetait sa peine par une amende ; lorsque sa fortune le lui permettait, il payait 60 livres..... à défaut, il transigeait. On voit plusieurs exemples de transactions à 12 livres. Nous en avons parlé aux chapitres VI et VIII.

Ceux qui étaient condamnés à l'amende, étaient en même temps condamnés au bannissement jusqu'à l'acquit de leur dette. Parmi les nombreux cas d'amende, qui nous sont passés sous les yeux, il en est un qui mérite d'être rapporté : c'est celui d'un individu qui, ayant déposé sur la berge le corps d'une femme noyée (1403), fut pour ce fait condamné à l'amende de 48 livres. Si cet exemple s'est renouvelé plusieurs fois, il nous expliquerait peut-être l'origine de ce préjugé populaire qui, de nos jours, empêche de porter secours à ceux dont la situation le réclame. Il ne manque pas de gens qui attendent l'arrivée d'un commissaire avant de tendre la main à un blessé ou à un individu en danger de mort.

Les archers ou sergents du bailli ne pouvaient déposer dans les causes.

Le bailli ne tarda pas à obtenir un lieutenant. Celui-ci eut de même un sous-lieutenant avec les mêmes attributions.

Aujourd'hui, l'organisation est assise sur des bases plus rationnelles; la plupart des abus ont disparu. Il reste sans doute encore bien des choses à améliorer;

Report.	0,000
Agent de la ville à Paris.	600
Piqueur de la ville, 500 livres; sous-fourrier, 200 livres.	700
Directeur de l'école d'architecture, 600 livres ; directeur des pompes à incendie, 120 livres.	720
Aux gardes-nuit	4,300
Aux employés du vieux port	2,760
Portier de l'intendance, 300 livres; gardien des clefs de la caserne, 100 livres.	400
Aux guetteurs sus la tour, 900 livres; carillonneur, 150 livres.	1,050
Au tapissier, 40 livres; portier des portes du quai, 60 livres	100
Éclusier du canal de Furnes, 600 livres ; horloger de la tour, 600 livres. .	1,200
Chapelain des prisons, 130 livres; coutre de la chapelle St.-Éloi, 200 livres.	330
Opérateur pour la pierre, 125 livres; sages-femmes, 750 livres	875
Jaugeur, 200 livres; warandeurs, 386 livres; essayeur de la coupe du pain, 36 livres.	612
16 Maîtres gardes aux incendies	96
Corps des déchargeurs et mesureurs	125
Tourneurs du pont.	72
A Marie la place..	180
Sonneur de cloche.	200
Total.	29,936

(1) En 1394, le total de la recette du bailli était de 474 livres 2 sous 6 deniers parisis.

mais c'est le propre des choses humaines, de tendre sans cesse vers la perfection sans jamais y atteindre.

SIÉGE ROYAL DES TRAITES. — Cette juridiction qui tenta plusieurs fois de s'établir à Dunkerque, avait pour mission de connaître, tant au civil qu'au criminel, les droits de douane imposés sur les marchandises entrant en France. — Vu la franchise, on ne lui concéda jamais le droit d'exercer.

SOUS-PRÉFECTURE. — Par arrêté du 17 ventôse an VIII, la sous-préfecture du 1er arrondissement avait été placée à Bergues. Par arrêté du 3 thermidor an XI, elle fut transférée à Dunkerque où elle exerce depuis le 1er vendémiaire an XII (22 septembre 1802).

TRIBUNAUX. — Il y a à Dunkerque un tribunal de première instance, deux justices de paix, un tribunal de commerce.

VACCINE. — Au commencement de ce siècle, la vaccine a été introduite. Le duc de la Rochefoucault, dont le nom est désormais rattaché à toutes les œuvres philantropiques, fut le premier qui attira l'attention sur cet important objet.

La vaccination rencontra des préjugés; mais il est vrai de dire, qu'elle fut adoptée avec empressement dans ce pays. Aujourd'hui, on en est venu à contester son influence sur la viabilité et sur l'accroissement de la population. Cependant, il est incontestable que l'inoculation vaccinale détourne de la classe indigente, une malade (la petite vérole) qui est environnée de tant de dangers, exige tant de soins et de dépenses, et laisse après elle, tant d'infirmités incurables.

Le chiffre des vaccinés à Dunkerque, est au moins les 4/5 des naissances. — En retranchant les décès pendant le jeune âge, on atteint à peu près la généralité.

L'espace restreint dans lequel nous devons nous renfermer nous a forcé d'abréger plusieurs de ces articles et d'en supprimer même quelques-uns. Nous espérons pouvoir les faire figurer dans l'ouvrage que nous préparons pour l'histoire religieuse de la ville de Dunkerque.

CHAPITRE XVI.

DUNKERQUE SOUS LES ASSEMBLÉES.

1788. — 1799.

Prologue.

La révolution de 1789 était une belle et honorable tentative : La conscience publique s'élevait contre des abus séculaires auxquels il fallait porter remède. C'était une crise sociale qui devait amener l'unité de la France, de la loi, de l'autorité ; mais qui, détournée de son cours, amena une désorganisation générale. L'autorité que l'on refusait aux sommités, chacun se l'accordait à soi-même. Livrée aux discussions des sophistes, l'ancienne loi morale sortit de leurs laboratoires comme une poussière sans consistance ; défigurée, modifiée, l'antique foi religieuse en ressentit un semblable effet ; laissée aux instincts désordonnés d'une génération incroyante, la société devint ce que nous avons vu depuis ! A l'autorité absolue d'un seul, succéda l'autorité brutale de la multitude ; tyrannie cent fois plus implacable que toutes les autres ; servitude plus dégradante et qui amène inévitablement l'anarchie.

L'infixité de la conscience et des esprits contrarie la nature ; c'est un supplice pour l'homme. Aussi, au milieu des douleurs et du malaise de la nation, et surtout après que la tourmente se fut apaisée, tous les vœux rappelèrent les principes témérairement révoqués en doute, puis, criminellement proscrits ! Depuis lors, nous oscillons sans limites, ne sachant et ne pouvant nous fixer à rien. De nos jours pourtant, un gémissement général s'élève de toute part. A chaque instant, on voit un médecin improvisé nous proposer un remède nouveau ; chacun a le sien, le seul véritable, et pour assurer l'effet de ce bienheureux dictame, on ne recule pas devant le risque de tuer le malade qu'on veut guérir !

Triste effet de l'ignorance et de la présomption ! déplorable aveuglement qui atteint les intelligences les plus hautes ; les cœurs les plus généreux ! On ne conçoit plus les choses les moins discutables. On ne comprend pas que le mal est dans les hommes et non pas dans un homme! Changer l'étiquette d'un vase ce n'est pas enlever, au poison qu'il renferme, sa redoutable et mortelle activité; laisser les masses soumises aux mêmes agents de désordre, agitées par les mêmes convoitises, aveuglées par les mêmes erreurs…. et s'imaginer qu'un homme mis au sommet, au lieu d'un autre homme, va changer le tout; remplacer l'antagonisme par la concorde, appaiser toutes les ambitions, éteindre toutes les haines, c'est une erreur : c'est par la réforme des mœurs que nous devons travailler au salut de la patrie.

Mais, sans nous laisser aller ici à de sinistres et affligeants pronostics sur l'état présent, revenons à 1789 et disons que sous l'impulsion donnée par Louis XVI, Dunkerque s'était avancée dans une voie d'incontestable prospérité; la population avait atteint un chiffre inaccoutumé. Des affaires bien positives, bien fructueuses absorbaient l'attention des Dunkerquois. Il n'y avait parmi eux qu'un petit nombre de politiques ardents et téméraires ayant adopté les principes devenus à la mode. Parmi les adeptes de la doctrine nouvelle, la majorité ne voyait, dans le mouvement qui emportait la France, qu'une occasion de dévoûment et de générosité ; c'était une voie nouvelle aboutissant à un terme éminemment honorable. Personne ici, ne soupçonnait le dévergondage dont on allait devenir le jouet et la victime. C'est dans cette persuasion que les premiers acteurs de ce drame puisèrent l'énergie que nous admirons aujourd'hui tout en la déplorant. Bientôt, ils virent que ce qui était fait n'était pas bon; détrompés, ils s'arrêtèrent, mais l'impulsion était donnée, il n'était plus loisible d'arrêter le mouvement. La partie la plus infime du peuple, la lie de la nation agitée, apparut à la surface et se trouva en première ligne, avec une énergie égale, mais avec des instincts aveugles ou pervertis. On sait ce qui en advint !!

Dégoûtée de la licence, la nation consentit enfin à aliéner jusqu'à la liberté au nom de laquelle on s'était levé, pour le triomphe de laquelle on avait répandu tant de sang, commis ou toléré tant de crimes ! Voilà le résumé de l'histoire de ces dix années qui séparent l'établissement des assemblées, de l'institution du Consulat.

§ Ier. — Dunkerque sous les premières Assemblées.

8 AOUT 1788. — 17 OCTOBRE 1791.

On a dit souvent que la révolution a eu surtout pour cause ou, du moins, qu'elle a eu pour résultat, l'égale répartition de l'impôt.

Nous rappelons, avec satisfaction, qu'en Flandre, cette égalité des citoyens devant l'impôt était depuis longtemps établie en fait et en doctrine. Nous avons cité (p. 170) un fait qui se rattache à l'année 1572. Nous transcrivons ici comme preuve irrécusable, une pièce qui figure dans le registre aux délibérations du Magistrat de Dunkerque en 1755 (1). Elle dit que :

« C'est un privilége fondamental en la Flandre flamande que personne,
» quant (sic) il serait de la qualité la plus distinguée, n'est exempt de taille et
» impositions; de sorte que tous les biens sont imposés en Flandre, tant bois,
» dixmes, etc., que fonds de terre. Cette maxime a été introduite par un usage
» universel, par plusieurs ordonnances et nommément par l'article 1er de celle
» du 30 juillet 1672 qui porte : *Les cotiseurs et asséeurs seront tenus de faire*
» *le serment qu'ils feront avec égalité et sans dissimulation suivant les us*
» *et coutumes, les impositions et assiettes, sans en exempter quelqu'un en*
» *tout ou en partie, non plus le seigneur, dame ou officiers de la paroisse,*
» *abbaye, couvent, curé, chapelain, ou autres par même, sous prétexte de*
» *récompense, y comprenant toutes sortes de terres, couvents, maisons et*
» *dixmes, moulins, enclos de la haute et basse cour, et en outre suivant*
» *l'usage de chaque lieu, à peine à ceux faisant au contraire, d'être punis*
» *comme parjures.* »

Ainsi, deux siècles avant la révolution, l'égale et générale répartition de l'impôt était un principe proclamé en Flandre et passé en pratique; Louis XV le consacra de nouveau, par un arrêt de 1738 (2). Les hoofmans du territoire de Dunkerque s'adressant aux échevins de la ville, leur rappelaient cette doctrine devenue populaire; et, dans la citation que nous venons de rapporter, ils le font en termes si précis qu'on pourrait croire qu'ils écrivaient une pièce du procès que le XIXe siècle devait intenter à son prédécesseur.

Admettons, si l'on veut, qu'en 1789, la pratique n'était plus en ceci conforme à la théorie; mais cette concession faite, nous disons que, pour les Flamands, il s'agissait de raviver une vieille loi et non d'en inventer une nouvelle.

Cela explique leur froideur pour la révolution. On prend ce calme pour de l'apathie : c'était, si l'on peut ainsi parler, le flegme du financier qui sait qu'en levant le couvercle de son coffre-fort, il trouvera de quoi faire honneur à sa signature.

Obéissant peut-être à ces deux influences, la population dunkerquoise ne suivait guère que de loin, et du regard, l'agitation qui gagnait la France. Les réformateurs politiques étaient accueillis alors avec une défiance analogue à celle qu'on oppose aujourd'hui aux dangereuses rêveries du communisme. C'était la disposition générale, et ceux qui la méconnurent ou la bravèrent un instant, durent le faire oublier en s'éloignant de la ville quand le calme y fut rétabli.

---

(1) Folio 31, verso.
(2) Ibid.

Ce n'est pas qu'on trouvât que tout fût pour le mieux; mais la réforme n'impliquait ni la destruction, ni le bouleversement.

Pourtant, aux extrémités de l'échelle sociale, il se trouvait, en France, deux éléments opposés : ici, une classe énervée par la jouissance; là, une autre exaspérée par la privation. Les uns ayant abusé, les autres, avides de goûter à leur tour; tous s'appréciant mal et ne prévoyant pas leurs prochaines destinées. A la veille d'une réforme si profonde, si radicale, alors que tant d'écrivains avaient voué au ridicule les prétentions nobiliaires et la morgue courtisanesque, les fonctionnaires de notre province et la noblesse qui d'ailleurs avait fort peu de représentants à Dunkerque, maintenaient avec une ténacité pitoyable les formules de l'étiquette. Les questions de préséance étaient débattues avec un sang-froid comique. Un exemple en fera juger : Lors des fêtes publiques, ne sachant à qui accorder la prééminence du Bailli, du Bourgmestre, du Gouverneur, on avait mis au dragon qui inaugurait les feux d'artifice, trois mèches que ces Messieurs allumaient simultanément.

1789. — Cependant il se préparait des choses sérieuses; le 7 mars, le grand Bailli d'épée au baillage royal, et sous-présidial de Flandre, à Bailleul, convoquait, pour le 30 du même mois, les

« Archevêques, Évêques, Abbés séculiers et réguliers.

» Chapitres, Corps et Communautés ecclésiastiques.

» Commandeurs et Bénéficiaires.

» Ducs, Pairs, Marquis, Comtes, Barons, Châtelains et généralement tous les
» nobles ayant fiefs dans la Flandre maritime.

» Les Curés.

» Les Maires, Capitouls, Échevins, Jurats, Consuls et autres officiers muni-
» cipaux des villes, bourgs, villages et communautés ».

Puis enfin : « les habitants nés français ou naturalisés, âgés de 25 ans, domi-
» ciliés et compris aux rôles des impositions ».

Les invitant à rédiger « *le cahier des doléances qu'ils entendaient faire à Sa Majesté* » et de plus, à nommer les députés qui auraient porté le cahier aux États-Généraux.

Animés d'un enthousiasme naïf que l'expérience ne venait pas encore ralentir, un grand nombre de citoyens, se laissant aller à leur zèle patriotique, firent paraître leurs plans de réforme; le public fut inondé de brochures sur la circonstance. Toutes ces productions ne sont pas des chefs-d'œuvre ; elles prouvent plus d'empressement que de savoir-faire; mais si elles varient pour la forme, elles sont identiques pour le fond; on y remarque partout l'aspiration vers l'inconnu en politique. On y professe généralement le plus grand respect pour le roi. » Sa
» Majesté nous appelle pour la première fois. Le roi nous engage à envoyer des
» députés aux États-Généraux. Comme Louis XII et Henri IV, en véritable père
» de son peuple, il veut partager avec nous le soin de restaurer les finances....
» Répondons à ses intentions; écartons tous ceux qui ont à ménager d'autres
» intérêts que les nôtres; tous ceux qui n'oseraient dire la vérité ou remédier

» aux abus. Pour les Vingt-Quatre qui doivent nous représenter, choisissons
» des hommes libres, indépendants, instruits de nos besoins; possédant la
» science de l'administration. S. M. l'a déclaré : elle veut assurer la liberté de
» l'Assemblée, elle a recommandé d'éviter tout ce qui pourrait ressembler à la
» contrainte et même à l'influence. »

Répondant à cet appel, les corporations de la ville de Dunkerque se réunissent donc. Toute distinction de rang est mise de côté; on se place, on s'assied sans aucun égard à l'étiquette ni à la préséance. C'était un scandale pour plusieurs. Inexpérimentés dans l'exercice de leur droit, les électeurs ont quelque peine à s'entendre. Au lieu de s'occuper de l'objet de la séance, on énonce des accusations contre la municipalité. Enfin, après trois séances de treize heures chacune, l'Assemblée nomme les Vingt-Quatre délégués (1) qui doivent la représenter au chef collège de Bailleul.

Cinq des projets soumis à l'Assemblée pour la rédaction du cahier des doléances, sont là sous nos yeux. Ils révèlent la disposition particulière de leurs auteurs, et ceux-ci nous semblent représenter assez exactement les diverses nuances de l'opinion publique. Nous nous arrêterons donc un instant à les examiner.

Deux de ces projets font mention du clergé et de la noblesse; l'un, dans un sens favorable; l'autre dans un sens hostile. Le premier fait remarquer que ces deux corps de l'État n'ont en Flandre aucun privilège; l'autre se récrie sur « les
» richesses immenses du clergé; l'oisiveté, les vices, l'intrigue, le scandale d'un
» très-grand nombre, leur influence dans le temporel qui fait un tort considé-
» rable dans l'État ».

Deux demandent que l'Assemblée Nationale vote par tête et non par ordre; quatre veulent que l'on réforme les finances, qu'on supprime les receveurs-généraux, que l'impôt soit également réparti.

Un pareil nombre demande le maintien des franchises et des anciennes constitutions. La Flandre est un pays de franc-alleu, il faut s'y conformer.

Tous s'unissent pour réclamer contre l'adjonction de la Flandre maritime à la Flandre wallonne; et, en même temps, ils expriment le désir de voir toutes les provinces s'unir et ne former qu'un tout homogène, soumis à une même législation pour les impôts. Les partisans de la noblesse repoussent l'idée de faire nommer les membres du Magistrat par les bourgeois de la commune, mais ils ne voient pas d'obstacle à ce que le compte des deniers municipaux soit rendu à la commune elle-même.

---

(1) Ce sont, dans l'ordre des suffrages : Thiery, bourgmestre; Leys, conseiller de l'amirauté; Labenne, David Grégorie, négociants; Douvillier, négociant; Gernaert, négociant; De Lille, ancien capitaine de navire; Reynaud l'aîné, conseiller pensionnaire; Vandercruce, avocat; Jos. Hovelt, négociant, consul; Mazuel, négociant, conseiller de la chambre de commerce; Édouard cadet; Pierre Reynaud, négociant; Mayens, procureur; Declerck, négociant; Blaisel, greffier de la juridiction consulaire; Stival; Constant Tresca; Louis Debaecque, négociant; Looten de Lenclos, échevin; Peychiers l'aîné, négociant; Carlier, brasseur; Desfossés, échevin; Castrique aîné, notaire.

Ces divers points révèlent assez quels étaient les griefs débattus dans le public, mais l'on n'y voit pas de traits révolutionnaires bien prononcés. Nous en avons exposé la cause dans l'état de la législation en Flandre.

Le cahier officiel qui résume les vœux de la population est signé des soixante-douze délégués qui l'avaient rédigé. Il contient 65 articles dont nous mentionnerons quelques-uns.

L'article 1er demande une constitution qui assure d'une manière inviolable et sacrée « les droits du roi et de ses sujets.... » la liberté individuelle, l'abolition des lettres de cachet, de l'exil et autres peines arbitraires.

L'article 3, la répartition de l'impôt par la nation assemblée.

L'article 6, l'impôt territorial en nature.

L'article 7, l'abolition de la gabelle, taille, aides et corvées. (Remarquons que ces impôts n'étaient point perçus en Flandre).

L'article 10, la suppression de la mendicité.

L'article 11, les citoyens seront jugés par leurs juges naturels.

L'article 18, l'uniformité des poids et mesures.

L'article 23, la suppression de tout privilége en fait de manufacture.

L'article 32, la réforme du Code civil et du Code criminel.

L'article 34, que la portion congrue des curés et vicaires soit portée au minimun de 1,200 livres et 900 livres.

L'article 38, la responsabilité des ministres envers la nation.

L'article 40, la révision des pensions.

L'article 41, La suppression des sinécures.

L'article 45 demande : « La suppression des banquiers expéditionnaires en
» cour de Rome.... et qu'il soit défendu à toute personne... d'y faire passer
» aucune somme pour bulles, dispenses, etc.... et qu'à défaut par le pape de les
» accorder gratis, il soit ordonné aux évêques d'user de leurs droits relativement
» auxdites dispenses, et d'exercer les fonctions de leur ministère comme il se
» pratiquait dans les premiers siècles de l'Église, avant l'invention des bulles...»

L'article 48 proteste contre la maxime féodale : « Nulle terre sans seigneur... »

L'article 53. Qu'il soit adjoint, à l'administration actuelle, quinze notables choisis par les différents corps.

L'article 65. Qu'il soit pourvu à l'éducation de la jeunesse, par les établissements d'écoles gratuites et publiques, et qu'il soit enjoint à toutes les communautés établies ou admises pour l'instruction de la jeunesse, ou pour le soulagement des malades, de se conformer à l'esprit de cette institution.

. . . .

En toute espèce de notion, la critique n'appartient en droit qu'à un petit nombre d'hommes d'élite. Mais en fait, tout le monde se croit appelé à l'exercer. Les plus ignorants et les plus incapables sont d'ordinaire les plus hardis et les plus aventureux. En politique surtout, pour assembler quelques planches ou quelques moëllons, il faut un apprentissage.... Pour être législateur, c'est si facile et si simple, que le premier venu se croit dispensé de toute étude préliminaire.

Les nouveaux élus avaient censuré les anciens fonctionnaires. A peine nommés, ils devinrent à leur tour, le point de mire des censeurs laissés derrière eux. La malignité publique s'égaya sur le mince résultat d'une session de quinze jours ; elle glosa sur les 4,000 francs accordés aux députés pour leurs vacations (1). Elle se récria surtout, en voyant que Dunkerque n'avait pas un de ses enfants pour la représenter aux États-Généraux. On disait que les députés d'Hondschoote, Bailleul, Merville, ne seraient guère propres à défendre la franchise du port, menacée par les principes nouveaux... Une réclamation en ce sens fut adressée à Necker, qui répondit, comme on le ferait aujourd'hui, que les députés représentent la France et non telle ou telle localité. Il fut alors question de nommer pour Dunkerque des députés supplémentaires qui auraient guidé les démarches des élus.

Calonne avait fait beaucoup de bien à Dunkerque ; ses amis l'avaient présenté comme candidat; une opposition véhémente l'écarta tout d'abord (2).

Les rédacteurs du cahier des doléances n'étaient pas tous des administrateurs de première force; leur travail en fait foi. Il fut l'objet de plus d'une critique. Il demandait que la coutume de Bruges fut maintenue, et ailleurs, que la pénalité fut adoucie; d'un côté, il voulait conserver l'ancienne organisation; d'un autre, il demandait que la nation assemblée votât un nouveau code; il désirait la conservation de l'administration locale, et exigeait la suppression de l'intendance et des municipaux actuellement en service. Toute la ville s'occupait de ces questions plus personnelles que générales, et il en résultait une effervescence inaccoutumée.

Pendant qu'on se livrait à ces études spéculatives, le blé, devenu rare, augmentait de prix sur les marchés. Les pauvres murmuraient. Instruit de ce qui se passait en mainte localité et dans la vue d'éviter à Dunkerque les troubles et les pillages qui avaient lieu ailleurs, l'échevinage acheta 7 à 8,000 razières de froment. C'était d'autant plus sage, que l'agitation prenait ici plus de force et d'étendue, et que les troubles populaires inspirent rarement de sages mesures.

Du reste, on appréciait si mal les événements et leur portée, que, le 18 juillet, le bruit courait à Dunkerque que le licenciement de l'armée rassemblée sous Paris avait enfin pacifié toute la capitale. Et la sonnerie de toutes les cloches, signalait cette mesure comme un sujet de joie!...

Il est une partie de la population que, par ironie sans doute, on a nommé *le peuple*. En effet, le vice et l'ignorance qui y règnent en font la plaie et non la représentation de la nation. Depuis, on l'a nommée la *multitude*... Que la nation sympathise aux souffrances de la multitude, qu'elle s'efforce de les adoucir, de les calmer... c'est ce qu'il est juste et raisonnable de faire ; mais aller au-delà, mais l'appeler à faire la loi, c'est un acte de délire.

---

(1) Un seul était nommément excepté : le sieur Douvillier, qui refusa sa part d'indemnité.

(2) En janvier 1791, la place Calonne avait déjà perdu cette appellation, et on lui avait donné le nom de *Place Nationale*.

La multitude recevait alors, dans notre ville, si calme et si pacifique ordinairement, une puissante surexcitation par la lecture journalière des attentats qui se reproduisaient journellement en cent lieux de la France. Elle résolut une manifestation contre le portrait de Calonne, placé dans la salle de l'échevinage. Informé de ce projet, le Magistrat fit enlever le tableau (22 juillet), et le remplaça par le *Jugement de Salomon*.... Le lendemain, pour faire oublier sans doute cette velléité de résistance aux volontés du souverain, le corps, tout entier, se rendit en robe à un *Te Deum*, chanté dans l'église des Récollets, à la demande de la *société patriotique*. Malgré la sainteté du lieu, on y distribua des cocardes nationales, et l'on sortit du temple orné de ce nouvel insigne. L'exaltation occasionna en ville quelques scènes de désordre, mais qui n'avaient rien de bien grave.

Néanmoins, le flot montait graduellement, et pour sauver Dunkerque des émeutes dont Lille venait d'être témoin, la municipalité baissa la taxe du pain, en indemnisant les boulangers. Mais pour réprimer au besoin la sédition, on voulut reconstituer la garde bourgeoise. A cet effet, une réunion nombreuse de zélés citoyens s'étant portée à l'Hôtel-de-Ville, en conféra avec le Magistrat, puis on se rendit à la Bourse pour élire les chefs. Emmery fut nommé colonel.

Une autre assemblée, sous l'influence de Taverne de Montd'hiver, s'était tenue au parc de la marine et avait aussi nommé des officiers. Elle vint offrir à la municipalité son concours; on apprit aux délégués qu'ils étaient devancés..... Il y eut d'abord quelques difficultés, mais le patriotisme l'emporta; on fit abstraction de toute pensée personnelle et Emmery fut reconnu pour chef. C'était un homme brave, dévoué, actif, qui rendit à la ville d'éminents services.

Sans retard, six compagnies s'organisent, reçoivent des armes, et le jour même, commence le service. Ce noyau est à peine constitué, que les confréries de Saint-Georges et de Saint-Sébastien demandent à s'y incorporer. Ainsi, en peu d'heures et comme par enchantement, la ville élève une digue contre le désordre.

Bientôt, les *hoofmans* du territoire demandent aussi des armes pour repousser l'agression dont ils se croient menacés. Mais la prudence défend d'exporter les moyens de défense; on ajourne leur pétition.

Les amis de l'ordre avaient été bien inspirés. De son côté, le peuple avait aussi organisé une garde civique, il faisait des patrouilles à l'encontre de celles que la municipalité avait autorisées. Il fallait, sous peine de collision et d'anarchie, licencier ces troupes illégales. L'échevinage défendit les attroupements et prononça la peine de mort, applicable immédiatement, contre quiconque insulterait la garde bourgeoise (1). Comme l'inquiétude régnait à cause de la rareté des céréales, elle fit des distributions de pain dans des bureaux rapidement institués à cet effet. Douze à quinze cents personnes s'y portèrent. Deux récalcitrants y furent arrêtés. Du reste, tout se passa tranquillement.

---

(1) Voyez *Ordonnances politiques*, t. XII, p. 25 et 26. — Archives de la Mairie de Dunkerque.

Cependant, on ne pouvait se dissimuler que la situation se tendait chaque jour davantage. Le marché de Bergues ne suffisait plus, même pour les seuls boulangers dunkerquois. Un navire, chargé de blé, avait levé l'ancre aux grands murmures de la population. La taxe du blé s'était élevée de 39 à 42 francs la razière ; et malgré la sollicitude des bons citoyens, tout était compromis. Les symptômes d'un prochain soulèvement se manifestaient de nouveau. Un paysan avait déposé du blé dans une maison particulière, la foule voulut s'en emparer. La garde bourgeoise dut faire porter les sacs à l'Hôtel-de-Ville et les escorter elle-même, pour faire respecter la propriété.

Afin de prévenir un nouveau mouvement, la municipalité abaissa encore le prix du blé à 30 fr. la razière, et afin de maintenir l'ordre sur le marché, la garde bourgeoise s'y rangea en bataille. Les marins des navires, armés de leur hache d'abordage, s'étaient joints à elle. Cette démonstration imposa aux plus remuants et la journée se passa encore sans autre accident.

L'attitude et le dévouement des bons citoyens avaient donc encore préservé la ville des désordres funestes qui avaient cours à Lille et ailleurs ; mais il n'était pas possible d'espérer une situation vraiment satisfaisante, si l'on ne se hâtait de trouver un remède qui prévint le retour de ces agitations.

Heureusement que la récolte favorable procura ce soulagement momentané.

La pensée politique reprit alors toute son énergie. La garnison se composait de deux régiments : Viennois et Beaujolais ; le comte de Menou était colonel de ce dernier. Unis par un même zèle patriotique, les soldats-citoyens et les citoyens-soldats, jurèrent fidélité « *à la nation, au roi, à la loi* » (20 août). C'était la formule politique du jour. — Serment éphémère ! — Mesure inefficace ! — En général, les plus empressés à prêter des serments, sont aussi les plus prompts à les reprendre !

Au milieu de la rénovation générale que l'on voulait effectuer, les limites de toutes les juridictions avaient disparu. Ainsi, le 26 août, le gouverneur envoyait au bourgmestre, un ballot d'exemplaires de la déclaration du roi. Et de son côté, le ministre, comte de la Tour du Pin, lui avait fait un envoi semblable. Ce discours, qu'avait dicté le cœur de Louis XVI, tendait à calmer les esprits, tant sous le rapport des affaires que sous celui des craintes de la disette.

En effet, pendant quelque temps, les marchés furent mieux suivis, plus calmes et plus abondants. Les prix étaient à un taux modéré ; la moisson prochaine s'annonçait sous de favorables auspices.

Mais l'esprit de désordre n'y trouvait pas son compte. A défaut de motifs sérieux, il en inventa de chimériques ; la fermentation, un instant calmée, recommença de nouveau. Alors parut à Dunkerque la première feuille publique, le *Point du Jour*, allusion au soleil démagogique qui commençait à poindre. D'ailleurs, ici comme dans la plupart des villes de France, ceux qui se mettaient en avant ne tendaient pas au terme où la force des choses les a ensuite graduellement amenés.

La conquête de cet *Eldorado* politique, que l'on pronostiquait de toute part, rencontrait chaque jour quelque nouvel obstacle ; et parmi ces obstacles, la disette n'était pas le moindre ; du moins, elle préoccupait le plus les esprits. De stupides boute-feu, comme on en rencontre au milieu de toutes les calamités, répandaient de faux bruits pour augmenter les alarmes. L'exportation des céréales était prohibée ; le comte de Boistel avait établi des postes le long de la frontière ; les gardes villageoises lui prêtaient un concours empressé ; aucune soustraction frauduleuse ou coupable n'avait donc lieu sous ce rapport ; cela n'empêchait pas les alarmistes d'aller en avant, et d'augmenter la perturbation, déjà si profonde, qui affaiblissait la France. C'est peut-être dans ces perfides suggestions, que nos ennemis puisèrent l'idée des affreuses menées dont le pays eut tant à souffrir, comme on le verra dans les pages qui vont suivre.

Dans ce mouvement des esprits, chacun s'ingéniait à trouver un remède et s'empressait d'apporter ses idées. La ferveur, la précipitation, l'inexpérience faisaient arriver à des résultats merveilleux. C'est ainsi, par exemple, que tel Dunkerquois croyait avoir trouvé le moyen d'épargner, dans la fabrication du pain, *un tiers* de la farine ordinairement employée ; ce pain, ainsi confectionné, était plus savoureux et de meilleure conservation... Or, pour apprécier ce résultat, il faut se rappeler que les plus cruelles famines sont occasionnées par un déficit de 1/80 au plus.

Outre la disette des vivres, il y avait celle des espèces. Une banqueroute générale était suspendue sur la France. Le 17 septembre, le conseil échevinal convoquait les corporations pour les entretenir à ce sujet. Mais quand les caisses publiques sont vides, il n'y a pas deux méthodes d'y remédier.

La garde bourgeoise, digue si heureusement opposée aux premiers désordres, avait été l'objet de beaucoup de récriminations ; on voulut la réorganiser, mais des économistes mettaient en question la nécessité de cette milice. Il n'y avait plus, disaient-ils, aucun danger de soulèvements populaires ; les brigades ordinaires de la police étaient bien suffisantes au sein d'un peuple libre ; ils inclinaient donc pour que le service de la garde bourgeoise cessât le 1er octobre.

Ébranlés par ces démonstrations hostiles, plusieurs chefs n'étaient pas loin de se considérer comme des abus ; Emmery, lui-même, le brave et énergique officier, avait écrit sa démission ; il la présenta (18 septembre)... Le lendemain, il la retira. En effet, ce jour là, quarante à cinquante fraudeurs, chargés de loques, ayant forcé la consigne de la barrière de Nieuport, se répandirent dans la ville en criant : *Vive le roi! vive le tiers-état!* On crut à une émeute. Les bons citoyens, Emmery à leur tête, coururent aux armes, investirent les cabarets où les tapageurs s'étaient retirés. Ils les arrêtèrent et les menèrent en prison.

Le 20 septembre, on se réunit chez le gouverneur pour délibérer sur le parti à prendre ; le 21, Briansiaux vint rendre compte d'une émeute, qui avait failli s'élever à Bergues, à l'occasion de la vente de quelques sacs de blé entre particuliers. On arriva facilement à conclure, qu'il n'était pas raisonnable de désarmer devant de semblables circonstances et, pour accommoder tout le monde, on proposa de payer une indemnité de service aux gardes nationaux qui en feraien la demande. En tête des signataires de ces résolutions, figurent les vicaires de la paroisse, et, après eux, les personnes les plus considérables de la ville.

Pendant que cela se débattait à huis-clos, les murmures grondaient au dehors. Les comestibles n'arrivaient plus au marché; pour apaiser le peuple, les officiers de l'amirauté avaient cru devoir se rendre à bord de tous les navires suspects de recéler des provisions. La visite s'étendit sur toutes les bélandres stationnant dans les canaux de Bergues, Mardyck, Bourbourg..... Une nouvelle prohibition fut publiée pour l'exportation des grains, graines, œufs, beurre, légumes, fruits...

En temps de révolution, c'est surtout vers les hommes bruyants que se tourne l'attention publique; on se groupe autour d'eux, d'abord par curiosité; on ne tarde pas à les suivre, puis à leur obéir. Le mérite suit une marche contraire. Pour faire de l'opposition, il ne faut souvent ni talent ni courage. Dans les circonstances où l'on se trouvait alors, il y avait peut-être chez les meneurs plus de présomption que de perfidie; plus d'inexpérience que dessein.

Par suite de ces incitations, le désordre grandissait chaque jour, et il fallut, enfin, proclamer la loi martiale. La garde bourgeoise, rangée sur la place, arbora le drapeau rouge. C'est sous ces tristes auspices que se termina l'année 1789.

Désormais, la révolution était en marche. Les Dunkerquois n'en eussent pas pris l'initiative; ils la regardaient même, nous l'avons dit, avec une certaine défiance; mais, parmi eux, plusieurs étaient partisans des principes de justice et de liberté qu'elle avait proclamés. L'abolition des priviléges de la noblesse ne les atteignait guère; la proclamation des droits de l'homme les intéressait peu; c'était, en Flandre, une vieille doctrine... La liberté de la presse leur plaisait peut-être, mais un très-petit nombre en profita.

La foi aux nouvelles institutions s'appuyait surtout sur l'amour de la patrie. C'est dans ce généreux sentiment que se réfugièrent les gens de bien, à mesure qu'ils perdaient leurs illusions politiques. Le soin de conserver le sol français, de défendre la patrie contre l'agression étrangère, absorba toute l'énergie qu'on aurait mise à la régénérer. Ici, comme ailleurs, la révolution ne fut qu'une tentative; l'événement est une déception plutôt qu'un résultat.

La municipalité, installée le 25 janvier 1790, était l'objet de bien des espérances (1). A cette époque, la ville fut divisée en cinq quartiers (2).

---

(1) Elle se composait des citoyens suivants : Thierry, — Power, — Mazuel, — H. Edouart, — Boubert, — Stival, — B. Denys, — Benjamin Woestyn, — Mouton, — Bremart, — P. Bonvarlet, — Lapierre, — Aget, — Louis Cova, — Dominique Carlier, — De Lille, — Maertens, — Deputte, — Liebaert, — Coppens, — Conrad Lallemand, — Aug. Dourlen, — Bernaert, — Delbaere, — Macquet (curé-doyen), — P^re Gilloots, — Dupouy, — F. Gernaert, — Constant Tresca, — Peychiers l'aîné.

Les citoyens actifs se rendirent à la commune, et, en leur présence, les élus firent le serment de « *maintenir de tout leur pouvoir la constitution du royaume; d'être fidèles à la nation, à la loi et au roi,* » *et de bien remplir leurs fonctions.* »

(2) La ville fut partagée en cinq quartiers, puis en sept (30 octobre 1790), puis en deux (7 janvier 1792), puis en trois.

Ces remaniements n'allaient pas au fond des choses. La détresse de la caisse municipale ne recevait aucun soulagement. Loin de là! on parlait de supprimer les octrois, seule source des revenus de la commune. La gabelle était abrogée (14 mars), mais elle n'avait jamais été exercée en Flandre. Les hôpitaux prélevaient annuellement, sur les droits d'assis, une somme de 120,000 fr. qui allait leur faire défaut, et deux mille malheureux allaient se trouver sans ressource (1). La caisse d'escompte établie en ville manquait de fonds et devait faire appel au commerce. On ouvrit une souscription de 300,000 fr., payables en assignats.... Comment songer à élever un nouvel édifice politique, quand il faut, tous les jours, repousser ou endurer l'agression d'ennemis domestiques, tels que la famine, la banqueroute!

Néanmoins, la municipalité mit la main à l'œuvre. Quelques pensions furent supprimées (2); parmi celles qui furent conservées, on voit avec plaisir celle de Pierre Baert, de la veuve du brave Royer. Le mobilier de l'intendance fut vendu ainsi que le matériel des processions!... Le temps des fêtes et des prodigalités était passé! Les vins de l'échevinage furent vendus publiquement (3).

Croyant rencontrer partout le patriotisme qui l'animait elle-même, la municipalité appela les citoyens à fournir une contribution patriotique, volontaire (25 mars), que chacun se serait imposée à proportion de son revenu. Elle chercha à tirer parti de ses créances sur la nation, et, à cet effet, elle soumissionna pour l'acquisition du couvent des Minimes (4).

Elle avait acheté 600 razières de blé, elle les fit revendre à bas prix, et, de préférence à l'hospice. Lorsque la saison favorable eût laissé entrevoir une bonne récolte, elle décida l'acquisition de 8 à 10,000 razières (28 octobre) pour constituer une réserve.

Inutile de faire remarquer que les dépenses de bouche de l'ancien régime avaient, dès l'abord, été supprimées. Depuis lors, nous ne rencontrons plus dans les comptes de la commune, les scandaleuses prodigalités que nous avons mainte fois signalées. On n'y trouve plus que des dépenses avouables. Nous n'en exceptons pas les 1,200 fr. accordés aux trente délégués, qui allèrent à Lille assister à la

---

(1) Au moyen de 8,000 livres données par la municipalité, 15,000 livres prélevées sur la caisse patriotique, et 50,000 livres empruntées de vive force à la chambre du pilotage, on fit, pendant quelque temps, face aux dépenses; mais peu à peu les ressources diminuèrent et finirent par s'épuiser tout à fait, et les pauvres tombèrent dans une inexprimable misère. Il ne faut pas omettre que, Aget, trésorier de l'hôpital de la Charité, fit généreusement une avance de 29,000 livres, et Lieven, maître de la table des pauvres, une avance semblable, qui, probablement, ne furent jamais remboursées.

(2) Le 26 mars 1790, on supprima les pensions suivantes : Desjobert, agent en cour, 600 livres; Macnamara, médecin, 600 livres; Verriez, artiste vétérinaire, 200 livres; Guffroy, garde des archives de la chambre des finances, 50 livres; Dufour, procureur à Arras, 50 livres; le commandant de Dunkerque, 600 livres; étrennes au major, 800 livres; Plampel, gratification annuelle, 300 livres; indemnité de chauffage à l'état-major, 2,650 livres ; redevance aux mêmes, 500 livres ; étrennes aux gens de l'intendance.

(3) Le 9 octobre 1790.

(4) Le 5 janvier 1791.

Confédération des trois départements, Nord, Somme et Pas-de-Calais. La France venait d'être partagée en quatre-vingt-trois de ces circonscriptions qui, depuis lors, remplacèrent celles des anciennes provinces.

Ces innovations n'empêchaient pas les hommes nouveaux de subir, à leur insu, l'influence des idées anciennes. Ainsi on les voit faire l'élection des notables qui devaient être chargés des procès criminels, comme si la municipalité était la continuation de l'échevinage. On les voit nommer des connétables aux confréries, comme si ces vieilles institutions eussent pu survivre à l'abatis général des choses d'autrefois. On les voit faire de nombreuses démarches pour obtenir le maintien des franchises, que l'on allait immoler sur l'autel d'une mensongère égalité. D'ailleurs, amis de l'ordre, ils commencent par maintenir toutes les anciennes ordonnances de police (25 février 1790).

On sait que la fédération qui eut lieu à Lille fut suivie de la fédération générale des départements à Paris. A cette occasion, la municipalité dunkerquoise fit savoir à ses administrés, que : « L'Assemblée nationale, voulant consacrer à
» jamais le jour où les Français auront secoué le joug odieux du despotisme et
» avaient acquis la précieuse liberté dont ils jouissaient, décrétait (le 28 février),
» que le 14 juillet, il serait prêté, individuellement, un serment civique partout
» et que le même jour, se ferait à Paris, une Confédération générale des troupes
» du royaume, qui enverraient, à cet effet, leurs députés à Paris et que là, ils
» feraient le serment solennel de s'unir à jamais par les liens indissolubles de la
» fraternité... »

Elle annonçait qu'une cérémonie semblable se ferait à Dunkerque, au Champ-de-Mars, vis-à-vis le quartier Sainte-Barbe.

On était alors dans la ferveur du zèle, tout paraissait facile, et c'était avec une entière bonne foi, une conviction sincère que chacun arrivait à ces solennités qui ne sont plus, pour nous, que des scènes de théâtre.

Le jour indiqué, le corps municipal et les notables se réunissent dans l'église, ils y arrivent escortés d'une compagnie de volontaires, tirés de la garde nationale et du régiment colonelle-générale. Ils en sortent processionnellement avec le clergé, accompagnant le très-Saint-Sacrement, et se rendent sur le Champ-de-Mars ; *Dieu — Patrie — Fraternité*, tout cela semblait inséparable ! On ne savait pas encore de quelles épines ces fleurs étaient entourées !

Toute la garnison et la garde nationale, rangées en bataillon carré, attendaient les autorités. Le maire, les conseillers, les notables, se rendent sur l'estrade, élevée au centre. Le vénérable est exposé sur l'autel ; la formule du serment est lue à haute voix. Les municipaux se découvrent et se tournant vers l'autel, jurent devant Dieu d'être bons patriotes. Un coup de canon accompagne le mot sacramentel et la foule applaudit. La garde nationale vient à son tour, puis la garnison, et des acclamations universelles se joignent à la voix du canon pour saluer et sceller chaque serment. C'était une véritable fête de famille consacrée par la religion !

La cérémonie achevée, le clergé et le corps municipal se retirent ; aussi longtemps que le Saint-Sacrement passa au milieu du carré, la troupe resta le genou en terre. Dès qu'il en fut sorti, la joie, comprimée jusque-là par la discipline et le respect, prend son essor. On s'embrasse, on se serre la main, on renouvelle par groupes le serment prononcé tout-à-l'heure; soldats et gardes nationaux se jurent une inaltérable fraternité! Le verre à la main on scelle ces promesses du cœur; peu à peu on s'exalte, bras dessus-dessous on parcourt la ville; en gage de fraternité, on échange les pièces de l'uniforme; sabres, épées, baudriers, casques, chapeaux, habits.... tout se mêle et finit par produire le disparate le plus grotesque; ce transport ne finit pas avec la journée, le lendemain il recommence; le surlendemain, il se poursuit; et une ordonnance doit mettre fin à ces interminables démonstrations et proscrire les attroupements dans les rues. En même temps, elle réclame la restitution des effets troqués les jours précédents et ordonne de les rapporter au greffe.

Notons que c'est en 1790, que la garde bourgeoise, spontanément organisée, ainsi que nous l'avons dit, prit le titre de *garde nationale,* qu'elle porte encore aujourd'hui. Sans entrer dans l'historique de cette utile institution, nous consignons qu'elle fut souvent remaniée. En 1794, on en changea les cadres ; elle comprenait d'abord une légion, neuf bataillons, quarante-cinq compagnies; en 1796, on en forma trois bataillons; en 1804, deux seulement; en 1804, deux cohortes comprises sous le titre de 4e légion du département; en 1791, on avait formé la garde à cheval et la compagnie d'artillerie (1).

L'organisation de ce corps présente des difficultés permanentes que démontre la fréquence des changements qu'on y a successivement introduits. Nous laissons aux juges compétents à prononcer sur ces détails ; mais nous exprimons hautement le regret de voir la nature et l'utilité de cette institution si mal appréciées par la généralité de nos compatriotes.

Autrefois, on accordait la noblesse à ceux qui se consacraient à la défense du pays, à ceux qui se chargeaient généreusement de défendre les faibles, les veuves et les orphelins. La chevalerie a disparu, elle était devenue superflue; la noblesse est abolie et nous lui donnons un regret!... Mais aujourd'hui, l'armée et la garde nationale remplacent ces antiques et si poétiques institutions; le titre de noblesse, c'est le brevet de soldat; l'armure du chevalier c'est celle de garde nationale..... ce sont eux qui, aujourd'hui, assurent l'exécution des lois et le cours régulier de la justice; ce sont eux qui défendent la société veuve et affaiblie; ce sont eux qui la défendent contre de sauvages et implacables attaques; aussi longtemps que les convoitises n'auront pas de frein, aussi longtemps des désirs aveugles seront les mobiles des masses, l'armée et la garde nationale seront le plus ferme, le seul rempart qui puisse nous protéger contre l'invasion matérielle du désordre. Il est affligeant de voir une vérité si importante être si généralement méconnue.

---

(1) En **1791**, la garde à cheval comprenait 1 capitaine, 1 lieutenant, 1 sous-lieutenant, 4 sous-officiers, 1 chirurgien, 25 cavaliers, tous montés à leurs frais. La compagnie d'artillerie, 1 capitaine, 1 capitaine en second, 1 lieutenant, 70 volontaires.

Du reste, le mal est ancien; en 1790, au mois d'août, l'ardeur première s'était déjà ralentie; l'autorité devait faire remarquer que le délai, pour l'inscription des citoyens actifs sur le registre ouvert pour le service de la garde nationale, était à la veille d'expirer et que le grand nombre était en retard.....

Les détails où nous venons d'entrer nous ont entraîné au-delà des limites de notre série chronologique; il est temps de rentrer dans le paragraphe qui s'occupe de Dunkerque sous l'Assemblée constituante, en l'année 1790.

Il s'agissait d'établir un tribunal de district. Maquet, doyen-curé de la ville, et Cova, furent députés spécialement pour en obtenir le siége à Dunkerque. On offrait, pour l'installation du tribunal, l'hôtel de l'Intendance ou les pièces au-dessus de la Bourse.

Mais, de son côté, Bergues sollicitait la préférence. Elle faisait valoir sa position centrale : Dunkerque était plus populeuse, mais située moins favorablement. La vieille querelle entre les deux villes voisines reprit, pour un moment, son activité et son aigreur d'autrefois; des mémoires furent publiés, les pamphlets s'en mêlèrent. Les parties contendantes s'accordèrent, enfin, à s'en rapporter à la *sagesse des électeurs...* C'était trop lui demander en une matière de ce genre.

Bergues l'emporta et, pendant quelques années, obtint la prééminence qu'elle désirait.

Cependant, l'esprit d'indépendance faisait des prosélytes, et tandis que Dunkerque cherchait à étendre le cercle de sa juridiction, Roosendael regimbait et entendait former une commune à part (1); Saint-Omer demandait à être constituée chef-lieu de la Flandre maritime. Faisant passer en pratique ce principe, que *les temples sont des édifices communaux*, le conseil de la commune se rendait (30 juillet) dans l'église des Récollets, avec les citoyens actifs; et les orateurs municipaux y occupaient successivement la chaire..... La rareté des céréales excitait de nouveaux soulèvements (12 novembre) (2). Licenciées en Flandre, les troupes sans paie se répandaient dans les campagnes et y commettaient plus d'un désordre; tandis que, de leur côté, les Suisses en garnison à Dunkerque, et dont le licenciement ne s'opérait pas assez vite à leur gré, faisaient retentir la ville de leurs tapages nocturnes. Il n'est pas jusqu'aux détenus qui, trouvant sans doute

---

(1) En 1791, on exprimait encore le vœu de réunir à la municipalité de Dunkerque la partie de Teteghem en deçà du canal de Furnes, Leffrinckoucke, Zuydcoote, et de sorte que la municipalité de Dunkerque s'étendît de la mer au pont de Leffrinckouke; de là, en droite ligne, aux *Sept-Planètes*.....; de là au pont de Petite-Synthe; de là au canal de Mardyck et à la balise de l'ancien chênal de Mardyck. — Résolutions du conseil-général de la commune des 25 janvier 1790 au 20 novembre 1792, folio 52, verso.

(2) Une proclamation du 29 novembre 1790 dit : « .... Des ennemis de la révolution, jaloux sans
» doute de la paix et de l'harmonie qui régnaient en cette ville, déjoués pendant long-temps dans leur
» criminelle attente de voir les Dunkerquois confondre la licence avec la liberté, ont réussi, par de
» fausses suppositions, à en imposer à quelques-uns de nos concitoyens ... C'est à des membres gan-
» grenés de la société, qui ne se repaissent que des idées d'insurrection et de carnage, qu'est due cette
» insubordination majeure dont gémissent depuis ce moment tous les bons citoyens,... Fermons l'oreille
» à tous leurs propos incendiaires..... »

que la prison est un abus sous le règne de la liberté, n'injuriassent les gardiens, les maltraitant, brisant leurs propres fers, qu'on dût remplacer par d'autres plus solides. Des lettres anonymes arrivaient aux fonctionnaires; le chef de la municipalité en recevait un grand nombre le jour même de son élection. Pour veiller à sa sûreté, on crut nécessaire de mettre une sentinelle à sa demeure.

Tel était l'état de la ville.

On conçoit que les gens paisibles y trouvassent sujet de s'alarmer.

C'est alors, aussi, que se forma le club politique qui s'intitula : *Société des amis de la Constitution*. C'était une qualification bien vague dans un moment où les Constitutions vivaient à peine quelques mois, mais on peut dire que, dans les commencements du moins, cette société ne fut composée que de gens de bien et de dévouement; elle compta ensuite jusqu'à trois cents membres. Cependant à mesure que croissait le nombre des personnes, la valeur de chacune suivait une marche inverse et, à l'époque de la terreur, il ne s'y trouvait plus guère que des misérables, objets de mépris plutôt que de crainte, et parmi lesquels les gens de bien faisaient exception.

Les *Amis de la Constitution* tenaient leurs séances dans la salle Saint-Sébastien; ils se réunirent aussi dans la salle Sainte-Barbe, dans l'église des Carmes (30 janvier 1790), dans la *salle des Concerts*, dite salle de la *Solidarité*, au couvent des jésuites, dans l'école des pauvres..... Ils prirent plusieurs dénominations : la *Société des amis de la Constitution*, la *Société populaire*, la *Société des amis de la République* (1793). ... Les militaires étaient, de droit, admis aux assemblées (1).

Nous n'avons pas rencontré les procès-verbaux qui y ont été tenus; nous ne pouvons donc tracer une esquisse suffisante des actes et de l'influence de la Société. Nous savons seulement qu'en 1790, elle procédait mensuellement à l'élection de son président (2); on la voit s'informer de l'état des armes et munitions de la ville (6 août); inviter la municipalité au service funèbre des morts de Nano (9 octobre); demander un nouveau recensement des habitants (30 octobre); chercher à suppléer à la rareté du numéraire (20 novembre); dénoncer la désertion de quelques officiers (21 mars 1791); faire chanter un *Te Deum* pour le rétablissement de la santé du roi; signaler à la municipalité l'augmentation de la garnison de Furnes et de Bruges; chercher à empêcher l'exportation du numéraire; raffermir la bonne harmonie entre les habitants et la troupe de ligne de la garnison, etc.

Par la suite, cette action change de nature et prend des allures ultra-démocratiques, puis nous cessons d'en apercevoir les traces. Nous croyons pouvoir, en

---

(1) *Moniteur universel*, t. VIII, p. 127.

(2) Voici la liste de quelques-uns : 1790, juin, Coppens; juillet, Courcy; août, Douvillier; septembre, Fockedey; octobre, Collin; novembre, Schoel; décembre, Thierry. — 1791. Janvier, Emmery, député; février, Thiébaut; mars, Leprince; avril, Toussaint; mai, Dumonceaux; juin, Dauchy; juillet, Vandewalle; août, Lancel; septembre, Armand Foissey; octobre, Blaisel; novembre, Debregne; décembre, Queriot.

peu de mots, faire l'historique de ce pouvoir surgi du sein de l'agitation révolutionnaire : à l'origine, il seconde l'autorité municipale, ensuite, il la devance, la surveille, l'opprime et finit par l'annihiler.

Disette, désorganisation de toute chose, attaque imminente des ennemis intérieurs et extérieurs, voilà quels étaient les dangers amassés en peu de temps sur la France. Voilà ce qui détourna et absorba les forces qui devaient consommer régulièrement la Révolution. Semblables au rocher de Sysiphe, ces difficultés étaient à peine résolues ou amoindries, que, sous une autre forme, elles se présentaient plus redoutables.

Il n'est pas jusqu'à l'Océan qui, obéissant à un ordre de bouleversement, ne semblât vouloir aussi entrer en révolution. La mer s'éleva d'une manière inaccoutumée. Dunkerque vit ses quais inondés, ses écluses dépassées (2 février 1794). Les digues Pollet et Lamorlière furent franchies en plusieurs points; des terrains assez considérables furent inondés.

Heureusement, cette perturbation ne dura pas.

Il n'en fut pas de même en économie politique. Les digues des corporations furent nivelées (16 février) et les jurandes abolies pour toujours. Depuis lors, l'industrie et le travail sont entrés dans un régime de liberté illimitée, qui a bien aussi ses abus, ainsi que nous en faisons l'expérience.

L'octroi fut supprimé le 23 février (1). La contribution du département s'élevait pour cette année à 5,175,800 fr., et le foncier à 1,000,000 environ. Dunkerque avait à payer là-dessus 193,285 fr. au lieu de 200,000 fr. qui formaient son contingent sous l'ancien régime, et de plus 29,000 fr. pour le foncier. En admettant qu'il y ait eu une domination réelle, du moins fallait-il encore du numéraire. Or, il disparaissait journellement, et il devint si rare, qu'il fallut créer, pour la localité, une sorte de papier-monnaie garanti par la municipalité et que l'on appela *billets de confiance* (2).

Le patriotisme peut inspirer du dévouement, mais il ne changera jamais la nature des choses. La valeur de la monnaie n'est pas une convention arbitraire, de telle sorte qu'on puisse attribuer à 1 gramme d'argent la même valeur qu'à 100 grammes; ou bien substituer 5 grammes de plomb à 5 grammes d'argent en leur attribuant une même valeur identique; ou moins encore, leur substituer un carré de papier. L'argent est une marchandise, il n'est pas autre chose, il ne le sera jamais quoiqu'on fasse. Cette vérité élémentaire, nos réformateurs sociaux n'ont pu encore arriver à s'en convaincre.

Entraîné par les habiles du jour, le gouvernement faisait du papier-monnaie, la municipalité pouvait donc faire des *billets de confiance*. Mais, dominé par l'instinct du vrai, le public les eut toujours en suspicion; et jamais nom ne fut plus mal porté que celui des *billets de confiance*. Toutefois, on en essaya l'em-

---

(1) Le bureau d'enregistrement fut installé le 1er février.

(2) Il est fait mention des billets de confiance aux pages 92, 102, 114, 118, 122, du *Registre aux résolutions du conseil-général de la commune*.

ploi pour du numéraire ; puis quelques mois après, ils n'étaient bons qu'à troquer contre des assignats qui inspiraient encore plus de défiance (1).

Un trait vraiment saillant de cette époque, c'est l'esprit religieux de la population qui résistait aux insinuations et aux attaques des prétendus réformateurs. Quelques détails en feront foi.

Un décret du 27 novembre 1790 ordonnait que tout prêtre qui refusait le serment fût suspendu de ses fonctions et remplacé immédiatement. Cependant, le 5 février 1791, le conseil municipal de Dunkerque décidait, que « Le curé et les » vicaires de cette ville continueraient leur saint ministère et leurs autres fonc- » tions, qu'ils aient prêté ou non le serment prescrit.... » Jusqu'à ce qu'ils aient remplacé comme il convient, il faut leur porter « *tout honneur et respect dû à* » *leur caractère.....* » (2).

Les P. Récollets avaient demandé l'autorisation d'ouvrir une école, et la municipalé l'avait accordée avec empressement, lorsque vint, de la capitale, l'ordre aux religieux de se retirer sous quinzaine (5 juin). Le conseil demanda l'ajournement de la mesure, invoquant les besoins du culte et le vœu de la population (3). Une ordonnance du 13 avril 1791 semble même faire un anachronisme, mais il est trop honorable pour que nous n'en fassions pas une mention particulière.

Voici en quels termes s'exprime cette proclamation, «..... à la honte du christia- » nisme, depuis la Révolution mémorable qui a changé la face de la France..., » des particuliers travaillent le dimanche à différents chantiers ; on voit les bou- » tiques ouvertes, les cabarets fréquentés pendant le service divin..., on ne ren- » contre plus la moindre trace de ce jour de prière et de sanctification..... Qu'il » ne soit pas dit, que sous le règne d'un monarque proclamé, par son peuple, le » restaurateur de la liberté française, d'un monarque chéri qui s'est librement » déclaré le premier citoyen du peuple français, les habitants de cette ville man- » quent au premier précepte de la religion qu'il fait gloire de professer et de » défendre..... »

Une autre ordonnance du mois de juin invitait tous les habitants à venir, munis de flambeaux, pour assister à la procession de la kermesse. Une administration hostile à la religion n'aurait pas tenu à paraître la respecter autant.

---

(1) Le 6 août 1791, la municipalité établit une *Caisse patriotique* ou *de confiance*, pour l'échange des assignats de 50 à 100 livres. Les assignats devaient être signés des particuliers ; la caisse patriotique se bornait à déduire 1 pour 100 sur la valeur. Le 27 février 1792, le conseil arrêta que les billets de confiance seraient signés par des conseillers municipaux, savoir : Ceux de 10 sous, par Liébaert et Lancel ; ceux de 15 sous, par Dourlen, Delaly, Carlier, Mazuel ; ceux de 20 sous, par Power, Thelu, Aget, Leroy ; ceux de 30 sous, par Boubert, Hardi, Tancet, Camus ; ceux de 40 sous, par Thierry, Morel, Coppens, Coppin. Le 3 décembre, on en suspendait l'émission. Le 18 janvier suivant, on en brûlait pour 110,000 fr.

(2) C'est le 13 avril que fut installé Schelle, le curé constitutionnel.

(3) A la date du 21 mars 1791, le registre aux délibérations mentionne que les pasteurs et ministres réformés offraient de faire le serment civique, « maintenir de tout son pouvoir la constitution du » royaume, être fidèle à la nation, à la loi et au roi...., remplir avec zèle et courage les fonctions » politiques qui leur seraient confiées. » Le 28 mai, J.-B. Emmery, prêtre de l'abbaye de Saint-Winoc, vicaire de Saint-Eloi, prêta serment devant la municipalité.

Néanmoins, la réalité ne répondait pas tout-à-fait à de si belles apparences, et les amis de l'ordre, se laissant aller peu à peu au découragement, se retiraient insensiblement d'une scène où il n'y avait plus aucun rôle pour eux. C'était une faute immense; car nulle lutte n'eût été sanglante comme l'a été ensuite la boucherie!!...

Plutôt que d'être complices ou victimes, plusieurs s'expatrièrent. Cet acte bien légitime en soi, contribua à fortifier l'esprit de division qui séparait les Français en deux camps ennemis. Ceux qui restèrent au pays puisèrent dans les craintes d'invasion une grande énergie de patriotisme, et bien des émigrés, victimes de la Révolution, en furent considérés comme les persécuteurs. Cette disposition des esprits faisait des progrès à Dunkerque, où l'on racontait comme ailleurs, « les » abominables tentatives des émigrés. » On disait aussi, que des troupes se réunissaient à Bruges et à Furnes, pour agir ensuite sur notre ville. Le 28 avril, le drapeau national fut, pour la première fois, hissé à la tour comme une protestation patriotique. Et le 3 juin, Emmery et Plaideau proposèrent d'ouvrir un registre, où se feraient inscrire tous ceux qui voudraient se consacrer à la défense du pays. Ils s'y inscrivirent les premiers, et avec Plaideau, ses deux fils. Le club des marins et la confrérie Sainte-Barbe ne tardèrent pas à suivre cet exemple (24 juillet).

L'évasion de Louis XVI et son arrestation à Varennes excitèrent ici une vive sensation. La nouvelle du départ du royal fugitif fit naître, chez les uns, une profonde stupeur; chez les autres, une grande exaltation. L'émigration allait avoir une tête et prendre corps. Pour ceux-ci, la cause de la Révolution était menacée; pour ceux-là, perdue.

Dès que cette nouvelle eut gagné les casernes, les officiers du régiment colonelle-générale passèrent en Belgique, emportant avec eux la caisse et le drapeau. Irrités de cette désertion, les soldats allaient faire un mauvais parti aux chefs restés au poste. Emmery l'apprend, il court à la caserne et dit aux mécontents : « Vous regrettez vos drapeaux! eh bien acceptez celui que je vous offre, c'est » celui de la garde nationale de Dunkerque. Il vous guidera toujours au chemin » de l'honneur! »

Touchés de ces paroles, les soldats se calment; les officiers se réunissent à ceux de la garde nationale, et concertent les mesures que semble imposer la circonstance (1). Toutes les portes de la ville sont fermées; les étrangers, les voyageurs deviennent l'objet d'une sévère investigation. Toute voiture est fouillée. Tous les hommes valides de 18 à 60 ans sont mis en réquisition. Profitant de l'émoi, le peuple s'empare des armes qu'il trouve chez les armuriers et dans les dépôts faits chez les capitaines. (Nuit du 25 au 26 juin.)

Deux jours après, l'arrestation faite à Varennes fut connue, et les choses reprirent à peu près leur allure d'auparavant, sauf un accroissement de confiance et d'audace chez les partisans de la démagogie.

---

(1) Voyez *Moniteur universel*, t. VIII, p. 783.

La royauté, un instant suspendue, fut de nouveau autorisée par une nouvelle Constitution que Louis XVI consentit à signer ; en réjouissance de cet événement, on chanta un *Te Deum*... (29 septembre), hélas !...

La disette, des coalitions d'ouvriers qui prétendaient élever le taux des salaires, des tentatives pour s'opposer à la libre circulation des céréales..... tels sont les événements journaliers qui succédèrent à ces moments d'espérance.

Le traité de Pilnitz (27 août), coïncide à peu près avec la fin de l'Assemblée constituante, et marque le terme de cette première division de notre récit.

§ II. Dunkerque sous l'Assemblée législative.

17 OCTOBRE 1791. — 21 SEPTEMBRE 1792.

Inaugurée aux applaudissements de la France, la Constituante n'avait répondu à l'attente de personne ; l'Assemblée législative ne fut que la transition de la royauté fictive de 1791, au semblant de république de 1792.

Jusqu'ici, le devouement des classes moyennes avait préservé Dunkerque des scènes de violence trop communes dans le pays. Mais ce zèle, exploité par les uns, méconnu par les autres, se relâchait de sa première ferveur. Or, tandis que la répression faiblissait, l'audace, exaltée par la misère, montait de jour en jour, menaçant de déborder les digues qui l'avaient contenue jusque-là.

1792. — Le 14 février le résultat prévu arriva. Il y avait en ville des blés destinés pour l'intérieur ; les substances alimentaires étaient rares. Le peuple en concluait, sans balancer, que ses besoins, en présence de ces provisions, étaient l'effet d'un odieux calcul des accapareurs. Cette dénomination *d'accapareur* était une vague et banale accusation que les mécontents jetaient à tous ceux qui avaient le tort de leur déplaire.

Des groupes hostiles se forment donc et grossissent en peu d'instants. On y profère des menaces. Des paroles on en vient au fait. La foule se porte vers la demeure de quelques particuliers désignés comme accapareurs. C'étaient d'honorables citoyens : de Saint-Laurent, Bicays, Schoel (1), Denys, Foissey père et fils, Herwyn, Vanlerberghe, Devinck, Dourlens et quelques autres que nous omettons peut-être.

Les émeutiers brisent les portes, s'emparent de tout ce qu'ils trouvent sous la main, matelas, lits, meubles, effets, argenterie.... tout est jeté par les fenêtres.

---

(1) Le 25 juin 1793 Schoel obtint de la commune une indemnité de 20,000 livres.

Le sol de la rue en est jonché. — Les assistants y choisissent leur butin et l'emportent furtivement. Les glaces, les porcelaines ne sont pas épargnées, et dans certains quartiers on eût pu croire que la ville, prise d'assaut, était abandonnée à un ennemi furieux et acharné. Deux autres maisons, celles de Remi et de Houssouiller étaient, dit-on, désignées pour la suite.

Rien ne s'était opposé à ces déprédations ; les victimes n'avaient pas attendu l'arrivée du flot populaire, elles s'étaient mises à l'abri en fuyant ; d'une première maison on passe à une seconde, à une troisième..... pendant deux ou trois jours dix particuliers furent traités de la sorte. Les marchandises et denrées ne furent pas mieux traitées que les meubles et objets précieux. Les fûts de vin furent enfoncés ; les caves étaient ainsi inondées de liquides spiritueux qu'on parlait d'allumer.

Les amis de l'ordre protestaient contre ces excès ; mais cela ne suffisait pas pour arrêter le pillage. La garde nationale elle-même semblait paralysée par la stupeur. La municipalité fit publier à son de trompe l'article X de la loi martiale. (16 février 1792). La milice citoyenne semble enfin se réveiller, en même temps que la foule, effrayée de ses premiers actes et satisfaite un moment, voyait ses rangs s'éclaircir.

L'émeute prit fin ; le 18 février, la quatrième de ces fatales journées, une députation se dirigea vers Paris pour rendre compte à l'Assemblée nationale de ce qui s'était passé. Elle se composait de Mazuel et Fockedey ; ce dernier, s'étant trouvé indisposé, fut remplacé par Hardy. Le 23 février, la loi martiale fut de nouveau proclamée ; le drapeau rouge qui annonçait cette sorte de mise en état siége, fut arboré à l'Hôtel-de-Ville, où il resta jusqu'au 11 du mois suivant. Mesure tardive, qui avait pour but de donner à la loi une apparence de domination !

Ainsi mis en appétit, les instincts désordonnés tentèrent de se manifester de nouveau ; plus d'une fois la barrière *Mirabeau* fut témoin de luttes hardies des fraudeurs, qui non-seulement résistaient aux employés, mais encore les blessaient mortellement. Plus d'une fois des cadavres restés sur la chaussée témoignèrent que le souverain avait passé par là.

Le 10 mars, à propos du départ de quelques navires destinés pour la France, les mêmes rumeurs contre l'accaparement font explosion. C'était pour affamer le Nord que ces envois avaient lieu ! Il fallait donc ne pas les laisser s'éloigner !!... Cette pensée fermente, la populace s'irrite de nouveau ; comme de coutume, les femmes y jouent le principal rôle. Le soir, des fallots s'allument..... A la clarté des torches une masse d'individus se portent sur les quais. Leur projet était de mettre le feu aux vaisseaux chargés de froment ! — singulier remède aux menées des accapareurs ! Peu s'en fallut que ce dessein ne reçût son exécution et que la ville n'eût une seconde fois les scènes du mois précédent. Un capitaine du port fit remarquer que, si l'on mettait le feu aux navires coupables de contenir du blé, l'incendie se communiquerait infailliblement aux autres navires. Cette pensée arrêta les meneurs.

Outre la faim, péril chaque jour renaissant, il y avait pour émouvoir les esprits une réaction sourde dont le point de départ était hors du territoire. Evoquant des souvenirs chers, faisant appel à de longues affections, profitant de l'empire de l'habitude et de l'opportunité que leur offraient les misères actuelles, les émigrés faisaient arriver en ville des « *proclamations*, » des « *conseils*, » des « *remontrances*... » Bien des gens paisibles étaient tout convertis, quelques gens tièdes étaient bien près d'abjurer. La garnison était travaillée dans le même sens par des « *adresses* » qui lui arrivaient en cachette, sans qu'on pût découvrir comment. La garde nationale tombait dans la tiédeur, et la municipalité lui adressait itérativement des remontrances sur « la répréhensible insouciance des citoyens, » qui négligeaient de se faire inscrire aux rôles. »

Le nouvel édifice politique était donc fort compromis et l'on présageait mal de sa durée.

L'opposition religieuse se faisait aussi apercevoir, les prêtres assermentés trouvaient l'église déserte, tandis qu'elle était trop étroite pour la foule qui se pressait aux messes des réfractaires (1).

Jusqu'au 19 mai, le drapeau blanc avait remplacé à l'Hôtel-de-Ville le drapeau rouge, pour indiquer la levée de l'état de siége ou, si l'on veut, de la loi martiale, et le 20 mai l'arbre de la liberté fut planté sur la place publique. On préparait un changement général dans les noms des rues et il fut officiellement proclamé le 14 septembre.

Mais pendant qu'on s'amuse à ces bagatelles, le pays pousse un cri d'alarme qui réveille toutes les convictions, réunit toutes les volontés; un cri que tout le monde comprend en France : *La patrie est en danger !* Aussitôt la sixième partie de la garde nationale est mobilisée; la commune se déclare en permanence (23 juillet), une contribution patriotique s'élevant, pour quelques-uns, au quart du revenu, est imposée aux habitants. La garde nationale avait demandé deux pièces de canon pour s'exercer à la manœuvre (2 mai); les canonniers en avaient demandé six (16 juin), mais il ne leur en avait été accordé que deux.

Le danger était pressant ! car, disaient les patriotes, la France était trahie ! vendue aux étrangers !

C'est sous la préoccupation de ces calomnies contre le roi que l'on reçut à Dunkerque la relation de la journée du 10 août, récit mensonger où Louis XVI était désigné comme agresseur, comme bourreau du peuple, comme traître à la nation.

Le 23 août, des commissaires, délégués par l'Assemblée nationale, étaient à

---

(1) Le dimanche 26 août, à l'occasion d'une messe célébrée pour le sieur Thiery, mort en 1738, quatre cents personnes s'étaient pressées dans la chapelle de l'hôpital-général de la Charité : une ordonnance du lendemain déclare qu'il faut que les prêtres fassent serment ou soient remplacés......
« On a toléré jusqu'ici le sieur Joly, prêtre non-assermenté ; il faut que cela cesse... Hier, une opposition a failli se manifester.... »

Une ordonnance du 5 juin signale aussi, nous ne savons pourquoi, « quelques prêtres qui disent la messe à N.-D. de la Fontaine et refusent de payer la rétribution. »

Dunkerque pour aviser aux moyens de conserver une ville importante, une des clefs de la France. A leur arrivée, il leur fut fait une réception de grands seigneurs, à eux les patrons de l'égalité! La garde nationale bordait la haie, les vaisseaux étaient pavoisés; les fonctionnaires vinrent déposer entre leurs mains le serment de « maintenir l'égalité, ou de mourir à leur poste. »

Dès ce moment la royauté était proscrite et l'on fit disparaître de l'Hôtel-de-Ville tous les tableaux représentant « des princes ou seigneurs. » Le portrait équestre de Louis XIV fut couvert à la hâte d'une toile, sur laquelle on colla ensuite la *déclaration des droits de l'homme*.

Le général commandant à Dunkerque avait bien des mesures à prendre pour se mettre convenablement sur la défensive. Les armes n'étaient pas en quantité, la provision de poudre s'élevait au plus à 4,000 livres; et ce n'était que le moindre inconvénient. Pour y obvier, il s'adjoignit de zélés patriotes qui formèrent le *Comité des douze*. Il arma de piques les vétérans, pour la garde intérieure (13 septembre); la garde nationale occupa tous les autres postes, tandis que la troupe de ligne s'occupait aux fortifications. Les portes de la ville ne s'ouvrirent plus qu'à certaines heures; on ne pouvait les franchir sans une *carte de reconnaissance*. Pour découvrir toute trahison, les lettres qui parvenaient en ville étaient décachetées sans exception.....

Du côté de la mer on n'était pas moins actif, on armait les forts, on établissait des batteries flottantes pour protéger la rade et le chenal.

Les menaces de l'étranger avaient eu un commencement d'exécution; les *septembriseurs* en firent le prétexte de cette affreuse boucherie du 2 septembre. Les Autrichiens s'approchaient de Lille; les ennemis occupaient Steenvoorde.

La partie s'engageait vivement et nul ne pouvait prédire quelle en aurait été l'issue.

Telle est pour Dunkerque, la série des faits qui se rapportent à l'Assemblée législative et précédèrent l'avénement de la République conventionnelle.

§ III. Dunkerque sous la Convention.

21 SEPTEMBRE 1792. — 28 OCTOBRE 1795.

L'époque de la Convention est un temps exceptionnel, où tout prit un caractère extrême, des proportions fabuleuses; — crimes et vertus tout y fut grand et sans exemple; — énergie et faiblesse tout y fut déplorable et restera, il faut l'espérer, sans imitateurs.

Nous n'avons pas à retracer ici quelles causes amenèrent la République conventionnelle, mais nous avons à démontrer quelle part y prirent les Dunkerquois; nous le ferons brièvement et complètement en nommant Fockedey.

C'est pendant les orageuses journées qui précédèrent la Convention, que la ville y députa cet honorable citoyen, le seul des députés du Nord qui n'ait pas voté l'assassinat juridique de Louis XVI, le seul d'entre eux qui ait parlé à l'encontre.

A peine installée (10 octobre), la République défendit d'employer la qualification de *Monsieur* et de *Madame*. Le titre de *Citoyen* et de *Citoyenne* fut imposé et déclaré le seul légal. On a voulu, depuis, faire une seconde édition de cette niaiserie.

Mais alors on alla plus loin. De nouvelles formules firent irruption dans la langue. Un nouveau style (et quel style!) parut au soleil. On ne disait plus *domestique ou serviteur*, on disait *officieux*; *sans-culottes* devint synonyme de *républicain*; *modération* devint *modérantisme*, etc. Les rues prirent d'autres désignations. Il n'y eut plus de *saints*; on devait dire : rue *Sébastien*, rue *Barbe*.... *Dunkerque* devint *Dune libre*.... Nous ne finirions pas si nous relevions toutes les extravagances officiellement édictées.

Il ne faut pas attacher à tout cela une importance excessive, le bon sens public en a fait justice. Remarquons seulement que le mot *Citoyen* est insuffisant. On ne peut l'appliquer aux étrangers qui arrivent en France; on ne peut l'appliquer davantage aux nationaux qui ont perdu leurs droits civiques, ni à ceux qui ne les ont pas encore. Le mot *Monsieur* n'a plus rien du sens que lui attribue l'étymologie, il est sans signification précise et absolue, c'est pourquoi il convient parfaitement à l'usage qui lui est donné. Les mots qui ont une valeur parfaitement déterminée ne sont pas d'ailleurs susceptibles d'être régis par des ordonnances. Jamais il ne sera possible, à qui que ce soit, de proscrire le mot *mien* ou *tien* et mille autres. La guerre aux mots est la guerre aux idées; c'est tout dire.

Quant aux idées, une proclamation du 15 novembre 1792 fera juger du fond et de la forme qu'elles prirent alors. Le conseil général de la commune disait à ses administrés :

« ..... Avant la journée du 10 août, notre liberté n'était qu'imaginaire. Une
» Constitution vicieuse présentait, d'une part, les droits sacrés de l'homme et
» les principes invariables de la liberté; et de l'autre, par une contradiction
» inconcevable, le joug honteux du despotisme. Dans ces temps d'erreur on
» remarquait alors parmi nous des hommes absolument indifférents à notre heu-
» reuse révolution, qui prenaient le titre de modérés, titre plus pernicieux que
» celui de l'aristocratie la plus caractérisée, affectaient deux (*sic*) se présenter à
» aucune assemblée ordonnée par la loy : De là le découragement général
» parmi les bons citoyens; de là, ce défaut de confiance dans les magistrats élus,
» de là enfin cette agitation, ces murmures qui compromettaient la tranquillité
» publique. Aujourd'hui, citoyens, le temps de la dissimulation est passé. Il faut
» être et se montrer amis sincères de la patrie, et ce n'est pas l'être que d'être
» indifférent à l'administration de votre commune, car observez, citoyens, que

» du bon ou mauvais choix des maires et officiers municipaux dépend votre
» tranquillité, votre bonheur. »

Quelques jours après (12 décembre) il disait : « ..... La plus dangereuse de
» toutes les manières de troubler l'ordre en égarant ceux-là mêmes qui sont sin-
» cèrement attachés au bien public, c'est de les conduire par des voix (*sic*) obliques
» à l'agitation et aux murmures, et de les écarter de leur devoir sans leur prêcher
» ouvertement l'insubordination. Et voilà précisément le danger contre lequel il
» importe en ce moment de vous prémunir. Dans un temps où la République
» jouit des triomphes les plus continus et les plus incroyables au-dehors, elle est
» entravée dans l'intérieur par des agitations perfides et dangereuses. Cette vérité
» toute terrible qu'elle soit, doit être dite à des citoyens libres. Une foule de
» malveillants épouvantés dans leurs sinistres projets par la masse imposante des
» bons citoyens tente de les tromper, parce qu'elle désespère de les corrompre.
» des émissaires sont répandus dans toutes les parties de la République. Leur
» mission infernale se propage à la faveur de fausses nouvelles qu'ils débitent
» d'un air indifférent dans les lieux publics. L'objet des subsistances, la position
» du ci-devant roi sont les motifs qui servent à couvrir leurs manœuvres, et dès
» qu'ils sont parvenus à surprendre la bonne foi des citoyens et à émouvoir leur
» sensibilité, ils ne tardent pas à leur insinuer une doctrine qui mène insensible-
» ment à enlever tout respect, toute confiance dans les autorités constituées, à
» propager réellement des sentiments d'insubordination et par conséquent à dé-
» truire l'empire de la loi.

» Ce genre de délit, d'autant plus dangereux, qu'il échappe plus facilement à
» la surveillance des magistrats, mérite toute votre attention, citoyens. Il vous
» oblige même à concourir avec eux à la nécessité de la réprimer. C'est dans cette
» vue que vous êtes investis, au nom de la patrie, non seulement à dénoncer
» quiconque débiterait mystérieusement des faits alarmants, mais encore à faire
» conduire à la maison commune les mêmes personnages pour qu'ils y soient
» scrupuleusement examinés.

» Ce moyen est propre à éloigner de nous le fléau terrible des agitations. Il est
» est propre encore à dessiller les yeux des bons citoyens qui pourraient être
» égarés par leur sensibilité elle-même. Il est propre enfin à faire jouir notre
» cité de ce calme précieux qui y a toujours régné, lorsque des gens étrangers à
» ses murs comme aux vertus qui caractérisent ses habitants ne sont pas venus
» se mêler parmi eux.

» Prenez en considération, concitoyens, l'invitation que le plus important des
» devoirs de vos magistrats leur dicte. Alors ils oseront répondre que rien ne
» pourra troubler votre tranquillité précieuse dont vous désirez sans doute jouir. »

Ce factum ignoble et hypocrite a du moins le mérite de faire connaître la disposition du public dunkerquois relativement au procès qu'instruisait la Convention
et qui pèse aujourd'hui sur sa mémoire. Le lendemain, 13 décembre, le citoyen
Schelle, curé constitutionnel, ayant reçu du citoyen Primat, évêque du département, l'invitation de célébrer « *une messe solennelle suivie du* TE DEUM, *pour les*

» *victoires des armées de la République,* » le conseil s'y rendit en corps. Il sauvait ainsi les apparences (il le croyait du moins), et évitait de heurter de front l'opinion d'une population religieuse et morale.

1793 est la date d'un grand crime ; mais Dunkerque peut, à bon droit, en décliner la responsabilité. Celui qui la représentait dans la Convention n'a pas voté la mort de Louis XVI. Des douze députés du Nord, il est le seul qui ai compris la justice, il est du moins le seul qui l'ait proclamée. (1) Honneur à cet homme courageux !

Pour se séparer tout-à-fait de l'Assemblée qui avait porté cette inique sentence, Fockedey ne tarda pas à donner sa démission. (13 avril,) Il revint à Dunkerque, où l'on fut injuste envers lui. En présence même de sa retraite volontaire, les uns l'accusaient d'avoir capté les suffrages qui l'avaient nommé représentant ; les démagogues ne lui pardonnaient pas son abstention, d'autres l'accusaient à tort et à travers d'être un régicide. Nous entendons des vieillards répéter encore aujourd'hui cette vieille calomnie et joindre ensemble ces deux sentences : *Louis XVI a affamé le peuple. — Fockedey fut un bonnet rouge !* (2)

L'attentat commis par la Convention étant devenu inévitable, dit-on ; nous n'examinerons pas cette doctrine : nous disons seulement que cet acte souleva l'Europe et précipita ses armées contre la France.

Une voix cria encore : *La patrie est en danger !* et encore une fois la fierté française se releva. En février, Cochon et Debry, députés par la Convention, venaient à Dunkerque pour organiser le zèle des habitants et s'assurer de l'état des fortifications. A cette époque, quarante corsaires étaient prêts dans le port, n'attendant plus, pour se mettre en mer, que les munitions de poudre qu'on leur avait promises, mais qu'on ne pouvait leur fournir.

Au milieu de ces préoccupations, une nouvelle vint effrayer les patriotes :

---

1) *Histoire de Lille,* t. III, p. 149.

(2) L'histoire doit redresser ce mensonge. Nous remplissons ce devoir et, pour aider à juger la question, nous transcrivons deux pièces. L'une, un projet de certificat de civisme à délivrer à Fockedey sur sa demande, et la deuxième les motifs de refus énoncés par la municipalité *Sans-Culottes* qui avait remplacé la première.

« ..... Sans entendre avouer ou contester les motifs de l'arrestation du citoyen Fockedey ni justifier
» la conduite qu'il a tenue comme membre de la Convention nationale, atteste que depuis le retour
» dudit Fockedey en cette ville, il s'est conduit en bon citoyen, observant les lois et faisant le service
» de la garde nationale avec exactitude, atteste en outre que pendant le siége, il a fait de son propre
» mouvement diverses sorties sur l'ennemi et que les chefs n'ont jamais eu qu'à se louer de son
» zèle..... » (Arrêtés du conseil général de la Commune du 29 novembre 1792 au 1er ventôse an XI, folio 154, verso.)

An II, 15 pluviôse. « ..... On refuse le certificat ci-dessus. Pieters demande qu'il soit ajourné,
» Goddaert de même ; Cordange ne veut pas d'ajournement ; Focquedey, dit-il, ne doit pas avoir de
» certificat de civisme, parce qu'il a voulu sauver le tyran ; il a montré des faiblesses indignes d'un
» républicain en manquant à la parole qu'il avait donnée de voter pour la mort du tyran et de voter
» ensuite pour la réclusion. Il fut d'ailleurs un chaud partisan de l'ancienne Constitution, et il a quitté
» son poste, il devait y mourir ; le civisme qu'il a montré n'est pas du tout de nature à lui mériter un
» certificat... il a déserté la cause du peuple, trompé l'attente de ses mandataires... » Ces reproches, dans une telle bouche, forment un éloge complet qui nous dispense de rien ajouter.

la défection de Dumouriez. (30 avril.) Aussitôt qu'elle fut arrivée, la municipalité appela en son sein le général Pascal, commandant de la place. Celui-ci fait le serment de mourir pour la République. De leur côté les membres du conseil jurent *qu'ils moureront aussi* (sic) à leur poste. Ils jurent de « maintenir, de » tout leur pouvoir, la Liberté, l'Égalité, la sûreté des personnes et des proprié- » tés, et de mourir s'il le fallait pour l'exercice de la loi et de ne jamais reconnaître » ni roi, ni dictateur..... » Le lendemain une proclamation est publiée dans ce sens. Dès qu'il s'agit du salut du pays il n'y a plus qu'un parti en France.

La garde nationale se réveille; un quart de la milice dunkerquoise se met à la disposition de l'agent national. On autorise le général à rompre le batardeau de Zuydcoote, pour tendre l'inondation; dans la vue d'une prochaine attaque, on ordonne aux capitaines des vaisseaux qui sont dans le port de les tenir prêts à être immergés au premier signal (1).

En effet, une flotte anglaise ne tarda pas à paraître et à bloquer le port. Carnot, Lesage, Duquesnoy, délégués par la Convention, vinrent pourvoir aux nécessités de la défense et allouèrent une somme de deux cent mille francs. (20 avril.)

Le 25, l'amiral Clément envoie au commandant une sommation (2) dont une foule d'exemplaires sont en même temps distribués en ville aux particuliers.

A cette manifestation, Pascal répond d'une manière très-convenable (3); ce qui

---

(1) La proclamation qui ordonne ces mesures et autres analogues est du 28 avril.

(2) A la séance du 27 avril, on lut à la Convention les lettres suivantes :

« Teteghem, 25 avril.

« Citoyen président, j'ai l'honneur de vous annoncer que le chef d'escadre anglaise, sir John » Clement m'a fait passer cette nuit la lettre dont ci-incluse est copie. J'y joins la réponse que j'y ai » faite. Notre correspondance sera plus énergique qu'éloquente. Assurez les représentants de la Nation « que je suis entêté comme un Breton et que je ne capitule pas. » Voici maintenant la traduction de la lettre de l'officier anglais : « Monsieur, ayant l'honneur de commander une escadre des vaisseaux de guerre de Sa Majesté » britannique, destinée à croiser devant Dunkerque, et prête à coopérer, avec les forces qui s'avancent » par terre, à réduire cette ville jadis si florissante, je prends la liberté de vous dire que si vous avez » quelques propositions à faire pour arrêter les progrès d'une guerre qui doit inévitablement enve- » lopper la ville et les habitants de Dunkerque dans une ruine et destruction totale, je suis prêt à les » recevoir et à assurer l'inviolabilité des propriétés des habitants. Je vous invite, Monsieur, et *tous les* » habitants de Dunkerque à prendre très-sérieusement en considération les tristes effets qui résulte- » raient pour vous et vos familles d'un refus de cette offre conciliatrice pour prévenir une plus grande » effusion de sang, et mettre fin à une guerre si destructive pour les vrais intérêts de votre pays. Je « suis envoyé pour vous offrir la protection d'une grande et honorable puissance, jusqu'à ce que votre » Constitution soit établie sur des bases solides........ » Voir le *Moniteur universel*, t. XVI, p. 236.

(3) Cette réponse est consignée au folio 46 du registre de la mairie, en ces termes :

« Monsieur, j'ai reçu la lettre que vous avez pris la peine de m'écrire pour m'annoncer vos projets » et les ordres dont vous êtes chargé. Je n'ai qu'un mot à y répondre : c'est que moi qui ai l'honneur » de commander dans la ville de Dunkerque, ni aucuns habitants (sic) n'entendrons jamais à aucune » proposition tendant à déshonorer le nom français. Ainsi, Monsieur, il est inutile de perdre son » temps à un échange de lettres, ce qui deviendrait fastidieux et qui serait du moins illégal. Faites- » moi l'honneur de m'attaquer, j'aurai celui de vous riposter militairement. C'est ainsi que se » terminent les différents entre gens de notre robe.

» PASCAL KERENVEYER. »

— chose rare alors — lui valut un éloge du ministre de la guerre; du reste, cela n'empêcha pas que, quelques semaines après, le brave militaire ne fût mandé à Paris pour s'y justifier des accusations dont il avait été l'objet, et ne demandât (27 mai) à la municipalité un certificat de civisme (1). Le 12 juin il était de retour. Ajoutons, en passant, que le soupçon qui planait alors sur tous les officiers, atteignit en même temps Lemaire, commandant du bataillon de Dunkerque, qui, par ordre du ministre de la guerre, fut dénoncé à l'accusateur public.

La lettre de l'officier anglais se rattache évidemment au plan d'attaque arrêté par l'Angleterre et qu'elle tenta de réaliser lorsqu'elle fut mieux en mesure. Mais alors on devait croire que cette sommation aurait été suivie de quelques actes. Le conseil décida que tous les anglais habitant la ville seraient envoyés à l'intérieur, et pour favoriser la surveillance, il exigea que chacun affichât sur la porte de sa maison le nom des personnes qui l'habitaient. (29 avril.)

Mais, contrairement à toutes prévisions, l'ennemi se retira et, quelques jours après, sa flotte n'était plus en vue. La partie était remise.

Pendant cette année Dunkerque, reçut la visite de plusieurs généraux, parmi lesquels on nous permettra de citer Hoche et Custine. Ce dernier se trouvait le 24 juin dans notre ville, sans s'imaginer qu'il devait un jour contribuer à la sauver. Sa haute stature, son air martial, ses énormes moustaches l'avaient fait remarquer de nos marins. Billaud-Varennes et Nyon arrivèrent à leur tour. (19 août). Ils avaient, disait-on, découvert un complot ayant pour but de livrer la ville.

Le fait est que les Anglais ne cessaient de croiser dans la mer du Nord, et les vaisseaux de guerre qu'ils y entretenaient, ne pouvaient avoir pour but de combattre nos petits navires de course. Au milieu de tous ces bruits de complots réels ou supposés, après tant de défections subies et lorsque tant d'autres étaient journellement annoncées, comment l'Assemblée eût-elle gardé un sang-froid complet et ne se serait-elle écartée en rien de ce qui était ensuite assigné comme juste et convenable? Surtout dans un moment où les vivres devenaient d'une rareté inquiétante!... Dès que les denrées alimentaires arrivaient, c'était à qui se précipiterait dessus pour les acheter. Aussi était-il rare que les paysans parvinssent jusqu'à la place du marché. — Dunkerque n'avait de blé que pour un mois et, sur la demande de la ville de Lille, un convoi important lui avait été envoyé. Aussi de nouveaux mouvements avaient-ils réclamé encore une répression armée. On avait dû songer à évacuer les prisons et à faire des visites domiciliaires afin d'assurer l'éloignement de tous les fauteurs de désordre.

Telles étaient les circonstances, lorsque le 19 août, le général Houchard écrivit à notre municipalité pour lui annoncer d'une manière officielle, le projet des Anglais sur notre ville.

Le siége de Dunkerque en 1793 est un des plus honorables souvenirs de la

---

(1) Voir le folio 59 du registre ci-dessus.

cité. Nous en écrivons le récit d'après les pièces officielles (1). Nous le présentons avec confiance aux amis de la gloire nationale.

Avant d'entrer dans les détails, arrêtons-nous un instant à constater quelle était alors la situation générale de la France. Cette considération est nécessaire pour apprécier l'importance du résultat obtenu par la résistance de Dunkerque et la victoire d'Hondschoote.

Custine avait refusé de suivre la direction que voulaient lui donner les députés conventionnels, et sa patriotique circonspection lui avait valu une sentence de mort. Cependant, en perdant Mayence, l'infortuné général avait conservé à la France une armée dont elle avait grand besoin. Ce fut cette armée qui vint délivrer Dunkerque.

Jamais situation ne fut plus critique que celle où se trouvait alors la Convention. Dix-huit départements étaient en révolte contre elle. Au Midi, Toulon venait d'être livré aux Anglais. Au Nord, Valenciennes et Condé avaient succombé. Dans ces moments difficiles, le comité de salut public fit preuve d'une énergie surhumaine : à sa voix cinq cents bataillons se précipitent aux frontières et opposent à l'invasion un formidable rempart.

Affaiblie et désorganisée par les événements antérieurs, l'armée du Nord eût pu être facilement détruite ou neutralisée par les ennemis, s'ils avaient convenablement concerté leurs plans. Mais au lieu d'agir puissamment sur un point, ils s'arrêtèrent au projet d'attaquer simultanément le Quesnoy et Dunkerque. Ce fut leur perte et le salut de la France.

Houchard, enfant du peuple, récemment élevé au commandement, était marqué pour délivrer le pays. C'était un brave soldat, ses cinquante-trois blessures l'attestaient ; mais son habileté comme chef ne répondait pas à la difficulté des circonstances qui l'eussent dépassé, si Carnot n'eût été là pour y suppléer.

Pendant que le général français suivait avec anxiété les mouvements multiples des ennemis, divers renforts provenant de l'armée du Rhin et de la Moselle se joignaient à son corps d'armée et grossissaient ses ressources dont il ne savait encore comment régler l'emploi. Il apprit enfin d'une manière positive que l'armée anglo-hanovrienne se dirigeait vers Dunkerque en parcourant lentement la ligne des frontières qui mène à la mer (2).

Cette armée, conduite par le duc d'York, était partagée en deux corps. L'un, sous Freytag, comprenait 18 bataillons hanovriens et 36 escadrons, c'était l'armée destinée à couvrir les opérations du siège ; elle tenait Poperingue et Rousselaer sur la gauche de l'ennemi.

---

(1) Nous avons scrupuleusement extrait la substance du procès-verbal du siége (68 feuillets), signé par D. Carlier, Emmery, Boubert, Dupouy, A. Morel, J. J. Vandenbusche, Liébaert fils, Peyohier, Ph. Lancel, B. Gerbodon, Fr. Diorick, Charlier, L. Debaeque, H. Edouart, Blaisel, Charles Meurillon, Duriez, Stival, Th. Thelu, Jaccan, Thiery, H. Coppin, L. Delbaere, Mazuel, J.-B. Leroy, Gourdin, Delaly.

(2) Voyez *France militaire*, par A. Hugo, t. I, p. 115.

L'autre corps comprenait 28 bataillons et 18 escadrons destinés à faire le siége; il tenait la droite près de la côte.

Pour défendre cette partie des frontières, la France avait environ 17,000 hommes répartis en trois camps : un à Bailleul, un à Cassel et un à Ghyvelde, et en outre quelques postes retranchés sur le territoire d'Oost-Cappel.

Le 24 août, Freytag débusqua ces derniers, et le duc d'York se porta à Ghyvelde pour peser ensuite sur Dunkerque, éternel objet de la convoitise de l'Angleterre. Une flotte conduite par l'amiral Makbridge devait sortir de la Tamise et prendre part aux opérations du siége. Les Anglais, pleins d'une présomptueuse confiance, saluaient de leurs acclamations le départ de cette escadre destinée à accomplir le vœu le plus ardent de leur cœur. L'Angleterre, en effet, ne pouvait oublier que notre ville, tant de fois détruite, était encore debout. Il fallait s'en emparer à tout prix. — Cette vue particulière, à laquelle elle sut faire plier le plan général de l'attaque des alliés, divisa leurs forces et cette faute prépara la défaite de leur armée.

Les choses étaient ainsi à l'extérieur.

La ville, entourée d'une simple fortification en sable gazonné, avait bien reçu quelques améliorations sur les points où l'attaque était la plus probable; mais rien n'était complètement achevé. Seulement on avait élevé deux cavaliers, creusé des poternes pour donner accès à quelques ouvrages extérieurs; 80 pièces de canon en bronze garnissaient les remparts, surtout du côté de l'est, depuis la grève jusqu'au canal de Furnes. Deux batteries de mortiers étaient établies sur les buttes voisines des rues du Moulin et du Magasin-à-Poudre.

La garde nationale se dévouait avec ardeur; c'était là véritablement le corps de défense, car hors d'elle on n'avait qu'une garnison de mille hommes, dont 420 à l'hôpital, pas de munitions, pas de fourrage; puis 3,500 hommes au camp de Ghyvelde, nouvelles recrues, braves, mais sans instruction militaire et sans discipline. Telles étaient les ressources de la ville contre l'attaque savamment combinée dont elle était l'objet.

A l'intérieur il n'y avait que trouble et confusion, antagonisme plein de danger, situation équivoque. Le général O'Méara et son conseil, inhabiles et sans initiative, la population n'ayant en eux aucune confiance, leur allure incertaine, embarrassée, semblaient justifier les accusations que la malveillance ne leur épargna pas.

Une société populaire, club soupçonneux, brouillon comme ils le sont tous, entravant l'action de la municipalité, élevait la prétention d'assister aux délibérations secrètes du conseil; parmi les habitants de Dunkerque, des étrangers, compatriotes et amis des assaillants; puis la cohue des gens poltrons, criards, intéressés, mal intentionnés qui poussent au désordre, leur élément naturel, voilà les dangers qu'elle renfermait en son propre sein.

Et comme si ce n'était pas encore assez de ces obstacles, le comité de salut public vint y en ajouter de nouveaux. Au général O'Méara succède pendant le siége, le brave et habile Souham. Mais à peine a-t-il fait les premiers pas pour l'affermissement de la discipline des troupes, qu'il est rappelé..... Il est vrai que quelques jours après il fut réintégré, néanmoins ces secousses brisaient les tentatives des citoyens dévoués.

Pour surmonter tant de difficultés, il fallut à la municipalité de Dunkerque et à la garde nationale qui supporta seule d'abord le poids des circonstances, il fallut, disons-nous, une énergie et une constance dignes des plus beaux temps de l'histoire. Il fallut une vertu à laquelle on n'a pas, à notre gré, rendu la justice méritée. Quoique tardive elle ne leur manquera pas par notre faute.

Du sommet de la tour, on peut observer ce qui se passe d'important de Furnes, à Gravelines; et de la rade, à Bergues et au-delà. Placée à ce poste qu'elle n'abandonna pas pendant vingt jours, la vigie signala (le 22 août) l'arrivée des Anglais au camp de Ghyvelde. Une fusillade se faisait entendre aux avant-postes, pendant qu'un détachement de l'armée ennemie marchait sur Bergues qu'il sommait de se rendre (1), inclinait sur Socx et Bierne, et s'avançait sur la route de Cassel.

Le premier soin des Dunkerquois est de tendre l'inondation, puis de chercher à réunir des armes, des vivres, des fonds (2), triples points d'appui de la guerre. La ville fut déclarée en état de siège.

Pendant qu'on prenait ces mesures, au lieu de soutenir le choc des Anglais, le camp de Ghyvelde cède le pied et se replie sur Dunkerque laissant le terrain au duc d'York, surpris de trouver si peu de résistance.

A la nouvelle d'une défection si honteuse, la garde bourgeoise s'élève à la hauteur des obligations qu'il en résulte pour elle. Elle accepte le soin de défendre la ville envers et contre tous. La porte de Nieuport se ferme aux fuyards. La milice citoyenne couvre les ouvrages et ne les quitte qu'après le siége. La résolution était unanime et quiconque eût parlé dans un sens contraire eût été fort mal vu. Cette disposition ne se démentit jamais pendant toute la durée du péril, et la discipline ne fit pas plus défaut que le courage.

---

(1) Voici la lettre du général Walmoden :

« Maison-Blanche, 22 août 1793.

» M. le général, vous êtes sûrement informé des différents corps de troupes de S. M. britannique » qui ont passé l'Isser et s'avancent de ce côté sur Bergues, et vous ne pouvez vous cacher, Monsieur, » le sort qui attend la ville et la garnison que vous commandez et que vous pouvez lui éviter encore « dans ce moment. C'est par les ordres de S. A. R. le duc d'Yorck que je dois vous demander, » Monsieur, si vous ne préférez pas d'éviter toutes les suites funestes d'un siège dont l'issue ne saurait « vous paraître douteuse, en acceptant les termes d'une capitulation parfaitement honorable et dont les » conditions avantageuses ne pourront plus être les mêmes si vous ne les acceptez pas dans ce » moment-ci.

» J'ai l'honneur d'être, M. le général, votre très-humble et très-obéissant serviteur.

» Le général, chevalier DE WALMODEN. »

Le général Carion répondit :

« Général, le général français qui commande à Bergues est un franc et sincère républicain. Ses » camarades qu'il commande lui ressemblent; ils ont fait serment, ainsi que les courageux habitants, de » vaincre ou de mourir, et ils ont en horreur le parjure. En conséquence, tant en leur nom qu'au sien, il » déclare au général ennemi qui le somme de se rendre, que lui et ses républicains sont disposés à » montrer l'exemple du véritable héroïsme et à s'ensevelir sous les ruines de la ville plutôt que » d'accepter aucune des conditions hostiles ou honorables qui pourraient leur être proposées. »

(2) Le comité de salut public envoya par le général Carnot cent mille livres et le remboursement de deux cent mille livres, avancées par la ville aux hôpitaux.

A la vue de la troupe en désordre qui s'était présentée à la porte et dont plusieurs hommes étaient entrés en ville avec quelques canons, des bruits sinistres avaient circulé en ville; c'était une nouvelle trahison!.. Les alarmistes affirmaient qu'un complot était sur le point d'éclater pour livrer la ville au pillage...

Sans adopter aucune mesure extrême, on parlemente; les fuyards protestent de leurs bonnes intentions (ils les ont prouvées par la suite), ils demandent des vivres, on leur en fournit; mais on croit prudent de ne pas les accueillir dans des murs qu'il faut défendre. Ils bivouaquent sur les glacis.

Quoique le général anglais eut ou crut avoir des intelligences dans la place, il regardait comme un piége la retraite précipitée des gendarmes. Toutefois, profitant de ce facile triomphe, il occupa le camp de Ghyvelde, s'avança jusqu'à Leffrinckouck et fit explorer l'estran par sa cavalerie.

La grandeur et la proximité du péril exaltent le courage des habitants; les marins et particulièrement ceux du corsaire commandé par Lhermite, demandent des armes et se forment en compagnie; d'autres, prévoyant un siége, s'occupent à fabriquer des pinces à boulets rouges, etc.

Bientôt arrive pour le commandant une sommation impérieuse et une lettre pour la municipalité. Elle était datée du quartier-général de l'armée combinée devant Dunkerque, 23 août et signée Frédéric duc d'York. Elle était conçue en ces termes :

« L'amour de l'humanité qui caractérise la nation anglaise me fait chercher toutes les occasions de diminuer les fléaux de la guerre. Cette puissante considération, l'insuffisance des moyens que vous avez de résister à la formidable armée que je commande, qui entraînerait, si vous aviez la folle prétention de vous y livrer, l'anéantissement de votre ville et la destruction du peuple nombreux qui l'habite, exposé à toute la fureur du soldat, m'engage à vous sommer de vous soumettre aux armes victorieuses de Sa Majesté britannique et de recevoir une capitulation qui, en vous faisant profiter des avantages et des douceurs que le gouvernement de la Grande-Bretagne offre à tous les peuples qui vivent sous ses lois, ramènera le bonheur et l'abondance dans une ville autrefois florissante, mais qui gémit maintenant sous le poids des calamités qui l'accablent.

» Je dois vous prévenir en même temps que si vous étiez assez aveuglé pour vous refuser à une proposition que me dicte le seul désir d'épargner le sang humain, si vous écoutiez au contraire les conseils funestes de ceux qui chercheraient à vous égarer et qui sacrifieraient l'existence de votre ville à leur intérêt particulier, je n'emploierai plus alors que la force irrésistible des armes, et à la douceur qui me guide en ce moment succédera l'extrême rigueur de la guerre dont Valenciennes a senti les effets et qui pourrait être plus terrible pour la ville de Dunkerque dénuée de défense.

» Je vous accorderai un délai de vingt-quatre heures pour recevoir votre réponse. »

A cette sommation le général répondit sans délai : (1)

« Investi de la confiance de la République française, j'ai reçu votre sommation de rendre une ville importante, j'y répondrai en vous assurant que je saurai la défendre avec les braves républicains que j'ai l'honneur de commander. »

En signant cette lettre fort convenable, le général écrivait à la Convention qu'il ne pouvait tenir que cinq à six jours.

Nous regrettons que la municipalité trouvant dans cette réponse l'expression de ses sentiments, n'ait pas jugé convenable de la formuler elle-même.

Quoiqu'il en soit, on fit mieux que de consigner de belles paroles, on exécuta de belles actions. 8 à 900 grenadiers de la garde bourgeoise, conduits par Maurin, demandèrent à faire une sortie. Ce Maurin était père d'une nombreuse famille qu'il aimait, ce qui ne l'empêchait pas de se dévouer, car alors pour les Français, la véritable famille c'était la patrie. Un officier qui semblait condamner sa proposition, se vit menacé sérieusement et n'échappa à la fureur des patriotes que grâce à l'écharpe tricolore dont l'entoura le procureur de la commune (Verley) et sur laquelle les citoyens n'osaient porter la main, comme si c'eût été un sacrilége envers le drapeau que la nation venait d'adopter et qu'elle voulait maintenir.

Cependant l'ennemi avançait, et le conseil de guerre restait immobile. Un ballon ou signal s'était élevé des dunes soit pour appeler la flotte anglaise, soit autrement. On entendait déjà crier à la trahison; le peuple murmurait, la municipalité prit sur elle de faire battre la générale.

Un premier mécompte advenait pourtant au général anglais. Au lieu de la flotte de Makbridge, il vit s'embosser dans la rade le capitaine français Cassaignier avec huit chaloupes canonnières qui pouvaient battre en écharge l'armée des assiégeants. Néanmoins, il se posta au Rosendael et lâcha ses espions.

On raconte que ses agents vinrent faire rapport que Dunkerque était sans défense, mais que ce prince soupçonneux ayant fait amener devant lui une paysanne prise à la sortie de la ville, l'interrogea pour savoir s'il y avait des troupes à Dunkerque. Convaincue ou non, la bonne femme déclara que la ville était pleine de troupes. Le duc d'York sans autres informations, fit, dit-on, fusiller ses espions et résolut de redoubler de prudence.

Les lignes anglaises n'étant qu'à un kilomètre des ouvrages avancés de la place, le quartier-général ennemi se trouvait en deçà de l'écluse de Leffrinchouke. Les poudres étaient à Zuydcoote. Craignant de voir l'ennemi filer entre la ville et le fort Louis, on résolut d'inonder le pays. La nuit du 23 au 24, les eaux de la mer, s'introduisant par l'arrière-port, coulèrent à pleine voie. En moins de deux heures, elles montèrent de six à sept pieds dans le canal de Bergues. Des coupures faites dans les digues les conduisirent entre le fort Louis et le pont de Steendam, ce qui rendit impossibles les approches par ce côté. On essaya d'inonder aussi le Rosendael.

Voyant qu'on songeait à une sérieuse résistance, le duc d'York fait exécuter

---

(1) Voir le *Moniteur universel*, t. XVII, p. 496.

de formidables travaux. En effet, après la levée du siége, on put constater, au milieu des dunes, trois batteries à barbettes solidement construites en fascinages et gabions, protégées par une autre batterie placée un peu en arrière. Les batteries d'attaque communiquaient entre elles par une haute chaussée, bordée d'un fossé de cinq à six pieds, s'étendant jusqu'au canal de Furnes. Là, des batteries placées sur des digues enfilaient le canal dans sa longueur. Ayant arrêté ce plan, le duc d'York, dont le nom n'était pas inconnu aux dunes, qui avaient vu Turenne mettre en fuite l'armée espagnole en 1558, le duc d'York marcha résolument à l'exécuter.

Le 24 août, il ouvre la tranchée, mais la générale est battue en ville. Les batteries des remparts font un feu soutenu. Philippe, artilleur dunkerquois, démonte une batterie ennemie; une sortie est faite, des escarmouches ont lieu.

Quoique peu décisive, cette manifestation coûtait cher. L'hôpital ne suffisait plus aux nombreux blessés, l'hospice Saint-Julien, puis la paroisse Saint-Éloi, servent de succursale à l'ambulance. Mais, dans ces tristes moments, il était beau de voir le concours empressé de tous ceux qui pouvaient soigner les blessés. Les femmes coupaient des bandes pour le pansement, les filles faisaient de la charpie, les gens de l'art prodiguaient leurs soins. Quant aux hommes valides, ils étaient aux remparts, ceux qui ne l'étaient plus faisaient des cartouches; par leur travail trente mille livres de plomb sont converties en balles; on garnit de fumier le pavé de quelques rues; on dispose les pompes à incendie.

Et en effet l'ennemi avait armé ses batteries, les boulets tombaient dans le jardin de l'arsenal et dans plusieurs lieux de la ville. Un biscayen, aujourd'hui logé dans la façade de la maison de la rue des Vieux-Remparts, est un des joyaux alors envoyés par les Anglais à la ville pour la séduire.

Et pendant ce temps-là, le conseil de guerre incertain restait dans la torpeur; il demandait que la mairie s'adjoignît à lui pour concerter la défense. Cette demande, sans précédent peut-être, ne fut acceptée que sous réserve. La nuit, une vive canonnade s'étant engagée, la ville fut illuminée spontanément pour aider aux manœuvres nécessaires.

Tant de résolution et d'intrépidité reçoivent déjà une récompense. Le général Berthel arrive, annonçant que, Houchard s'approche de Cassel; des vivres et des munitions entrent en ville.

Le 26, l'ennemi travaille à ses retranchements et les perfectionne. Il envoie jusque sous les remparts de nombreuses patrouilles. La garde nationale qui y restait en permanence les accueille à coups de fusil et à coups de canon. Néanmoins, une batterie de pièces de 24 s'installe pour tirer sur la tour.

Souham arrive; on disait que la flotte anglaise venait bloquer le port et bombarder la ville. La présence du brave général fait oublier cette menaçante nouvelle. on espère qu'il va faire sortir le conseil de guerre de sa désolante inactivité; on compte qu'il va faire régner parmi les volontaires la discipline sans laquelle il n'y a pas d'armée, ni de force possible, la discipline dont l'absence désole les habitants par mille vexations particulières. Ravivé au contact de cette main ferme, le Conseil fait une proclamation où il dit :

« ..... Citoyens, la discipline et la subordination sont de tous les états ; sans elles vous vous plongeriez dans l'anarchie ; et tous les malheurs qui en sont la suite inévitable viendraient vous assaillir.

» ..... Ecoutez donc, citoyens, la voix d'un général qui veut vous sauver des fureurs de l'ennemi de votre patrie. Ecoutez la voix de vos magistrats qui veulent votre bonheur, qui s'en occupent avec constance, mais qui ne pourraient pas vous le procurer si vous-même y portiez obstacle..... »

Pendant que la résistance s'organisait ainsi, des détachements venaient grossir le nombre des défenseurs de Dunkerque. Le 30 août, les représentants Duquennoy, Hentz et Collombet arrivaient, bien tardivement il est vrai, pour s'assurer de l'état des choses en ville. Toutefois, leur présence n'y occasionne rien de remarquable. Ils se bornent à faire tenir fermées constamment les portes de la ville et à envoyer dans l'intérieur de la France tous les étrangers habitant Dunkerque.

Le 1er septembre, l'ennemi continuait son mouvement et une canonnade assez vive se faisait entendre du côté de la rade. Souham allait donner ses ordres, lorsque tout-à-coup sa démission lui arrive. Devenu l'objet d'accusations secrètes ou de soupçons sans fondements, il était rappelé. A cette nouvelle inattendue, l'élan de la population est brisé, l'esprit public déconcerté. On ne sait comment expliquer de telles manœuvres ; on les compare avec les menées que l'on découvre en ville : on avait arrêté quelques individus qui enlevaient aux fusils des corps-de-garde leurs batteries ou leurs pierres ; on en conclut qu'une fatalité malheureuse ou une lâche trahison se mêle à tout cela.

L'énergie croît en raison de la difficulté, et l'on allait concerter de nouvelles mesures lorsqu'enfin le 4 septembre, dix jours après le commencement de cette lutte inégale, Treilhard et Berlier arrivent en annonçant qu'ils précèdent le corps d'armée commandé par Houchard.

Le général avait, en effet, réuni environ 40,000 hommes ; il allait les opposer à l'armée hanovrienne qui en comptait un tiers de plus. Les ordres de la Convention étaient formels : il fallait faire lever le siège de Dunkerque que les Anglais voulaient exécuter dans les règles. Le général Moncrift armait ses dernières batteries lorsqu'il apprit l'approche de Houchard.

D'après les ordres reçus, celui-ci devait resserrer le duc d'York entre l'armée française et la mer ; puis le jeter, s'il était possible, dans la rade. Souham devait harceler le duc d'York, le colonel Leclercq agir de même sur les troupes d'Alvenzi qui cernaient Bergues.

Le 6 septembre, à la pointe du jour, par un beau soleil d'automne, le mouvement de l'armée française commence. Freytag occupait Hondschoote et Bambeque. Les Hanovriens étaient bien retranchés à Herzeele, point important qui, attaqué et défendu avec fureur, pris et repris deux fois au pas de charge, reste enfin aux Français, tandis que les ennemis se replient sur Bambeque, d'où ils sont également chassés et refoulés sur Killem.

Les Dunkerquois n'étaient pas au courant de ces détails, mais ils entendaient une canonnade du côté d'Hondschoote et ils voyaient un heureux présage d'une affaire décisive; de plus la vigie avait signalé 13 cutters sur la côte d'Ostende à Dunkerque.

A trois heures, les batteries des remparts, des forts et des batteries flottantes commencent un feu soutenu. 7 à 8,000 hommes divisés en quatre colonnes font une sortie et attaquent l'ennemi dans ses lignes. L'ennemi cède au premier choc et le général d'Alton, malgré le renfort des deux régiments hessois, se voit enlever le Roosendael, il est lui-même blessé grièvement et 1,200 prisonniers sont ramenés en ville. Cette action donna lieu à plusieurs traits de bravoure. Nous ne ferons qu'en indiquer un :

Treize grenadiers de la garde nationale attaquent un poste de vingt-quatre hommes; ils en tuent dix-sept, font six prisonniers, un seul homme se sauve.

Ayant laissé le gros de ses forces à Hondschoote, le général Freytag s'avança vers Rexpoede où Jourdan était occupé à établir sa troupe et à distribuer les postes. Trois bataillons gardaient le village, le reste était à trois cents pas en arrière, et la cavalerie se disséminait par détachement autour des bivouacs. Freytag et le prince Adolphe, tombés au milieu de ces détachements, essayèrent en vain de se défendre. Ils furent faits prisonniers après avoir reçu quelques blessures; mais ni l'un ni l'autre ne restèrent au pouvoir des Français.

Le lendemain 7, Houchard réoccupa les postes abandonnés et reconnut la situation des Anglais retranchés d'une manière formidable dans Hondschoote. Walmoden était investi du commandement; Freytag, blessé, avait dû le lui céder. Toutes ses forces étaient concentrées sur une seule ligne.

L'armée française s'ébranle pour l'attaque. Plein de confiance dans sa position, défendue par des batteries rasantes, l'ennemi attendait. Le combat s'engage avec la plus grande vivacité, les deux partis envoient successivement le gros de leurs forces pour soutenir les corps avancés; la résistance anime de part et d'autre les combattants; les fossés, les haies dont le pays est couvert sont attaqués et défendus avec une sorte de rage. Ce n'était plus un combat, c'était une boucherie, un massacre corps à corps. Quelques régiments ayant été en quelque façon hachés par nos soldats, la position reste en notre pouvoir.

Néanmoins, 15,000 anglais occupaient encore les redoutes qui ne cessaient de nous foudroyer. Houchard désespérait de la victoire. Jourdan et Delbret, le Représentant, forment une colonne de trois bataillons de réserve; ils s'avancent vers les terribles batteries; leur exemple électrise toutes les troupes. Blessé à cinquante pas des redoutes, Jourdan continue d'avancer au pas de charge et au chant de la *Carmagnole* et de la *Marseillaise*. Bientôt un cri de victoire se fait entendre, la colonne de Leclercq avait fait deux lieues au pas de course en longeant la grande Moëre. Elle prend les retranchements à revers. Jourdan et les siens, animés par l'exemple de leurs camarades, renversent tout ce qu'ils trouvent devant eux. Malgré son incontestable valeur, l'armée ennemie est enfoncée dans toute la ligne.

Après avoir eu 4,000 hommes tués, elle s'enfuit en désordre vers Furnes, abandonnant canons, drapeaux, bagages.

Informé de cette défaite, le chef de la redoutable armée, le duc d'York, qui ce jour-là ne s'était pas enivré, file pendant la nuit entre la Moëre et la côte et regagne le camp de Furnes, où il arrive le 9 à dix heures du matin, voyant s'évanouir en fumée ses projets sur Dunkerque, qu'il regardait déjà comme sa proie.

Le général à qui nous empruntons ce récit, déclare que « rien n'est plus inepte » que la conduite militaire du chef anglais, rien de plus honteux que sa fuite! »

Mais en même temps rien de plus maladroit que l'inaction du général Houchard. Il pouvait détruire l'armée anglaise prise entre deux feux! Il pouvait n'en laisser échapper personne! Il expia sur l'échafaud son inhabileté! donnant pour la seconde fois dans l'histoire de Dunkerque, l'exemple d'un général vainqueur puni du dernier supplice.

On a comparé la bataille d'Hondschoote à celle de Platée et de Marathon. Ce qui est vrai c'est qu'elle sauva la France de l'invasion des alliés; elle eut pour résultat immédiat la levée du siège de Dunkerque. La Convention déclara que *Dunkerque avait bien mérité de la patrie!*.... Le comité de salut public lui accorda un secours d'un million....

En fuyant précipitamment, les Anglais laissèrent dans leurs lignes 14 pièces de 24; 50,000 sacs à terre; 800 chevalets; 800 barils de poudre; 41 pièces de siège; 6,000 boulets de 24; une quantité de fusils, caissons, forges, pelles, bestiaux, etc.

Houchard entra à Dunkerque; il y fut accueilli avec des acclamations et une joie unanime; la municipalité alla lui exprimer la reconnaissance des Dunkerquois. Une foule de volontaires s'offrirent pour aller détruire les retranchements ennemis; cette expédition fut une véritable fête; elle inspira la verve d'une fille du peuple et lui dicta des couplets qu'on fit imprimer (1), que l'on chanta avec

---

(1) Chanson à la gloire de Dunkerque.

Après la valeur des Lillois (*bis*),
Chantons celle des Dunkerquois,
Qui, sur leurs bas remparts,
Bravent tous les hazards (*sic*).
Dansons la Carmagnole,
Vive le son, vive le son,
Dansons la Carmagnole,
Vive le son du canon!

York pensait qu'à la Saint-Louis
Dunkerque et Bergues seroient pris;
Mais le canon tonna,
Et son projet manqua.

Nos citoyens sont tous soldats,
Et briguent l'honneur des combats.
Tous les jours, nos guerriers
Se couvrent de lauriers.

Les tyrans avoient projeté
Que nous serions pris ou brûlés;
Mais nos républicains,
Plus vaillants, plus humains,

Où sont-ils donc ces fiers Anglois?
Eh mais! ils craignent les François,
Qui, le sabre à la main,
Arrivent à grand train.

Déjà la gloire prend l'essor
Et suit le drapeau tricolor.
Oui, nous triompherons,
Au bruit de nos canons.

Gendarmes, chasseurs, fédérés,
Vos grands exploits seront chantés
Sous le chêne sacré.
Vive la liberté!

Vous surtout, braves vétérans,
Qui, pour abattre les tyrans,
Quittez vos chers foyers,
Vous cueillez des lauriers.

Vive la brave garnison!
Faisons bien ronfler le canon!
Vive tous les François,
En dépit des Anglois!
Dansons la Carmagnole,
Vive le son, vive le son,
Dansons la Carmagnole,
Vive le son du canon.

D., ce 9 septembre 1793, l'an 2ᵉ de la répub.
CAROLINE-HENRIETTE SCHOTTE.
Née STEIN.

enthousiasme, pendant que la flotte anglaise, recueillant les débris de sa formidable armée et les transportait dans la Grande-Bretagne.

Enfin, le 15 septembre, l'état de siége était levé et Souham en publiait la proclamation (1).

Les villes voisines, Calais, Abbeville et autres, envoyèrent à Dunkerque des députations pour la féliciter de sa délivrance si honorable ; mais les députés conventionnels s'en attribuèrent toute la gloire ; c'était leur constante habitude. A lire leurs rapports, on croirait que les Dunkerquois n'ont pris qu'une part insignifiante aux fatigues et aux dangers du moment. Les représentants avaient d'eux-mêmes une haute opinion que leurs bulletins consignent sans la moindre vergogne et sans la plus petite précaution oratoire. On ne peut s'empêcher de sourire en voyant, par exemple, le député Treilhard adressant à l'Assemblée nationale, avec un drapeau anglais, un boulet de six *qui avait passé au-dessus de sa tête !*

L'histoire impartiale remet chaque chose à sa place. Elle accorde, à quelques représentants envoyés aux armées, du courage et du savoir-faire ; elle déclare que dans le fait qui nous occupe, les Dunkerquois ont d'abord arrêté l'ennemi ; et que l'armée de Houchard l'a ensuite battu et chassé. La bataille d'Hondschoote et le siége de Dunkerque se tiennent et sont inséparables. Sans la résistance des bourgeois de Dunkerque, l'armée anglaise n'eût pas été arrêtée et la bataille d'Hondschoote n'aurait pas eu lieu, et réciproquement ; cette victoire a délivré Dunkerque d'un siége calamiteux qui eût pu la détruire, sinon la réduire. Le pinceau des artistes français a souvent reproduit la bataille d'Hondschoote, pourquoi donc le pendant de ce tableau est-il encore à paraître ? Pourquoi n'a-t-on pas le *Siége de Dunkerque*, comme on a le *Siége de Lille* et d'autres faits d'armes mémorables ? Espérons que cette lacune sera un jour comblée.

Les Anglais avaient fui, mais les ennemis de l'intérieur avaient affermi leur odieuse domination ; il fallut la subir. Le jour même de la levée de l'état de siége, Treillard et son collègue établirent un comité révolutionnaire (2). La loi des suspects ne tarda pas à paraître (17 septembre) ; elle fut promptement suivie du maximum, promulgué à Dunkerque le 29 septembre (3) ; de la proclamation du

---

(1) « Citoyens républicains, les satellites des despotes ont fui devant vos murs. Votre courage a
» secondé celui des troupes, vous avez vaincu votre ennemi, votre territoire est libre comme vos per-
» sonnes le seront toujours.

» La patrie qui vous retrouvera éternellement au chemin de l'honneur et du patriotisme vous rend en
» ce moment à vos travaux ordinaires.

» Je déclare et proclame donc que la place de Dunkerque n'est plus en état de siége et que les
» choses y rentrent dans l'ordre prescrit par les lois générales de la République. »

(2) Il était composé de Vandewalle, Boulay, Camus l'aîné, Lecomte dit *Brutus*, Mac-Lagan, Deligny, Gontier, Pieters (peintre), Coppin, Lequeutre aîné, J.-B. Van Reynschoote, Eug. Bagge et Ducrocq.

(3) L'ordonnance municipale qui établit le maximum à Dunkerque est du 29 septembre 1793, elle est signée : Boissier, Faulconnier, Decarreu, Josse-Declerck, Godderys, Coulier, Teste-Desvignes. Une autre ordonnance de l'agent national requiert des marchands (29 pluviôse), 1.º l'affixion des marchandises qu'ils possèdent et le plus haut prix.... sous les peines portées contre les accapareurs ; 2.º la

gouvernement révolutionnaire (10 octobre); puis de celle du tribunal révolutionnaire (décembre) ; il n'y manquait rien.

Le premier acte du comité fut la déportation de neuf des principaux citoyens (1) accusés de *modérantisme*, aristocratie, ou autres crimes analogues. On les dirigea vers Béthune et Arras.

Le second fut la destitution du procureur de la Commune et son remplacement par le premier notable, que ses adversaires politiques prétendaient avoir connu domestique, garçon de magasin, huissier, procureur.... A ces premières et significatives démonstrations, succédèrent toutes celles qu'il était facile de prévoir.

Au commencement de cette nouvelle époque, des patriotes du second rang avaient envahi les premières fonctions, entre autres un sieur Cordange. Cet homme à la jambe de bois, dont la mémoire est restée si odieuse à Dunkerque, s'était mis à gourmander la municipalité. La tribune de la société populaire était le piédestal où il s'élevait chaque jour.

Ce *Cordange* dont le nom semble, ainsi que celui de *Lebon*, choisi pour faire une antinomie absolue, était le fils d'un honnête artisan de Saint-Étienne-en-Forest. Attrait à trois ou quatre reprises devant les tribunaux pour des faits criminels, il résida successivement à Calais, à Saint-Omer, à Dunkerque, où il exerçait la profession de fripier, de tonnelier.... Sans caractère déterminé, mais hardi dans ses paroles; sans capacité réelle, mais plein d'assurance et de présomption; sans instruction, mais muni d'un certain nombre de phrases sonores qu'il prononçait avec emphase et qu'il plaçait suivant l'opportunité ; sans idées précises, mais abondant en lieux communs alors en vogue, Cordange s'était fait un personnage. Il était l'orateur du club, l'homme du moment ; il fut pour Dunkerque un Marat au petit pied. La société populaire l'introduisit au conseil municipal.

Lorsque Clément eut sommé la ville, Cordange s'éclipsa; il aimait à observer sans contrainte. Une fois le danger dissipé, Cordange reparut et sans l'arrivée du duc d'York, il aurait probablement agi. Le siège que nous avons raconté l'éloigna un moment de la scène, mais il ne tarda pas à s'y représenter de nouveau... après la levée du siège.

C'était alors le règne de la terreur ! triste époque où nous ne pouvons glaner que d'affligeants souvenirs ! Nous les consignerons néanmoins, car il n'appartient à personne de mutiler les enseignements de l'histoire.

Parmi ces enseignements, prenons d'abord ceux qui concernent les enfants.

Réunis par bandes, ils infestaient les rues, insultaient les passants, exerçaient envers eux des voies de fait; armés de cannes, de bâtons et même de pistolets,

---

déclaration au registre du nom des acheteurs, de la quantité, de l'espèce de marchandise qu'ils désirent: 3.° il déclare qu'aucun négociant ou détaillant ne pourra vendre en gros ni débiter que sur un permis accordé par la municipalité......

(1. Si nous ne nous trompons, ce sont : Debrael, Manessier, Dupouy, Taverne de Montdhiver, Taverne de Nieppe, De Lille, Monge Beke et Oppedeele. Cailliez l'aîné fut détenu dans sa maison.

ils se battaient quartier contre quartier. Ces combats devinrent sérieux et plus d'une fois le sang y coula.

Les adolescents nous sont représentés dans un réquisitoire que nous transcrivons pour lui laisser toute sa couleur :

« ..... La plupart des cafés, particulièrement ceux qui avoisinent la comédie,
» sont continuellement fréquentés par de jeunes enfants qui y puisent tout à la
» fois le goût du jeu, celui du vin et celui de la débauche, soit parce que dans
» quelques-uns tout ce qui y conduit règne avec une impudence révoltante, soit
» parce que le quartier est habité, parce que la ville contient de femmes prostituées :
» ceux qui tiennent ces sortes de lieux, attirent les jeunes enfants, leur font crédit
» et leur facilitent le moyen de les acquitter..... »

En conséquence, il était défendu de recevoir « *des enfants au-dessous de seize ans....* »

Les hommes se livraient à des écarts non moins répréhensibles. Les Iconoclastes du XVIe siècles furent surpassés. Les registres, parchemins, chartes, entachés de féodalité, furent lacérés, brûlés, employés à faire des cartouches ou des gargousses ; les boiseries sculptées des églises ou chapelles, employées à chauffer le four ; les statues en bois, divisées par le coin et la scie, puis distribuées comme combustible aux hôpitaux ; les ornements sacerdotaux, vendus aux loueurs de costumes pour le carnaval ; des tableaux bien inoffensifs proscrits et condamnés à périr dans un *Auto-da-fé* de l'inquisition républicaine ! (1)

Deux de ces tableaux étaient dus au pinceau de Lebrun et de Mignard : mais c'est de quoi les Sans-Culottes se souciaient peu. Informé de la décision prise à ce sujet, un peintre (Delorge), vint réclamer les toiles, exhibant un brevet

---

1) Pour justifier des assertions si incroyables, nous indiquerons quelques extraits des registres de la municipalité de cette époque :

8 novembre 1793. — Lambrecht, greffier du tribunal de Bergues, présente trois registres de la ci-devant cour féodale de Ghyselhuys (maison d'arrêt), établie à Bourbourg, contenant les actes de féodalité pour être livrés aux flammes.....

22 novembre 1793. — L'huissier Delanghe apporte des armoiries peintes sur parchemins, trouvées dans le couvent des ci-devant Dames anglaises..... Seront remises à l'artillerie pour gargousses.

3 nivôse an II, (folio 182). — le citoyen Michelet, commissaire de guerre, demande qu'on livre à l'hôpital militaire les figures en bois enlevées des églises pour servir à chauffer nos frères d'armes malades ou convalescents..... Arrête que ces figures seront mises en pièces et distribuées aux pauvres.

7 octobre ..... — « ..... 3.° A l'entrée de la nuit, le feu sera mis à un bûcher sur la place de la
» Liberté ; dans ce bûcher seront jetés les portraits des rois Louis XIV et Louis XV, du traître
» Calonne, et autres figures et attributs de la royauté et de la féodalité, à la disposition de la muni-
» cipalité et des citoyens, lesquels seront transportés sur un tombereau.... 4° Après cet *Auto-da-fé*,
» les citoyens confondus (*sic*), unis de cœur et d'amitié termineront la fête par des danses et des
» chants d'allégresse, auquel effet une musique bruyante (*sic*) sera appelée. »

15 germinal an III. — Un assignat à l'effigie du tyran est brûlé sur la place publique.

8 nivôse an III. — La municipalité demande un rapport sur les destructions ou dégradations faites dans l'arrondissement sur les livres, tableaux antiques et autres monuments des sciences et des arts. — Une commission fut chargée de la rédiger ; elle était composée de Coppin, Jaccand, Gourdin, Gerbidon et Pieters. Malgré nos recherches, nous n'avons pu découvrir ce document.

du département et s'appuyant d'un décret du 1.er novembre 1793. La municipalité avait promis de les lui remettre, et l'artiste les avait couvertes de badigeon comptant les soustraire ainsi à la fureur de ces Vandales; mais la société populaire exigea que les tableaux fussent brûlés, et il fallut obéir

On ne se borna pas à ces dégoûtantes folies ; on bannit des cartes et des échecs les qualifications de *Roi, Reine, Valet*..... outrages intolérables à l'égalité! C'est ainsi que des jouets inventés pour l'amusement d'un roi en démence furent amendés pour l'usage d'un peuple en délire!

Le cimetière, que l'on avait transféré extrà-muros, fut l'objet d'un édit fort curieux, dans lequel la municipalité ayant décrété que « *la mort est un sommeil éternel,* » décréta aussi que « *la porte de ce champ consacré par un respect religieux aux mânes des morts....* » porterait cette « *sentence consolante....* » Elle voulut que, sur le poële et le corbillard des inhumations, une figure fût peinte, représentant aussi le *sommeil*.....

Le culte proclame la suprême puissance de Dieu, c'est-à-dire l'inégalité la plus radicale qui puisse exister. Le culte est donc la négation de cette égalité qu'on voulait mettre à la mode. Il fallait y pourvoir et abolir cette insolente négation ; c'est à quoi le peuple fut convié et c'est ce qui fut solennellement délibéré à la face du soleil, au Champ-de-Mars, le 26 novembre 1793.....

A la demande de la société populaire, la municipalité convoqua à cet effet la commune ; la seule cloche de la tour fut mise en branle ; les autres avaient été, assure-t-on, converties en gros sous.

A onze heures, le conseil était au Champ-de-Mars, où une tribune avait été dressée ; mais personne ne s'y trouvait, on n'avait pas compris.

A deux heures la cloche convoque de nouveau l'assemblée qui cette fois est plus docile. Alors se célèbrent des agapes révolutionnaires. Malgré la rigueur de la saison, on s'assied sur l'herbe, chacun y dépose et y étale la portion qu'il avait apportée. Le président prononce une harangue où nous remarquons les passages suivants : « L'amour des hommes et la vérité nous ont réunis, c'est à la raison et à la
» philosophie que nous devons consacrer notre premier hommage.... la raison et la
» philosophie ont déjà fait tomber l'arbre antique de la féodalité avec tous ses ridi-
» cules hochets... déchirons d'une main hardie le bandeau de l'ignorance, perçons
» le nuage épais de la superstition, de la sotte crédulité et nous resterons frères en
» dépit de tout.... bientôt nous n'aurons d'autre culte que celui fondé sur la vertu
» et dans l'accomplissement de nos devoirs envers la société, qui est le seul qui
» puisse devenir universel ; le seul digne d'un Dieu juste et bon ; le seul qui soit
» marqué de son sceau et de celui de la raison. Tout autre culte porte l'empreinte
» de la fourberie et du mensonge... la volonté de l'Eternel c'est que les fils de la
» terre soient heureux et qu'ils jouissent de tous les plaisirs compatibles avec le
» bien public... la religion d'un républicain doit être fondée sur des principes
» éternels et invariables puisés dans la nature de l'homme et des choses .. le plus
» beau de tous les cultes est l'amour de la patrie et l'exercice de la vertu... »

A son tour le procureur de la Commune commence un discours où il dit:

« Secouons le joug honteux d'une religion mensongère! Rappelez-vous, citoyens,
» que cette religion que l'on a tant vantée, cette religion cimentée du sang des
» humains, était méprisée même par les tyrans: ces scélérats ne la protégeaient
» dans leurs états que pour mieux asservir les peuples. Rendons-les avec pru-
» dence à la société ces hommes, ou pour mieux dire ces charlatans, qui ont
» retardé les progrès de la raison humaine, qui l'ont avilie; détruisons les ins-
» truments qui servaient à leurs supercheries, et que les temples où ils prêchaient
» l'erreur et la superstition, soient dorénavant consacrés à la félicité publique. »

Jalouse de pratiquer en si grande et si belle occasion, la doctrine de l'égalité absolue, l'assemblée exige que les municipaux dépouillent leurs insignes et veut que, pour présider la présente cérémonie, on procède à la nomination d'un nouveau bureau. Vandewalle est choisi pour ce rôle éminent; Lecomte et Boulay lui sont adjoints en qualité de secrétaires. « Citoyens, s'écrie-t-il, voulez-vous encore
» d'une religion absurde, d'un culte qui n'est qu'un vil trafic? — Non! non!!
» répond l'assistance, plus de prêtres! plus d'autels!! la liberté ou la mort!!!

Convaincu de tout cela, le peuple dunkerquois décida à l'unanimité des membres présents « *qu'il ne peut y avoir de culte reconnu,* » (sic) et il donna des ordres en conséquence.

Enivrée de ce triomphe imaginaire, la foule athée se livre à une joie forcenée. Au milieu des danses, des imprécations, des blasphèmes, les accolades fraternelles se répètent sans fin. Le cortège se répand dans les rues en continuant ses chants insensés.

En passant il entre à l'hospice. Là, une seconde séance s'improvise. Le président « parle aux enfants le langage de la liberté et mille cris d'amour pour elle y
» répondent. Ces jeunes républicains dénoncent leur bigot de précepteur, leur
» idiote de maîtresse d'école. Ils promettent, ils jurent haine aux tyrans et aux
» prêtres, et la destruction des trônes et des autels. »

Troublés par la frayeur, fascinés par le danger, entraînés par l'exemple, que de gens furent pris de vertige! Des renégats vinrent déposer leurs lettres de prêtrise (1) et abjurer leur foi. Un homme qui a laissé à la ville les plus honorables souvenirs s'empressa de payer son tribut à cet esprit nouveau (2), il envoya à la municipalité un calice avec sa patène, voulant grossir le butin enlevé aux églises,

---

(1) Folio 148 du registre de la municipalité..... « Le citoyen Lallemand déclare ne plus exercer aucune fonction de prêtre; il ne veut plus que celle de citoyen et de soldat. »

— Ph. Ant. Jos. Meignot, chanoine de l'ordre de Clugny, dépose ses lettres de prêtrise.....
— . . . .

(2) Le 16 novembre 1793. N... écrit à la municipalité : « Chaque jour la nation s'éclaire, la raison
» reprend son empire, le fanatisme est expirant, et avec lui tous les sots préjugés qui l'ont fait naître.
» Ma religion, je le déclare, a toujours été la religion naturelle. La morale seule fut mon guide, jamais
» le charlatanisme de l'église ne m'a séduit.

» Si le faste et le luxe religieux furent utiles, c'est au moment que ses richesses vont, en passant au
» creuset national, augmenter le trésor public. Jaloux d'y concourir, j'envoie à la Commune les
» dépouilles d'une chapelle qui tenait à un bien de mes pères. Vous recevrez, citoyens, un grand

pour être adressé à la Convention. Tout en obéissant au courant fatal, Schelle, le curé constitutionnel, sut, du moins, conserver quelque dignité (1).

L'Eglise paroissiale porta l'empreinte de ces monstrueuses folies. Dédiée à la Raison elle fut dépouillée de ses ornements chrétiens, la charrue en nivela le sol, une montagne en planches y fut élevée en contournant le chœur ; les colonnes, peintes à la détrempe, représentèrent des troncs d'arbres; les voûtes, des berceaux de feuillage; les bustes de Voltaire, de Marat y furent apportés ; la chaire seule resta en son lieu, elle servit de tribune aux orateurs des clubs ; les municipaux venaient y lire les lois, y prêcher la morale civique qui n'était pas suffisamment comprise.

Au dire de Cordange, il n'y avait pas à Dunkerque quatre véritables patriotes, il fallait changer cet état de choses. Un sieur Pereyra, arrivé à Dunkerque en novembre 1793, se lia avec Cordange : jamais couple ne fut mieux assorti. A l'instigation de ces deux jacobins, l'armée révolutionnaire que Dufresse avait organisée à Lille, commença sa ronde par Dunkerque. Pour aider à mettre les Dunkerquois à la raison, Cordange avait ramené d'Arras quatre des membres les plus actifs du club de cette ville. Isoré vint à son tour (2) et bientôt à Dunkerque comme ailleurs, *la terreur et la guillotine* furent *à l'ordre du jour*.... La dénonciation devint plus que jamais obligatoire à tout bon citoyen ; une boîte dont l'ouverture figurait la gueule d'un lion et que l'on désignait sous le nom de *bouche-de-fer*, était destinée à recevoir les dépositions contre les fonctionnaires, les aristocrates, les suspects et autres. La tribune de la société populaire retentit de déclamations furibondes et insensées, telles que : « Le char de la Révolution, » dans sa course rapide, n'épargne personne... Qu'importe que vingt innocents » périssent dès qu'un seul coupable est atteint ! » Toutefois nous n'avons pas trouvé de traces d'exécutions politiques à Dunkerque, et par bonheur, les *patriotes* se bornèrent à y faire beaucoup de bruit.

Isoré s'était rendu à la municipalité ; il remarqua avec surprise que la salle des délibérations n'était ornée d'aucun des attributs de la liberté (3), la nuit sui-

---

» calice et sa patène (sic) d'argent, ainsi que des ornements sacerdotaux, que je dépose comme un » nouveau don qu'offre à sa patrie un vrai républicain. »

— Au folio 143 du même registre, figure un discours impie et stupide du procureur de la commune, et la décision par laquelle il fut entendu que les églises serviroient de lieu de réunion pour les citoyens et que l'église Saint-Éloi servirait de halle au blé.

(1) Voici en quels termes il donnait sa démission : « Je déclare par ce présent acte, (en consé- » quence de l'ordre formel reçu de fermer les églises), de me désister dorénavant de toute fonction » publique attachée à mon caractère de ministre du culte catholique ; je déclare de plus que dans » toutes occasions possibles, j'inspirerai de toutes mes forces l'amour de la liberté et de l'égalité, de la » paix et de la fraternité, et qu'en tout et partout les lois des autorités constituées me serviront de » règle de conduite. »

(2) Il logeait chez De Meurisse, à l'hôtel du *Sauvage*.

(3) Voici les reproches consignés aux registres, sous la date du 14 frimaire an II : « ..... Il trouve » que la salle représente plutôt une chambre de chanoine que d'une municipalité... qu'on n'y remar- » quait aucun signe révolutionnaire..... qu'il était étonnant que les membres du conseil municipal ne » fussent pas de la société populaire..... qu'on n'était pas à la hauteur de la révolution..... mais qu'il » viendrait à bout d'y mettre tout le monde. »

vante vingt-deux membres furent destitués (1), puis incarcérés pour la plupart. Une nouvelle municipalité fut installée (2) sans autre élection que celle du proconsul. Pour se faire une idée de ces pauvres gens, il faut lire le discours du maire. Nous transcrivons cette pièce historique :

« Citoyens, cette enceinte me rappelle les devoirs de bien grandes obligations
» à remplir. Mes collègues, à n'en pas douter, partagent les mêmes sentiments,
» et, comme moi, sentent qu'ils vont parcourir une carrière pénible que les cir-
» constances apesantissent encore. Persuadez-vous, citoyens, que nous en
» sentons toute l'importance, et qu'en mon nom particulier j'en suis pénétré,
» puisque des événements récents nous ont convaincus qu'il n'y avait qu'un pas
» de la roche tarpeyenne (sic) au Capitole! Puisse la droiture de nos intentions
» nous suffire et nous en préserver. Mais, citoyens, n'apporter pour remplir de
» si pénibles fonctions qu'un civisme pur et du zèle, ne suffit sans doute pas à
» des administrateurs ; je sais qu'il leur en faut encore les talents ; mais aussi,
» comptant dans vos intentions et votre civisme, nous porte à croire que vous
» aurez à notre égard sur cet objet quelque indulgence : nous croyons même que
» vous prendrez quelque intérêt à cet aveu qui est celui d'hommes francs et libres,
» ou plutôt des sans-culottes prononcés, qu'animent depuis longtemps le bien
» public, l'avantage de leurs concitoyens, et dont les intérêts vont nous être
» confiés. En attendant que nous soyons initiés, nous réclamons donc cette indul-
» gence, jusqu'à ce que quelqu'un nous rendent s'il se peut vos émules, sinon par
» nos connaissances, du moins par l'activité et le zèle que nous partagerons avec
» vous. Veuillez donc, citoyens, prendre en considération nos regrets de ne pas
» être assez fermes pour que nous puissions vous être aussi utiles que des hommes
» habitués et consommés dans ce genre de travail. Quoiqu'il en soit, comme nous
» voulons tous le bien, notre émulation abrégera sans doute notre noviciat. Nous
» ferons tout ce qui dépendra de nous ; mais ce qui est essentiel en ce moment,
» c'est de nous réunir tous et de nous serrer par les liens des principes républicains.
» Aiant tous ces sentiments, j'ose espérer des résultats heureux ; et j'achèverai en
» croyant fermement qu'avec tous mes sans-culottes ça ira, et nous dirons tou-
» jours tous ensemble: *Vive la République, la montagne et les sans-culottes!* »

La plupart des oraisons des Démosthènes de ce temps ne sont que des phrases de ce genre, boursouflées ou ignobles. On y rencontre des périodes qui bravent les plus forts poumons ; nous les passerions sous silence s'il ne nous était évident qu'il est impossible de donner de ces hommes et de ces choses une juste idée, si

---

(1) Ce sont : Emmery, maire; Delbaere, Vandenbrouck, Debacque, Mazuel, Duriez, officiers municipaux; Masselin, Peychier l'ainé, Thiery de Bonte, Edouard l'ainé, Lefebvre père, Boubert, Schelle, curé, Lancel, Liebaert fils, Constant Tresca, Stival père, Aget, Dupouy, Duvivier et Meurillon, notables.

(2) Elle était composée de Josselin, maire; Goddaert, Deligny, J.-B. Van Reynschoote, Salomez; Cordange, Croiset, Garibe, perruquier ; Fillemot, cordonnier; Sainty, acteur ; Alex. Thelu, négociant : Cornu, L'Huissier, carossier; Van Rycke, cloutier; Caruchet, instituteur; Dandruy, amidonnier, Lefebre apothicaire; Poupart, chapelier ; Martin, Gaudon, vernisseur.

ce n'est en les citant textuellement. C'est dans cette vue que nous transcrivons encore un réquisitoire de l'agent national de Dunkerque :

« ..... Convaincu d'après des dénonciations multipliées et de toute espèce que
» nombre d'individus, ne pouvant se dépouiller de leur cupide rapacité, s'étudient
» et se retournent en tous sens pour la satisfaire, tandis qu'ils devraient, au con-
» traire, se faire une obligation et un devoir forcé de concourir avec les citoyens
» honnêtes, attachés sincèrement à la patrie et au bonheur particulier de leurs
» concitoyens, au moyen d'arrêter l'effet désastreux et répréhensible qu'un intérêt
» sordide et personnel, dicté par la mauvaise foi dirige contre la loy, les uns en
» cherchant à soustraire leurs marchandises à la circulation ou en les détériorant
» au détriment des citoyens, qui doivent jouir de toutes les faveurs de la loi du
» maximum, portée sur les denrées de première nécessité; les autres en ne vendant
» qu'à des personnes avides de jouir et feignant de ne rien avoir lorsqu'un inconnu
» fidèle à la loy se présente pour acheter, et d'autres encore en ne consentant à
» vendre les objets sur lesqu'els (sic) le maximum est porté qu'à condition d'en
» prendre d'autres sur lesquels il ne l'est pas, observant qu'à tous ces abus se
» joignent encore les manœuvres de quelques individus dont la malveillance
» cherche de mettre en défaut les précautions que la municipalité a prises pour la
» plus sage répartition et l'expédition des marchandises ou denrées objet essentiel
» dont ont (sic) devrait se faire un devoir de ne jamais abuser afin que tous ayent
» en proportion de leurs besoins.
» Considérant que pour obvier à des abus aussi criminels et pour anéantir les
» fraudes de toutes espèces qui se pratiquent et qui ne peuvent être regardées que
» comme attentatoires au bien général, il est instant que par un ordre convena-
» blement établi, nos ressources soient sagement réparties.
» Requiert, etc. ... »

S'appuyant sur des motifs analogues, Isoré imposa arbitrairement « *quelques riches,* » qui durent apporter immédiatement 30,000 fr. en se les procurant comme ils l'entendraient.

On sait quels lugubres et honteux souvenirs se rattachent à l'année 1794. Les massacres organisés, puis la Convention se décimant; envoyant à la mort Hébert et ses complices (24 mars). Pour se consoler de tant d'infamies la France devait tourner les yeux vers les armées. C'était là qu'elle retrouvait encore des enfants dignes d'elle!

L'histoire locale présente, sur des proportions moindres, des vicissitudes analogues. L'armée c'était notre garde nationale; les clubs c'était la société populaire, qui comptait des centaines de membres.

Que de pénibles journées! Il fut ordonné aux Dunkerquois de se pourvoir d'un certificat de civisme. Quiconque n'obtenait pas cette pièce était suspect. En se rappelant quels étaient ceux qui la délivraient, on devinera quels étaient ceux qui ne l'obtenaient pas! Fockedey fut du nombre, et c'était logique.

Un des membres de la société populaire s'était chargé de tout ce qui a rapport à la destruction des signes du culte. Il enleva toutes les croix qui existaient à l'extérieur des édifices, au sommet des chapelles et des clochers. On raconte que ce forcené ne se contentait pas d'arracher ainsi les signes vénérés des chrétiens, il faisait décapiter les crucifix qu'il pouvait enlever. On ajoute, qu'un jour ayant invité ses amis à un dîner, dans le menu duquel devait figurer une *tête de veau*, il servit ainsi la tête d'une de ces images! Cette facétie grossière, non moins qu'impie, avait été pratiquée à Lille.

Le moderne vandale donna la chapelle de la basse-ville à un sieur Mathis pour lui servir d'atelier; il concéda l'église Saint-Éloi à une compagnie de scieurs: pendant ce temps, le temple de la Raison fut transféré dans l'église des Jésuites. Quant à la chapelle Notre-Dame-des-Dunes, il la réserva pour des artificiers qu'il y installa et qui préparaient les cartouches et les gargousses de la République.

Le 6 germinal an II, une explosion y eut lieu sans qu'on pût en découvrir la cause. Plusieurs hommes furent tués, plusieurs blessés; les maisons voisines endommagées. Le peuple, vit dans cette circonstance, un châtiment du ciel qui punissait la profanation de ce sanctuaire. V..... avait décidé que la chapelle servirait à la République; pour ne pas en avoir le démenti, il en fit porter les décombres à la fabrique de salpêtre.

Lors de la fête de la Raison, une autre explosion eut encore lieu. La pièce de canon qui servait aux salves creva tout-à-coup; un des canonniers fut tué; un de ses compagnons perdit la vue. Les vitres du voisinage furent, en partie, mises en pièces; on eût dit une fatalité!

Tandis que ces scandales se succédaient, les pêcheurs dunkerquois, fidèles à leurs pieuses traditions, s'étaient serrés autour de la statue de Notre-Dame, qui, de temps immémorial, figurait au marché au Poisson. Nulle main sacrilége ne profana cette image qui, de sa niche de pierre, vit s'écouler, sans en être atteinte, le torrent fangeux de ces impiétés. Dominée par l'énergie de ce sentiment populaire, la municipalité décrétait (23 mars 1793) qu'aux quatre grandes fêtes de l'année, elle se rendrait en corps à la messe!

Le conseil décida que les nobles n'auraient jamais de certificat de civisme. N... fut ajourné jusqu'à ce qu'il eût prouvé qu'il n'était pas entaché de noblesse, car le bureau déclarait que, ce soupçon écarté, on avait aucun reproche à faire au postulant. Pour avoir droit à la distribution du pain, il fallait faire la même preuve. Bernard Coppens ne put obtenir d'être élargi, qu'après avoir démontré « *qu'il n'avait jamais fait partie de la caste nobiliaire.* (1)

La domination des jacobins était devenue si odieuse, que malgré le danger d'une telle initiative, Cordange fut dénoncé une première fois (2), puis une seconde fois (3) en une même décade. Toutefois, un si chaud patriote était au-dessus de tout soupçon de la part des clubistes, et ils passèrent à l'ordre du jour.

---

(1) Arrêtés du conseil général de la Commune, depuis le 2 ventôse an II, jusqu'au 15 prairial an III, p. 120.

(2) Par Mouton et Mebourg. (12 germinal).

(3) Par Roger. (19 prairial).

Seulement et par représailles, ils dénoncèrent formellement trois des membres du conseil de la commune.

Florent Guyot vint s'assurer de la valeur de la municipalité (25 germinal an II). Il demanda si « les lois étaient exécutées avec cette vigueur qui convient à la
» marche du gouvernement révolutionnaire; si la loi du maximum, cette loi
» bienfaisante qui vient au secours du peuple, était rigoureusement exécutée; si
» elle n'avait pas éprouvé des entraves de la part de quelques égoïstes; s'il ne
» restait pas dans cette commune des germes de l'ancienne superstition, et si
» quelques hommes ne se servaient pas de ce moyen pour agiter les esprits. En
» un mot, si l'esprit de modérantisme ne retardait pas les progrès de la Révo-
» lution..... »

Le maire répondit au terrible visiteur, qu'il n'avait que des éloges à faire sur le patriotisme des habitants...., « Tous, ils ont signalé leur courage pendant le
» siége... depuis, ils ont donné des marques constantes de leur attachement à la
» Révolution et de leur haine envers les tyrans, en faisant des dons ou en satis-
» faisant avec empressement aux diverses réquisitions qui leur sont faites pour
» les besoins de leurs frères d'armes. Les lois s'exécutent exactement. Le maxi-
» mum est assez généralement observé... les idoles du fanatisme n'existent plus...
» Il n'y a plus de prêtres, ils ont été presque tous expulsés et les autres ont
» renoncé à leur métier de charlatan... les églises servent de magasin ou d'ate-
» lier... L'emprunt forcé est presque nul, mais les habitants ont fourni à *l'envie*
» (sic) dans l'emprunt volontaire qui a produit plus de douze cent mille francs.
» Tandis que l'emprunt forcé ne devait produire que quatre cent mille... le nou-
» veau maximum est déjà en vigueur... Ce qui rend cette commune isolée, ajouta-
» t-il, c'est que les habitants des autres communes se gardent d'y apporter leurs
» denrées.... Les ateliers du salpêtre ont produit quelque récolte; on en espère
» une plus abondante la décade prochaine... les ateliers de sabres et de bayon-
» nettes sont en pleine activité... mais les écoles primaires ne sont pas encore
» formées faute de sujets capables..... »

Car il faut noter que l'instruction était obligatoire, et que chaque citoyen était obligé d'envoyer ses enfants aux écoles publiques pendant trois ans au moins, et à partir de l'âge de sept ans. La difficulté, c'est qu'il n'y avait que très-peu d'instituteurs. La municipalité ne négligeait cependant pas de faire remarquer combien est honorable cette modeste profession. Parmi les titulaires de l'époque, nous avons remarqué le citoyen Loriquet, qu'il ne faut pas confondre avec le R. P. jésuite, son homonyme.

Pour remédier à la pénurie des professeurs, la municipalité avait imaginé de donner un spectacle gratis le troisième décadi de chaque mois.

On n'y tolérait rien qui pût faire sur le peuple une impression fâcheuse. A Lille, on interdisait *Don Juan*, pièce immorale; à Dunkerque, après la chute des scélérats, on proscrivait : *Les crimes de Carrier*, car ce nom odieux ne devait être prononcé nulle part; *Robert chef de brigands*... peut-être parce qu'on y aurait trouvé matière à allusions; *Blaise et Babet*, *Rose et Colas* n'avaient pu trouver grâce devant les censeurs... On n'admettait aucune pièce où il fût question de *comte*, de *marquis* et autres dénominations féodales. Le carillon de la tour ne fit plus entendre que les airs patriotiques à la mode, les seuls que les républicains dussent connaître.

On avait traversé les jours les plus orageux de cette terrible époque, sans qu'aucune exécution eût ensanglanté notre ville, lorsque le 7 thermidor, le comité révolutionnaire d'Arras, excité sans doute par Cordange ou ses amis, tourna ses regards vers les prisons de Dunkerque, annonçant l'intention d'*épurer* les détenus et demandant, dans ce but, des renseignements sur plusieurs d'entre eux (1). Les malheureux auraient sans doute appris ce que vaut le soupçon des jacobins, lorsqu'enfin la journée du 10 thermidor vint mettre un terme à leurs angoisses et renverser ce régime odieux et avilissant.

Un long frémissement parcourut la France. Les complaisants de la tyrannie sentirent leurs velléités s'amortir. Guyot, qui s'était montré si arrogant, vint en personne (13 thermidor) annoncer à la municipalité la découverte de la grande conspiration. Le conseil envoya à la Convention une adresse que cette assemblée fit inscrire au procès-verbal avec mention honorable.

La réaction ne se fit pas attendre, et la première manifestation eut lieu pour réclamer l'ancien et véritable nom de la ville. On ne voulut plus de *Dunelibre* (2); on se contenta d'abord de *Dune-libre ci-devant Dunkerque*, mais on revint à *Dunkerque* tout court (17 germinal). On remarquait que ce nom est célèbre dans l'histoire d'où on ne saurait l'effacer, qu'il s'est illustré, non-seulement sous le règne des rois, mais aussi sous la République, car l'Assemblée nationale a déjà décrété deux fois, que « *Dunkerque a bien mérité de la Patrie.* »

Le comité révolutionnaire fermé (1er germinal an III), la garde nationale fut réorganisée (18 floréal). Les terroristes désarmés ne purent s'absenter de la ville, ni y circuler portant des armes ou bâtons. L'école d'hydrographie fut rouverte... Une proclamation disait aux habitants :

« ..... Les mesures tyranniques et arbitraires sous lesquelles nous avons long-
» temps gémi avant l'heureuse révolution du 9 thermidor, la loi ruineuse du
» maximum, les réquisitions de tout genre, avaient plongé la République dans
» un tel état de pénurie en denrées de première nécessité, qu'elle ne trouva son
» salut qu'aux secours qu'elle a pris chez l'étranger..... »

C'est ainsi que ces prétendus remèdes héroïques étaient, dès le commencement, jugés sur leurs conséquences.

Un autre indice de réaction, c'est le peu de respect qu'on portait au *décadi*. C'est en vain que l'agent du district, la municipalité et le représentant Berlier,

---

(1) Savoir : Ignace Dessurne, Pierre Schodet, F. Eug. Varlet, P. De Lille, G. Mongey, Jos. Viguereux. — On dit qu'Emmery, atteint de la goutte, avait été descendu dans son fauteuil pour être expédié à la guillotine, lorsque la chute de Robespierre vint le sauver.

(2) La première réapparition du mot Dunkerque est au folio 150 du registre des résolutions du conseil général de la Commune, sous la date du 7 nivôse an II.

envoyé dans le Nord, faisaient à cet égard des remontrances, publiaient des proclamations, infligeaient des peines. Le décadi n'entrait ni dans les habitudes, ni dans les convictions. Le respect des néophytes pour le culte nouveau était, d'ailleurs si peu fervent, qu'à plusieurs reprises, les volontaires de la garnison démolirent l'autel de la Patrie érigé au Champ-de-Mars et se chauffèrent avec le bois qu'ils en avaient enlevé.

Pendant le carnaval, la moralité et la misère aidant, on n'autorisa pas les bals. On engagea les citoyens qui voulaient se réjouir, à venir danser, pendant le jour, autour de l'arbre de la liberté. Loin de concourir à assurer la tranquillité, cette ordonnance faillit la compromettre très-sérieusement. Les marins se soulevèrent, et il ne fallut rien moins que la présence, sous les armes, de toute la garnison pour les maintenir.

Après le carnaval, ce fut bien autre chose! La municipalité engagea les bons citoyens à faire un *carême civique!*... elle les exhortait à s'abstenir de cette viande (que l'on ne pouvait se procurer)! à user sobrement de ce pain (si rare, si cher, si mauvais)!

Mais, par une sorte de compensation, on eut une cérémonie publique où l'on brûla l'*Almanach des honnêtes gens*, production déclarée anti-civique; on jeta en même temps au feu les vieilles bandoullières des gardes-de-nuit qui portaient des fleurs de lis. Le *tyran d'Angleterre* eut son tour; il fut mis au bûcher (en effigie du moins)... Le 14 prairial an II, le pape et tous les rois furent (aussi en effigie) pendus à une potence dressée sur l'Esplanade. Cette fête, jugée digne du peuple, eut pour témoins des députés de la municipalité, des membres du Comité révolutionnaire.....

Mais si les choses avaient parfois un côté plaisant ou pitoyable, des misères si profondes, des souffrances si pleines d'angoisses, ne nous permettent qu'un sentiment à la vue des épreuves supportées par nos pères.

Les indigents étaient devenus si nombreux, qu'ils comprenaient presque les trois quarts de la population, et que le nombre s'en élevait à 18,000! Sans demeure, un grand nombre de ces malheureux avaient demandé et obtenu pour logement les anciens couvents et hôpitaux; mais ce fut bientôt insuffisant. Les registres de la municipalité nous montrent une foule de citoyens sollicitant, chaque jour, un *certificat d'hospitalité*, c'est-à-dire autorisation d'avoir dans les hôpitaux ou dans les maisons annexées un asile qu'elles n'avaient plus ailleurs.

Les particuliers censés riches n'avaient guère une meilleure destinée; plus de revenus, plus de commerce; ils manquaient aussi de tout, même du luminaire. C'était à ce point que, faute de chandelles, les lieux publics se fermaient à la nuit tombante.

Quant au gouvernement, pour subvenir aux besoins des armées, il *faisait réquisition*, c'est-à-dire enlevait de vive force, et souvent sans indemnité, cuir, cuivre, salpêtre, papier, toile, laine, vieux cordages, bêtes de somme (1). Il

---

(1) Voici le procédé employé par l'agent du district pour se procurer des chevaux. Il publia que

demandait aux bonnes citoyennes jusqu'aux eaux de leurs lessives ; mais, pour elles, la difficulté était de trouver du savon.

Pendant quelque temps, le communisme essaya son règne ! Demandons aux vieillards qui ont traversé ces jours déplorables, ce qu'ils en pensent ?...

Pour donner le change à l'esprit public, la Convention décréta la loi sur la *bienfaisance nationale;* marchant à sa suite, la municipalité disait aux Dunkerquois ruinés, affamés :

« Sous le règne affreux des tyrans, le pauvre était sans patrie, sans asile, sa
» vie entière était une continuité de peines, abreuvée d'humiliations et vouée à
» tous les genres de privations..... Comment, en effet, aurait-il reconnu pour
» patrie une terre dans laqu'elle (sic) il était réduit au dernier état de dégrada-
» tion ?..... La liberté a fait disparaître ce système monstrueux, l'indigent a
» acquis une patrie ; rendu à la qualité de citoyen, il va jouir désormais des
» droits attachés à ce précieux titre : la Convention a décrété que tout homme
» avite (sic) a droit à sa subsistance par le travail, et s'il est infirme ou hors
» d'état de travailler, il a droit à des secours gratuits. La subsistance du pauvre
» est une dette nationale... »

Et elle publiait les programmes de fêtes..... Oui des fêtes !... : la fête *des Martyrs de la liberté* (30 floréal); la fête de l'*Eternel* (22 prairial); la fête en *l'honneur des mânes des défenseurs de la patrie;* la fête *de la liberté des nègres*..... (1)

Et sous le règne de cette liberté menteuse, on allait jusqu'à contraindre les mères à abandonner leurs maisons et leurs enfants pour suivre et grossir les cortéges des grands jours, et dans cette misère nationale on faisait des banquets patriotiques, mais chacun devait y apporter ses aliments ; on y prêchait d'ailleurs le mépris des richesses. (2)

A côté de ces démonstrations théâtrales, il y avait une épouvantable réalité. Le conseil municipal se disait avec effroi que, par décade, il fallait 1,300 razières de blé pour suffire à la consommation de la ville et qu'il n'en venait pas 90 au marché. Au mois d'août, l'effectif en magasin ne suffisait plus pour *un jour !* Plus d'une fois, la majeure partie de la population dut se mettre au lit sans avoir de quoi apaiser sa faim.

Non-seulement le pain était rare, mais il était d'une détestable qualité. Ces deux causes réunies opérèrent un effet immense et désastreux sur la population : une dyssentrie épidémique régna en ville ; nouvelle calamité à joindre

---

tous les citoyens qui avaient des chevaux devaient les conduire au jardin des Capucins, où il aurait fait choix de ceux qu'il voulait acheter.... Il déclarait en outre qu'à partir de dix heures, tous les chevaux trouvés hors de l'enceinte dudit jardin seraient confisqués au profit de la République.

(1) Ces fêtes avaient pour accessoire des décorations analogues à celles des théâtres. Pieters était chargé de les confectionner. Il avait à faire, par fête, pour 200 fr. environ de peintures.

(2) « .... Consacrez vos richesses au bonheur de la république ; dépouillez-vous de la manie de
» les accumuler pour vos enfants, puisqu'elles ne servent qu'à amollir et à énerver leur courage. »
1er fructidor an II.

aux autres fléaux. Pour y obvier, on avait peu de médecins, peu de médicaments ; aussi, la mortalité parvint-elle à un point effrayant qu'elle n'avait jamais atteint, et dont elle n'a jamais approché, même à l'invasion du choléra en 1757 et en 1833. Les émotions multipliées, la misère, la terreur furent une moisson abondante pour la mort ; car, ainsi que nous l'avons montré, la hache du bourreau ne vint pas grossir à Dunkerque le nombre des victimes de la Révolution. (1)

Il serait difficile de rassembler des circonstances plus pénibles que celles où se trouvait la ville. Tous les maux que nous avons déjà énumérés plusieurs fois, (parce qu'en effet ils reviennent sans cesse) avaient pris une intensité nouvelle ; la famine, le dénuement, le désespoir furent telles que la plume est impuissante à décrire de telles misères. L'imagination recule devant de telles réalités. Quand on parcourt en détail les mille douleurs qui composent ces jours d'angoisses, on croit lire un affreux roman, où seraient entassées des rêveries impossibles, des tortures imaginaires.

Nous ne retracerons pas ici tous ces détails ; nous nous bornerons à consigner l'effet qu'ils ont produit sur nous. Puisse le Ciel épargner à notre patrie le retour de ces heures désastreuses.

Mais nous ne pouvons nous dispenser de quelques citations :

Au commencement de l'année (17 ventôse), le pain valait 10 et 15 sous la livre ; même à ce prix, on ne pouvait en obtenir à volonté. Le blé avait disparu graduellement des marchés, et rien ne pouvait engager les paysans à y apporter une réserve dont ils craignaient de manquer pour eux-mêmes. Afin d'essayer de les ramener, on fit à leurs habitudes une immense concession. Le marché fut rétabli tous les sept jours (ventôse) ; on consentit même à parler du *samedi !* (2 fructidor) ; inutiles tentatives ! personne n'approcha... Des officiers municipaux se firent les pourvoyeurs de la commune et partirent dans toutes les directions pour prévenir la privation totale de pain. En floréal, on fit trois prix pour l'unique qualité : 15 sous pour les indigents, 45 sous pour les riches, 30 sous pour les citoyens intermédiaires (floréal). Mais les indigents revendaient en cachette leur pain aux riches au prix de 30 sous. Il fallut s'opposer à ce commerce illicite. Pour y parvenir, on ne permit la distribution du pain que sur des cartes de couleur différente que la mairie délivrait chaque jour à chaque chef de famille, pour sa consommation de la journée.

Car, malgré le zèle et le soin des officiers municipaux, il n'était même plus possible d'avoir la quantité de pain qu'on désirait, quelque prix qu'on eût consenti à payer. La ration fut portée à trois quarts (375 grammes) par jour, pour toute personne au-dessus de six ans. Cette ration fut encore réduite par la suite à 250 grammes (brumaire) ; il arriva plusieurs fois que la qualité de ce pain était

---

(1) Parmi les condamnations du tribunal révolutionnaire de Paris, nous ne trouvons qu'un petit nombre de Dunkerquois : Michel Jacquelein, enseigne ; Jacques Boayant, inspecteur ; Lorenzo, homme de loi ; Hardi, préposé aux subsistances militaires,.....

telle que les affamés eux-mêmes ne l'absorbaient qu'avec dégoût. Les animaux domestiques le dédaignaient.

Et ce pain immonde se vendait 30 sous, 3 fr., 4 fr. la livre (fructidor); il monta à 9 fr., (brumaire); le 9 nivôse suivant la taxe était de 20 fr.; le 22, de 40 fr. en assignats, plus 3 sous en numéraire, et pour les indigents 50 sous en papier, plus 2 liards en numéraire.

Ainsi, une famille de quatre personnes, pour obtenir un kilogramme de pain, sa seule nourriture de la journée, devait dépenser 80 francs! Nous disons la seule nourriture, car il ne fallait pas espérer d'y suppléer par la viande, les œufs, ni rien de ce qui compose ordinairement notre régime alimentaire. Les œufs ne se délivraient que sur une carte municipale, le beurre de même; c'est dire que la rareté de ces substances était semblable à celle du blé.

Absorbée par l'inquiétude, occupée d'un seul soin, la population abandonnait tout autre travail. Aller chercher sa carte à la mairie, l'échanger contre un morceau de pain, telle était la besogne de la journée; le reste était consacré à souffrir, à s'alarmer, à explorer l'avenir. Aussi, laissa-t-on passer sans s'en inquiéter, et la suppression de la franchise du port, catastrophe que tant d'efforts avaient essayé de détourner, et l'établissement sur le port, des postes de la douane, et la translation à Bergues du bureau des hypothèques.

Des réquisitions armées parcouraient les villages environnants pour en ramener quelques sacs de blé enlevés aux cultivateurs. De leur côté, ceux-ci cachaient avec précaution leurs ressources, qui, faute de soin suffisant, se détérioraient parfois, sans profiter pour personne.

Le dépôt des fumiers de la ville était près de la porte du fort-libre (fort-Louis); un passant remarqua un jour, (2 thermidor an III), que sur le fumier on avait jeté une certaine quantité de seigle pourri. Il rentre en ville, raconte la nouvelle, qui passe de bouche en bouche; on la grossit, on la défigure, c'est une conspiration! la municipalité veut affamer le peuple! elle partage les dépouilles de ses victimes! la chose n'admettait pas de doute. La population s'irrite, et sans plus d'information, une formidable émeute s'élève et menace la municipalité. Les femmes, les filles se portent en foule au lieu de rassemblement; elles se munissent de pierres; par leur fureur elles excitent les plus tièdes en criant : du pain! du pain!.....

Informé de ce mouvement désordonné, le conseil dépêche trois de ses membres pour vérifier le fait; mais ils ne peuvent arriver, on méconnaît leur caractère, leur écharpe n'est pas respectée, on les assaille; ce n'est qu'à grand'peine qu'ils rentrent à l'Hôtel-de-Ville, les habits en lambeaux, couverts de contusions et même de blessures.

Le commandant Vanstabel fait battre la générale; ses marins, les premiers, viennent défendre la municipalité; de son côté, la garde nationale s'oppose à l'invasion. En divers lieux, des femmes sont arrêtées; on parvient à en incarcérer une vingtaine des plus intraitables et peu à peu le calme se rétablit.

Ainsi méconnue et menacée, la municipalité leva le voile qu'elle s'était efforcée de tenir baissé jusque-là, pour ne pas augmenter les alarmes publiques. Elle devait alors à la Société commerciale, pour avance de ses achats de grains à l'étranger, une somme de sept millions; elle avait versé auparavant à cette caisse le montant de l'emprunt volontaire, trois millions. Dans la vue d'alimenter la Commune, elle avait donc contracté une dette de dix millions.

Pour y faire face, elle avait le produit de la vente du pain : environ huit cent mille francs.

Ces sacrifices, elle les avait faits par dévouement patriotique. Dunkerque était le point d'arrivée des blés destinés à Paris et à l'intérieur; si elle n'avait pas fourni le pain à meilleur marché, les mécontents auraient intercepté les convois. La Convention aurait vu augmenter ses embarras, elle aurait vu s'éloigner d'elle la confiance qui l'a soutenue.

Les petits propriétaires étaient épuisés; les plus aisés en apparence étaient plus bas encore s'il est possible. Les campagnes pillées par l'ennemi, inondées pour la défense du pays, telle était la situation de Dunkerque.....

Le Comité de salut public applaudit à la conduite de la municipalité dunkerquoise, et une instruction fut faite sur l'émeute; les citoyens membres de la garde nationale qui avaient refusé de se rendre à l'appel furent suspendus de leurs droits civiques, contraints de rendre leurs armes et tenus à se faire remplacer pour le service.

Le prix excessif du pain entraînait pour conséquence l'augmentation proportionnelle des salaires; la journée d'ouvrier fut portée à 30 fr., puis à 80, à 100, à 200, à 300 fr. (1)... mémorable leçon donnée à ces économistes qui prétendaient décréter la valeur des choses et créer le papier-monnaie!

Par un acte de frénésie qu'on eût considéré à toute autre époque, comme un mensonge pitoyable et dérisoire, en même temps qu'on proscrivait brutalement tout signe de culte, on plantait l'arbre de la liberté, qui d'après la discussion des docteurs d'alors, doit être un chêne, et non un pin, un peuplier, ou toute autre essence.

En ces mémorables circonstances, le dévouement trouva moyen de faire des sacrifices qu'on aurait jugés impossibles, et à l'heure suprême où la faim exténuait les habitants, ceux à qui il restait quelque avoir le sacrifièrent pour le salut commun. Ils souscrivirent spontanément pour des achats de blé; un concert, (car on faisait encore des fêtes), un concert au profit des pauvres produisit 2,793 fr. D'où sortirent ces valeurs? des entrailles de la charité!

De son côté, la municipalité qui supportait le poids accablant de ces laborieuses journées, ne laissa jamais fléchir son énergie. Elle lutta sans jamais reculer. Les

---

(1) Le 28 brumaire an IV, la journée fut fixée à 30 fr.: 11 frimaire, 40 fr.: 7 nivôse, 80, 100 fr.; 29 nivôse, 200 fr.; 4 ventôse, 300 fr.

Le 11 frimaire, la façon d'un habit fut portée à 60 fr.; veste, 30 fr.; culotte, 30 fr. Confection de l'habit, 40 fr.; veste, 11 fr. 10 cent.; culotte, 20 fr.

Le 16 frimaire, aux portefaix, pour une razière de blé, 30 fr.; le 27, 40 fr.

Le 3 nivôse, frais de balance, 10 fr. par tonneau.

élus de la Commune n'avaient même plus de quoi faire de feu dans leur salle de réunion et tous leurs instants étaient absorbés par le soin de la chose publique ; ils renonçaient à leurs propres affaires et se multipliaient pour le soulagement de leurs concitoyens.... Ils cherchaient à soutenir l'esprit public par des fêtes ! Ils désarmaient les terroristes, les surveillaient pour se garantir de leurs menées et en même temps pour les protéger contre la fureur de ce peuple dont ils étaient autrefois les chefs redoutés. (1)

Il n'y avait plus de capitaux ; il n'y avait donc, pour les particuliers, aucun moyen d'organiser un effort utile pour relever le commerce. On avait essayé l'association ; une tentative commerciale s'était réalisée sous le titre de : *Agence commerciale;* mais elle s'était promptement dissoute. Le 15 messidor an II il était question de la relever sous la raison de : *Société patriotique et républicaine de tout le commerce de Dunkerque.* Elle ne tint pas plus que son aînée. Cependant le conseil municipal ne l'avait pas abandonnée. On le voit, en effet, (6 frimaire an III) faire venir de Bruxelles une machine à filer le coton ; le 16 nivôse, il examinait la machine proposée dans ce but, par le représentant Ludot ; au mois de brumaire an VI, il s'en occupait encore. Au mois de thermidor an IV il exposait une machine à filer le chanvre.....

Cette cruelle tourmente parut enfin se calmer ; le tribunal révolutionnaire avait été supprimé (31 mai). La Convention abdiqua le 23 septembre, après avoir proclamé la Constitution de l'an III, œuvre qui devait être éternelle et qui dura quatre ans.

Nous le proclamons sans détour, la Convention a doté le pays de quelques précieux avantages : l'égalité devant la loi, l'abolition des lettres de cachet, l'adoucissement des peines, la publicité des débats judiciaires, la libre défense des accusés, l'admission aux emplois publics, l'intervention du pays dans le vote de l'impôt... Mais à côté de ces points lumineux, quelles horribles ténèbres ! quelles taches sanglantes ! que de larmes ! que de hontes !

---

§ IV. Dunkerque sous le Directoire.

28 octobre 1795. — 24 octobre 1799.

Le Directoire date du 1er novembre 1795. Au lieu de sept cents têtes, la Révo-

---

(1) Jamais l'histoire ne nous donna de plus sévère et plus importante leçon ! Consignons donc ici les faits qui s'y rapportent :

Parmi les citoyens désarmés comme terroristes, figure Cordange dont nous avons ailleurs esquissé le portrait.

lution n'en avait plus que cinq. Le Consulat en abatit encore deux, et enfin, après un long et douloureux voyage, la France se retrouva en 1804 sous le principe monarchique qu'elle avait répudié quinze ans auparavant.

A l'installation du Directoire, tout, sauf l'armée, était désorganisé dans la France. La Convention avait tout démoli. Sur cette ruine générale, elle avait planté quelques jalons glorieux sans doute, mais insuffisants à la régénération du pays, qui, pour revivre de nouveau, dut revenir aux principes qui l'avaient fait vivre si longtemps.

L'inexprimable misère qui avait régné à Dunkerque aussi bien que dans presque toutes les localités, y avait exercé plus d'un ravage. Outre la mortalité que nous avons signalée, elle avait laissé, chez les survivants, une stupeur dont ils ne pouvaient sortir que par degré. Trop longtemps et trop violemment tendue, l'énergie morale était affaiblie, épuisée. Il n'y avait plus d'esprit public. La garde nationale était dissoute de fait. Les postes étaient déserts; souvent l'officier s'y trouva seul. Les magasins à poudre restaient abandonnés, les vols se multiplièrent d'une manière effrayante, et l'intérêt personnel, ordinairement si actif, pouvait à peine arriver à l'organisation de quelques patrouilles. La municipalité s'était dévouée, elle ne trouvait pas de reconnaissance, ce qui est fort ordinaire; mais elle ne rencontrait pas même de sympathies. Elle se voyait dénuée, méconnue, calomniée.

La ville, ordinairement si propre, avait changé de physionomie. Il n'y avait plus d'éclairage; les rues n'étaient plus balayées; les fumiers s'y accumulaient, des dépôts immondes en rendaient, en certains quartiers, l'abord impossible. La population était diminuée d'un cinquième; Dunkerque ne comptait plus que vingt-quatre mille habitants; nombre qu'elle n'a guère dépassé depuis.

Cependant ces jours d'angoisses tiraient à leur fin. La ration de pain avait été élevée, pour les fonctionnaires, à une livre et demie (750 grammes) par jour, (22 novembre); le prix en était descendu à 5 fr.; proportion gardée, c'était superbe.

Quelques mois après, la journée de travail était fixée à 30 sous; ce qui suppose une diminution analogue dans le prix des denrées alimentaires. Les choses prenaient enfin une assiette plus satisfaisante, et nous pourrons, pendant quelque temps, nous dispenser d'appeler l'attention de nos lecteurs sur ce triste sujet.

La réaction se manifestait à Dunkerque par la répulsion générale à l'égard de ceux qui avaient montré un zèle outré pour les détestables principes de la terreur. Cordange en fit l'expérience; ce misérable avait quitté Lille et était revenu à Dun-

---

Après la chute de Robespierre, le jacobin dunkerquois fut accusé « d'avoir semé le trouble et la division par ses dénonciations et ses intrigues; d'avoir capté les votes; d'avoir avili les autorités; d'avoir traité les riches et négociants d'amis de Pitt et Cobourg; d'avoir été le principal auteur des persécutions contre les bons citoyens par son influence à la société populaire et au comité révolutionnaire; d'avoir été au devant d'Isoré pour attirer à la guillotine les anciens administrateurs et les négociants; d'avoir été pendant la terreur membre de la commission des douze; d'avoir manifesté des principes désorganisateurs; d'avoir prêché la loi agraire... » Pour se soustraire aux imprécations dont il était ici l'objet, Cordange alla habiter Lille, où la municipalité de Dunkerque le signala à la surveillance de l'autorité locale. Il revint à Dunkerque, mais il y fut poursuivi par ceux qui le reconnurent.

kerque. Des enfants le reconnurent et se mirent à le huer, puis à lui lancer des pierres; le terroriste tenait par la main son jeune fils et s'en faisait un bouclier, en le tournant toujours du côté des assaillants. Obligé de battre en retraite, il était parvenu sur un pont qui traversait le canal de Furnes, qui à cette époque, se rendait au port, en passant près de l'emplacement où est aujourd'hui l'arbre de la liberté. Il était exposé à y trouver une triste fin, lorsque vint à passer Emmery, que Cordange avait voulu, quelques mois auparavant, envoyer à l'échafaud. Oubliant tout ressentiment, ce généreux citoyen s'approche de son accusateur et lui dit: « Malheureux! tu as voulu me faire perdre la vie! je vais sauver la tienne.. » Il s'empare du fugitif, déclare qu'il le fait prisonnier, et par là, désarme la fureur de la foule. Il le conduit à la maison de ville, d'où il le fait partir en voiture, incognito et sans que personne soupçonne cette évasion.

Cette réaction ramenait les français vers leurs habitudes antérieures, vers cet ordre de choses dont le changement avait été signalé par de si fatales circonstances. Les émigrés rentraient clandestinement; les royalistes regagnaient le temps perdu; les jeunes gens surtout faisaient une opposition active et pétulante; on montrait au doigt les républicains; on se pressait en foule dans les maisons particulières où les prêtres insermentés disaient la messe; on cessait d'y mettre le mystère que la terreur avait autrefois rendu indispensable. Les instituteurs, naguère introuvables, revenaient en foule; la municipalité en installait 44 le 21 frimaire an IV. (novembre 1797).

Ce mouvement, qui se produisait même au conseil des Anciens et des Cinq-Cents, motiva le coup-d'état du Directoire (18 fructidor); une impulsion en sens contraire fut donnée. C'était un effort désespéré des amis de la Révolution. On exigea des prêtres le serment de *haine à la royauté et d'attachement à la République;* le port de la cocarde fut exigé de tous les citoyens; (1) on fit fermer le cercle de l'*Union* et le café de l'*Egalité;* on prêcha de nouveau, mais sans plus de succès, l'observation du décadi et l'usage du calendrier républicain. Le Directoire avait recommandé de fixer les jours de manière à rompre tout rapport entre les jours du marché au poisson et les anciens jours d'abstinence, entre les nouveaux marchés et les anciens.

Sans regimber ouvertement contre cette nouvelle direction, l'opinion ne laissait pas de reprendre la voie de ses anciens errements, de revenir à ses anciennes traditions; plus dures avaient été l'épreuve et la compression, plus vifs étaient le désir, le besoin de plaisir. Le carnaval avait été proscrit sous la terreur, il se montra dès qu'elle fut renversée. La municipalité ne pouvait se résoudre à maintenir une prohibition de ce genre. Ecrivant au Directoire, elle faisait remarquer, fort naïvement, à notre avis, que cet amusement, cher à la classe la moins fortunée, *n'a aucune analogie avec le fanatisme religieux*...., et que les prêtres l'ont

---

(1) Nous voyons dans les registres de la municipalité, que le 7 novembre 1792, plusieurs citoyens avaient arboré une cocarde à deux couleurs. Nous voudrions pouvoir donner quelques renseignements sur cette hérésie politique, qui fut sévèrement défendue.

constamment proscrit ; elle disait que tandis que les personnes aisées avaient eu, pendant l'hiver, *des redoutes, des bals de nuit, des repas splendides,* il était injuste de priver le peuple de ces récréations pour lesquelles chacun avait fait tant de préparatifs, de frais, d'avances, etc., qui seraient perdus ; elle rappelait le désordre qu'avait excité au commencement de la révolution la proscription de ce plaisir favori. ...

Le carnaval reparut donc, toléré, cette fois, mais n'ayant rien perdu de son ancienne puissance.

La paix avec l'Empereur ayant été proclamée, on espéra des jours meilleurs.

La misère se retirant, on augmenta le traitement des employés (1797) ; il fut question d'établir à Dunkerque un jardin botanique, une ligne télégraphique.

Ce qui prouve surtout que la ville se relevait, ce sont les doléances qu'elle adressa au Directoire sur le dépérissement de son commerce. On sait que, une fois en convalescence, le malade se plaint bien plus amèrement de sa faiblesse, que lorsqu'absorbé par la maladie, il gisait sur son lit de douleur.

A peine entrée dans cette convalescence, la France porta son activité sur la réédification à l'intérieur et sur la guerre qui semble être une exigence de son tempérament. Dunkerque se replaça immédiatement à la hauteur de ses précédents. Tout ce qu'il y restait d'énergique se tourna en hostilité contre l'Angleterre. C'était le sentiment général en France, et malgré les conférences ouvertes à Lille pour la paix, jamais les partis en présence n'y furent moins disposés.

Dunkerque n'avait plus les forts qui en défendaient autrefois les approches ; elle y avait suppléé par des batteries flottantes qui stationnaient dans la rade avec quelques frégates et chaloupes canonnières. Malheureusement, les artilleurs qui y étaient postés n'étaient guère habiles, et on eut même à déplorer l'explosion d'une réserve de poudre qui coûta la vie à plusieurs marins.

La France avait résolu une expédition contre l'Irlande ; de son côté, l'Angleterre, empressée à donner la représaille, avait tourné ses vues vers Dunkerque et, comme elle l'avait déjà fait, elle voulut la prendre ou du moins l'attaquer par terre. Des émissaires s'étaient introduits en ville. On avait vu avec inquiétude des fusées lancées la nuit et successivement de l'est et de l'ouest des jetées, et l'on avait pris toutes les précautions pour se garantir d'une surprise.

Les Anglais ayant pris douze à quinze bateaux de pêche dunkerquois, les coulèrent et envoyèrent les équipages aux pontons. (1) Cela raviva toute l'antipathie

---

(1) Pierre Dauvergne, de Dunkerque, emmené prisonnier en Angleterre, fut mis pendant dix-sept mois dans un cachot étroit et obscur ; transféré ensuite à bord du *Héros*, vaisseau-prison, il y rencontra un jeune compatriote, Ed. Eldrick, âgé de 12 ans, enfermé depuis quarante-trois mois ; il lui promit de travailler à leur commune délivrance. Un jour qu'il croit la circonstance opportune, il se jette à la nage avec cet enfant et traverse la Tamise, met pied à terre et se retire dans un bois. Un navire danois étant venu en vue, il s'y rend à la nage avec son précieux fardeau. Arrivé au navire, on consent à l'accepter, mais on refuse absolument l'enfant. — Laissez-le dans un coin du navire, dit-il, je travaillerai six mois pour sa nourriture..... Tant d'héroïsme sauva la vie de ce petit malheureux. De pareils traits sont consolants, et ne devraient-ils pas être perpétués par le pinceau de nos artistes ?

nationale. On se saigna pour fournir sa part à l'emprunt levé pour les frais de la descente en Angleterre. Aussitôt on se met à préparer des armements en course. On y travaille le jour et la nuit, on y travaille même le décadi : vu l'urgence et la gravité des conjonctures, la défense était levée. Soixante chaloupes canonnières adjugées au port de Dunkerque sont mises sur les chantiers, qui reprennent une activité inaccoutumée. La garde nationale sent se réveiller son ardeur un instant assoupie. Malgré l'épuisement où était la ville, on trouva encore de quoi faire 32 armements, (du 17 février 1798 au 8 février 1799), qui comportent onze à douze cents hommes et deux cent douze pièces de canons. Les soixante-onze conscrits appelés à l'armée s'électrisent à la pensée des succès qui se préparent, ils demandent et obtiennent la permission de se rendre librement et volontairement au dépôt. ...

Pendant ce temps-là, des bombardes, des galiotes et deux frégates de 40 canons, formant une flotte de 27 voiles, s'étaient mystérieusement dirigées des ports de l'Angleterre vers Ostende, où elles arrivèrent dans la nuit du 19 janvier 1798 (1). Postées dans la rade, elles ouvrent le feu et bombardent la ville tandis que deux mille hommes, cinq canons et un obusier débarqués dans les environs de Blankemberghe, se dirigeaient pour tenter un coup de main du côté de terre.

Les assaillants s'emparèrent de l'écluse Slikens, y portèrent 4 à 500 barils de poudre, en jetèrent une grande partie entre les portes, y mirent le feu, et détruisirent ainsi tous les ouvrages supérieurs.

La nouvelle de cette agression parvint rapidement à Dunkerque. A peine y est-elle connue que la milice urbaine s'offre de faire tout le service de la ville pendant que la garnison, jointe à celle de Furnes, se porte à marche forcée sur le point menacé. La dépêche n'était pas arrivée d'un quart d'heure que des canonniers dunkerquois et des grenadiers, joints à un détachement de la 28e demi-brigade, partaient avec quatre pièces de canon pour la batterie de Zuydcoote et de l'ancien fort-blanc. Cent volontaires étaient déjà à attendre les ordres qui auraient pu survenir. Chappe, qui habitait alors Dunkerque, où il avait établi un de ces appareils télégraphiques dont il est l'inventeur, expédie au ministre l'avis de ce qui se passe ; ce procédé semblait alors presqu'aussi merveilleux que l'est de nos jours le télégraphe électrique.

Mais l'ardeur des troupes françaises mit promptement fin à cette démonstration. 200 grenadiers du 46e font mettre bas les armes à 1,500 anglais. On dirige promptement cette capture sur Bruges, avec trois canons pris aux agresseurs. En outre ils avaient perdu quarante canots, et le commandant de l'expédition était dangereusement blessé.

Profitant habilement d'un succès si heureux, le commandant d'Ostende écrivit au commodore anglais : « ... Cessez immédiatement votre feu, sinon chaque coup de canon tiré de la flotte coûtera la vie à un de vos compatriotes prisonniers..... »

---

(1) Les Anglais revinrent une seconde fois, le 18 mai.

Pour ne pas donner lieu à l'exécution de cette menace, le général fait taire son artillerie, et sa flotte se retire après avoir endommagé environ 150 maisons, et vient croiser en vue de Dunkerque, d'où elle finit par se retirer sans rien faire.

Ce résultat, si rapidement et si complètement obtenu, excita à Dunkerque une joie vive et universelle ; pour la première fois, depuis bien longtemps, la ville s'illumina spontanément. Dans un discours prononcé par le maire, lors de la fête des Victoires, qui eut lieu quelques jours après, nous trouvons les traces de l'exaltation produite par cet événement, et nous croyons pouvoir transcrire les passages suivants :

« ..... Je vous prends à témoin, ô plaines de la Champagne, redoutes de Jemmapes, champs de Fleurus deux fois fameux ! Et vous, murs de Lodi et d'Arcole, sables de Quiberon, de Dunkerque et d'Ostende, dites à l'univers que nos guerriers ont porté l'étendard de la liberté, des marais fangeux de la Hollande aux bords fertiles de la mer Adriatique ! Que les noms de guerriers, proclamés aujourd'hui par la reconnaissance nationale, soient l'effroi de l'Angleterre !!... Puissent les coups que nous allons porter à cette implacable ennemie, être les derniers dont l'humanité ait à gémir !.... Ombres généreuses de nos frères morts dans les combats, vos mânes seront apaisés par un holocauste digne de vous, la ruine de l'infâme Albion !... Oui, l'orgueilleux insulaire sera humilié, sera puni ! J'en jure par le dévouement, l'intrépidité de nos marins ! J'en jure par la gloire de nos armées ! J'en jure par le génie de ce général qui n'a jamais été vaincu ! »

Celui que désignait ainsi l'orateur était Bonaparte, dont la gloire se levait tout-à-coup à l'orient de la France.

Et puisque ce grand nom se présente sous notre plume, disons que Bonaparte vint à Dunkerque pour la première fois le 12 février 1798, en compagnie du général Lannes. Il y revint quelques jours après (13 mars), et se rendit incognito au théâtre. Il était venu inspecter la rade et poser les bases du projet qu'il essaya d'exécuter quelques années après. Il ne resta que peu de temps dans notre canton, car le Directoire l'envoya en Égypte.

On sait que pendant ce temps les généraux ennemis malmenèrent l'armée d'Italie. Ces revers trouvaient des hommes disposés à s'en réjouir, parce qu'ils y voyaient un acheminement vers une restauration qu'ils désiraient. Le temple décadaire et plusieurs autres monuments portèrent plus d'une fois des placards où l'on disait :

« Vive le roi !
» Les membres du Directoire à pendre !
» Vive le général Souwarou ! Vive le prince Charles ! »

Ces démonstrations engagèrent la municipalité à prendre de sévères mesures ; elle supposa que ces écrits avaient pour auteurs des émigrés, des chouans, elle annonça l'intention d'arrêter « *les embaucheurs, les émigrés rentrés, les égorgeurs et les brigands,* » et à cet effet de faire des visites domiciliaires.

Ce qui justifiait jusqu'à un certain point la grande prudence du Conseil, c'est la présence des Anglais, dont les croisières réapparaissaient sans cesse dans la rade. (1).

Telle fut pour Dunkerque l'époque du Directoire; transition entre les ruines de la terreur et la renaissance du consulat et de l'empire.

Ainsi se termine, pour nous, le chapitre de la domination des assemblées qui ont succédé à la royauté.

§ V. Les Fêtes républicaines.

Sous le Directoire, le gouvernement semble avoir pris à tâche de moraliser le peuple par des fêtes républicaines, dont la pompe et le cérémonial auraient remplacé l'éclat des fêtes religieuses du catholicisme proscrit. Les philosophes du temps n'avaient vu que l'enveloppe, et ils s'étaient proposé d'en fabriquer une équivalente. Ils n'avaient pas vu que la pensée de foi qui fait toute la substance des fêtes chrétiennes manquerait à leur œuvre, qui, dès sa naissance, était inévitablement vouée à la mort.

Indépendamment de toute autre considération, ces fêtes, sans racines dans le cœur ni dans la mémoire, ne tendaient qu'à devenir des scènes théâtrales. Elles ne concernaient que l'extérieur de l'humanité. Elles devaient rester des démonstrations sans conséquence morale.

En se plaçant au point de vue borné des régisseurs, on doit convenir qu'elles n'étaient pas illogiques, ni sans une certaine liaison entre elles. On fêtait la *jeunesse*, les *époux*, la *vieillesse*; on honorait la *reconnaissance*; on exaltait la *liberté*; on chantait la *paix* et la *victoire*; on pleurait la *mort des martyrs de la liberté*; on célébrait les funérailles de Hoche, de Joubert, de Bonnier, assassiné à Rastadt; on faisait l'apothéose de la *république*, de la *souveraineté du peuple*, êtres abstraits dont le peuple ni les républicains ne sauraient se faire une idée bien nette, bien personnifiée; on faisait l'anniversaire de *la mort du dernier des tyrans*, des journées du 14 juillet, du 10 août, etc. Ainsi mis sur un même niveau, tous ces êtres divers par leur nature, leur moralité, leur appréciation, se nuisaient mutuellement, et de ce chaos intellectuel, il était impossible que rien de bien organisé vînt à surgir. Néanmoins, nous le répétons, il s'y rattache des renseignements que la curiosité peut aimer à parcourir et dont l'observateur peut déduire d'utiles remarques. C'est pourquoi nous reproduirons quelques documents qui les concernent.

L'ordonnance de ces fêtes comportaient deux parties bien distinctes : la mise en scène et le libretto. L'un et l'autre trahissent souvent d'heureuses pensées et

---

(1) Le 30 août, sept frégates anglaises s'approchèrent si fort de la ville, que l'une d'elles, prise par la marée, resta sur les bancs.

offrent une instruction vraiment précieuse, quoique différente de celle qu'avaient en vue les auteurs.

Les directeurs avaient adopté : 1° la pompe des cérémonies publiques pour frapper les yeux, première mesure à prendre pour la multitude ; 2° les allégories, pour faire comprendre les idées abstraites qu'il s'agissait de populariser ; 3° les discours et instructions plus explicites, pour ceux qui pouvaient les comprendre et voulaient les écouter. Nous donnons ici quelques détails pour faire juger de la valeur de ces moyens.

Les cortéges étaient composés d'une manière économique ; l'économie est toujours nécessaire ; alors elle était forcée. On avait donc recours aux fonctionnaires civils et militaires de tout degré, aux habitants des écoles, hôpitaux, etc., comparses gratuits et nombreux.

Les musiques militaires, les tambours, les détonations de l'artillerie, la sonnerie des cloches, quand il s'en trouvait encore, apportaient leur contingent aux fêtes publiques.

Des édifices à la détrempe, temples, obélisques, statues, bosquets, paysages, y apportaient aussi le leur. De belles femmes, vêtues (si l'on peut s'exprimer ainsi) à la grecque, représentaient la *Raïson*, la *Liberté*, la *Victoire* ; à côté d'elles figuraient les tables de la constitution la plus récente ; l'autel de la patrie, etc.

La Constitution était portée par quatre personnes : deux membres de l'autorité civile et deux membres de l'autorité militaire.

La Victoire avançait, portée aussi par des militaires de toute arme et précédée de jeunes gens armés de piques et de boucliers, sur lesquels étaient inscrits les plus mémorables succès des armées françaises. Le 19 prairial, an IV, à côté de la Divinité, marchaient quatorze jeunes gens figurant les quatorze armées de la République.

Le cortége étant arrivé à sa destination, la Victoire se plaçait sur l'estrade qui lui était préparée et distribuait des couronnes civiques et des palmes.

A l'aide de ces préliminaires, on arrivait au propre du jour. Ainsi, à la fête de la Vieillesse, une estrade était réservée aux pères de famille ; une couronne de chêne était posée sur la tête de celui qui en était jugé le plus digne. Une députation de jeunes gens les conduisait ensuite au théâtre, où une place d'honneur les attendait. Les stalles étaient ornées de verdure et d'inscriptions ; on jouait des pièces de circonstance. Dans une allocution qui leur était adressée, le maire disait : « Nulle époque de la vie n'a plus de droits à notre respect que celle à
» laquelle nous désirons tous parvenir. A la jeunesse, l'audace et la témérité de
» l'action ; à la vieillesse, la sagesse et la prudence du conseil. Ceux-ci dirigent,
» ceux-là exécutent. Le pilote qui évite les écueils n'est pas moins utile au salut
» du navire que le jeune matelot qui exécute les manœuvres. Au temps de l'âge
» d'or, les vieillards étaient la loi vivante des familles... Dans les républiques,
» ils étaient respectés et honorés. Pythagore fut-il moins utile que Milon le croto-

» niate?... O vous qui avez longtemps mérité de la patrie! la patrie en ce jour
» vous offre sa reconnaissance ; de tous les points du territoire, la France pro-
» clame votre mérite et votre vertu... »

Lors de la fête des Époux, on conduisait, sur la place de la Liberté, les jeunes ménages qui avaient adopté des orphelins ; on les proposait pour modèle ; on les couronnait, on chantait leur gloire. Les épouses en robes blanches, et ornées de rubans tricolores, étaient ramenées à leur logis par la foule.

Le 10 floréal an VI, Dequeux de Saint-Hilaire leur disait :

« Après avoir fondé la République au milieu des convulsions d'une révolution
» si féconde en prodiges, la Convention appelle le peuple à la pratique de la
» morale et des vertus sociales. C'est dans ce but, qu'après avoir anéanti tout
» ce qui pouvait lui rappeler le souvenir de son esclavage et de ses anciennes
» erreurs, elle institua des fêtes publiques pour célébrer les époques les plus mar-
» quantes de la révolution, ou pour honorer les institutions qui sont le plus déci-
» sives pour le bonheur des individus. Partout, les législateurs se sont occupés
» du mariage qui influe d'une manière si directe sur les mœurs, sur l'existence
» de la société, et le bonheur individuel de l'homme, surtout dans les républi-
» ques dont la vertu est la base fondamentale. Fuyez le célibat, fruit de
» l'égoïsme et de l'insensibilité, il glace, il engourdit l'âme ; il éteint le germe
» des vertus sociales..... Échauffez le cœur de vos enfants du feu du patriotisme !
» N'oubliez jamais que c'est de leur éducation que vont dépendre les destinées
» de la France.

Aux fêtes de la Jeunesse, on déployait plus de pompe, parce qu'en effet, il y avait plus de résultats à obtenir.

Le 1er germinal an IV, l'autel de la patrie était dressé sur la place de la Liberté ; on y inscrivait, sur le livre des citoyens, tous les jeunes gens qui avaient atteint leur vingt-unième année ; on distribuait des armes à ceux qui avaient dépassé seize ans. Au fond de la place, se trouvaient une estrade et un orchestre où on exécutait des airs patriotiques. Des banquettes étaient réservées aux vieillards des deux sexes. Les défenseurs de la patrie formaient la haie ; la garde nationale sédentaire, que l'on avait invitée à s'y trouver « *dans un état propre et décent* » y figurait aussi.

Pour arriver sur la place, l'assemblée s'était formée en cortège.

Le cortège s'ouvrait par deux trompettes à cheval ; après eux, venaient :

Un groupe de jeunes gens armés, portant un étendard avec cette inscription :

L'ESPÉRANCE DE LA PATRIE.

Une compagnie de chasseurs à cheval.
Le groupe des jeunes gens de vingt-un ans, avec un drapeau tricolore.
Une compagnie de canonniers de la garde nationale.
Le groupe des défenseurs de la patrie qui avaient reçu des blessures aux armées, accompagné d'une bannière portant cette inscription :

LA PATRIE RECONNAIT LEURS SERVICES.

Une compagnie de grenadiers de la garde nationale.
Le groupe des vieillards des deux sexes, précédé d'une bannière où on lisait :

LA PATRIE HONORE LA VIEILLESSE.

Un groupe de tambours.
Une compagnie de la troupe de ligne.
Les corps civils et militaires.
Les musiciens.
L'administration municipale.
Et finalement, une compagnie du centre de la garde nationale.

Arrivés sur la place, les citoyens de seize ans se plaçaient à droite de l'autel de la patrie; ceux de vingt-un ans à gauche; les vieillards et les blessés sur les banquettes, puis l'on procédait à l'exécution des chants, des discours, etc.

A chaque cérémonie figuraient des sentences en rapport avec la circonstance. Ainsi, à la fête de la Souveraineté du peuple, on lisait à droite :

LA SOUVERAINETÉ RÉSIDE DANS L'UNIVERSALITÉ DES CITOYENS.

Et à gauche :

L'UNIVERSALITÉ DES CITOYENS FRANÇAIS EST LE SOUVERAIN.

D'un côté :

NUL INDIVIDU, NULLE RÉUNION PARTICULIÈRE DE CITOYENS
NE PEUVENT S'ATTRIBUER LA SOUVERAINETÉ.

D'un autre :

NUL NE PEUT, SANS UNE DÉLÉGATION LÉGALE, EXERCER AUCUNE AUTORITÉ
NI REMPLIR AUCUNE FONCTION PUBLIQUE.

Plus loin :

LA SOUVERAINETÉ DU PEUPLE EST INALIÉNABLE.

« Comme il ne peut exercer lui-même tous les droits qui en découlent, il délè-
» gue une partie de sa puissance à des législateurs et à des magistrats choisis
» par lui-même ou par des électeurs qu'il a nommés. »

On disait aux assistants : « N'oubliez pas que, sans la vertu, il ne peut exister
» de république..... Les républiques si célèbres de la Grèce et de l'Italie succom-
» bèrent dès que la corruption, née du sein de la prospérité, eût étouffé la vertu
» dans le cœur des citoyens.

« Rappelons les vrais principes de la liberté!..... Ne croyons pas qu'elle con-
» siste à pouvoir agir sans contrainte, selon notre volonté et nos désirs; nous
» sommes libres quand nous pouvons travailler à notre bonheur sans troubler
» celui des autres. Nous sommes libres, quand nous jouissons de nos facultés
» morales et physiques sous la protection de la loi. .... Dans l'état de nature,

» les hommes sont indépendants les uns des autres, mais lorsqu'ils sont réunis,
» il faut nécessairement des lois pour maintenir leur société et empêcher qu'elle
» ne soit troublée. Ces lois sont la sûreté des personnes et des propriétés, et
» comme elles sont faites pour le bonheur de tous, ceux qui les enfreignent
» doivent être considérés comme des ennemis.

« Les Romains se crurent libres dès qu'ils n'eurent plus de rois, mais leurs
» guerres civiles, leurs proscriptions sanglantes, tous les malheurs qui les acca-
» blèrent, par suite de l'inobservation des lois, les firent tomber sous le joug
» d'un dictateur qui les transmit comme un héritage, sous lesquels ils se trou-
» vaient bien traités quand ils avaient du pain et des spectacles..... »

A la fête de la *Liberté*, cet être abstrait était représenté par quelques uns de ces beaux types qui abondent à Dunkerque. La mémoire de plusieurs de ces citoyennes s'est perpétuée jusqu'à ce jour. On cite celle qui demeurait au Puits-Bleu, et qui, depuis, devint une grande dame à Hondschoote. On cite T..... B....... et surtout S..... H... qui survit aujourd'hui à sa beauté et à ces représentations renouvelées des Grecs.

Le même modèle qui avait figuré la Liberté figurait aussi la Victoire, aux fêtes célébrées en l'honneur de cette divinité payenne; elle distribuait des couronnes aux vainqueurs, des palmes aux militaires blessés à l'armée..., elle foulait aux pieds le drapeau anglais.....

Le 9 thermidor an VI, le cortège s'étant rangé autour de l'autel de la patrie, sur lequel il y avait des sabres, des haches, des massues et un faisceau de drapeaux tricolores, on découvrit, à l'extrémité opposée, un trône avec les emblêmes de la royauté : sceptre, couronne, écusson, cahier de la constitution de 1794..... Le maire prononça une chaleureuse allocution finissant ainsi :

« Que de vils scélérats, que d'aveugles fanatiques calomnient les efforts du peuple, leur espoir sera déçu. »

Alors chacun s'empara d'une hache ou d'une arme, et l'on courut briser le trône et tous les accessoires. Sur ces débris, on planta un drapeau tricolore, et l'on revint en cortège à l'Hôtel-de-Ville.

Le lendemain, un nouveau trône, composé des débris du trône de la veille, figurait au même lieu; seulement, il était couvert d'une draperie tricolore; à côté, on voyait un masque, un bandeau, des poignards, des torches, un cahier de la constitution de 1793. C'était ainsi que l'on symbolisait la tyrannie de Robespierre. Le discours officiel dépeignait le farouche conventionnel et ses sectateurs, sous des traits vigoureux, que voici :

« Ils avaient sans cesse à la bouche les mots séduisants de *liberté*, *égalité*,
» *fraternité*, et ils couvraient le sol français d'une multitude d'inquisitions et
» d'échafauds! Ils établissaient, par tous les moyens, la plus affreuse tyrannie;
» ils semaient les haines, les vengeances, les guerres civiles; ils mettaient à
» l'ordre du jour, la *probité*, la *justice* et la *vertu*... et ce n'était partout que
» vols publics, vexations inouïes, cruautés barbares, enfin tous les crimes
» déchaînés à la fois.

» Et quel jour de deuil pour la patrie, que celui où, sous prétexte de l'intérêt
» de la République, on vit ce nombre prodigieux d'incarcérations du créancier
» par le débiteur; de l'amant favorisé par l'amant rebuté; du mari outragé par
» l'adultère impuni; de l'artiste habile par l'artisan jaloux; des maîtres par les
» domestiques; du juge impartial par le plaideur condamné!... Un être dégradé,
» vomi sur la terre pour le malheur de l'humanité, Robespierre, devient le chef
» du triumvirat le plus cruel et le plus sanguinaire qui exista jamais. Les capti-
» vités, les proscriptions, les assassinats, tendirent à assurer sa puissance sur les
» débris de celle que le peuple venait de renverser! Ses proconsuls, aussi inso-
» lents que cruels, se répandaient dans les départements; là, sans pudeur, sans
» pitié pour l'innocence du premier âge, sans considération pour l'homme
» vertueux, sans respect pour la majesté du vieillard, ils se font un jeu de les
» outrager, de tout sacrifier à leur cupidité, à leur fureur... On doute si l'atrocité
» du crime l'emporte sur l'atrocité des moyens. Des fleuves de la France ne rou-
» laient plus que du sang, et des cadavres vont porter aux mers épouvantées le
» témoignage irrécusable de leurs forfaits. »

Après ce tableau que l'année 1798 rédigeait sans doute pour l'instruction de 1852, l'orateur prit un flambeau, mit le feu aux débris du trône, et sur les cendres encore fumantes, on plaça la statue de la Liberté.

Voici sous quels traits on dépeignait parfois la royauté :

« Les rois! voyez les guerres allumées par leur ambition! les dilapidations de
» la cour!... pour payer ses débauches, elle imposait les gabelles! elle énervait
» les Français par toutes sortes de pratiques avilissantes qui insultaient à la
» pudeur publique! Des maîtresses, des favoris, vampires insatiables, épuisaient
» le trésor public!..... Par tant d'odieuses prodigalités, les rois s'étaient attiré
» l'indignation d'un peuple qui les avait considérés longtemps comme des idoles!
» En un jour, ce trône de quatorze siècles fut brisé! Les vainqueurs s'étonnèrent
» eux-mêmes de la facilité de leur triomphe; et le secret de la faiblesse du tyran
» fut dévoilé à l'univers! »

La révolution qui avait fait disparaître les abus n'était pas elle-même sans reproche, du moins, on disait aux Dunkerquois (1er vendémiaire an v) :

« La France, en ressaisissant ses droits, s'était avancée beaucoup au-delà des
» limites de la liberté; on avait beaucoup trop ébranlé les vigoureux principes
» qui, seuls, peuvent maintenir, dans un grand état, le respect pour les lois
» et l'empire des vertus sociales. La sauvage anarchie ne tarda pas d'assouvir
» ses fureurs aux élans du patriotisme; un vil essaim de brigands vinrent se
» mêler aux conquérants de la république...Tandis qu'au dehors, nous étonnions
» l'Europe en écrasant ses armées, nous étions en proie, au dedans, au despo-
» tisme le plus ignoble comme le plus sanguinaire! »

Toutes les espérances n'ayant pas reçu leur réalisation, on disait aux citoyens (18 fructidor an vi) :

« Les révolutions veulent être vues de loin, parce que les siècles effacent les
» nuages qui les obscurcissent et que la postérité n'aperçoit que le résultat.....

» Nos descendants nous croiront grands, cherchons à les rendre meilleurs...
» transmettons leur le récit des fautes que nous avons commises, afin qu'ils pro-
» fitent de l'expérience.... Les royalistes et les anarchistes, divisés en apparence,
» mais unis en réalité, sentaient bien qu'aussitôt que la France jouirait d'un gou-
» vernement stable et fondé sur les lois, leurs projets seraient déjoués..... Ils
» redoublèrent d'efforts; attaquée au dehors, déchirée au dedans, la République
» s'éleva pourtant sur les ruines des factions..... mais ils ne tardèrent pas à
» renouer leurs trames, et profitant de la faiblesse d'un gouvernement nouvelle-
» ment établi, et par les moyens qui devaient servir à consolider l'édifice cons-
» truit, ils travaillèrent à le détruire..... Ils cherchèrent à rendre le pouvoir
» odieux, ils avilirent et tournèrent en dérision le caractère des premiers magis-
» trats..... Oh! qu'ils sont coupables ceux qui, abusant des talents que la nature
» leur a donnés, s'en servent pour égarer l'opinion!... Le gouvernement anglais
» compte moins sur ses propres forces que sur nos dissensions..... Unis, les
» Français seront invincibles! »

CHAPITRE XVII.

DUNKERQUE SOUS LE CONSULAT ET L'EMPIRE.

§ Ier. 24 décembre 1799. — 18 mai 1804.
§ II. 18 mai 1804. — 20 juin 1815.

§ Ier. Dunkerque sous le Consulat. — 1799-1804.

Durant cette nouvelle période, la plupart des institutions, violemment renversées par la tempête révolutionnaire, se relevèrent sous de nouveaux noms et sous des formes nouvelles. L'autorité, dont on avait si cruellement expié l'absence, semblait une garantie d'autant plus désirable que, d'une part, on venait d'être flagellé par la plus ignoble et la plus sanglante anarchie, et de l'autre part, qu'un homme extraordinaire se faisait le représentant de l'ordre.

Grand par lui-même, Napoléon était encore grandi par l'espoir qu'il faisait naître, par les faits qu'il réalisait et par le souvenir des maux dont il délivrait la France. Aussi, Louis XIV, dans sa gloire et au sein de ses prospérités, n'a pas été l'objet d'une louange plus unanime, plus haute, plus sincère; d'une reconnaissance plus vive et plus sentie. L'immense majorité de notre population applaudit avec chaleur au décret du 8 mai 1800, qui prolongeait de dix ans les pouvoirs que la constitution de l'an VIII accordait au premier consul; au décret du 2 août, qui le nommait consul à vie, et surtout à celui qui le proclamait empereur (18 mai 1804). Consultée sur ces questions, la nation donna une réponse affirmative. Il faut se rappeler ces circonstances, se souvenir que jamais pouvoir ne fut plus mérité, plus noblement justifié, dans le commencement, du moins, pour apprécier les injures et les malédictions qui, après quinze ans, vinrent accablé l'*usurpateur*, ainsi qu'on nommait en 1814, le libérateur, l'élu, le demi-dieu de 1800.

L'inflexible histoire montre, sur le Consulat, une tache de sang; assassiné juridiquement, le duc d'Enghien tomba dans les fossés de Vincennes, sinon par les ordres de Bonaparte, du moins par les soins d'amis trop empressés à lui plaire. On a voulu cacher ce souvenir sous sa gloire, mais comme l'a dit le poète :

La gloire efface tout !..... tout, excepté le crime !

Quoiqu'il en soit, l'époque du Consulat est, pour la France en général et pour notre ville en particulier, un temps de renaissance qui fournit à l'histoire les pages les plus instructives et les plus intéressantes parmi celles que le XIXe siècle nous a léguées.

Les circonstances dont nous avons tant de fois répété les tristes détails avaient réduit les finances de la ville à un état tel, qu'en mai 1799, les coffres de la commune contenaient à peine 5,000 francs. Le budget municipal de l'an VI constatait un déficit de 233,000 francs. Les hospices avaient un nouvel arriéré de 84,000 fr. Ces établissements pouvaient à peine fournir du pain et de l'eau à cinq cents individus qui s'y trouvaient réunis ! Le retour de l'ordre apporta quelque remède à cette situation.

La religion avait été brutalement et stupidement proscrite: dès que le calme reparut, la foi, le plus vivace des sentiments, se fit jour le premier. Dans un synode tenu à Lille, Schelle, curé de Dunkerque, fut nommé évêque du département du Nord. Sacré à Reims, par Diot, il ne tarda pas à donner sa démission. Il revint, comme simple prêtre, résider à Dunkerque (1) où l'on conserve encore sa crosse et sa mître. Sa mort prématurée (4 mars 1803) fut attribuée au poison et attira l'attention sur son nom obscur (2).

Ce prêtre constitutionnel se laissa aller à l'erreur du moment, mais il resta de mœurs exemplaires. Primat et Schelle, les deux premiers évêques du Nord, forment, entre l'ancienne administration religieuse et la nouvelle, une transition qui aboutit à Belmas. Ces divers noms ont été plus ou moins obscurcis par la brume de l'époque, mais il ne serait pas juste de les mettre sur une même ligne avec quelques autres qui tombèrent dans de déplorables excès.

Le premier consul conclut, avec le Saint-Siège, un concordat (15 juillet 1801) qui replaça la France dans le sentier de l'orthodoxie, et qui est un des plus honorables souvenirs de sa vie. Plusieurs des prêtres qui avaient fui le sol dévorant d'une patrie athée s'empressèrent de revenir et de proclamer leur obéissance (3) à un gouvernement réparateur.

---

(1) *Histoire de Lille*, t. III, p. 298.

(2) Schelle, mort le 4 mars et inhumé le 7, fut bientôt exhumé, sur le bruit qu'il avait été victime du poison. Un procès-verbal du 14 mars constate que cette supposition était sans fondement.
Belmas l'avait nommé curé de saint Éloi le 12 juin 1802. Macquet avait été en même temps placé à la cure de saint Jean-Baptiste.

(3) Jacques Plateeuw, ex-jésuite, avait refusé de prêter serment à la Constitution de l'an VIII, et en conséquence il avait été déporté. — Après que le Concordat fût proclamé à Dunkerque, 10 floréal

Le 24 prairial an X, Belmas, évêque du Nord, officia pontificalement à Saint-Éloi. De son domicile, il se rendit processionnellement à l'église, précédé d'un nombreux clergé et des bannières conservées pieusement pendant les mauvais jours. Une musique militaire ouvrait la marche; la croix réapparaissait dans les lieux d'où elle était naguère bannie, et marchait en avant du cortége. C'était un spectacle nouveau et consolant; la foule s'empressait pour en jouir. Cette procession suivit la rue Maurième, le marché au Poisson et la rue des Victoires (aujourd'hui de la Vierge). Le maire et les adjoints se placèrent à la droite du chœur, sur un prie-Dieu garni de coussins; le commandant de la ville, le préfet maritime et les autres fonctionnaires se tinrent à gauche. Avec la religion, la distinction des pouvoirs s'était constituée d'elle-même. L'évêque monta en chaire et prononça une éloquente allocution dont les circonstances actuelles augmentaient singulièrement l'effet. Il célébra ensuite le Saint-Sacrifice, pendant lequel la femme du maire fit une quête. C'est ainsi que le culte catholique fut réintégré à Dunkerque.

Les mesures résultant de cette initiative ne tardèrent pas à être prises. Les séances décadaires, qui se tenaient dans l'église, furent transférées dans une des salles de l'Hôtel-de-Ville. Les deux paroisses furent délimitées (1) et lors du jubilé de Pie VII, le maréchal Davoust, ainsi que son état-major, en suivirent les exercices (2).

Le traité de Lunéville (9 février 1801), celui de Madrid (21 mars 1801), d'Amiens (25 mars 1802), semblaient avoir enfin assuré la paix que tout le monde appelait de ses vœux.

L'administration générale recevait l'organisation qu'elle a conservée depuis; la préfecture du Nord était transférée de Douai à Lille; la sous-préfecture du premier arrondissement, passait de Bergues à Dunkerque.

L'administration particulière se relevait de même; l'octroi, si imprudemment supprimé, était remis en vigueur (3); l'éclairage de la ville se réorganisait; le système des nouveaux poids et mesures s'introduisait dans la pratique (4); les corporations d'ouvriers recevaient de nouveaux règlements; on procédait à un nouveau

---

an X, l'exilé vint apporter sa soumission. Trois jours après, douze prêtres suivirent cet exemple: dans leur déclaration manuscrite, nous remarquons les passages suivants:

« ..... Nous avons saisi avec empressement les premiers instants qui ont fait reluire en France un
» autre ordre de choses. Le seul motif qui a retardé l'expression publique et solennelle de nos sen-
» timents, c'est de voir sanctionnées par le souverain Pontife les mesures adoptées par le premier
» consul, désirant pour les faire connaître, de profiter de la promulgation solennelle qui vient de se
» faire du Concordat, nous déclarons..... »

Plusieurs religieuses exilées firent de même, et rentrèrent dans la ville.

(1) C'est le 10 fructidor an VIII qu'avaient été installés les deux commissaires de police.
(2) 8 mars 1805.
(3) Par la loi du 17 fructidor an VIII.
(4) Un arrêté consulaire du 4 novembre 1800 exige la mise en pratique du nouveau système, à partir du 1er vendémiaire an X.

recensement de la population, à un nouveau partage de la ville en six sections, à un nouveau numérotage des maisons.

Des chantiers, depuis longtemps déserts, sortaient de nouveau, des navires de guerre, chaloupes, canonnières et même des frégates de quarante à cinquante canons.

On met à l'étude un projet de bassin à flot pour les navires de commerce, projet que nous allons voir se réaliser après un demi-siècle de paix (1); un conseil de commerce et d'agriculture est constitué (2). Supprimée en décembre 1791, la chambre de commerce est rétablie en décembre 1802; le nombre des courtiers est fixé; leur cautionnement établi (3).

Un cercle littéraire, comptant jusqu'à trois cents abonnés, s'organise comme par enchantement. Faulconnier, le petit-fils du grand bailli, annonce qu'il va continuer, sous Napoléon, l'œuvre commencé par son grand-père sous Louis XIV... (4).

Les commerçants dunkerquois s'étaient concertés dès-l'abord, pour réclamer, de nouveau, les franchises du port dont la Convention les avait si malencontreusement privés; la ville demanda et obtint le tribunal de première instance... En un mot, tout marchait dans le sens d'une rénovation générale.

Quelques fonctionnaires dévoués aidèrent à ce salutaire mouvement. Parmi eux, nous croyons devoir citer Dequeux Saint-Hilaire; Emmery que nous verrons bientôt sénateur; Kenny qui, de par l'empereur, devint le baron de Kenny, mais qui depuis.....

Par une remarquable coïncidence, une épizootie qui désolait les campagnes, vint à cesser, et l'espérance reparut au sein des chaumières pour marquer aussi cette grande époque.

Bonaparte était le centre autour duquel s'étaient groupés les éléments d'ordre désagrégés et délayés dans les ondes révolutionnaires. Aussi, avec quel enthousiasme se tournaient vers lui tous les cœurs qu'il avait remplis d'espoir! On a voulu nier l'influence du premier consul et la réalité de l'affection qu'il fit naître, mais ceux qui prétendraient ne voir en lui qu'un ambitieux vulgaire et sans mis-

---

(1) Un arrêté du préfet, en date du 26 mars 1803 prenait des mesures à cet effet, il décide que : « .... Jusqu'à ce que le gouvernement ait définitivement statué sur l'exécution du bassin projeté au port » de Dunkerque, le sieur Lafond s'abstiendra de toute construction sur le terrain qui lui a été vendu » par la ville.... » Ce terrain était contigu à la rue de la Grille et rues voisines.

(2) 24 septembre 1801. Ce conseil d'agriculture et de commerce était composé de neuf personnes, dont six négociants, un fabricant et deux cultivateurs, qui se réunissaient dans une des salles de l'Hôtel-de-Ville.

(3) Un arrêté consulaire des 26 et 28 juin 1801 fixe à douze le nombre des courtiers et à 12,000 fr. le chiffre de leur cautionnement.

(4) Le 21 avril 1803, il demandait, par la voie du journal de la localité, des renseignements sur les événements qui s'étaient passés en ville de 1718 à 1750, et particulièrement sur les suivants : 1° la rupture du batardeau; 2° l'époque où le port avait été de nouveau navigable; 3° l'époque précise de la construction des batteries et ouvrages de défense de la place; 4° les officiers généraux employés à Dunkerque de 1740 à 1748.

sion, sont injustes et maladroits ; qu'ils consultent les archives et y lisent les pièces de l'époque, ils seront complètement édifiés à cet égard et comprendront, d'ailleurs, quel argument ils prêtent à ceux qui nient l'action de la Providence dans le gouvernement du monde !

Nous avons pris le soin que nous recommandons, et nous demandons la permission d'exprimer ici la substance de cent proclamations que nous présentent les registres officiels. On y lit par exemple :

« Livrés au choc des factions, nous épuisions nos ressources sans recueillir le
» fruit de nos sacrifices. Mal dirigés, notre énergie, notre dévouement n'abou-
» tissaient qu'à faire triompher un parti sur l'autre. Nous faisions de vains efforts
» pour atteindre le véritable but de la Révolution..... Dirigé par un homme de
» génie, le mouvement du dix-huit brumaire nous donne le consolant espoir, après
» deux ans d'agitations, de goûter le repos au sein de la paix... Nous touchons
» au moment de recueillir le fruit de tous nos sacrifices. Un gouvernement fort
» et juste a succédé aux factions qui s'étaient successivement emparées de l'auto-
» rité ! Un génie extraordinaire est placé au timon de l'État..... Ses services, ses
» vertus, ses talents l'ont investi d'une confiance qui, plus que le pouvoir dont
» l'a revêtu la Constitution, contribue à lui faciliter les moyens de rendre le
» bonheur à notre malheureuse patrie. Déjà nous en ressentons les heureux
» effets... Les scandaleuses dilapidations qui épuisaient nos ressources sont sévè-
» rement recherchées ; l'ordre et l'économie s'introduisent dans toutes les parties
» de l'administration. A des impositions arbitraires et progessives succèdent des
» cotisations égales ou proportionnelles..... La confiance renaît, et avec elle, la
» prospérité publique ; pour couronner tant de bienfaits opérés en si peu de
» temps, il ne manquait que la paix... Celui qui a fait succéder l'ordre à l'anar-
» chie a ramené l'union parmi les Français.. La pacification de la Vendée, fruit
» de sa modération, est le présage de la paix générale... C'en est fait, la guerre
» civile est éteinte, notre liberté est désormais assurée, consolidons-là par la
» prudence et la fermeté, et non par l'enthousiasme qui révolutionne...

» Sous des généraux ineptes ou corrompus, nos armées avaient oublié la
» victoire... Le vainqueur de l'Egypte leur a rendu leur supériorité. Le génie de
» la France nous a ramené Bonaparte ; l'ascendant de ce grand homme imposa
» à ceux qui se disputaient le pouvoir. Depuis qu'il préside à nos destinées, quel
» heureux changement dans les choses et dans les idées !... L'urbanité succède à
» la rudesse, les sentiments généreux ont repris leur empire. l'erreur n'est plus
» un crime, les beaux-arts sont honorés...

» La liberté avait fondé la République : à force d'excès, elle faillit la renverser.
» Quel est donc celui qui, du bord de l'abîme, a élevé notre pays au plus haut
» degré de puissance ? C'est ce héros immortel, ce guerrier invincible, Bonaparte,
» politique aussi sage que profond... Et, en effet, qu'avions-nous gagné à nous
» éloigner des voies communes, et à substituer à l'expérience universelle des siècles
» et des nations, de vaines théories, l'irréligion et l'immoralité sa compagne ?...
» La société a été ébranlée, les lois protectrices de l'humanité, de la morale et de

» la vraie liberté ont été méconnues et foulées aux pieds.... Il appartient au
» héros qui nous gouverne, d'ajouter au titre de vainqueur et de pacificateur,
» celui non moins glorieux de restaurateur de la religion..... Il a conclu avec le
» chef l'église un concordat, base d'une loi organique sur les cultes... Toutes les
» idées de bonheur et de prospérité se rattachent à ce jour fortuné; il assure à la
» France la durée de sa gloire... Rendons grâce à Dieu des bienfaits qu'il répand
» sur notre patrie, et demandons-lui la conservation des jours de celui à qui nous
» les devons... Tout présage à la France l'avenir le plus heureux. Oui, grâce à
» la sagesse du héros qui nous gouverne, l'anarchie a cessé, l'ordre est rétabli,
» les propriétés sont respectées... La présence du pacificateur de l'Europe est le
» signal de tous les bienfaits, partout il recueille les témoignages de l'amour et
» de la reconnaissance. Cette reconnaissance transmettra à la postérité le souvenir
» des bienfaits qui ont signalé le gouvernement de l'homme immortel qui consacre
» les facultés de sa grande âme à régénérer la France »

Ces louanges se trouvent sous diverses formes dans toutes les pièces officielles des magistrats de toutes les communes. Ces citations textuelles suffiront sans doute à notre but.

Quelque avantageux que fût le changement que nous venons de signaler, il ne pouvait cependant s'accomplir sans opposition. Les amis de la vieille monarchie n'avaient pas perdu leurs souvenirs; plusieurs n'admettaient pas que le bien fût possible sous une forme différente de celle qu'ils avaient connue. Des complots criminels attentèrent à la vie de celui dont la France célébrait les louanges (1).

La réapparition des octrois et autres impôts trouva à Dunkerque une résistance prononcée; on fraudait audacieusement, la recette était nulle et la taxe nominale. Ce n'est que peu à peu que les brasseurs se résignèrent à obéir aux ordonnances sur la matière et que la population se plia de nouveau à ce sacrifice. Du reste, des colporteurs de fausses nouvelles semaient l'alarme et arrêtaient autant qu'il était en eux la consolidation du régime nouveau. A plusieurs reprises ils firent courir le bruit que le premier consul était assassiné; que Paris était en révolution... On disait que des malfaiteurs, soudoyés par des agents secrets, empoisonnaient les citernes, répandaient des dragées vénéneuses pour faire périr les enfants...

Les anciennes formules avaient promptement reparu. Le premier retour officiel du mot *Monsieur* nous apparaît dans les registres de la municipalité à la date du 10 vendémiaire an IX, et celui du mot *dimanche* au 9 mars 1803. (2)

La lutte avec les Anglais ne fut suspendue qu'un moment, et à chaque instant on retrouve, à cette époque, leurs tentatives contre la France et contre Dun-

---

(1) Le 14 février 1801, un abbé Ratel, qui devait succéder à Thierry, mort en 1786, fut inculpé dans une de ces criminelles tentatives contre Bonaparte.

(2) Nous croyons devoir ne pas nous étendre sur une foule de faits locaux sans importance historique, par exemple l'arrivée à Dunkerque du préfet Dieudonné, (1er août 1801) : celle du général Lannes, (5 septembre, même année); celle du général Lauriston, de lord Minto, (1er octobre): de Jérôme Bonaparte, (11 octobre): du contre-amiral Nielly, préfet maritime, etc., etc.

kerque. Le commencement du Consulat est marqué pour notre ville par un fâcheux souvenir, qui fait disparate avec ceux que nous ont légués les marins de Dunkerque.

Les Anglais croisaient continuellement dans la Manche, et de son côté, Castaignier, que nous avons déjà cité à l'année 1793, se tenait devant Dunkerque avec quatre frégates. En juillet 1799, ces frégates étaient mouillées dans la rade et le chef de l'escadre était à terre; des forces supérieures vinrent attaquer. Une frégate anglaise assaillit la *Désirée* et s'y grapina. L'équipage entier, composé de 400 hommes environ, sauta à l'abordage. La *Désirée* avait 210 hommes et 50 soldats qui se comportèrent bravement; du moins Lefebvre-Plancy, commandant, eut la poitrine traversée par une balle, il reçut sept coups de lance, sabre et stylet; porté à bord du parlementaire, il succomba à ses blessures. Darras, premier lieutenant, périt comme son capitaine; Langlois, second lieutenant, reçut cinq blessures; Michel, Demeiller et quelques autres furent tués en combattant; le maître d'équipage eut les deux bras emportés; 50 hommes furent mis hors de combat; mais le reste ne suivit pas, à ce qu'il paraît, ce bel exemple; car les Anglais se rendirent maîtres du navire, n'ayant perdu que trente hommes et un un officier. D'après un rapport qui en fut publié, Castaignier, au lieu d'être à son poste, était à la taverne; les détonations de l'artillerie lui apprirent l'attaque des ennemis, et au moment où il sortit il était fort peu propre à commander à qui que ce fût.

Outre les quinze à vingt voiles qui composaient leur effectif, les Anglais avaient aussi quatre brulôts qu'ils dirigèrent vers les trois autres frégates. Ces brulôts vinrent se mettre à la côte où ils achevèrent de se consumer, éclairant la plage d'une sinistre lueur, qui perçait l'obscurité d'une nuit très-sombre.

Chacun connaît le projet qu'avait Bonaparte d'une descente en Angleterre. Les Anglais redoutaient beaucoup cette manifestation, ils y veillaient avec une juste sollicitude. Depuis que l'affaire a échoué, ils se vantent de ne l'avoir jamais crainte. Leurs actes démentent cette forfanterie.

Ils attaquèrent une première fois la flotte de Boulogne le 4 août 1801 ; ils revinrent à la charge quelques jours après (15 août), et d'ailleurs, leur diplomatie faisait d'incessants efforts auprès des puissances de l'Europe pour attirer ailleurs le redoutable adversaire qui voulait les prendre corps à corps. Il faut dire aussi que cette époque est féconde en ouragans et sinistres maritimes, et signalée par des rigueurs de température (1); sur quoi d'ailleurs se serait basée la prétendue sécurité des Anglais? Pendant ces désastreuses années qui s'écoulèrent de la Révolution au traité d'union (30 germinal an X), quoique tout fut ruiné et désorganisé, Dunkerque avait trouvé le moyen de faire sortir 141 corsaires portant 777 canons et 4,914 hommes, qui ramenèrent 4,179 prisonniers. Que serait-il advenu, si

---

(1) On cite les tempêtes des 9 novembre 1800, 13 et 29 mars 1802, 3 novembre 1804, 2 décembre 1807, 18 février 1808..... La gelée du 13 février 1803 avait durci les eaux jusqu'au large... La sécheresse de huit mois qui régna en 1803 fut un autre fléau pour notre ville.

Bonaparte, selon le dessein auquel il s'était arrêté, eût tourné toutes ses forces de ce côté, et couvert la côte d'arsenaux menaçants?

Parmi les souvenirs de l'année 1804, il en est un que nous croyons devoir rappeler en particulier; il a rapport à Latour-d'Auvergne.

Le 28 mai, la 46e demi-brigade arriva à Dunkerque et fut accueillie avec un grand empressement par la population non moins que par les autorités. Un attrait tout particulier se rattachait à ce brave détachement; un des grenadiers était porteur du cœur du *premier grenadier de France*, qui avait été tué d'un coup de lance. C'est sans doute à cette occasion que l'on nomma du nom de *Latour-d'Auvergne* la rue nouvellement percée, qui prit ensuite la dénomination de rue *d'Artois*, rue de *Chartres*, rue *David d'Angers*.

En 1803, le premier consul visita Dunkerque. Dès que la ville eût été officiellement informée de sa prochaine arrivée, une garde d'honneur (1) s'était constituée pour se joindre au détachement de la garde consulaire qui vint (19 juin) attendre celui qu'on qualifiait déjà de *grand homme;* peu après, on vit arrriver successivement le ministre de la marine (21 juin), celui des relations extérieures (29 juin), l'évêque Belmas, Beauharnais et Joséphine (2).

Le 2 juillet, le premier consul vint de Calais avec Duroc, Davoust, Farelly, Bessières, Moncey et autres officiers. Il descendit à l'intendance (aujourd'hui la sous-préfecture). Il fut accueilli avec toute la pompe possible, (3) l'enthousiasme était grand, les rues étaient pavoisées, décorées de guirlandes de lauriers.

Le maire lui dit : « Quel bonheur que celui de vous posséder dans cette con-
» trée! L'allégresse publique est à son comble!..... Je viens vous présenter les
» clefs de la ville, et je vous les offre avec orgueil; car, ces clefs, je les ai
» refusées au duc d'York, quand, avec quarante mille hommes, il vint nous
» assiéger, et compromettre, devant nos faibles remparts, sa réputation militaire.
» Les Dunkerquois, par leur courage, ont concouru à chasser les Anglais de
» ces bords. Les Dunkerquois n'ont pas dégénéré..... Un peuple de braves n'est
» que plus digne de recevoir un héros. La Patrie et Napoléon, voilà notre cri de
» ralliement!... »

Le lendemain, Bonaparte après avoir visité le port et la côte de l'est, se rendit en rade à bord d'une frégate. Revenu à terre, il entendit, à Saint-Éloi, la messe célébrée par l'évêque.

---

1) Elle se composait de Sergent, capitaine; Duverger, lieutenant; Berenger, Bigorgne, Loriot, maréchaux-de-logis; Degerin, B. Morel, Constant Coffyn, Jacquelet, Blaise, brigadiers; Archdeacon, Crepy, Dagneau, Gourdin, Horeau, Labarière, Paul Lemaire, Constant Leroy, Liebaert, Degravier, Verquerre, Dessurme, Duffo, Maurin, Mazurel, Stival, Thorel l'aîné, Tresca, Vandenbussche, Lonati, Marescaux, Morin, Vercoustre, Verrons. Un ordre du jour du 16 mai 1803, daté de Lille, signé Vandamme, fait l'éloge de cette compagnie et de la pensée qui l'a réunie.

(2) Joséphine donna à un corsaire en partance un pavillon d'abordage.

(3) Malgré la pénurie des finances, le conseil municipal vota pour la réception du premier consul une somme de dix mille francs. Si nous ne nous trompons, à ce premier crédit s'en ajouta un second de même importance.

Le soir, il accompagna Joséphine au théâtre. Le maire adressa un discours que nous reproduisons :

« Madame,

» L'administration s'empresse de vous rendre ses respectueux hommages.
» Épouse du héros que nous chérissons, vous avez des droits à notre reconnais-
» sance. Vous en avez, Madame, par les grâces qui vous distinguent. Vous
» acquittez pour la France entière une dette bien sacrée, en concourant à la
» félicité du grand homme dont la présence adoucit nos maux et fixe notre
» espérance. »

Le petit-fils de Faulconnier, l'historien de Dunkerque, lut au premier consul des strophes vraiment remarquables, surtout pour un poète âgé de 73 ans. (1)

Le 6, les deux époux partaient pour Lille, où l'opinion publique n'était pas moins portée en leur faveur.

La visite du premier consul eut pour résultat immédiat l'exécution des mesures les plus importantes, telles que : autorisation de vendre les sels destinés à la

---

(1) Voici cette pièce :

    Un brillant avenir vient frapper mes regards !
    Permets que l'infortune y mêle son histoire,
    A toi sont réservés l'avenir et la gloire,
    Mais le temps qui n'est plus appartient aux vieillards !

    J'ai vu tomber ces murs ! leur cime menaçante,
    Cent fois, de l'ennemi foudroya les vaisseaux !
    Et des feux de l'Etna, couvrant au loin les flots,
    Aux rives d'Albion rejeta l'épouvante.

    Bientôt, d'un vieux monarque expiant les revers,
    Dunkerque dut subir un long siècle d'outrages.....
    Ces môles protecteurs qui couronnaient nos plages.
    En funestes écueils s'allongent sous les mers !

    Ce bassin fut comblé ! de nos tristes murailles
    La mer en frémissant, recouvrit les débris,
    Pour inonder la terre on ouvrit ses entrailles,
    La terre disparut sous les flots ennemis.

    En vain la main du temps réparant tant d'injures,
    D'un commerce naissant nous rendait les bienfaits :
    J'ai vu l'Anglais armé, sur l'autel de la paix,
    Ressaisir sa victime et rouvrir nos blessures !

    Mais un héros paraît... les destins sont changés !
    Dunkerque, ô mon pays ! renais à l'espérance !
    Dans tes vastes débris, dans tes champs ravagés,
    La France a rassemblé des trésors de vengeance !

    Les enfants de Jean Bart sauront suivre un héros
    Qui va punir l'offense et venger l'infortune !
    En vain, de leur trident, sont armés nos rivaux,...
    Le maître de la foudre est plus grand que Neptune.

pêche, interrompue par la guerre ; importation des genièvres étrangers ; restitution du collège à l'enseignement ; réalisation de la seconde paroisse ; réintégration de l'hospice dans la propriété d'un édifice occupé par le génie militaire ; translation à Dunkerque du tribunal de première instance, qui lui appartient évidemment ; ordonnance de travaux importants pour le curement des canaux et l'amélioration du port (1) ; la plantation des dunes (2) ; l'organisation des secours publics (3).

Emmery, maire de Dunkerque, reçut une écharpe d'honneur.

Seule, dans l'Europe enfin pacifiée, l'Angleterre voulait continuer les hostilités, et Bonaparte préparait avec elle une dernière lutte. Les gardes-côtes furent institués (4) ; un grand nombre de péniches, chaloupes, bateaux plats furent mis sur les chantiers. De la Gironde à l'Escaut, la côte se hérissa de défenses ; on la surnommait la *côte de fer*. La flottille de Boulogne s'exerçait journellement ; pour se préparer à la grande expédition, des divisions se transportaient sur les divers points du littoral ; l'amiral Brueys vint à Dunkerque inspecter une partie de la flotte.

L'opinion publique était tout-à-fait dans ce sens ; la *haine contre l'infâme Albion* était le texte des proclamations officielles aussi bien que des conversations intimes. Les victimes qui de temps à autre s'échappaient des pontons Anglais auraient justifié, s'il en eût été besoin, cette aversion profonde. On faisait courir le bruit que, pour ravager le pays, ces ennemis devaient jeter à la côte 6 à 700 balles de laine infectée de la peste. Aussi une frégate anglaise s'étant présentée (15 août) en rade sous pavillon parlementaire, fut renvoyée avec défense de reparaître. Le commerce, on le sait, n'avait pas à se louer de la conduite de l'Angleterre (5).

Deux camps autour de Dunkerque furent projetés : l'un à Roosendael, l'autre à Mardyck. Le premier fut seul exécuté. Davoust (4 octobre 1803) en fit l'inspection. Un mois après (novembre), le premier consul vint à son tour reconnaître ce qui avait été fait en conséquence de ses ordres. Accompagné du général *commandant l'armée d'Angleterre*, il se rendit au camp de Boulogne (15 novembre). Dans toutes ses démarches, Bonaparte montra cette activité devenue historique. La mer basse, il visita plusieurs fois la grève, ainsi que le chantier et le bassin. Il appela sur la plage la garnison de Dunkerque, voulant sans doute la voir en présence de l'élément terrible avec lequel il allait la mettre bientôt aux prises. Au milieu d'une de ces revues, il disparut... Il s'était dirigé vers la rade où un corsaire dunker-

---

(1) 8 juillet.
(2) 21 juillet.
(3) 24 juillet.
(4) 5 août.
(5) Du 23 septembre 1802 au 24 septembre 1803, le mouvement du port donne pour l'entrée 492 navires, dont 271 français, et pour la sortie 473, dont 265 français ; du 12 septembre 1803 au 12 septembre 1804, ce chiffre descend à 208 entrées et 233 sorties.

quois amenait une prise anglaise. Il revint avec elle et mit pied à terre à l'extrémité de la jetée.

L'hiver ralentit les travaux, mais la flottille l'employa à se familiariser de plus en plus avec la mer. A mesure que la saison avançait, les manœuvres devenaient plus considérables et plus sérieuses. Le ministre de la guerre venait inspecter de nouveau la flottille (26 mars).

Les armements et les évolutions amenaient dans notre pays un mouvement salutaire, y appelaient des travailleurs et y faisaient affluer le numéraire. Cela valait au premier consul de chaleureuses sympathies. On calculait avec inquiétude qu'en 1804, tout le bien commencé pouvait être compromis. Les complots, renaissant contre la vie de Bonaparte, exaltaient les esprits en sa faveur ; on venait d'expérimenter qu'il est plus facile de renverser le gouvernement que de le rééditier : on savait que les essais politiques et les fluctuations qui en sont la suite servent les intérêts de quelques ambitieux dont, en définitive, le peuple est dupe après en avoir été l'instrument. On parlait de la fixité que l'hérédité aurait donnée aux affaires ; l'armée et les conseils généraux avaient émis des vœux dans ce sens : ils demandaient un *empereur des Gaules*. Sur la proposition d'Emmery, le conseil municipal et les autorités de Dunkerque écrivirent au premier consul l'adresse que voici :

« Le héros qui a détruit l'anarchie, le héros qui mis un terme aux horreurs
» d'une longue révolution, c'est Napoléon Bonaparte ! quels droits n'a-t-il pas,
» par ses vertus et ses victoires, à la reconnaissance publique ? Celui qui sauva
» son pays, celui qui sagement le gouverne, celui-là seul est digne de fixer les
» hautes destinées d'une grande et généreuse nation. L'hérédité est devenue le
» vœu général ! Elle assurera la stabilité du gouvernement ; elle consolidera la
» paix intérieure ; au dehors, elle ajoutera à sa force et à sa considération. Elle
» appelle un chef ? Eh bien ! que ce soit le héros que la France révère, que ce
» soit l'invincible Napoléon ! qu'il le soit, surtout sous le titre glorieux d'Empe-
» reur !.... Ce titre rappellera de grands souvenirs, et les beaux jours de la
» France sous le règne à jamais mémorable de l'empereur Charlemagne.

» Tels sont les vœux ardents mais sincères des autorités civiles comme de tous
» les habitants de la ville de Dunkerque. »

Ce vœu fut réalisé. Le 21 mai 1804, on avait ouvert à Dunkerque et dans toute la France un registre pour la consignation des votes sur la question de l'hérédité et de l'Empire. Le résultat fut affirmatif à une immense majorité, on pourrait dire à l'unanimité, car sur 3,574,898 votes exprimés, il n'y en eut que 2,569 négatifs. Le 27 mai, on lut publiquement à Dunkerque le décret du 18 mai, qui proclamait l'empire.

Emmery fut nommé membre, puis vice-président du corps législatif.

§ II. Dunkerque sous l'Empire. — 1804-1814.

Cette nouvelle halte embrasse un espace de dix ans. Au mois de juin 1804, Dunkerque se glorifiait d'être la première à proclamer l'empire. Dix ans après, elle vouait au mépris et à l'exécration de la postérité l'*usurpateur* qu'elle avait acclamé; elle se vantait d'avoir, la première aussi, arboré le drapeau blanc. En 1830, nous la verrons également prompte à flétrir du titre de *parjure* et de *liberticide*, ce gouvernement qu'elle avait appelé, avec tant d'amour, quinze années auparavant!

Ces palinodies ne sont pas exclusives à notre ville; presque toutes les localités de la France peuvent en revendiquer la solidarité. Toutefois, il faut le dire, ce spectacle jette dans l'âme une indicible tristesse; il étonne et humilie l'esprit humain! quelle leçon pour ceux qui placent l'absolu dans la politique! pour ceux qui comptent pour quelque chose les démonstrations dites officielles! pour ceux qui s'imaginent enchaîner l'avenir avec des systèmes ou des formules! pour ceux qui comptent sur un lendemain!

Pendant les dix ans dont nous allons nous occuper, Napoléon atteignit le sommet de ses destinées. De ce point élevé, il descendit bruyamment sur une pente rapide où il entraînait avec lui la France qui devait se briser dans un abîme obscur et inconnu, car nul ne prévoyait l'avenir si prochain; nul ne pouvait assigner une issue probable aux événements extraordinaires de ces mémorables jours.

En effet, l'Empire est une époque qui ne ressemble à aucune autre; les souvenirs qui s'y rattachent semblent grandir à mesure qu'on s'éloigne; un inépuisable prestige les colore. Dans ce qu'ils ont de glorieux, les récits de la République et de l'Empire semblent des fragments d'une fabuleuse épopée; ces œuvres accomplies sont des œuvres de géants que les siècles à venir contesteront, peut-être, comme impossibles ou invraisemblables.

Notre département ne fut plus le théâtre de ces grandes luttes; mais lors des préparatifs tentés contre l'Angleterre, Dunkerque se trouve quelque temps compris dans l'espace qu'illuminait Napoléon. Bientôt, le mouvement et le bruit se portèrent ailleurs. Les Dunkerquois ne virent plus que de loin la gloire des armées impériales, mais ils leur fournirent leurs enfants et leurs finances. Ces sacrifices trop prolongés refroidirent graduellement l'enthousiasme et finirent par l'éteindre tout-à-fait. Alors, des affections longtemps assoupies se réveillèrent; la génération nouvelle les adopta, sinon avec conviction, du moins avec chaleur; une oscillation puissante porta les Français vers les Bourbons résignés dans leur exil, mais qui, au milieu du cataclisme dont la France était menacée, devenaient pour les alliés vainqueurs, aussi bien que pour les Français vaincus, une solution aussi honorable qu'inattendue.

Le 18 mai 1804, six mois après la seconde visite de Napoléon au camp de Boulogne, la sonnerie des cloches, les salves de l'artillerie des remparts de Dunkerque annonçaient, aux habitants, que l'Empire était proclamé. C'était le vœu de la ville, c'était le vœu de la France. Bientôt (15 juin), un *Te Deum* solennel en action de grâces était chanté dans l'église Saint-Éloi, que Napoléon avait rendue au culte.

Conformément aux ordres de l'empereur, la côte s'était garnie de défenseurs; d'habiles officiers surveillaient les travaux. Parmi eux, nommons ceux qui nous intéressent plus particulièrement: c'est le maréchal Davoust qui commandait le camp de Bruges, et le général Durutte qui dirigeait celui de Roosendael.

Ce camp de Roosendael avaient des baraques suffisantes pour 6,000 hommes. Les soldats y avaient établi tout le confortable que permettent la situation et la discipline; à chaque quartier, ils avaient donné un nom connu à Paris. Près de notre porte de Nieuport, il y avait donc des *Champs-Élysées*, des *boulevards*, une *chaussée d'Antin*, etc.

Les jours qui précédèrent la distribution des croix de la Légion-d'Honneur au camp de Boulogne, l'empereur était à Dunkerque, étudiant le terrain des environs. Le 7 août, il arriva de Calais dans un équipage à huit chevaux. En lui présentant les clés de la ville, le maire lui rappela que Dunkerque avait été la *première ville à émettre son vœu pour la prospérité de l'Empire français.*

Les prescriptions du cérémonial officiel accomplies, l'empereur se rendit à son quartier-général, établi à la campagne de Guizelin Thery, au hameau Dornegat. Le maréchal Mortier, qui devint le duc de Trévise, Berthier le futur prince de Neufchâtel, Moncey et autres officiers s'y étaient déjà réunis. Le maire de Dunkerque fut admis au conseil, pour le renseigner sur l'état de la ville, sur ses intérêts, ses besoins, etc.

L'Empereur sentait la nécessité d'un port militaire et commercial dans la Manche ou la mer du Nord, et il avait jeté les yeux sur Dunkerque. C'est sans fondement qu'on a prétendu qu'il était hostile à notre ville. Ce qui est vrai, c'est qu'on lui proposa, pour l'établissement du port en question, un emplacement près du lieu nommé le *Ruisseau-aux-Anguilles*, dans le voisinage de Wissant.

Le lendemain (8 août), il alla s'assurer, par lui-même, de l'état des chantiers. On dit qu'il frappa le premier clou à une chaloupe canonnière en construction; il alla en rade visiter chacun des bateaux de la flottille.

Le 11, il partait pour Ostende, et le 15, il était à Boulogne à la mémorable cérémonie où il décorait les braves de son armée. Le 20, il était de nouveau à Dunkerque, faisait manœuvrer les troupes au Roosendael; le soir, il revenait au théâtre; soupait en public, en compagnie de l'évêque, du préfet, du maire.

Le 21, il examinait le parc de la marine, le chenal qui était dans un bien triste état, comparativement à ce qu'il est de nos jours.

Appelé dans le canot impérial, le maire entretint Napoléon des moyens de restaurer le port. L'Empereur écouta attentivement et parut se livrer à la méditation; pendant que, sur son ordre, on sondait les bancs, il porta un regard attentif sur la plage de l'Ouest, et semblait chercher à se rendre compte de l'effet des batteries et des forts. Ayant enfin abordé l'estacade, il traversa les dunes pour se rendre au quartier-général.

Dunkerque avait évidemment attiré l'attention de l'habile tacticien, et sans les guerres qui entraînèrent au dehors son activité et préoccupèrent sa volonté, il eût certainement repris les projets de Louis XIV, et la ville eût promptement recouvré son ancienne importance.

Si, par sa position, la ville intéressait l'homme d'état, les habitants, par leurs vives et sincères acclamations, avaient touché son cœur. Aussi, en témoignage de son affection, il donna à la municipalité un magnifique portrait, peint par Lefebvre, élève de David. Ce portrait fut inauguré le 18 octobre 1804, aux applaudissements de l'assemblée. Plus tard, il fut..... mais n'anticipons en rien le récit des événements.

Sur cette toile, Bonaparte était représenté auprès d'une table chargée de manuscrits. Sur l'un, on lisait: *Plantation des dunes;* sur l'autre: *Exhaussement de la jetée de l'Est....*

Dans tous les discours prononcés en ces circonstances, on retrouve l'éloge de Napoléon, à qui l'on reportait tous les avantages récemment obtenus par le pays : la religion rétablie, le code civil promulgué, les sciences et les arts protégés, le commerce et l'industrie encouragés, le dévasement du port, six cents mètres d'estacades construits, la restauration des quais, la confection d'une nouvelle route de Dunkerque à Gravelines, le creusement du canal de Furnes, la Panne comblée, la ville assainie et embellie. Emmery, le maire de la bonne ville, reçut une distinction peu commune alors : le premier il fut décoré de l'Étoile de l'honneur, accordée à douze villes parmi toutes les villes de France.

Le 23 août, Napoléon partait pour Ostende; le 26, il était de retour à Boulogne, assistait à un combat de la flottille contre les Anglais, contraints de se retirer sans résultat.

L'armement réuni dans le port de Boulogne, à quelques lieues de Dunkerque, intéresse directement la contrée. Cette tentative, à laquelle notre ville fournit de nombreuses embarcations, sorties de ses chantiers, cette armée navale, à laquelle elle envoya ses vaillants matelots, méritent sans doute que nous en disions quelques mots. Nous les empruntons au général A. Hugo, qui nous a déjà fourni de précieux renseignements.

Une grande corvette anglaise s'étant avancée pour observer la ligne d'embossage de la flottille, s'arrêta à une portée de canon et tira quelques volées qui n'eurent aucun résultat. L'amiral fit aussitôt le signal à la première division de canonnières de mettre sous voile pour repousser la corvette qui se replia en toute hâte sur l'escadre ennemie. La division française continua ses évolutions sous les yeux de l'empereur; mais l'amiral anglais ayant détaché une corvette de 44, une de 24, trois bricks de 18 et un cutter de 16, les fit avancer pour troubler la flotte française et lui couper la retraite sur la ligne d'embossage. Les canonnières attendirent, et le combat s'engagea. L'empereur était en rade dans un canot, accompagné des ministres de la guerre et de la marine, de Soult, Mortier et l'amiral Bruix. Il se fit conduire à force de rames vers le point où les canonnières étaient aux prises; d'après ses ordres, elles se portèrent, toutes à la fois, contre les bâtiments ennemis en faisant le feu le plus vif; ceux-ci ripostèrent pendant quelque temps avec non moins d'ardeur; enfin, les avaries souffertes les déterminèrent à se retirer. Ils furent suivis dans le mouvement et foudroyés, non-seulement par la division qui les avait combattus d'abord, mais encore par la quatrième division de canonnières et deux sections de péniches portant des obusiers.

Convaincus de l'inutilité de leurs efforts pour empêcher la réunion de la flottille de Boulogne, les Anglais tentèrent de la détruire dans le port même. Ils ne pouvaient songer à un bombardement. Chaque fois que le temps permettait à des bâtiments de tenir le long de la côte, une partie de la flottille entrait en rade et formait une ligne d'embossage à quatorze ou à quinze cents mètres du rivage, à la place même qu'eussent dû occuper les bombardes pour tirer sur le port avec quelque succès. Les Anglais eurent un instant la pensée d'enfermer les bâtiments de la flottille à Boulogne, à Wimereux et à Ambleteuse, en coulant des navires chargés de pierres, à l'entrée du chenal de chacun de ces ports, mais ce projet, que les Français eussent facilement déjoué en déblayant à force de bras, en deux ou trois marées, l'entrée des chenals, ne fut point exécuté. L'amirauté anglaise eut alors recours à des moyens odieux que les lois de la guerre semblent repousser. Elle fit préparer une immense quantité de brûlots et de machines infernales de toutes les espèces, soit pour les lancer contre les bâtiments français dans la rade de Boulogne, soit pour les conduire, à la faveur de la nuit, jusques entre les jetées de ce port, au milieu duquel, poussées par la marée, elles eussent fait explosion.

En attendant l'emploi de ces bâtiments incendiaires, l'amiral Keith fit plusieurs tentatives d'attaques qui n'eurent aucun succès. Le mois de septembre se passa donc assez tranquillement, et de nouvelles divisions, venant de l'Ouest, se réunirent sans obstacle au gros de la flottille. L'empereur avait quitté Boulogne vers la fin du mois d'août.

Toutes les machines infernales étaient enfin prêtes, les Anglais se disposèrent à les employer. Le premier lord de l'amirauté, désirant être témoin de cette tentative dont le succès lui paraissait certain, se rendit à bord du vaisseau de l'amiral Keith. Pitt, lui-même, pour jouir du coup-d'œil que devait offrir l'embrasement de la flottille, accourut se placer en observation dans sa maison de campagne de Walmer-Castle, située sur le haut des falaises opposées à Boulogne.

L'amiral Bruix était prévenu de l'attaque, mais il ignorait l'époque, il ne connaissait ni le nombre, ni l'espèce de machines.

Dans les derniers jours de septembre, l'augmentation considérable et successive des bâtiments de la station anglaise annonçait que le moment approchait. Le 1er octobre, cinquante-deux bâtiments ennemis, dont plusieurs vaisseaux de ligne, étaient en vue. Le vent et la marée étaient favorables à l'attaque des Anglais.

Le contre-amiral Lacrosse, dont le pavillon flottait à bord de *la ville de Mayence*, commandait la ligne d'embossage. A la chute du jour, il envoya les canots de grande dimension prendre poste en vedette, avec mission de combattre les canots de l'ennemi et accrocher ses brûlots pour les écarter de la ligne. Vers neuf heures et demie, les vedettes de la gauche apercevant plusieurs bâtiments à la voile se dirigeant vers elles, firent un feu très-vif; néanmoins les bâtiments s'avançaient toujours sans riposter; on ne douta plus que ce fussent des brûlots. Les péniches manœuvrèrent alors pour les accrocher, mais l'amiral anglais les avait fait soutenir par les embarcations de son escadre, et le combat s'engagea. Les Anglais furent promptement repoussés. Pendant ce temps, les brûlots, portés par le vent et la marée, avaient pu arriver jusqu'auprès de la ligne d'embossage où on les accueillis à coups de canons pour tâcher de les couler. Le premier brûlot, qui était un cutter, pénétra dans la ligne parmi les canonnières de la troisième division, et faillit en aborder une; heureusement, il dériva vers la terre, et le courant le porta sur un des bateaux placés en seconde ligne. Déjà quelques hommes s'embarquaient dans un canot pour aller accrocher ce brûlot, lorsqu'il fit son explosion. Deux hommes furent tués par les éclats.

Le deuxième brûlot sauta presque en même temps que le premier et avec un semblable résultat.

Le contre-amiral Lacrosse, se dirigeant dans son canot vers la gauche de la ligne qui se trouvait seule engagée, aperçut un bâtiment ennemi entre la ligne d'embossage et la terre; il fit tirer dessus et ordonna de s'en emparer; le canot n'en était] plus !qu'à demi-portée de pistolet, que le vaisseau sauta en l'air avec un horrible fracas. Deux matelots furent blessés légèrement; l'amiral continua sa tournée et ne revint à son bord que lorsque l'attaque passa de la gauche au centre.

Un brûlot avait été dirigé vers la *Ville de Mayence*. Une péniche française tenta inutilement d'accrocher le brûlot, mais la *France* manœuvra sur ses cables et parvint à l'éviter; l'explosion ne causa aucun dommage.

Tandis que les brûlots parcouraient ainsi la ligne d'embossage de gauche à droite, les embarcations anglaises cherchaient à inquiéter les bâtiments français, soit en faisant un feu très-vif, soit en lançant à bord des artifices embrasés. Ces tentatives n'eurent aucun succès et plusieurs bâtiments ennemis furent coulés bas.

L'action se prolongea ainsi durant presque toute la nuit; le douzième et dernier brûlot sauta à trois heures et demie; d'autres machines infernales ne produisirent aucun effet. Les Français n'éprouvèrent qu'un sinistre. Une péniche aperçut un canot à la voile qui remorquait un brûlot; elle s'en approcha; une partie des hommes qui la montait sautèrent dans le canot où ils ne trouvèrent personne, mais au moment où la péniche vint à toucher le brûlot, il éclata et elle fut engloutie avec 1 officier, 13 soldats et 7 marins restés à bord; les 27 français qui se trouvaient dans le canot anglais gagnèrent le port de Wimereux.

Le lendemain, au point du jour, la ligne d'embossage, formée avec le plus grand ordre, présentait le même aspect que la veille, et rien n'eût rappelé la terrible attaque de la nuit, si la plage n'eût été couverte de débris de toute espèce. Dans la matinée, le vent ayant changé, l'escadre anglaise mit à la voile pour gagner la rade des dunes, et la flottille rentra dans le port.

Ces détails ne sont pas un hors-d'œuvre dans cette histoire, et Dunkerque peut un jour avoir à en tirer profit. C'est dans cette prévision que nous mentionnerons encore les machines incendiaires employées alors par les Anglais. Ces machines étaient de trois espèces : la première consistait en des bâtiments, cutters ou bricks ne différant des brûlots ordinaires que parce qu'aucune trace d'embrasement ne s'y montrait avant l'explosion, ce qui les rendait plus dangereux ; on pouvait les prendre pour des bâtiments de guerre et tenter de s'en emparer à l'abordage. Du reste, on y mettait le feu comme aux brûlots ordinaires.

Les machines de la deuxième espèce étaient des coffres de bois, doublés en cuivre, longs et plats et terminés en pointe à leurs deux extrémités. Chacun de ces coffres contenait environ 5,000 livres de poudre et, par-dessus, plusieurs rangs de pelotes d'artifices de la grosseur d'un melon, assemblées deux à deux par une chaîne ; lancées en l'air et dispersées par l'explosion de la poudre, ces pelotes devaient retomber à bord des bâtiments français et être retenues, par la chaîne qui les unissait, à quelque partie des gréements qu'elles étaient destinées à incendier.

Des barriques remplies de poudre et d'artifices, et que des boulets enfermés dans une toile clouée sur le côté devaient empêcher de rouler avec les lames, formaient la troisième espèce de machines.

Le feu était communiqué à ces deux sortes d'appareils par une batterie de fusil mise en action au moyen d'un ressort adapté à un mouvement de montre qui en réglait la détente.

Nous répétons que ces détails ne sont pas étrangers à notre sujet, car, outre la part que doit y prendre un port exposé à des agressions du même genre, Dunkerque avait sa part active dans la lutte entamée ; les journaux de l'époque rendent compte d'une affaire qui se passa sur le Dogger-Bank où l'amiral Zoetenaye avait eu l'avantage, et expriment l'espoir que le vice-amiral Verhuelle, commandant l'aile droite de la flottille, saurait bientôt l'imiter. L'esprit public comprenait alors deux sentiments bien prononcés : l'aversion pour l'Angleterre, la sympathie pour l'Empereur.

Aussi, lorsqu'il eut été sacré par le pape et qu'il se fut couronné de ses propres mains (2 décembre 1804), une fête splendide célébra cet événement à Dunkerque ; le camp de Roosendael exécuta de grandes manœuvres à feu, les pauvres reçurent des distributions de comestibles ; des bals publics, des illuminations, des transparents, manifestèrent la joie générale. Dans le Nord, tout le monde partageait ce sentiment, mais l'arrondissement de Dunkerque, plus particulièrement que les autres ; c'est lui qui, proportion gardée, avait donné le plus de volontaires à l'armée. Surexcités par ce mouvement général, les marins dunkerquois

Allemes, Dumont (1) et bien d'autres, renouvelèrent l'éclat des anciens jours. On vit cinq de nos bateaux pêcheurs s'emparer d'un brick anglais (2); une frégate aurait eu le même sort si, pour l'éviter, l'équipage n'y eût mis le feu ; Scorsery renouvela des traits dignes de Jean Bart; Blanckeman mérita de lui être comparé.

La juste réprobation vouée à la politique de l'Angleterre, qui faisait durer cette guerre funeste, n'empêchait pas le sentiment de l'humanité de s'exercer lorsque l'occasion s'en présentait. Ainsi lorsque le vaisseau anglais *Assistance*, eût été jeté à la côte par une furieuse tempête, 365 personnes furent sauvées par le dévoûment des pilotes dunkerquois et accueillies par la population, comme auraient pu l'être des frères.

1805. — Au retour de la saison, le moment allait arriver où l'Empereur aurait porté le grand coup. La flotte s'était aguerrie, les attaques infructueuses des Anglais avaient augmenté la confiance de l'armée ; les vaillants soldats de l'Empereur s'indignaient de leur repos et brûlaient de marcher à une conquête qu'ils regardaient comme assurée.

L'Empereur avait organisé un vaste plan pour une campagne maritime. Il voulait, pour faire une descente en Angleterre, réunir toutes ses forces navales. Pour que cette réunion fût facile, il fallait donner rendez-vous lointain aux escadres mouillées à Toulon, à Cadix, à Rochefort, à Brest : l'Empereur assigna la Martinique. Cette mesure pouvait éloigner les Anglais. Lauriston était chargé de s'emparer de Surinam ; Reille de Sainte-Hélène. D'autres détachements avaient mission de balayer les Indes... Mais ces belles combinaisons échouèrent par l'impéritie de l'amiral Villeneuve. Il n'exécuta qu'imparfaitement ses instructions, manqua son but dans les Antilles, et au lieu de s'avancer vers la Manche avec une masse de 56 vaisseaux de haut bord, se laissa battre au cap Finistère, bloquer dans Cadix, d'où il ne sortit que pour perdre notre marine à Trafalgar.

On ne prévoyait pas encore cette fatale issue, quand Joseph, le frère de Napoléon, vint le 1er mai à Dunkerque et au camp de Roosendael. Dans le discours qu'elles lui adressèrent, les autorités exaltèrent « le héros qui avait signé la paix » continentale à Lunéville, et qui allait procurer la paix maritime ; » elles lui parlèrent « de la haine des Dunkerquois pour les Anglais, *haine que rien ne » pouvait égaler, si ce n'est leur amour pour l'empereur.* »

Et ce n'était pas un mensonge !... Parmi les mille exemples que nous pourrions en fournir, nous nous bornerons à citer deux pilotes dunkerquois, Jean Cochet et Jean Damman. Au commencement de mars 1805, ces deux braves dunkerquois avaient été embarqués sur des bâtiments neutres qu'ils devaient conduire à Ostende ; ils furent pris et conduits en Angleterre. Le maire de Dunkerque les réclama de l'amirauté anglaise, en rappelant les secours qu'ils avaient donnés à

---

(1) Dumont était un simple matelot à bord du *Prosper*, puis du *Iéna*, du *Brave*, du *Tilsitt*. Les trois premiers navires ramenèrent en une campagne chacun cinq prises ; le quatrième en ramena vingt.

(2) 12 frimaire an XIII.

l'équipage du vaisseau anglais l'*Assistance*, qui s'était perdu dans les bancs, à la hauteur de Mardick...

L'amirauté ne céda pas d'abord ; abusant de la captivité de ces pilotes, elle voulut les contraindre à instruire ses marins sur la situation des bancs de Flandre ; mais ils refusèrent. Elle leur offrit alors 12 schillings par jour s'ils voulaient rester à son service ; ils rejetèrent également cette offre, disant qu'ils ne voulaient trahir ni la France ni l'Empereur. Rendus néanmoins à la liberté, ils sortirent des pontons et revinrent dans leur ville natale (7 mai).

En attendant l'effet de ses mesures, Napoléon s'était fait couronner roi d'Italie. Ce fut un argument que l'Angleterre exploita pour entraîner dans une troisième coalition, la Suède, la Russie, l'Autriche.... Napoléon apprit en même temps la défaite de Villeneuve au cap Finistère et les projets des coalisés... Encore tout ému de ce double coup, il improvisa le plan des magnifiques opérations militaires qui, après avoir conduit l'armée française à Vienne, se terminèrent par la bataille d'Austerlitz. De ce champ de bataille, qui éleva si haut sa gloire et sa puissance, Napoléon nomma Kenny maire de Dunkerque (1).

Telle était la juste et la vaste prévoyance de ce plan que, sur une ligne de départ de deux cents lieues, des lignes d'opérations de trois cents lieues de longueur furent suivies d'après les indications primitives, jour par jour et lieu par lieu, jusqu'à Munich. Au delà de cette capitale, les époques seules éprouvèrent quelques altérations, mais les lieux furent atteints, et l'ensemble du plan fut couronné d'un plein succès.

Quoiqu'il en soit, il fallut renoncer au projet d'invasion ; les troupes de Boulogne se portèrent ailleurs ; le camp de Roosendael fut abandonné ; ses baraques, restées sans habitants, furent remises (11 août) à la garde des autorités.

Le départ de la grande armée, en dépeuplant les côtes, rendait nécessaire la création d'une nouvelle milice ; une garde nationale d'élite, comprenant 1,500 habitants choisis parmi les plus aisés et les plus valides, fut créée à Dunkerque, et remplaça les anciens cadres. La garde nationale mobile, appelée au camp de St-Omer, se réunit à celle des départements voisins, sous les ordres du général Rampon. Notre ville devint le chef-lieu d'une légion, dont deux cohortes appartenaient aux cantons Est et Ouest.

Le 23 décembre, l'expédition rentrait dans ses foyers ; le maire en la recevant lui disait : « Vous avez répondu à l'appel que notre auguste empereur a fait à
» votre courage ; vous n'avez pas méconnu la voix de vos magistrats qui vous y
» exhortaient ; vous avez justifié la bonne opinion que le gouvernement a conçue
» des Dunkerquois..... Avant les victoires inouïes de nos invincibles armées,
» guidés par le génie du grand Napoléon ! vous avez quitté vos foyers, vos
» familles, quoique votre ville, si importante par sa position et si souvent vic-
» time des Anglais, ne fût défendue que par sa garde nationale, qui faisait avec
» zèle le service de la place sans le secours d'aucune garnison. »

---

(1) 6 décembre 1805 (16 frimaire an XIV).

A l'occasion de la paix avec l'Autriche, les Dunkerquois disaient à l'empereur, (28 juillet 1806): « ..... Illustrée par votre génie, la France vous doit sa gloire...
» le continent pacifié va réparer ses malheurs, il ne manque plus au bonheur du
» monde que l'abaissement de l'éternel artisan de ses discordes. Permettez à vos
» fidèles Dunkerquois, anciennes victimes de la haine de l'Angleterre, d'exprimer
» un vœu... V. M. vint au milieu de nous au moment où le roi d'Angleterre,
» violant toutes les lois humaines, venait de s'emparer de nos vaisseaux navi-
» guant paisiblement sur la foi des traités; vous nous promîtes que la première
» condition de la paix serait la restitution de cette odieuse spoliation. Que les
» trésors immenses accumulés par l'Angleterre pour solder la coalition anéantie
» et dissoute en trois ans, que ces subsides énormes servent à indemniser le
» commerce, voilà notre vœu !... Sous le gouvernement des derniers rois, Dun-
» kerque fut plusieurs fois sacrifiée pour obtenir la paix ; les ruines dont nous
» sommes environnés, le souvenir infâme du commissaire anglais n'attestent
» que trop la honte de la France et nos malheurs !... Il est digne de Napoléon de
» venger enfin tant d'insultes... »

La mort de Pitt, l'infatigable ennemi de la France, mort qui suivit de près le traité avec l'Allemagne, semblait devoir amener enfin le repos dont le besoin était si général. Si l'Empereur l'eût assuré, sa gloire eût été sans nuages...

Ce n'est pas seulement par l'éclat de la gloire militaire et le prestige de ses triomphes, que Napoléon fascinait ses contemporains; c'est par d'heureuses inspirations qu'il trouvait le chemin de leur cœur. Nous nous bornerons à citer les rosières, l'institution d'une nouvelle noblesse, et pour nous, Dunkerquois, la glorification de Jean Bart, dont les traits n'avaient jusque-là été reproduits ni par le bronze, ni par le marbre, mais qu'il fit revivre par le ciseau de Lemot.

Chacun connaît l'institution des rosières impériales, dotées par les communes. A Dunkerque, elles recevaient une dot de 400 fr. et un trousseau de 100 fr. En 1810, dix de ces mariages se célébraient à Saint-Eloi; six mille autres avaient lieu dans le reste de l'Empire. C'est un des mille secrets du chef pour captiver ses compagnons d'armes. Quant aux sommités de l'armée, il leur distribua, outre de riches apanages, les titres nobiliaires, proscrits quelques années auparavant. C'est en 1806 que reparaît pour la première fois à Dunkerque le titre de *Monseigneur*, et il est attribué à S. E. Belmas, baron de l'Empire, chevalier de la Légion-d'Honneur.

L'inauguration solennelle du buste de Jean Bart, par Lemot, se fit le 15 août 1806. Le 15 août, jour de Saint-Napoléon, on vit se diriger vers la place de l'Égalité (1), un cortége où figuraient les marins, les pêcheurs, les pêcheuses, la garde nationale, les troupes de la garnison et les autorités. Douze cents francs donnés par un généreux concitoyen (2) furent distribués aux pêcheurs indigents; des discours patriotiques furent prononcés au pied de l'image qui devait désormais

---

(1) Aujourd'hui place du Théâtre.
(2) M. Declercq.

rester en permanence sur la place publique. Le soir, la ville fut illuminée, des bals populaires eurent lieu en divers points de la ville.

En rendant cette justice à un héros éminemment populaire, l'Empereur charmait l'affection que les Dunkerquois lui avaient vouée. On en trouve la preuve dans les discours prononcés; on y disait : « ..... L'Éternel nous a donné pour
» guide un héros et un sage..... L'amour et l'admiration que commandent ses
» bienfaits, la gloire et les vertus de Napoléon doivent nous exciter à rendre
» grâces au ciel de nous avoir donné un tel libérateur..... Accouru du fond de
» l'Afrique, il revint vers nos rives désolées, et le pouvoir destructeur qui
» l'avait éloigné, s'évanouit à son regard.... Ce guerrier audacieux devient un
» administrateur sage, un profond législateur; la religion, base de la morale pu-
» blique, reparaît; la religion qui enseigne le plus grand des mystères, l'union
» du pouvoir et de l'obéissance, trouve ses autels relevés... L'Italie, L'Égypte,
» la Syrie ont vu ce grand capitaine, soldat intrépide, vainqueur tolérant et
» généreux; les rives de l'Inn et du Danube l'ont vu triomphant et magnanime :
» En deux mois, le czar était privé de ses armées, avant même qu'il ait pu joindre
» son allié!... Un tel homme était digne de venger Jean Bart de l'oubli où il était
» trop longtemps resté. »

En 1807, la fête de l'empereur fut célébrée en même temps que la paix continentale, la paix avec la Russie et la Prusse; c'était une belle coïncidence! Mais dans quel état se trouvait alors notre port? Il recevait alors en moyenne, par année, 75 navires. Ce misérable chiffre descendit encore les années suivantes; il était de 38 en 1813, de 33 en 1812.

Cependant la France était arrivée à un point où elle n'avait plus de rivale parmi les nations. A ce sommet de la carrière impériale, il y a un moment d'arrêt, une transition entre cette course ascendante et la pente qui nous en fit descendre. Le divorce de l'Empereur, qui répudia Joséphine, son mariage avec l'autrichienne Marie-Louise, la guerre d'Espagne, puis la campagne de Russie, en sont les principaux épisodes (1).

C'est en mai 1810 que l'Empereur et sa nouvelle épouse vinrent à Dunkerque. On fit aux illustres visiteurs une réception digne d'eux; des arcs de triomphe furent élevés sur la route qu'ils devaient parcourir (2); une garde d'honneur à pied et à cheval se forma en peu de jours. La sous-préfecture était réservée pour les majestés impériales; les plus belles maisons des particuliers furent offertes aux personnes de la suite : le roi et la reine de Westphalie, le baron Belmas, le général Vandamme, le préfet, les chambellans et les maréchaux du palais, etc.

Le 24 mai, la foule se portait sur la route de Furnes; c'est par là que les augustes

---

(1) Peu de souvenirs locaux mériteraient d'être annotés : nous en exceptons l'organisation des pompiers (13 mars 1808), et l'ouverture de la bibliothèque publique. Le 17 mai 1808, Vigreux fut nommé bibliothécaire avec 600 fr. de traitement.

(2) Il s'en trouvait un au Pont-Tournant, un à la barrière dite de l'Estran, un à l'entrée de la rue Impériale.

voyageurs arrivaient d'Ostende; de la porte des Canaux à la rue du Jeu-de-Paume, la garnison bordait la haie; les cris de : *Vive l'empereur! vive l'impératrice!* accueillirent les majestés.

En présentant à Napoléon les clés de la ville, le maire lui dit : « ..... Les » transports d'allégresse que votre présence fait naître, sont inexprimables... les » Dunkerquois seront comptés parmi les plus heureux des Français, puisqu'ils » ont l'avantage de posséder V. M. aux plus illustres époques de ce siècle de » gloire; tous jouissent du bonheur de leur monarque chéri... ce bonheur, » Madame, est votre ouvrage; il vous assure l'éternelle reconnaissance de vos » peuples..... Sire, daignez recevoir les clés de votre ville de Dunkerque... plu- » sieurs fois elles ont été confiées à la garde de ses habitants, et récemment » encore, lorsque malgré la présence de nombreuses flottes ennemies qui mena- » çaient ce rivage, l'élite de nos concitoyens est allée combattre sur l'Escaut, » pour défendre les frontières de votre Empire... »

Conformément à toutes les traditions souveraines, l'Empereur rendit les clés, en disant : « Elles ne peuvent être mieux qu'entre les mains de l'autorité muni- » cipale. »

Après cette initiation, un groupe de pêcheuses, costumées comme le veut l'usage, s'approcha de la voiture, et l'une d'elles récita à l'impératrice un com-pliment, en lui présentant un poisson d'argent renfermé dans un filet d'or.

Ayant passé sous l'arc érigé au pont Impérial (1), le cortège se déroula en ville. Les rues étaient décorées de pavillons, de guirlandes, de drapeaux. Le maire se tenait à cheval à la portière de droite. La garde d'honneur et les lanciers polonais escortaient la voiture. On vit passer successivement, le prince Beauharnais, le prince Aldobrandini, le comte de Lauriston, le duc de Bassano, le duc d'Istrie, le prince de Neufchâtel et de Wagram; le roi et la reine de Westphalie, l'Empereur et Marie-Louise..... Tout cela vingt ans après le décret qui avait aboli la noblesse et la monarchie.

Toute cette brillante assemblée visita la nouvelle estacade : le couple impérial, dans un canot richement drapé, les grands dignitaires dans une autre embarca-tion. Après quoi, se firent les présentations officielles. Le soir, les majestés allèrent au théâtre. Trois cents dames, richement parées, s'y trouvaient réunies. Vingt jeunes demoiselles complimentèrent l'Impératrice et lui offrirent des fleurs (2). Le lendemain, la cour partait pour Lille.

Dix mois après (21 mars 1811), la France apprenait la naissance de l'héritier présomptif, du roi de Rome. Une comète remarquable avait salué sa venue et mis en émoi les faiseurs d'horoscopes. Une fête magnifique avait célébré à Dunkerque cet événement. Quelque temps après, le maire signait : baron de Kenny.

1, Aujourd'hui pont Royal, précédemment pont Lamartine.

(2) Marie-Louise donna à M^{elles} Decalwez, Deschodt aînée et Deschodt cadette, une montre de cou en or. Le maire reçut de l'Empereur une tabatière en or, avec le chiffre impérial en brillants. Huit mille francs furent donnés aux pauvres, et quatre mille francs aux marins.

Cette même année, Dunkerque revit Napoléon (22 août et 21 septembre); il arrivait de Gravelines. Parmi les noms des membres de la garde d'honneur qui se forma pour le recevoir, nous trouvons celui d'un banquier qui s'éleva si haut, depuis, et qui, chose rare, n'oublia pas la ville et la favorisa même en plusieurs occasions.

Sous l'Empire, Dunkerque vit plusieurs de ces exécutions ordonnées par Napoléon, pour empêcher les tissus anglais capturés de faire concurrence aux tissus français. A cet effet, on les détruisait par le feu. Le dernier de ces auto-da-fé eut lieu, si nous ne nous trompons, du 14 au 18 septembre 1812. On brûla ainsi, sur la Grande-Place, une quantité considérable d'étoffes; le 18 septembre on en brûla à la citadelle; du 18 au 25 août, on avait brisé sur la place, plus de 120,000 bouteilles provenant d'une prise faite par le *Furet*.

. . . .

Des guerres, sans cesse renaissantes, avaient épuisé la France d'hommes et d'argent. La patience nationale n'est pas longue, l'épreuve l'avait été beaucoup trop. L'ambition de l'Empereur ne trouvait plus à se justifier au tribunal des familles. Les mesures acerbes, employées pour amener au régiment les recrues récalcitrantes, faisaient naître partout des murmures. Lorsqu'en 1813, parut une ordonnance pour la levée de 120,000 hommes, puis de 300,000, la désertion se mit dans les rangs des conscrits et leur résistance devint plus formelle; d'abord, ils s'étaient cachés, bientôt ils s'organisèrent pour l'offensive; en novembre 1813, il y avait un soulèvement très-prononcé dans l'arrondissement d'Hazebrouck et de Dunkerque. Henri Vespoort, de Cassel, et Pierre Marle, d'Arneke, se mirent à la tête des réfractaires. Le département du Nord vit s'organiser une petite Vendée. Nous en avons décrit ailleurs l'historique. La caisse municipale était de nouveau obérée et en déficit de 200,000 fr. Le commerce maritime était mort; on le comprendra en sachant que le chiffre des navires entrés en 1812 est de 33; en 1813, de 38; et la sortie, de 56 en 1812, et 45 en 1813! 1810 avait un total de 733, et 1811 de 1,293 navires...

. . . .

Après la désastreuse campagne de Moscou, l'armée française reflua en désordre vers la frontière du Nord. Décimée par la guerre et les frimas, affaiblie par la défection, elle offrait un lamentable tableau. Dunkerque reçut un convoi de blessés; l'impression produite par le spectacle journalier des misères qui fondaient sur le pays et menaçaient son avenir, fut si profonde, que la pensée du carnaval ne s'éveilla même pas chez nos marins et que la municipalité put impunément proscrire les mascarades des jours gras. Nous ne savons si l'on trouverait un second exemple de pareil effet sur l'esprit public de notre pays.

Nous ne décrivons pas la catastrophe finale de l'Empire; elle est présente encore à la pensée de plus d'un lecteur. Cela concerne, d'ailleurs, l'histoire générale et nous sommes heureux de n'avoir point à lui emprunter les pages lugubres et sanglantes de ces tristes journées.

CHAPITRE XVIII.

DUNKERQUE SOUS LA RESTAURATION
(1814—1830).

Dans les masses populaires, aussi bien que dans l'homme pris isolément, il y a des idées qui persistent et dont il n'est pas loisible de ne pas tenir compte. Ces idées tendent chacune et sans cesse, à obtenir la suprématie; mais on ne peut impunément, ni les faire triompher, ni les méconnaître; sinon semblables à des roches sous-marines, elles brisent les esquifs qui naviguent imprudemment dans ces parages. Mais quels sont ces écueils? où commencent-ils? où finissent-ils?... Questions immenses que nous n'avons pas la présomption de vouloir résoudre ici.

La défense du sol français, la réédification de la société dans des conditions normales, voilà qui avait valu à Napoléon de chaudes sympathies, voilà ce qui avait fait son élévation, sa grandeur. L'amour exagéré de la gloire militaire, l'esprit d'envahissement et de conquête qui le poussèrent sans limite méconnurent ces mêmes conditions, et le héros s'y brisa.

La Restauration sauva la France du péril de l'invasion et du morcellement; elle promettait l'éloignement des maux contre lesquels la nation s'était soulevée. Ce fut là sa véritable force. Mais le calme de la paix fit oublier les maux dont la délivrance avait été si vivement demandée et reçue avec tant d'enthousiasme. Les Cent Jours firent déjà voir que l'affection n'était pas suffisamment enracinée dans le pays et que la gloire de l'Empire n'y avait pas perdu tout prestige.

Waterloo vint y mettre bon ordre.

Pour la majorité des Français, cette journée néfaste resta un lourd grief. Les amis des Bourbons n'avaient pas tous oublié, ils n'avaient pas tous appris..... Ils commirent plusieurs fautes dont ces princes portèrent la peine. Nous ne ferons pas l'injustice de les en rendre responsables Les Bourbons étaient généreux, sincèrement amis de la France, mais ils représentaient une doctrine qui ne peut transiger, l'hérédité. Ils furent donc entraînés à des négations insensées, à des affirmations fort contestables. C'est ainsi que, considérant comme non avenus la République et l'Empire, ces deux géants qui avaient ébranlé l'Europe, Louis XVIII rentrant inopinément de l'exil, datait de la xxi⁰ année de son règne; véritable roi constitutionnel, il régnait donc et ne gouvernait pas. Dans ses ordonnances, il parlait du *bon plaisir*... formule complétement surannée et inacceptable. Ces anachronismes qui font sourire, ne sont pourtant que de rigoureuses déductions du principe.

Dans la pratique, on se montrait moins absolu; mais cette impartialité même devint funeste; elle donna successivement entrée aux arguments qui servirent à renverser la branche aînée. Placés entre des récifs, les Bourbons devaient finir par s'y perdre. S'appuyer sur les anciennes doctrines et paraître s'étayer des doctrines modernes, c'est un contre-sens dont l'issue devait être fatale.

Quelle instruction faut-il déduire de ce drame ou plutôt de cette *comédie de quinze ans*? quelle déduction tirer de ces péripéties incroyables qui, après de longues années de paix, de prospérité générale, de gloire nationale, changèrent si brusquement les destinées d'une noble famille et modifièrent si profondément le gouvernement de la France? Nous avouons notre impuissance à sonder ces mystères. Aujourd'hui, cette page de l'histoire est contemporaine, elle est encore trop voisine de notre œil pour que nous puissions en lire couramment l'ensemble. Nous allons donc nous borner à en consigner fidèlement quelques lignes.

Nous partageons ce chapitre en quatre parties :
    1° 1814;
    2° Les Cent Jours;
    3° Louis XVIII;
    4° Charles X.

§ I⁵ʳ. Dunkerque en 1814.

L'Empire était à sa dernière heure. Paris retentissait déjà du cri de : *Vive le roi!* (31 mars); Dunkerque était dans une anxiété que partageaient la France et l'Europe.

Tandis que les esprits y étaient en fermentation, présageant la prochaine entrée des Alliés dans la capitale, arrive un courrier qui se rend à l'Hôtel-de-Ville (5 avril); la foule le suit et s'informe... mais son espoir est déçu. La ville est en état de siège et régie militairement. Le maire demande à conférer avec les généraux; ce vœu est accueilli et, dans la prévision d'un mouvement populaire, le conseil organise immédiatement de fortes et nombreuses patrouilles; le fonctionnaire municipal s'installe en permanence à la maison-commune.

Pendant ce temps, le rassemblement désappointé se porte à la maison des *droits-réunis*, et lui fait expier l'impopularité dont cet impôt était de plus en plus frappé. En un instant, les vitres sont brisées, l'enseigne enlevée, portée sur la place et brûlée avec les aigles des débitants de tabac ; une patrouille, arrivée tardivement, dissipe sans peine l'attroupement.

Le lendemain (6 avril), les principaux fonctionnaires, incertains encore de l'attitude qu'ils devaient tenir, se réunissent de nouveau à l'Hôtel-de-Ville, et une partie de la population, agitée par le même motif, se groupe dans la rue. On voyait dans les attroupements (c'est le rapport officiel) *de ces figures inconnues qui, dans les mauvais jours, semblent sortir de terre pour faire le mal ou y pousser le peuple*.... On y agite la motion d'ouvrir toutes les prisons, mais un détachement de la troupe de ligne vient imposer aux mutins, qui se dirigent alors vers le Pont-Rouge. Là, ils font éprouver, au bureau de l'octroi, le sort de l'hôtel des droits-réunis ; ils détruisent les registres, démolissent le bureau de perception et couronnent cette expédition par des libations que permettent les vins enlevés au dépôt. Surexcités par la boisson, on revient au projet de mettre les détenus en liberté.

De leur côté, les prisonniers anglais avaient été informés de ce qui se passait et ils voulaient s'emparer des clés ; à défaut, ils tentèrent d'enfoncer les portes ; la garde nationale put seule les mettre à la raison.

Le bruit de ces diverses circonstances s'était répandu, et l'émotion devenait générale ; on inclinait à libérer les prisonniers de guerre. Une proclamation de la mairie engageait le peuple dunkerquois à ne pas sortir du calme qu'il avait si sagement gardé jusque-là ; on lui disait que les prisonniers anglais étaient le gage du retour de nos propres marins détenus en Angleterre et que c'était un devoir de les conserver jusqu'à régulière détermination ; on comprit.

Mais au dehors, les événements se pressaient ; la renommée en instruisait la ville. La majorité des habitants adoptait les mesures du gouvernement provisoire installé à Paris. Dans l'intérieur de chaque maison, on préparait des drapeaux fleurdelisés et des cocardes blanches. Croyant enfin que les choses étaient mûres, le maire parut sur le perron de l'Hôtel-de-Ville (8 avril) et y fit lecture de quelques passages du *Moniteur*. Des cris de joie lui répondirent et l'on entendit retentir : *Vive Louis XVIII ! vivent les Bourbons ! vivent les Alliés !* A l'instant, toutes les maisons se parent de drapeaux ; le pavillon blanc est arboré au sommet de la tour ; la sonnerie des cloches, les accords du carillon se mêlent aux acclamations de la joie universelle. Les emblèmes du gouvernement impérial, ou comme l'on disait alors, *les signes qui rappelaient la tyrannie* disparaissent, et Dunkerque est parée de la livrée royale. Toute la population est sur pied ; on se félicite d'une si heureuse issue aux embarras de la France ; on exprime son admiration pour la générosité des princes qui la délivrent de la tyrannie ; on exprime le désir de revoir cette race royale qui avait fait si longtemps la gloire et le bonheur de la France ; on adhère au décret de la déchéance de Bonaparte ; on demande que la royauté héréditaire soit déférée au chef de la maison de Bourbon.

Ce vœu, qui suppose que la royauté légitime a besoin d'une délégation et qui oublie que Louis XVIII est dans la vingt-et-unième année de son règne, sera porté à Paris par une députation composée de MM. de Kenny, maire; Drouart, procureur-impérial; Emmery, membre du Corps législatif, et Bonvarlet, négociant.

Pendant que la députation se prépare, on revient aux prisonniers de guerre; on s'arrête au projet de mettre en liberté vingt-deux anglais. Un particulier offre d'équiper un bâtiment et de les transporter, le jour même, dans leur patrie; passant sur les formes ordinaires, on décide qu'ils seront immédiatement élargis. L'offre du généreux dunkerquois est acceptée; on le désigne pour aller vers l'amirauté anglaise lui remettre ses compatriotes. La foule les accompagne jusqu'à bord; elle pousse des hourras en leur honneur; le maire les conduit jusqu'en rade. A quatre heures, le départ s'effectue; la corvette des pilotes l'accompagne. Les premiers de France, ces deux navires sortent des jetées portant pavillon blanc.....

Le lendemain, la joie s'accroît encore quand on apprend (9 avril) le départ de Bonaparte pour l'île d'Elbe.

Le 10 avril, un lougre anglais est en vue; la vieille haine qui animait les Dunkerquois contre les insulaires a disparu. Une foule nombreuse court sur la plage, salue de ses acclamations et fait des signaux pour engager à venir à terre.

En effet, le lendemain, le capitaine Smith arrive dans un canot; on l'accueille, on l'entoure, on le félicite, on le conduit à la Mairie. Les autorités le choient. Il leur remet deux lettres, l'une, datée de *Admiralty-Office*, dit que la ville de Dunkerque ayant reconnu son légitime souverain et arboré le pavillon blanc, le gouvernement anglais qui (chacun le sait) tient essentiellement à la légitimité, lève le blocus du port, et, pour répondre au généreux procédé dont Dunkerque a pris l'initiative, met en liberté tous les Dunkerquois détenus en Angleterre. On en évaluait ici, le nombre à 1,500. D'ailleurs, elle écrivit aux divers ports de France (9 avril), que dès qu'ils auraient suivi l'exemple de Dunkerque, ils jouiraient de la même réciprocité.

Cette nouvelle excite une joie plus vive. Le capitaine, sa femme et quelques compatriotes habitant Dunkerque, sont reconduits à bord avec des acclamations unanimes.

Depuis une semaine, c'était, en ville, une fête non interrompue. Chaque soir on illuminait, on tirait des fusées, des pétards, des coups de feu.

Le 13 avril, le capitaine Smith remit une lettre des députés dunkerquois. Deux jours après, ils revinrent ramenant avec eux Blankeman, le corsaire autrefois mis à prix par les Anglais; Blankeman, le marin décoré par l'Empereur...

Aux assistants qui les écoutent avec avidité, les envoyés répètent les détails de leur excursion. Comme ils ne sont pas sans importance historique, nous en consignerons fidèlement la substance.

Arrivés à Deal le 8 avril, ils s'étaient rendus près de lord Melville. Celui-ci les avait conduits à lord Liverpool et à De La Chatre, ambassadeur de France. Il les engagea à l'accompagner chez Louis XVIII, à Hartwell, pour lui annoncer *la déchéance de Bonaparte dont il n'avait pas connaissance* et l'empressement des Dunkerquois à porter les marques de sa dynastie, et enfin, leur désir de le voir à Dunkerque. On les présenta comme les *premiers Français* à la duchesse d'Angoulême et à Louis XVIII, à qui ils tinrent le discours suivant :

« Organes des autorités civiles et militaires, ainsi que des habitants de la ville
» de Dunkerque, Sire, nous venons porter à vos pieds l'hommage de notre res-
» pect et de notre amour pour votre auguste personne. Bien avant votre procla-
» mation aux Dunkerquois, nous nous étions prononcés contre l'usurpateur
» du trône. C'est au nom de ces mêmes Dunkerquois, que nous osons réclamer
» une grâce de notre bon monarque ; celle que votre Majesté daigne faire sa ren-
» trée dans son royaume par le port de Dunkerque.

» Croyez, Sire, que vous, ainsi que les Bourbons, avez été constamment portés
» dans nos cœurs. Si nous avons obéi aveuglément aux volontés de Napoléon,
» c'était pour préserver nos familles de son ressentiment... »

Le roi aurait répondu : « ...... Absent depuis vingt ans de mes enfants, le
» chemin le plus court est celui que je devrais prendre. Si, cependant, les affaires
» politiques me le permettent, je vous promets de me rendre à vos vœux. Dans
» le cas contraire, dites à mes bons Dunkerquois, que je me souviendrais d'eux
» et que je ne tarderais pas de les visiter..... »

La réponse que nous transcrivons ne résolvait pas la question: aussi, une nouvelle députation fut chargée de solliciter, de nouveau, la faveur demandée.

Lorsque (le 16 avril) on sut que le comte d'Artois était entré à Paris, la députation lui présenta une adresse où l'on disait :

« .... Délivrés de la plus affreuse tyrannie, libres enfin d'épancher des senti-
» ments trop longtemps comprimés, il est impossible de peindre le délire d'allé-
» gresse que firent éclater les Dunkerquois, lorsque le maire annonça la chute de
» Napoléon Bonaparte. Le rétablissement du gouvernement paternel de nos rois,
» le retour de l'auguste famille des Bourbons, la vue du drapeau sans tache qui
» réunira à jamais les Français, la reconnaissance envers les illustres monarques
» alliés, dont la magnanimité surpasse ce que l'histoire offre de plus grand, la
» suppression de tant de lois oppressives. la joie des mères, des épouses, la
» génération naissante affranchie de la mort prématurée à laquelle elle était
» vouée, le commerce et la navigation rouvrant la source des prospérités publi-
» ques..... Lorsque Dunkerque eut, en 1775, le bonheur de posséder V. A R.,
» la ville était heureuse.... aujourd'hui, elle n'est plus que le tableau de la dépo-
» pulation et de la misère..... (1) »

Le 24 avril, on apprend que l'itinéraire est fixé, que le roi viendra par Calais ; Coppens, membre de la députation, dit au monarque : « Sire, heureux et fiers
» d'être l'organe des Dunkerquois, permettez-nous de déposer leurs vœux aux
» pieds de votre personne auguste.... Organes de nos concitoyens, nous jurons

---

(1) Signé : De Kenny, Drouart, Emmery, Bonvarlet.

» obéissance à V. M. et la supplions, en leur nom, de recevoir notre serment de
» fidélité. » A la demande faite au comte d'Artois, ce prince répondit : « La
» conduite des habitants de Dunkerque m'est connue, je connais leur dévouement;
» assurez bien vos concitoyens, monsieur le Maire, de la bienveillance du roi et
» de la mienne. » Son Altesse Royale ajouta, en mettant l'adresse dans sa poche,
« je la lirai avec beaucoup d'intérêt. »

Le roi débarqua à Calais, accompagné d'une escadre anglaise sous les ordres du duc de Clarence. L'artillerie de la flotte et celle des remparts salua son arrivée. Un monument indique l'empreinte du pied royal foulant, pour la première fois depuis l'exil, le sol chéri de la France. Le prince entra en ville en voiture, ayant à sa gauche la duchesse d'Angoulême, et devant lui, le prince de Condé et le duc de Bourbon.

Après avoir dîné en public, il reçut la députation dunkerquoise, et ayant pris l'adresse à lord Sydmouth, il la lui remit.

Le noble lord la lut et interrompit plusieurs fois sa lecture en s'écriant : « *C'est charmant!... c'est charmant!...* » Il dit ensuite aux députés : « *Lorsque vous avez appelé nous loyale nation, cela m'a fait le plus grand plaisir...* »

Les députés avaient aussi une lettre pour le duc de Clarence, elle était conçue en ces termes :

« Organes des Dunkerquois, nous venons déposer aux pieds de V. A. R., l'ex-
» pression de leur reconnaissance envers le gouvernement et la nation Anglaise.
» C'est à la persévérance de l'illustre prince régnant d'Angleterre, que l'Europe
» doit sa délivrance ; c'est elle seule qui, au milieu des révolutions européennes,
» a conservé cette attitude magnanime qui a enfin réuni et assuré les liens de
» cette grande famille ; c'est à elle et à ses alliés que nous devons le rétablisse-
» ment du gouvernement paternel de nos rois et le retour de cette auguste
» famille..... Nous avons été des premiers, Prince, à manifester ces sentiments
» et des premiers aussi, nous avons fait acte d'union et de paix avec l'Angleterre
» en lui renvoyant spontanément ses prisonniers. Puissions-nous bientôt voir
» rétablir les *relations d'amitié et de commerce, qui ont fait si longtemps la
» prospérité de notre ville et l'avantage réciproque des deux nations.....* »

Dans sa réponse à cette remarquable épître, lord Sydmouth assura que jamais il n'oublierait que ce sont les Dunkerquois qui ont mis en liberté les prisonniers Anglais..... (1)

---

(1) Il ajouta :

« Je vous remercie très sensiblement pour les expressions obligeantes qui me sont parvenues de
» votre part.

» Il est aussi satisfaisant pour moi de recevoir les congratulations des Dunkerquois qu'il sera à ja-
» mais un sujet de vrai orgueil pour l'Angleterre, d'avoir été pendant un temps et l'asile et la de-
» meure de votre auguste monarque.

» La réception éclatante qui lui a été faite l'assure de l'amour de ses sujets. Rien ne m'avait caus
» une satisfaction plus vive que d'avoir été témoin d'une scène aussi touchante pour tous les cœurs
» vertueux ; mais je ne devais pas m'ingérer à une première entrevue d'un père avec ses enfants :
» c'était bien assez pour moi d'avoir été choisi pour le remettre dans leurs bras.... »

Quelques mois après, le duc de Berry vint à Dunkerque (1). Le baron de Kenny le reçut avec la plus cordiale affection, et la population avec le plus vif enthousiasme. Le prince arriva à dix heures du soir. Un arc de triomphe était élevé à l'entrée de la ville. Les troupes bordaient la haie; toutes les maisons étaient illuminées. Du balcon de l'hôtel de M. de Kenny où il était descendu, le prince parla à la foule qui le salua d'acclamations unanimes; des bals publics où se manifesta la joie la plus vive se prolongèrent, toute la nuit, en plusieurs quartiers de la ville.

Le prince visita deux frégates et une corvette qui se trouvaient dans le port. Il passa aussi en revue le 51e régiment.

On raconte qu'au moment où le duc sortait de l'hôtel, un grenadier qui y était en faction, se mit à crier : *Vive l'Empereur !...* Le prince s'arrêta, et s'adressant au soldat : Tu l'aimes donc bien cet empereur, lui dit-il d'un ton d'indulgent reproche? — Oui, je l'aime, il nous conduisait à la victoire ! — Avec des braves comme toi, répliqua le prince, la victoire n'est-elle pas assurée?...

Le lendemain, il partait pour Calais, ayant accordé plusieurs décorations de la Légion-d'Honneur. M. le baron de Kenny fut nommé officier de cet ordre.

Sous la Restauration, Dunkerque reçut la visite de plusieurs grands personnages, nous ne nous y arrêterons pas, afin d'éviter les redites qui en résulteraient nécessairement (2).

Tels sont les souvenirs qui se rattachent à cette première Restauration. Si le lecteur veut comparer les discours que nous venons de citer, avec ceux du commencement de l'Empire, à peine distants de quelques pages, on pourra se convaincre que les assurances données à Napoléon sur sa personne et sur le sentiment national envers l'Angleterre, en 1804, étant prises dans un sens diamétralement opposé, peuvent convenir en 1814. Laquelle des deux protestations était sincère ? Toutes deux également ; seulement remarquons que les paroles de 1830 viendront bientôt donner le démenti à celle de 1815; et que celles de 1848 le donneront à leur tour à celles de 1830 !!...

C'est vraiment une scène curieuse! Le 20 mai 1814, on plaçait, dans la salle de la mairie, l'écusson royal, à la même place qu'avaient successivement occupée le tableau équestre de Louis XIV, l'emblème égalitaire de 1793, et le portrait du premier consul! Place où nous avons vu depuis figurer le buste de Louis XVIII (3), celui de Charles X (4), celui de Louis-Philippe (5), qui, depuis

---

(1) Le 7 et le 8 août 1814.

(2) Nous devons du moins mentionner le duc de Trévise (20 mai 1814); l'empereur Alexandre de Russie, qui passa incognito (16 juin 1816); le duc d'Angoulême (6 et 7 septembre 1818); le duc d'Orléans et le duc de Chartres (13 mai 1829); Clermont-Tonnerre, dont le nom sonore et fameux convient bien à un ministre de la guerre (12 septembre 1826), etc....

(3) Inauguré le 2 juillet 1816.

(4) Inauguré le 4 novembre 1825. — Inauguré le 11 novembre 1829, le portrait de ce prince fut enlevé le 9 août 1830. Neuf mois après !

(5) Le buste de Louis-Philippe fut enlevé et caché le 28 février 1848.

1848 est allé au garde-meuble tenir compagnie à ses prédécesseurs. N'y a-t-il pas dans ceci une raison de prendre une sage mesure pour l'avenir? Est-ce qu'on ne pourrait pas respecter à la fois la dignité de la ville, dont tous ces changements n'atteignent pas la personnalité, et les égards dus à l'histoire et au malheur? Si c'en était ici le lieu, nous exposerions notre sentiment à cet égard.

Le 10 juin eut lieu dans l'église Saint-Éloi un service funèbre pour Louis XVI et sa famille, victimes des fureurs révolutionnaires. Ce même temple où quelques années auparavant, on avait chanté des hymnes sanguinaires, où l'on avait dansé la Carmagnole à l'occasion de *la mort du dernier tyran*, ce temple ne pouvait plus suffire à la foule qui venait protester contre ce crime et le pleurer devant les autels. On ouvrit ensuite un registre (1) pour recueillir les protestations contre l'attentat de 1793. Nous aurions aimé à retrouver ce document pour y joindre notre signature, mais il a disparu!

L'histoire ne présente que trop de ces vicissitudes! Le duc de Berry que l'on avait accueilli partout avec tant d'amour, dont on avait célébré le mariage avec de si douces prévisions, n'a-t-il pas été frappé d'un poignard frénétique qui croyait que, dans le sang de ce prince, il éteignait l'espoir de sa race (2)? N'est-ce pas aussi après quelques mois d'un calme trompeur que cette famille des Bourbons, si généralement acclamée par la France en détresse, était repoussée hors des frontières par le flot qui ramena Napoléon de l'île d'Elbe?

§ II. Les Cent-Jours.

Le 9 mars 1815, cette nouvelle retentissait comme un coup de foudre! Aussitôt paraît une ordonnance qui met hors la loi *l'usurpateur*, et qui autorise à courir sus. Le nouveau débarqué n'en poursuit pas moins sa marche vers la capitale. Le 27, un courrier apporte à Dunkerque la nouvelle de l'entrée de *l'Empereur* aux Tuileries. *Des individus de la basse ville et de la basse classe* (3), forment des rassemblements que la police est impuissante à dissiper; ils entourent l'Hôtel-de-Ville. Le maire obtient qu'ils n'en forcent pas l'entrée, mais de son côté, il doit promettre qu'on y arborera le drapeau tricolore.

Le 20 mars, *l'Empereur* rentrait à Paris, et le 16 avril M. de Kenny, baron de l'Empire, *Membre* de la Légion-d'Honneur (4), engageait les Dunkerquois à

---

(1) 31 janvier 1816.

(2) Le service funèbre fut célébré le 21 mars 1820. En novembre de la même année, on réunissait des souscriptions pour le tombeau à ériger à Lille, tombeau dont le fanatisme a dispersé les débris en 1830.

(3) Rapport de M. le baron de Kenny.

(4) On se souvient qu'il venait d'être fait officier par le duc de Berri.

grossir volontairement l'armée et les trésors de *l'Empereur*. Nous n'avons pas trouvé l'adresse que Dunkerque a probablement envoyée à Napoléon, comme cela se fit généralement en France, ni le nom des députés au *champ-de-mai* ordonné par l'Empereur.

En cédant au courant qui régna pendant les Cent Jours, la ville conserva un esprit hostile au nouveau débarqué. Toutes les affaires furent suspendues. On n'avait plus qu'une occupation, celle de s'informer de ce qui se passait au dehors. L'armée était ouvertement bonapartiste; les hommes qui se rendaient aux dépôts partageaient ce sentiment. La garnison de Dunkerque était aussi en hostilité avec la majorité de la population.

Cependant les armées alliées avaient envahi la France. Les partis qui divisaient la nation cherchaient à propager des bruits favorables à leur cause. Ils réussirent surtout à augmenter l'antagonisme qui existait entre les Français et préparèrent aux étrangers les succès qu'ils s'étonnaient d'obtenir.

Au milieu de ces conflits quotidiens, les imaginations s'exaltaient. Des collisions avaient lieu fréquemment à Dunkerque, entre des particuliers et des gardes mobiles de l'intérieur, que l'on désignait sous le sobriquet de *Ferblantiers*, parce que la plaque de leur shako étaient en fer-blanc.

Après la bataille de Fleurus (17 juin) et de Waterloo, surtout après l'abdication de Napoléon en faveur de son fils, les colonnes mobiles n'avaient plus de direction. On disait que toute l'armée était licenciée et que chacun pouvait se retirer. Plusieurs compagnies voulaient sortir de la ville avec armes et bagages : ce qui entraînait le danger de les voir piller les paysans ou de les voir tomber au milieu d'un parti des alliés, où ils auraient été taillés en pièces. La garde nationale comprenant ce que les circonstances exigeaient de son zèle, occupait jour et nuit tous les postes.

A mesure que le temps s'écoulait, les royalistes prenaient plus de confiance; un sieur Evrard, accompagné d'un matelot, promena dans la ville un drapeau blanc et le porta même devant un régiment de gardes mobiles. Celles-ci poursuivirent le téméraire, qui se sauva chez un sieur S... et, se voyant serré de près, grimpa dans la cheminée et se réfugia dans un grenier voisin. Les *ferblantiers* tirèrent plusieurs coups de fusil et firent des visites dans plusieurs maisons. Au retour de Louis XVIII, ledit sieur Evrard fut nommé franc-vendeur.

Voyant la cause impériale perdue sans retour, les gardes mobiles résolurent de forcer la consigne et de sortir en corps. Le général commandant fit fermer la barrière du Pont-Rouge; arrêtés un moment devant cet obstacle, ils refusèrent d'obtempérer aux injonctions de leurs chefs et tentèrent l'escalade de la muraille, qui n'est pas très-haute en cet endroit. Pour les en empêcher, on tira sur eux plusieurs coups de feu, du magasin aux fourrages et d'autres maisons situées sur la rive droite du canal de Bergues; mais la majeure partie s'échappa et la gravité des événements fit aisément perdre de vue celui-là.

Pendant ces journées d'inquiétude, la ruine de l'Empereur et le retour prochain des Bourbons devenaient de plus en plus certains. Les dames, et particulièrement la belle-mère du général, préparaient des cocardes blanches pour en gratifier la garde nationale dunkerquoise, et des rubans blancs pour la boutonnière de quiconque aurait voulu s'en parer. On avait ajourné toute fête et toute réjouissance pendant les Cent-Jours, se promettant bien de s'en dédommager dès que les embarras actuels auraient une solution.

On sait qu'elle ne tarda guère; un sieur Choudieu, qui se faisait le chef des bonapartistes, et qui logeait rue de l'Eglise, chez M. B........, fut arrêté dans sa demeure par M. H..... qui, depuis, fut nommé chevalier de la Légion-d'Honneur. On crut devoir le retenir jusqu'à nouvel ordre au fort Louis; on l'y conduisit les yeux bandés et on lui fit passer le canal dans un bac à cet usage. Lorsqu'il sentit qu'il était sur l'eau : « — Où me conduisez-vous, dit-il avec inquiétude ? » — Ne craignez rien, lui répondit-on, nous ne sommes pas à Nantes...

Nous n'avons pas à parler en détail de Waterloo, ce fleuron que le hasard fit tomber sur la tête de Wellington, ce coup de dés que Blücher jeta pour terminer la partie qui se jouait; Waterloo, dont tant de nations se glorifient et dont l'Angleterre voudrait accaparer seule tout l'éclat.

Après avoir écrit ce nom, qu'il nous soit permis d'interrompre un moment notre récit, et d'accorder un soupir au deuil de la patrie !

---

§ III. Dunkerque sous Louis XVIII.

Après les Cent-Jours, M. de Kenny, officier de la Légion-d'Honneur, publiait les mesures qui, dans la localité, devaient assurer la seconde restauration des Bourbons, et trois mois après, jour pour jour (16 juillet), après l'appel fait en faveur de *l'Usurpateur*, de *l'Usurpateur* désormais dans l'impuissance, M. le baron Kenny, faisait, à l'Hôtel-de-Ville, et aux frais de la caisse municipale, un festin où figuraient les personnages marquants de la cité. Des toasts à la santé du roi, des chants inspirés par la circonstance, des protestations ardentes se succédèrent. Toute la population partageait cette joie et se livrait à l'espérance de voir enfin le commerce maritime se relever du triste état où il était réduit.

Et, en effet, un mouvement ascensionnel ne tarda pas à se manifester partout. Les bateaux de la flottille de Boulogne qui dépérissaient dans le port furent vendus au commerce, gréés et disposés pour la pêche à la morue; le cabotage recommença ses expéditions, etc.

En même temps, on revenait aux anciennes pratiques : la fête Saint-Louis se célébrait avec pompe ; la ville reprenait son écusson (1) ; on faisait avec une solennité extraordinaire la réintégration de la *Petite-Chapelle ;* le baptême des cloches qu'on y suspendit de nouveau (2) ; la consécration d'une nouvelle chapelle à la prison ; M. le baron Coppens reprit son écu : *d'azur à trois coupes d'or ;* une épée d'honneur fut remise au comte de Laval (3) qui avait été gouverneur de Dunkerque pendant les orageuses journées de l'interrègne ; les dames de la ville brodèrent, pour la milice urbaine, un magnifique drapeau ; c'était un hommage au vieil esprit français, un souvenir de ces temps héroïques où les chevaliers portaient sur leur bannière et dans leur cœur : *Mon Dieu, mon Roi, ma Dame.* (4).

Élu député, M. Coppens fit revivre l'ancienne réclamation des franchises de la ville, et l'espoir de les voir bientôt accordées, fit perdre de vue les réquisitions des alliés et les contraintes pour l'emprunt de cent millions (5.)

Avant la catastrophe des Cent-Jours, les amis du roi s'étaient endormis dans une présomptueuse confiance ; après la seconde restauration, ils tombèrent dans l'excès opposé. Nous ne savons quelle calamité aurait pu apparaître, sans que quelqu'un ait eu le droit de s'écrier : « Je l'avais bien prévu ! » Nous nous trompons : la disette à laquelle personne n'avait songé, vint à sévir et augmenter la misère, conséquence naturelle de perturbations diverses ; on créa des ateliers de charité, remède excellent, mais nécessairement insuffisant pour prévenir la misère en général.

On proscrivit plus sévèrement qu'autrefois les emblêmes rappelant l'empire (6), on en fit un brûlement officiel (24 janvier 1816) ; on détruisit même un portrait du premier consul, qui jusque-là avait obtenu sursis (7) ; mais le ministre ayant insisté, on obéit.

---

(1) Nous devons signaler ici quelques erreurs que consacre le diplôme authentique alors donné à la ville. Ce titre mentionne le *Dauphin* au lieu du *Bar ;* il le dit *couché* et il est *pâmé.* Il dit que cet écu a été donné à la ville par *les rois prédécesseurs* de Louis XVIII ; or, il remonte au comte de Bar, ainsi que nous l'avons expliqué. L'écu de Dunkerque doit s'énoncer ainsi : D'or au lion passant de sable, qui est de Flandre ; coupé d'argent au bar pâmé, d'azur crêté et oreillé de gueules, qui est de Bar.

(2) Le registre officiel relate dans ses moindres détails le procès-verbal de cette bénédiction. L'une des cloches a nom *Marie-Thérèse ;* l'autre *Antoinette-Charlotte.* Le parrain est messire .... chevalier, maréchal-de-camp, etc., etc.; la marraine, Mme ....; la chapelle fut bénie le 25 mars 1816. La première messe y fut célébrée le 8 avril suivant.

(3) 10 septembre 1815.

(4) Ce drapeau fut remis le 23 juillet 1815.

(5) Cet emprunt fut remboursé en 1818.

(6) Par une ordonnance du 24 janvier 1816, le préfet prescrit des mesures à cet égard.

(7) Nous croyons devoir rapporter ici quelques pièces relatives à cette exécution. Elles sont, d'ailleurs, consignées au folio 58, recto et verso, au registre des arrêts du maire, de 1814 au 19 août 1827. On y lit :

« Cejourd'hui, 6 juin 1817, nous .... maire de la ville de Dunkerque, nous sommes rendu à
» l'Hôtel-de-Ville à l'effet de procéder en notre présence, et en celle de MM. les adjoints, à la lacé-

Ce fanatisme à froid, ce vandalisme réfléchi étonne et confond. On pardonne aux sans-culottes grossiers et ineptes qui, dans un jour d'orgie, brûlèrent en 1793, le tableau de Louis XIV; chaque arbre porte son fruit. Mais que des hommes civilisés, ayant notion d'art, d'histoire, de dignité... suivent de tels errements, c'est ce qui ne s'explique pas.

Que pense-t-on prouver par là? que veut-on? changer les récits de l'histoire? en gratter quelques mots qui blessent la vue? modifier sa sentence?... Un règne fini, ses vestiges appartiennent à la postérité ; vouloir les lui soustraire, c'est au moins une folie.

Le mois de septembre 1818 est marqué d'un double souvenir. L'arrivée du duc d'Angoulême et celle des astronomes qui vinrent travailler à la mesure du méridien.

» ration du tableau représentant le portrait de Bonaparte, lequel y était resté en dépôt d'après les
» ordres précédents de l'autorité supérieure.
» Vu la lettre de M. le sous-préfet du 3 de ce mois, et la copie ci-jointe de celle de S. E. le
» secrétaire-d'état ministre de la police générale, en date du 20 mai dernier, portant ordre de détruire
» ledit tableau comme les autres emblèmes du règne de l'usurpateur, lesquelles dépêches sont de la
» teneur suivante :

Dunkerque, 8 juin 1817.

Le Sous-Préfet à M. le Maire de la ville de Dunkerque,

Monsieur le Maire, j'ai l'honneur de vous adresser copie d'une lettre (1) de S. E. le ministre de la police générale, qui prescrit de détruire le portrait de Bonaparte que vous avez été autorisé à conserver provisoirement, attendu sa valeur, sous le rapport de l'exécution. Je vous invite, Monsieur le Maire, à remplir le plus promptement possible les instructions du ministre à ce sujet, et à me faire parvenir le procès-verbal que vous aurez rédigé pour constater la lacération de ce tableau, afin que j'adresse cette pièce à M. le Préfet.

Agréez, etc.

Signé : DESCHODT.

COPIE.

« Paris, 20 mai 1817.

» M. le Maire de Dunkerque renouvelle la proposition que vous m'avez déjà transmise d'envoyer en Angleterre pour
» le vendre un portrait de Bonaparte, peint par Robert Lefebvre, et qui, conformément à mes instructions du 24 no-
» vembre 1815, avait été mis à part, attendu sa valeur sous le rapport de l'exécution. S. E. le ministre de l'intérieur, à
» qui j'ai demandé quelles étaient ses intentions sur les objets d'art, n'est point dans l'intention de les recueillir, et, dès-
» lors, je ne vois d'autre parti à prendre que celui de les détruire comme tous les autres emblèmes du règne de l'usurpa-
» teur. Le moyen proposé serait trop inconvenant. Je vous engage donc à donner des ordres en conséquence de cette
» explication et à en surveiller l'exécution.

» Agréez, etc.

» *Signé* : Le Comte DE CAZES. »

Pour copie, etc.

» MM. ...... et ......, adjoints, s'étant présentés à la mairie (écrit au folio 59), nous nous sommes
» transportés avec eux au local des archives, situé dans l'enceinte de l'Hôtel-de-Ville, où il nous a été
» représenté un tableau représentant le portrait en pied de Bonaparte, en costume de premier consul,
» sur lequel nous remarquons les inscriptions suivantes : *Relèvement de la chaussée de l'Est. — Plan-
» tation des Dunes. — Robert Lefebvre, pinxit. 1804.* — Ce tableau étant bien effectivement reconnu
» pour être celui dont la lacération est ordonnée, et l'identité étant suffisamment constatée, nous
» l'avons fait porter dans la salle de nos séances, où un valet de ville l'a, en notre présence et en
» celle de MM. les adjoints, coupé en pièces et jeté au feu. — Ce tableau ayant été entièrement con-
» sumé par les flammes, nous avons levé la séance, etc..... »

(1) En marge de ce qui précède est écrit : « *Signé et paraphé ne varietur*, au désir de notre procès-verbal en date de
» ce jour, 18 novembre 1829. » Signé : N....., N......, N......

Le prince royal arriva le 6. Les publications officielles firent savoir aux Dunkerquois que leurs vœux seraient directement transmis « *aux pieds du trône*, » cette formule servile et illogique était à la mode. Dans le narré de la réception, elles disent que le duc *daigna* mettre pied à terre au portique élevé au Pont-Rouge..., qu'arrivé à son *palais* (l'hôtel du sous-préfet), il y fut reçu par des demoiselles qui lui offrirent des corbeilles de fleurs, etc.

Le discours du maire au duc mérite d'être cité, le voici :

« Les transports de joie et d'allégresse que toutes les classes des habitants de
» cette ville font éclater sur les pas de V. A. R. sont les moindres garants de
» l'amour et du dévoûment des fidèles Dunkerquois à la dynastie des Bourbons.

» Ce jour solennel rappelle des souvenirs bien chers en même temps qu'il est
» le gage du plus heureux avenir.

» Jadis les Dauphins de France étaient seigneurs-nés de Dunkerque. Veuillez,
» Monseigneur, prendre cette ville dévouée sous votre protection tutélaire et
» permettez que je sollicite un regard de bienveillance sur une population mari-
» time qui sut toujours défendre l'honneur du pavillon français.

» Dunkerque n'était qu'un hameau de pêcheurs, lorsque le génie de Louis-le-
» Grand et de ses augustes successeurs la mit au rang des principales villes de
» commerce de l'Europe. Elle ne tarda pas à exciter l'envie des puissances étran-
» gères.

» Je ne retracerai pas ce que cette ville a souffert depuis, dans des temps de
» désolation ; en perdant ses souverains légitimes et leur puissante protection,
» Dunkerque a tout perdu, et est menacé d'être réduit à son état primitif. Son
» port, dans un abandon déplorable, ne pourra incessamment recevoir que des
» navires d'un chétif tonnage. Ce port, autrefois si célèbre, l'unique de France
» sur la mer du Nord, à l'extrême frontière, avec des communications précieuses
» dans les rivières et canaux qui circulent du Nord au Midi du royaume en y
» répandant l'abondance, contribuent aussi essentiellement à la prospérité de
» l'agriculture. Sa position topographique, inappréciable dans l'intérêt de l'Etat
» et du commerce, n'échappa pas à l'œil observateur et éclairé du grand amiral
» de France.

» Le règne des Bourbons peut tout réparer. Daignez, Monseigneur, prendre
» connaissance des besoins de notre ville. En les portant aux pieds du trône,
» V. A. R. va ranimer toutes les espérances et faire revivre la patrie de Jean
» Bart que créèrent ses augustes ancêtres. »

L'autre souvenir, beaucoup plus important comme fait scientifique, est rappelé par un modeste monument qui dépérit chaque jour et qui bientôt, si l'on n'y met ordre, disparaîtra tout-à-fait ; à peine en retrouve-t-on des vestiges dans l'enceinte du parc de la marine. Il s'agit pourtant d'une des plus belles, des plus hardies conceptions de la science moderne, d'une opération géodésique dont l'honneur revient à la France. Il serait triste, disons mieux, il serait honteux de voir se consommer cet acte d'inintelligent oubli. En attendant qu'il soit fait droit à cette convenance, consignons l'inscription qu'on lisait sur une des faces du piédestal :

SOUS LE RÈGNE DE LOUIS XVIII

PROTECTEUR DES SCIENCES

F.-D. ARAGO, J.-B. BIOT, ASTRONOMES FRANÇAIS

W. MUDGE, T. COLBY, G. THOMAS, SAVANTS ANGLAIS

AYANT FAIT EN SEPTEMBRE MDCCCXVIII

DES OBSERVATIONS COMBINÉES

AFIN DE LIER LES OPÉRATIONS GÉODÉSIQUES

EXÉCUTÉES PAR LES DEUX NATIONS

POUR MESURER

L'ARC DU MÉRIDIEN TERRESTRE

COMPRIS ENTRE

FORMENTERA, LA PLUS MÉRIDIONALE DES PITYUSES

ET

UNST, LA PLUS SEPTENTRIONALE DES SHETLAND (1).

LA VILLE DE DUNKERQUE

TÉMOIN DE LEURS TRAVAUX,

A VOULU PAR CETTE INSCRIPTION

EN PERPÉTUER LE SOUVENIR.

A mesure que nous approchons des temps voisins du nôtre, nous éprouvons plus d'appréhension, car, ne voulant jamais descendre au rôle d'homme de parti et, en même temps, jaloux de n'être ni le détracteur, ni le valet de personne, nous devons nous hâter et marcher à travers les actualités comme à travers des braises ardentes.

Énumérons donc, purement et simplement, les travaux qui s'accomplirent en cette ville sous le règne de la branche aînée : le comblement du port au Bois (16 février 1820) qui devint le quai du duc de Bordeaux (3 mai 1824), puis le quai d'Orléans, puis le quai d'Abondance. La reconstruction de l'écluse de Bergues et du pont de la Citadelle; la construction de 500 mètres de quais en pierres de taille, pour remplacer les anciens quais en bois, tombant en ruines; celle d'une estacade, en forme de jetée coffrée, à l'extrémité Ouest du chenal. La ville construisit le collège, dont la première pierre fut posée le 14 mai 1827 (2), et dont l'inauguration se fit deux ans après (5 novembre 1829); elle organisa une école

---

(1) Voir ce que dit à cet égard M. Carlier aîné dans un article intitulé : *Dunkerque considéré comme point astronomique*.

(2) Une délibération du 19 août 1824 consacre le principe du rétablissement du collège. Le devis s'élevait à 130,000 fr. M. Grawez soumissionna pour 121,307 fr. 51 cent. On adjugea à M. Bourdon pour 106,000 fr.

mutuelle de filles (31 mars 1820); un temple protestant fut ouvert (1); le musée reçut les premiers dons de ses fondateurs (25 mai 1829); la Bourse, que les commerçants de Dunkerque persistent à laisser déserte, fut de nouveau réouverte (2).. N'oublions pas dans cette énumération, la suppression d'un grand nombre de burguets (4 août 1827), ni le rétablissement du carillon de Dunkerque (3) qui, chose remarquable, a cessé de fredonner depuis que l'image de Jean Bart est inaugurée sur la place publique.

Un travail plus important que les autres mérite d'être mentionné séparément, c'est le creusement du bassin et la construction des écluses de chasse, sous la direction de MM. Cordier, Bosquillon et Becquey. Trois millions furent votés pour cette fin par la loi du 30 juin 1821 (4).

Le commerce maritime prenait essor; en 1814, le mouvement du port donne 664 entrées et 649 sorties; en 1825, 1,125 navires avec 66,000 tonnes et 8,000 hommes d'équipage. En 1814, on trouve un total de 2,133 navires; en 1825, de 2,524; en 1826, de 2,678... et le reste en proportion. En 1826, on armait pour la pêche à la morue 85 bâtiments environ, comportant 3,000 tonneaux et 1,100 hommes d'équipage qui produisirent près de deux millions de francs.

C'est encore de la Restauration que date l'extension des concours où le corps de nos excellents musiciens obtint cette réputation qui n'a fait que croître depuis lors.

Quant aux événements de la politique générale, chacun les connaît; ils sont d'ailleurs en dehors de notre cadre.

Pendant ces années si calmes en apparence, en réalité si pleines d'agitation, la naissance du duc de Bordeaux vint rassurer les amis de la branche aînée (5), et lorsque Louis XVIII terminait sa carrière (6), une espérance brillait encore à son diadème.

---

(1) 3 mars 1826. Au coin des rues du Sud et de Séchelles.

(2) Le règlement est du 29 juillet 1824.

(3) Le 1er mai 1826, une commission fut nommée pour vérifier les cloches du carillon refondues par le sieur Cuvillier.

(4) Le Bassin a 32 hectares de superficie. — M. Coffyn-Spyns fut envoyé à Paris en janvier 1821 pour solliciter l'exécution des travaux nécessaires à la restauration du port de Dunkerque. Il réussit dans ses démarches, mais ce ne fut pas sans peine. Lille mettait à sa coopération des conditions inacceptables. M. Coppens critiqua violemment les plans de M. Cordier, etc. Mais enfin, le 30 mai, la loi passa par 264 voix contre 2. Le 15 mai, le conseil municipal votait des remerciements au négociateur, et le 21 septembre 1826 il entendait la lecture du rapport sur l'essai des chasses faites et qui eurent d'abord un très heureux effet. La première pierre avait été posée le 21 septembre 1823 (la 29e année du règne de Louis XVIII); sous la première pierre de taille du radier, laquelle pierre forme l'angle rond d'aval du bajoyer droit de l'écluse, se trouve une plaque portant une inscription commémorative.
A cette époque il fut encore question de la franchise du port, et M. de Vaublanc était très favorablement disposé pour ce projet, que les circonstances forcèrent d'ajourner.

(5) La naissance du duc de Bordeaux fut célébrée à Dunkerque le 2 octobre 1820. Les fêtes pour le baptême eurent lieu le 3 mai 1821.

(6). Le 25 août 1824, on faisait des réjouissances pour la fête du roi; le 23 septembre, on portait le deuil; le 15 septembre, le théâtre était fermé à cause de la maladie du prince; le 17, on annonçait

Dans le mandement publié à cette occasion par Belmas, nous remarquons le passage suivant :

« ..... Que le souverain juge veuille bien ne pas imputer au père que nous
» pleurons, des erreurs presque inévitables, lorsqu'on a tant de devoirs à rem-
» plir..... Dieu traite avec plus de sévérité ceux qu'il a chargés d'exercer sur
» leurs semblables une partie de sa puissance..... La religion désirait encore cette
» protection franche, ces grands exemples qu'elle avait droit d'attendre..... elle
» les trouvera dans le pieux roi que le ciel vient de nous donner..... »

Puis, parlant de Charles X : « ..... Le roi qui se présente à la nation, connu
» depuis longtemps par son amabilité, a toujours été l'objet spécial de son
» amour..... »

§ IV. Dunkerque sous Charles X.

Le 4 mai 1825 eurent lieu, à Dunkerque, les fêtes pour le sacre de Charles X.

Deux ans après, ce prince visitait notre ville. M. Charles Durozoir, historiographe de ce prince, a écrit, avec le plus grand détail, ce qui se rapporte à cette circonstance ; nous lui empruntons les particularités qui vont suivre :

« ..... S. M. approchait de Dunkerque dont on aperçoit la tour à plus de trois lieues à la ronde. Depuis huit heures du matin, le conseil municipal et les officiers de la garde nationale, escortés d'une milice d'honneur, s'étaient rendus dans la tente élevée en avant du Pont-Rouge. Dès le matin, les habitants de la ville et des environs s'étaient rendus sur ce point, et à chaque instant la foule augmentait. On distinguait au milieu de ces groupes les marins qui, spontanément, s'étaient formés en compagnie sous le commandement de M. Michelin, commissaire des classes.

» A neuf heures et demie, les cris de *vive le Roi !* annoncèrent sa Majesté. Bientôt la voiture s'arrête, les acclamations redoublent, et M. le chevalier Gaspard, maire, qui, bien que souffrant de la goutte, n'avait cependant voulu laisser à personne l'honneur de haranguer son souverain, a prononcé le discours suivant :

« Sire,

« Ce jour fortuné met les Dunkerquois à même d'exprimer les sentiments
» d'amour, de respect et de dévouement dont ils sont animés pour Votre Majesté.
» Daignez, Sire, en agréer l'hommage.

---

son trépas. Le 27, les cloches tintèrent pendant le service funèbre, auquel se rendirent les corps constitués. L'église Saint-Éloi était richement ornée pour la cérémonie.

» J'ai l'honneur de présenter à Votre Majesté les clés de cette cité fidèle et
» dévouée ; elles ont été religieusement gardées par ses habitants. Je vous sup-
» plie, Sire, de les recevoir avec bonté, et d'être persuadé que cette journée
» mémorable ne s'effacera jamais de leurs cœurs reconnaissants. »

» Sa Majesté a daigné répondre :

« C'est avec bien de la satisfaction que je viens à Dunkerque, que j'ai visité il
» y a bien des années. Je connais le dévouement de ses habitants, et je serai
» charmé de me trouver au milieu d'eux. »

» Les acclamations et sans doute aussi la profonde émotion de sa Majesté n'ont pas permis d'entendre la dernière partie de son discours.

» Elle a daigné descendre de sa voiture pour faire son entrée dans la calèche découverte de M. le comte de Murat, afin que les fidèles Dunkerquois pussent contempler plus à leur aise ses traits chéris. Sa Majesté avait à sa gauche, S. A. R. Monseigneur le prince d'Orange, et devant elle le dauphin.

» Le préfet, le sous-préfet, le maire et les adjoints marchaient à pied aux portières de la voiture. L'escorte se composait d'un détachement de gardes d'honneur, ayant à leur tête M. B. Morel, et de cent préposés de la douane. Les marins, en costume, et les confréries des archers de Saint-Georges et de Saint-Sébastien, armés de leurs arcs et bannières déployées, ouvraient le cortége.

» Quand sa Majesté fut arrivée à la barrière du Pont-Rouge, M. le chevalier de Céris, lieutenant du roi, accompagné de son état-major, remit à son souverain les clés de la place. « Je vous les rendrai avec confiance, parce que je connais votre zèle et votre dévouement, » a dit Charles X à ce loyal serviteur de la monarchie.

» Sa Majesté a fait son entrée par la rue de Paris, en basse-ville ; elle est arrivée à l'hôtel de la Sous-Préfecture en suivant la rue Royale, la rue d'Angoulême, celles de l'Église et du Moulin. Durant ce long trajet, elle a remarqué avec beaucoup d'intérêt les vingt-cinq portiques, construits par M. Bigorgne, sur le marché aux Pommes. Sous chacun de ces portiques, était, sur un piédestal, une jeune fille de douze à quinze ans, en habits de bergère, armée d'une houlette, et tenant à l'autre main une corbeille de fleurs qu'elle jetait vers sa Majesté. Non loin de là, le roi parut satisfait de l'exécution de la porte triomphale improvisée sur la place Louis XVIII et qui, comme nous l'avons déjà remarqué, présentait une heureuse imitation d'un des plus beaux monuments de son auguste aïeul.

» Un autre genre de décoration particulier à la ville de Dunkerque, et qui, en cette journée, lui donnait un aspect tout-à-fait original, tout en rappelant un titre bien précieux de sa gloire passée, c'était la multitude de drapeaux qui pavoisaient les rues et les édifices. Ces drapeaux, appartenant à toutes les nations, provenaient des prises nombreuses faites par les principaux négociants dunkerquois, qui armaient leurs navires en corsaires, du temps de la guerre de l'Empire.

» Sur la place Royale, sa Majesté a lu avec un vif intérêt la touchante inscription placée à la façade de la maison de M. Alexandre Thélu.

» Le roi arriva ensuite devant le portail de l'église paroissiale de Saint-Éloi. Cet édifice est remarquable par la beauté de son portail.

» Sur la façade de l'église, la fabrique avait fait disposer un superbe écusson aux armes de France, avec cette inscription :

A CHARLES LE BIEN-AIMÉ,
LE CLERGÉ DE DUNKERQUE.

» Le buste de sa Majesté, élevé sur une estrade sous un portique élégant formé par de riches draperies, et surmonté des armes de France et de Navarre, avait été placé en avant de la tour, par les soins de la fabrique de Saint-Éloi.

» Au passage de sa Majesté, sous le porche de l'église, se trouvaient MM. les doyens, curés des deux paroisses de la ville, et leur clergé. Le roi s'est arrêté et a été complimenté par M. Palmaert, grand-doyen. Le pieux monarque, en témoignant le regret de ne pouvoir, à cause de l'heure de la marée, entrer dans l'église, où sa Majesté aurait été reçue sous un dais magnifique, a répondu à M. le doyen avec beaucoup de bonté, et s'est recommandé aux prières du clergé de Dunkerque.

» Plus loin, sa Majesté passa devant un portique d'assez bon goût, qu'avaient fait élever les habitants de la rue des Sœurs-Blanches. La rue de l'Église, uniformément décorée dans toute sa longueur, présentait un très beau coup-d'œil. Les rues du Moulin et du Jeu-de-Paume, jusqu'à l'hôtel destiné au service du roi, étaient, dans toute leur longueur, tendues de draperies et ornées de guirlandes et de couronnes.

» Partout, sa Majesté remarqua avec une douce satisfaction, cette manifestation universelle des bons sentiments de ses fidèles Dunkerquois; mais, ce qui n'est pas moins honorable pour eux, c'est que les mêmes dispositions avaient aussi été faites dans les rues où le roi ne devait point passer. C'est ainsi que, dans la rue des prêtres, M. le maréchal-de-camp Thévenet, adjoint à la mairie, avait, de concert avec ses voisins, fait élever un élégant portique décoré d'emblèmes et de ces deux inscriptions :

LE 25 JUIN 1775, JOUR MÉMORABLE.
LE 14 SEPTEMBRE 1827, JOUR DE BONHEUR.

» Nulle part ces dispositions ne pouvaient paraître avec plus d'avantage qu'à Dunkerque. Cette ville, la seconde du département, est assurément la première par la beauté et la propreté de ses rues ; là, ne se voient plus les percées tortueuses et inégales de Cambrai, de Valenciennes et d'une grande partie de la ville de Lille. Toutes les rues, à Dunkerque, sont coupées à angle droit; on ne doit en excepter qu'un bien petit nombre. Dunkerque, par sa régularité et par ses nombreuses places vertes, rappelle au voyageur hollandais une belle ville de sa patrie. Pour le parisien accoutumé à tout rapporter à la grande cité qui l'a vu naître, Dunkerque a quelque ressemblance avec le Marais, à cette différence près, toutefois, que rien de plus triste que ce quartier-général des douairières parisiennes, tandis que l'aspect de Dunkerque, animé par une population propre, active et belle, est sous tous les rapports une ville agréable.

» Arrivé à l'hôtel de la Sous-Préfecture, le roi fut reçu, sous le vestibule, par une députation composée de dix-neuf demoiselles choisies dans les principales familles de la ville, toutes parées avec élégance, et qui furent présentées à S. M., qui a daigné se pencher pour mieux entendre l'une d'elles qui a prononcé, d'une voix émue, ce petit discours :

« Lorsque tant de transports d'amour et d'allégresse retentissent sur les pas
» de Votre Majesté, qu'il nous soit permis d'y joindre nos timides accents de
» respects et de reconnaissance.
» Daignez, Sire, agréer notre hommage. Ces fleurs, que nous offrons à Votre
» Majesté, sont l'emblême de la pureté de nos vœux. Le ciel les exaucera, Sire,
» pour le bonheur de vos peuples, car Dieu a toujours protégé la France; et
» qu'elle plus grande grâce lui accorderait-il, si ce n'est de prolonger les jours du
» meilleur et du plus adoré des rois! »

» Le roi a paru vivement touché de ces paroles, qui, dans une bouche moins naïve, auraient encore eu bien du prix. Pendant quelques instants, Sa Majesté est demeurée trop émue pour répondre; enfin elle a dit du ton le plus paternel :

« Mesdemoiselles, je vous remercie beaucoup de ce que vous me dites et des
» vœux que vous formez. Je serais très-heureux de pouvoir contribuer à votre
» bonheur et j'accepte vos fleurs avec grand plaisir. »

» Le roi, après s'être reposé quelques instants dans les appartements qui lui avaient été préparés, est remonté dans sa calèche pour se rendre sur les travaux du port.

» Pendant le trajet, Sa Majesté n'a cessé d'adresser des questions sur divers objets intéressant le commerce et la navigation maritime, à plusieurs officiers de la garde nationale qui entouraient sa voiture.

» A son arrivée près du bassin, Sa Majesté a été accueillie par les vives acclamations de la foule innombrable qui l'avait précédée. Elle fut reçue par M. Becquey, directeur-général des ponts-et-chaussées, qui s'était rendu à Dunkerque dès le 12, afin de faire les dispositions nécessaires pour la grande chasse qui devait avoir lieu sous les yeux du roi. M. Becquey était accompagné de M. Cordier, ingénieur divisionnaire; M. Bosquillon, ingénieur en chef, et des autres ingénieurs du département. Sa Majesté a pris place dans sa tente, après avoir salué gracieusement les dames qui étaient placées sous l'autre. Un signal a été donné par le directeur-général, et soudain les portes de cinq écluses se sont ouvertes simultanément au bruit des fanfares et des cris multipliés de *vive le Roi!* Les eaux, retenues dans un immense bassin de 700 mètres de diamètre, se sont précipitées avec fracas, et, soumises à l'habile main qui les dirigeait, sont allées frapper, à un quart de lieue du point de départ, le banc de sable qui obstrue l'entrée du port. Sa Majesté a voulu, par elle-même, juger le résultat que peut produire un moyen si puissant. D'un pas fort accéléré, elle s'est rendue à pied au bout de la jetée coffrée, pour voir la masse d'eau arriver, puis enlever successivement des portions de sable, et creuser ainsi un passage aux plus gros navires. Sa Majesté a bien voulu, plusieurs fois, répéter à M. Becquey, combien elle était satisfaite des travaux qu'elle avait vus à Dunkerque : elle a aussi daigné adresser à ce sujet, les paroles les plus flatteuses à M. Cordier, qui, en ce moment, a présenté au roi son projet tendant à créer à Paris des *doks* semblables à ceux de Londres. Sa Majesté a accueilli avec bonté cet hommage. Monseigneur le dauphin a parlé avec le plus grand éloge à M. Cordier, de son ouvrage sur *la Navigation intérieure du département du Nord*, et le roi a daigné lui dire, qu'il l'avait lu avec grand plaisir.

» Pendant cette expérience des écluses de chasse, Sa Majesté a dit plusieurs fois aux personnes qui avaient été admises à se placer auprès d'elle : « La mer n'obéit point aux rois. — Mais, Sire, dit l'une d'elles, aujourd'hui pourtant elle obéit au frein que vient de lui donner Votre Majesté. — C'est vrai, répliqua le roi, aussi suis-je bien content des travaux, et charmé d'être venu les examiner moi-même. »

» C'est encore dans ce moment que Sa Majesté s'est rappelée le mauvais état où elle avait trouvé le port, il y a cinquante-deux ans. Elle n'a pas manqué d'observer que la renaissance de Dunkerque était due à la sollicitude de son infortuné frère Louis XVI, qui avait fait, du droit de le rétablir, une des premières clauses du traité de paix de 1783.

» Le roi a ensuite traversé, de nouveau, presque toute la ville pour se rendre aux travaux commencés pour la construction des nouvelles fortifications à l'est de la place. C'est M. le chef de bataillon Michaux, qui a eu l'honneur de donner à Sa Majesté des explications sur les travaux.

» Sa Majesté avait fait concevoir l'espoir qu'elle visiterait les établissements de la marine militaire ; mais l'heure avancée ne le lui a point permis. Arrivée en face de l'une des portes principales de l'arsenal maritime, elle en a reçu les clés des mains de M. le commissaire en chef Augebert, chevalier de l'Ordre royal et militaire de Saint-Louis, qui a eu l'honneur de lui adresser ces paroles :

« Sire,

« Je remets à Votre Majesté les clés de son arsenal maritime, dont elle a
» daigné confier la garde à ma fidélité. »

» Le roi a reçu ces clés et les a remises immédiatement à M. Augebert, en répondant :

« Conservez-les, Monsieur, elles sont en très-bonnes mains. »

» Les beaux magasins et la corderie qui entourent le bassin de la marine ont attiré l'attention de Sa Majesté ; et M. Augebert a saisi cette occasion pour lui faire remarquer que leur fondation remonte au règne de Louis XIV.

» Le roi est ensuite remonté en voiture et a repris le chemin de son palais par les rues de Séchelles, de l'Ancienne-Poste, de la place Royale, des Vieux-Quartiers, des Vieux-Remparts et par la promenade de Jean Bart. Cette place, couverte d'arbres, est décorée du buste de cet illustre marin.

» La garde d'honneur, qui avait escorté Sa Majesté dans toutes ses courses, a pris poste au palais, pour y faire le service près de sa personne.

» Aussitôt après sa rentrée à la sous-préfecture, Sa Majesté a reçu les autorités.

» La garde nationale, ainsi qu'un grand nombre de personnes, furent admises à passer devant la table de Sa Majesté. La musique de la garde nationale, qui venait d'exécuter divers morceaux sous les fenêtres du palais, fut à son tour introduite dans la salle du festin. Le roi, ainsi que Monseigneur le Dauphin, remarqua le grand nombre de médailles dont ces musiciens étaient décorés. Le prince d'Orange fit observer à S. M. que plusieurs de ces médailles avaient été remportées en Belgique, et M. de Baecker, porteur du premier prix d'exécution obtenu à Gand, rappela cette circonstance à Monseigneur le prince d'Orange. Le roi parut étonné que des musiques françaises allassent concourir hors du territoire ; et le prince saisit l'à-propos pour dire à S. M. que ces communications prouvent la bonne intelligence qui règne entre les deux nations.

» De retour sous les fenêtres, la musique exécuta une marche de la composition de M. Dubreu, et qui, en 1819, fut dédiée à S. A. R. Mgr. le comte d'Artois. Le roi et les deux princes s'étant alors levés de table, s'approchèrent des croisées et parurent satisfaits du mérite et de la belle tenue de ce corps de musique.

» A quatre heures et demie, le roi partit au grand regret des Dunkerquois, pour retourner à Saint-Omer. Les acclamations de la population entière accompagnèrent S. M. jusqu'au dehors des barrières du Pont-Rouge, où M. le préfet, M. le sous-préfet, MM. les maire et adjoints l'avaient devancée sous la tente municipale. Ce fut en cet endroit que le roi rendit à M. le maire les clefs de la ville, en lui disant du ton le plus affectueux : « Qu'elle les lui remettait avec une entière confiance, parce qu'elle savait bien qu'elles ne pouvaient être en de plus sûres mains. » Elle l'a félicité ensuite sur le bon esprit des habitants, et lui a témoigné qu'elle conserverait toujours le souvenir de la touchante réception qui lui avait été faite. Le roi a chargé aussi M. le maire de dire à ses administrés qu'ils pouvaient compter sur sa puissante protection. Enfin S. M a donné 10,000 fr. pour les pauvres de son arrondissement.

» Le départ du roi a été, comme son arrivée, salué par le canon de la place, et sur la route les mêmes honneurs lui ont été rendus.

» Cependant les réjouissances devaient se prolonger tant à Dunkerque qu'à Bergues, après le départ du roi, jusqu'à la fin d'une si belle journée.

» A Dunkerque, après la rentrée du corps municipal, qui venait d'escorter le roi jusqu'à la banlieue, la garde d'honneur, ayant en tête la musique de la garde nationale, s'est rangée en bataille sur la place royale ; M. le sous-préfet était présent. M. le maire a annoncé à MM. les gardes nationaux que le roi l'avait chargé de eur manifester combien il avait été satisfait de leur service. Ce respectable magistrat a saisi cette occasion pour remercier ses concitoyens du zèle et du dévoûment qu'ils avaient montrés dans cette mémorable journée. Les cris de : *Vive le Roi!* ont répondu à cette allocution. Le soir les habitants de Dunkerque, favorisés par le plus beau temps du monde, ont illuminé la façade de leurs maisons. Plusieurs bals ont terminé la soirée.

» A Bergues, les mêmes réjouissances ont eu lieu; et cette journée, qui s'était passée pour tout le monde dans les plus vives émotions, a été terminée gaîment aux cris de : *Vive le Roi!*

» Pour compléter le tableau touchant de ce qui s'est passé à Dunkerque le 14 septembre, nous citerons la lettre que M. le sous-préfet de Dunkerque adressa trois jours après à M. le maire de cette ville :

« Monsieur le maire, les dispositions que, de concert avec messieurs vos
» adjoints, vous avez faites pour la réception de notre roi bien-aimé, ont été
» celles qui pouvaient le plus toucher son cœur, en donnant aux nombreux ha-
» bitants de cette cité la liberté de manifester leur dévoûment à l'auguste famille
» des Bourbons.

» Le roi a daigné, M. le maire, apprécier le zèle et les excellentes intentions de
» l'administration locale; il a été vivement ému des transports unanimes que vos
» administrés ont fait éclater sur son passage, et déjà il vous l'a prouvé en vous
» disant à vous-même combien son cœur en était pénétré. Mais il me reste un
« devoir bien plus doux à remplir, et je m'empresse de m'en acquitter, en vous
» témoignant de la part de S. M. ainsi qu'à MM. vos adjoints, et en vous priant
» de faire connaître aux habitants de Dunkerque toute la satisfaction que le roi a
» éprouvée de la manifestation de leurs sentiments et le désir qu'il a de contribuer
» de plus en plus à la prospérité de cette ville intéressante.

» La journée du 14 septembre sera à jamais mémorable dans les annales de
» Dunkerque; le témoignage de la satisfaction de S. M. sera pour cette ville
» la récompense la plus précieuse de son amour pour son roi; et cette récom-
» pense doublera, M. le maire, la reconnaissance que ses habitants vous ont vouée
» à tant de titres. »

» En quittant Dunkerque, S. M. a daigné faire présent à M. le sous-préfet d'une tabatière en or, ornée de son chiffre en diamant.

» Aux portes de la ville, S. M. permit à M. le comte de Murat de prendre congé de sa personne, et lui remit 10,000 francs pour être distribués dans l'arrondissement de Dunkerque. Le roi adressa ensuite ces paroles à M. le sous-préfet : « Je
» suis fort satisfait, et chez vous j'ai trouvé tout en ordre. »

Ces détails, dont nous avons conservé la forme et la couleur, ajouteront un puissant intérêt au changement subit et inattendu que nous montre la révolution de 1830; car trois ans ne s'étaient pas écoulés que le prince si unanimement acclamé était banni de la France. Il partait pour l'exil, où il est mort, où ses cendres sont restées! Alger n'avait pas même su l'abriter sous l'éclat de sa gloire!!

CHAPITRE XIX.

DUNKERQUE DEPUIS 1830.

§ Ier. Dunkerque sous Louis-Philippe.
§ II. Dunkerque sous la seconde République.

§ Ier. Dunkerque sous Louis-Philippe.

Les 27, 28, 29 juillet 1830, le service des postes était interrompu. Informée en général des événements de la capitale, toute la ville était dans une anxieuse attente. Enfin le 31, le dénoûment était connu, et le lendemain le maire, recourant à un auxiliaire dont on ne paraît se souvenir qu'au jour du danger, remettait en activité la garde nationale (1), et invoquait le bon esprit qui anime les habitants.

La satisfaction de voir la crise menaçante se réduire à un changement dans la personne du souverain, fait accepter promptement le fait accompli. On se livre à la joie. Le 2 août, après une proscription de quinze ans, le drapeau tricolore reparaît au sommet de la tour et des édifices publics. Bon nombre de particuliers l'arborent à leurs fenêtres. On apprend que le duc d'Orléans est proclamé lieutenant-général; que le roi, parti de Saint-Cloud, a congédié sa maison. Les députés sont appelés à Paris; des proclamations sont faites en ce sens : « La cocarde tricolore est réhabilitée. »

Le 5, on sait que Charles X a abdiqué, que son fils a renoncé au trône en faveur du duc de Bordeaux, désigné sous le nom de Henri V. On apprend que le duc d'Orléans prend ou accepte la couronne que lui offrent quelques députés. Puis l'autorité locale dit aux Dunkerquois :

---

(1) M. Paul Lemaire fut nommé commandant provisoire. — Le 25 décembre 1830, le nouveau drapeau fut remis à la garde nationale. En 1831 (18 avril), pour la réorganisation générale, on mettait en disponibilité tous les hommes de vingt à soixante ans.

« ..... Le prince a déclaré que l'amour de son pays domine tous les autres sen-
» timents de son cœur ; il fera tout ce que lui prescrit cet amour. La déclaration
» du prince renferme notre avenir ; elle garantit le maintien de l'ordre et le respect
» des libertés publiques. Son avénement au trône est la promesse du calme
» si nécessaire pour provoquer et assurer la reprise des transactions commer-
» ciales..... Dunkerquois, vous saluerez par vos transports l'heureuse journée
» qui termine de si pénibles incertitudes... *Vive le roi des Français !* »

Quelques jours après, on célébra (25 août) la fête du nouveau roi, « du prince
» élu par les Français, du prince qui voulait concilier leur bonheur avec la liberté,
» et la liberté avec le règne des lois ; du roi qui aime la patrie, et qui, à son tour,
» doit être l'objet de la vive affection de la France. »

Les cloches, le carillon, l'artillerie, les illuminations, vinrent donner leur ratification au nouvel ordre de choses si promptement établi. La fête se prolongea
bien avant dans la nuit et n'inspira « d'autre sentiment que l'amour du prince
» et celui de l'attachement à la patrie. » Telle est la teneur du rapport
officiel...

La rue d'*Angoulême*, de *Berry*, le quai du duc de *Bordeaux* et autres portions
de la voie publique dont la dénomination n'étaient plus en harmonie avec le
nouvel ordre, furent changés sans retard, comme les décorations d'une autre
scène. L'Angleterre se hâta de reconnaître le nouveau gouvernement (1).

Le 27 août, une députation composée de l'élite des Dunkerquois était chargée
de présenter au roi une adresse et de lui dire :

« ..... La cité adhère aux grandes mesures qui ont été adoptées pour le
» maintien des libertés publiques..... Elle exprime son amour pour le prince qui
» n'a accepté la couronne que dans le seul but d'assurer le bonheur et la gloire
» des Français... »

En la présentant au roi, le président de la députation dit à ce prince :

« ... Dunkerque offre à V. M. l'hommage de son amour, de sa fidélité et de son
» dévoûment... La France gémissait sous un gouvernement parjure et destructeur
» de ses libertés..... Ce n'était pas assez que le courage héroïque des citoyens
» renversât en trois jours un pouvoir criminel, il fallait encore qu'un prince digne
» d'être roi des Français voulût bien, en acceptant la couronne, se charger de
» faire leur bonheur... Mais Dieu protège la France, et Votre Majesté est montée
» sur le trône où elle était appelée d'une commune voix... »

Dans sa réponse, Louis-Philippe parle de l'agréable souvenir qu'il a conservé de
la réception qu'on lui a faite à Dunkerque ; il cite le courage avec lequel ses habitants ont défendu en 1793 *leurs remparts de sable* (2).

Ainsi commença la nouvelle série politique.

Nous sortirions de notre cadre, en relatant les circonstances générales qui s'y

---

(1) La nouvelle en fut donnée à Dunkerque le 1ᵉʳ septembre.

(2) La députation, composée de huit personnes, envoyait son rapport le 7 septembre ; le 11, on
fêtait son retour. Le 1ᵉʳ décembre, la municipalité recevait le buste de Louis-Philippe par Elschoect.

rattachent : les faits d'armes d'Anvers, de l'Algérie, les attentats dont la vie du prince fut l'objet.

On a souvent dit que la tendance de ce règne fut le culte des intérêts matériels dont la satisfaction semble avoir été la principale préoccupation du gouvernement. Ce reproche peut être fondé ; mais aujourd'hui une administration trouverait une cause de ruine dans le reproche contraire, s'il venait à être mérité. L'harmonie de la nature est le résultat du concours de mille lois diverses ; celle de la société ne pourra s'obtenir qu'aux mêmes conditions. Cela montre comme fort difficile la tâche des gouvernements ; mais ceux qui oublieraient ou méconnaîtraient ces vérités seraient exposés à de promptes déceptions.

La *terreur* avait été le fléau de la République ; la *guerre* celui de l'Empire ; la *famine* celui de la Restauration ; le *choléra* le fut de la royauté de Juillet.

Sous la nouvelle domination, deux édifices importants furent élevés à Dunkerque. L'abattoir, si souvent mis en projet (1), et le théâtre (2). Si l'on veut y voir une réalisation des idées alors à la mode, on en est le maître. *Carnem et circenses*.

En posant la première pierre de ce dernier édifice, le maire disait :

« .... C'est à une époque remarquable par une tendance générale à l'applica-
» cation des idées positives, lorsque tous les esprits semblent plus particulière-
» ment préoccupés des découvertes de la science et du progrès de l'industrie,
» quand l'imagination même et le génie sont entrés hardiment dans la sphère
» agrandie des intérêts matériels, c'est alors, dis-je, que Dunkerque a résolu de
» consacrer aux jeux de la scène le monument dont nous allons poser la pre-
» mière pierre. »

Il y a plus de rapports que ne le pense l'orateur entre les plaisirs de la scène et le cercle agrandi des intérêts matériels..... Constatons du moins que la salle de spectacle, dont les devis primitifs s'élevaient, dit-on, à 200,000 francs, a coûté plus du triple, et a laissé à la ville un déficit qui n'est pas encore comblé.

D'ailleurs les intérêts intellectuels ne furent pas oubliés. La bibliothèque fut ouverte trois fois la semaine au lieu de deux fois (1834); le budget de l'instruction publique reçut un rapide accroissement ; le musée communal acheva de s'organiser ; par les soins du maire une commission spéciale fut chargée de la bibliothèque ; une autre, des cours de dessin et d'architecture (1846).

Quant aux intérêts commerciaux, ils restent toujours à Dunkerque à l'état de problème. La Bourse, pour laquelle on assigna le vestibule de l'Hôtel-de-Ville (19 janvier 1842), et qui fut l'objet d'un nouveau réglement (1847), est encore sans

---

(1) Le 29 juin 1832, la première pierre en fut posée, à l'angle gauche du bâtiment à droite du terrain des étables, en face de l'entrée principale ; ladite pierre couvre une plaque en cuivre entre deux lames de plomb ; elle porte une inscription bi-lingue analogue à celle que nous avons citée pour l'écluse de chasse. — Notons, en passant, que c'est en 1836 que la ville a renoncé à taxer le prix de la viande.

(2) A l'angle Sud-Ouest des fondations, à 4 mètres du sol, une boîte en plomb renferme une pièce de 5 fr., une de 2 fr., une de 1 fr., une de 50 c., une de 25 c., à l'effigie de Louis-Philippe, au millésime de 1838 ; en outre, une plaque gravée avec l'inscription ordinaire.

habitants. Cependant le mouvement du port donne, pour 1845, un chiffre de 2,867 navires, de 205,000 tonneaux et 18,000 hommes environ d'équipage. Ce qui prouve que l'importance des affaires va en croissant. Le chiffre de 1850 s'élève à 3,954 navires de 305,000 tonneaux ; droits 5,700,000 fr.

Dans ces années de paix, rien de saillant ne se dessine sur le tableau de notre histoire. Consignons donc faute de mieux : le passage du prince de Cobourg, depuis roi des Belges (16 juillet 1834) ; celui du duc d'Orléans, à son retour d'Angleterre (2 juin 1833) ; du roi et de la reine des Belges (8 octobre 1834) ; du cardinal Giraud (mars 1842, mai 1848) ; du prince de Joinville et du duc d'Aumale (19 août 1843) (1) ; du duc de Nemours et de son épouse (2) ; l'arrivée en ce port du steamer le *Véloce*, messager de Louis-Philippe (3). N'omettons pas les fêtes annuelles pour la Saint-Philippe et les trois journées de Juillet ; celle de la naissance du comte de Paris ; celles de l'inauguration de la statue de Jean Bart (1845), que nous aimerions tant à retracer si l'espace ne nous manquait ; celles de la fête de bienfaisance en 1847.....

La révolution de 1848 mit à ce règne, une fin aussi brusque, aussi inattendue que l'avait été la révolution de 1830 ; le trône des trois journées fut renversé en trois heures.

---

§ II. Dunkerque sous la seconde République.

Le 24 février 1848, une dépêche télégraphique fesait connaître que des troubles avaient lieu à Paris, et que des barricades s'y étaient élevées ; la proclamation du 25 dit que le gouvernement *rétrograde et oligarchique* qui avait voulu s'imposer à la France était enfin brisé.

Le 29, le gouvernement provisoire était proclamé à Dunkerque. Trois jours après, le changement accoutumé avait lieu dans le nom des rues. La rue Royale devenait rue Lamartine ; la rue d'Orléans, rue Arago ; la rue de Chartres, rue David d'Angers ; la rue de la Reine, rue de la Fraternité ; la rue de la Couronne,

---

(1) Ces deux princes arrivèrent à Dunkerque avec les navires *Napoléon*, *Archimède* et *Pluton*. Ils laissèrent à M. le doyen de Saint-Jean-Baptiste 500 fr. pour les pauvres.

(2) Sur *Archimède*, commandé par le vice-amiral Cazy. Ils laissèrent également 500 fr. pour les pauvres.

(3) Le 16 août 1840, Louis-Philippe s'était embarqué à Tréport sur *le Véloce*, pour se rendre à Boulogne, où s'était présenté récemment Louis-Napoléon. Le mauvais temps le poussa à Calais. Le vice-amiral Roussin, resté à bord, entra le mardi 18 août, à quatre heures, dans le port de Dunkerque, en endommageant légèrement l'estacade de l'Est. Il accosta au quai de la Citadelle. Ce navire, de 70 mètres de longueur, fut introduit dans le bassin pour y être réparé. En recevant le vice-amiral, ministre de la marine, le sous-préfet lui rappela le professeur Petitgenet, dont il avait reçu autrefois les leçons à Dunkerque.

rue Égalité. Le quai d'Orléans devenait quai d'Abondance ; le Pont-Royal, Pont-National.

A la suite, vinrent les accessoires obligés : rassemblements d'ouvriers exigeant augmentation de salaire (4 avril) ; plantation de l'arbre de la liberté (20 avril) ; cantate du citoyen ..... musique du citoyen .. .. chantée par le citoyen .....

Mais au mois de juin, les ennemis de l'ordre public ne se contentant plus de ce qu'ils avaient obtenu, firent éclater cette sanglante et lamentable insurrection que le général Cavaignac réprima. Sa prudente fermeté sauva d'un naufrage imminent, la société alarmée.

A la nouvelle de cette tentative, toute la France se lève ; de tous les côtés accourent des gardes nationaux. Dunkerque fournit son contingent à cette patriotique contribution. Il nous serait doux de citer ici les noms de ces dévoués citoyens, où figurèrent des êtres qui nous sont chers et que nous avons revus avec bonheur lors du retour du détachement, le dimanche 2 juillet. Mais le terrain nous manque.

. . . .

D'ailleurs, au moment où ces pages sont mises sous presse, le canon de la guerre civile gronde de nouveau..... Notre voix s'éteint et il ne nous reste plus qu'un vœu à formuler : *Que Dieu protége la France !*

. . . . , ...

20 mars 1852.

Le vœu de notre cœur, le ciel l'a exaucé.

La société était ébranlée et chancelante, un homme suscité de Dieu l'a miraculeusement raffermie, il a fait reculer l'anarchie, il a rassuré les gens de bien, consolé la religion, rasséréné l'Europe où, de toute part, apparaissaient les plus sinistres présages.

Le bien entrevu sera réalisé, la postérité le dira, c'est notre conviction.

Nous, nous éprouvons le besoin de consigner ici à l'avance l'hommage de notre gratitude envers Dieu et envers l'homme qu'il nous a envoyé ; à proclamer comme glorieux entre tous, ce nom qui pour la seconde fois se lève sur la France pour lui annoncer le salut.

CHAPITRE XX.

REVUE RÉTROSPECTIVE.

Nous arrivons au terme de notre course.

Arrêtés par les limites que nous avons dû poser d'avance, à notre travail, nous voyons qu'il faut mettre fin à ces entretiens, où nous retraçons avec amour, le passé d'une ville qui nous est chère.

Mais quelque rapide et incomplète que soit cette esquisse, elle suffira, nous l'espérons du moins, pour donner une idée de ce que va devenir un pareil sujet, exploité par une plume plus habile, et développé par un écrivain possesseur de matériaux plus complets.

En demandant grâce pour notre infériorité, nous croyons pouvoir conserver la pensée d'avoir préparé la voie, et d'avoir rendu plus facile la réfutation des prétextes dont veut s'étayer l'indifférence avec laquelle on accueille trop communément l'histoire locale. Ce dédaigneux oubli au milieu d'une contrée si riche de souvenirs, est un scandale. Il faut qu'il cesse.

Nous demandons au lecteur de nous suivre une dernière fois, dans l'excursion que nous allons faire à travers la ville. Chaque pierre que nous foulons aux pieds rappelle des faits dignes d'attention; qu'il nous soit permis d'en retracer quelquesuns, et d'y joindre çà et là nos réflexions sur l'avenir et les espérances que nous voudrions voir s'y réaliser.

Nous avons la conviction que cette course ne s'achèvera pas sans qu'on ait senti se fortifier la satisfaction d'appartenir à ce bon et noble pays; on comprendra mieux encore cette gloire qui, pour plusieurs, menace de s'effacer dans le crépuscule que leur apathie laisse s'épaissir sans limite; on y puisera un patriotisme plus ardent, un désir plus vif de maintenir l'héritage d'honneur que nous ont légué nos pères, on s'étonnera peut-être de l'avoir soi-même méconnu quelque peu.

Faisons donc une station à l'extrémité de la jetée, une autre sur le port.....

Arrêtons-nous un moment, devant l'Hôtel-de-Ville; exprimons ensuite plus vivement que jamais le vœu de voir se lever enfin, pour Dunkerque, l'historien qui lui dira convenablement tant de grandes et mémorables choses.

Nous voici à la dernière travée de l'estacade, tournons le dos au port; avec un peu de bonne volonté, nous pouvons nous croire en pleine mer, sur l'avant d'un immense navire à l'ancre..... Méditons!.....

Cette vaste plaine qui s'étend sans limite et qui, là-bas, semble toucher au ciel, n'est-ce pas l'image de la vie?... Cette masse d'eau si impressionnable au souffle des vents, n'est-ce pas un emblème de notre existence?.... Tantôt calme, silencieuse, uniforme, tantôt agitée, émue, bouleversée; frémissante, couronnée de collines écumeuses, étincelantes, alternant avec des vallées obscures, profondes, qui se heurtent au hasard, pour aller enfin expirer sur la grève, et n'y laisser d'autre vestige qu'une ride sur le sable; une ride qu'un rayon de soleil va sécher, que l'haleine des vents va faire disparaître pour toujours!

Ce tapis diapré de nuances diverses, ce miroir où se reproduisent les teintes de l'azur et des nuées, où l'on peut lire l'indication des hauteurs et des bas-fonds de la rade, n'est-ce pas encore une représentation de nous-mêmes?..... Voyez!..... Cette tache obscure, ombre mobile qui court à la surface.... c'est qu'un nuage intercepte un moment les rayons du soleil. Tandis que poussé par le vent, il gagne une autre région; l'ombre s'enfuit sans laisser, sur la mer, plus de traces qu'il n'en laisse lui-même au ciel! Ainsi en est-il des orages du cœur et des erreurs de la pensée; elles traversent la vie, l'obscurcissent un instant, puis la vérité reprend son empire méconnu. Pendant cet interrègne, le temps a fui, la vie s'est gaspillée en agitations stériles. Après qu'elles se sont évanouies, nos mille préoccupations nous laissent un vide dans l'esprit, un remords dans le cœur.

Voyez aussi! Cette légère fumée qui flotte à l'horizon, et, comme un panache flexible s'incline sous le vent... c'est l'indice de la présence d'un bateau à vapeur qui reste lui-même invisible à nos yeux. Ainsi, cette énorme et admirable machine où triomphe l'industrie et l'intelligence humaine, ce steamer passerait là devant moi sans que j'en susse rien, si un peu de fumée ne m'en avertissait! Image de la renommée et de la gloire; un génie apparaît... Qu'est-ce que c'est? Un peu de feu, un peu de bruit et de fumée, et puis, rien!

Mais voici qu'un météore menaçant me tire de ma rêverie philosophique. Une trombe s'est formée sous le vent! sur les eaux frémissantes, elle promène son cône tordu, qui plus loin s'épanche comme un cataclisme....

Le sol s'agite, des chocs redoutables en font osciller les fondements!.... Soulevée avec la plage qui la porte, la mer se gonfle et s'épanche sur les terres.... la tempête presse les nues, l'éclair les déchire!

L'ouragan soulève des torrents d'eau et de sable, les mêle et les secoue avec fureur, et voilà que des villes disparaissent! Voilà des champs, que les sueurs de l'homme avaient rendus fertiles, ensevelis pour toujours sous des dunes improvisées!...

. . . . , ...

Le calme a reparu, les marsouins bondissent au-dessus de la surface des eaux, la mer a pris sa parure d'émeraudes qui étincèlent dans la nuit! Elle semble s'allumer sous le choc des rames, ou contre le tranchant de la proue... Des myriades de harengs s'engagent dans les gorges marines et se précipitent dans la nasse des pêcheurs; des baleines les poursuivent, et s'aventurant dans des défilés perfides, viennent expirer sur le sable laissé à sec! Voici des centaines de navires qui cinglent vers le Pôle et vont y chercher le phoque et la morue! Voici des voiles qui arrivent de tous les points du globe!... Seul, le pavillon américain paraît craindre de s'aventurer dans des parages dont on lui a exagéré les difficultés.

. . . .

Si l'histoire ne le répétait à chaque page, croirait-on que sur cette surface mobile, les hommes se donnent rendez-vous pour s'y combattre? Les champs de carnage que leur présente la terre, sont insuffisants à cette fureur qui les pousse. Ils ont équipé des flottes, les voici qui s'avancent. La tempête les guette pour les dévorer; un abîme sans fond est béant pour les engloutir; une simple planche les en sépare; l'incendie est dans les flancs de leurs vaisseaux tout prêt à les envahir; les projectiles de la guerre vont y apporter le ravage et la mort... et pourtant ils se hâtent comme s'il s'agissait d'arriver au rendez-vous d'une fête..... Ils se mesurent du regard..... L'honneur commande, disent-ils, et les voilà aux prises; les explosions de l'artillerie ne suffisent plus, ils s'accrochent les uns aux flancs des autres, ils y luttent corps-à-corps; les voiles, les apparaux, objets de tant de soins et de dépenses, sont en pièces, en lambeaux, et leurs débris gisent pêle mêle avec des débris humains.... Le pont est couvert de morts et de mourants; le pied des vainqueurs y glisse dans le sang. Tout-à-coup un horrible fracas se fait entendre, un héroïque fanatisme a conduit à la Ste-Barbe le dernier des défenseurs du navire; il expire dans son triomphe, entraînant avec lui au fond de l'abîme ses vainqueurs foudroyés!

Voilà les scènes dont la répétition s'est faite cent fois, là, sur l'emplacement qu'embrasse mon regard. Ah! si les hommes employaient au bien de l'humanité le génie et le courage qu'ils dépensent si fatalement pour lui nuire!

Oui, dans cette rade ont flotté les couleurs de cent nations! Là-bas ont passé les divers conquérants de la Grande-Bretagne; et les Pictes; et les vaisseaux de Jules César; et les barques Saxonnes, et celles de Guillaume de Falaise! Là, ont cinglé ces bateaux danois qui déversaient sur la Gaule les barbares du Nord! Là, ont glissé les vaisseaux destinés à la croisade! Là, flottait le pavillon de Philippe d'Alsace, et cette rive fut témoin du châtiment des pirates qui l'avaient offensé! Là, on aperçut fuyant sous le souffle de l'ouragan furieux les débris de l'invincible *Armada*! Là, passèrent Tromp, Ruyter, Berkeley, Howard! Là, se livrèrent tant de mémorables combats! Ici a retenti la voix formidable de Jean Bart! Là, on a vu Forbin et Thurot, Vanstabel et Blanckeman, L'Hermite et Plucket..... C'est là que ce sont effectuées les évolutions de la flottille de Boulogne, qui devait faire la dernière conquête de la Grande-Bretagne....

C'est du bout de la jetée que Jacques Stuart vint inspecter l'armée navale qui devait lui reconquérir son royaume. C'est là-bas, à Gravelines, que débarquèrent ses petits-fils, après avoir vu s'évanouir leurs espérances!.... C'est là aussi que mirent pied à terre les troupes de Robert-le-Frison!... C'est là que passa Rubens, l'artiste diplomate; et d'Egmont, le messager matrimonial de Philippe II vers Marie Tudor; et le duc d'Anjou, après avoir vu sa fortune échouer contre l'inflexibilité d'Élisabeth, la vierge de l'Angleterre!

L'Angleterre, cette île fameuse est là devant moi!... La métropole du commerce humain est à quelques heures de distance! Le fil électrique qui unit Saint-James à Paris et au reste de l'Orient, passe là, sous les flots du détroit; quant aux fils que tient la politique infernale de l'Angleterre où passent-ils?... Invisibles, mais tissés d'or, il sèment la perturbation partout où l'intérêt de l'Angleterre le demande!

L'Angleterre, la *loyale* Albion!... Titre qui la réjouit d'autant plus que trop de gens bien informés le lui contestent, et que des faits trop nombreux le lui dénient. Le drapeau rouge... symbole qui, en France, est celui de la fureur et du désordre! L'Angleterre, qui a tant de fois apporté à la France, à la Flandre, et surtout à Dunkerque la ruine et l'oppression, elle est là.

Écoutez! Je crois entendre un écho des rugissements que pousse John Bull, blessé mortellement par les corsaires de Dunkerque!... Oui, ce sont bien les cris de mort que proféra son implacable haine..... puis ce sont les cris de joie qu'il exhala lorsque l'Europe eut imposé au grand roi la destruction de ce port. Cette lueur qui brille à l'horizon, c'est le dernier reflet des feux de joie qui s'allumèrent de l'autre côté du détroit, lorsque Dunkerque eut été livrée à l'exécuteur, la loyale Albion!

Depuis deux siècles (laissant à part tous ceux qui ont précédé) comment la loyale Angleterre s'est-elle manifestée à la France?... Louis XIV, un instant maître de la mer, expia par de longs et douloureux revers, le crime d'avoir dépassé la Grande-Bretagne!.. Louis XV, qui voulut secouer l'humiliation, signa, à son tour, des traités plus funestes encore; Louis XVI avait mis la main à la hampe du drapeau de l'indépendance américaine, il apprit ce qu'il en coûte d'avoir, contre l'Angleterre, une généreuse pensée; Napoléon l'apprit à son tour; Charles X ose conquérir Alger contre l'assentiment de l'Angleterre, la révolution de juillet suit de près sa faute; Louis-Philippe ose contracter le mariage dit *Espagnol*, qui déplaît à l'Angleterre et il meurt à Claremont; à l'exposition universelle de l'industrie, la France a vaincu sa rivale, tenez pour certain que cela ne sera pas impuni! On a essayé d'Abdel-Kader, on a des socialistes sous la main. L'Europe en feu verra peut-être son industrie partout compromise.... Ne craignez rien, la loyale Albion va y suppléer: elle fournira à toute l'Europe des produits qu'elle tient en réserve, et que sa prudente sollicitude a préparés pour le temps du besoin. Donnez-lui seulement votre or, elle se charge du reste!

Mais revenons sur le continent : tout nous y rappelle. Tournons le dos à l'Angleterre, et inspectons la grève qui s'étend irrégulièrement devant nous.

Les hauteurs sous-marines, qui nous semblaient tout-à-l'heure prêtes à percer la mince nappe d'eau qui les couvre, ne sont-elles pas destinées à former un jour les dunes d'un nouveau littoral? Les hauteurs de Watten n'étaient-elles pas, du temps des Romains, la lisière maritime de l'époque, n'y élevait-on pas des tours pour garder la côte? En seize siècles, le flot a fui jusqu'aux dunes actuelles ; depuis Louis XIV, il s'est encore éloigné d'un kilomètre. Nous voici postés bien au-delà du banc qui était autrefois placé devant le port.

A mesure que la mer recule les hommes avancent .... Combien se passera-t-il d'années avant que le détroit qui sépare la Bretagne du continent soit tout-à-fait comblé?.... Qui vivra verra!.... Mais nous voyons déjà, nous, plusieurs jalons placés sur la route ainsi parcourue. Saint Éloi a bâti sa première chapelle sur le terrain où l'on a tracé le canal de Furnes ; une église sous le vocable du saint évêque a été érigée au pied de la tour que j'aperçois, et qui domine la ville ; la chapelle Notre-Dame-des-Dunes s'est placée plus près de l'Estran ; qui nous garantit qu'avant peu d'années il ne s'en sera pas établi une semblable à côté de l'établissement des bains, ou plus avant encore? Wisse-Morne n'est-il pas pour le XIXe siècle ce que Dunkerque était au VIIe siècle, à son berceau?

Les boîtes à feu, que l'on allumait autrefois aux tourelles du petit-château pour indiquer la côte, ont leur emplacement rappelé par le Leugenaer, mais le phare s'est planté en avant ; dans quelques siècles un nouveau phare aura été construit plus avant encore, et celui que nous admirons aujourd'hui, après avoir marqué la tête de la ville, puis le centre, puis les dernières limites des faubourgs à l'intérieur, sera un objet de curiosité pour les archéologues de ces siècles futurs. Tout se porte vers la plage, la ville s'y transportera à son tour, c'est infaillible. Le port deviendra un canal extérieur pour la cité placée au-delà ; le chenal sera pour la nouvelle ville ce que le canal de Bergues est pour la ville actuelle. D'abord les deux rives se garniront de quais, de magasins, et ceux-ci iront en avant sans jamais s'arrêter. Honneur et profit à ceux qui prendront une sage initiative! Ils s'empareront peu à peu de cette crique ensablée qui est à notre droite, ils aligneront par une digue la pointe de Gravelines et la tête des jetées. Cette plaine noyée deviendra couverte de fertiles moissons, comme le sont déjà les anciennes salines.

Là, quelque jour, le laboureur étonné, heurtera du soc de sa charrue les ancres des navires qui y ont sillonné la mer ; il trouvera, sous ses pieds, les ossements des guerriers précipités au sein des ondes, et leurs armures rongées par la rouille, leurs épées où les mollusques auront fixé leurs coquilles. Il portera au foyer de sa chaumière ces débris exhumés, et ses enfants se chaufferont à la lueur du foyer où se consumeront des navires de l'Angleterre ou de la Hollande!

. . . .

Il m'a semblé entendre les échos de la rive répéter des noms fameux!.....

D'Egmont! Condé!..... Gravelines! Mardyck!..... de ce côté, Turenne! Houchard!... Ne dirait-on pas que l'air frémit? et nous apporte le bruit de la bataille?.. Sont-ce les Espagnols ou les Anglais qui s'enfuient vers Furnes?... ou bien les hourras des sorcières ivres de bière et de lubricité, dansant la ronde du Sabbat, dans les dunes de l'est? Non, ce sont les raffales d'un ouragan..... Cédons à la force et rentrons.

II

Le ciel s'est rasséréné. Nous pouvons sortir.

Nous voici en face du chenal; arrêtons-nous près de cette arcade voisine du pilotage; ce sont les vestiges d'une des portes qui donnaient autrefois accès au port et sous laquelle Jean Bart et tant d'autres éminents personnages ont porté leurs pas. Rappelons à notre mémoire quelques-uns des faits enregistrés dans l'histoire; déroulons ces tableaux si pleins d'intérêt.

Cette longue avenue, par laquelle la mer vient de la rade dans le port, n'a pas toujours été ce que nous la voyons aujourd'hui. Il y a une vingtaine de siècles, c'était une anse naturelle que creusait, au hasard, le mouvement alternatif de la marée s'épanchant au loin sur le territoire. C'était probablement une des bouches de l'Aa, qui n'en a conservé qu'une à Gravelines. Une fois cette passe approfondie, et la ville ceinte de murs, Godefroy jeta les rudiments d'une jetée à l'est. Charles-Quint la développa; Louis XIV en changea la direction et en éleva une à l'ouest. Les Anglais les coupèrent afin d'ensabler le chenal; Louis XVI les restaura; Napoléon y ajouta d'importants travaux.... Ainsi, à ces pieux séculaires, se rattachent en quelque façon l'origine, la grandeur, la décadence, la restauration de la cité.

Lorsqu'en 1714 la ruine du port eût été décrétée, un immense batardeau s'éleva pour séparer à jamais de la mer, la ville si redoutable aux Anglais. Pour nous en faire une idée, supposons que le rempart de la porte du Risban, traverse le chenal et vienne s'adjoindre à l'*observatoire* du côté de l'Estran; donnons à ce cavalier un talus de 600 mètres..... qui hésiterait à dire que c'en est fait du port? Il n'en fut pourtant pas ainsi. La nature et la Providence venant en aide, l'obstacle fut écarté; la mer furieuse repoussa elle-même jusqu'au fond de l'arrière-port, cette barrière qui l'empêchait de venir embrasser chaque jour ces rivages qu'elle aime et où elle avait tant de fois ramené les Dunkerquois victorieux.

Ce devait être un poignant spectacle que celui de la flotte anglaise s'avançant sans obstacle au milieu des forts silencieux et désarmés!... Que la vue et le bruit des explosions qui détruisaient ces magnifiques ouvrages devaient faire naître de douloureuses émotions! Se rappeler ces jours néfastes, les périlleuses circonstances du siége de 1793, la glorieuse issue de la bataille d'Hondschoote, puis les joyeuses acclamations qui saluaient le pavillon anglais en 1814..... assurément il y a là matière à de curieux rapprochements!

Mais ne nous arrêtons pas à ces pensées! partisan de la concorde et de la paix, écartons tout ce qui pourrait y mettre obstacle.

Parcourons du regard ce magnifique canal où fila le canot qui portait Louis XIV et la reine ; Napoléon et l'impératrice... où cinglèrent les vaisseaux dunkerquois désemparés dans la lutte, mais amenant avec eux les milliers de prises enlevées aux ennemis de la France ; combattants mutilés que saluaient les *hourras!* de la foule accourue au rivage !

Si nous tenons à ne pas sortir du présent, regardons les travaux qui y sont faits, travaux admirables et qui laissent loin derrière eux ce que les Romains auraient pu construire en ce genre ; travaux qui préservent le pays de l'invasion de la mer et de l'ennemi. A droite, s'abouche le canal des Moëres, ces deux lacs conquis par l'industrie et livrés à la culture qui en tire de riches moissons, au lieu des miasmes morbifères qu'ils répandaient autrefois sur la contrée ; à gauche, le canal de dérivation ; plus loin, le bassin des chasses ; à droite, le dépôt de la *Société humaine*, noble institution dont nous parlerons ailleurs avec plus de détails (1). En face, le Lazaret ou espace réservé pour les navires en quarantaine... plus loin, l'établissement des bains où la foule des oisifs et des malades vient chaque année demander à la mer ses lames, ses brises... et les mollusques délicats que la gastronomie recherche à si juste titre.

Si nous prolongions notre station en ce lieu, nous verrions le niveau de la mer, après s'être élevé graduellement, s'abaisser de même, mais par une progression différente.

Nous verrions arriver la foule des pêcheurs au poisson frais, apportant le butin qu'ils enlèvent chaque jour à la mer, manne que la Providence semble renouveler sans se fatiguer jamais. Car, depuis sept siècles et plus, elle n'a jamais fait défaut. A la fin du xviiie siècle, les Nantuckois, arrivés pour fonder une colonie de pêcheurs, donnèrent pour quelque temps une grande extension à une industrie où les Dunkerquois s'étaient acquis un juste renom. . Aujourd'hui, ils sont disparus jusqu'au dernier, il ne reste même plus de vestiges de leurs sécheries. Ici, se retrouve encore l'Angleterre qui .... Laissons la.

Par la pensée, rétablissons les anciennes murailles qui bordaient le quai Est... A ma droite, se dressait le *Petit-Château*, demeure féodale de la dame de Vendôme..... là, était la tour Cornière, véritable *Leugenaer*... là, le Gapaer où figuguraient, parfois, de barbares et sanglants trophées..... au pied, *les degrés* qui flanquaient la tour ; puis le pilori... Dans ce château se trouvaient les glacières de l'échevinage gastronome ; puis au xviiie siècle, la cour de Rhétorique, dernier reflet des institutions littéraires du moyen-âge... Suivons le mur crénelé qui se continuait sans interruption jusqu'à la porte de Bergues, où s'ouvre aujourd'hui

---

(1) A la monographie de l'église Saint-Éloi, dont nous nous occupons depuis quelque temps, nous nous proposons de joindre des notions historiques sur les établissements de religion, de charité, de bienfaisance et d'instruction qui existent à Dunkerque.

le parc de la marine... Voici la tour de l'Horloge, la tour de Sainte-Marguerite... Voici les tours qui flanquent l'embouchure de la Panne... .

A gauche, relevons le fort Léon, puis la haute citadelle qui dominait le port et la ville... au fond, l'écluse bleue arrêtant les eaux des criques... puis le pont de bois qui faisait suite à la rue des Pierres.

Représentons-nous la foule des prisonniers anglais ou hollandais, qu'une barbare coutume condamnait à la mort... Voyons les marchandises, enlevées aux ennemis, encombrer les magasins, les quais... Voyons les navires capturés se presser dans les bassins, y revêtir la livrée française pour aller, à leur tour, faire la course... Voyons les brûlots anglais se consumant, échoués à la côte ou pénétrant dans le port pour y incendier les vaisseaux de l'invincible Armada..... La foule insensée voulant mettre le feu à des navires chargés de blé... Napoléon réduisant en cendres les marchandises anglaises amoncelées et se changeant en nuages odorants qui s'abattent sur la ville... Voyons enfin, pour nous féliciter du changement, les charcutiers faisant de la portion la plus fréquentée du quai, une succursale de l'abattoir et y grillant, dépeçant, etc., les porcs destinés à la consommation de la ville.

Mais laissons ces divers tableaux pour nous arrêter à de plus nobles souvenirs; faisons défiler devant nous la glorieuse cohorte des marins et des capitaines dunkerquois dont l'histoire a enregistré les hauts-faits, et le nombre plus grand encore de ceux dont les noms, par ingratitude ou négligence, ne sont pas recueillis dans nos fastes nationaux... Paraissez Neuts, Dauvergne et vous tous, courageux lutteurs qui ne balanciez pas à vous exposer pour arracher à la tempête les victimes qu'elle menace d'engloutir... Gautier, Léon et tant d'intrépides corsaires... Saus, Dewulf, Dekoster, Thurot, les vaillants capitaines... Leduc, Faur, Freraert, Pluckett, Delille, Blanckeman, leurs émules et les héritiers de leur bravoure..... Vous qui êtes parvenus au sommet des dignités maritimes, Rombout, Pieters, Dorne, Vanstabel, L'Hermite, les vaillants amiraux..... Vous dont le généreux sang a produit plus d'un héros, les deux Jacobsen, les deux Maes, les deux Dauwere.... Vous dont la souche reparaît quatre fois, illustrée par de nouveaux rejetons, les Colaert... vous surtout, Jean Bart et votre glorieuse lignée... Apparaissez tous à mes regards avides de contempler vos nobles traits, de voir des grands hommes dans un siècle sceptique qui les nie, comme il nie les fables des anciens âges... Apparaissez, et faites que vos descendants se souviennent de ce que vous avez été et de ce qu'ils doivent être à leur tour !

Mais si vous ne pouvez répondre à cet appel de l'enthousiasme, les arts ne peuvent-ils pas y suppléer ? Allons ! je commande et je vois s'élever par un pouvoir féérique, le monument que rêve mon imagination.

Sous ce portique même que je désignais tout-à-l'heure, s'élève un bassin circulaire qui reçoit les eaux s'échappant d'une vasque supérieure, supportant à son centre, un massif quadrangulaire portant au sommet une figure colossale de la ville de Dunkerque, le regard énergique tourné vers la mer; sur les faces du piédestal, quatorze statues des principaux marins dunkerquois; aux quatre angles.

Godefroi, Charles-Quint, Louis XIV et Napoléon ; comme accessoires des figures symbolisant les canaux, un léopard s'efforçant de déchirer la robe de Dunkerque, puis.....

Mettons fin à cette rêverie : monsieur le Maire, le budget communal en main, s'avance pour me prouver que c'est une utopie irréalisable..... Adieu donc rêve séduisant ! adieu !

III

Nous voici devant l'Hôtel-de-Ville... Évoquons encore nos souvenirs !... que la mémoire et l'imagination viennent à notre aide ! car ici, bien des changements se sont faits, bien des changements seraient à faire et nous avons beaucoup à dépenser de l'une et de l'autre.

Tous les noms ont changé ; cette rue aujourd'hui *du Collége*, était, il y a un demi-siècle, la rue de la Raison, la rue de Voltaire ; auparavant c'était la rue des Jésuites ; auparavant encore la rue de Nieuport ; l'extrémité de cette rue s'appela quelque temps *rue d'Enghien*, en mémoire du grand Condé qui, ayant assiégé la ville du côté de l'Est, fit aux remparts de ce côté une large brèche, et effectua par cette porte improvisée, son entrée triomphale.

Dans cette rue débouchaient un grand nombre de petites ruelles, aujourd'hui supprimées ou en voie de l'être. Cette particularité se retrouve fréquemment dans tout le territoire de la vieille ville, et ne se rencontre que là.

Le point que vous voyez à l'intersection de quatre rues ; ce point, centre d'une rosace de pavés artistement groupés et alignés en cercles concentriques, c'est la place d'armes, autrefois *Cruystraete*. Cette rue de l'Eglise a été dénommée : *Grand'Rue, Kerkestraete, Herstraete, rue de l'Église, rue Seigneuriale*. Cette place, où l'herbe croît sans obstacle, c'est, on ne saurait dire aujourd'hui pourquoi, le *marché aux Volailles*, auparavant c'était le *marché à Verdure*, *Groenselmark*.

De ce côté-ci, se trouvait la façade d'une église ; de ce côté-là un édifice du style ogival que l'incendie a plusieurs fois ravagé ; les tourelles élégantes et hardies où était suspendu le beffroi ; où l'on arborait le drapeau de la ville, ont été décapités et ne présentent plus que d'informes tronçons ; là, était suspendue la lanterne, châtiment infligé à un échevin prévaricateur ; de tout cela, il ne reste plus rien.

Ainsi, les choses, les hommes, les monuments, le langage, tout varie ! Chaque siècle donne un reflet, le siècle suivant l'efface.

Sur cette place, sur cette pierre centrale où je me suis posé, il y a tantôt deux siècles que l'on brûlait les hérétiques et les sorciers ; c'est là que les duellistes et les suicidés étaient pendus par les pieds ; c'est là que les pirates étaient étranglés ; c'est de là que leurs cadavres nus, attachés à la queue d'un cheval ou derrière un tombereau, étaient traînés à la voirie ou bien rependus au gibet seigneurial, à Pierkepaps, à peu de distance de l'Esplanade de la porte de Nieuport.

C'est ici encore que se dressaient les *hourds et échafauds* « des compaignons de la rhéthorique, » lorsqu'ils représentaient *mystères ou joyeusetés*. Il y a 130 ans, nous y aurions pu voir encore jouer, le *Cid et Polyeucte* ; il y a 185 ans, nous y aurions entendu *Dandamis et Amizocas*, représentés par les élèves de nos écoles publiques (1).

Il s'est d'ailleurs joué ici des scènes politiques plus importantes et plus grandioses, Ainsi, au XIVe siècle, nous aurions vu les corps de métiers s'assembler bannières déployées, forcer l'entrée de la maison échevinale, exiger la mise en liberté des bourgeois détenus par le bailli ; le siècle suivant, Charles-Quint, ce souverain dont le soleil ne cessait jamais d'éclairer les États, faire le serment de maintenir les franchises d'une petite ville comme était alors Dunkerque. Nous aurions vu le greffier monter à la Bretesque et nous l'aurions entendu lire la sentence d'excommunication lancée contre Henri VIII de triste mémoire ; nous aurions pu voir successivement Mazarin, Condé, Turenne ; l'envoyé de Cromwell, et Louis XIV, et Vauban, et plusieurs grands hommes de la grande époque ; puis Pierre-le-Grand, Louis XV, Christiern ; puis Isoré, Cordange et ses affidés ; la foule ameutée s'acharnant contre le portrait de Calonne ; la société populaire contre celui de Louis XIV ; la municipalité contre celui de Napoléon... Que d'événements analogues, que de contrastes semblables nous pourrions joindre à celui-là !

Et quel fruit avons-nous retiré de ces imposantes leçons ? Au lieu de nous attacher à un principe, nous les confondons tous en un égal dédain ! Après avoir donné trop d'importance à certains hommes, nous refusons d'en accorder à personne ; d'une confiance excessive, peut-être, nous sommes arrivés à un scepticisme sans limite.

Tout n'est pas blâmable pourtant ! Voici que les livres ont conservé la place d'honneur ; la bibliothèque qui les abrite occupe elle-même la façade qui se cache derrière ce lourd péristyle ; depuis 1850 une douzaine d'habitués viennent les visiter trois fois la semaine ; à côté sont les archives, dépôt intéressant dont nous avons déjà eu l'occasion de vous parler ; nous en avons extrait une longue série de chiffres dont la figure ci-jointe vous donnera d'un seul coup-d'œil le résumé vraiment instructif et curieux. (Voir la planche indiquant le mouvement de l'état civil à Dunkerque). Non loin de là, l'excellente musique de la garde nationale s'exerce, chaque vendredi, dans une des salles de la prison devenue vacante. Dans les salles diverses s'élaborent et s'exécutent tous les projets que réclame l'intérêt de la cité. C'est là que le zèle gratuit des magistrats municipaux remplace l'ancien échevinage, qui, dans ses derniers temps, semblait n'être plus qu'un ramas de gastronomes parasites.

Pendant la longue série de son histoire, que de fois la ville de Dunkerque

---

(1) En 1850, il existe encore une société dramatique, fondée le 15 octobre 1845, par MM. Tristram, Charpentier, Crujeot, Baudin, Beunier, Dekeyne, Geyssen et Masselis. Cette société a son siège à la salle Saint-Georges, rue de l'Abreuvoir. Elle a pour but de donner, surtout pendant la saison rigoureuse, des représentations au profit des établissements charitables. — Nous sommes persuadés qu'elle se rattache aux anciennes sociétés de rhétorique dont nous avons parlé plusieurs fois. Ce serait un point intéressant à constater.

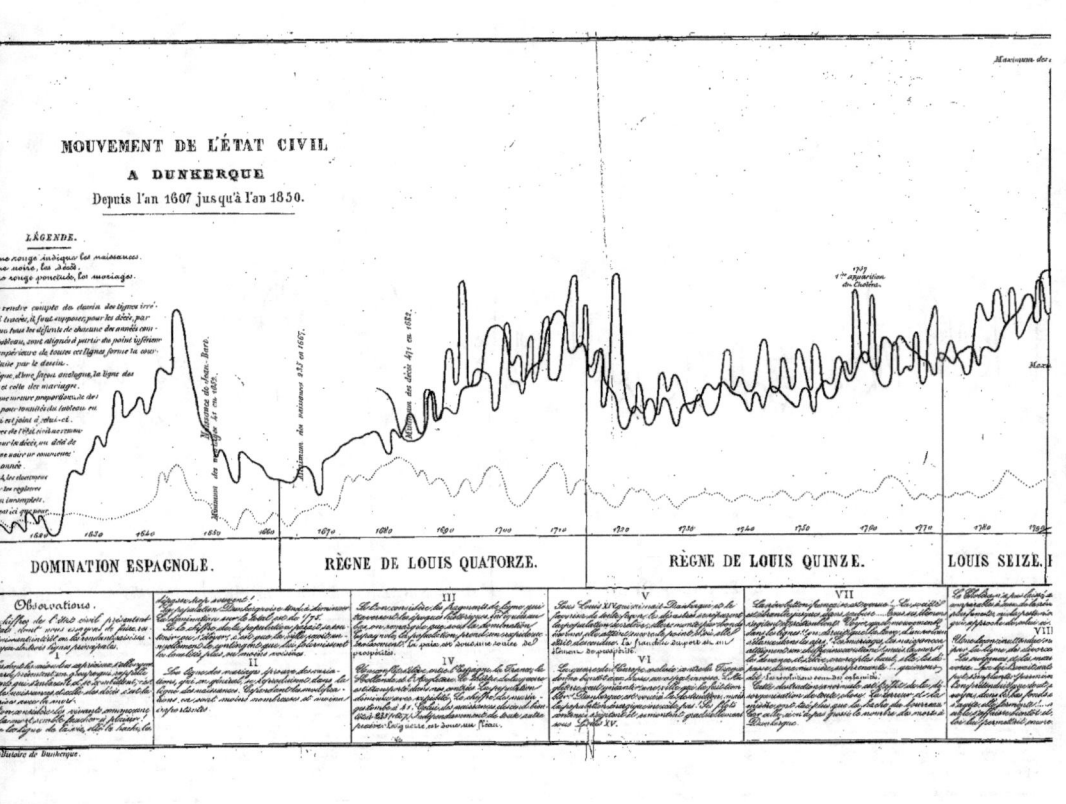

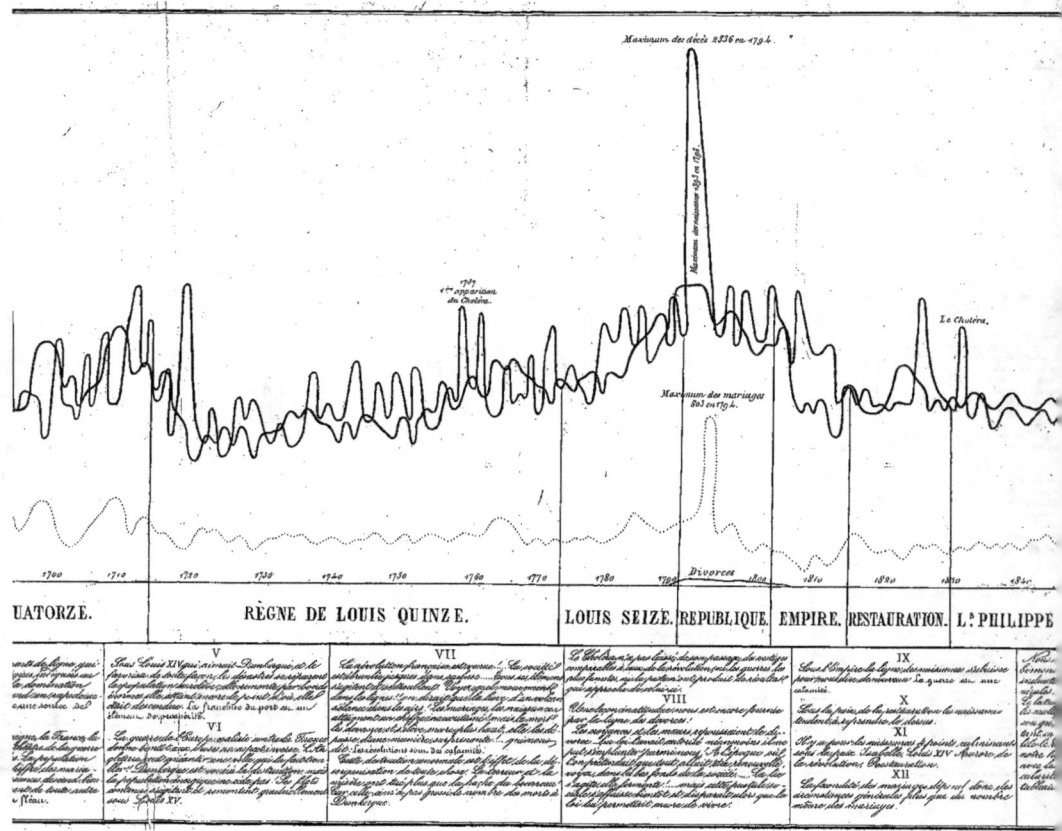

a vu l'autorité prendre des titres nouveaux, des emblèmes divers, des formes différentes !! Marquis, comtes, ducs, archiducs, empereurs, rois..... Flandre, Bourgogne, Autriche, Espagne, Hollande, Angleterre, France..... Hainaut, Condé, Bar, Luxembourg, Vendôme, Bourbon..... Gouvernement absolu ou partagé; arbitraire ou légal; royal ou républicain; directorial ou consulaire; impérial ou constitutionnel; tout cela a passé; tout cela s'est transformé, s'est évanoui, sans que la personnalité de la ville ait reçu la moindre atteinte. Pourquoi donc cette personnalité qui traverse immuable tant de vicissitudes diverses, ne se dessinerait-elle pas hardiment? Depuis tantôt cinq cents ans, la ville a adopté un emblème : l'écu de Flandre et de Bar; elle n'a pas besoin de concession, ni d'autorisation de personne pour légitimer ce signe qui est le sien. Le lion de Flandre qui rappelle le berceau de la ville et le caractère de ses valeureux enfants; le bar ou poisson qui rappelle l'industrie première, la nourrice inépuisable de notre population..... puis la bannière dunkerquoise où le blanc alterne deux fois avec l'azur... que ce soit là l'emblème, la marque, le cachet de tout ce qui est dunkerquois, que cet écu couronne les portes, que le pavillon l'ombrage dans la salle du conseil, qu'il soit ensuite réservé une place à l'emblème du pouvoir central, à l'image du chef de l'État... voilà ce que la raison et la dignité exigent, mais rien au-delà.

Puisque nous voilà en train de réforme, pourquoi nous arrêter en si beau chemin, alors que l'imagination en fait seule les frais?

Enlevons donc en pensée toutes les constructions de l'Hôtel-de-Ville et remplaçons-les immédiatement par d'autres plus convenables, coordonnées sur un plan unique. Étendons, s'il le faut, notre façade sur toute la ligne du marché aux Volailles; après l'abattis des maisons longeant le quai, l'édifice communal *frontera* le port sur un développement respectable et digne de la ville.

Au centre, un corps avancé; l'entrée principale, ornée de groupes en bronze, représentant, l'un, Dunkerque guerrière, intrépide, infatigable; l'autre, Dunkerque intelligente, industrieuse, charitable...

Au premier étage, cinq salles d'apparat.... : l'une, la salle municipale, précédée de la salle de la marine, suivie de la salle du commerce, puis de la salle des milices et, pour finir, la salle d'honneur proprement dite.

Pour l'ornementation de ce sanctuaire, convions tous les artistes, surtout ceux qui ont vu le jour dans la cité : architectes, peintres, statuaires, inspirez-vous de l'amour de la patrie; poètes, historiens, écrivains, savants... apportez votre pierre à l'édifice qui doit être la glorification de la cité dunkerquoise.

Dans la salle municipale, placez l'image de Philippe d'Alsace, qui a signé les premières franchises de la commune; Jeanne et Marguerite de Constantinople, qui ont assuré à nos pères ces libertés dont le reste de l'Europe était encore privé; Guy de Dampierre, le comte de Flandre, qui les a consacrées par le serment des seigneurs; Robert, qui nous a légué son écusson devenu le nôtre. N'oubliez pas les grands monarques qui ont contribué si puissamment à la prospérité de la ville; faites figurer dans des médaillons ou tableaux, les bourgmestres qui ont administré la commune; les maires que les citoyens ont désignés pour ce poste.

Dans la salle de la marine, n'oubliez pas un de nos quatorze amiraux; ni aucun de ceux, quel que soit leur grade, qui ont fait éclater cet héroïsme héréditaire chez les enfants de Dunkerque; faites revivre Godefroi qui, le premier, éleva une jetée; Vanlangren, Vauban, Duclos, Cordier et tous ceux qui, par de remarquables travaux, ont agrandi, assuré, restauré le port. Que de traits mémorables à faire revivre! que de noms à perpétuer, que de gloire à transmettre!!

Dans la salle des milices, rappelez l'institution des anciens serments, des corsaires; l'organisation des coulevriniers ou artilleurs; montrez les travaux, les sacrifices, les fatigues, les dangers au prix desquels ils étaient libres et indépendants. Que je revoie Bisson, Emmery, Guilleminot, Thevenet..... que je connaisse le nom de tous ceux qui ont porté l'étoile de l'honneur; tous ceux qui ont été appelés à la tête de notre milice citoyenne; retracez-nous les actes de bravoure et d'intrépidité que nous ont légués tant d'années de guerre, tant de siéges fameux!

Dans la salle des arts, je veux voir les bustes ou les portraits de Deswaen, Descamps, Elias, Gamba et tous ceux qui ont parcouru avec honneur la carrière de l'étude et de la science; déposez les trophées de nos anciennes sociétés littéraires, les lauriers obtenus dans les concours d'harmonie; les œuvres dues à la plume de nos compatriotes.

Faites correspondre à ces pièces, les archives historiques, la bibliothèque, le musée, la salle des sociétés savantes; honorez-y tout ce qu'il y a d'honorable; ouvriers de la pensée, soyez-y mentionnés dès que vous avez apporté un effort louable, un travail utile et consciencieux; théologiens, philosophes, annalistes, docteurs, peintres, statuaires, graveurs, que personne ne soit injustement exclus de ce panthéon dunkerquois.....

Dans la salle d'honneur, proprement dite, réunissez les sommités de chacune des séries que nous venons de parcourir; faites revivre à la reconnaissance et à l'admiration des Dunkerquois, Saint-Éloi leur père spirituel, et les apôtres qui ont apporté, dans nos contrées, la bonne nouvelle... Un tableau me montrera la remise de la requête présentée à l'archiduc Albert, pour demander la suppression de ces froides cruautés qui vouaient à la mort des prisonniers désarmés et inoffensifs. L'héroïsme de Jacobsen; quelques-uns des hauts-faits de Jean Bart; le dévouement de Dauvergne, les décorations, médailles, marques d'honneur obtenues par des Dunkerquois.

Que tous les panneaux et compartiments de ces salles soient employés à rappeler une date, un nom, une chose utile ou honorable, et nous allons au-devant de l'objection que la tiédeur pourrait employer; les sujets ne manquent pas, il n'y a qu'à choisir (1). Car nous disons que nous avons signalé deux voies désor-

---

(1) Pour justifier cette assertion, nous allons donner une liste de sujets de statues, bustes, médaillons, groupes, tableaux, portraits, reliefs, etc., dont l'histoire de Dunkerque présente l'occasion. On y

mais ouvertes à ceux qui cultivent les arts, deux voies où nous avons planté quelques jalons; l'une plus élevée où pourront cheminer ceux qui, établissant d'habiles contrastes, savent mettre en scène les passions, différencier les types, les époques; travail où les choses locales et les détails se trouvent au second

---

signalera sans doute bien des lacunes, et nous en serons heureux; on y trouvera mentionné des circonstances dont nous avons parlé déjà, mais qu'il n'était pas loisible de laisser absentes de cet aperçu.

A. — Les alliés bombardent Dunkerque (p. 237). — Ambassadeurs siamois à Dunkerque. — Les Anglais capitulent. — Les Anglais prennent possession de Dunkerque en 1658, - en 1708. — Armada l'invincible (p. 187). — L'armée de Maximilien pille Dunkerque. — Aspect de la contrée du temps de Pline. — Astronomes à Dunkerque pour mesurer l'arc du méridien.

B. — Une baleine s'engage dans le port. — Bataille de Gravelines (p. 158). — Bataille des Dunes. — Bataille d'Hondschoote. — Bauduin III à Dunkerque. — Bauduin IV visite les travaux. — Belmas rétablit le culte. — Biron à Dunkerque. — Besson sur les bords de la Newa. — Blankeman débarque en Irlande; — il est décoré par Napoléon; — il revient des pontons.— Blaumotins et Ingrekins. — Brûlot hollandais dans le port (p. 186).

C. — Canonniers dunkerquois institués (p. 155). — Le carnaval. — Catastrophe de Zuydcoote. — Chamon désarme la garnison. — Chamon capitule. — Chapelle Saint-Éloi. — La chapelle de Notre-Dame des Dunes fait explosion, — est réintégrée. — Charles-Quint à Dunkerque. — Charles X à Dunkerque. — Charles-Quint demande Dunkerque pour la rançon de François Ier. — Le chevalier de Saint-Georges. — Christiern à Dunkerque. — Choudieu au fort Louis. — Colaert fait chevalier. — Colaert (P.), marquis de Castille. — Colaert (Michel) combat contre Vandorp. — Combat de Dewulf,........... Le comte d'Egmont entre vainqueur à Dunkerque. — Le comte d'Egmont part sur *la Levrette* (p. 157). — Le comte d'Artois à Dunkerque. — Condé blessé à la tranchée. — Condé assiège Dunkerque. — Condé entre à Dunkerque par la brèche. — Condé à la bataille des Dunes. - Cornille Bart attaché au mât, — arrive à Saint-Germain, — est reçu à Dunkerque, — y reçoit le czar Pierre. — Corsaires dunkerquois. — Cortége de bienfaisance en 1847. — Cour de Louis XIV à Dunkerque. — Custine à Dunkerque. — Cordange à la tribune populaire.

D. — Danse à la procession. — Dauvergne se sauve à la nage. — Dauwère amputé. — Decoster. Denis Naymann. — Départ pour l'Islande. — Drapeau de la Tour-Cornière. — Duc d'Albe envoie des soldats à Dunkerque. — Duc d'Angoulême à Dunkerque. — Duc d'Anjou. — Duc de Lorraine aux Récollets. — Duc d'Orléans. — Le duc de Vendôme assiège Dunkerque. — Le duc d'York pille les environs. — Duellistes punis. — Dunes. — Sabbat dans les Dunes. — La commune de Dunkerque garantit la promesse de Jeanne, — de Marguerite, — de Guy de Dampierre. — Dunkerque assiégée, — pillée, — s'entend avec Boisot, — signe des lettres de garantie pour Elisabeth d'Angleterre. — Dunkerque envoie ses arbalétriers au duc de Bourgogne. — Dunkerque se met à la discrétion de Robert. — Dunkerque se révolte contre le bailli.

E. — Église Saint-Éloi bâtie, — incendiée, — rebâtie. — Emmery décoré, — offre des drapeaux aux soldats, — sauve Cordange. — Émeutes et pillage en 1792. — Enseigne d'un débitant d'eau-de-vie. — Entrée de Louis de Male et de la reine d'Angleterre. — Entrée de la dame de Vendôme, — de Charles-Quint, — de Philippe II, — de Louis XIV. — Entrevue de Veere et de Condé (p. 206). — Érection du phare. — Espion anglais pendu. — L'évêque d'Ypres consacre l'église Saint-Éloi. — L'évêque de Cambrai célèbre la messe où assiste Napoléon. — Exhumations faites dans l'église, — au pied de la tour. — Expédition en faveur des Stuarts. — Explosion d'une batterie flottante. — Explosion des forts après le traité d'Utrecht.

F. — Farnèse à Dunkerque. — Faulconnier et lord Clarendon. — Ferblantiers. — Fête-Dieu. — Fêtes pour l'élection de Charles-Quint. — Fêtes de la République. — Fêtes de 1815. — Les fidèles réédifient l'église au moyen du Filet-Saint. — La Flandre ravagée. — Flotille de Boulogne. — Fockedey à la Convention. — Fort Mardyck pris, — repris, — détruit. — Franchise accordée. — Frazer à Dunkerque. — Frazer congédié. — Fremert passe à travers la flotille. — Fronton Saint-Éloi. — Foire de janvier. — Feux de joie. — Feux d'artifice.

G. — Garde bourgeoise. — Garde nationale instituée. — Godefroy établit une jetée. — Gouverneur de Dunkerque tué par ses gens. — Grootenbuyck à Hambourg (p. 186). — Grenadiers dunkerquois fesant prisonnier un poste anglais. — Gueux ravageant la Flandre. — Guilleminot. — Guyot (Florent) à l'Hôtel-de-Ville.

rang..... L'autre plus restreinte, mais bien vaste encore, où ces choses et ces détails deviennent l'objet principal, où du moins sont un fond riche sur lequel vous pouvez, maîtres, semer la vie en y retraçant les principaux traits de notre récit; en faisant poser dans les monuments, avec les costumes et accessoires de l'époque, les hommes dont vous voulez ressusciter l'existence. Histoire ou

---

H. — Hérétiques brûlés, — torturés. — Les Hollandais veulent prendre Dunkerque par surprise (p. 188). — Hondschoote et les Iconoclastes. — Hôpital Saint-Julien fondé. — Houchard à Dunkerque. — Les huguenots accommodent l'église Saint-Éloi à leur culte. -- Husson ou querelles nocturnes. — Hoche à Dunkerque.

I. — Inauguration du port de Mardyck, — du buste de Jean Bart, — de la statue de Jean Bart, — des écluses de chasse, — du chemin de fer. — Iconoclastes dans l'église Saint-Éloi en 1580, — en 1792. — L'inquisiteur et Annot. — Intérieur de Saint-Éloi. — Isabelle à Dunkerque, — à Bollezeele.

J. — Jacques III à Dunkerque. — Jean Bart et Valbué. — Jean Bart à Dringham, — apportant à Notre-Dame les drapeaux pris à l'ennemi. — Jean Bart et le prince de Conti. — Jean Bart et Forbin. — Jean Bart à Bergen. — Jean Bart à Faro. — Jean Bart à Versailles, etc. — Jean Gauthier dans la Tamise. — Jean Léon. — Jean-sans-Peur relève les murs de Dunkerque, — renouvelle les franchises — Josse Pieters contre 32 navires. — Justice à Pierkepaps.

K. — Les Karls et les Reuss. — Koeberger et les Moëres.

L. — Laver les pieds (p. 190). — Leduc contre 12 vaisseaux anglais. — Lépreux (p. 220). — Leugenaer (p. 130). — Lhermite contre 3 vaisseaux anglais. — Lord Sydmouth. — Loterie pour l'hôpital. — Louis XIV suit la procession, — il reçoit les ambassadeurs, etc.. etc. — Lery et son équipage. — Louis XV à Dunkerque. — Louis-Philippe à Dunkerque. — Léopold reprend Dunkerque. — Les lignes anglaises comblées en 1793. — Le Lundi-Rouge.

M. — Les Malcontents à Roosendael, — défaits près de Bergues. — Maréchal de Saxe à Dunkerque (p. 251).—Un matelot enlève deux pavillons (p. 279).—Mathieu Maes contre le vice-amiral de Zélande. —Moëres inondées. — Les Moissonneurs et le *Kyrie eleyson*. — Morins surpris dans leurs forêts.

N. — Napoléon premier consul. — Napoléon et Joséphine. — Napoléon et Marie-Louise. — Napoléon passe la revue sur la grève. — Napoléon (son portrait) brûlé. — Neuts sauve des naufragés. — Neuvaine à Notre-Dame des Dunes, — à Notre-Dame des Neiges, etc. — Les Normands pillent la Flandre, — s'emparent de la fiancée de Philippe d'Alsace.

O. — Obsèques de Charles-Quint, — d'Isabelle, — de Louis XIV. — Officier protégé par l'écharpe tricolore.

P. — Pain délivré sur la présentation de cartes en 1795. — Panorama pris du haut de la tour. — Les pêcheuses de crevettes. — La Peste et les Rouges-Maîtres. — Pierre-le-Grand à Dunkerque. — Pilotes dunkerquois refusant l'offre des Anglais. — Porc pendu. — Premier prêche. — Pêche à la baleine, — premiers armements en 1616. — Philippe signe les franchises de Dunkerque, — expose les cadavres des Normands. — Philippe-le-Beau à Dunkerque. — Philippe II et Granvelle. — Prince d'Orange à Dunkerque. — Prisonniers suppliciés. — Prisonniers anglais renvoyés. -- Procès à un cadavre.

Q. — Quakers à Dunkerque. -- Querelles bourgeoises.

R. -— Rantzau à Dunkerque (p. 205). — Régates dans le bassin Becquey. — Reine de Hongrie à Dunkerque. — Retour des gardes nationaux de Saint-Omer, — de Paris (1818). — Restauration des Bourbons. — Religions Vrede. — Reuse et Gayant. — Rhétorique (sociétés de). — Robert de Cassel organise le Magistrat. — Rombout meurt en combattant. — Roosendael (camp au). — Rubens à Dunkerque. — Roussin arrive avec le *Véloce*.

S. — Saint Éloi convertit les Saxons. — Saint Martin et son âne. — Saus attaque les Anglais. — Schelle évêque. — Schelle exhumé. — Serment à Cromwell. — Soldats de la Paternotre. — Sorcières. — Sortiléges. — Smith le capitaine.

T. — Temple de la Raison. — Traité d'Utrecht. — Trelon. — Truiwes. — Turenne endormi sur le sable. — Turenne à Dunkerque.

V. — Vandewalle offre 12 vaisseaux contre la croix de Saint-Jacques. — Vanstabel prend *l'Ardent*. — Verrières de l'Hôtel-de-Ville. — Voleurs au clocher des Moëres.

W. — Warandeurs au marché. — Wisse-Morne.

Z. - Zannekin.

légendes, sujets civils ou religieux, bustes ou portraits, sujets de bataille... tout peut, pour le génie et la volonté, devenir l'occasion d'un chef-d'œuvre.

Le statuaire dunkerquois ne trouvera-t-il pas quelques inspirations pour modeler le bronze, le marbre, ou le bois, et leur faire prendre la forme de Bauduin, de Guy, de Bart et de ses glorieux émules. Ne faut-il pas que les Dunkerquois trouvent quelque part dans leur ville la reproduction d'Emmery, de Rantzau, de Vauban, et de tous ces personnages qui ont concouru à son accroissement, à son bien-être, à sa gloire?

Peintres, graveurs, dessinateurs, le paysage a-t-il vos préférences? représentez l'aspect de notre campagne s'embellissant chaque siècle : représentez les effets du soleil d'automne sur les nombreuses tourelles et les toits effilés qui les couronnaient, en donnant à la ville, retirée dans ses étroites murailles, une physionomie dont nous ne pouvons guère aujourd'hui nous faire une juste idée. Rappelez le temple érigé aux faux dieux, la tempête agitant les flots, soulevant des trombes d'eau ou de sable.

Préférez-vous l'art monumental? replacez-nous sous les arceaux de la primitive église de Saint-Éloi; réédifiez le château-fort de Robert ou celui de la dame de Cassel, les vierbœts appendus à ses tours; montrez-nous les mausolées de nos grands citoyens, le magnifique tabernacle d'albâtre et de marbre qui figurait au chœur, la remarquable grille qui l'entourait, le jubé monumental qu'on y admira longtemps. Restaurez les armoiries des princes qui, après s'être agenouillés devant l'autel, y laissaient ainsi l'empreinte de leur royale présence; montrez-nous la décoration si splendide et si originale de nos rues aux jours des grandes réjouissances.

Votre imagination aime-t-elle le tumulte des batailles? avez-vous l'art de grouper les masses? excellez-vous dans la peinture du flot populaire au sein des émeutes ou des combats? Cassel, Rexpoede, Hondschoote, Gravelines, les Dunes, le siège de 1793 et tous ceux qui l'ont précédé vont exciter votre verve; le sac si souvent renouvelé de notre énergique cité, l'abordage des navires qui s'étreignent dans un duel à mort, l'attaque et la défense du château de Robert de Cassel, les querelles bourgeoises, que sais-je...

Peintres de marine vous n'avez qu'à choisir... l'invincible Armada, si orgueilleuse avant la tempête, ou bien piteusement reconduite par nos pilotes dunkerquois; les tentatives semblables de Philippe II, de Louis XV, de Napoléon; le bombardement de 1694; la rupture du batardeau; Scorsery et ses vingt-cinq compagnons; Thurot à Carrick-Fergus et mille autres traits, que l'on trouve à chaque pas dans l'histoire particulière de Dunkerque.

Mais il faut s'arrêter, sous risque de dire dans un autre ordre tout ce que nous avons successivement exposé jusqu'ici.

Un mot aux hommes d'étude et de méditation.

Deux opinions ont recruté dans le monde un grand nombre d'adhérents : les uns semblent admettre que tout le bien dont nous jouissons ne date que d'hier et prend sa source dans les lumières du siècle; les autres, au contraire, paraissent croire que de nos jours toute vertu soit éteinte, toute grandeur impossible. La lecture de ce livre suffira pour préserver de la double erreur. En comparant les mœurs des premiers habitants de la contrée aux mœurs de nos jours, on pourra y reconnaître des traces du vieux levain, mais on y trouvera aussi des preuves irrécusables de cette vérité, savoir qu'à mesure qu'il s'éclaire davantage, l'homme devient meilleur. Nous comprendrons alors combien il importe d'assurer à la société la lumière de l'âme et celle de l'intelligence; car, ainsi que la colombe, l'homme a besoin de ces deux ailes pour s'élever. Nous n'insistons pas sur ce point, que l'ignorance seule pourrait avoir motif à méconnaître.

Dans un autre ordre d'idées, il est un fait qui est particulièrement remarquable, c'est la force de vitalité de notre ville, qui n'a cessé depuis son origine de croître et de s'affermir à travers mille obstacles, dont plusieurs eussent dû suffire pour la ruiner sans ressource. La cause de cette énergique persistance se rattache à la position topographique de la ville, position éminemment remarquable et féconde, et dont l'avantage est tellement évident, que tous les esprits en sont demeurés convaincus et que Dunkerque n'a cessé d'attirer l'attention de tous les gouvernements. L'état géologique de la contrée a présenté longtemps un obstacle redoutable; aujourd'hui cet obstacle a disparu. Ces plaines insalubres sont converties en fertiles guérets; l'art qui les a assainies par de merveilleux artifices, les conserve désormais à l'homme. Pour tirer de ces éléments de prospérité tout le parti possible, il suffit de continuer à le vouloir.

Un autre fait capital, c'est la prédestination (qu'on nous passe ce terme) des Dunkerquois pour les choses maritimes à l'exclusion des choses de l'industrie; une organisation pour ainsi dire spéciale, un sang vigoureux, un caractère fortement trempé, voilà ce qui nous montre ce qu'est Dunkerque et ce qu'il peut être dans l'avenir : un marché franc et un port de guerre de 1re classe. Des esprits sérieux se préoccupent de plus en plus à ce sujet.

Nous n'insisterons pas sur ces remarques ni sur d'autres que l'on déduira avec plus de sagacité que nous ne saurions le faire. Nous dirons seulement : Maîtres, nous avons désiré être toujours vrais, et nous espérons avoir réussi; nous avons résolu d'être sincères, nous sommes certains de n'avoir jamais failli sous ce rapport. C'est là notre justification si vous trouvez notre savoir-faire inférieur au travail que nous avons entrepris.

ÉPILOGUE.

A LA VILLE DE DUNKERQUE,
L'AUTEUR.

Enfin, ma course est terminée !
Qu'il me soit permis de t'offrir
Ma gerbe.... que dans la journée
Tes moissonneurs sauront grossir.
Quelques pages tiennent sans peine
Ce que j'ai glané dans la plaine...
Accepte pourtant mon tribut !
Ma force est moindre que mon zèle,
Mais toi, qui n'as pas besoin d'elle
Tu peux protéger mon début.

Car, chaque page de ce livre
Est comme un hymne en ton honneur !
Si j'errai quand je voulus suivre
L'inspiration de mon cœur,
N'ai-je aucun droit à l'indulgence ?
Proclamer ton nom à la France,
C'est un acte dont j'étais fier....
Oui, mais pour chanter ta mémoire
Et célébrer ta vieille gloire,
C'est trop peu d'être né d'hier ! !

Ces pages, labeur de mes veilles,
Ces chants informes, où ma voix
A balbutié tes merveilles,
Répondent-ils à tes exploits ?
Les feuillets de ta noble histoire
Et les diplômes de ta gloire,
Était-ce à moi de les toucher ?
Je le sens, ce travail insigne,
Exigeait une main plus digne,
Un nom qu'on pût y rattacher !

Mais, je le dis en assurance :
Nul n'a ressenti, dans son cœur,
Plus de peine de ta souffrance...
Ou plus d'orgueil de ton bonheur.
Nul de tes fils n'a, dans son ame,
Nourri de plus fervente flamme,
Ni plus de respect pour ton nom....
Nul n'a voulu ta destinée
Plus grande, ni plus fortunée,
Ton sol plus riche ou plus fécond.

Pour toi, sentinelle avancée,
Toi, la terreur de l'ennemi,
Toi, qui sans cesse menacée,
Dans ton cœur n'as jamais frémi ;
Toi qui veillas sur cette grève
Et dans une lutte sans trêve,
Teignis de ton sang ton manteau ;
Toi qui donnas même ta vie,
Pour assurer à la patrie
La paix scellée à ton tombeau,

Tu n'as pas besoin que mon zèle
Aille ainsi fouiller le passé,
Ni que devant toi j'amoncèle
Le butin par moi ramassé.
Jamais le soleil ne réclame
Un panégyriste à sa flamme !
Tu n'as plus de palme à cueillir
Et tu n'attends pas qu'un Pygmée
Appelle à toi la renommée
Que tu craindrais de voir faillir...

ÉPILOGUE.

Mais cet orgueil, on peut m'en croire,
N'aveugla jamais mes esprits
Et mon cœur avide de gloire
Ambitionne un autre prix.
Non, non, cet éclat qui rayonne
Et resplendit à ta couronne,
De moi n'aura rien emprunté.
Ce que je voudrais..... Je m'égare !
C'est l'honneur d'allumer ton phare
Au sommet où tu l'as porté.

Victor DERODE.

TABLE DES MATIÈRES.

Introduction
CHAPITRE Ier	Étude topographique. page	1
	§ 1.er La mer, la rade.	2
	Le guide du pilote.	6
	§ 2. Le littoral.	9
	§ 3. Les dunes.	14
	§ 4. L'arrondissement de Dunkerque.	20
	§ 5. Les Moëres,	24
	§ 6. Les Watteringues.	32
	§ 7. Dunkerque à vol d'oiseau.	34
	§ 8. Dunkerque souterrain.	42
	§ 9. Les rues, les places publiques.	45
	§ 10. Le port.	65
	§ 11. Les canaux.	66
CHAPITRE II.	Étude ethnographique.	70
HAPITRE III.	Étude philologique.	83
HAPITRE IV	Étude historique. Dunkerque avant le Xe siècle.	90
CHAPITRE V.	Dunkerque sous les comtes de Flandre.	101
CHAPITRE VI.	Les hommes et les choses sous les comtes de Flandre.	117
CHAPITRE VII.	Dunkerque sous les ducs de Bourgogne.	127
CHAPITRE VIII.	Les hommes et les choses à Dunkerque sous les ducs de Bourgogne.	135
CHAPITRE IX.	Dunkerque sous la maison d'Autriche.	141
CHAPITRE X.	Dunkerque sous la domination espagnole.	146
	§ 1.er Dunkerque sous Charles-Quint.	147
	§ 2. Dunkerque sous Philippe II.	156
	§ 3. Dunkerque aux États-Généraux de Hollande.	176
	§ 4. Dunkerque rendue à Philippe II.	184
	§ 5. Dunkerque sous Isabelle.	190
	§ 6. Dunkerque sous Philippe IV.	199

CHAPITRE XI.	Les hommes et les choses à Dunkerque sous la domination espagnole.	213
CHAPITRE XII.	Dunkerque aux Anglais.	223
CHAPITRE XIII.	Dunkerque sous les rois de France.	228
	§ 1.er Dunkerque sous Louis XIV.	229
	§ 2. Tentative en faveur des Stuarts.	246
	§ 3. De la franchise du port.	253
	§ 4. Jean Bart.	259
	§ 5. Dunkerque sous Louis XV.	283
	§ 6. Dunkerque sous Louis XVI.	303
CHAPITRE XIV.	Les hommes et les choses à Dunkerque sous les rois de de France.	314
CHAPITRE XV.	Institutions dunkerquoises.	327
	§ 1.er Amirauté.	ibid.
	§ 2. Archives.	ibid.
	§ 3. Bibliothèque.	ibid.
	§ 4. Chambre de commerce.	328
	§ 5. Caisse d'épargne.	ibid.
	§ 6. Gaz.	329
	§ 7. Hospices et hôpitaux.	ibid.
	§ 8. Intendance.	idid.
	§ 9. Juridiction des traites.	ibid.
	§ 10. Journaux.	ibid
	§ 11. Magistrat.	330
	§ 12. Musée.	338
	§ 13. Pêche à la baleine.	ibid.
	§ 14. Seigneur de Dunkerque.	344
	§ 15. Siége royal des traites.	350
	§ 16. Sous-Préfecture.	ibid.
	§ 17. Tribunaux.	ibid.
	§ 18. Vaccine.	ibid.
CHAPITRE XVI.	Dunkerque sous les Assemblées.	351
	§ 1.er Dunkerque sous la Constituante.	352
	§ 2. Dunkerque sous la Législative.	370
	§ 3. Dunkerque sous la Convention.	373
	§ 4. Dunkerque sous le Directoire.	404
	§ 5. Les fêtes républicaines.	410
CHAPITRE XVII.	Dunkerque sous le Consulat et l'Empire.	417
	§ 1.er Dunkerque sous le Consulat.	417
	§ 2. Dunkerque sous l'Empire.	428

CHAPITRE XVIII. Dunkerque sous la Restauration.	440
§ 1.er Dunkerque sous la première Restauration.	444
§ 2. Dunkerque sous les Cent-Jours.	449
§ 3. Dunkerque sous Louis XVIII.	455
§ 4. Dunkerque sous Charles X.	462
CHAPITRE XIX Dunkerque depuis 1830.	
CHAPITRE XX. Revue rétrospective.	467
Épilogue.	483
Avis au relieur.